Erfolgreiches Strategisches Pharma-Marketing

Marktorientierte Unternehmensführung

Hrsg.: Prof. Dr. H. Freter

Band 7

Verlag Peter Lang
Frankfurt am Main · Bern · New York · Paris

Hans-Peter Walther

Erfolgreiches Strategisches Pharma-Marketing

Eine theoriegeleitete
empirische Studie auf der Grundlage
des situativen Ansatzes

Verlag Peter Lang
Frankfurt am Main · Bern · New York · Paris

CIP-Titelaufnahme der Deutschen Bibliothek

Walther, Hans-Peter:

Strategisches Pharma-Marketing: Eine theoriegeleitete empir. Studie auf d. Grundlage d. situativen Ansatzes / Hans-Peter Walther. - Frankfurt am Main ; Bern ; New York ; Paris : Lang, 1988
 (Marktorientierte Unternehmensführung ; Bd. 7)
 Zugl.: Siegen, Univ., Diss., 1988
 ISBN 3-631-40674-6

NE: GT

D 467
ISSN 0178-8183
ISBN 3-631-40674-6
© Verlag Peter Lang GmbH, Frankfurt am Main 1988
Alle Rechte vorbehalten.

Das Werk einschließlich aller seiner Teile ist urheberrechtlich geschützt. Jede Verwertung außerhalb der engen Grenzen des Urheberrechtsgesetzes ist ohne Zustimmung des Verlages unzulässig und strafbar. Das gilt insbesondere für Vervielfältigungen, Übersetzungen, Mikroverfilmungen und die Einspeicherung und Verarbeitung in elektronischen Systemen.

Printed in Germany

VORWORT DES HERAUSGEBERS

In der Schriftenreihe "Marktorientierte Unternehmensführung" werden schwerpunktmäßig Aspekte einer Führung der Unternehmung vom Markte her behandelt. Dabei kann es sich um Fragen der strategischen und taktischen Planung von Marketing-Instrumenten handeln, das Marketing einzelner Branchen sowie Fragen der Informations- und der Organisationsseite des Marketing. Die Themen beziehen sich sowohl auf theoretische Fragen als auch auf empirische Analysen. Allerdings sollen durch diese Schwerpunktsetzung Beiträge verhaltenswissenschaftlicher und methodischer Art nicht völlig ausgeschlossen werden.

Im Mittelpunkt der vorliegenden Arbeit steht das strategische Marketing, das am Beispiel der Pharma-Branche analysiert wird. Diese Branche hat sich nach Jahren des Wachstums mit großen Herausforderungen des Arzneimittelmarktes zu beschäftigen.

Vor diesem Hintergrund behandelt die Arbeit im wesentlichen folgende Inhalte:

1. Umfassende Darlegung der grundsätzlichen Lösungsmöglichkeiten, welche die Marketing-Wissenschaft der Pharma-Industrie zur Bewältigung strategischer Marketing-Probleme anzubieten vermag

2. Empirische Erfassung und Beschreibung unterschiedlicher Unternehmenssituationen von Arzneimittelfirmen und der sich hieraus ergebenden Möglichkeiten und Anforderungen an ein strategisches Pharma-Marketing

3. Empirisch-hermeneutischer Nachweis der erfolgreichen Realisierbarkeit strategischer Marketing-Konzepte in konkreten (empirische relevanten) Problemsituationen der Praxis.

Durch die starken empirischen Bezüge trägt die Arbeit zugleich zum Abbau von Transferhemmnissen bei, wie sie oftmals zwischen Marketing-Wissenschaft und Marketing-Praxis bestehen.

Prof. Dr. Hermann Freter

INHALTSVERZEICHNIS

Abbildungsverzeichnis IX

Tabellenverzeichnis XV

Abkürzungsverzeichnis XVI

I. Einleitung 1

    1. Problemstellung 1

        1.1 Erarbeitung einer praxisorientierten Grund-
konzeption des strategischen Marketing als
Aufgabe der Wissenschaft 1

        1.2 Besonderheiten der pharmazeutischen Industrie
als Herausforderung für eine theoriegeleitete
Konzeption des strategischen Marketing 5

    2. Ziele, Inhalt und Vorgehensweise der Untersuchung . 12

II. Aufbau des Untersuchungsrahmens 19

    1. Theoretischer Bezugsrahmen: Entwurf einer praxis-
orientierten Grundkonzeption des strategischen
Pharma-Marketing 19

        1.1 Begriff und Denkweise eines strategischen
Pharma-Marketing 19

        1.2 Formale und materielle Inhalte eines
strategischen Pharma-Marketing 29

            1.2.1 Analyse und Prognose der Umwelt- und
Unternehmenssituation 31

            1.2.2 Formulierung des Pharma-Marketing-
Leitbildes 41

            1.2.3 Definition und Abgrenzung strategischer
Pharma-Felder (SPF) 48

1.2.4 Formulierung von Marketing-Zielen und
      Marketing-Grundsatzstrategien für die
      strategischen Pharma-Felder 54

      1.2.4.1 Vorbemerkung: Zum Zusammenhang
              zwischen strategischen Marketing-
              Zielen und Marketing-Strategien . 54
      1.2.4.2 Entwicklung von Marketing-Grund-
              satzstrategien 58

              1.2.4.2.1 Normstrategien 60
              1.2.4.2.2 Wachstumsstrategien 69
              1.2.4.2.3 Wettbewerbsstrategien 79
              1.2.4.2.4 Marktfeldstrategien 86
              1.2.4.2.5 Marktsegmentierungsstrategien . 89
              1.2.4.2.6 Positionierungsstrategien . . . 95

1.2.5 Umsetzung der Marketing-Grundsatzstrate-
      gien in Form von Marketing-Instrumental-
      strategien 102

      1.2.5.1 Vorbemerkung: Einordnung der In-
              strumentalstrategien innerhalb
              der strategischen Marketing-Kon-
              zeption 102

      1.2.5.2 Festlegung von Marketing-Instru-
              mentalstrategien 105

              1.2.5.2.1 Produkt- und Programmstrate-
                        gien 105

              1.2.5.2.2 Kommunikationsstrategien . . . 110

              1.2.5.2.2.1 Grundlagen der Pharma-
                          Kommunikation 110
              1.2.5.2.2.2 Entwicklung von Kommunika-
                          tionsstrategien 115

              1.2.5.2.3 Preisstrategien 124

              1.2.5.2.3.1 Grundlagen der Pharma-Preis-
                          politik 124
              1.2.5.2.3.2 Entwicklung von Preisstrate-
                          gien 127

1.2.6 Durchführung einer strategischen Marke-
      ting-Kontrolle 134

1.2.7 Formale Aspekte der Implementierung ei-
      nes strategischen Pharma-Marketing . . . 142

      1.2.7.1 Organisatorische und personelle
              Verankerung 142
      1.2.7.2 Einsatz von Methoden und
              Modellen 148

2. Methodischer Bezugsrahmen: Entwurf einer Grundkonzeption zur empirischen Erforschung des Objektbereiches strategisches Pharma-Marketing 152

2.1 Methodisch-konzeptionelle Grundstruktur 152

    2.1.1 Situativer Ansatz der Organisationstheorie als Orientierungsgrundlage . . . 152

    2.1.2 Übertragung des situativen Ansatzes auf das Problemfeld strategisches Pharma-Marketing 155

        2.1.2.1 Leithypothese I: Zusammenhang zwischen den einzelnen Bausteinen des strategischen Pharma-Marketing . 156

        2.1.2.2 Leithypothese II: Zusammenhang zwischen der Unternehmenssituation von Arzneimittelunternehmen und der Ausgestaltung ihres strategischen Pharma-Marketing 158

        2.1.2.3 Leithypothese III: Zusammenhang zwischen der Ausgestaltung des strategischen Pharma-Marketing und dem langfristigen Unternehmenserfolg 161

    2.1.3 Zusammenfassende Würdigung des erarbeiteten Forschungsmodells 164

2.2 Konkretisierung der empirischen Forschungsaufgaben 168

    2.2.1 Überblick über die Erhebungsmethodik der Gesamtstudie 168

    2.2.2 Vorbereitung und Auswertung von Projektphase I 172

    2.2.3 Vorbereitung und Auswertung von Projektphase II 174

III. Analyse des unternehmensspezifischen Kontextes (Projektphase I) 177

1. Herleitung und Operationalisierung der Kontextmerkmale 177

    1.1 Interne Kontextmerkmale 178

        1.1.1 Allgemeine Unternehmenscharakteristika . 178

            1.1.1.1 Umsatzstärke 178
            1.1.1.2 Konzernabhängigkeit 181

        1.1.2 Ausstattung mit Basisressourcen 184

            1.1.2.1 Finanzkraft 184
            1.1.2.2 Personalausstattung 187

        1.1.3 Produktbezogene Unternehmensaspekte 197

            1.1.3.1 Forschungs- & Entwicklungsaktivitäten 197
            1.1.3.2 Produktions- und Vertriebsprogramm 203

        1.1.4 Aspekte der allgemeinen Unternehmensführung 211

            1.1.4.1 Organisatorische Regelungen . . . 212
            1.1.4.2 Mitarbeiterführung 219
            1.1.4.3 Planung und Kontrolle 222
            1.1.4.4 Informationswesen 230

    1.2 Externe Kontextmerkmale 236

        1.2.1 Produktbezogene Marktaspekte 236

            1.2.1.1 Vertriebsbindung 236
            1.2.1.2 Stellung im Produktlebenszyklus . 241
            1.2.1.3 Patent- und Markenschutz 245

        1.2.2 Strukturelemente der Indikationsmärkte . 254

            1.2.2.1 Marktgröße und -dynamik 256
            1.2.2.2 Marktstellung 263
            1.2.2.3 Konkurrenzsituation 272

        1.2.3 Veränderungen im weiteren Pharma-Umfeld . 277

            1.2.3.1 Allgemeine Auswirkungen der Kostendämpfung im Gesundheitswesen . . 278
            1.2.3.2 Restriktionen für den Einsatz des Marketing-Instrumentariums . . . 284

2. Erhebung und Auswertung des Datenmaterials 293

2.1 Durchführung der Fragebogenerhebung 293

2.2 Auswertung des Datenmaterials 297

    2.2.1 Problemaufriß: Zum empirischen Konzept strategischer Gruppen 297

    2.2.2 Bildung von Unternehmensgruppen mit Hilfe der Clusteranalyse 300

        2.2.2.1 Aufgabenstellung und methodische Vorgehensweise 300
        2.2.2.2 Darstellung der Untersuchungsergebnisse 303

    2.2.3 Beurteilung und Interpretation der Gruppierungen mit Hilfe der Diskriminanzanalyse 307

        2.2.3.1 Aufgabenstellung und methodische Vorgehensweise 307
        2.2.3.2 Beurteilung der mathematischen Güte der Gruppierungsergebnisse . 308
        2.2.3.3 Interpretation der Gruppierungen im zweidimensionalen Diskriminanzraum 314

    2.2.4 Inhaltliche Beschreibung der Unternehmenstypen mit Hilfe einfacher statistischer Methoden 317

        2.2.4.1 Aufgabenstellung und methodische Vorgehensweise 317
        2.2.4.2 Beschreibung der Typen von Pharma-Unternehmen 318

            2.2.4.2.1 Unternehmenstyp A: "Mittelständler" 318
            2.2.4.2.2 Unternehmenstyp B: "Aggressoren" 322
            2.2.4.2.3 Unternehmenstyp C: "Spezialisten" 323
            2.2.4.2.4 Unternehmenstyp D: "Traditionalisten" 327
            2.2.4.2.5 Unternehmenstyp E: "Dynamiker" 329

    2.2.5 Abschließende Bewertung der Gruppenbildung 333

IV. Strategisches Pharma-Marketing ausgewählter erfolgreicher Arzneimittelunternehmen (Projektphase II) 335

1. Erhebung des Informationsmaterials in Form von Einzelfallstudien 335

    1.1 Auswahl der Untersuchungsobjekte 336

        1.1.1 Definition erfolgreicher Arzneimittelunternehmen 337

        1.1.2 Gruppenzugehörigkeit und Unternehmenserfolg 340

        1.1.3 Strategisches Pharma-Marketing und Unternehmenserfolg 342

    1.2 Durchführung der Einzelfallstudien 346

2. Darlegung der Untersuchungsergebnisse 348

    2.1 Unternehmens- und Marketing-Leitbilder 349

        2.1.1 Überblick: Ergebnisse der schriftlichen Erhebung 349

        2.1.2 Einzelfallstudien: Ergebnisse der persönlichen Tiefeninterviews 351

            2.1.2.1 Unternehmens- und Marketing-Leitbild Unternehmen A 351
            2.1.2.2 Unternehmens- und Marketing-Leitbild Unternehmen B 355
            2.1.2.3 Unternehmens- und Marketing-Leitbild Unternehmen C 360
            2.1.2.4 Unternehmens- und Marketing-Leitbild Unternehmen D 367
            2.1.2.5 Unternehmens- und Marketing-Leitbild Unternehmen E 374

    2.2 Betätigungsfelder- und Marketing-Strategien . . 378

        2.2.1 Überblick: Ergebnisse der schriftlichen Erhebung 378

2.2.2 Einzelfallstudien: Ergebnisse der persönlichen Tiefeninterviews 380

    2.2.2.1 Betätigungsfelder und Marketing-Strategien von Unternehmen A . . 380

        2.2.2.1.1 Betätigungsfelder und Grundsatzstrategien 380
        2.2.2.1.2 Marktbearbeitungsstrategien . . 387

    2.2.2.2 Betätigungsfelder und Marketing-Strategien von Unternehmen B . . . 392

        2.2.2.2.1 Betätigungsfelder und Grundsatzstrategien 392
        2.2.2.2.2 Marktbearbeitungsstrategien . . 397

    2.2.2.3 Betätigungsfelder und Marketing-Strategien von Unternehmen C . . . 403

        2.2.2.3.1 Betätigungsfelder und Grundsatzstrategien 403
        2.2.2.3.2 Marktbearbeitungsstrategien . . 410

    2.2.2.4 Betätigungsfelder und Marketing-Strategien von Unternehmen D . . . 417

        2.2.2.4.1 Betätigungsfelder und Grundsatzstrategien 417
        2.2.2.4.2 Marktbearbeitungsstrategien . . . 425

    2.2.2.5 Betätigungsfelder und Marketing-Strategien von Unternehmen E . . . 430

        2.2.2.5.1 Betätigungsfelder und Grundsatzstrategien 430
        2.2.2.5.2 Marktbearbeitungsstrategien . . .437

2.2.3 Formale Aspekte der Implementierung des strategischen Marketing 444

    2.2.3.1 Überblick: Ergebnisse der schriftlichen Erhebung 444

        2.2.3.1.1 Einflußnahme der Konzernleitung. 444
        2.2.3.1.2 Organisatorische Verankerung . . 446
        2.2.3.1.3 Mitarbeiterausstattung und -führung 450
        2.2.3.1.4 Planung, Budgetierung und Kontrolle 456
        2.2.3.1.5 Informationsgewinnung und -verarbeitung 459

2.2.3.2 Einzelfallstudien: Ergebnisse der persönlichen Tiefeninterviews . . 463

2.2.3.2.1 Formale Aspekte der Implementierung des strategischen Pharma-Marketing in Unternehmen A . . . 463
2.2.3.2.2 Formale Aspekte der Implementierung des strategischen Pharma-Marketing in Unternehmen B . . . 468
2.2.3.2.3 Formale Aspekte der Implementierung des strategischen Pharma-Marketing in Unternehmen C . . . 474
2.2.3.2.4 Formale Aspekte der Implementierung des strategischen Pharma-Marketing in Unternehmen D . . . 482
2.2.3.2.5 Formale Aspekte der Implementierung des strategischen Pharma-Marketing in Unternehmen E . . . 489

V. Zusammenfassende Schlußbemerkung und Ausblick auf weiterführende Aufgaben 496

ANHANG: FRAGEBOGEN DER SCHRIFTLICHEN ERHEBUNG 501

LITERATURVERZEICHNIS 512

ABBILDUNGSVERZEICHNIS

Abb. 1: Strategisches Marketing als duale Führungskonzeption 28

Abb. 2: Prozeßablauf des strategischen Pharma-Marketing 30

Abb. 3: Pharma-Unternehmung im komplexen Umsystem ... 32

Abb. 4: Veränderungen im Pharma-Umfeld und Auswirkungen für Arzneimittelunternehmen 34

Abb. 5: Beispiele externer Informationserfordernisse für ein strategisches Pharma-Marketing 36

Abb. 6: Interne Informationsfelder und -beziehungen einer absatzmarktgerichteten strategischen Unternehmenskonzeption 38

Abb. 7: Beispiele interner Informationserfordernisse und relevanter Unternehmenspotentiale für ein strategisches Pharma-Marketing 39

Abb. 8: Inhalte eines Pharma-Marketing-Leitbildes ... 44

Abb. 9: Übertragung des dreidimensionalen Bezugsrahmens für Produkt/Markt-Kombinationen (nach Abell) auf den Arzneimittelmarkt 51

Abb. 10: Abgrenzung strategischer Pharma-Felder 53

Abb. 11: Grobstruktur der Ziel-Hierarchie eines strategischen Pharma-Marketing 54

Abb. 12: Trajektorien-Konzept der strategischen (Marketing-) Zielplanung 56

Abb. 13: Marketing-Grundsatzstrategien im Überblick ... 59

Abb. 14: Mögliche Subkriterien der beiden Portfolio-Dimensionen "Wettbewerbsvorteile" und "Marktattraktivität" 61

Abb. 15: Punktbewertungsverfahren zur Quantifizierung der Portfolio-Position eines strategischen Pharma-Feldes 62

Abb. 16: Positionierung strategischer Pharma-Felder in einer Ist- und Ziel-Portfolio-Matrix 64

Abb. 17:	Normstrategien im Marktattraktivitäts/Wettbewerbsvorteile-Portfolio	65
Abb. 18:	Typische Charakteristika von Normstrategien	66
Abb. 19:	Produkt/Markt-Matrix zur Generierung von Wachstumsstrategien	70
Abb. 20:	Erweiterung des Wirkungsspektrums eines Präparates - dargestellt am Beispiel Diazepam	73
Abb. 21:	Anknüpfungspunkte für Wachstumsstrategien im Pharma-Markt	78
Abb. 22:	Wettbewerbsdeterminanten im Pharma-Markt	80
Abb. 23:	Grundvarianten wettbewerblichen Verhaltens	83
Abb. 24:	Wettbewerbsstrategien nach Porter	85
Abb. 25:	Marktfeldstrategien nach Kotler - dargestellt am Beispiel für Arzneimittel gegen Magen/Darm-Störungen	87
Abb. 26:	Segmentierungsebenen und -merkmale im Pharma-Markt	91
Abb. 27:	Basisstrategien der Marktsegmentierung	93
Abb. 28:	Marktsegmentierungsstrategien und Grad der Marktabdeckung	94
Abb. 29:	Positionierung von Präparaten und Nachfragern im zweidimensionalen Eigenschaftsraum	96
Abb. 30:	Basisstrategien der Produktpositionierung	99
Abb. 31:	Chancen und Gefahren von Positionierungsstrategien im Vergleich	101
Abb. 32:	Zwecke und Absichten der Produktpositionierung	102
Abb. 33:	Elemente des Produktprogramms	106
Abb. 34:	Entscheidungstatbestände der Produkt- und Programmpolitik von Pharma- Unternehmen im Kontext	108
Abb. 35:	Instrumente der Pharma-Kommunikation	117
Abb. 36:	Aufgaben des Außendienstes im Pharma-Marketing	120

Abb. 37: Markt-Profilierung eines Pharma-Unternehmens durch Produkt- und Partnerleistung 123

Abb. 38: Interne und externe Orientierungsfelder der Preispolitik von Pharma-Unternehmen 128

Abb. 39: Beispiel einer "idealtypischen" Abschöpfungspreisstrategie bei erwartetem Konkurrenzeintritt 131

Abb. 40: Alternative strategische Preisoptionen bei erwartetem Konkurrenzeintritt 133

Abb. 41: Beispiel zur Penetrationspreisstrategie – hier: durchschnittliche Tagestherapiekosten auf Basis von Herstellerabgabepreisen bei Phenylbutazon-Steroidkombinationen 134

Abb. 42: Überprüfungsfelder einer strategischen Marketing-Kontrolle 140

Abb. 43: Ausschnitt aus dem Angebot freier Dienstleister und Berater für die Pharma-Industrie 147

Abb. 44: Forschungsprogramm des situativen Ansatzes der Organisationstheorie 154

Abb. 45: Empirisches Forschungsmodell der Gesamtstudie . 166

Abb. 46: Inhalt,Vorgehensweise und Umfang der einzelnen Erhebungsschritte (Projektphasen) im Überblick . 169

Abb. 47: Selektionsprozeß der Auswahl der Untersuchungseinheiten für Projektphase II 175

Abb. 48: Überblick über verschiedene Klassifikationen von Arzneimitteln und deren realisierbare Abgabemöglichkeiten 238

Abb. 49: Umsatzstruktur des Arzneimittelmarktes (ohne Krankenhausmarkt)............. 239

Abb. 50: Idealtypischer Verlauf des Produktlebenszyklus . 242

Abb. 51: Zusammenhang zwischen Produkt- und Marktlebenszyklen 259

Abb. 52: Linearitätshypothese über den Zusammenhang zwischen Marktanteil und Unternehmenserfolg .. 266

Abb. 53:	Auswirkung des Zweitanmelderschutzes	288
Abb. 54:	Umsatzverteilung der befragten Pharma-Unternehmen im Vergleich zur letzten Mitgliederbefragung des Bundesverbandes der Pharmazeutischen Industrie	296
Abb. 55:	Bisherige Ansätze zur Einteilung von Pharma-Unternehmen nach verschiedenen Grundtypen	298
Abb. 56:	Liste der im Rahmen der Cluster- und Diskriminanzanalyse verwendeten Kontextmerkmale	302
Abb. 57:	Ergebnisse der Clusteranalyse -dargestellt in Form eines Eiszapfen-Plots	304
Abb. 58:	Ergebnisse der Clusteranalyse -dargestellt in Form eines Dendogramms	306
Abb. 59:	Positionierung der befragten Pharma-Unternehmen im zweidimensionalen Diskriminanzraum	313
Abb. 60:	Unternehmensprofil A: Typ "Mittelständler"	321
Abb. 61:	Unternehmensprofil B: Typ "Aggressor"	324
Abb. 62:	Unternehmensprofil C: Typ "Spezialist"	326
Abb. 63:	Unternehmensprofil D: Typ "Traditionalist"	330
Abb. 64:	Unternehmensprofil E: Typ "Dynamiker"	332
Abb. 65:	Durchschnittliche Umsatzrentabilität der befragten Pharma-Unternehmen vor Steuern in den vergangenen 5 Jahren	337
Abb. 66:	Zukunftsaussichten der befragten Pharma-Unternehmen	338
Abb. 67:	Relativer Unternehmenserfolg der befragten Pharma-Unternehmen	339
Abb. 68:	Durchführung eines strategischen Pharma-Marketing in den befragten Unternehmen	343
Abb. 69:	Existenz eines Pharma-Leitbildes in den befragten Unternehmen	349
Abb. 70:	Zeitliche Reichweite der Pharma-Leitbilder in den befragten Unternehmen	350
Abb. 71:	Zahl der angebotenen Arzneimittel je befragtes Unternehmen	379

Abb. 72: Einflußnahme der Konzernleitungen auf die befragten Pharma-Unternehmen 445

Abb. 73: Ausmaß der Einflußnahme der Konzernleitungen (Durchschnittswerte) 446

Abb. 74: Existenz der Abteilungen Marketing und Vertrieb in den befragten Pharma-Unternehmen 447

Abb. 75: Hierarchische Einordnung der Marketing-Leitung in den befragten Pharma-Unternehmen 447

Abb. 76: Hierarchie-Relation zwischen Marketing und Vertrieb in den befragten Pharma-Unternehmen . . 448

Abb. 77: Bewertung der Marketing-Koordination (Durchschnittswerte) 449

Abb. 78: Existenz bestimmter Marketing-Stellen bzw. -Abteilungen in den befragten Pharma-Unternehmen 450

Abb. 79: Prozentualer Anteil der Mitarbeiter in den Bereichen Pharma-Marketing bzw. Pharma-Außendienst (Durchschnittsbetrachtung) 451

Abb. 80: Ausbildung der Pharma-Marketing-Leiter 453

Abb. 81: Ausbildung der sonstigen Mitarbeiter im Bereich Pharma-Marketing 454

Abb. 82: Art des Führungsstils in den befragten Pharma-Unternehmen 455

Abb. 83: Implementierungsstand der strategischen Marketing-Planung in den befragten Pharma-Unternehmen 456

Abb. 84: Dominierende Teilbereichspläne in den befragten Pharma-Unternehmen 457

Abb. 85: Implementierungsstand der strategischen Marketing-Kontrolle in den befragten Pharma-Unternehmen 458

Abb. 86: Engpaßbereiche der Marketing-Budgetierung (Durchschnittswerte) 459

Abb. 87: Nutzung bestimmter Informationsquellen in den befragten Pharma-Unternehmen 460

Abb. 88: Nutzungsintensität bestimmter Informationsquellen (Durchschnittswerte) 460

Abb. 89: Nutzungsintensität (Durchschnittswerte) und
Nutzunghäufigkeit (Prozentangaben) von Informationen externer Informationsfelder 461

Abb. 90: Einsatz ausgewählter strategischer Methoden und
Modelle in den befragten Pharma-Unternehmen . . 462

Abb. 91: Nutzungsintensität ausgewählter strategischer
Methoden und Modelle (Durchschnittswerte) . . . 462

Abb. 92: Marketing-Organisation von Unternehmen A
(Typ "Mittelständler") 464

Abb. 93: Marketing-Organisation von Unternehmen B
(Typ "Aggressor") 470

Abb. 94: Marketing-Organisation von Unternehmen C
(Typ "Spezialist") 475

Abb. 95: Marketing-Organisation von Unternehmen D
(Typ "Traditionalist") 485

Abb. 96: Marketing-Organisation von Unternehmen E
(Typ "Dynamiker") im Überblick 491

Abb. 97: Marketing-Matrix-Organisation von Unternehmen E
(Typ "Dynamiker") 495

TABELLENVERZEICHNIS

Tab. 1: Pharma-Unternehmen nach Umsatzgrößenklassen - Ergebnisse einer BPI-Mitgliederbefragung 1985 . 11

Tab. 2: Aufgaben eines Unternehmensleitbildes 42

Tab. 3: Mitarbeiterstruktur der befragten Unternehmen . . 295

Tab. 4: Diskriminatorische Bedeutung der Diskriminanzfunktion (Kontextdimensionen) 309

Tab. 5: Gütemaße der Diskriminanzfunktionen (Kontextdimensionen) 310

Tab. 6: Klassifikationsmatrix (erstellt mit Hilfe der beiden ersten Diskriminanzfunktionen 311

Tab. 7: Diskriminanzwerte der befragten Pharma-Unternehmen auf den ersten beiden Diskriminanzfunktionen . . 312

Tab. 8: Relative diskriminatorische Bedeutung der trennstärksten Merkmalsvariablen 315

Tab. 9: Strukturkoeffizienten der am stärksten mit den beiden Diskriminanzfunktionen korrelierenden Merkmale 315

Tab. 10: Umsatzrentabilität der befragten Pharma-Unternehmen nach Unternehmenstypen 340

Tab. 11: Zukunftsaussichten der befragten Pharma-Unternehmen nach Unternehmenstypen 341

Tab. 12: Relativer Unternehmenserfolg der befragten Pharma-Unternehmen nach Unternehmenstypen 341

Tab. 13: Durchführung eines strategischen Pharma-Unternehmen nach Unternehmenstypen 343

Tab. 14: Zusammenhang zwischen der Durchführung eines strategischen Pharma-Marketing und der Umsatzrentabilität der befragten Unternehmen 344

Tab. 15: Zusammenhang zwischen der Durchführung eines strategischen Pharma-Marketing und Zukunftsaussichten bzw. dem relativen Unternehmenserfolg der befragten Unternehmen 345

Tab. 16: Zahl der Mitarbeiter in Marketing und Vertrieb . 452

Tab. 17: Art der Mitarbeiterführung in den befragten Unternehmen 455

ABKÜRZUNGSVERZEICHNIS

Abb.	Abbildung
ASW	Absatzwirtschaft
AMG	Arzneimittelgesetz
AMNG	Neufassung des Arzneimittelgesetzes
Bd.	Band
BGA	Bundesgesundheitsamt
BGBl.	Bundesgesetzblatt
BGH	Bundesgerichtshof
BPI	Bundesverband der Pharmazeutischen Industrie
DBW	Die Betriebswirtschaft
EFPIA	European Federation of Pharmaceutical Industries Associations
ESOMAR	Europaen Society for Opinion and Marketing Research
FAZ	Frankfurter Allgemeine Zeitung
F & E	Forschung und Entwicklung
GKV	Gesetzliche Krankenversicherung
GMB	Good manufacturing practices
HBR	Harvard Business Review
HWG	Heilmittelwerbegesetz
IFPMA	International Federation of Pharmaceutical Manufacturers Associations
IMS	Institut für medizinische Statistik
INN	International Non-Proprietary-Name
JfB	Journal für Betriebswirtschaft
JoM	Journal of Marketing
JoMR	Journal of Marketing Research
KVKG	Krankenversicherungs-Kostendämpfungsgesetz
MPS	Medizinisch Pharmazeutische Studiengesellschaft
OTC	over the counter

Pharm.Betr.V.	Betriebsverordnung für pharmazeutische Unternehmen
PR	Public Relations
RVO	Reichsversicherungsordnung
WHO	Weltgesundheitsorganisation
WiST	Wirtschaftswissenschaftliches Studium
WISU	Das Wirtschaftsstudium
ZfB	Zeitschrift für Betriebswirtschaft
ZfbF	Schmalenbachs Zeitschrift für betriebswirtschaftliche Forschung
ZfO	Zeitschrift für Organisation und Führung

I. Einleitung

1. PROBLEMSTELLUNG

1.1 ERARBEITUNG EINER PRAXISORIENTIERTEN GESAMTKONZEPTION DES STRATEGISCHEN MARKETING ALS AUFGABE DER WISSENSCHAFT

Der Begriff "Strategie" bzw. "strategisch" ist mittlerweile auch im Marketing zu einem geläufigen Modewort geworden, ohne daß selbst die jeweiligen Benutzer immer konkrete Vorstellungsinhalte damit verknüpfen können.[1] Bei genauerer Betrachtung erkennt man jedoch eine Reihe drängender unternehmerischer Probleme, die oftmals mit der Bezeichnung "strategisch" zum Ausdruck gebracht werden sollen.

Besonders häufig Erwähnung finden in diesem Zusammenhang die Ausbreitungen von Marktsättigung und -stagnation auf immer mehr Märkte, die rückläufige Bevölkerungsentwicklung, das Aufkommen neuer Technologien, die wachsende Wettbewerbsintensität unter den Anbietern, das Auftreten neuer, insbesondere ausländischer Konkurrenten auf dem Inlandsmarkt, die zunehmenden Konzentrationstendenzen innerhalb zahlreicher Branchen, vermehrte dirigistische Eingriffe des Staates in das Geschehen auf einzelnen Märkten sowie der grundlegende Einstellungs- und Wertewandel, der weite Teile der Bevölkerung mittlerweile erfaßt hat.

Angesichts dieser und anderer strategischer Herausforderungen erkennen die Unternehmen heute stärker denn je, daß sie über ihrem Engagement im Tagesgeschäft in Gefahr geraten, die grundlegenden Probleme ihrer Unternehmensexistenz zu vernachlässigen. Gesucht wird daher nach einer konzeptionellen Orientierungshilfe, die das oftmals in den Unternehmen noch vorherrschende "Durchwursteln durch den Problemdschungel einer turbulenter werdenden Umwelt" ("Prinzip des Muddling-through") ablöst und durch systematisches, planerisches Vorgehen zu geeigneten strategischen Antworten gelangt, die den Unternehmenserfolg auf lange Sicht gewährleisten sollen.

Die oben angedeuteten Probleme der Unternehmenspraxis bieten Anlaß, sich auch von theoretischer Seite eingehender mit stra-

---

1) Zur Verwendung des Begriffes Strategie in Theorie und Praxis vgl. u. a. Gälweiler (1987) sowie Steffenhagen (1982).

tegischen Fragestellungen zu beschäftigen. Dies gilt insbesondere für die Marketing-Wissenschaft.

Die Vertreter einer betriebswirtschaftlichen Theorie des Marketing erstreben für ihre Wissenschaftsdisziplin einen Führungsanspruch. Demnach stellt das Marketing eine umfassende Managementkonzeption dar, die alle Unternehmensbereiche durchdringt. Versteht man unter der Marketing-Theorie zugleich eine angewandte Wissenschaftsdisziplin, so darf man von ihr Beiträge zur Lösung der strategischen Probleme der Unternehmenspraxis erwarten. In der Tat zeigen denn empirische Erhebungen, daß sich die Praktiker von der Marketing-Wissenschaft in erster Linie Forschungsimpulse für das strategische Marketing erhoffen.[2] Das strategische Marketing gilt daher derzeit als "Praxisproblem Nr. 1".[3]

Gerade unter strategischen Gesichtspunkten haben sich in der jüngeren Vergangenheit allerdings verschiedene Wissenschaftler sehr kritisch mit der Marketing-Theorie und ihrem Führungsanspruch auseinandergesetzt.[4] Dabei offenbaren sich zum Teil erhebliche Diskrepanzen zwischen dem theoretischen Anspruch und dem praktischen Nutzen wissenschaftlicher Arbeiten auf diesem Gebiet.

Wie die Kritik an der herkömmlichen Marketing-Theorie belegt, bestehen im Bereich des strategischen Marketing noch zahlreiche Forschungsdefizite. Die am häufigsten genannten Kritikpunkte am traditionellen Marketing-Verständnis lassen sich stichpunktartig wie folgt zusammenfassen:[5]

- Zu lange Abstinenz hinsichtlich der inhaltlichen Beschäftigung mit strategischen Problemen der Unternehmenspraxis;

- zu enge Fixierung auf Produkte als Objekte des Marketing;

- Beschäftigung mit isolierend-abstrahierenden Teiloptimierungen des Absatzbereiches statt Suche nach harmonischen Gesamt-Unternehmenskonzepten;

---

2) Vgl. o. V. (1986 c), S. 142.
3) Ebenda.
4) Vgl. u.a. Simon (1986); Engelhardt (1985); Raffée (1984); Day/Wensley (1983); Wind/Robertson (1983); Schneider (1983); Kirsch (1980).
5) Vgl. ebenda.

- zu kurzfristige Betrachtung der unmittelbaren Marketing-Wirkungen an Stelle einer längerfristig ausgerichteten Denkweise;

- zu enge Orientierung des Anwendungsbereiches des klassischen Marketing-Instrumentariums an operativen Führungsproblemen der Praxis;

- zu einseitig wachstumsorientierte Sichtweise und daher Vernachlässigung von möglicherweise strategisch notwendigen Rückzügen aus bestimmten Absatzmärkten;

- Mangel einer konsequenten, durchgängigen Wettbewerbsorientierung;

- zu enge Ausrichtung des Informationsinstrumentariums auf den Markt (Marktforschung) und daher Mangel an relevanten Basisinformationen für strategische Entscheidungen;

- fehlende Ganzheitsperspektive durch Vernachlässigung von Veränderungen im globaleren Unternehmensumfeld (Technologie, Gesellschaft, Politik etc.);

- zu starke Methodenorientierung an Stelle eines tieferen Eindringens in die Entscheidungsfindung der Praxis;

- Vernachlässigung von Implementierungsproblemen des Marketing-Konzeptes in den Unternehmen.

Engelhardt gelangt daher zu der Ansicht, daß "die Geschichte der Strategiediskussion kein Ruhmesblatt der Marketing-Wissenschaft"[6] darstelle, und verweist dabei zugleich auch auf die Tatsache, daß zunächst vor allem die Unternehmensberatungsgesellschaften die Dringlichkeit strategischer Probleme erkannt und erste Ansätze eines "strategischen Management" zur Bewältigung der zunehmenden Diskontinuitäten und der wachsenden Komplexität der Unternehmensumwelt entwickelt haben.[7]

Diesen Vorwürfen gegenüber dem herkömmlichen Marketing ist in weiten Teilen leider beizupflichten. Allerdings dürfen hierüber - bei aller berechtigter Kritik - die zahlreichen Problemlösungsbeiträge nicht außer Acht gelassen werden, die eine absatzmarktorientierte Theorie der Unternehmensführung

---
6) Engelhardt (1985), S. 212.
7) Vgl. ebenda.

wie das Marketing auch zur Bewältigung strategischer Herausforderungen den Unternehmen noch immer zu bieten hat. Gerade in Zeiten, in denen in den meisten Branchen die Absatzmärkte und deren Umfeld gravierenden Umwälzungen unterliegen, verliert eine solche absatzmarkt- und kundengerichtete Managementkonzeption keineswegs an Bedeutung. Die Unternehmen erkennen im Gegenteil immer deutlicher, daß die Befriedigung von Kunden- oder Anwenderproblemen sowie die Besetzung bestimmter Marktpositionen mehr als nur kurzfristig erstrebenswerte Absatzziele darstellen, sondern unternehmensstrategisch gesamthafte, d. h. für alle Funktionsbereiche zentrale Steuerungsfunktionen, beinhalten.[8]

Es erscheint daher nicht - wie teilweise gefordert - angebracht, den Führungsanspruch des Marketing aufzugeben, sondern es dürfte sich vielmehr als zweckmäßig erweisen, die bisherigen Versäumnisse der Marketing-Wissenschaft hinsichtlich der Behandlung strategischer Fragestellungen möglichst umgehend aufzuarbeiten und den Marketing-Ansatz zu einer strategischen Führungskonzeption auszubauen. Eine solche Konzeption sollte neben Aspekten des "klassischen" Marketing ebenso Denkansätze, Methoden und Instrumentarien des strategischen Managements aufgreifen. Im Rahmen des umfassenderen strategischen Managements vermag das strategisch ausgerichtete Marketing seinen Dominanzanspruch gegenüber anderen funktionalen Unternehmensbereichen durchaus weiterhin zu behaupten.

Von einer umfassenden Theorie des strategischen Marketing ist die Wissenschaft derzeit sicherlich noch weit entfernt. Allerdings wurden in letzter Zeit auch verstärkte Anstrengungen von wissenschaftlicher Seite unternommen und erste Lösungsansätze aufgezeigt, um die oben aufgezeigten Forschungsdefizite auf diesem Gebiet zu beheben. Was momentan vor allem fehlt, ist eine Art Status-quo-Synopse, welche die neueren Erkenntnisfortschritte der Marketing-Wissenschaft bezüglich strategischer Fragestellungen nicht bloß losgelöst nebeneinander aufzeigt[9], sondern diese logisch miteinander zu verknüpfen sucht. Das Fehlen einer solchen Gesamtkonzeption überrascht insofern, als die einschlägige Literatur immer wieder betont, daß eine ganzheitliche (holistische) Perspektive seiner einzelnen Teilkomponenten für das strategische Marketing unabdingbar sei. Erst anhand einer relativ breit angelegten Ge-

---

8) Vgl. Gälweiler (1980), S. 53.
9) Vgl. dazu etwa die Sammelwerke zum Thema strategisches Marketing, die von Raffée/Wiedmann (1985); Gardner/Thomas (1985) und Wieselhuber/Töpfer (1986) herausgegeben wurden.

samtschau der miteinander verknüpften Teilkomponenten dieses Management-Ansatzes läßt sich abschätzen, welche Hilfestellung eine theoriegeleitete Konzeption des strategischen Marketing insgesamt für die Unternehmenspraxis zu leisten vermag.

1.2 BESONDERHEITEN DER PHARMAZEUTISCHEN INDUSTRIE ALS HERAUSFORDERUNG FÜR EINE THEORIEGELEITETE KONZEPTION DES STRATEGISCHEN MARKETING

"Marketing strategy is dependent on each firms size and position in it's industry."[10] Die Bedeutung der Unternehmensgröße sowie branchenspezifischer Gegebenheiten für die Gestaltung und den Erfolg von Marketing-Strategien werden auch von theoretischer Seite immer wieder hervorgehoben. Es stellt sich daher die Frage, inwieweit man allgemeiner gehaltene theoretische Ansätze auf bestimmte Branchen und Unternehmenstypen übertragen kann.

In diesem Zusammenhang muß gerade der betriebswirtschaftlichen Forschung insgesamt der Vorwurf gemacht werden, ihren Objektbereich meist zu einseitig auf die Probleme großbetrieblicher Organisationen gelenkt zu haben. Die hieraus resultierende Mißachtung der berechtigten Verwertungsinteressen kleiner und mittlerer Unternehmen an wissenschaftlichen Erkenntnissen stellt im Grunde ein fehlerhaftes Selbstverständnis der Marketing-Wissenschaft dar, deren Aufgabe darin zu sehen sein sollte, allen unternehmerischen Marktteilnehmern bei der Bewältigung ihrer Daseinsprobleme Hilfestellung zu leisten.

Ein ebenfalls häufig in Richtung akademischer Forschung adressierter Vorwurf betrifft den branchenübergreifenden Anwendungsanspruch des Marketing. In der Praxis findet man immer wieder die Meinung vor, daß wissenschaftliche Denkansätze, Methoden und Modelle auf die stets "irgendwie anders" gearteten Probleme der eigenen Unternehmung nicht anwendbar seien, da die jeweilige Branche bzw. die Position des Unternehmens innerhalb dieser Branche zu viele Besonderheiten aufweise.

In der Tat ergeben sich bei einem Wissenschaftstransfer auf einzelne Branchen oftmals Probleme, weil die Marketing-Wissenschaftler nicht immer über die notwendigen Branchenkenntnisse

---
10) Kotler (1984), S. 161.

oder aber die Praktiker nicht über das erforderliche Marketing-Wissen verfügen, um die allgemeiner gehaltenen theoretischen Ansätze auf spezielle Fragestellungen der Praxis zu übertragen. Positive Erfahrungen der Vergangenheit haben jedoch gezeigt, daß diese Transferhemmnisse nicht unüberwindbar sind und die Ergebnisse branchenbezogener wissenschaftlicher Untersuchungen für beide nutzbringend sein können. Der wesentliche Vorteil eines Branchenbezugs wissenschaftlicher Arbeiten besteht letztlich darin, konkretere Aussagen für die unternehmerische Praxis erarbeiten zu können. Voraussetzung hierfür ist allerdings auch die Bereitschaft der Praxis zur Kooperation mit der Wissenschaft.

Die Pharma-Industrie erscheint allein schon aufgrund ihrer vielgesichtigen Strukturen und ihrer vielfältigen marktlichen Besonderheiten dafür prädestiniert, einmal den praktischen Nutzen einer theoriegeleiteten strategischen Marketing-Konzeption an konkreten Anwendungsfällen zu überprüfen. Darüber hinaus ist gerade die marketingrelevante Umwelt der Anbieter von Arzneimitteln in den letzten Jahren in einem ungewöhnlichen Ausmaß in Bewegung geraten. Diese Sachverhalte sollen etwas eingehender erläutert werden.

Die pharmazeutische Industrie stellt im Wirtschaftsgeschehen der Bundesrepublik einen bedeutsamen Industriezweig dar. Der Produktionswert der bundesdeutschen Pharma-Industrie betrug 1986 ca. 20,650 Mrd. DM. Die Exportquote lag bei 46,5 % (9,607 Mrd. DM). Im gleichen Zeitraum wurden Pharma-Produkte im Wert von lediglich 5,785 Mrd. DM importiert. Die Pharma-Branche gilt daher als eine der exportintensivsten Industriezweige. Dennoch bildet gerade auch der Erfolg auf dem <u>deutschen Pharma-Markt</u> eine wichtige Grundlage für die internationale Wettbewerbsfähigkeit eines Arzneimittelunternehmens. Die weiteren Betrachtungen beziehen sich daher ausschließlich auf den deutschen Arzneimittelmarkt.

Etwa 78 % (16,135 Mrd. DM) der inländischen Pharma-Produktion entfallen auf <u>human-pharmazeutische Fertigarzneimittel</u> (1985: 16,217 Mrd. DM). Nicht zuletzt aufgrund des zunehmend schwieriger werdenden Inlandsmarktes war im Hinblick auf die Herstellung dieser Produkte 1986 erstmals seit Anfang der 50er Jahre eine negative Veränderungsrate (- 0,3 %) des Produktionswertes gegenüber dem entsprechenden Vorjahreswert festzustellen.[11]

---

11) Vgl. zu den genannten Zahlenangaben über die Pharma-Industrie BPI (1986/87), S. 95 - 96.

Wegen der besonderen qualitativen und quantitativen Bedeutung der für die Anwendung am Menschen bestimmten (human-pharmazeutischen) Fertigarzneimittel befaßt sich die vorliegende Arbeit speziell mit diesem Pharma-Bereich. "Fertigarzneimittel sind Arzneimittel[12], die im voraus hergestellt und in einer zur Abgabe an den Verbraucher bestimmten Packung in den Verkehr gebracht werden."[13] Diese industriell in gleichbleibender Qualität hergestellten Produkte gelangen von den Pharma-Unternehmen bereits abgabefertig in den Handel. Die Begriffe Arzneimittel, Medikament oder Präparat stehen in dieser Arbeit als Synonyma für solche human-pharmazeutische Fertig-Zubereitungen.

Arzneimittel sind, wie andere Verbrauchsgüter, Gegenstand des täglichen Wirtschaftsverkehrs. Dennoch werden sie als "Waren besonderer Art", der Arzneimittelmarkt als "Markt sui generis" bezeichnet. Der Grund hierfür ist in der Zwecksetzung der Medikamente zu sehen.

Der primäre <u>Nutzen von Arzneimitteln</u> liegt in der Heilung und Linderung von menschlichen Krankheiten. "Dieser Nutzen eines Medikamentes ist für den individuellen Patienten meßbar in einer Erhöhung seiner Überlebenschancen, einer Verkürzung der Krankheitsdauer oder einer Verminderung des krankheitsbedingten Leidens".[14] Das Leid und den Schmerz, den man dem einzelnen Menschen dadurch erspart, kann jedoch nicht gemessen werden. Neben dem individuellen menschlichen Aspekt einer erfolgreichen Arzneimittelbehandlung bietet der Einsatz von Arzneimitteln auch volkswirtschaftlich gesehen Vorteile. Diese lassen sich anhand von geringeren Arbeitsausfällen, höheren Lebenserwartungen, Verhinderung von Neuerkrankungen und anderen Indikatoren statistisch objektivieren.[15]

---

12) Eine genaue Definition des Begriffes Arzneimittel nach der Zweckbestimmung dieser Produkte gibt das Arzneimittelgesetz (AMG) in § 2. Alle im Rahmen dieser Arbeit angesprochenen Gesetze und (Verbands-)Richtlinien, die den Arzneimittelmarkt betreffen, finden sich in dem vom Bundesverband der Pharmazeutischen Industrie (BPI) herausgegebenen pharma kodex abgedruckt. Es wird daher in den weiteren Fußnoten nicht mehr auf entsprechende Quellen hierzu hingewiesen.
13) § 4 (1) AMG.
14) o. V. (1980), S. 91.
15) Mit Hilfe solcher Indikatoren errechnete beispielsweise das Battelle-Institut im Rahmen einer Kosten-Nutzen-Analyse, daß die Grippeschutzimpfung während der Epidemie im Winter 1969/70 allein für die deutsche Industrie Einsparungen von 133 Mio. DM ergab. Vgl. dazu Alter/Klausing (1974), S. 21.

Trotz unbestreitbarer Erfolge der modernen Medikation muß die Behandlung von Menschen mit Arzneimitteln aber auch kritisch betrachtet werden. Jedes wirksame Medikament löste biochemische und/oder biophysikalische Reaktionen im bzw. am menschlichen Körper aus, wobei die individuelle Reaktion beim einzelnen kranken Menschen nicht immer vorhersehbar ist. Daher treten bei Arzneimittelbehandlungen neben der gewünschten Arzneimittelwirkung häufig auch unerwünschte Nebenwirkungen auf, die für den medikamentös behandelten Patienten schädliche Folgen unterschiedlichster Art hervorrufen können.[16] In manchen Fällen führen solche Arzneimittelschäden sogar zum Tod des Patienten. "Andere Schwierigkeiten ergeben sich aus dem sogenannten Placebo-Effekt. Durch ärztliche Erfahrung ist gesichert, daß bestimmte Beschwerden bei manchen Patienten durch an sich unwirksame Arzneimittel behandelt werden können. Die Naturwissenschaften sind nicht in der Lage, diese Placebo-Wirkung zu erklären."[17]

Wegen der <u>Problembehaftung medikamentöser Behandlungen</u> bedürfen pharmazeutische Fertigerzeugnisse der Zulassung durch das Bundesgesundheitsamt (BGA). Als Zulassungskriterien werden dabei Qualität, Wirksamkeit und Unbedenklichkeit der Medikamente gefordert.[18] Um einen Arzneimittelmißbrauch zu verhindern, dürfen desweiteren gesundheitsgefährdende Medikamente zum großen Teil nur per ärztlicher Verordnung dem Konsumenten zugänglich gemacht werden.[19] Bei den meisten Präparaten hat außerdem die Abgabe an den Verbraucher auf der Einzelhandelsstufe ausschließlich über Apotheken zu erfolgen. Darüber hinaus existieren noch eine Vielzahl weiterer <u>rechtlicher Bestimmungen</u>, die einen mißbräuchlichen Umgang mit Arzneimitteln erschweren sollen und damit zugleich das Marktgeschehen auf dem Pharma-Markt determinieren.

Die Ambiguität der Ware Arzneimittel als problembehaftetes Produkt einerseits, das andererseits aber einen erheblichen individuellen und gesamtgesellschaftlichen Nutzen zu stiften vermag, bringt es mit sich, daß die Sicherstellung einer breiten und qualitativ hochwertigen Arzneimittelversorgung der Bevölkerung im besonderen öffentlichen Interesse liegt. In der Bundesrepublik Deutschland tragen deshalb auf Grundlage einer sehr weitreichenden Sozialversicherung die gesetzlichen Krankenkassen (GKV) den weitaus größten Teil der Arz-

---

16) Vgl. Heintz (1978), S. 25 - 26.
17) Wolters (1979), S. 6.
18) Vgl. o. V. (1979).
19) Vgl. § 43 AMG.

neimittelkosten, d. h. in den meisten Fällen braucht weder der Patient als Konsument noch der Arzt als Kaufentscheider den Kauf eines Präparates zu bezahlen.

Im Rahmen der Diskussion über die <u>Kostenexpansion im Gesundheitswesen</u> wird von den Krankenkassen nun schon seit mehr als einem Jahrzehnt auf die ständig steigenden Arzneimittelkosten aufmerksam gemacht. Mit dem sogenannten Kostendämpfungsgesetz (KVKG) aus dem Jahre 1977 hat man es den Kassen deshalb erstmals ermöglicht, die Verordnungen der Kassenärzte auf deren Wirtschaftlichkeit zu überprüfen. Trotz weiterer dirigistischer Eingriffe in das System der Arzneimittelversorgung konnte der Anstieg der Arzneimittelausgaben seither nicht entscheidend aufgehalten werden. Mittlerweile scheinen die Kostenträger der Sozialversicherung an der Grenze ihrer Belastbarkeit angelangt. Der gesamte Arzneimittelmarkt steht daher momentan mitten in einem strukturellen Umbruch, an dessen Ende noch einschneidendere staatliche Eingriffe als bisher zu erwarten sind, welche die Mehrzahl der Pharma-Unternehmen vor schwerwiegende strategische Probleme ihrer künftigen Unternehmensexistenz stellen dürften.

Hinzu kommt, daß die Problembehaftung der Arzneimittel die Ursache eines stetig <u>wachsenden Mißtrauens der Öffentlichkeit</u> gegenüber (insbesondere chemischen) Medikamenten und gegenüber der (chemisch-)pharmazeutischen Industrie ist. Vereinzelt aufgetretene "Arzneimittel-Skandale" und gewisse "unseriöse Marketing-Praktiken" von Pharma-Unternehmen trugen ebenfalls mit dazu bei, daß man der Pharma-Industrie zum Teil sogar grundsätzlich die Berechtigung abspricht, "Geschäfte mit der Gesundheit von Menschen" zu betreiben. Dabei wird jedoch zumeist übersehen, welchen hohen gesamtgesellschaftlichen Nutzen eine privatwirtschaftlich organisierte Arzneimittelindustrie letztlich erbringt. Eine zentrale strategische Aufgabe der Arzneimittelunternehmen ist deshalb darin zu sehen, ihre außerökonomische Leistungsfähigkeit und soziale Verantwortung nach außen hin glaubhaft unter Beweis zu stellen und damit letztlich ihr Dasein nachhaltig zu rechtfertigen.

Die von den pharmazeutischen Unternehmen insgesamt zu erbringenden <u>Marktleistungen</u> bestehen dabei nicht nur aus der Produktion von Arzneimitteln. Das pharmazeutische Endprodukt, das auf den Markt gelangt, stellt eine Kombination aus Ware und Dienstleistung dar, wobei der Anteil "Ware", im Sinne eines technischen Gutes, relativ gering ist. Einen hohen Anteil besitzen dagegen die Dienstleistungen der Arzneimittelunternehmen, da die wesentliche Wertschöpfung aus Forschung und Entwicklung, Qualitätssicherung, (wissenschaftlicher) Information und Vertrieb von Arzneimitteln besteht. Mit der gewissenhaften Erfüllung all dieser Aufgaben wird die Pharma-Industrie insgesamt den gesellschaftlichen Anforderungen an sie gerecht.

Gemeinsam ist letztlich allen Arzneimittelfirmen, daß sie Arzneimittel im Sinne des § 2 AMG herstellen und/oder vertreiben. Sie tun dies aber in der Regel auf sehr unterschiedliche Art und Weise. Es ist daher nur in den seltensten Fällen angebracht, pauschalisierend von "der" Pharma-Industrie zu sprechen.

Die rund 450 wichtigsten auf dem deutschen Arzneimittelmarkt vertretenen Pharma-Unternehmen sind im Bundesverband der Pharmazeutischen Industrie (BPI) zusammengeschlossen. Auf sie entfallen laut Verbandsangaben ca. 95 % des Produktionswertes der inländischen Pharma-Produktion.[20] Bei den restlichen bundesdeutschen Arzneimittelfirmen handelt es sich zum größten Teil nur um sehr kleine Arzneimittelhersteller oft in Personaleinheit mit Apotheken und Laboratorien und vielfach nur mit lokaler Bedeutung.[21] Wegen ihrer geringen Bedeutung finden diese Kleinst-Unternehmen im folgenden keine Berücksichtigung mehr.

Selbst zwischen den Mitgliedsfirmen des BPI bestehen allerdings im Hinblick auf die Größe des jeweiligen Pharma-Umsatzes oftmals sehr gravierende Unternehmensunterschiede. Aus Tabelle 1 geht neben dem relativ breiten Spektrum der Verbandsmitglieder auch die verhältnismäßig starke Vertretung kleiner und mittlerer Pharma-Unternehmen hervor. Bei den dort aufgeführten Arzneimittelfirmen handelt es sich jedoch zumeist nicht um selbständige Arzneimittelunternehmen, sondern um Tochtergesellschaften in- oder ausländischer Konzerne. Für die Pharma-Industrie ist (auch international) eine sehr enge wirtschaftliche Verflechtung zwischen den Unternehmen typisch. "Darüber hinaus können viele große Hersteller entsprechend ihrer Hauptproduktionsrichtung - in der Regel Chemie - anderen Industriezweigen zugerechnet werden, obwohl ihre Arzneimittelumsätze die der kleineren spezialisierten Hersteller weit übersteigen."[22]

---

20) Vgl. BPI (1987 b), S. 10.
21) Vgl. Nord (1979) oder Röper (1980 a).
22) Nord (1979), S. 38.

Umsatz-größen-klassen	Pharma-Umsatz in Mio. DM	Anzahl der Teilnehmerfirmen abs.	in %
U_1	bis 7,5	31	20,4
U_2	7,5 - 15	13	8,5
U_3	15 - 45	41	27,0
U_4	45 - 150	40	26,3
U_5	150 und mehr	27	17,8
		152	100

Tab. 1: Pharma-Unternehmen nach Umsatzgrößenklassen - Ergebnisse einer BPI-Mitgliederbefragung 1985
(Quelle: BPI (1987b), S. 10.)

Wenn von der bundesdeutschen Pharma-Industrie die Rede ist, so denkt man deshalb unwillkürlich zunächst an die chemisch-pharmazeutischen Großkonzerne wie Hoechst, Bayer, Schering, BASF (bzw. deren Tochter Knoll) oder an die großen Pharma-Unternehmen wie Boehringer Ingelheim, Boehringer Mannheim und Merck. Im Grunde sind auch nur diese deutschen Unternehmen aufgrund ihrer Unternehmensgröße bzw. umfassenden Ressourcenausstattung in der Lage, die oben an die Pharma-Industrie gestellten Anforderungen (insbesondere F & E-Aktivitäten) in einem relativ breiten Umfang zu erfüllen.

Das Marktgeschehen auf dem deutschen Arzneimittelmarkt wird jedoch zu einem wesentlichen Teil auch von den vielen deutschen Tochtergesellschaften ausländischer Pharma-Konzerne sowie den etlichen kleinen und mittleren Arzneimittelunternehmen mit geprägt, die sich auf die Wahrnehmung spezifischer Unternehmensaufgaben spezialisiert haben. Sowohl unter gesundheits- als auch wirtschafts- und wettbewerbspolitischen Aspekten kommt diesen Firmen eine wichtige Bedeutung bei. Sie erfahren daher im Rahmen dieser Arbeit besondere Berücksichtigung.

Nicht zuletzt bleibt bei einer betriebswirtschaftlichen Betrachtung des Pharma-Marketing vor allem zu berücksichtigen, daß es aus der Sicht des einzelnen Arzneimittelunternehmens "den" Arzneimittelmarkt eigentlich gar nicht gibt, sondern nur eine <u>Vielzahl von unterschiedlichen Märkten</u>, die nach Kriterien wie Indikationen, Wirkstoffe und Nachfrager-Gesichtspunkten eingeteilt sind (z. B. Markt der Rhinologika, Nifedipin-Markt, Krankenhaus-Markt, Selbstmedikations-Markt). Diese Teilmärkte sind unterschiedlich groß, weisen verschiedene Marktstrukturen auf und besitzen nicht vergleichbare Konkurrenzverhältnisse, Preisniveaus und Entwicklungsaussichten. Jede Arzneimittelfirma bewegt sich, entsprechend den Präparaten ihres Sortiments, lediglich in speziellen Teilbereichen des Arzneimittelmarktes. Zahl und Arten der belieferten Teilmärkte eines Pharma-Unternehmens hängen ebenfalls zu einem wesentlichen Teil von dem verfügbaren unternehmerischen Ressourcenpotential ab.

Die Vielzahl marktlicher Besonderheiten, die erhöhte Komplexität und Dynamik der Pharma-Umwelt sowie die verschiedenen Unternehmenstypen der Branche, die sich mit unterschiedlichen strategischen Marketing-Problemen konfrontiert sehen, stellen somit geradezu eine Herausforderung für eine theoretische Konzeption des strategischen Marketing dar, ihre generelle Brauchbarkeit in verschiedenen konkreten Unternehmenssituationen unter Beweis zu stellen.

2. ZIELE, INHALT UND VORGEHENSWEISE DER UNTERSUCHUNG

Bei der vorliegenden Arbeit handelt es sich um eine theoriegeleitete empirische Studie über das strategische Pharma-Marketing. Entsprechend kann man zwischen theoretisch-konzeptionellen und empirisch-methodischen Forschungsaufgaben unterscheiden.

Da die wissenschaftliche Auseinandersetzung mit dem strategischen Marketing im Grunde erst begonnen hat, bilden die bisher vorliegenden theoretischen Ansätze allenfalls einen konzeptionellen Bezugsrahmen. Ein solcher <u>theoretischer Bezugsrahmen</u> stellt eine Art Vorstufe auf dem Weg zur eigentlichen Theorielichen Theorie-Bildung dar.[23] Er vermag eine empirische Forschung sinnvoll zu leiten und damit einer sprunghaften ad-hoc-Forschung entgegenzuwirken.[24] Neben diesen primär wissenschaftstheoretischen Aspekten mißt man einem theoretischen Bezugsrahmen aber auch eine pragmatischere Funktion bei. "Bezugsrahmen erleichtern es dem Praktiker, akzeptable Problemdefinitionen zu formulieren, komplexe Probleme in einfachere Teilprobleme zu zerlegen und hierfür Lösungshypothesen zu generieren."[25]

Eine erste Aufgabe der vorliegenden Arbeit besteht daher darin, einen theoretischen Bezugsrahmen für das strategische Pharma-Marketing zu erarbeiten und damit zugleich den Objektbereich der Untersuchung einzugrenzen (vgl. hierzu Kap. II.1.). Unter dem Begriff strategisches Pharma-Marketing wird dabei ein umfassendes Führungskonzept für Arzneimittelunternehmen verstanden, das helfen soll, auf Basis einer intensiven Analyse der Unternehmung und ihrer Umwelt geeignete Marketing-Strategien abzuleiten zur Schaffung, Erhaltung und dem Ausbau zukünftiger Erfolgspotentiale und damit zur Sicherung des langfristigen Unternehmenserfolges.

Im wesentlichen handelt es sich bei dieser Konzeption um eine Verknüpfung von Ansätzen der "klassischen" Marketing-Theorie mit den neueren Erkenntnissen des strategischen Management. Sie behandelt die folgenden <u>Aufgabenfelder:</u>

1. Ausarbeitung eines gedanklichen Grundgerüstes (Management-Philosophie) des strategischen Pharma-Marketing.

2. Analyse und Prognose der Umwelt- und Unternehmenssituation von Arzneimittelfirmen.

3. Formulierung eines Pharma-Marketing-Leitbildes.

---

23) Ein theoretischer Bezugsrahmen beinhaltet "eine Reihe theoretischer Begriffe, von denen angenommen wird, daß sie einmal Bestandteil von Modellen bzw. Theorien werden könnten. Darüber hinaus umfaßt ein theoretischer Bezugsrahmen einige freilich sehr allgemeine Gesetzeshypothesen, die jedoch meist nur tendenzielle Zusammenhänge andeuten. Nicht selten beschränken sich die Aussagen darauf, daß zwischen bestimmten Variablen funktionale Beziehungen angenommen werden, ohne daß diese Funktionen eingehender präzisiert werden." Kirsch (1971), S. 241.
24) Dichtl (1983), S. 61 spricht in diesem Zusammenhang vom "Postulat theoriegeleiteter Forschung" dem der Marketing-Wissenschaftler insbesondere aus Gründen der Forschungsökonomik unterliegt.
25) Kirsch (1971), S. 242 - 243.

4. Definition und Abgrenzung strategischer Betätigungsfelder auf dem Arzneimittelmarkt.

5. Festlegung von strategischen Marketing-Zielen und Marketing-Grundsatzstrategien für die Betätigungsfelder.

6. Umsetzung der Marketing-Grundsatzstrategien im Rahmen des Marketing-Mix.

7. Kritische Reflexion einer strategischen Marketing-Konzeption in Form der strategischen Marketing-Kontrolle.

8. Organisatorische und personelle Verankerung einer strategischen Marketing-Konzeption.

9. Einsatz von theoretischen Methoden, Modellen und Verfahren im Rahmen eines strategischen Pharma-Marketing.

Im Vergleich zu anderen wissenschaftlichen Arbeiten auf dem Gebiet des strategischen Marketing unterscheidet sich das vorliegende Forschungsprogramm nicht nur hinsichtlich der Breite des Ansatzes und des Branchenbezugs sondern auch im Hinblick auf die Vorgehensweise seiner Erforschung. Während die bisherigen Forschungsarbeiten zur strategischen Unternehmensführung sich primär durch eine formal-analytische Vorgehensweise (Erarbeitung und Kritik modellanalytischer Problemlösungen) auszeichnen[26], ist für diese Arbeit eine eher <u>sachlich-analytische Betrachtung</u> kennzeichnend, d. h. es werden - wenn auch eklektisch - konkrete strategische Marketing-Probleme der Pharma-Industrie aufgegriffen und entsprechende theoretische Problemlösungshilfen aufgezeigt.[27]

Trotz ihres Problembezugs sollen die theoretisch-konzeptionellen Ausführungen zunächst so allgemein gehalten bleiben, daß sie letztlich allen Pharma-Unternehmen grundsätzliche Anregungen zur Bewältigung ihrer konkreten strategischen Anwendungsprobleme vermitteln. Ein solcher Diskussionsstand muß allerdings angesichts der deutlichen Unterschiede zwischen den ver-

---

26) Typische Arbeiten hierfür liefern beispielsweise Grimm (1983); Robens (1986); Sever (1985); Eybl (1984) oder auch Fronhoff (1986).
27) Engelhardt (1985), S. 211 - 212 ist der Ansicht, daß die bisher zu einseitige Methodenorientierung der Wissenschaft Gefahr laufe, die strategischen Kernprobleme der Praxis zu übergehen.

schiedenen Arten von Pharma-Unternehmen unbefriedigend bleiben. Ein weiterer Schritt in Richtung Praxisbezug stellt daher die empirische Erforschung des theoretischen Bezugsrahmens dar. Im Gegensatz zu rein theoretischen Arbeiten, bei denen prinzipiell die Gefahr besteht, zu sehr im grundsätzlichen zu verharren, ist man bei empirischen Untersuchungen noch stärker dazu angehalten, seine Aussagen situations- und praxisgerecht zu präzisieren.

Eine empirische Erforschung des strategischen Pharma-Marketing, die einerseits situationsspezifische Besonderheiten von Pharma-Unternehmen berücksichtigen und andererseits zugleich zu praktisch verwertbaren Anregungen nicht nur für einzelne Arzneimittelunternehmen gelangen möchte, erfordert ein systematisches und planvolles Vorgehen. Vor Durchführung der empirischen Erhebungen ist daher ein Forschungsdesign (methodischer Bezugsrahmen) zu entwickeln, das die wichtigsten Untersuchungsvariablen strukturiert und die Vorgehensweise bei der Erhebung und Auswertung der Studien näher bestimmt. Dies erfolgt unmittelbar im Anschluß an die Darlegungen zur theoretischen Grundkonzeption des strategischen Pharma-Marketing (vgl. hierzu Kap. II.2).

Angesichts der zum großen Teil sehr unterschiedlich gelagerten Ausgangssituation der Arzneimittelunternehmen stellt sich zunächst die Frage, welche grundsätzlich anders gearteten Problemstellungen sich hieraus für das strategische Pharma-Marketing ergeben. Kapitel III beschäftigt sich daher eingehend mit der empirischen Analyse des unternehmensspezifischen Kontextes der Arzneimittelfirmen. Zunächst werden - unter Rückgriff auf vorhandene empirische und theoretische Arbeiten - die für das strategische Pharma-Marketing relevanten Kontextvariablen hergeleitet und genauer operationalisiert (vgl. hierzu Kap. III.1).

Auf Grundlage einer schriftlichen Befragung der Mitgliedsfirmen des BPI werden anschließend die Arzneimittelunternehmen anhand dieser Kontextvariablen mit Hilfe statistischer Verfahren zu klassifikatorischen Unternehmenstypen zusammengefaßt. Die Bildung und Beschreibung dieser Unternehmenstypen, die verschiedene unternehmerische Grundpositionen der Arzneimittelunternehmen wiedergeben, erleichtern einen vertiefenden Einblick in die unterschiedlich gelagerten strategischen Marketing-Probleme der Pharma-Industrie (vgl. hierzu Kap. III.2).

Darüber hinaus soll die vorliegende Arbeit aber auch Auskunft darüber geben, ob und inwiefern einzelne Pharma-Unternehmen in ihrer konkreten Problemsituation ein strategisch ausgerichtetes Pharma-Marketing betreiben und welchen Einfluß ein solches Führungskonzept auf den langfristigen Unternehmenserfolg auszuüben vermag (vgl. hierzu Kap. III.).

Bisherige empirisch-statistische Forschungsarbeiten, die mit Hilfe wissenschaftlicher Methoden des logischen Empirismus Wenn-dann-Aussagen (Hypothesen) über den Zusammenhang zwischen Unternehmenssituation, strategischem Unternehmensverhalten und dem langfristigen Unternehmenserfolg aufgestellt und getestet haben, konnten bislang nur relativ wenig zur Aufhellung dieser Zusammenhänge beitragen.[28] Ein wesentlicher Grund hierfür ist darin zu sehen, daß die Komplexität des Themengebietes und der derzeitige Stand einer "Theorie der strategischen Unternehmensführung" noch kaum empirisch gehaltvolle Aussagen zulassen.

Geht man daher einmal der Frage nach, wie die beiden in den letzten Jahren wohl am meisten beachteten Beiträge zur Strategie-Diskussion von Porter ("Competitive Strategy") und Peters/ Waterman ("In Search of Excellence") zustande kamen, so erkennt man darin eine hermeneutische Vorgehensweise der Verfasser.[29] Die Autoren ziehen ihre Erkenntnisse aus beispielhaften Einzelfällen, in denen strategisch denkende und handelnde Unternehmen erfolgreich waren, bzw. andere Unternehmen ohne strategische Ausrichtung erfolglos geblieben sind.

Beschreibungen von erfolgreichen Unternehmen stoßen vor allem deshalb in der Praxis auf großes Interesse, weil die Praktiker darin ihre eigene Problemsituation besser erkennen und entsprechende strategische Handlungen eher nachvollziehen können als anhand von abstrakten theoretischen Abhandlungen. Grundsätzlich besteht allerdings die Gefahr, daß diese "Er-

---

28) Zur Kritik am logischen Empirismus im Zusammenhang mit der Behandlung strategischer Unternehmensfragen vgl. Fopp (1985), S. 42 - 44. Fopp vertritt zugleich die Auffassung, daß "es faktisch unmöglich ist, auf der einen Seite unternehmensspezifische Spitzenleistungen zu bestimmen und andererseits eine breit angelegte Validisierung dieser individuellen Strategieentwürfe zu verlangen." Ebenda, S. 42.
29) In der Wissenschaftstheorie versteht man unter Hermeneutik die Methode der verstehenden Erfassung, Auslegung und Erklärung von Situationen oder Handlungen. Vgl. Raffée (1974), S. 42 - 44.

folgsrezepte" einzelner Unternehmen in bestimmten Situationen anderen Unternehmen voreilig zur Nachahmung empfohlen werden. Gerade dies ist jedoch nach wissenschaftlichen Kriterien nicht statthaft. Eine unkritische Verallgemeinerung von auf hermeneutischem Wege gewonnenen Erkenntnissen bleibt grundsätzlich abzulehnen.

Dies bedeutet jedoch nicht, daß die Hermeneutik der Marketing-Wissenschaft keine sinnvollen Anwendungsmöglichkeiten bietet. Gerade das Gebiet des strategischen Pharma-Marketing erfordert einen sehr tiefgehenden Einblick in das Geschehen der gegebenen Wirklichkeit. Im Rahmen eines unmittelbaren Dialoges mit einzelnen Arzneimittelunternehmen in Form von _Einzelfallstudien_ (single-case-research) lassen sich am konkreten Beispiel nähere Einsichten über den Zusammenhang zwischen einer spezifischen Unternehmenssituation, dem strategischen Pharma-Marketing und dem langfristigen Unternehmenserfolg besser herausarbeiten als mit einer standardisierten Fragebogenerhebung. Die hermeneutische Auswertung solcher Tiefeninterviews verlangt ein gründliches Vorverständnis der unternehmerischen Situationszustände und Handlungsalternativen eines strategischen Pharma-Marketing. Insofern erlangen die entsprechenden Ausführungen in Kapitel II und III der Arbeit zusätzliches Gewicht.

Die Ergebnisse aus der hermeneutischen Analyse von Einzelfallstudien sollen es ermöglichen, konkrete Anwendungsbeispiele für erfolgreich verwirklichte Ansätze eines strategischen Pharma-Marketing genauer darzulegen, bisher von wissenschaftlicher Seite vernachlässigte Problembereiche aufzudecken und weiterführende Denkanstöße für Theorie und Praxis zu liefern. Das Anstreben dieser auf ein realistisches Maß beschränkten empirischen Forschungsziele erscheint zumindest zum jetzigen Zeitpunkt zweckmäßiger als dem momentan kaum einlösbaren Anspruch nachzugehen, praktisch-normative Handlungsempfehlungen von genereller Gültigkeit für das außerordentlich komplexe Aufgabengebiet des strategischen Pharma-Marketing ableiten zu wollen.

Im Kapitel IV erfolgt daher die hermeneutische Analyse von ausgewählten Arzneimittelunternehmen, die ein erfolgreiches strategisches Pharma-Marketing betreiben. Ein wesentlicher Vorzug der gewählten Vorgehensweise ist darin zu sehen, daß bei der Auswahl der Untersuchungseinheiten und der Durchführung der Einzelfallstudien (vgl. hierzu Kap. IV.1) bereits auf die Ergebnisse der schriftlichen Erhebung zurückgegriffen werden kann. Mithin läßt sich auch für jeden der in Kapitel II gebildeten Unternehmenstypen beispielhaft ein Arzneimittelunternehmen bzw. dessen strategische Marketing-Konzeption vertiefend analysieren. Für andere Pharma-Unternehmen ist es deshalb unter den in Kapitel III.2 ausführlich dargelegten Konzeptionen eher möglich, diejenige einer Unternehmung mit zumindest ähnlich gelagerten Problemstrukturen zu finden.

Zusammenfassend betrachtet lassen sich aus den einleitenden Ausführungen drei grundlegende Ziele der Arbeit erkennen:

1. Systematische und umfassende theoretische Darlegung grundsätzlicher Problemlösungshilfen der Marketing-Wissenschaft für die Pharma-Industrie zur Lösung ihrer strategischen Marketing-Probleme;

2. Theoretische und empirische Erfassung und Beschreibung verschiedener Unternehmenssituationen von Arzneimittelfirmen und der sich hieraus ergebenden Möglichkeiten und Anforderungen an ein strategisches Pharma-Marketing der Praxis durch Bildung von Unternehmenstypologien;

3. Empirisch heuristischer Nachweis der erfolgreichen Realisierbarkeit strategischer Marketing-Konzepte in konkreten (empirisch relevanten) Problemsituationen der Unternehmenspraxis von Pharma-Unternehmen und damit Erarbeitung empirisch gestützter Anhaltspunkte für ein erfolgreiches strategisches Pharma-Marketing.

Mit der Verfolgung dieser Ziele sollen bestehende Transferhemmnisse zwischen Wissenschaft und Praxis abgebaut werden. Darüber hinaus will die Arbeit vorhandene Defizite sowohl der Wissenschaft als auch der Pharma-Unternehmen auf dem Gebiet des strategischen Marketing aufdecken. Hieraus ergeben sich zugleich auch Ansatzpunkte für weiterführende Forschungs- bzw. Implementierungsarbeiten in diesem Bereich.

II. Aufbau des Untersuchungsrahmens

1. THEORETISCHER BEZUGSRAHMEN: ENTWURF EINER PRAXISORIENTIERTEN GRUNDKONZEPTION DES STRATEGISCHEN PHARMA-MARKETING

Im folgenden geht es zunächst darum, die einzelnen Bausteine einer theoretischen Grundkonzeption des strategischen Pharma-Marketing aufzuzeigen und damit den Objektbereich der Untersuchung aufzuspannen. Eine theoretische Konzeption läßt sich im allgemeinen durch eine ihr charakteristische Denkweise (Philosophie) sowie die Angabe konkreter formaler und materieller Inhalte näher bestimmen. Bei der nachstehenden theoriegeleiteten Darlegung eines strategischen Pharma-Marketing wird der Schwerpunkt bei den materiellen Inhalten dieser Konzeption gesetzt. Die Ausführungen kann man insofern zugleich als praxisorientiert bezeichnen, weil sie an den grundlegenden strategischen Marketing-Problemen pharmazeutischer Unternehmen anknüpfen und aufzeigen, welche Lösungsmöglichkeiten die Marketing-Theorie zur Bewältigung dieser drängenden praktischen Probleme heute anbietet.

1.1 BEGRIFF UND DENKWEISE EINES STRATEGISCHEN PHARMA-MARKETING

Unter Marketing versteht man in der Praxis oft lediglich ein Konglomerat von Management-Techniken, das einer effizienten Bewältigung absatzbezogener Unternehmensaufgaben dienen soll. Zu diesem Zweck stellt die <u>Marketing-Technologie</u> eine Reihe von Handlungsprogrammen (z.B. Marktsegmentierung, Produktpositionierung) sowie Informations- und Aktions-Instrumente (Marktforschung, Marketing-Mix) zur Verfügung.[1] Eine solchermaßen eingegrenzte Sichtweise beschränkt die Funktionen des Pharma-Marketing von Arzneimittelunternehmen darauf, den Bedarf an Medikamenten im Markt, sowohl beim Arzt als auch bei Patienten zu erforschen und zu beeinflussen, Impulse an Forschung und Fertigung zu geben und letztendlich durch Arzneimittelbereitstellung und -information den Bedarf zu decken.[2]

---
1) Vgl. Wiedmann (1985 a), S. 149.
2) Vgl. Albus (1980), S. 8.

Damit trägt das Marketing zweifellos zur Erreichung kurzfristiger Unternehmensziele wie Umsatz, Gewinn und Rentabilität mit bei.[3]

Im Vergleich zu anderen Branchen fanden Marketing-Techniken und -Verhaltensweisen relativ spät Eingang in das Management der Pharma-Unternehmen. Man war der Ansicht, daß die Besonderheiten des Arzneimittel-Marktes und vor allem das "traditionelle und seriöse Milieu" akademisch gebildeter Marktpartner (Apotheker, Ärzte) die Anwendung solcher Management-Praktiken ausschließe.[4] Der Hauptgrund dürfte aber darin zu sehen sein, daß der Pharma-Markt sich erst in den 70er Jahren von einem typischen Anbietermarkt, in dem die Arzneimittelnachfrage das -angebot überstieg, zu einem Käufermarkt entwickelte, in dem aufgrund des Markteintritts neuer Anbieter, des Ausbaus der Produktionskapazitäten, der Automatisierung der Arzneimittelproduktion und erster Sättigungserscheinungen in verschiedenen Teilmärkten nunmehr ein Überhang des Arzneimittelangebotes über die -nachfrage festzustellen war.[5]

Erst ab diesem Zeitpunkt entstanden in den meisten Pharma-Unternehmen Marketing-Abteilungen und wurden immer mehr und kostspieligere Marketing-Instrumente (Pharma-Referenten, Feldstudien, Fortbildungsreisen für Ärzte, Arzneimittelmuster etc.) speziell für den Arzneimittelmarkt entwickelt und eingesetzt.[6] Dieses in seiner Intensität nicht selten überzogene Pharma-Marketing führte zu einer verstärkten und in Teilen auch gerechtfertigten öffentlichen Kritik an den Marketing-Praktiken der Pharma-Industrie. Es löste selbst bei einer Vielzahl der umworbenen Ärzte und Patienten in zunehmendem Maße Reaktanzen aus.[7]

Bei der praktischen Anwendung der Marketing-Technologie wurde von vielen Arzneimittelunternehmen außer Acht gelassen, daß eine effiziente und sinnvolle Nutzung der einzelnen Techniken erst vor dem Hintergrund einer umfassenden Management-Philosophie möglich ist, die das unternehmerische Marketing-Handeln leitet.[8] Eine solche Marketing-Philosophie erweitert die Marketing-Technologie zu einer umfassenderen Management-Kon-

---

3) Vgl. Brockhoff (1986 a), S. 136 - 141.
4) Vgl. Nasse (1959), S. 455.
5) Vgl. Wiencke/Hundertmark (1987), S. 46.
6) Vgl. ebenda.
7) Vgl. Bräutigam (1987) sowie Sommer (1987 a).
8) Vgl. Emig (1985), S. 104 - 105 sowie Weise (1987), S. 353 - 360.

zeption. Diese läßt sich anhand der folgenden Gesichtpunkte näher charakterisieren:[9]

1. <u>Führungsaspekt</u>

Marketing beinhaltet nicht nur die Wahrnehmung der betrieblichen Teilfunktion Absatz sondern stellt ein weitgreifenderes unternehmerisches Führungskonzept dar. Dieser Führungsanspruch findet seinen Ausdruck in folgender Handlungsmaxime: "Wenn Unternehmungen in Wettbewerbssituationen Oberziele wie Gewinn, Wachstum, Marktanteil nachhaltig und mindestens zufriedenstellend realisieren wollen, ergibt sich daraus für sie die Notwendigkeit, ihr Handeln primär an den Absatzmärkten auszurichten."[10]

Der Dominanzanspruch des Marketing gegenüber anderen Unternehmensfunktionen leitet sich aus der Erkenntnis ab, daß vor allem der Absatzmarkt über den Erfolg oder Mißerfolg einer Unternehmung entscheidet. Das Primat des Absatzes schließt jedoch nicht aus, daß kurzfristig auch andere Problembereiche (Finanzierung, Produktion, Forschung & Entwicklung, Personalwesen etc.) in den Vordergrund der Unternehmensführung rücken (müssen), was zu Restriktionen für das Marketing führen kann.

2. <u>Kundenaspekt</u>

Die Führungsaufgabe des Marketing konkretisiert sich in der Forderung, die aktuellen und potentiellen Kunden bzw. deren tatsächlichen Bedürfnisse, Wünsche und Probleme zum Ausgangs- und Endpunkt aller absatzmarktgerichteten Unternehmensaktivitäten zu machen. Dahinter verbirgt sich die Vorstellung, daß die Daseinsberechtigung einer Unternehmung vor allem aus dem Dienst an seinem Kunden resultiert. Deren Wohl hat daher im Mittelpunkt aller unternehmerischen Überlegungen zu stehen.[11]

3. <u>Problemlösungsaspekt</u>

Nicht nur Produkte, sondern letztlich bedarfsorientierte Problemlösungen sollen den Kunden angeboten werden. Eine wichtige kreative Aufgabe des Pharma-Marketing besteht des-

---
9) Vgl. ähnlich Meffert (1986), S. 31 - 32.
10) Raffée (1984), S. 5. Kritisch mit dem Führungsanspruch des Marketing setzen sich dagegen Hansen/Stauss (1983) sowie Fronhoff (1986) auseinander.
11) Vgl. Stoebe (1985).

halb darin, für Ärzte und Patienten umfassende Produkt- und Dienstleistungsprogramme auszuarbeiten und anzubieten, die diesen bei der Bewältigung ihrer therapeutischen Probleme helfen.

4. <u>Zielgruppenaspekt</u>

Der Zielgruppenaspekt ist letztlich nichts anderes als die Konsequenz aus der Kundenorientierung des Marketing. Es geht dabei um die konkrete Bestimmung der am Kaufentscheidungsprozeß von Arzneimitteln beteiligten Personen, an die sich das Unternehmen gezielt wenden will. Die Zielgruppenbestimmung bildet die Grundlage für eine bewußt intensitätsmäßig abgestufte, differenzierte Marktbearbeitung, die sich an unterschiedlichen Kunden (-problemen) verschiedener Zielgruppen orientiert.

5. <u>Informationsaspekt</u>

Die systematische Gewinnung und Verarbeitung von Marktinformationen stellt die Voraussetzung für eine gehaltvolle Fundierung von Marketing-Entscheidungen dar. Gegenstand der Absatzmarktforschung ist die Beobachtung und Erfassung der für ein Arzneimittelunternehmen relevanten Marktteilnehmer (Ärzte, Patienten, Konkurrenten, Apotheken, Großhändler, Heilpraktiker, Krankenkassen u. a.) sowie die Analyse ihrer Verhaltensmuster.

6. <u>Aktionsaspekt</u>

Marketing als Management-Konzeption verstanden, beschränkt sich nicht nur auf eine reaktive Anpassung des Unternehmens an Veränderungen des Absatzmarktes sondern verlangt ein aktives Eingreifen in das Marktgeschehen. Die Gestaltungsfunktion des Marketing manifestiert sich in einer systematischen Marktsuche, -erschließung und -bearbeitung. Die Verhaltensbeeinflussung der Marktpartner erfolgt durch die Instrumente des Marketing-Mix.

7. <u>Koordinationsaspekt</u>

Die erfolgreiche Verwirklichung einer Marketing-Konzeption erfordert eine Koordination aller marktgerichteten Unternehmensaktivitäten. Je exklusiver und geschlossener eine Marketing-Konzeption ist, desto geringer sind die Angriffsmöglichkeiten der Konkurrenz.[12] Dies bedeutet zum einen, daß die Instrumente des Marketing-Mix zu einer zieladäquaten, harmonischen Einheit zusammengefügt werden müssen, zum anderen, daß eine den Markterfordernissen gerecht werdende Abstimmung mit anderen funktionalen Teilbereichen des Unternehmens (insbesondere Produktion sowie Forschung & Entwicklung) erfolgt.

8. Implementierungsaspekt

Die vielfältigen Aufgaben und insbesondere der Koordinationsaspekt machen eine organisatorische Verankerung des Marketing unabdingbar. Eine formale Einrichtung einer Marketing-Abteilung allein reicht aber nicht aus. Entscheidend ist, daß die an der Erarbeitung, Durchsetzung und praktischen Umsetzung der Marketing-Konzeption beteiligten Personen und insbesondere die Unternehmensführung, die Philosophie des Marketing akzeptieren und internalisieren.

9. Ökonomischer Aspekt

Das Marketing verfolgt primär ökonomische Ziele (Gewinn-, Umsatz-, Kostenziele usw.). Die pharmazeutischen Unternehmen müssen diese wirtschaftlichen Ziele zumindest bis zu einem gewissen Grad erfüllen, wenn sie nicht aus dem nach marktwirtschaftlichen Grundprinzipien funktionierenden Arzneimittelmarkt ausscheiden wollen. Damit stellt die Verfolgung ökonomischer Ziele eine conditio sine qua non auch für das Pharma-Marketing dar.

10. Sozialaspekt

Da es ein völlig "selbstloses" unternehmerisches Marketing in einem marktwirtschaftlichen System nicht geben kann, besteht prinzipiell die Gefahr der Ausübung manipulativer und fragwürdiger Marketing-Aktivitäten. Allerdings gilt es für die Unternehmen zu berücksichtigen, daß sie in umfassendere soziale Systeme eingebettet sind. Aus reinem "Selbstzweck" kann kein Unternehmen und keine Branche auf Dauer existieren.[13]

---

12) Vgl. Nieschlag/Dichtl/Hörschgen (1985), S. 12.
13) Zum Human-Aspekt des Marketing vgl. Meissner (1987); Robin/Reichenbach (1987); Goodpaster/Matthews (1983) sowie bereits Dawson (1969).

Wegen des spezifischen Nutzens aber auch der erheblichen Risikobehaftung der Ware Arzneimittel unterliegen gerade Pharma-Unternehmen einer erhöhten sozialen Verantwortung.[14] Das Pharma-Marketing ist aufgrund seiner Grundausrichtung (Kundenorientierung) aber auch seiner Management-Techniken prinzipiell dazu in der Lage seinen Beitrag zur besseren Erfüllung der gesundheits- und gesellschaftspolitischen Aufgaben der Pharma-Industrie (optimale Arzneimittelversorgung der Bevölkerung) zu leisten. Bei der Verfolgung seiner mikroökonomischen Ziele hat es übergeordnete soziale Gesichtspunkte sowie die berechtigten Interessen anderer Marktteilnehmer zu beachten.

Extrem vereinfacht könnte man das strategische Marketing als die längerfristige Dimension der "klassischen" Marketing-Managementkonzeption bezeichnen[15], wie sie sich andeutungsweise bereits in einigen Komponenten der Marketing-Philosophie wiederfindet. Trotz des unübersehbaren Problemlösungspotentials, das die Marketing-Philosophie auch zur Bewältigung künftiger strategischer Herausforderungen an die Arzneimittelunternehmen sicherlich noch bietet[16], erscheint angesichts der umwälzenden Strukturveränderungen im Pharma-Bereich (Kostendämpfung; Verdrängungswettbewerb etc.) seit Beginn der 80er Jahre[17] eine umfassendere Neuorientierung im Hinblick auf eine strategische Ausrichtung der Marketing-Konzeption angebracht.

Die Idee des strategischen Managements[18] vermittelt eine Reihe von Denkanstößen, die im Rahmen eines strategischen Pharma-Marketing ebenfalls Berücksichtigung finden sollten:[19]

---

14) Vgl. Emig (1985), S. 105.
15) Eine solche Sichtweise vertritt beispielsweise Solc (1980).
16) Vgl. Liebrecht (1983), S. 375 - 377.
17) Vgl. Weiss (1987), S. 163 - 164; Schmidt (1985), S. 701 - 710 und Weise (1987), S. 359.
18) Zur Führungsphilosophie eines strategischen Managements vgl. u. a. Kirsch (1984); Klaus (1987); Kirsch/Grebenc (1986); Gälweiler (1987); Ansoff (1979); Ansoff/Declerck/Hayes (1976); Scheuss (1985) sowie Claycamp (1985).
19) Zur Berücksichtigung der Philosophie des strategischen Managements im Rahmen des strategischen Marketing vgl. vor allem Wiedmann (1985), S. 149 - 160 aber auch Day/Wensley (1983); Böhler/Gottschlich (1985); Köhler (1987 a); Rühli/Wehrli (1987); Schendel (1984) sowie Gardner/Thomas (1985).

1. Umfeldorientierung

Eine ausschließliche Fixierung des Marketing auf den unmittelbaren Absatzmarkt ist als zu eng abzulehnen. Die gravierenden Veränderungen im politisch-rechtlichen, medizinisch-technologischen, ökonomischen und gesellschaftlichen Pharma-Umfeld ziehen nachhaltige Auswirkungen auf das Geschehen auf dem Arzneimittelmarkt nach sich und sind daher rechtzeitig in die Marketing-Überlegungen einzubeziehen. Dabei können Bedrohungen, die sich aus den Veränderungen im weiteren Pharma-Umfeld ergeben, zum Teil auch als unternehmerische Chancen für das strategische Pharma-Marketing aufgefaßt werden. So ist z. B. der Erfolg einzelner Anbieter von preiswerten Nachahmerpräparaten zu einem Großteil auf die staatlichen Kostendämpfungsbemühungen im Gesundheitswesen zurückzuführen.

2. Antizipationsorientierung

Ein strategisches Marketing, das helfen soll, die Unternehmenszukunft zu gestalten, darf bisher gemachte Management-Erfahrungen nicht unkritisch in die Zukunft "hochrechnen", sondern muß Strukturbrüche (Diskontinuitäten) im Umfeld erkennen, neue Märkte erahnen und die Folgewirkungen der Marketing-Aktivitäten auch auf mittel- und längerfristige Sicht abschätzen können. Dies erfordert ein hohes Maß an Offenheit gegenüber "schwachen Umweltsig-nalen".[20]

3. Potentialorientierung

Jedes Unternehmen besitzt spezifische Stärken und Schwächen. Der Leitgedanke der Potentialorientierung manifestiert sich in der Forderung nach einer konsequenten Ausnutzung bereits vorhandener Stärken eines Unternehmens unter Vermeidung bisheriger Schwächen. In diesem Zusammenhang ist insbesondere auf das Ausnutzen von Synergieeffekten bei der Vermarktung der Präparate zu achten. Damit wird der Blick des strategischen Pharma-Marketing nicht nur auf die externen Rahmenbedingungen sondern in stärkerem Maße als bisher auch auf die internen Gegebenheiten der Arzneimittelunternehmen gerichtet.

---

20) Zum Konzept der "schwachen Signale" vgl. Ansoff (1976). Eine kritischere Betrachtung des Konzeptes liefert Arnold (1981).

Wichtige Potentiale können in diesem Zusammenhang z. B. ein qualifizierter und motivierter Außendienst, ein positives Image und hohe Glaubwürdigkeit des Unternehmens beim Arzt, die Finanzkraft, die Forschungs- und Entwicklungsmöglichkeiten, das Know-how bei der Herstellung und Vermarktung spezieller Medikamente (z. B. Homöopathika) darstellen.

4. Wettbewerbsorientierung

Mit Hilfe des strategischen Marketing sollen Wettbewerbsvorteile gegenüber den wichtigsten aktuellen und potentiellen Konkurrenten erzielt, ausgebaut oder gesichert werden. Die Marketing-Strategien stellen dabei nicht bloße Antworten auf das Verhalten der Konkurrenz dar, sondern sollen selbst Maßstäbe im Wettbewerb setzen. Deshalb sind die Auswirkungen der erwogenen Marketing-Strategien auf die Wettbewerber und insbesondere deren wahrscheinliche Reaktionen schon bei der Strategiewahl unbedingt zu berücksichtigen.

5. Flexibilitätsorientierung

Angesichts der Diskontinuitäten der Umwelt wird zunehmend die Flexibilität der Unternehmen als eigenständige strategische Leitmaxime herausgestellt. Die Flexibilitätsanforderungen an ein strategisches Pharma-Marketing gehen vor allem dahin, eine schnelle qualitative und quantitative Anpassung des Angebotes (Kundenproblemlösungen) an geänderte Anforderungen der Nachfrage zu ermöglichen. Hierfür müssen die Voraussetzungen auch in anderen Unternehmensbereichen (Produktion, Forschung & Entwicklung, Organisation etc.) gegeben sein.

6. Informationsorientierung

Der erweiterte Objektbereich des strategischen Marketing macht einen Ausbau der Marktforschung hin zu einer umfassenderen strategischen Marketing-Forschung erforderlich, die neben Marktinformationen auch Informationen über das weitere Umfeld der Arzneimittelmärkte und über interne Sachverhalte des Unternehmens liefert. Dabei gewinnen neben quantitativen Daten zunehmend auch qualitative Informationen an Bedeutung.

7. Methodenorientierung

Die bisherigen Marktforschungs- und Prognosemethoden reichen allein nicht aus, um das für strategische Marketing-Entscheidungen relevante Datenmaterial adäquat aufzubereiten. Sie sind um Methoden und Modelle des strategischen Managements zu ergänzen. Dabei ist vor allem zu berücksichtigen, daß die einzelnen Verfahren die Realität nicht vollständig erfassen (können). Schlußfolgerungen und strategische Maßnahmen aufgrund von Modellbetrachtungen oder Methodenanwendungen sollten daher sehr kritisch vor dem spezifischen Hintergrund des jeweiligen Problems bzw. der eigenen Unternehmung überprüft und gegebenenfalls modifiziert werden.[21]

8. Langfristige Erfolgspotentialorientierung

Die künftigen Kundenproblemlösungen und Märkte einer Unternehmung stellen die zentralen Erfolgspotentiale dar, die es - unter Beachtung ökonomischer Restriktionen (z. B. ununterbrochene Liquidität der Unternehmung) - insbesondere durch strategische Marketing-Maßnahmen zu schaffen, auszubauen und nachhaltig zu sichern gilt.[22] Dies bedeutet ein Abrücken von einer eher kurzfristigen Gewinn-orientierung hin zu einer langfristigen Betrachtungsweise, bei der die ökonomischen Oberziele (Gewinn, Umsatz etc.) "Fernzielkonzeptionen"[23] darstellen, die den Bestand der Unternehmung auf Dauer gewährleisten sollen.

9. Ganzheitliches, evolutionäres Denken

Strategisches Marketing impliziert ein ganzheitliches unternehmerisches Denken in größeren Zusammenhängen. Dabei geht es nicht bloß um die Teiloptimierung absatzbezogener Unternehmensaufgaben, sondern es steht die langfristige Sicherung des Unternehmenserfolges im Vordergrund. Hierbei ist zu beachten, daß die einzelnen Elemente des betrachteten externen und internen Gesamtsystems und ihre wechselseitigen Zusammenhänge einer ständigen Evolution unterliegen.[24]

---

21) Vgl. Kirsch/Roventa/Trux (1983).
22) Vgl. dazu Gälweiler (1987), S. 26 - 27.
23) Berthel (1973), S. 92.
24) Vgl. Malik/Probst (1981).

10. Schwerpunktbildungen

Aufgrund der beschränkten Unternehmensressourcen müssen bei der Realisierung von Erfolgspotentialen Schwerpunkte gesetzt werden. Erst ein ganzheitliches, evolutionäres Denken ermöglicht sinnvolle Schwerpunktbildungen und wirkt einer "Verzettelung" im strategischen Marketing-Handeln entgegen.

Faßt man die bisherigen Ausführungen zusammen, so stellt sich das strategische Marketing als eine duale Führungskonzeption dar, die grundlegende Denkansätze der klassischen Marketing-Philosophie mit der Idee des strategischen Management vereinigt (vgl. Abb. 1). Unter einer unternehmerischen Gesamtschau bildet das strategische Marketing den Hauptbestandteil und die "Speerspitze" eines umfassenderen strategischen Management, welches zusätzlich die längerfristig ausgerichteten Komponenten anderer funktionaler Teilbereiche einschließt. Gemäß den Ansprüchen seiner Führungsphilosophie gehen von einer absatzmarktorientierten strategischen Unternehmensführung jedoch wichtige Impulse auf die inhaltliche strategische Gestaltung anderer funktionaler Unternehmensbereiche aus.

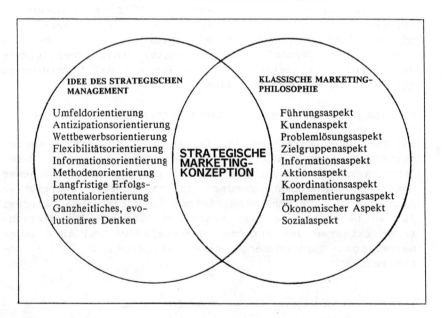

Abb. 1: Strategisches Marketing als duale Führungskonzeption

Gleichzeitig steckt das strategische Marketing den globalen Verhaltensrahmen für das taktische (mittelfristige) und operative (kurzfristige) Marketing ab.[25] Problematisch bei dieser Dreiteilung des Marketing ist allerdings, daß der jeweilige Zeithorizont nicht nur von Branche zu Branche sondern auch von Unternehmen zu Unternehmen sehr unterschiedlich sein kann.[26] Eine genauere Eingrenzung des Objektbereichs eines strategischen Pharma-Marketing läßt sich daher erst vor dem Hintergrund seiner konkreten Aufgabeninhalte verdeutlichen.

1.2 FORMALE UND MATERIELLE INHALTE EINES STRATEGISCHEN PHARMA-MARKETING

Die Besonderheiten eines strategischen Pharma-Marketing zeigen sich in den materiellen Aufgabeninhalten. In formaler Hinsicht unterscheidet sich das strategische Marketing-Management dagegen kaum von anderen Management-Prozessen. Es stellt einen fortwährenden Prozeß von Analyse-, Planungs- und Kontrolltätigkeiten ohne spezifischen Anfang oder Ende dar, in welchem die einzelnen Prozeßphasen nicht an einen zwingenden zeitlichen Ablauf gebunden sind sondern ständigen Vor- und Rückkoppelungen unterliegen (vgl. Abb. 2).

Im Mittelpunkt dieses Management-Prozesses steht die strategische Marketing-Planung. Diese soll hier verstanden werden als ein antizipatorischer Gestaltungsprozeß, um Ziele und Strategien zu formulieren, die das zukünftige Marketing-Handeln prägen. Zu beachten ist in diesem Zusammenhang die Existenz phasenübergreifender Aspekte.[27] Analyse- und Kontrolltätigkeiten bilden quasi prozeßbegleitende Aktivitäten, deren Informationsnutzen in allen Planungsphasen relevant werden. Darüber hinaus lassen sich die Analyse- und Kontrollaktivitäten ihrerseits einer Überwachung und Überprüfung unterziehen.

---

25) Vgl. Hinterhuber (1987), S. 204 - 206 sowie Glagau (1986), S. 58.
26) Vgl. Müller (1986 b), S. 22 - 23.
27) Vgl. Wiedmann/Kreutzer (1985), S. 68 - 69.

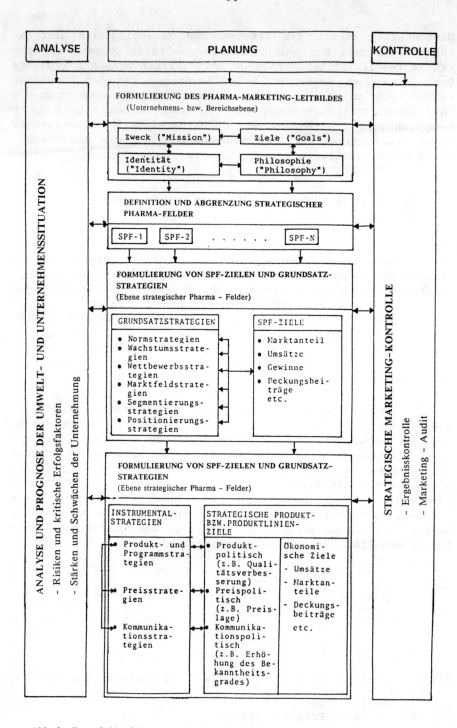

Abb. 2: Prozeßablauf des strategischen Pharma-Marketing

Das in Abbildung 2 wiedergegebene Phasenkonzept eines strategischen Pharma-Marketing vermag somit keinen konkreten zeitlichen Prozeßablauf aufzuzeigen. Ferner darf die überblickartige Veranschaulichung nicht darüber hinwegtäuschen, daß die einzelnen Teilschritte selbst wiederum in einzelne Phasenabläufe zerlegt werden können. Die modellhafte Vereinfachung leistet jedoch insofern eine wichtige Hilfestellung bei der theoretischen Behandlung des strategischen Pharma-Marketing, als sie eine logische gedankliche Strukturierung dieses komplexen Management-Konzeptes ermöglicht und damit die Darstellung seiner materiellen Aufgabeninhalte erleichtert. Die nachstehenden Erörterungen befassen sich ausführlicher mit den einzelnen in Abbildung 2 skizzierten Teilaufgaben dieses Managementprozesses.

1.2.1 ANALYSE UND PROGNOSE DER UMWELT- UND UNTERNEHMENSSITUATION

Die Analyse der derzeitigen und künftigen Unternehmenssituation bildet den gedanklichen Ausgangspunkt bei der Erarbeitung einer strategischen Marketing-Konzeption. Von der Erfassung und Beurteilung der jeweiligen unternehmensspezifischen Situation bzw. Bedingungslage hängt es ab, welche strategischen Marketing-Ziele und Marketing-Strategien verfolgt werden sollen oder können. Es ist daher zunächst eine möglichst vollständige und genaue Erfassung aller für strategische Marketing-Entscheidungen wesentlichen Informationen über die Umweltzustände und Unternehmensmöglichkeiten erforderlich.[28]

Die Kernaufgabe der Situationsanalyse im Rahmen eines strategischen Pharma-Marketing besteht in der "Identifikation strategischer Herausforderungen".[29] Strategische Herausforderungen resultieren aus den unternehmerischen Chancen und Risiken, die in der externen Umwelt begründet liegen, sowie aus den Stärken und Schwächen der eigenen Unternehmung. An diesen Grundgedanken der strategischen Marketing-Konzeption knüpft die übliche Einteilung der Analysebereiche in "Umwelt" (externe Analyse bzw. Umweltanalyse) und "Unternehmung" (interne Analyse bzw. Unternehmensanalyse) an. Diese beiden nur sehr grob abgegrenzten Suchfelder zur "Identifikation strategischer Herausforderungen" lassen sich jedoch sehr viel weiter differenzieren.

---

28) Vgl. Meffert (1986), S. 56 - 57.
29) Raffée (1985), S. 13.

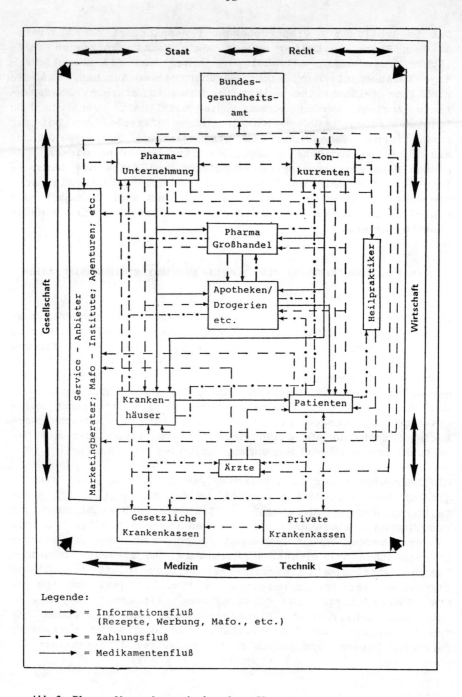

Abb. 3: **Pharma-Unternehmung im komplexen Umsystem**

Systemmodelle und Checklisten vermitteln einen Eindruck von den vielfältigen Informationserfordernissen, die im Rahmen eines strategischen Marketing Berücksichtigung finden sollten. Abbildung 3 skizziert die Einbettung eines Arzneimittelunternehmens in sein näheres (Mikro-Umwelt) und weiteres (Makro-Umwelt) absatzbezogenes Umsystem. Aus diesem komplexen System lassen sich die <u>externen Informationsfelder</u> für ein strategisches Pharma-Marketing ableiten. Aus Abbildung 3 gehen zunächst die Marktteilnehmer des Arzneimittelmarktes (Mikro-Umwelt) hervor, mit denen die Pharma-Unternehmen direkt oder indirekt in Austauschbeziehungen (Medikamenten-, Zahlungs-, Informationsströme) stehen. Die Ärzte und/oder Patienten stellen dabei in der Regel die primären Zielgruppen für das Pharma-Marketing dar. Daneben besitzen vor allem Konkurrenzinformationen generell eine große Bedeutung. Allerdings kann je nach der spezifischen Unternehmenssituation den verschiedenen Marktteilnehmern ein unterschiedlich großes strategisches Gewicht beikommen.[30]

Für die strategische Situationsanalyse des näheren absatzbezogenen Umfeldes stellt die bislang von den Arzneimittelunternehmen praktizierte Pharma-Marktforschung zumeist eine gute Ausgangsbasis dar.[31] Darüber hinaus deutet Abbildung 3 aber auch die Einflußnahme des weiteren Pharma-Umfeldes auf die Marktteilnehmer und das Marktgeschehen an. Gerade die Informationsfelder der Makro-Umwelt werden von den Pharma-Unternehmen häufig vernachlässigt.[32] Sie gewinnen jedoch für ein langfristig ausgerichtetes strategisches Pharma-Marketing immer mehr an Bedeutung. Einige Beispiele mögen dies belegen.

---

30) Für die Nachahmerfirma Stada AG war es anscheinend von zentraler strategischer Bedeutung die Mehrheitsbeteiligung des Hauptkonkurrenten Merckle GmbH an dem größten deutschen Pharma-Großhändler Anzag zu verhindern. Die Merckle-Gruppe hätte ansonsten über 30 % des Pharma-Großhandelsumsatzes kontrolliert. Vgl. o. V. (1987 a), S. 136 - 137.
31) Vgl. ESOMAR (1983).
32) Vgl. ebenda.

INFORMATIONSFELDER UND UNTERNEHMENSPOTENTIALE				
PRODUKTION	* Kapazitäten * Produktqualität	PERSONAL	* Umfang * Ausbildung
ORGANISATION	* Weisungsbefugnisse * Stellenbeschreibungen	FORSCHUNG & ENTWICKLUNG	* Kosten * Forschungsschwerpunkte
MANAGEMENT	* Führungsstil * Mitarbeitermotivation	MEDIZIN	* Therapeutischer Produktnutzen * Wissenschaftl. Dokumentation
PLANUNG UND KONTROLLE	* Planungsgrad * Kontrollgrad	VERTRIEB	* Vertriebsprogramm * Außendienststärke
BESCHAFFUNG	* Lizenzangebote * Beschaffungskosten	INFORMATIONSWESEN	* Informationsquelle * EDV - Einsatz
MARKETING	* Kundenorientierung * Kreativität * Marktforschung	FINANZEN	* Finanzkraft * Liquidität

Abb. 7: Beispiele interner Informationserfordernisse und relevanter Unternehmenspotentiale für ein strategisches Pharma-Marketing

Der hierfür erforderliche Blick in die Zukunft erweist sich aber aus zweierlei Gründen als äußerst schwierig.[38] Zum einen verlaufen Umweltentwicklungen zumeist nicht kontinuierlich, zum anderen müssen auch die Wirkungen der eigenen strategischen Marketing-Maßnahmen bei der <u>Prognose der künftigen Unternehmenssituation</u> berücksichtigt werden. Mathematische Methoden und Modelle (Trendextrapolationen, ökonometrische Modelle etc.), die auf historischen Daten aufbauen und ohnehin nur begrenzte Ausschnitte der Realität erfassen können, sind allein nicht in der Lage, diese Prognoseprobleme zu lösen, da

---

38) Zur Zuverlässigkeit strategischer Prognosen vgl. Gälweiler (1987), S. 129 - 154.

die Qualität ihrer Ergebnisse letztlich von dem in die Verfahren eingehenden Dateninput abhängt.

Unter den Stichworten Frühwarnung, Früherkennung oder Frühaufklärung werden in der Literatur verschiedene Möglichkeiten diskutiert, die den Unternehmen bei der Behandlung ihrer Prognoseprobleme helfen und darüber hinaus ausreichende Handlungszeiträume sichern sollen.[39] Im Mittelpunkt der Erörterungen stehen dabei sogenannte (Früh-) Indikatoren, die in einem sachlogischen Zusammenhang mit den relevanten Umweltentwicklungen stehen, gegenüber diesen aber einen zeitlichen Vorlauf aufweisen.[40]

So kündigen sich beispielsweise gesetzliche Eingriffe in das Gesundheitssystem zumeist schon lange im Voraus in öffentlichen Diskussionen an. Auch künftige Bevölkerungsstrukturen zeichnen sich bereits relativ früh ab (z. B. aufgrund der Geburtenentwicklungen). Dagegen sind etwa künftige Konjunkturentwicklungen, Wertwandlungstendenzen oder medizinisch-technologische Fortschritte ungleich schwerer abzuschätzen, obgleich auch hier schwache Signale bestimmte Änderungen frühzeitig andeuten können.

Die Ermittlung schwacher Signale kann beispielsweise mit Hilfe von Expertenbefragungen und/oder Kreativitätstechniken unterstützt werden. Probleme hierbei ergeben sich in der Praxis zumeist dadurch, daß die Führungspersonen, die selbst dem "Primat harter Fakten" unterliegen, "weiche" Informationen nicht akzeptieren bzw. deren Relevanz verkennen oder verdrängen. Zum Teil können auch sogenannte "Unternehmensmythen" den Blick auf die relevanten Informationen von vorne herein verstellen.[41]

Die Prognose von Entwicklungen im weiteren Pharma-Umfeld schafft bereits erhebliche Probleme; als noch schwieriger erweist sich jedoch die Vorhersage des künftigen Verhaltens der Marktteilnehmer. Als Ausweg aus diesem Dilemma wird zum Teil vorgeschlagen, nur eine begrenzte Zahl verschiedener Umweltsituationen und Verhaltensalternativen (auch der eigenen Unternehmung) in die Überlegungen einzubeziehen, um damit das Spektrum möglicher zukünftiger Unternehmenssituationen grob einzugrenzen (z. B. in Form von Szenarien).[42]

---

39) Vgl. hierzu ausführlich Müller (1981); Böhler (1983); Wiedmann (1984) sowie Hahn/Klausmann (1979).
40) Vgl. Wiedmann (1985 b), S. 313 - 314.
41) Vgl. Raffée (1985), S. 16.
42) Vgl. Nieschlag/Dichtl/Hörschgen (1985), S. 818.

Die Prognose mit Hilfe von Frühindikatoren und intuitiven Schätzungen macht letztlich aber die Anwendung einfacher und/ oder komplexer mathematischer Prognosemodelle nicht überflüssig[43], welche die Auswirkungen der vorhandenen Informationen konsequent "zu Ende rechnen". Die Beurteilung solcher Modelllösungen muß allerdings vor dem Hintergrund der verfügbaren Informationen, der getroffenen Annahmen und deren Realitätsnähe erfolgen. Eine sich kritisch mit den mathematischen Lösungen auseinandersetzende Prognose erscheint dann zweifelsfrei zweckmäßiger als die "unberechenbare" Zukunft gänzlich dem Zufall zu überlassen.

1.2.2 FORMULIERUNG DES PHARMA-MARKETING-LEITBILDES

Das Unternehmensleitbild beinhaltet die obersten Leitlinien und zentralen Grundsätze der Unternehmensführung. Aus ihm sollen der Sinn und Zweck der Unternehmensexistenz und die grundlegenden Vorgehensweisen zur Erreichung der Unternehmensziele hervorgehen. Es bildet damit die Orientierungsgrundlage für das gesamte Handeln eines Unternehmens gegenüber seinen internen (Mitarbeiter, Anteilseigner) und externen (Marktpartner, Staat, Gesellschaft) Interaktionspartnern.[44] Leitbilder entfalten daher sowohl eine Innen- als auch eine Außenwirkung. In der unternehmerischen Praxis werden verschiedene Absichten mit ihnen verfolgt (vgl. Tab. 2).

Ein Leitbild sollte sich gleichsam wie ein "roter Faden" durch alle Unternehmensbereiche ziehen.[45] Bei stark diversifizierten Mehr-Sparten-Unternehmen erscheint es aber auch zweckmäßig, für die Pharma-Sparte wegen ihrer spezifischen Besonderheiten ein eigenes Leitbild (Pharma-Leitbild) zu formulieren, das allerdings mit den übergeordneten Konzernleitlinien abzustimmen ist. Im Hinblick auf einzelne Aspekte der Unternehmensführung lassen sich Leitbilder weiterhin nach funktionalen Gesichtspunkten unterteilen (z.B. F & E -Leitlinien). Faßt man allerdings Marketing als umfassende Führungskonzeption auf, so dürfte es sich in praxi als schwierig erweisen, exakt zwischen dem Pharma-Marketing-Leitbild und dem Unternehmens- bzw. Bereichs-Leitbild zu unterscheiden.

---

43) Vgl. dazu Wiedmann (1985 b), S. 314.
44) Vgl. Gabele/Kretschmer (1983), S. 717.
45) Vgl. Holzhuber (1984), S. 56 - 60.

	Zahl der Antworten	% der Unternehmen
● Konsistenz und Einheitlichkeit		
des Erscheinungsbildes der Unternehmung nach außen mit Grundsätzen der Unternehmenspolitik	43	97,7
von Grundsätzen der Unternehmenspolitik mit der Kommunikationspolitik der Unternehmung	39	88,6
der Selbstdarstellung der Unternehmung nach außen mit dem Verhalten der Mitarbeiter	33	75,0
● Schaffung		
eines Wir-Bewußtseins	35	79,5
von Identifikationspotentialen	33	75,0
erhöhter Mitarbeiterzufriedenheit	28	63,6
von Motivationsanreizen	22	50,0
● Unterstützung		
Hervorhebung der Stärken des Unternehmens	31	70,5
der Akzeptanz als unverwechselbare Unternehmenspersönlichkeit am Markt	29	65,9
der Sichtbarmachung einer Marktorientierung	26	59,1
der Koordination der einzelnen Unternehmensbereiche und der Mitarbeiter	23	52,3
der Schaffung eines Kooperationsbewußtseins bei Marktpartnern	17	38,6
(44 antwortende Unternehmen)		

Tab. 2: Angaben eines Unternehmensleitbildes
(Quelle: Kreutzer/Jugel/Wiedmann (1986), S. 64-65.)

Leitbilder erfassen allgemein einen relativ weiten Zeithorizont, häufig ohne konkrete zeitliche Befristung.[46] Es hat sich gezeigt, daß solche überdauernde Richtlinien einzelnen Pharma-Unternehmen gerade auch in schwierigen Situationen bei der Überwindung ihrer Unternehmenskrise helfen können.[47] Allerdings sollte dieser - durch die grundlegenden Leitlinien aufgestellte - Bezugsrahmen von Zeit zu Zeit einer Überprüfung

---
46) Vgl. Brauchlin (1979), S. 42.
47) Vgl. dazu Altschul (1984); Schneider/Schneider (1987) sowie vor allem Tuleja (1987).

unterliegen und gegebenenfalls den kulturellen und strukturellen Wandlungen innerhalb und außerhalb des Unternehmens im Sinne einer "geplanten Evolution" angepaßt werden.[48]

Neben ihrer langfristigen Ausrichtung ist für Leitbilder des weiteren charakteristisch, daß sie relativ allgemein und global gehalten sind. Sie besitzen damit prinzipiell strategischen Charakter. Im Hinblick auf die materiellen Inhalte bringt ein Pharma-Leitbild den Zweck, die Philosophie, die Identität und die wesentlichen ökonomischen (Formal-)Ziele des gesamten Arzneimittelunternehmens bzw. einer Pharma-Sparte zum Ausdruck (vgl. Abb. 8).

Während man früher die hier von den Leitbildern geforderte Ausübung einer Steuerungsfunktion für die Unternehmen allein über eindeutige operationale Zielsysteme zu erreichen glaubte, werden heute die Möglichkeiten einer detaillierten langfristigen Zielplanung weitaus geringer eingeschätzt. "Es ist kaum möglich, auf lange Sicht ein operationales und detailliertes Zielsystem festzulegen und alle Strategien sowie Maßnahmenprogramme konsequent daran auszurichten."[49] Die Gründe hierfür sind in den verstärkten Umweltdiskontinuitäten, den zunehmenden Informationserfordernissen, den Schwierigkeiten bzw. Unsicherheiten bei der Prognose der künftigen Unternehmenssituation, den Problemen bei der Informationsverarbeitung und ähnlichem mehr zu suchen.[50]

Nichtsdestoweniger stellen - auch langfristig betrachtet - operationalisierte <u>ökonomische Formalziele</u> unabdingbare Richtgrößen für unternehmerisches Handeln dar und sollten daher auch im Rahmen eines Leitbildes - wenigstens in groben Zügen - offen vertreten werden. Darüber hinaus ist auch die positive Wirkung solcher "ökonomischen Fernzielkonzeptionen" (Beispiel: "Wir wollen in den nächsten fünf bis sieben Jahren unseren Inlandsumsatz mit Arzneimitteln verdoppeln.") auf die Motivation der Mitarbeiter nicht zu unterschätzen. Allerdings erscheint es ratsam, die ökonomischen Formalziele im Rahmen eines globalen Zielsystems, um grundlegende Sachziele zu ergänzen und mit diesen abzustimmen.

---

48) Vgl. Kirsch/Trux (1983), S. 54 - 56.
49) Wiedmann/Kreutzer (1985), S. 71. Becker (1983), S. 22 zweifelt ebenfalls daran, ob es "jemals ein solches "Standardmuster" für die Ableitung des unternehmerischen Ziels geben kann."
50) Vgl. ebenda.

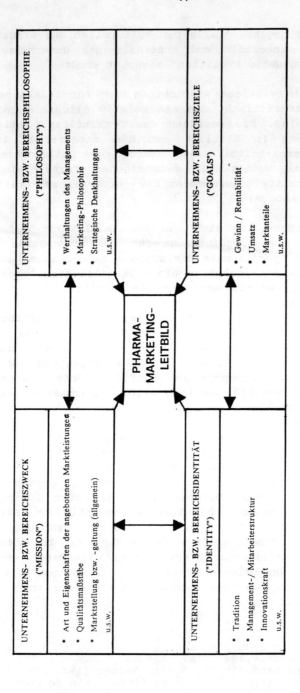

Abb. 8: Inhalte eines Pharma-Marketing-Leitbildes

Der <u>Unternehmens- bzw. Bereichszweck</u> bildet den Kern eines solchen globalen Zielsystems.[51] In diesem Zusammenhang stellt sich die Frage, welche Leistungen ein Arzneimittelunternehmen als Teil des umfassenderen Gesundheitssystems und als Teil der Gesamtgesellschaft gegenwärtig erbringt und insbesondere, welche Leistungen es in Zukunft erbringen möchte. Dieser Basisentscheidung kommt gerade in der Pharma-Branche ein bedeutsamer ethischer Aspekt bei. Das Know-how und der Ressourceneinsatz eines Arzneimittelunternehmens erhalten erst einen Sinn, wenn damit nicht nur ökonomische Erfolge, sondern auch Beiträge zur besseren gesundheitlichen Versorgung der Bevölkerung angestrebt werden.[52] Ist dies nicht gewährleistet, so dürften auf Dauer auch die ökonomischen Erfolge ausbleiben.

Die Beschreibung des Unternehmenszweckes sollte deshalb nicht nur auf die anzubietenden Marktleistungen Bezug nehmen sondern auch knapp umreißen, auf welche Art und Weise man primär zur Lösung gesundheitspolitischer Probleme beizutragen gedenkt (Beispiele: "Wir sind ein führendes forschungsintensives Pharma-Unternehmen, das durch Bereitstellung innovativer Medikamente und umfassende Arzneimittelinformationen eine optimale Gesundheitsversorgung der Bevölkerung anstrebt." "Wir sind ein Generika-Anbieter, der durch qualitativ hochwertige und preisgünstige Imitationspräparate einen wichtigen Beitrag zur Kostendämpfung im Gesundheitswesen leistet." "Wir sind ein kleines mittelständisches Pharma-Unternehmen, das sich auf die Herstellung und Vermarktung wirksamer Naturheilmittel spezialisiert hat und damit in vielen Bereichen eine sinnvolle Alternative zur chemischen Medikation bietet.").

Die Definition des Unternehmenszweckes engt das Spektrum künftiger Kundenproblemlösungsangebote ein. Bei einer zu engen Definition besteht die Gefahr, daß relevante Erfolgspotentiale und Zukunftschancen in verwandten bzw. benachbarten Feldern (z. B. Bedarfsentwicklung und Marktveränderungen im Bereich der Medizintechnik) nicht wahrgenommen werden.[53] Eine zu weite Abgrenzung birgt dagegen das Risiko von Identifikationsverlusten und einer "Verzettelung" der Unternehmensaktivitäten in sich. Außerdem lassen sich breiter angelegte Beschreibungen ungleich schwerer in konkrete strategische Marketing-Programme umsetzen.[54]

---

51) Vgl. Meffert (1986), S. 75.
52) Vgl. Hinterhuber (1984), S. 66.
53) Vgl. dazu bereits Levitt (1960).
54) Vgl. Meffert (1986), S. 75.

Sowohl die ökonomischen Zielvorstellungen als auch die Festlegung des Unternehmenszweckes enthalten bereits implizit eine Vielzahl von Überzeugungen und Werthaltungen des Managements. Häufig wird dieses unternehmerische Selbstverständnis aber nicht ausreichend im Unternehmen umgesetzt, weil für die Mitarbeiter das zugrunde liegende Wertsystem nicht deutlich genug zu Ausdruck kommt, sie sich darin nicht wiederfinden und es deshalb nicht verstehen bzw. akzeptieren oder aber, weil es in der Tagesroutine verloren geht.

Es wird daher zunehmend die Forderung erhoben, die Unternehmen- bzw. Bereichsphilosophie im Rahmen eines Leitbildes explizit herauszustellen.[55] Neben allgemeineren Wertorientierungen der Eigentümer und/oder der Mitarbeiter (Beispiele: "Bewahrung der Selbständigkeit unseres mittelständischen Unternehmens." "Erhaltung der Leistungsbereitschaft durch zufriedene Mitarbeiter.") kommen hierbei auch die verschiedenen Aspekte der Marketing-Philosophie und des strategischen Managements in Betracht.

Leitbilder sollen den künftigen Kurs einer Unternehmung bestimmen und sind daher in erster Linie zukunftsorientiert. Dies bedeutet aber nicht, daß deshalb die historisch gewachsene Unternehmens- bzw. Bereichsidentität außer Acht gelassen werden darf. Während die Unternehmensphilosophie die Wertbasis unternehmerischen Denkens und Handelns anspricht (Wertorientierungen), finden in der Unternehmensidentität die konkreten Unternehmensgegebenheiten ihren Ausdruck (Wertkonkretisierungen). Auf dieser Basis der Unternehmensidentität (Firmengeschichte, -image am Markt, Qualifikation der Mitarbeiter, Innovationskraft usw.) müssen auch Entwürfe für die Unternehmenszukunft aufbauen.[56]

In der Unternehmenspraxis wurde häufig die Erfahrung gemacht, daß angestrebte strategische Veränderungen scheiterten, weil die hierfür notwendige Transformation der Unternehmensidentität nicht behutsam genug erfolgte oder nicht zu bewerkstelligen war.[57] Unter Marketing-Aspekten ist vor allem zu beachten, daß die Unternehmensidentität nicht nur nach innen auf die Mitarbeiter sondern auch nach außen auf die Umwelt und insbesondere die Kunden ausstrahlt.

---

55) Vgl. Wiedmann/Kreutzer (1985), S. 76 - 78.
56) Vgl. Kirsch/Trux (1981), S. 316 - 320.
57) Vgl. ebenda, S. 315.

Will ein Arzneimittelunternehmen seine bisherige strategische Grundposition (z. B. Innovator, Generika-Anbieter, Spezialist im Krankenhaussektor etc.) verlassen oder ausdehnen, so müssen sehr frühzeitig intern und extern gerichtete Maßnahmen ergriffen werden, um die künftige Unternehmensidentität zu vermitteln und zu formen. Dabei können erhebliche Probleme auftreten. So dürfte der Hauptgrund dafür, daß innovative Pharma-Unternehmen in der Regel keine Nachahmerpräparate vertreiben, weniger ethisch-moralischer Natur sein, als vielmehr darin bestehen, daß die Innovatoren ihre Glaubwürdigkeit einzubüßen glauben, wenn sie als Imitatoren auftreten.

Präziser ausformulierte Leitlinien, die den zukünftigen Unternehmenskurs (und insbesondere die ökonomischen Ziele) klar festlegen, sollten verständlicherweise allein einem engeren Kreis von Führungspersonen vorenthalten bleiben. Dieses streng vertrauliche unternehmensinterne Arbeitsdokument dient als Grundlage für das neutrale und in der Regel auch kürzer abgefaßte Pharma-Leitbild, das einen größeren Personenkreis ansprechen soll.[58]

Um die gewünschte Innen- und Außenwirkung entfalten zu können, muß das Pharma-Marketing-Leitbild den entsprechenden Zielgruppen (Mitarbeiter, Ärzte, Patienten, Öffentlichkeit etc.) in seinen wesentlichen Zügen zugänglich und verständlich gemacht werden. Indirekt kann dies bereits über das Führungsverhalten des Managements bzw. das Verhalten der Mitarbeiter geschehen. Es dürfte aber effektiver sein, die entsprechenden Leitlinien zusätzlich auch direkt z. B. über Mitarbeiterseminare oder die inhaltliche Gestaltung einer Firmenbroschüre zu vermitteln.

Generell ist zu beachten, daß die in einem Leitbild geäußerten "Wunschvorstellungen"[59] nicht zu stark vom derzeit bestehenden Innen- und Außenimage (mithin auch der Unternehmensidentität) abweichen. Nur ein realisierbares und glaubwürdiges Leitbild wird den mit ihm verfolgten Absichten gerecht. Entscheidend erscheint letztlich, daß die Manager und Mitarbeiter eines Pharma-Unternehmens die Inhalte des Leitbildes internalisieren und durch ihr Auftreten und Verhalten mit Leben füllen.[60]

---

58) Vgl. Pümpin (1980), S. 41.
59) Antonoff (1986), S. 8 bezeichnet das Unternehmensleitbild als das "Zukunftsbild vom optimalen Zustand des eigenen Unternehmens".
60) Vgl. Kreutzer/Jugel/Wiedmann (1986).

1.2.3 DEFINITION UND ABGRENZUNG STRATEGISCHER PHARMA-FELDER (SPF)

Im Mittelpunkt des strategischen Marketing steht die Schaffung und Sicherung von Erfolgspotentialen. Für ein Arzneimittelunternehmen stellt sich mithin primär die Frage, mit welchen Präparaten es in Zukunft auf welchen Teilmärkten des Arzneimittelmarktes vertreten sein will (Frage der künftigen Produkt/Markt-Kombinationen). Die Beantwortung dieser Frage steht in einem unmittelbaren Zusammenhang mit der Definition des Unternehmenszwecks, welche den umfassenden Rahmen für die Bestimmung der künftigen Betätigungsfelder absteckt.

Im Einzelfall kann man unter Erfolgspotentialen mehr oder weniger homogene Präparategruppen eventuell sogar Einzelpräparate verstehen. Zieht man in Betracht, daß größere Pharma-Unternehmen ein Sortiment von zum Teil weit über 100 Präparaten aufweisen und selbst kleinere und mittlere Firmen in der Regel zwischen 10 und 50 verschiedene Medikamente in den unterschiedlichsten Teilmärkten des Arzneimittelmarktes vertreiben[61], so wird das pragmatische Bedürfnis einer globaleren Marketing-Betrachtung verständlich, das darin besteht, die einzelnen Produkt-/Markt-Kombinationen zu einer überschaubaren Zahl einfacher zu handhabender Planungseinheiten zusammenzufassen.[62] Diese Hauptbetätigungsfelder eines Pharma-Unternehmens werden im folgenden als strategische Pharma-Felder (SPF) bezeichnet.

In der Literatur finden sich eine Reihe von Anforderungskatalogen, die man von theoretischer Seite generell an die Bildung strategischer Geschäftsfelder (SGFs) stellt.[63] Ein SGF läßt sich demnach an Hand der folgenden Kriterien bestimmen:

> 1. Die Produkte bzw. Produktgruppen des SGF unterscheiden sich von denen anderer SGFs eines Unternehmens hinsichtlich der Märkte, Technologien und Kostenstrukturen (insbesondere Produktions-, F & E- und Marketing-Kosten).

---

61) Vgl. dazu die "grünen Seiten" in der "Roten Liste" des BPI (1987 b).
62) Vgl. Gerl/Roventa (1983), S. 145.
63) Vgl. dazu u. a. Dunst (1983), S. 56 - 64; Meffert/Wehrle (1981), S. 13 - 16; Borrmann (1986), S. 213; Roventa (1979), S. 125.

2. Jedes SGF besitzt eine völlig eigenständige, kundenbezogene Marktaufgabe, d. h. es bezieht sich auf ein klar definiertes Kunden- oder Anwenderproblem.

3. Die einzelnen SGFs weisen unterschiedliche Marktchancen und -risiken auf. Die jeweiligen Konkurrenten (bzw. Konkurrenzprodukte) lassen sich eindeutig identifizieren.

4. Jedes SGF verfolgt eigene Ziele unabhängig von anderen SGFs. Die Strategien eines SGF sollten die Strategien anderer SGFs nicht beeinflussen.

Grundsätzlich sollten die genannten Kriterien auch bei der SGF-Definition in Arzneimittelunternehmen als Orientierungshilfe herangezogen werden. Eine strenge Auslegung der Prinzipien dürfte wohl aber in den meisten Fällen dazu führen, daß letztlich das ganze Arzneimittelunternehmen bzw. die gesamte Pharma-Sparte nur noch aus einem SGF besteht. In Arzneimittelunternehmen mit einer größeren Zahl von Produkt/Markt-Kombinationen erscheint es jedoch angebracht, Abstriche an den theoretischen Perfektionismus zu machen und eine begrenzte Zahl von möglichst (!) unterschiedlichen SGFs zu bilden. Gerade in kleineren Pharma-Unternehmen können dabei zum Teil auch einzelne Produkte ein SPF darstellen. In der Pharma-Marketing-Praxis hat es sich schon häufig gezeigt, daß es möglich ist, für Planungszwecke sinnvolle Produkt(bereichs)abgrenzungen vorzunehmen. Die theoretische Idealvorstellung völlig autonomer strategischer Planungseinheiten mußten dabei allerdings aufgegeben werden.

Dennoch sollte sowohl die Festlegung als auch die anschließende planerische Handhabung strategischer Pharma-Felder mit großer Sorgfalt erfolgen. Von der SPF-Definition hängt es letztlich ab, welche Informationen (z. B. Konkurrenzinformationen) konkret eingeholt und welche Analyse-, Planungs- und Kontrollaktivitäten für diese Planungseinheiten durchgeführt werden. Dabei ist folgendes zu beachten:[64]

1. Da die SPF in der Realität keine gänzlich autonomen Gebilde darstellen, ist nicht nur innerhalb der SPF (SPF-Ebene) sondern auch auf einer übergeordneten Ebene (Unternehmens- bzw. Bereichsebene) nach Synergiepotentialen zu suchen, die es durch geeignete Marketing-Strategien auszunutzen gilt (z. B. gemeinsames Firmenimage).

---

64) Vgl. dazu Borrmann (1986), S. 212 - 218.

2. Die SPF-Definition ist keine einmalige Aufgabe sondern ein dynamischer Prozeß. Durch Änderungen der Marktstrukturen (z. B. neue Kundengruppen, veränderte Kauf- bzw. Verschreibungsbedürfnisse), der Konkurrenzstrukturen (neue Anbieter, Aufgabe alter Konkurrenten, Firmenaufkäufe etc.) oder durch das Auftreten neuer Lösungstechnologien (z. B. Gentechnologie, neue verbesserte Substanzen) werden sorgfältige Überprüfungen und eventuell Revisionen einer SPF-Definition erforderlich.

3. Zu enge SPF-Definitionen führen unter Umständen dazu, daß relevante Marktentwicklungen übersehen und aus vorhandenen Informationen (z. B. über Marktanteile oder Umsatzentwicklungen) falsche Schlußfolgerungen gezogen werden. Dagegen sind zu weite SPF-Definitionen planerisch schlechter handhabbar.

Um die Festlegung strategischer Betätigungsfelder in der Praxis zu erleichtern, hat die Theorie verschiedene Denkraster entwickelt.[65] Besondere Beachtung verdient hierbei der dreidimensionale Denkrahmen von Abell. Ein wesentlicher Vorzug des Abell'schen Schemas besteht darin, daß es nicht allein die etwas verkürzte Frage stellt "Welche Produkte für welche Märkte?" sondern den Blick in Richtung auf die Bildung kundenbezogener Problemlösungskategorien lenkt. Dies geschieht über die drei Betrachtungsdimensionen "Kundengruppen" (customer-groups), "Funktionserfüllung" (customer-functions) und "verwendete Technologien" (alternative-technologies).[66] Der hierdurch entstehende dreidimensionale Bezugsrahmen läßt sich auch auf die Pharma-Branche übertragen (vgl. Abb. 9).

Von zentraler Bedeutung in der Pharma-Industrie ist zunächst die Unterscheidung nach verschiedenen Nachfragesektoren (bzw. Hauptnachfragegruppen). Während das Nachfrageverhalten auf dem <u>Selbstmedikationsmarkt</u> dem üblichen Konsumentenverhalten weitgehend entspricht, zerfällt die Nachfrage auf dem Verordnungsmarkt in den Kaufentscheider (Arzt), den Zahler (Krankenkasse) und den Konsumenten (Patienten). Insbesondere aufgrund der Ausgabensituation der gesetzlichen Krankenkassen und der Risikobehaftung der Arzneimittel unterliegt der <u>Verordnungsmarkt</u>

---

65) Einen Überblick hierzu geben Meffert/Wehrle (1981), S. 9 - 16; Köhler (1981), S. 266 - 272 sowie Wiedmann/Kreutzer (1985), S. 73 - 75.
66) Vgl. dazu Abell (1980), S. 29 ff.

BETRACHTUNGSDIMENSIONEN		KONKRETISIERUNGEN	
ALLGEMEIN (Nach Abell)	PHARMA-INDUSTRIE	GROBBE-TRACHTUNG	DETAILBE-TRACHTUNG
KUNDEN-GRUPPEN	NACHFRAGE-SEKTOREN	* Selbstmedikation	- Verbrauchergruppen (z.B. alte Patienten, Frauen etc.) - Empfehlergruppen (z.B. Ärzte, Apotheker, Heilpratiker)
		* Verordnungsmarkt	- Facharztgruppen (z.B. Internisten, Gynäkologen, Pratiker) - Verwendergruppen (siehe oben)
		* Krankenhausmarkt	- Krankenhausart (z.B. Akut-Krankenhäuser, Spezialkliniken etc.) - Fachabteilungen (z.B. Innere Medizin, Chirugie etc.)
TECHNO-LOGIEN	SUBSTANZ-KLASSEN	* Pflanzl. Wirkstoffe	- Teezubereitungen (z.B. Rheuma-Tee), Heilkräuter, Morphium etc.
		* Chemische Wirkstoffe	- z.B. Acetylsalicyl, Paracetamol etc.
		* Sonstige	- Homöopathika (z.B. Akonitum) - Organpräparate (z.B. Tierextrakte)
FUNKTIONS-ERFÜLLUNG	INDIKATIONS-GEBIETE	* Hauptindikationen (z.B. Schmerzmittel)	Teilindikationen (z.B. Kopfschmerzen, einfache Schmerzen, schwere Schmerzen etc.)

Abb. 9: Übertragung des dreidimensionalen Bezugsrahmens für Produkt/Markt-Kombinationen *(nach Abell)* auf den Arzneimittelmarkt

einer Reihe von eigenen Gesetzmäßigkeiten.[67] Der Verordnungsmarkt stellt den größten Nachfragesektor des Arzneimittelmarktes dar. Aus verschiedenen Gründen (Negativ-Liste, Änderungen des Verbraucherverhaltens etc.) ist jedoch in den letzten Jahren in einzelnen Teilbereichen ein zunehmender Trend zum Selbstkauf festzustellen.

Der <u>Krankenhausmarkt</u> wiederum unterscheidet sich vom Verordnungsmarkt (Bereich niedergelassener Ärzte) insbesondere durch das organisationale Einkaufsverhalten der Kliniken, das teilweise dem industriellen Beschaffungsverhalten ähnelt (Multitemporalität und Multipersonalität des Kaufentscheidungsprozesses, Rollenfunktionen und hierarchische Stellung der Beteiligten etc.). Ebenso wie der Selbstmedikationsmarkt lassen sich der Verordnungsmarkt und der Krankenhausmarkt nach verschiedenen Kundengruppen weiter konkretisieren.

Neben den (Haupt-)Nachfragegruppen besitzt auch die inhaltliche Zusammensetzung bzw. die jeweilige <u>Grundsubstanz</u> (hauptsächlicher Wirkstoff) der Präparate(gruppen) besondere Relevanz für die Abgrenzung strategischer Pharma-Felder. Hierzu ist anzumerken, daß der Abell'sche Technologie-Begriff auf dem Arzneimittelmarkt eine etwas abgewandelte Bedeutung erfährt. In einem übertragenen Sinne lassen sich jedoch auch die unterschiedlichen Grundsubstanzen inhaltlich verschiedener Präparategruppen als "alternative Technologien" der medikamentösen Behandlung auffassen. So stellt beispielsweise die medikamentöse Therapie mit Antibiotika in vielen Fällen eine fortschrittlichere "Technologie" der Behandlung von Infektionskrankheiten dar als der Einsatz von Sulfonamiden.

Die <u>Indikationsschwerpunkte</u> (Anwendungsgebiete) der Medikamente stellen die dritte wesentliche Dimension dar, um den relevanten Arzneimittel-Teilmarkt für einzelne Präparate(gruppen) zu identifizieren.[68] Auch hier handelt es sich lediglich um eine sinnverwandte Übertragung der Abell'schen Dimension "Funktionserfüllung".

Konkurrenzbeziehungen zwischen den einzelnen Medikamenten können sich zum Teil auf konkrete Teilmärkte beschränken, aber auch über verschiedene Substanzklassen, Indikationsgebiete oder Nachfragesektoren hinaus erstrecken. Die drei genannten

---

67) Zum Teil dürfen Arzneimittel allerdings sowohl per ärztlicher Verordnung als auch über den Selbstmedikationsmarkt abgesetzt werden.
68) Vgl. hierzu ausführlicher auf Seite 254 f. dieser Arbeit.

Dimensionen sind oft nicht unabhängig voneinander. Der Vorteil des dreidimensionalen Denkrasters besteht darin, daß sich die Abgrenzung eines SPF darin - je nach interner und externer Unternehmenssituation - beliebig ausdehnen oder verfeinern läßt (vgl. dazu auch Abb. 10).

Während das Pharma-Marketing-Leitbild die gesamte Unternehmens- bzw. Bereichsebene betrifft, bilden die einzelnen SPF die vornehmlichen Planungsobjekte für die im folgenden zu behandelnden strategischen Marketing-Ziele bzw. Marketing-Strategien.

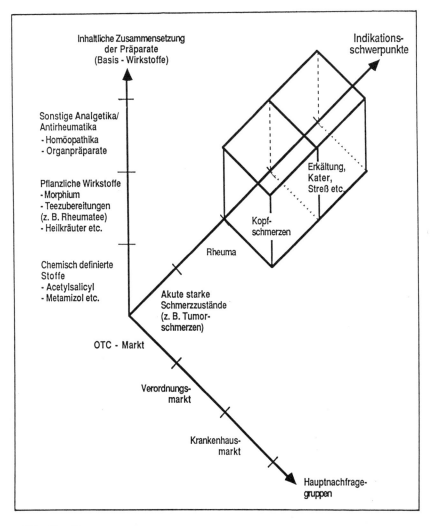

Abb. 10: Abgrenzung strategischer Pharma-Felder

1.2.4 FORMULIERUNG VON MARKETING-ZIELEN UND MARKETING-GRUNDSATZ-STRATEGIEN FÜR DIE STRATEGISCHEN PHARMA-FELDER

1.2.4.1 VORBEMERKUNG: ZUM ZUSAMMENHANG ZWISCHEN STRATEGISCHEN MARKETING-ZIELEN UND MARKETING-STRATEGIEN

Die im Pharma-Leitbild enthaltenen Zielvorstellungen können nur dann erreicht werden, wenn die einzelnen SPF bestimmte Teilziele realisieren. Daher sind die allgemein gehaltenen Oberziele des Leitbildes in tätigkeitsfeldbezogene Zwischenziele aufzugliedern, die sich ihrerseits in Produktlinien- oder noch genauer produktbezogene Unterziele unterteilen lassen. Während das Leitbild originäre Zielvorgaben umreißt, stellen die SPF- bzw. produkt(linien)bezogenen Teilziele derivative Zielvorstellungen dar. Innerhalb dieser Zielhierarchie nimmt der Umfang und Detaillierungsgrad der Ziele von oben nach unten zu (vgl. Abb. 11).[69]

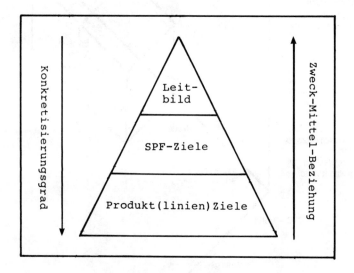

Abb. 11: Grobstruktur der Ziel-Hierarchie eines strategischen Pharma-Marketing

Die umrißhaften Zielvorstellungen des Leitbildes kann man auf der SPF-Ebene bzw. Produkt(linien)-Ebene nach verschiedenen

---
69) Vgl. Becker (1983), S. 22 - 23.

Komponenten und zeitlichen Realisierungsstufen verfeinern. Speziell unter absatzmarktbezogenen Gesichtspunkten kommen dabei neben monetären Zielen (z. B. Umsatzziele) auch eine Reihe von nicht-monetären Zielen (z. B. Bekanntheitsgrade, Marktmacht, Images) besondere Bedeutung bei. Zwischen diesen beiden verschiedenen Arten von Marketing-Zielen werden - trotz unterschiedlicher zeitlicher Verläufe - Behauptungen über sachlogische Zusammenhänge aufgestellt, wobei die nicht-monetären Zielgrößen im Zeitablauf oftmals erst bestimmte Mindestausprägungen erreichen müssen, damit Umsätze, Gewinn- und Renditebeiträge einer Planungseinheit überhaupt in die angestrebte Größenordnung hineinwachsen können.[70] Änderungen nicht-monetärer Zielausprägungen (z. B. Einstellungsveränderungen) lassen sich oft nur auf lange Sicht herbeiführen. Sie verdienen daher gerade im Rahmen eines strategischen Marketing besondere Aufmerksamkeit.

Strategische Marketing-Ziele können in praxi nicht nur hinsichtlich ihres Inhaltes und Ausmaßes sondern auch im Hinblick auf ihren zeitlichen Bezugsrahmen genauer festgelegt werden. Tendenziell ist ihr Planungshorizont eher langfristig angelegt. Da sie sich auf konkrete Produkte und Märkte bzw. Konglomerate von Produkt-/Markt-Kombinationen beziehen, sollen deren spezifische Zeitkonstanten bezüglich Forschung & Entwicklung, Arzneimittelzulassung, Marktabläufe etc. bei der Fixierung von Zeitangaben Berücksichtigung finden.[71] Eine strategische Ziel-Stufenplanung, die über mehrere Perioden reicht, richtet ihre Betrachtung nicht nur auf das geplante Endziel, sondern versucht, die erwartete Entwicklung einer Zielgröße im Zeitablauf darzustellen (vgl. Abb. 12).[72] Solche strategischen Ziel-Leitlinien (Trajektorien) dürfen nicht als exakte Prognose-Versuche mißverstanden werden. "Sie bringen lediglich nach dem gegenwärtigen Informationsstand das strategisch (und nicht nur auf kurze Sicht) Gewollte zum Ausdruck."[73] Ziel-Trajektorien sind daher nach dem jeweils neuesten Erkenntnisstand zu modifizieren oder fortzuschreiben.

Voraussetzung hierfür ist, daß während des gesamten Zeitraums, für den das strategische End-Planziel Gültigkeit besitzt, die Abweichungen der Ist-Zwischenstände von den zeitlich entsprechenden Soll-Zielvorgaben sowie die Voraussetzungen und Prämissen, die für die Zielbildung ausschlaggebend waren, einer

---
70) Vgl. Köhler (1981), S. 277 - 278.
71) Vgl. Gälweiler (1987), S. 163.
72) Vgl. Köhler (1981), S. 278 - 279.
73) Köhler (1981), S. 279.

ständigen Überwachung unterliegen. Kommt es zu wesentlichen
Abweichungen, so wird eine Änderung des strategischen Marketing-Ziels und/oder eine Schließung der Ziellücke durch veränderte oder zusätzliche strategische Marketing-Maßnahmen (Marketing-Strategien) erforderlich.[74]

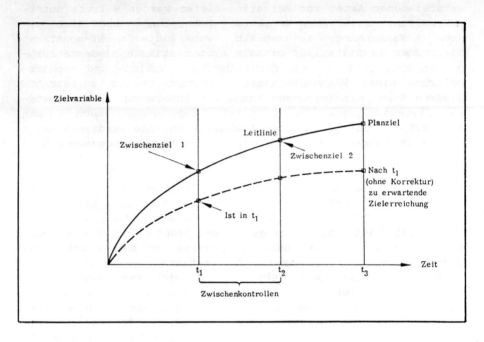

Abb. 12: Trajektorien-Konzept der strategischen (Marketing-) Zielplanung
(Quelle: Köhler (1981), S.278.)

Während strategische Marketing-Ziele für die fernere Zukunft
gewünschte Zustände ("Wunschorte") angeben und damit die Frage
des "Wohin" konkretisieren, bestimmen Marketing-Strategien die
Bahnen ("Schneisen" oder "Kanäle"), in denen sich die zur
Zielerreichung notwendigen Marketing-Aktivitäten bewegen sollen, und behandeln damit die Frage des "Wie" im Sinne der
Zielverfolgung. Strategien sollen die laufenden taktischen und
operativen Maßnahmen im Hinblick auf die gemeinsame Zielerreichung kanalisieren.[75]

Diesem Verständnis nach sind Marketing-Strategien unmittelbar
an strategische Zielvorstellungen bzw. Zieltrajektorien gebun-

---

74) Vgl. ebenda.
75) Vgl. Becker (1983), S. 74 - 76.

den. Der Anfang einer Strategieentfaltung und -beurteilung liegt stets in der Gegenwart. Das Ende ist spätestens mit Ablauf des zeitlichen Planungshorizontes des jeweiligen strategischen Marketing-Zieles erreicht. Eine über diesen Zeitpunkt hinaus, z. B. bis zum Marktaustritt, macht das erneute Setzen eines strategischen Marketing-Zieles erforderlich.

Ebenso wie die strategischen Zielvorstellungen müssen auch die zugehörigen Strategien überprüft, überdacht und unter Umständen geändert, erweitert oder ergänzt werden, wenn sich zwischenzeitlich ein neuer Informationsstand ergibt. Die Revidierbarkeit ist ein wesentliches Charakteristikum von Marketing-Strategien. Vor der übereilten Änderung einer Marketing-Strategie sollte jedoch die Trägheit der Marktreaktion berücksichtigt werden, d. h. einer einmal festgelegten Marketing-Strategie sollte man ausreichend Gelegenheit zur Wirkungsentfaltung geben. Dieser Aspekt wird in der Praxis häufig vernachlässigt.[76]

Marketing-Strategien beziehen sich sowohl auf bestehende wie auch auf künftige Betätigungsfelder und Produkte.[77] Gerade in der Pharma-Industrie bedarf es vor dem Markteintritt langwieriger vorbereitender Aktivitäten (Forschungs- und Entwicklungsarbeiten, Arzneimittelzulassung, Außendienstschulung etc.), die in eine umfassendere Marketing-Strategie eingebettet sein sollten.[78] Die Komplexität der Ziel- und Strategienplanung erhöht sich des weiteren dadurch, daß auf den verschiedenen Ebenen (SPF-Ebene, Produkt(gruppen)-Ebene) mehrere strategische Marketing-Ziele und -Strategien gleichzeitig verfolgt werden. Bereits für die Erreichung eines einzigen strategischen Marketing-Ziels (z. B. Produkt-Ziel) bedarf es im Regelfall mehrerer Strategien. In der Praxis hat man es daher mit einer mehrdimensionalen Ziel/Strategien-Stufenplanung auf verschiedenen Unternehmensebenen und in bezug auf mehrere Planungseinheiten zu tun, was eine Vielzahl von Koordinationserfordernissen bedingt.

---

76) Vgl. Steffenhagen (1982), S. 66.
77) Vgl. Gälweiler (1987), S. 163.
78) Man spricht in diesem Zusammenhang in der Praxis von einem Pre- oder Prä-Marketing.

1.2.4.2 ENTWICKLUNG VON MARKETING-GRUNDSATZSTRATEGIEN

Nachdem das formale Wesen von Marketing-Strategien in groben Zügen herausgearbeitet wurde, soll im folgenden auf die verschiedenen Erscheinungsformen von Marketing-Strategien inhaltlich näher eingegangen werden. Angesichts der Vielfalt von Strategietypen, die in der Literatur Behandlung oder zumindest Erwähnung finden, erweist sich dieses Unterfangen als relativ schwierig.[79]

Eine Systematisierung von Marketing-Strategien erfolgt in der Literatur zumeist nur grob, indem man zwischen Global- oder Grundsatzstrategien einerseits und Instrumentalstrategien andererseits unterscheidet.[80] Dieser Grobunterscheidung soll zunächst auch hier gefolgt werden, obgleich - wie weiter unten noch zu sehen ist - selbst diese beiden Grundarten von Marketing-Strategien nicht überschneidungsfrei sind.

Marketing-Grundsatzstrategien nehmen Bezug auf bestehende oder künftige SPFs. Sie geben die grundsätzlichen strategischen Stoßrichtungen der Unternehmen auf den einzelnen Betätigungsfeldern an und schaffen damit zugleich den Orientierungsrahmen für die primär an den einzelnen Produkten oder Produktlinien ausgerichteten Instrumentalstrategien (z. B. Preisstrategien). Abbildung 13 vermittelt einen Überblick über die nachstehend behandelten Erscheinungsformen von Marketing-Grundsatzstrategien. Es zeigt sich, daß eine Reihe unterschiedlicher Anknüpfungsmöglichkeiten (Strategieebenen) zur Generierung von Grundsatzstrategien existieren. Die verschiedenen Strategieebenen dürfen dabei nicht losgelöst voneinander gesehen werden. Die Betrachtung erfolgt jeweils nur unter einem anderen strategischen Blickwinkel.

Aus der in Abbildung 13 wiedergegebenen Matrix lassen sich für ein SPF mögliche Strategien herausarbeiten. In aller Regel kann sich ein Pharma-Unternehmen nicht auf die Verfolgung ausschließlich einer Grundsatzstrategie für ein SPF beschränken, sondern muß ein geeignetes Strategienbündel auswählen. Hierbei ergeben sich insbesondere horizontale (Strategien verschiede-

---

79) Vgl. dazu sehr ausführlich Steffenhagen (1982).
80) Vgl. Becker (1983), S. 76 und die dort zitierte Literatur.

Strategieebene	GRUNDSATZSTRATEGIEN			
Normstrategien (Allgemeine strategische Stoßrichtungen)	Investitions- und Wachstumsstrategie	Offensivstrategie	Defensivstrategie	Abschöpfungs- und Desinvestitionsstrategien
Wachstumsstrategien (Strategische Wachstumsrichtungen)	Marktdurchdringung	Marktentwicklung	Produktentwicklung	Diversifikation
Wettbewerbsstrategien (Konkurrenzorientierung)	Strategie der Differenzierung		Strategie der Kostenführerschaft	
Marktfeldstrategien (Marktabdeckung)	Produkt-/Markt-Spezialisierung	Produktspezialisierung	Marktspezialisierung	Selektive Spezialisierung	Vollständige Produkt-/Markt-Abdeckung
Marktsegmentierungsstrategien (Marktbearbeitung)	Undifferenzierte Marktbearbeitung		Differenzierte Marktbearbeitung	
Positionierungsstrategien (Produktpositionierung)	Abhebungsstrategie	Mehr-Produkt-Strategie		Imitationsstrategie

Abb. 13: Marketing-Grundsatzstrategien im Überblick

ner Strategieebenen) teilweise aber auch vertikale (verschiedene Strategien einer Strategieebene) Kombinationsmöglichkeiten.[81]

1.2.4.2.1 NORMSTRATEGIEN

Eine wichtige erste Denkhilfe bei der Generierung von Grundsatzstrategien leistet das Portfolio-Management. Den Ausgangspunkt hierfür bildet die Positionierung aller SPFs einer Arzneimittelunternehmung in einer zweidimensionalen Portfolio-Matrix. Aus den Ist-Positionen der SPFs innerhalb dieser Matrix lassen sich sogenannte Normstrategien ableiten.[82]

Aus der Vielzahl mittlerweile existierender Portfolio-Varianten soll hier exemplarisch etwas näher auf das Marktattraktivitäts-/Wettbewerbsvorteils-Portfolio eingegangen werden. Bei dieser Portfolio-Version faßt man die relevanten Umweltfaktoren einer Arzneimittelunternehmung unter der Bezeichnung "Marktattraktivität" zusammen, wohingegen die unternehmensinternen Erfolgsfaktoren gemeinsam die Dimension "Wettbewerbsvorteile" darstellen.

Abbildung 14 enthält eine Reihe möglicher Subkriterien dieser beiden Dimensionen. Auch die dort wiedergegebenen Checklisten erheben keinerlei Anspruch auf Relevanz und/oder Vollständigkeit der aufgeführten strategischen Einflußgrößen für die SPFs einer bestimmten Arzneimittelunternehmung. Solche Listen sind vielmehr vor dem konkreten Hintergrund der Unternehmung anzugehen, d. h. eine Auswahl der zu verwendenden Faktoren sollte man immer speziell auf die Situation der eigenen Unternehmung abstimmen.

Um die einzelnen SPFs innerhalb der zweidimensionalen Matrix positionieren zu können, sind die Ausprägungen in den einzelnen Subkriterien mit Hilfe eines Punktbewertungsverfahrens zu

---

81) Vgl. ähnlich Pümpin (1980), S. 76 - 77 oder auch Becker (1983), S. 182 - 185.
82) Auf eine ausführlichere Beschreibung der Ziele, Aufgaben, Anwendungsmöglichkeiten und -probleme des Portfolio-Konzeptes im Rahmen der strategischen Unternehmensführung muß an dieser Stelle verzichtet werden. Vgl. hierzu genauer Dunst (1983); Roventa (1979); Hinterhuber (1984); Böhler (1983); Gälweiler (1987); Fronhoff (1986); Eybl (1984); Robens (1985) sowie Walther (1984).

WETTBEWERBSVORTEILE (Interne Dimension)	MARKTATTRAKTIVITÄT (Externe Dimension)

- Marktanteil
- Finanzkraft
- Unternehmensimage
  a) beim Arzt
  b) beim Apotheker
  c) beim Konsumenten
- Image des Präparates
  a) beim Arzt
  b) beim Apotheker
  c) beim Konsumenten
- Forschungs- und Entwicklungspotential der Unternehmung
- Qualität des Managements
- Kommunikationsniveau der Unternehmung
  a) qualitativ
  b) quantitativ
- Vertriebsexklusivität des bzw. der Präparate für Apotheken
- Außendienststärke
- Programmbreite
- Programmtiefe
- Produktvorteile
- Flexibilität des Angebotes
  a) in Bezug auf quantitative Änderungen der Nachfrage
  b) in Bezug auf qualitative Änderungen der Nachfrage
- organisatorische Flexibilität der Unternehmung
- Abhängigkeit der Unternehmung vom jeweiligen SPF
- Strategische Ausdauer
- usw.
	- Marktwachstum
	- Marktgröße
	- Gewinnspanne auf dem relevanten Arzneimitteldetailmarkt
	- Spielraum für Preispolitik
	- Besetzung des Arzneimitteldetailmarktes
	  a) mit Produkten
	  b) mit Unternehmen
	- Kostenstruktur des relevanten Detailmarktes
	- Wettbewerbsintensität
	- Stellung im Marktlebenszyklus
	- Image des Marktes
	  a) beim Arzt
	  b) beim Apotheker
	  c) beim Konsumenten
	- Patentschutz
	- Auswirkung der Kostendämpfung auf den jeweiligen Markt
	- Abhängigkeit des Marktes von der öffentlichen Meinung
	- Möglichkeiten der Standardzulassung
	- Gefahr von Arzneimittelreimporten
	- Risiko einer künftigen Positiv- oder Negativliste
	- Bedrohung durch Substitutionsprodukte
	- Gefahr staatlicher Interventionen
	- Markteintrittsbarrieren für potentielle Konkurrenten
	- usw.

Abb. 14: Mögliche Subkriterien der beiden Portfolio-Dimensionen "Wettbewerbsvorteile" und "Marktattraktivität"
(Quelle: In Anlehnung an Hinterhuber (1984), S.102 bzw. S.105.)

jeweils einem Koordinatenwert pro Dimension und SPF zusammenzufassen. Hierzu bedarf es einer Bewertung der einzelnen Subkriterien für jedes SPF sowie einer Gewichtung dieser Meßwerte nach der jeweiligen Bedeutung der strategisch relevanten Größen.

MARKTATTRAKTIVITÄT	G_i Gewichtung der Faktoren	B_i Bewertung der Faktoren	MA_i
	$\sum G_i = 10$	positiv negativ 1 2 3 4 5 6 7 8 9 10	$= G_i \times B_i$
Marktwachstum	2		10
Marktgröße	3		9
Preispolitischer Spielraum	1		6
Risiko von gesetzgeberischer Seite	0,5		4,5
Wettbewerbsintensität	0,5		2,5
Dauer des Patentschutzes	0,5		3,5
Kostenstruktur des relevanten Marktes	1		2
Gefahr von Parallelimporten	1,5		9
Gesamtbeurteilung der Marktattraktivität eines SPF		$MA_{ges.} = \sum MA_i = 46,5$	

RELATIVE WETTBEWERBSPOSITION	G_i Gewichtung der Faktoren	B_i Position des SPF gegenüber der Konkurrenz	RWV_i
	$\sum G_i = 10$	günstig ungünstig 1 2 3 4 5 6 7 8 9 10	$= G_i \times B_i$
Marktanteil	2		12
Finanzkraft der Unternehmung	2		8
Image des bzw. der Präparate a) beim Arzt b) beim Apotheker c) beim Konsumenten	1,5 1,5 1		4,5 9 9
Kommunikationsniveau der Unternehmung a) qualitativ b) quantitativ	1 1		5 6
Gesamtbeurteilung des relativen Wettbewerbsvorteils eines SPF		$RWV_{ges.} = \sum RWV_i = 53,5$	

Abb. 15: **Punktbewertungsverfahren zur Quantifizierung der Portfolio-Position eines strategischen Pharma-Feldes**

In Abbildung 15 wird zunächst an einem Beispiel verdeutlicht, wie die Quantifizierung der Dimension "Marktattraktivität" für ein SPF erfolgen kann. Die quantitative Ermittlung der relativen Wettbewerbsposition eines SPF vollzieht sich in ähnlicher Weise. In diesem Fall sind die Einzelbewertungen eines SPF bezüglich der relevanten Subkriterien stets in Relation zu den wichtigsten Konkurrenten des betreffenden Betätigungsfeldes vorzunehmen (vgl. ebenfalls Abbildung 15).

Die einzelnen SPF einer Arzneimittelunternehmung lassen sich nunmehr in eine 9-Felder-Matrix einordnen. Die Ist-Portfolio-Matrix (vgl. Abb. 16) ermöglicht eine Gesamtschau aller SPFs einer Unternehmung unter dem Aspekt künftiger Marktchancen und -risiken sowie unternehmensinterner Stärken und Schwächen. Während die Größe der Kreise dem Umsatzvolumen der SPFs entspricht, drücken die Kreisausschnitte den jeweiligen Marktanteil aus.

Der Grundgedanke des Portfolio-Konzeptes besteht nun darin, eine ausgewogene Mischung zwischen finanzmittelverbrauchenden und finanzmittelfreisetzenden SPFs zu gewährleisten, die - unter Begrenzung des Risikos der unternehmerischen Tätigkeiten - den zu erwartenden Gesamtgewinn der Unternehmung auf lange Sicht maximieren. Ein solchermaßen ausgewogenes SPF-Portfolio eines Arzneimittelunternehmens umfaßt demnach auf der einen Seite unternehmerische Betätigungsfelder mit vielversprechenden Präparaten, die unternehmerischer Investitionen bedürfen und noch keine oder nur geringe Gewinne erwirtschaften, die aber für die Zukunft hohe Ertragsaussichten erwarten lassen. Auf der anderen Seite enthält ein solchermaßen "ideales" SPF-Portfolio aber auch Betätigungsfelder, die derzeit noch positive Erträge erwirtschaften, deren Zukunftsaussichten aber mittel- und langfristig eher pessimistisch zu beurteilen sind. Mit Hilfe der finanziellen Ressourcen aus diesen finanzmittelfreisetzenden SPFs gilt es - bei gleichzeitiger Gewährleistung der Liquidität des Unternehmens - die neuen oder zukunftsträchtigeren Produkte und Märkte (Erfolgspotentiale) aufzubauen, die den langfristigen Unternehmenserfolg sichern sollen. Abbildung 16 zeigt ein Ist-Portfolio, mit dem ein ausgeglichenes Ziel-Portfolio angestrebt wird. In diesem Ziel-Portfolio stehen den Investitionsbereichen (im Beispiel SPF I und II) entsprechende Desinvestitionsbereiche (SPF V und VI) gegenüber.

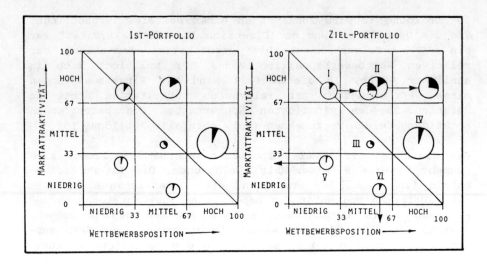

Abb. 16: Beispiel für ein mögliches Ist- und Ziel-Portfolio
(Quelle: Becker (1983), S.212.)

Um zu einem Ziel-Portfolio zu gelangen, das diesen Vorstellungen entspricht, werden im Rahmen des Portfolio-Management-Ansatzes verschiedene Normstrategien für die einzelnen SPFs vorgeschlagen.[83] Die strategischen Stoßrichtungen lassen sich hierbei aus den Ist-Positionen der SPFs in der Portfolio-Matrix ableiten (vgl. Abb. 17).

Investitions- und Wachstumsstrategien kommen vor allem in noch jungen, stark wachsenden Teilmärkten eine besondere Bedeutung zu. Dagegen sind selektive Strategien tendenziell eher auf Märkte anzuwenden, die bereits beginnen, in die Stagnationsphase einzutreten. Je nachdem, ob das Unternehmen eine Positionsverbesserung mit dem betreffenden SPF zu erreichen glaubt oder nicht, hat man dabei zwischen Offensiv- und Defensivstrategien zu wählen. Solange das Unternehmen hierüber keine definitive Entscheidung zu geben vermag, spricht man von einer Übergangsstrategie. Die Verfolgung von Abschöpfungs- und Desinvestitionsstrategien bietet sich dagegen primär in stagnierenden und schrumpfenden Märkten an. In Abbildung 18 sind die typischen Charakteristika der einzelnen Strategietypen genauer aufgeführt.

---

83) Vgl. dazu ausführlich Hinterhuber (1984), S. 116 - 126.

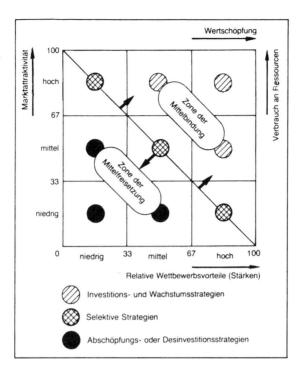

Abb. 17: Normstrategien im Marktattraktivitäts / Wettbewerbs-
vorteile-Portfolio
(Quelle: Hinterhuber (1984), S.97.)

In der jüngeren Vergangenheit hat sich die Theorie zunehmend kritisch mit der Portfolio-Analyse auseinandergesetzt.[84] Dabei wurden nicht nur methodenimmanente Probleme (Bestimmung der relevanten Erfolgsfaktoren; Auswahl, Gewichtung und Aggregation von Beurteilungskriterien; Willkürhaftigkeit der Felder-Einteilung etc.) angesprochen, sondern vor allem die Sinnhaftigkeit der Normstrategien in Zweifel gezogen.

Nicht immer passen die auf den ersten Blick recht einsichtigen Normstrategien zu dem Wesen oder der Geschichte einer Unternehmung. So entspricht das Leitprinzip der Portfolio-Methode, die Risikostreuung, in keiner Weise den durchaus sinnvollen

---

84) Vgl. hierzu insbesondere Mauthe/Roventa (1982).

NORMSTRATEGIEN
- Investitions- und Wachstumsstrategien (<u>Aufbau</u> des SPF) o Verbrauch erheblicher finanzieller Ressourcen um Marktanteile zu gewinnen o Cash-flow-Bilanz i. d. R. negativ (d. h. Verbrauch finanzieller Ressourcen größer als Erwirtschaftung finanzieller Mittel) o Erwartung künftiger Gewinnbeiträge o Perspektive: langfristig
- Offensivstrategien (<u>Ausbau</u> der SPF) o Investitionen zur Erzielung bzw. Ausweitung von Wettbewerbsvorteilen gegenüber den wichtigsten Konkurrenten o Cash-flow-Bilanz im allgemeinen zunächst stark negativ o Erwartung künftiger Gewinnbeiträge o Perspektive: mittel- bis langfristig
- Defensivstrategien (<u>Halten</u> des SPF) o Erhalten der relativen Wettbewerbsvorteile gegenüber der bisherigen Konkurrenz und Abwehr neuer Konkurrenten o Cash-flow-Bilanz positiv, da nur geringe Investitionen erforderlich o SPF trägt zum gegenwärtigen Gewinn und zur Finanzierung von Investitions- und Wachstumsstrategien sowie von Offensivstrategien der Unternehmung bei o Perspektive: eher mittelfristig

- Abschöpfungs- und Desinvestitionsstrategien
(<u>Ernten</u> bzw <u>Aufgabe</u> des SPF)
a) Abschöpfungsstrategien
  o Ausnutzung von Rationalisierungsreserven und Synergieeffekten ohne zusätzlichen finanziellen Ressourceneinsatz
  o Cash-flow-Bilanz positiv, da keine zusätzlichen Investitionen erforderlich
  o SPF trägt mit zum gegenwärtigen Gewinn und/oder zur Finanzierung von Investitions- und Wachstumsstrategien sowie von Offensivstrategien der Unternehmung bei
  o Perspektive: kurz- bis mittelfristig
b) Desinvestitionsstrategien
  o Stufenweiser Marktaustritt in Erwägung ziehen falls Marktaustrittsbarrieren vorhanden ansonsten rascher Rückzug, um freigewordene Ressourcen gewinnbringend einzusetzen
  o Cash-flow-Bilanz negativ
  o Perspektive: möglichst kurzfristig

Abb. 18: Typische Charakteristika von Normstrategien

Grundsätzen vieler kleiner und mittlerer Arzneimittelfirmen[85], die sich mit Erfolg darauf spezialisiert haben, in angestammten Arzneimitteldetailmärkten ihre Positionen zu behaupten und dort ihre im Laufe der Jahre erworbenen Kenntnisse und Fähigkeiten gezielt einzusetzen sowie diese Kernbereiche behutsam auszubauen.[86]

Darüber hinaus bleibt im Rahmen des Portfolio-Ansatzes unzureichend berücksichtigt, daß in den als weniger attraktiv angesehenen stagnierenden und schrumpfenden Marktbereichen auch andere strategische Verhaltensweisen als Abschöpfungs- oder Desinvestitionsstrategien möglich und akzeptabel sind, zumal gerade diese Teilmärkte von der Konkurrenz oft vernachlässigt werden. Speziell in einzelnen Marktnischen innerhalb solcher Teilmärkte lassen sich bei entsprechender Marktbearbeitung unter Umständen durchaus zufriedenstellende Marktergebnisse erzielen.

Die Suche nach geeigneten Marketing-Strategien in stagnierenden und schrumpfenden Märkten gewinnt insbesondere vor dem Hintergrund an Bedeutung, daß echte Produktinnovationen in der Pharma-Industrie heute aufgrund verschiedener umweltinduzierter Probleme nur noch schwer möglich sind. Man sollte sich daher vergegenwärtigen, daß sowohl der Markt-Lebenszyklus wie auch der Lebenszyklus einzelner Präparate oder Präparategruppen durch strategisch ausgerichtete Marketing-Aktivitäten beeinflußt werden kann. So haben beispielsweise einige Pharma-Unternehmen im Rahmen der "Schönheitswelle" die Gelegenheit dazu benutzt, ihre schon lange im Sortiment befindlichen Hefetabletten in "Schönheitspillen" umzufunktionieren und damit ein erfolgreiches strategisches Pharma-Marketing betrieben.

Speziell im Hinblick auf die Aufgabe eines SPF als empfohlene Normstrategie, bleibt weiterhin anzumerken, daß im Pharma-Bereich oftmals kaum überwindbare außerökonomische Marktaustrittsbarrieren existieren. Bei Arzneimitteln handelt es sich um ethische Produkte. Unternehmerische Betätigungsfelder, die der Behandlung seltener Krankheiten dienen, können daher unter ethisch-moralischen Gesichtspunkten selbst dann nicht aufgege-

---

85) Die Eignung der Portfolio-Analyse stellt in kleinen und mittleren Unternehmen ohnehin ein generelles Problem dar, da dort oftmals nur ein SPF besteht. In diesem Fall wird auch die Ressourcenallokation als Aufgabe des Portfolio-Ansatzes hinfällig.
86) Bei einer solchen strategischen Grundhaltung können Diversifikationsrisiken vermieden werden. Vgl. dazu das nachfolgende Kapitel dieser Arbeit.

ben werden, wenn dies ökonomisch zweckmäßig erscheint. Auf der anderen Seite tragen gerade solche SPF zu einem positiven Firmenimage bei, was gerade im Pharma-Markt zu einem Vertrauensvorsprung bei den Kunden gegenüber der Konkurrenz und zu positiven Auswirkungen auf den Absatz des übrigen Sortiments führen kann.

Trotz dieser Einwände vermag das Portfolio-Konzept wichtige Beiträge für ein strategisches Pharma-Marketing zu liefern. Es zeigt ein erstes, logisch in sich geschlossenes System von möglichen globalen Strategien auf, die richtungsweisende Grundlage für die weitere Strategieentwicklung im Marketing-Bereich sein können. Gleichzeitig sensibilisiert der Portfolio-Ansatz für die Gefahren, die beim Fehlen neuer Produkte und Betätigungsfelder oder bei Vernachlässigung bestehender SPFs entstehen. Das Konzept verdeutlicht zugleich die Notwendigkeit, im Rahmen der strategischen Unternehmensführung Prioritäten zu setzen, und liefert Anhaltspunkte darüber, wo Schwerpunkte gesetzt werden könnten, d. h. unter anderem auch, auf welche SPFs sich die strategisch ausgerichteten Marketing-Aktivitäten in erster Linie konzentrieren sollten. In diesem Sinne stellt das Portfolio-Management ein notwendiges Bindeglied zwischen den umfassenderen Unternehmens- und den absatzmarktbezogenen Marketing-Strategien dar.[87]

Damit ist aber noch keineswegs ausgedrückt, daß die sich schablonenhaft aus der Ist-Position eines SPF ergebenden Normstrategien im Einzelfall direkt übernommen werden sollten. Der Ansatz liefert lediglich Anregungsinformationen, um weitergehende Denkprozesse im Unternehmen in Gang zu setzen. Welche strategische Stoßrichtung im Sinne der Normstrategien (Aufbau, Ausbau, Halten, Ernten oder Aufgabe eines SPF) letztlich für ein konkretes SPF zum Tragen kommen soll, kann erst vor dem Hintergrund vertiefender strategischer Marketing-Überlegungen beantwortet werden. Dabei sind vor allem auch andere strategische Marketing-Blickwinkel einzunehmen.

Erst die anschließend verbindlich formulierten strategischen Portfolio-Stoßrichtungen können eine zentrale Steuerungsfunktion für das weitere strategische Marketing-Verhalten ausüben. Die endgültig gewählten Normstrategien legen eindeutige strategische Marketing-Prioritäten fest, d. h. sie bestimmen darüber, in welchen Betätigungsfeldern die Marketing-Kräfte konzentriert einzusetzen sind. Auf der anderen Steite läßt sich

---

[87] Vgl. dazu genauer Freter (1987).

mit den Normstrategien deutlich machen, daß die Aufgaben des Marketing nicht immer nur auf Wachstum (Erhöhung von Umsatz und Marktanteil) ausgerichtet sein müssen. Bei Abschöpfungs- und Desinvestitionsstrategien sowie unter Umständen auch bei Defensivstrategien, sind strategische Marketing-Konzeptionen für die betreffenden SPFs zu entwerfen, die eine Kürzung der Ausgaben für Werbung, Außendienstaktivitäten und ähnliches vorsehen.[88]

Im Hinblick auf notwendig erscheinende Desinvestitionsstrategien ist vor allem die Art und Dauer des Marktaustritts (Abbau von Marktaustrittsbarrieren, Verkauf des SPF oder vollständige Beendigung der Aktivitäten im Betätigungsfeld) genauer zu planen.[89] Eine Verärgerung der bisherigen Kunden bei übereilter Aufgabe eines SPF kann auch in bezug auf den Markterfolg anderer Präparate negative Auswirkungen nach sich ziehen.

Der Portfolio-Ansatz enthält somit zwar einige marketing-relevante Aspekte (Wettbewerbs- und Marktorientierung der Dimensionen, Steuerungsfunktionen der Normstrategien für den Marketing-Bereich), was er jedoch nicht zu leisten vermag, ist es, inhaltliche Bezüge zur Ausgestaltung der Marketing-Instrumentalstrategien herzustellen.[90] Hierfür sind die Handlungsrichtlinien zu allgemein gehalten. Um die Lücke zu den Instrumentalstrategien zu schließen, sind die Normstrategien um weitere Marketing-Grundsatzstrategien zu ergänzen.

1.2.4.2.2 WACHSTUMSSTRATEGIEN

In erster Linie sind die Unternehmen daran interessiert, auf ihren Betätigungsfeldern ein möglichst starkes Wachstum (Umsätze, Absatzmengen, Marktanteile) realisieren zu können. Ein hilfreiches Denkschema zur Generierung von Wachstumsstrategien wurde von Ansoff entwickelt.[91] Anhand einer Produkt-Markt-Matrix (vgl. Abb. 19) zeigt Ansoff verschiedene Wachstumsrichtungen auf, die dazu anregen sollen, die einzelnen Matrix-Felder mit denkbaren branchen- bzw. unternehmensspezifischen Beispielen auszufüllen, um systematisch zu einem SPF- bzw. Unternehmenswachstum zu gelangen.

---

88) Vgl. Meffert (1986), S. 95 - 96.
89) Vgl. Meffert (1983 a), S. 43 - 46.
90) Vgl. Freter (1987), S. 369 - 390.
91) Vgl. Ansoff (1966), S. 109.

MÄRKTE / PRODUKTE	ALT	NEU
ALT	(1) Marktdurchdringung	(2) Markterweiterung
NEU	(3) Produktentwicklung	(4) Diversifikation

Abb. 19: Produkt/Markt-Matrix zur Generierung von Wachstumsstrategien
(Quelle: Nach Ansoff (1966), S.13.)

Nach den Dimensionen "Neuheit der Märkte" (Ansprache vorhandener oder neuer Märkte) und "Neuheit der Produkte" (vorhandene oder neue Produkte) lassen sich aus der Matrix vier Strategien unterscheiden:[92]

(1) Marktdurchdringung

Bei der Marktdurchdringung (Marktpenetration) handelt es sich um eine Wachstumsstrategie, bei der den gegenwärtigen Produkten in bestehenden Märkten durch bessere Ausschöpfung des Marktpotentials zu mehr Erfolg verholfen werden soll. Die Strategie der Marktdurchdringung eröffnet verschiedene Ansatzmöglichkeiten:

- Erhöhung der Verordnungs- bzw. Verwendungsrate bei bisherigen Nachfragern (Ärzte, Heilpraktiker, Patienten);
- Gewinnung von Nachfragern der Konkurrenz;
- Gewinnung von Nicht-Verordnern bzw. Nicht-Verwendern.

---

92) Zu den nachfolgenden Ausführungen über Wachstumsstrategien vgl. insbesondere auch Solc (1980), S. 147 - 159; Kotler (1982), S. 75 - 79; Becker (1983), S. 77 - 97 sowie Girkinger (1986).

Bei Medikamenten ist vor allem die Erhöhung der Verwendungsintensität und die Gewinnung von Nicht-Verwendern unter ethisch-moralischen Aspekten nicht immer wünschenswert (Gefahr des Arzneimittelmißbrauchs). Allerdings gibt es auf der anderen Seite auch eine Vielzahl therapeutischer Gründe, die im Einzelfall für die Durchführung einer Marktdurchdringungsstrategie sprechen können (therapeutischer Nutzen des Medikamentes; Notwendigkeit regelmäßiger Einnahme; therapeutische Vorteile gegenüber Konkurrenzprodukten etc.).

Im wesentlichen erfolgt die Marktpenetration durch Intensivierung kommunikationspolitischer Maßnahmen (verstärkter Außendiensteinsatz, erhöhte Werbeaktivitäten etc.). Ein besonderer Schwerpunkt sollte in diesem Zusammenhang auf die Verbesserung und Ausweitung von solchen kommunikationspolitischen Serviceleistungen für die vorhandenen Produkte gelegt werden, die den Nachfragern bei der Lösung ihrer therapeutischen Probleme helfen (z. B. Patienten-Aufklärungsbroschüren, Ärzte-Informationsveranstaltungen etc.).

Absatzmengensteigerungen können sich ebenfalls durch Preisnachlässe ergeben. Dies gilt zunehmend auch für Teile des früher nahezu preisunelastischen Verordnungsmarktes. Hier sind jedoch die Auswirkungen auf den Umsatz durch Preisreaktionsfunktionen zuvor genauer abzuschätzen. Bei Preiserhöhungen, die zu Umsatzsteigerungen führen sollen, gilt ähnliches.[93]

Schließlich lassen sich Marktanteilserhöhungen und Umsatzsteigerungen in derzeitigen Märkten auch durch Änderung der Handelsformen (Packungsgröße, Wirkstoffstärken, Packungsdesign etc.) vorhandener Präparate erzielen. Darüber hinaus kann unter Umständen die Bündelung (Bundling) von Wirkstoffen bisheriger Medikamente in einem Kombinationspräparat oder umgekehrt die Aufsplittung (Unbundling) eines Kombinationspräparates in eines oder mehrere Monopräparate mit nur einem Wirkstoff therapeutisch und ökonomisch zweckmäßig sein. Allerdings ist in der Pharma-Industrie zu beachten, daß selbst geringfügige Produktmodifikationen eine Neuzulassung durch das BGA und zum Teil nicht unerhebliche Entwicklungsarbeiten bedürfen. Die Übergänge zur Strategie der Produktentwicklung sind daher fließend.

---

93) Vgl. hierzu S. 127 ff. die Ausführungen über Preisstrategien im Pharma-Marketing.

Im Zusammenhang mit der Strategie der Marktpenetration ist vor allem auch daran zu denken, ältere Präparate durch Relaunches wieder attraktiv zu machen.[94] Angesichts eines zunehmenden Trends zu Naturheilmitteln bieten sich zum Beispiel im Bereich der Phytopharmaka teilweise gute Chancen für erfolgreiche Präparate-Relaunches. Bei einer solchen Wachstumsstrategie sind allerdings die gesamten produktbezogenen Marketing-Strategien von Grund auf neu zu überdenken.[95]

(2) <u>Marktentwicklung</u>

Bei der Strategie der Marktentwicklung wird eine Erweiterung des relevanten Absatzmarktes (Arzneimitteldetailmarktes) mit den gegenwärtigen Produkten angestrebt. Es ergeben sich hierfür wiederum verschiedene Ansatzpunkte, die sich teilweise aber überschneiden:

- Markterweiterung nach Indikationen;
- Erschließung neuer Absatzwege;
- Erschließung neuer Nachfragesegmente.

Für die Unternehmen der Pharma-Industrie ist vor allem das Eindringen in andere Indikationsmärkte durch Funktionserweiterungen der bisherigen Präparate typisch. In Abbildung 20 wird dies am Beispiel eines Präparates mit dem Wirkstoff Diazepam veranschaulicht. Während im Einführungsjahr 1963 nur zwei Indikationen der Substanz bekannt waren, konnte das Wirkungsspektrum bis 1974 sukzessive auf insgesamt 18 Anwendungsgebiete ausgeweitet werden.

---

94) Vgl. hierzu auch das Beispiel auf S. 67 dieser Arbeit.
95) Zum Relaunch eines Schlankheitsmittels vgl. z. B. sehr ausführlich Hees (1984).

Die Planung der indikationsbezogenen Marktausdehnung richtet sich bei innovativen Herstellern zunächst einmal nach medizinischen Dringlichkeitserfordernissen. Auf diese Weise erwerben sie sich - zunächst auch auf kleineren Indikationsmärkten - das Image als leistungsfähiges, forschungsintensives Unternehmen, das später beim Eindringen in andere, größere Indikationsbereiche hilfreich ist.[98]

Für die anderen weniger innovativen Firmen spielt das auf den angestammten Indikationsmärkten erworbene Firmenimage im Falle einer Markterweiterung allerdings ebenfalls eine wichtige Rolle. Im einzelnen sind beim Eindringen in einen neuen Indikationsmarkt eine Vielzahl weiterer Faktoren zu berücksichtigen (z. B. Kosten der Marktbearbeitung, Image des Marktes, erforderliches Know-how, Wettbewerbsintensität etc.).

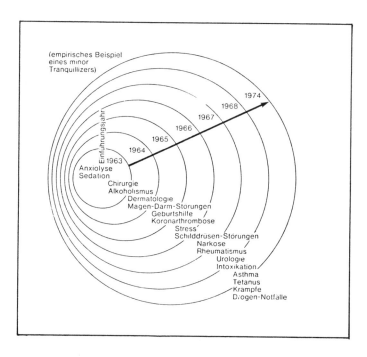

Abb. 20: **Erweiterung des Wirkungsspektrums eines Präparates - dargestellt am Beispiel Diazepam**
(*Quelle: Grebmer (1978), S.702.*)

---

96) Vgl. Nord (1979), S. 124 - 125.
97) Vgl. Solc (1980), S. 151 - 153.
98) Vgl. ebenda.

Neben der Funktionserweiterung kann die Marktentwicklung auch im Zuge der Erschließung neuer Absatzwege erfolgen (z. B. Vertrieb frei-verkäuflicher Arzneimittel nicht mehr allein über Apotheken sondern auch über Drogerien und andere Einzelhandelsgeschäfte; Vertrieb von Arzneimitteln, die bislang nur über öffentliche Apotheken vermarktet wurden, nunmehr auch im Klinikbereich oder umgekehrt). Zumeist geht eine Erschließung des Krankenhausmarktes (oder im umgekehrten Fall des Apothekenmarktes bzw. Verordnungsmarktes) mit einer Funktionserweiterung eines vorhandenen Medikamentes einher, da in den unterschiedlichen Absatzmärkten oft auch andere Anwendungsmöglichkeiten des Präparates erforderlich werden.

Ein dritter Anknüpfungspunkt zur Realisation einer Markterweiterungsstrategie besteht in der Erschließung neuer Nachfragesegmente (z. B. neue Facharztgruppen, andere Altersgruppen von Patienten etc.). Dies läßt sich u. a. durch Produktvariationen (z. B. Kinderpackungen) oder psychologische Produktdifferenzierungen (Veränderung des Markennamens, der Werbebotschaften etc.) bewerkstelligen.

Auch bei der Erschließung neuer Nachfragesegmente ergeben sich Überlappungen mit der Erschließung neuer Absatzwege und/oder neuer Indikationsmärkte. Vor Durchführung der Markterweiterungsstrategie sind prinzipiell umfangreiche Informationen über den neuen Markt einzuholen und in Zusammenhang mit den bisherigen Betätigungsfeldern zu stellen. Hierauf aufbauend ist eine umfassende strategische Marketing-Konzeption zu erarbeiten, die letztlich das gesamte Instrumentarium des Pharma-Marketing betrifft.

(3) <u>Produktentwicklung</u>

Bei der Strategie der Produktentwicklung wird angestrebt, für gegenwärtige Märkte neue Produkte zu entwickeln. Dabei kann es sich entweder um Marktneuheiten oder um Unternehmensneuheiten handeln.[99]

Marktneuheiten stellen prinzipiell neue Problemlösungen dar. Für den Begriff Marktneuheiten findet sich bisweilen auch die Bezeichnung "echte Innovationen". Hierbei kann man genauer unterscheiden zwischen Arzneimitteln, die ein Problem auf neue Art und Weise lösen (z. B. transdermale Systeme anstelle von oralen Herz-Kreislaufpräparaten), und solchen, die ein

---

99) Vgl. Nieschlag/Dichtl/Hörschgen (1985), S. 829 - 830.

Gesundheitsbedürfnis befriedigen, für das es bisher überhaupt noch keine Problemlösung gab (z. B. AIDS-Medikamente).

Unternehmensneuheiten dagegen unterscheiden sich von anderen bereits am Markt befindlichen Präparaten in einer geänderten, meist verbesserten Funktionserfüllung (z. B. Entwicklung eines neuen Beta-Blockers). Oftmals werden Unternehmensneuheiten auch als Teilinnovationen bezeichnet.

Die genannten Formen von Produktentwicklungsstrategien lassen sich im Einzelfall nicht immer exakt voneinander unterscheiden. Generell ergeben sich auch bei der Produktentwicklung hohe F & E-, Zulassungs- sowie Einführungs- und Informationskosten. Die hierbei unternommenen Anstrengungen führen keineswegs immer zu dem gewünschten Markterfolg eines Präparates. Im Gegensatz zur Strategie der Marktentwicklung können die Pharma-Unternehmen bei der Produktentwicklung allerdings auf bisherige Erfahrungen in dem betreffenden Teilmarkt zurückgreifen.

Die Marketing-Strategie der Produktentwicklung läßt sich für ein Pharma-Unternehmen unter Umständen auch dann realisieren, wenn die eigenen F & E-Bemühungen keine entsprechenden Erfolge zeitigen. Es kommen letztlich auch Patent- und Lizenzkäufe oder Imitationen von Konkurrenzprodukten in Frage. Bei Imitationen reduzieren sich die F & E-[100] und Zulassungskosten[101] erheblich. Die forschungsintensiven Pharma-Unternehmen scheuen allerdings bislang noch zumeist davor zurück, Konkurrenz-Innovationen nachzuahmen und damit untereinander in gegenseitigen Wettbewerb zu treten. Patente und Lizenzen werden in der Regel von diesen Unternehmen auch vorwiegend gegenseitig ausgetauscht. Für die weniger forschungsintensiven Pharma-Unternehmen kommen dagegen primär ausländische Patent- oder Lizenzgeber in Frage, denen sie quasi über diesen Weg ihre Markterfahrungen als Gegenleistungen offerieren.

---

100) Nicht selten tätigen auch die Nachahmer bestimmte Entwicklungsarbeiten, um ihr Produkt von der Konkurrenz abzuheben.
101) Zur Frage der Zulassung von Zweitanmeldern vgl. ausführlicher Kapitel III, S. 287 dieser Arbeit.

(4) Diversifikation

Die Diversifikationsstrategie beinhaltet die Ausrichtung der Unternehmensaktivitäten auf neue Produkte für neue Märkte. Man kann speziell bei der (horizontalen) Diversifikation in der Pharma-Industrie zwei Hauptanknüpfungspunkte unterscheiden:[102]

- Verlagerung in neue, artverwandte Gebiete außerhalb des Arzneimittelbereichs;
- Verlagerung in neue Gebiete innerhalb des traditionellen Arzneimittelgesamtmarktes.

In der jüngeren Vergangenheit haben mehrere Arzneimittelunternehmen den Versuch unternommen, in verwandte Gebiete der Gesundheitspflege vorzustoßen.[103] In diesem Zusammenhang lassen sich Produkt-/Marktbereiche wie z. B. Hautpflege (Kosmetik), gesunde Ernährung (Diätetik), Körperpflege, Medizintechnik, Desinfektionsmittel und anderes mehr nennen.

Auch im Bereich des klassischen Arzneimittelmarktes ergeben sich - nicht zuletzt aufgrund veränderter Rahmenbedingungen - bei vielen Arzneimittelfirmen Verlagerungen in bislang überhaupt nicht von ihnen bearbeitete Produkt-Marktbereiche z. B. der Selbstmedikation, des Nachahmergeschäfts, des Klinikgeschäfts oder andere von ihrem vorherigen Angebot weit entfernte Spezialgebiete.

Die Strategie der Diversifikation ist zunächst im Vergleich zu anderen Wachstumsstrategien mit dem höchsten unternehmerischen Risiko behaftet[104], da man weder bei der technischen Handhabung der Produkte noch bei der Marktbearbeitung auf bisher gewonnene Erfahrungen und Know-how zurückgreifen kann. Während die Marktdurchdringungsstrategie das höchste Synergiepotential aufweist, lassen sich im Falle der horizontalen Diversifikation weitaus weniger Synergien zum bestehenden Geschäft nutzen.

Um dieses Risiko zu mindern, werden zum Teil Unternehmen mit entsprechenden Produkt- bzw. Markterfahrungen aufgekauft. Häu-

---

102) Vgl. Schenk (1982), S. 24. Die Formen der vertikalen und lateralen Diversifikationen bleiben hier - wegen des Branchenbezugs der Arbeit - bewußt außer Acht.
103) Vgl. ebenda.
104) Unter einer langfristigeren Sichtweise kann sich jedoch gerade bei der Diversifikation durch die Risikoverteilung auf unterschiedliche Betätigungsfelder eine Risikominderung für das Unternehmen ergeben. Vgl. S. 77.

Um dieses Risiko zu mindern, werden zum Teil Unternehmen mit entsprechenden Produkt- bzw. Markterfahrungen aufgekauft. Häufig gründet man auch Tochterunternehmen mit eigenem Firmennamen, um das erworbene Image in den bisherigen SPFs nicht zu beeinträchtigen[105] bzw. das neue Betätigungsfeld nicht mit dem bisherigen Firmenimage zu belasten.[106]

Eine Diversifikation eröffnet allerdings unter Umständen, insbesondere wenn es sich um eine Marktneuheit handelt, gute Chancen, um die Wachstumsziele eines Unternehmens zu erreichen[107] und die Risiken zu vermindern, die sich aus einer engen Ausrichtung des Leistungsangebotes ergeben. Dies gilt vor allem für Unternehmen der Pharma-Branche, für die eine zunehmende Zahl stagnierender Teilmärkte sowie ein ausgeprägter Produktwettbewerb geradezu typisch sind.[108]

Schenk stellt daher im Zusammenhang mit der horizontalen Diversifikation in der Pharma-Industrie zusammenfassend fest: "Diversifikation in neue interessante Bereiche ist sicherlich eine große Chance zu Wachstum und Risikostreuung. Sie kann jedoch auch Gefahr bedeuten, wenn sie zu einem Ausweichen vor bestehenden Problemen und zu einer übermäßigen Verzettelung führt. Im Einzelfall ist sie nur dann richtig, wenn durch sie die vorhandenen attraktiven Unternehmenspotentiale in ihrem Ausbau nicht übermäßig behindert werden und neue, besonders interessante Wachstumspotentiale hinzukommen, die finanziell, methodisch, organisatorisch und personell bewältigt werden

---

105) Auf diese Weise vermarkten zum Teil auch forschungsintensive Pharma-Unternehmen preiswerte Nachahmerpräparate.
106) Der Verkauf von Naturheilmitteln unter dem Firmennamen der Chemiekonzerne Hoechst oder Bayer erscheint z. B. wenig zweckmäßig.
107) Eine - allerdings nicht auf den bundesdeutschen Arzneimittelmarkt bezogene - Analyse des IMS-Datenmaterials von Slatter (1977) für die Jahre von 1965 - 1973 ergab, "that more companies failed to achieve market shares of 5.0 percent on introducing new products into their existing markets than when they introduced new products into therapeutic classes where they had not previously competed." Slatter nennt zugleich eine wesentliche Ursache für dieses Ergebnis, das seines Erachtens im Risikoverhalten der Pharma-Unternehmen begründet liegt: "One possible explanation for this is that when a pharmaceutical company enters a new therapeutic class it is more likely to have a product which represents a major research breakthrough than if it is introducing an improved product in its existing markets." Slatter (1977), S. 70.
108) Vgl. ebenda, S. 69.

können."[109] Mit anderen Worten, es sind vorhandene Synergiepotentiale mit dem neuen Produkt-Marktfeld möglichst weitgehend zu nutzen.

Abbildung 21 skizziert die genannten Anknüpfungspunkte für mögliche Wachstumsstrategien eines Pharma-Unternehmens noch einmal im Überblick.

(1) MARKTDURCH-DRINGUNG	(2) MARKTERWEITERUNG	(3) PRODUKTENTWICKLUNG	(4) DIVERSIFIKATION
o Erhöhung der Verordnungs- bzw. Verwendungsrate bei bisherigen Nachfragern (Ärzte, Konsumenten) o Gewinnung von Nachfragern der Konkurrenz o Gewinnung von Nicht-Verordnern bzw. Nicht-Verwendern o Intensivierung der Kommunikationspolitik o Produktmodifikationen o Preispolitik o Relaunches	o Neue Indikationen für bisherige Arzneimittel (Eindringung in Zusatzmärkte durch Funktionserweiterungen) o Erschließung neuer Absatzwege (z. B. Vertrieb von freiverkäuflichen Arzneimitteln über Drogerien) o Erschließung neuer Nachfragesegmente (z. B. durch Produktvariationen, psychologische Produktdifferenzierung über Namensgebung, Werbung etc.)	o Echte Arzneimittelinnovationen (neues Therapieprinzip) - aus eigener F&E - über Lizenzkäufe - über Patentkäufe o Arzneimittelteilinnovationen - aus eigener F&E - über Lizenzkäufe - über Patentkäufe o Imitationen von Konkurrenzpräparaten	o Innovationen - aus eigener F&E - über Kooperationen - Lizenzkäufe - Patentkäufe - Unternehmenskäufe o Imitationspräparate (generell) o Selbstmedikationsmarkt o Gesundheitspflegeprodukte o Klinikgeschäft

Abb. 21: Anknüpfungspunkte für Wachstumsstrategien im Pharma - Markt

---

[109] Schenk (1982), S. 28.

1.2.4.2.3 WETTBEWERBSSTRATEGIEN

Ein zentrales Anliegen des strategischen Marketing besteht in der Erzielung von Wettbewerbsvorteilen auf den Absatzmärkten einer Unternehmung, da selbst eine gelungene Abstimmung des Leistungsangebotes mit den Bedürfnissen und Wünschen der Kunden noch keinen Markterfolg garantiert, wenn andere Wettbewerber vergleichbare Leistungen preisgünstiger anbieten können.[110] Der Wettbewerb bestimmt somit in entscheidendem Maße mit über den Erfolg oder Mißerfolg eines Unternehmens.[111]

Gerade in der Pharma-Industrie stellt beispielsweise die Sicherung der Produktqualität einen Grundsatz dar, den zunächst alle Unternehmen für sich in Anspruch nehmen. Dieser Grundsatz sollte unter einer wettbewerbsorientierten Sichtweise relativiert werden, um sinnvolle Anknüpfungspunkte für ein strategisches Pharma-Marketing zu ermöglichen.[112] Dabei wäre dann konkreter und vor allem selbstkritisch zu prüfen, ob bezüglich der Qualität der angebotenen Arzneimittel deutliche Konkurrenzvorteile bestehen, oder wie solche Wettbewerbsvorteile aufgebaut, ausgebaut oder gesichert sowie letztlich den Nachfragern verdeutlicht werden können. Außerdem ist zu beachten, daß lediglich solche Konkurrenzvorteile einen wirtschaftlichen Erfolg ermöglichen, welche die Nachfrager anerkennen und die sie entsprechend zu honorieren bereit sind.

Auch das konventionelle Marketing hat die Konkurrenz schon immer - mehr oder weniger stark - implizit berücksichtigt. Das "Neue" an einer wettbewerbsorientierten Unternehmensführung besteht nun darin, den Wettbewerb stärker in den Mittelpunkt der Betrachtung zu rücken und alles strategische Marketing-Handeln in Frage zu stellen, das nicht mittel- oder langfristig zu Wettbewerbsvorteilen führt.[113]

Auf der anderen Seite besteht aber auch die Gefahr, "sich die Kreativität und den unternehmerischen Schwung bei der Durchsetzung von Strategien durch eine zu starke Fixierung auf den Konkurrenten nehmen zu lassen."[114] Die Wettbewerbsorientierung löst daher die Orientierung an Kundenproblemen im Marketing nicht etwa ab, sondern tritt gleichsam neben sie. Den Kern eines strategischen Pharma-Marketing stellen bei

---
110) Vgl. Fronhoff (1986), S. 155 - 157.
111) Vgl. Porter (1986), S. 19.
112) Vgl. Berth (1986), S. 67.
113) Vgl. ebenda.
114) Hoffmann (1983), S. 194.

einem solchen Verständnis Leistungsangebote dar, die für die Kunden attraktivere Problemlösungen im Vergleich zu angebotenen Konkurrenzleistungen bieten sollen. Damit handelt es sich durchaus um eine Erweiterung des herkömmlichen Marketing-Denkansatzes.

Ein weiteres wesentliches Charakteristikum des wettbewerbsorientierten Marketing ist in seiner dynamischen Betrachtungsweise zu sehen. In einem marktwirtschaftlichen System sind sämtliche Anbieter und Nachfrager darum bemüht, individuelle Vorteile zu erzielen. Der Erfolg eines Pharma-Unternehmens bleibt nur so lange gewährleistet, wie andere Mitbewerber nicht in der Lage sind, den erzielten Leistungsvorsprung aufzuholen oder gar zu überholen.[115]

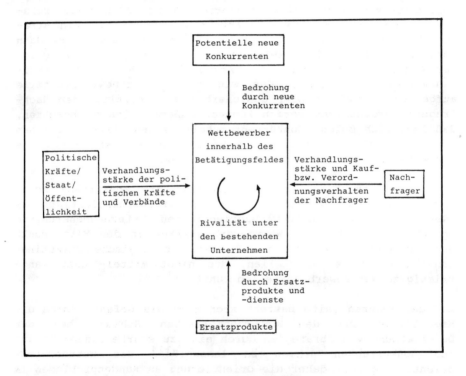

Abb. 22: **Wettbewerbsdeterminanten im Pharma - Markt**
(Quelle: In enger Anlehnung an Porter (1985), S.26.)

---

115) Vgl. Streit (1982), S. 38.

Darüber hinaus können sich im Zeitablauf eine Reihe weiterer Chancen und Bedrohungen aus dem näheren und weiteren Umfeld ergeben, die einen einmal erreichten Wettbewerbsvorsprung zunichte machen oder eventuell festigen (vgl. Abb. 22). So beruhen beispielsweise Wettbewerbsvorteile der Anbieter preiswerter Nachahmerpräparate zu einem nicht unerheblichen Teil auch auf der wachsenden Unterstützung für die betreffenden Anbieter von Seiten des Staates und der Öffentlichkeit sowie der dadurch gestärkten Verhandlungsmacht der in der GKV konzentrierten Nachfrage.

Die verschiedenen Kräfte, die auf die Rivalität unter den bestehenden Unternehmen eines Marktes einwirken, fördern den Wettbewerb aber keineswegs immer, sondern schränken diesen zum Teil sogar erheblich ein und/oder schaffen Markteintrittsbarrieren für neue Konkurrenten (z. B. durch staatliche Zulassungsvorschriften, erhöhten Kapitalbedarf für Arzneimittelunternehmen, Absprachen und Kooperationen der Wettbewerber, Konzentrationstendenzen innerhalb der Branche, Androhung von Vergeltungsmaßnahmen durch Wettbewerber).

Aufgrund der Dynamik des Wettbewerbsgeschehens stellt das Anstreben von Wettbewerbsvorteilen einen permanenten Prozeß dar, bei dem es einer ausgiebigen Analyse und Prognose der Wettbewerbsdeterminanten vor dem Hintergrund der eigenen Unternehmenspotentiale bedarf. Schwerwiegende Veränderungen der wettbewerbsrelevanten Unternehmenssituation machen in der Regel ein verändertes strategisches Marketing-Verhalten erforderlich.

Aus der Analyse und Prognose der wettbewerblichen Bedingungslage ergibt sich die Wettbewerbsposition eines Unternehmens. Sie zeigt an, "in welchem Ausmaß eine Unternehmung in der Lage ist, sich bei relevanten Wettbewerbern durchzusetzen und am Gewinnpotential eines Marktes zu partizipieren."[116] Ausgehend von der Wettbewerbsposition eines SPF lassen sich entsprechende Wettbewerbsstrategien formulieren.

Wettbewerbsstrategien sind letztlich darauf ausgerichtet, künftige Wettbewerbsstärken eines SPF zu erhöhen. Aufgabe dabei ist es, eine Unternehmensposition innerhalb des Betätigungsfeldes zu finden, in der die Unternehmung am besten gegen bedrohliche Wettbewerbskräfte geschützt ist und diese sogar zu ihrem eigenen Vorteil beeinflussen kann.[117] In bezug

---
116) Meffert (1985 a), S. 14.
117) Vgl. Porter (1980), S. 127.

auf das Konkurrenzverhalten lassen sich zwei Formen von Wettbewerbsstrategien unterscheiden:[118]

- wettbewerbliches Verhalten (Marktbehauptungsstrategien)
- kooperatives Verhalten (Kollusion, Koordination, Kooperation, Konzentration).

Die einzelnen Formen kooperativen Verhaltens deuten bereits an, daß Konkurrenten nicht immer nur eine Bedrohung darstellen, sondern auch von strategischem Nutzen sein können. Dies gilt es bei wettbewerblichem Verhalten mit ins Kalkül zu ziehen. Nicht selten leisten Konkurrenten wichtige Beiträge zur Marktentwicklung, liefern Motivationsanreize, fördern das Image des Marktes, bieten Unterstützung bei der Abschreckung neuer Anbieter, verringern kartellrechtliche Risiken, verbessern die Verhandlungsposition gegenüber staatlichen Stellen, bieten einen Preisschutz, bedienen weniger attraktive Segmente, helfen Nachfrageschwankungen zu absorbieren oder leisten eine sonstige Art der Hilfestellung.[119]

Die Ambiguität der Konkurrenten, denen einerseits ein permanentes Bedrohungspotential innewohnt, die andererseits aber auch nützlich für den Erfolg eines Pharma-Unternehmens sein können, bringt es mit sich, daß es zu einem bestimmten Zeitpunkt durchaus sinnvoll sein kann, bestimmte Konkurrenten anzugreifen, andere aber nicht. Damit ist keineswegs gemeint, daß ein Unternehmen damit aufhören darf, sich um Wettbewerbsvorteile gegenüber einzelnen Konkurrenten zu bemühen.[120] Eine solche unternehmerische Sichtweise wäre auf längere Sicht existenzbedrohend, da sie irrealerweise eine absolute und für unbegrenzte Dauer gesicherte Wettbewerbsposition und/oder ein immerwährendes wettbewerbsfriedliches Verhalten dieser Konkurrenten voraussetzen würde.

Weiterhin gilt es zu bedenken, daß ein Unternehmen in der Regel nur dann zu einem kooperativen Verhalten bereit sein wird, wenn es glaubt, sich nicht am Markt allein durchsetzen zu können. Die folgenden Ausführungen befassen sich deshalb ausschließlich mit Marktbehauptungsstrategien.

Nach Porter unterscheidet man zwei Grundtypen wettbewerblichen Verhaltens, die zu Wettbewerbsvorteilen führen sollen:[121]

---

118) Vgl. Hammer (1982), S. 54 - 59.
119) Vgl. Porter (1986), S. 264 - 283.
120) Vgl. ebenda.
121) Vgl. Porter (1986), S. 21.

Kostenführerschaft und Differenzierung bzw. Qualitätsführerschaft. Auf diese beiden Grunddimensionen lassen sich sämtliche Stärken und Schwächen eines Unternehmens komprimieren. Die beiden Grundvarianten bieten verschiedene Anknüpfungspunkte für ein strategisches Pharma-Marketing (vgl. Abb. 23).

WETTBEWERBSSTRATEGIEN (strategischer Vorteil)	
Kostenführerschaft z. B. durch	Differenzierung z. B. durch
• Erzielung hoher Marktanteile • Aufbau großer Produktionsanlagen • Verfahrensinnovationen • Auswirkung erfahrungsbedingter Kostensenkungsmöglichkeiten • Strenge Gemeinkostenkontrolle • Intensive Überwachung variabler Kosten • Kostenminimierung hinsichtlich Werbung, Distribution, Außendienst-Einsatz etc.	• Spezifische Produkteigenschaften • Spezielles Produktdesign und Verpackung • Ausführliche "wissenschaftliche" Produktinformation • Schaffung von Markenloyalität • Ausnutzung von Firmenimage und Tradition • Vertriebsexclusivität der Präparate • Starker Außendiensteinsatz
Leitprinzip: Erzielung eines geringeren Kostenverzehrs als die Konkurrenz	Leitprinzip: Erzielung einer Ausnahmestellung auf dem Markt

Abb. 23: Grundvarianten wettbewerblichen Verhaltens

Die Strategie der <u>Kostenführerschaft</u> verfolgt den Leitgedanken, zu einem geringeren Kostenverzehr als die Hauptkonkurrenten zu gelangen, um dann durch eine Politik relativ niedriger Preise Wettbewerbsvorteile am Markt zu realisieren.[122] So nutzen die Anbieter von Nachahmerpräparaten beispielsweise vor allem die Kostenvorteile in bezug auf F & E-, Zulassungs- und Einführungskosten, um ihre Medikamente preisgünstiger anbieten zu können.

Wettbewerbliche Bedrohungen bei dieser Strategie ergeben sich z. B. durch das Eindringen neuer, noch preisgünstigerer Nachahmerfirmen, Gegenmaßnahmen finanzkräftiger Großkonkurrenten, Innovationen der Konkurrenzanbieter oder Kostensteigerungen, die die Möglichkeiten des Unternehmens beeinträchtigen, den Preisunterschied gegenüber den Qualitätsführern groß

---
122) Vgl. Porter (1985), S. 63 - 65.

genug zu halten, um das Markenimage oder andere Differenzierungsarten der Qualitätsführer auszugleichen.[123]

Die <u>Strategie der Qualitätsführerschaft</u> dagegen zielt primär darauf ab, durch Schaffung von Produkt- und Leistungsvorsprüngen (z. B. höhere Qualität und Sicherheit der Arzneimittel, ausführlichere Arzneimittelinformationen etc.) Wettbewerbsvorteile am Markt umzusetzen und den Nachfragern einen Wechsel zu Konkurrenzprodukten zu erschweren.[124] Diese Strategie erscheint speziell für die größeren Pharma-Konzerne mit erheblichem F & E- und Marketing-Potential geeignet.

Die Hauptgefahr bei dieser Strategie liegt in dem Eindringen von Nachahmerfirmen in den Markt. Wenn der Qualitätsunterschied zu den sogenannten Billiganbietern nicht mehr ausreichend groß genug ist, um den Nachfragern den Kostenunterschied plausibel zu machen, nehmen diese auch geringere Einbußen bezüglich der Eigenschaften, Dienste oder dem Image der Produkte in Kauf, um Kostenersparnisse zu erzielen.

Die Unterscheidung zwischen den beiden Grundvarianten wettbewerblichen Verhaltens bedeutet nicht, daß Unternehmen, welche über Differenzierungsmaßnahmen eine Qualitätsführerschaft anstreben, nicht danach trachten müssen, auch Kostenvorteile wahrzunehmen bzw. anzustreben. So können z. B. gerade Pharma-Unternehmen mit relativ hohen Marktanteilen Degressions- oder Erfahrungskurveneffekte nützen, um höhere Gewinnspannen zu erzielen. Umgekehrt dürfen Billiganbieter ebensowenig auf Qualitätsansprüche verzichten, wenn sie erfolgreich am Arzneimittelmarkt agieren wollen. Nicht zuletzt die Flexibilität einiger Nachahmerfirmen, auf marktliche Veränderungen frühzeitig zu reagieren, und ihre Fähigkeiten, in einem bestimmten Umfang auch Differenzierungsmaßnahmen ergreifen zu können, haben die sogenannten "Billiganbieter" zu einer ernstzunehmenden Konkurrenz für die großen Pharma-Konzerne gemacht. Die beiden Grundvarianten von Wettbewerbsstrategien schließen daher einander nicht grundsätzlich aus, sie geben lediglich an, wo ein Unternehmen schwerpunktmäßig seinen Wettbewerbsvorteil sucht.

Porter differenziert die beiden Grundtypen wettbewerblichen Verhaltens weiter nach dem Grad ihrer Marktabdeckung (vgl. Abb. 24). Übertragen auf den Arzneimittelmarkt kann man z. B. danach unterscheiden, ob der Wettbewerbsvorteil auf dem ge-

---

123) Vgl. Porter (1985), S. 75 - 76.
124) Vgl. ebenda, S. 65 - 66.

samten von einer Unternehmung belieferten Indikationsmarkt angestrebt wird, oder ob eine Konzentration auf eine Marktnische (z. B. spezifisches Nachfragesegment, Teilindikation oder spezielle Substanzklasse) innerhalb dieses Indikationsmarktes erfolgt.[125]

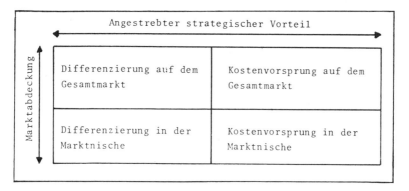

Abb. 24: Wettbewerbsstrategien nach Porter
(Quelle: Nach Porter (1985), S.67.)

Bei der Strategie der Konzentration auf eine Marktnische geht es zunächst darum, durch Spezialisierung der Unternehmensaktivitäten auf spezifische Marktsegmente Wettbewerbsvorteile gegenüber den Konkurrenten zu erzielen, die eine breitere Marktabdeckung verfolgen.[126] Mit dieser Vorgehensweise verbindet man die Annahme, daß ein Unternehmen seine strategischen Ziele effizienter erreicht, wenn es ein Marktsegment bevorzugt bearbeitet und seine Marketing-Strategie konzentriert auf dieses Segment hin ausrichtet. Letztlich werden Wettbewerbsvorteile innerhalb der Marktnische aber ebenfalls entweder durch Differenzierung oder geringeren Kostenverzehr (Rationalisierungseffekte) erreicht. Durch die Konzentration auf weniger hart umworbene Marktsegmente kann es außerdem gelingen, dem Wettbewerb mit wirtschaftlich stärkeren Konkurrenten

---

125) Eine auch nur annähernd vollständige Marktabdeckung des Arzneimittelgesamtmarktes ist bei der Vielzahl von Krankheiten bzw. Indikationen selbst pharmazeutischen Großkonzernen nicht möglich. Die Marktnischenstrategie läßt sich dagegen sowohl in bezug auf eine Gesamtbetrachtung des Arzneimittelmarktes (bei der Selektion der zu bearbeitenden Indikationsmärkte) als auch in bezug auf einzelne Indikationsmärkte (bei der Selektion der zu bearbeitenden Segmente innerhalb eines Indikationsmarktes) anwenden.
126) Vgl. Porter (1985), S. 67 - 69.

auszuweichen.[127] Die Marktnischenstrategie kommt vor allem den Gegenbenheiten kleiner und mittlerer Pharma-Unternehmen entgegen.[128]

Risiken bei der Konzentration auf Marktnischen sind vor allem darin zu sehen, daß auch größere Pharma-Unternehmen in Zeiten allgemeiner Marktstagnation bisher von ihnen vernachlässigte Marktnischen zunehmend für lukrativ erachten (z. B. Selbstmedikationsmarkt, Markt für Naturheilmittel, kleinere Indikationsmärkte wie etwa der Ophtalmika-Markt) und in diese Segmente eindringen. Andere Gefahren ergeben sich dann, wenn sich die Unterschiede zwischen den Produkten und Leistungen des gesamten Marktes und einer Marktnische (z. B. aufgrund von Innovationen) verringern oder andere Unternehmen sich noch gezielter spezialisieren.[129]

Die aufgezeigten Formen von Wettbewerbsstrategien bergen unterschiedliche Chancen und Risiken in sich, die - bezogen auf die eigene spezifische Unternehmenssituation - immer wieder neu zu hinterfragen sind. Um sich auch für die Zukunft Vorteile im Wettbewerb nachhaltig zu sichern und sich gegenüber der Konkurrenz zu behaupten, wird sich ein Unternehmen aber letztlich immer schwerpunktmäßig für eine dieser Wettbewerbsstrategien entscheiden müssen, die es dann auch konsequent verfolgen sollte.

1.2.4.2.4 MARKTFELDSTRATEGIEN

Die bei der Porter'schen Klassifikation von Wettbewerbsstrategien nur grob untergliederte Dimension der Marktabdeckung (Gesamtmarkt/Teilmarkt) wird bei anderen Autoren weitergehend aufgeteilt.[130] Kotler unterscheidet unter Bezugnahme auf ein neun Felder umfassendes Produkt/Markt-Raster fünf verschiedene Marktabdeckungs- bzw. Marktfeldstrategien (vgl. Abb. 25).[131] Das mit der Matrix aufgespannte Denkraster soll wiederum nur Denkanstöße in bezug auf die Marktabdeckung liefern. Es läßt sich ohne weiteres auch auf konkretere Fragestellungen von Pharma-Unternehmen übertragen.

---

127) Vgl. Meffert (1985 a), S. 16.
128) Vgl. Freter (1983b), S. 33 - 35.
129) Vgl. Porter (1985), S. 77.
130) Vgl. dazu insbesondere Abell (1980), S. 192 - 198.
131) Vgl. Kotler (1982).

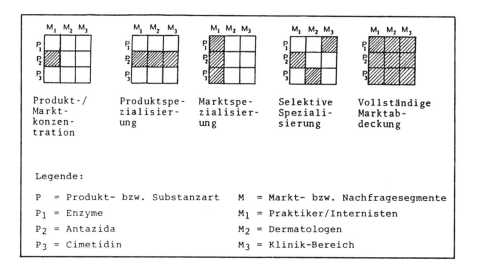

Abb. 25: **Marktfeldstrategien nach Kotler - dargestellt am Beispiel für Arzneimittel gegen Magen-Darm-Störungen**
(Quelle: Nach Kotler (1982), S.88.)

Die fünf Strategiealternativen der Marktabdeckung sind wie folgt zu charakterisieren:

1) Produkt/Markt-Spezialisierung

   Marktbearbeitung mit nur einem Präparat einer spezifischen Grundsubstanz, das lediglich einer spezifischen Zielgruppe angeboten wird.

2) Produktspezialisierung

   Marktbearbeitung mit nur einem Präparat mit einer spezifischen Grundsubstanz, das sämtlichen in Frage kommenden Zielgruppen eines Marktes angeboten wird.

3) Marktspezialisierung

   Marktbearbeitung mit einer umfassenden Präparatepalette, die verschiedene Grundsubstanzen beinhaltet, die aber lediglich einer spezifischen Zielgruppe des Marktes angeboten wird.

4) <u>Selektive Spezialisierung</u>

Marktbearbeitung mit einigen wenigen Präparaten bestehend aus verschiedenen Grundsubstanzen, die verschiedenen spezifischen Zielgruppen angeboten werden.

5) <u>Vollständige Produkt/Markt-Abdeckung</u>

Marktbearbeitung mit einer umfassenden Produktpalette mit verschiedenen Grundsubstanzen, die allen in Frage kommenden Zielgruppen angeboten wird.

Die Wahl der Marktfeldstrategie hängt zunächst einmal davon ab, wie eng oder breit das gewählte Betätigungsfeld definiert wird, und über welche produktpolitischen Möglichkeiten der Erforschung und Beschaffung (Lizenz-, Patentkäufe) von Grundsubstanzen eine Arzneimittelunternehmen verfügt. Darüber hinaus ist im Einzelfall abzuwägen, welche Wettbewerbsvorteile (Rationalisierungseffekte, genauere Zielgruppenansprache etc.) einerseits eine Spezialisierung auf bestimmte Produkte und/oder Märkte mit sich bringt, und welche synergistischen Möglichkeiten sich andererseits aus einer möglichst vollständigen Marktabdeckung ergeben.

Kleinere Unternehmen können in der Regel nur auf eng definierten Betätigungsfeldern eine nahezu vollständige Marktabdeckung erzielen. Diese Unternehmen bearbeiten dann häufig auch nur ein einziges Betätigungsfeld (SPF). Umfassende Präparatepaletten, die nahezu sämtliche wichtigen Substanzen eines Indikationsmarktes beinhalten, bieten dagegen einige wenige Nachahmerfirmen selbst auf größeren Indikationsmärkten an. Ein typisches Beispiel hierfür ist die Firma ratiopharm. Deren Strategie einer möglichst vollständigen Produkt/Markt-Abdeckung hat für das Unternehmen den Vorteil, daß der Arzt selbst bei unterschiedlichen Erscheinungsbildern einer Krankheit weiß, daß er auf eines der preisgünstigen Nachahmerprodukte dieser Firma in seiner Verordnung zurückgreifen kann. Die innovativen Firmen dagegen verzichten häufig auf einen solchen Synergievorteil beim Absatz der Präparate, indem sie lediglich Substanzen aus ihrer eigenen Forschung & Entwicklung vermarkten und/oder - falls möglich - in Ausnahmefällen auf Lizenz- oder Patentkäufe zurückgreifen.

1.2.4.2.5 MARKTSEGMENTIERUNGSSTRATEGIEN

Das Konzept der Marktsegmentierung[132] leitet sich als strategische Konsequenz aus der Kunden- und Zielgruppenorientierung des Marketing ab. Unter dem Begriff Marktsegmentierung versteht man üblicherweise die Aufteilung eines heterogenen Marktes in homogenere Kundensegmente, die mit Hilfe segmentspezifischer Marketing-Programme gezielter bearbeitet werden sollen. Das zentrale Anliegen der Marktsegmentierung besteht darin, durch konsequent segmentbezogene Kundenproblemlösungen eine bessere Bedürfnisbefriedigung der Zielgruppen zu erreichen als dies ohne segmentspezifischen Einsatz des Marketing-Instrumentariums der Fall wäre. Die hierbei bezweckten Problemlösungsvertiefungen sollen letztlich dazu führen, daß ein Unternehmen bestimmte Probleme konkreter Zielgruppen besser zu lösen vermag als die Konkurrenz.

Im Rahmen der Marktsegmentierung sind zwei Problemfelder zu unterscheiden: Zum einen der Aspekt der Abgrenzung und Beschreibung der Nachfragesegmente eines Betätigungsfeldes (Markterfassungsseite); zum anderen der Aspekt des segmentspezifischen Einsatzes des Marketing-Instrumentariums (Marktbearbeitungsseite).

(a) <u>Markterfassungsseite</u>

Zunächst geht es bei der Marktsegmentierung um die Bildung möglichst homogener Nachfragesegmente, die untereinander weitgehend heterogen sein sollen. Sobald ein Markt aus mehr als einem Kunden besteht, ist im Prinzip die Möglichkeit gegeben, den Markt zu segmentieren. Im Grunde kann jeder Kunde eines beliebig großen Marktes ein einzelnes Segment bilden. Im Krankenhausbereich, in dem ganze Organisationen als Großkunden fungieren, läßt sich nicht nur nach einzelnen Kunden bzw. Kliniken (Makro-Segmentierung), sondern auch weitergehend nach den einzelnen an der Kaufentscheidung direkt oder indirekt beteiligten Personen (Chefarzt, Assistenzärzte, Krankenhaus-Apotheker, sonstiges Krankenhauspersonal) differenzieren (Mikro-Segmentierung).

---

132) Zum Konzept der Marktsegmentierung als Marketing-Strategie vgl. ausführlich Freter (1983 a); Bauer (1976); Meffert (1986); Nieschlag/Dichtl/Hörschgen (1985); Kotler (1982); Dichtl (1974); Kaiser (1978) sowie Thiess (1986).

Außerdem kommt auf dem Pharma-Markt hinzu, daß sich die Nachfrage nach Arzneimitteln in der Regel nach Verordnern bzw. Empfehlern (Ärzte, Heilpraktiker, Apotheker) und Verbrauchern (Patienten) aufgliedert. Bei der Marktsegmentierung im Arzneimittelsektor müssen daher oft verschiedene Segmentierungsebenen Berücksichtigung finden. Die verschiedenen Ebenen dürfen dabei nicht losgelöst voneinander gesehen werden, da die verschiedenen Kliniken, Ärzte, Heilpraktiker oder Apotheker in der Regel ein spezifisches Kunden- bzw. Patienten-Klientel aufweisen. Oft ist dieses Klientel aber seinerseits in sich so heterogen, daß eine weitergehende Subsegmentierung erforderlich wird.

Ebenso wie die Art und Zahl der Nachfrager sind auch deren Merkmale, die zur Segmentierung herangezogen werden können, äußerst vielfältig. Allgemein betrachtet kann man drei Gruppen von Segmentierungsmerkmalen unterscheiden:[133]

- sozio-ökonomische Kriterien;
- psychographische Kriterien;
- beobachtbares Verhalten.

In Abbildung 26 sind zu diesen drei Gruppen von Variablen eine Reihe von Segmentierungsmerkmalen für die wichtigsten Zielgruppen der Arzneimittelunternehmen beispielhaft aufgeführt.

Die Vielzahl möglicher Segmentierungsmerkmale und Kundensegmente wirft die anwendungsbezogene Frage nach der Auswahl der Segmentierungskriterien und dem optimalen Segmentierungsgrad (Segmentierungstiefe) auf. Freter nennt mehrere Anforderungen, welche bei der Beurteilung von Marktsegmentierungskriterien Berücksichtigung finden sollten:[134]

1. Relevanz der Kriterien für das Verordnungs-, Empfehlungs- bzw. Kaufverhalten der jeweiligen Zielgruppe;

2. Aussagefähigkeit der Kriterien für den gezielten (differenzierten) Einsatz des Marketing-Instrumentariums;

3. Direkte oder zumindest indirekte Zugänglichkeit (Ansprechbarkeit) der mit Hilfe der Segmentierungskriterien abgegrenzten Segmente;

---

133) Vgl. Freter (1983 a), S. 46.
134) Vgl. ebenda, S. 43 - 44.

Sozio-ökonomische Kriterien	Psychographische Kriterien	Beobachtbare Kriterien

• ÄRZTEEBENE
- Klinikärzte/niedergelassene Ärzte
- Praxis-/Klinikgröße (Zahl der Patienten, Anzahl der Betten, Scheine pro Quartal etc.)
- Stationen des Berufsweges (Famulant, junger Klinikarzt, neu niedergelassener Arzt, Chefarzt in Klinik, Professor etc.)
- Facharztrichtung
usw.
 	
• APOTHEKEREBENE
- Approbationsalter
- Geschäftslage der Apotheke
- Anzahl der Mitarbeiter
- Umsatz der Apotheke
- Einrichtung der Apotheke
 	
• HEILPRAKTIKEREBENE
- Zahl der Patienten
- Praktizierungsdauer
usw.
 	
• PATIENTENEBENE
- Alter
- Beruf
- Geschlecht
- Einkommen
- Wohnort/-größe
usw.
	• ÄRZTEEBENE
	- Meinungsführer-Konzept
	- Diffusionstypologien
	- Selbstbild des Arztes
	- Nutzenerwartungen von einer Produktklasse
	- Einstellungen
	  o zur Firma
	  o zur Kostendämpfung
	  o zur Arzneimittelwerbung
	usw.
	
	• APOTHEKEREBENE
	- Einstellungen
	  o zu Generikas
	  o zu Naturheilmitteln
	- Empfehlungsabsicht für einzelne Präparate
	- Berufsauffassung
	- Sicherheitsbedürfnis
	usw.
	
	• HEILPRAKTIKEREBENE
	- Einstellung zur Pharma-Industrie
	- Therapiepräferenzen
	- Empfehlungsabsicht für Präparate
	usw.
	
	• PATIENTENEBENE
	- Gesundheitsbewußtsein
	- Bereitschaft zur Prävention
	- Einstellungen
	  o zur Ärzteschaft
	  o zur Selbstbeteiligung
	- Soziale Orientierung
	usw.
		• ÄRZTEEBENE
		- Anwendungsgebiete des Produkts
		- Verordner/Nicht-Verordner
		  o einer Produktklasse
		  o eines Produktes
		  o von Generikas
		- Verordnungsvolumen
		- Informationsverhalten
		usw.
		
		• APOTHEKEREBENE
		- Beratungsintensität
		- Beratungshäufigkeit
		usw.
		
		• HEILPRAKTIKEREBENE
		- Heilverfahren
		- Empfehlungshäufigkeit von Arzneimitteln
		usw.
		
		• PATIENTENEBENE
		- Chronisch Kranke/Aktuelle Leiden
		- Beschwerden/Symptomatik
		- Gesundheitsverhalten (Rauchen, Eßgewohnheiten, Alkoholkonsum, sportliche Betätigung, Prophylaxeverhalten etc.)
		- Krankheitsverhalten (Selbstmedikation, Häufigkeit von Arztbesuchen etc.)
		- Einkaufsstätten (Apotheken, Drogerien etc.)
		- Behandlungsstätten (Kur-Patienten, Heilpraktiker-Patienten, Klinik-Patienten etc.)

Abb. 26: Segmentierungsebenen und -merkmale im Pharma-Markt

4. Erfaßbarkeit der Kriterien mit Hilfe von Marktforschungsmethoden;

5. Aussagefähigkeit der Kriterien für einen längeren Zeitraum;

6. Wirtschaftlichkeit der Marktbearbeitung der aufgrund der Segmentierungskriterien gebildeten Segmente.

Die in der Realität zur Anwendung kommenden Segmentierungsmerkmale können diese idealtypischen Anforderungen nur zum Teil erfüllen. Selbst die von theoretischer Seite angebotenen Methoden und Modelle der Segmentidentifikation (z. B. multivariate Verfahren)[135] stoßen letztlich an Grenzen konzeptioneller Art (Probleme der Erklärung und Prognose menschlichen Verhaltens) und technischer Art (z. B. Probleme der Datenerhebung). Obgleich diese Verfahren somit ebenfalls keine optimale Segmentbildung ermöglichen, können sie jedoch eine nützliche Hilfestellung leisten, um diesem Ziel möglichst nahe zu kommen.

(b) **Marktbearbeitungsseite**

Gemäß dem Marktbearbeitungsverhalten läßt sich unterscheiden zwischen aktiver Segmentierung (differenziertes Marketing) und passiver Segmentierung (undifferenziertes Marketing).[136] Bei der aktiven Segmentierung wird die Aufteilung eines Marktes in homogene Nachfragesegmente auf der Grundlage von Marktforschungsinformationen bewußt vorgenommen, um einen zielgerichteten, d. h. im Hinblick auf das jeweils zu bearbeitende Marktsegment bzw. die spezifischen Bedürfnisse der betreffenden Zielgruppe konkret ausgerichteten Einsatz mehrerer Marketing-Instrumente herbeizuführen. Die aktive Segmentierung kann man auch als eigentliche Marktsegmentierung oder Marktsegmentierung im engeren Sinne bezeichnen.

Demgegenüber orientiert sich der Einsatz der Marketing-Instrumente bei der passiven Segmentierung am durchschnittlichen Verordner (Empfehler) bzw. Konsumenten eines Indikationsbereiches (Betätigungsfeldes). Das Marketing-Programm eines

---
135) Vgl. Böhler (1977) sowie Kaiser (1978).
136) Vgl. ähnlich Wölm (1981), S. 99 ff. sowie Thiess (1986), S. 635 ff. Eine andere Unterscheidung der Begriffspaare differenziertes/undifferenziertes Marketing, aktive/passive Segmentierung und gezielte Segmentansprache/Nachfragerselbstselektion treffen beispielsweise Kotler (1982), S. 214 ff. oder Freter (1983 a), S. 109 ff. bzw. S. 188 ff.

Unternehmens hebt sich in diesem Fall nur unwesentlich von den meisten Konkurrenten ab. Über den Kauf oder Nicht-Kauf eines Medikamentes entscheidet dann häufig das Ausmaß des Marketing-Ressourceneinsatzes, oder es kommt aufgrund der speziellen Produkteigenschaften eines Präparates zur Nachfragerselbstselektion. Abbildung 27 stellt die beiden Basisstrateien der Marktsegmentierung noch einmal vergleichend gegenüber.

Je nach dem Grad der Marktabdeckung lassen sich die Grundstrategien der Marktsegmentierung weitergehend charakterisieren (vgl. Abb. 29). Bei einem differenzierten Marketing, das den gesamten Indikationsbereich zum Gegenstand der Marktbearbeitung macht, wird ein Unternehmen unterschiedliche Marketing-Programme für die jeweiligen Zielgruppen ausarbeiten und sich den einzelnen Nachfragesegmenten verschieden stark zuwenden. Bei einem undifferenzierten Marketing und vollständiger Marktabdeckung werden dagegen zwar mehrere Präparate in dem betreffenden Indikationsgebiet angeboten, die Marketing-Konzeptionen für die einzelnen Präparate unterscheiden sich jedoch kaum voneinander. Mit einem nahezu einheitlichen Marketing-Programm werden alle relevanten Zielgruppen des Marktes angesprochen.

BASISSTRATEGIEN DER MARKTSEGMENTIERUNG

Differenziertes Marketing	Undifferenziertes Marketing
o Aktive Segmentierung (Marktsegmentierung i.e.S.)	o Passive Segmentierung (Nachfragerselbstselektion)
o Aufteilung des Gesamtmarktes in einzelne Nachfragesegmente, i.d.R. auf der Grundlage von Marktforschungsinformationen	o Angebot von mit speziellen Produkteigenschaften ausgestatteten Präparaten führt zur Nachfragerselbstselektion
o Zielgerichtet, d. h. im Hinblick auf einzelne Nachfragesegmente konkret ausgerichteter Einsatz mehrerer Marketing-Instrumente	o Einsatz der Marketing-Instrumente orientiert sich am durchschnittlichen Verordner bzw. Konsumenten des Indikationsbereiches

Abb. 27: Basisstrategien der Marktsegmentierung

Betrachtet man dagegen das andere Extrem einer engen Produkt/Markt-Konzentration, so erfolgt die Marktbearbeitung bei einem differenzierten Marketing mit Hilfe eines spezifischen, auf die Bedürfnisse einer konkreten Zielgruppe zugeschnittenen Marketing-Konzepts. Beabsichtigt ist dabei, ein hohes Maß an Identität (Identifizierungsmöglichkeiten) zwischen der betreffenden Kundengruppe und dem gesamten Vermarktungskonzept eines Präparates zu erreichen. Bei einem undifferenzierten Marketing beschränken sich die Identifikationsmöglichkeiten für die Zielpersonen auf das Präparat. Das Marketing für das Medikament unterscheidet sich in diesem Fall nur unwesentlich von dem Marketing für andere Präparate des gleichen Indikationsgebietes.

In ähnlicher Weise lassen sich auch die restlichen Marktabdeckungsgrade nach der Art der Marktbearbeitung näher charakterisieren.

Marktbearbeitung \ Marktabdeckung	Produkt-/Markt-konzentration	Produkt-spezialisierung	Markt-spezialisierung	Selektive Spezialisierung	Vollständige Marktabdeckung
Differenziertes Marketing	Konzentriertes Ein-Produkt-Marketing	Differenziertes Ein-Produkt-Marketing	Konzentriertes Mehr-Produkt-Marketing	Selektiv-differenziertes Mehr-Produkt-Marketing	Differenziertes Mehr-Produkt-Marketing
Undifferenziertes Marketing	Konzentriertes Ein-Produkt-Angebot	Undifferenziertes Ein-Produkt-Angebot	Konzentriertes Mehr-Produkt-Angebot	Selektives Mehr-Produkt-Angebot	Undifferenziertes Mehr-Produkt-Angebot

Abb. 28: Marktsegmentierungsstrategien und Grad der Marktabdeckung

1.2.4.2.6 POSITIONIERUNGSSTRATEGIEN

Die weiterführenden strategischen Lösungsansätze der Produktpositionierung bauen unmittelbar auf dem Gedankengerüst der Marktsegmentierung auf.[137] Beide Konzepte haben eine Reihe von Gemeinsamkeiten und besitzen sowohl Berührungspunkte auf der Markterfassung- wie auch auf der Marktbearbeitungsseite des Marketing.[138]

(a) <u>Markterfassungsseite</u>

Die Markterfassungsseite der Produktpositionierung betrifft die Messung produkt- bzw. markenspezifischer Wahrnehmungen und Einstellungen der Nachfrager sowie die Lagebestimmung (Positionierung) von Idealprodukten und konkurrierenden Produkten im mehrdimensionalen Wahrnehmungs- bzw. Beurteilungsraum.[139] Die Produkte bzw. Marken werden dabei aufgrund der wahrgenommenen Ausprägungen in bezug auf relevante Produkteigenschaften positioniert (Realmarkenpositionen). Darüber hinaus lassen sich die Nachfrager bzw. Konsumenten mit Hilfe der für sie geltenden Anforderungen an ein ideales Produkt in denselben Eigenschaftsraum positionieren (Nachfragerpositionen).[140]

Aus Vereinfachungs- bzw. Darstellungsgründen verwendet man in der Regel ein zweidimensionales Positionierungsmodell (vgl. Abb. 29). Entscheidend für den Aussagewert der Produktpositionierung ist, daß bei der Aufstellung der Eigenschaftsräume, auch die wichtigsten relevanten Eigenschaften der betrachteten

---

[137] Zum Verhältnis von Marktsegmentierung und Produktpositionierung vgl. ausführlich Freter (1977), S. 9 - 39.
[138] Vgl. dazu den Überblick bei Freter (1978 b), S. 80.
[139] Das Konzept der Produktpositionierung geht davon aus, daß die Produktwahlentscheidung eines Nachfragers (egal ob Arzt, Apotheker, Heilpraktiker oder Patient) einen psychischen Prozeß der Informationsverarbeitung verkörpert, in den neben dem Produkt (als Stimulus) eine Vielzahl von Faktoren (z. B. Werbung, Produkterfahrungen, Erfahrungsaustausch mit Bekannten) einfließen. Für die letztendliche Auswahl eines Produktes spielen daher psychologische Konstrukte wie Wahrnehmungen und Einstellungen eine wesentliche Rolle.
[140] Vgl. Freter (1983 a), S. 33 - 34.

Präparateart Berücksichtigung finden, auf die die Nachfrager bei der Produkt- bzw. Markenwahl unterschiedlich reagieren.[141]

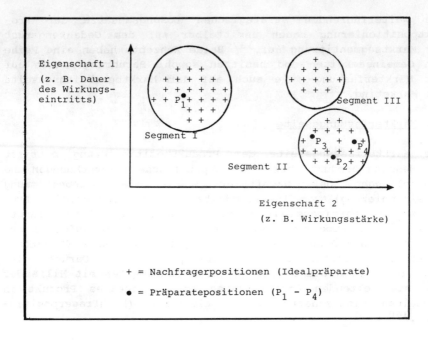

Abb. 29: Positionierung von Präparaten und Nachfragern im zwei - dimensionalen Eigenschaftsraum

Neben den zu wählenden Präparateeigenschaften sind bei der Produktpositionierung die Positionen der Nachfrager und Realprodukte sowie deren Distanzen zueinander von zentraler Bedeutung. Dem Modell liegen folgende Annahmen zugrunde:[142]

1) Je näher die Präparate (Realprodukte) zueinander im Eigenschaftsraum positioniert sind, desto intensiver befinden sie sich miteinander im Wettbewerb (In Abb. 29 werden beispielsweise die Präparate P_2, P_3 und P_4 von den

---

141) Bei der Auswahl relevanter Eigenschaften sowie der Reduktion dieser Präparatemerkmale auf wenige (möglichst zwei) Eigenschaftsdimensionen leisten multivariate Analyseverfahren Hilfestellung. Auf die methodische Problematik und Eignung verschiedener multivariater Verfahren im Rahmen der Produktdifferenzierung kann hier nur am Rande verwiesen werden. Vgl. dazu ausführlicher z. B. Backhaus u. a. (1986); Böhler (1977) sowie Andritzky (1976).
142) Vgl. Fronhoff (1986), S. 113.

Nachfragern als relativ ähnlich erachtet und konkurrieren dementsprechend intensiver untereinander als etwa mit dem Präparat P_1.).

2) Je geringer eine Real-Ideal-Distanz ist und je weiter die übrigen Präparate von dem betrachteten Produkt entfernt liegen, desto größer ist die Wahrscheinlichkeit, daß die Nachfrager auf das betreffende Präparat bei der Verordnung, Empfehlung oder dem Kauf zurückgreifen (In Abbildung 29 entscheiden sich die Nachfrager von Segment I demnach bei ihrer Produktwahl wahrscheinlich für Präparat P_1.).

3) Nachfrager mit ähnlichen Idealvorstellungen von einem Präparat lassen sich zu Marktsegmenten zusammenfassen. Flächen, in denen sich Nachfragerpositionen aber keine Realpräparatepositionen befinden, kennzeichnen Marktlücken oder Marktnischen (In Abb. 29 stellt Segment III eine solche von den Anbietern vernachlässigte Marktlücke dar.). Die in den Marktnischen positionierten Nachfrager verteilen sich - gemäß der Modellannahme - auf die bislang vorhandenen Realpräparate oder verzichten auf eine medikamentöse Therapie.

Auf Grund der getroffenen Modellannahmen lassen sich nunmehr verschiedene Positionierungsstrategien ableiten.

(b) Marktbearbeitungsseite

Hinsichtlich der Marktbearbeitungsseite geht es bei der Produktpositionierung - aufgrund der Verteilung von Nachfrager- und Realproduktpositionen im Eigenschaftsraum - darum geeignete Positionen zu wählen, die mit Hilfe eines positionsspezifischen Marketing-Instrumentaleinsatzes zu bearbeiten sind. Die Positionierung kann sowohl neue, bislang nicht am Markt befindliche Präparate betreffen (Erstpositionierungen), wie auch auf bereits eingeführte Präparate Bezug nehmen (Umpositionierungen).[143]

Grundsätzlich erscheinen zwei strategische Stoßrichtungen der Produktpositionierung möglich:

1) Veränderung der Idealvorstellungen der Nachfrage in Richtung auf die Realproduktposition des eigenen Präparates mit Hilfe der Kommunikationspolitik (z. B. durch gezielte

---
143) Vgl. Freter (1983 a), S. 42.

Informationen über die Gefahren eines zu raschen und
starken Wirkungseintritts eines Medikamentes).

2) Veränderung der Realproduktposition des Präparates in
Richtung auf die Idealanforderungen eines bestimmten Segmentes mit Hilfe produkt- und/oder kommunikationspolitischer Maßnahmen (z. B. durch Erhöhung der Wirkstoffstärke
und segmentspezifischen Informationen über die therapeutischen Verbesserungen, die sich aus dieser produktpolitischen Maßnahme ergeben).

Bei der Beurteilung möglicher alternativer Zielpositionen von
Nachfragern und/oder Realprodukten müssen die ökonomischen
Konsequenzen (Kosten, Umsätze, Gewinn) mit in die Überlegungen
einbezogen werden, die mit den jeweiligen Positionsveränderungen verbunden sind.[144] Bei der Berechnung dieser ökonomischen Größen fließen unter anderem auch preispolitische
Aspekte in die Betrachtung ein.

Geht man bei der Positionierung von der wohl in den allermeisten Fällen zutreffenden Annahme aus, daß bereits Konkurrenzprodukte der betrachteten Präparateart am Markt vertreten
sind, so stellt sich die strategische Alternative, das eigene
Produkt den Konkurrenzprodukten anzupassen (Imitationsstrategie) oder von diesem abzuheben (Abhebungsstrategie).[145]
Diese beiden Grundvarianten von Positionierungsstrategien
kommen sowohl für den Fall eines Ein-Produkt-Angebotes wie
auch für den häufiger in der Realität vorzufindenden Fall in
Betracht, daß ein Pharma-Unternehmen mehrere Produkte einer
Präparateart anbietet. Im Grunde kann man dann von drei
Basisstrategien der Produktpositionierung sprechen[146] (vgl.
Abb. 30).

---

144) Vgl. dazu ausführlicher Müller (1986 b), S. 256 ff.
145) Vgl. ähnlich die beiden Grundvarianten der Porterschen
    Klassifikation von Wettbewerbsstrategien.
146) Vgl. dazu Freter (1983 a), S. 117 - 123.

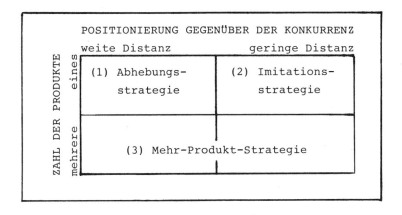

Abb. 30: **Basisstrategien der Produktpositionierung**
(*Quelle: Nach Freter (1983a), S.117-123.*)

(1) Abhebungsstrategie

Die Abhebungs- oder Marktnischenstrategie wendet sich an die Nachfragebedürfnisse von Kunden, deren Idealanforderungen die Konkurrenzprodukte nicht abdecken. Durch Konzentration auf Marktlücken versucht man, der Konkurrenz auszuweichen. Entscheidend für den ökonomischen Erfolg dieser Strategie ist vor allem, daß die Marktlücken ein ausreichend großes Nachfragerpotential bieten. Wesentlich erscheint desweiteren, daß die Konkurrenz das Produkt sowie dessen segmentspezifische Vermarktung nicht ohne weiteres nachahmen kann. Hierfür sollten die marktlichen bzw. firmeninternen Voraussetzungen (z. B. durch Patentschutz, Markenschutz, Firmenbekanntheit, Markenimage, Markt- und Marketing-Know-how etc.) geschaffen werden.

(2) Imitationsstrategie

Die Imitations- oder Me-too-Strategie spricht bei ihrer positionsspezifischen Marktbearbeitung Positionen an, die bereits von Konkurrenzpräparaten besetzt sind. Ökonomisch zweckmäßig erscheint diese Strategie dann, wenn das betreffende Marktsegment aufgrund seiner Größe ein ausreichend hohes anteiliges Absatzpotential für das Imitationsprodukt erwarten läßt und das nachahmende Unternehmen gegenüber der Konkurrenz zumindest in verschiedenen Einzelaspekten Wettbewerbsvorteile (z. B. Kostenvorteile in bezug auf F & E- sowie Markterschließungskosten, höhere Flexibilität hinsichtlich der Marktbearbeitung, Möglichkeit gezielter Angriffe auf die Konkurrenz durch Beschränkung auf wenige Präparate bzw. Betätigungsfelder und dadurch Konzentration der Unternehmenskräfte) besitzt.

(3) **Mehr-Produkt-Strategien**

Im Gegensatz zum konzentrierten Ein-Produkt-Marketing wird bei der Mehr-Produkt-Strategie versucht, mit einem differenzierten Angebot von mehreren Präparaten und Dienstleistungen den heterogenen Nachfragerbedürfnissen verschiedener Segmente einer Präparateart zu entsprechen. Dadurch, daß das Unternehmen das gesamte Betätigungsfeld abdeckt, ist es durch Neueinführungen der Konkurrenz weniger leicht angreifbar.

Mit Hilfe der Mehr-Produkt-Strategie lassen sich auch Synergieeffekte erreichen. In diesem Zusammenhang ist neben Kostenersparnissen bei der Herstellung und Vermarktung in erster Linie an einen Good-Will-Transfer zu denken. Dabei überträgt der Nachfrager die Erfahrungen mit einem Präparat eines Anbieters auf ein anderes Präparat des gleichen Herstellers.[147] Eventuell kann es hierbei sinnvoll sein, über eine sogenannte Dachmarkenstrategie (Verwendung eines Markennamen für die gesamte Produktfamilie) die Marktstellung, Bekanntheit und das bei den Kunden durch bereis eingeführte Präparate gewonnene Vertrauen für Neu-Positionierungen zu nutzen.

Die Gefahr dabei ist, daß die verschiedenen Produkte einer Markenfamilie an eigenständiger Identität verlieren. Ein weiteres Problem, das die Durchführung von Mehr-Produkt-Strategien generell betrifft, stellt die sogenannte Produktkannibalisierung dar. Darunter versteht man den Effekt, daß die Umsatzerhöhung eines Präparates den Umsatzrückgang der anderen Präparate des eigenen Unternehmens auslösen.[148]

---

147) Vgl. Simon (1985 a), S. 40.
148) Vgl. Harvey/Kerin (1979), S. 18.

In Abbildung 31 sind die Chancen und Gefahren, die sich aus den genannten Positionierungsstrategien ergeben, vergleichend gegenübergestellt. In der Realität sind auch Mischformen der drei Basisstrategien möglich.

STRATEGIEN BEURTEI- LUNGSKRITERIEN	EINMARKEN - STRATEGIEN		MEHRMARKEN - STRATEGIEN
	MARKTNISCHEN- STRATEGIE	IMITATIONS- STRATEGIE	
UMSATZ	ABHÄNGIG VON SEG- MENTGRÖSSE	ABHÄNGIG VON SEGMENT- GRÖSSE UND ZAHL VON KONKURRENZMARKEN	ABHÄNGIG VON ZAHL DER ANGE- SPROCHENEN SEGMENTE, ZAHL DER JEWEILIGEN KONKURRENZ- MARKEN
KOSTEN	HOHE MARKTERSCHLIES- SUNGSKOSTEN; GERINGE LFD.MARKETING-KOSTEN	HOHE LFD. MARKETING- KOSTEN	EVTL. KOSTENDEGRESSIONEN IM FERTIGUNGS- UND ABSATZ- BEREICH
KONKURRENZ- GEBUNDENHEIT	VERMEIDUNG DIREKTEN WETTBEWERBS	KONKURRENZKAMPF	KONKURRENZKAMPF IN MEHRE- REN SEGMENTEN
RISIKO	SCHRUMPFUNG DES AB- SATZPOTENTIALS	MARKENTREUE; HAN- DELS- U. KONKURRENZ- REAKTIONEN	SUBSTITUTIONSEFFEKTE; RI- SIKOAUSGLEICH
INFORMATIONS- BEDARF SEG- MENTANSPRACHE	HOCH	NIEDRIG	NIEDRIG ("SCHROTSCHUSSABSATZ")
BESONDERE PROBLEME	SUCHE NACH LUKRA- TIVEN MARKTNISCHEN	GESETZLICHE SCHUTZ- RECHTE	"VERZETTELUNG"

Abb. 31: **Chancen und Gefahren von Positionierungsstrategien im Vergleich**
(Quelle: Freter (1983a), S.125.)

Unter einer globaleren Sichtweise läßt sich das Positionierungskonzept als ein vertiefender Ansatz vor allem der Wettbewerbsorientierung und der Zielgruppen- bzw. Kundenorientierung des strategischen Marketing charakterisieren. Auf Grund seiner Produkt- bzw. Produktgruppenbezüge und der Angabe wahrgenommener Produkteigenschaften weisen die Positionierungsstrategien von allen Grundsatzstrategien die größte Nähe zum Marketing-Instrumentaleinsatz auf.[149] In Abbildung 32 sind die grundsätzlichen Absichten, die mit der Produktpositionierung verfolgt werden können, noch einmal stichpunktartig aufgeführt.

---

149) In diesem Zusammenhang ist darauf hinzuweisen, daß das Konzept sich nicht nur zur Positionierung von Produkten sondern ebenso zur Positionierung umfassender Leistungsangebote (Produkte und Dienstleistungen) oder auch ganzer Unternehmen eignet.

Aufgaben der Produktpositionierung
o Auffinden vernachlässigter Marktlücken
o Bessere Befriedigung der Kundenbedürfnisse
o Erzielung von Wettbewerbsvorteilen
o Vermeidung von Kannibalisierungseffekten zwischen Präparaten des eigenen Vertriebsprogramms
o Beurteilung von Neueinführungen der Konkurrenz und rechtzeitiges Ergreifen von Gegenmaßnahmen
o Beurteilung der eigenen Präparatepositionierung im Vergleich zur Positionierung der Konkurrenz
o Gezielte Positionierung neuer Präparate
o Präzisierung der Zielgruppen eingeführter Präparate (evtl. Umpositionierung)
o Fundierte Prognose der (segmentspezifischen) Marktentwicklung
o Gezielter Einsatz der Marketing-Instrumente (insbesondere Produkt- und Kommunikationspolitik)
o Erhöhung ökonomischer Zielerreichungsgrade (z. B. Erhöhung des Gewinns, des Umsatzes)

Abb. 32: Zwecke und Absichten der Produktpositionierung

1.2.5 UMSETZUNG DER MARKETING-GRUNDSATZSTRATEGIEN IN FORM VON MARKETING-INSTRUMENTALSTRATEGIEN

1.2.5.1 EINORDNUNG DER INSTRUMENTALSTRATEGIEN INNERHALB DER STRATEGISCHEN MARKETING-KONZEPTION

Die oben beschriebenen Grundsatzstrategien zeigen in der Reihenfolge ihrer Darstellung eine zunehmende Nähe zum absatzpolitischen Instrumentarium. Der enger werdende Bezug bringt in vermehrtem Maße wichtige Anhaltspunkte für die gestalterische Ausprägung der Marketing-Instrumente mit sich. Die Marketing-Instrumentalstrategien bilden gewissermaßen das letzte Glied in der Kette der Marketing-Strategien.

Ebenso wie die Marketing-Grundsatzstrategien übergreifen auch Marketing-Instrumentalstrategien tendenziell eher einen langfristigen Planungshorizont und sind unmittelbar an ökonomische (Kosten, Umsatz etc.) und außerökonomische (Images, Bekanntheitsgrade, Produktvorteile etc.) Ziele bzw. Zieltrajektorien gebunden. Während Grundsatzstrategien allerdings eine globalere Sichtweise ausdrücken, indem sie die strategischen Betätigungsfelder zum Gegenstand ihrer Betrachtungen machen, sind Instrumentalstrategien stärker objektbezogen. Sie beziehen sich in der Regel konkret auf bestimmte Produktgruppen und Produkte.[150]

Mit Hilfe des Marketing-Instrumentariums werden letztlich die übergreifenderen Grundsatzstrategien auf Produktgruppen- bzw. Produktebene in konkretere Strategien heruntergebrochen. Um die damit bezweckten Ziele zu erreichen, ist in der Regel der kombinierte Einsatz mehrerer Marketing-Instrumente (Marketing-Mix) erforderlich. Die Auswahl und der Einsatz der absatzpolitischen Instrumente betreffen allerdings einen Grenzbereich des strategischen Marketing.

In der Literatur ist es teilweise umstritten, ob man Aspekte des Marketing-Mix überhaupt noch als Elemente des Strategiekonzepts auffassen soll.[151] Im folgenden wird der strategische Gesichtspunkt von Instrumentalstrategien primär in der schwerpunktmäßigen Gewichtung der Marketing-Instrumente gesehen. So soll beispielsweise die Bezeichnung "Werbestrategie" anzeigen, daß der Werbung im Rahmen der strategischen Marketing-Konzeption für eine spezifische Planungseinheit (z. B. Produktgruppe) besondere Aufmerksamkeit zukommt.[152]

Erst wenn solche instrumentebezogene Schwerpunkte innerhalb einer Marketing-Konzeption gesetzt sind, geht es weiter darum, sich darüber Gedanken zu machen, wie sich das gesamte Marketing-Mix in noch konkretere taktische und operative Marketing-Maßnahmen transformieren läßt. Auf diesen nachgelagerten Ebenen gewinnen dann auch Optimierungsfragen bezüglich einzelner Submix-Bereiche (z. B. Optimierung des Außendiensteinsatzes) verstärkt an Bedeutung. Bei der Festlegung der

---
150) Gerade unter strategischen Gesichtspunkten können allerdings auch die Unternehmen selbst Objekte des Instrumentaleinsatzes sein (z. B. in Form von unternehmensbezogener Öffentlichkeitsarbeit bzw. Firmenwerbung).
151) Zu einer anderen Auffassung gelangen beispielsweise Steffenhagen (1982) oder Becker (1983).
152) Vgl. Steffenhagen (1982), S. 54.

Instrumentalstrategien ist allerdings bereits darauf zu achten, daß sich die einzelnen Marketing-Instrumente sinnvoll ergänzen und ein harmonisches Marketing-Konzept hinsichtlich der betrachteten Planungseinheit entsteht.

Für die Pharma-Industrie stellen die Produkt- und Programmpolitik, die Kommunikationspolitik und - in jüngerer Zeit - auch zunehmend die Preispolitik die wichtigsten Wettbewerbsparameter dar. Die nachstehenden Ausführungen befassen sich mit diesen drei Submixbereichen unter strategischen Gesichtspunkten.

Distributionspolitische Aspekte werden nicht explizit behandelt. Die mit der Distributionspolitik zusammenhängenden strategischen Fragestellungen sind implizit bereits bei der Erörterung der Abgrenzung von SPFs sowie der Grundsatzstrategien angesprochen worden (z. B. Frage des Markteintritts in den OTC-Markt für freiverkäufliche Medikamente außerhalb von Apotheken). Diese Distributionsstrategien von Pharma-Unternehmen sind weitgehend durch rechtliche Bestimmungen (Apothekenpflicht) oder sonstige Marktgegebenheiten (z. B. Verbraucher-Image der Apotheken, Mulitiplikatorfunktion von Krankenanstalten) determiniert. Anderen distributionspolitischen Aspekten kommt dagegen in der Pharma-Branche kaum Bedeutung zu.

1.2.5.2 FESTLEGUNG VON MARKETING-INSTRUMENTALSTRATEGIEN

1.2.5.2.1 PRODUKT- UND PROGRAMMSTRATEGIEN

In dieser Arbeit wird davon ausgegangen, daß das Kernelement des Problemlösungsangebotes der Unternehmen Fertigarzneimittel darstellen. Die Produkt- und Programmpolitik umfaßt daher alle unternehmerischen Maßnahmen, die darauf gerichtet sind, vorhandene Präparate zu verändern, zu verbessern oder vom Markt zurückzuziehen, bzw. neue Arzneimittel anzubieten. Neben dem eigentlichen Medikament sind dabei auch alle untrennbar damit verbundenen Dienstleistungen (Verpackung, Beipackzettel, Garantie, klinische Arbeiten etc.) und deren Gestaltung angesprochen.

Produkt- und programmpolitische Maßnahmen besitzen in der Pharma-Industrie nahezu ausschließlich strategischen Charkater. Selbst bei geringeren Produktmodifikationen (z. B. Veränderungen des Wirkstoffgehaltes) bedarf es in der Regel langwieriger, umfassender und kostenintensiver Vorarbeiten (Forschung & Entwicklung, Erarbeitung von Zulassungsanträgen für das BGA, Marktforschung, Herstellung, Außendienstschulung usw.). Darüber hinaus bestimmt das Produktangebot in entscheidendem Maße über den Erfolg oder Mißerfolg eines Unternehmens. An der Planung und Realisation von produkt- und programmpolitischen Entscheidungen sind daher zumeist nahezu alle hierarchischen und funktionalen Bereiche eines Pharma-Unternehmens beteiligt.[153]

Unterteilt man das Präparateangebot eines Arzneimittelunternehmens in verschiedene Produktgruppen bzw. Produktlinien und diese wiederum in verschiedene Produktvarianten (vgl. Abb. 33), so erhält man zwei (oder genauer vier) grundsätzliche strategische Ansatzpunkte der Programmpolitik. Während Veränderungen der Programmbreite die Eliminierung oder das Hinzufügen von Produktlinien betreffen, beziehen sich Veränderungen der Programmtiefe auf die Zahl verschiedener Varianten innerhalb einer Produktlinie.[154]

---

153) Vgl. Gehrig (1987), S. 41.
154) Vgl. Meffert (1986), S. 402.

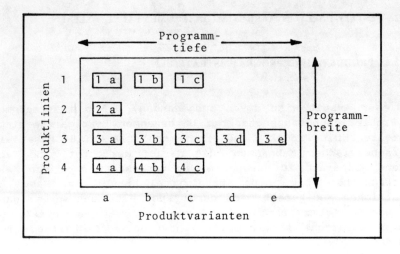

Abb. 33: **Elemente des Produktprogramms**
(Quelle: Meffert (1986), S.402.)

Im Hinblick auf programmpolitische Entscheidungen sind Interdependenzen zwischen den einzelnen Präparaten zu berücksichtigen. Unter marktlichen Aspekten kommt hierbei der Good-Will-Übertragung eine besondere Bedeutung zu. Gerade auf dem Pharma-Markt setzen die Nachfrager häufig besonderes Vertrauen in die Reputation des Anbieters.[155] Das einmal mit einem Medikament durch positive Produkterfahrungen erworbene Kundenvertrauen überträgt sich meist nicht nur auf andere Präparate innerhalb derselben Produktgruppe sondern auf das gesamte Präparateprogramm eines Anbieters. Negative Produkterfahrungen der Nachfrager führen dagegen – oft sogar noch weitaus schneller und gravierender – zu dem umgekehrten Effekt.

Vor allem Präparate, bei denen bei ihrer verbreiteten Anwendung am Markt Anzeichen gesundheitlicher Gefährdungen für die Patienten auftreten, die im Rahmen der klinischen Prüfungen nicht bzw. nicht in dem Ausmaß erkannt wurden, sind unverzüglich vom Markt zu nehmen. Gleiches gilt für Medikamente, die wegen ihrer zweifelhaften Wirkungsprinzipien der Kritik seitens der Öffentlichkeit ausgesetzt sind (z. B. Bräunungsmittel mit dem Wirkstoff Canthaxanthin, der die

---

155) Vgl. Simon (1985 a), S. 40 sowie derselbe (1985 b), S. 76.

Lichtempfindlichkeit der Haut herabsetzt). Auch bei diesen "Arzneien" sollte eine Produktelimination erfolgen noch bevor das BGA entsprechende Schritte unternimmt und das Negativ-Image eines Präparates auf das übrige Sortiment ausstrahlt.

Auf der anderen Seite kann eine zu frühzeitige Elimination eines Produktes oder einer Produktlinie mit einem unbedenklichen aber "veralteten" Therapieprinzip dazu führen, daß die Anhänger dieser Therapierichtung (oft ältere, risikoscheue Ärzte) verärgert werden. Bei der Frage der Elimination von Produkten, die sich in der Degenerationsphase ihres Lebenszyklus befinden, oder aber von Neueinführungen, die als gescheitert gelten müssen ("Flops"), können Wirtschaftlichkeitsanalysen auf Teilkostenbasis (Deckungsbeitragsrechnungen) eine wichtige Entscheidungshilfe leisten.[156] Die Gefahren bei Eliminationen allein aufgrund von Deckungsbeitragsanalysen bestehen jedoch vor allem "in der Einseitigkeit des Zielkriteriums, in der Vergangenheitsorientierung der Betrachtung und in der Ausklammerung positiver und negativer Ausstrahlungseffekte".[157]

In erster Linie sind die Pharma-Unternehmen aber darum bemüht, durch neue und verbesserte Präparate (Unternehmens- oder Marktneuheiten) ein Unternehmenswachstum und einen Wettbewerbsvorsprung gegenüber der Konkurrenz zu sichern. Die Pharma-Kritiker werfen den Unternehmen in diesem Zusammenhang allerdings vor, daß der intensive Produktwettbewerb zu einer vermehrten Anzahl von Arzneimitteln führe, ohne daß deshalb immer ein therapeutischer Fortschritt damit verbunden sei.[158]

---

156) Vgl. dazu ausführlicher z. B. Nieschlag/Dichtl/Hörschgen (1985), S. 202 - 206.
157) Ebenda, S. 205 - 206.
158) Zu dieser Diskussion vgl. z. B. Cramer/Golombowski (1986); Horseling (1978); Langbein u. a. (1985) sowie Langbein u. a. (1981). Die hohe Anzahl von Arzneimitteln verhindert eine Überschaubarkeit des Präparateangebotes für die Nachfrager und damit ein marktgerechtes Nachfrageverhalten. Die Pharma-Kritiker sehen hierin mit eine wesentliche Ursache für die "überhöhte" Preispolitik der Pharma-Unternehmen.

ORIENTIERUNGSFELDER	ENTSCHEIDUNGSTATBESTÄNDE	VERFOLGTE ZWECKE/ABSICHT

o Forschung & Entwicklung
o Staat
   – Zulassung
   – Erstattungsfähigkeit etc.
o Beschaffungsmarkt
   – Lizenzangebote
   – Patentangebote
o Kosten
   – Beschaffungskosten
   – Entwicklungskosten
   – Herstellkosten etc.
o Finanzmittel
o Konkurrenz
   – Produktinnovationen
   – Produktumsätze etc.
o Unternehmens-/SPF-Ziele und Strategien
o Absatzmarkt
   – Nachfragerwünsche und -bedürfnisse
   – Umsatzentwicklung
   – Stellung im Produktlebenszyklus etc.
o Sonstige Marketing-Mix-Ziele
   (z. B. Distributionsziele)
	o Handelsformen
	   – Darreichungsformen (Tabletten, Kapseln, Dragees etc.)
	   – Packungsgröße (100 Tabletten, 200 Tabletten etc.)
	   – Wirkstoffgehalt/Stärke (Tabletten zu 100 mg, 200 mg etc.)
	   – Verpackung/Design
	   – Handelsnamen (Marken, Branded-Generics, Generics)
	o Inhaltliche Zusammensetzung der Produkte
	   – patentierbare Orginalsubstanz
	   – patentfreie Wirkstoffe
	   – Molekülvariationen
	   – Wirkstoffkombinationen
	   – natürliche Wirkstoffe
		o Verbesserung der Verträglichkeit
		o Vereinfachung der Einnahme
		o Verbesserung der Haltbarkeit
		o Verbesserung der Applikation
		o Bessere Zielgruppenansprechung (z. B. Kinder, ältere Leute)
		o Verbesserung der Therapie etc.

Abb. 34: Entscheidungstatbestände der Produkt- und Programmpolitik von Pharma-Unternehmen im Kontext

Allerdings wird bei dieser Kritik nicht selten übersehen, daß zum Teil auch zunächst für den Laien unbedeutend erscheinende Variationen in der inhaltlichen Zusammensetzung der Präparate (z. B. Molekülvariationen) erhebliche therapeutische Verbesserungen erbringen können.[159] Selbst gestalterische Maßnahmen bezüglich der Handelsformen führen nicht selten zu einer besseren Befriedigung der Nachfragerwünsche oder zu einer Verbesserung der Patienten-Compliance. Eine verantwortungsbewußte Produktpolitik hat stets im Interesse der Nachfrager und vor allem der Patienten zu liegen, denen produktpolitische Maßnahmen letztlich zugute kommen sollten.

Abbildung 34 zeigt die wichtigsten produktpolitischen Entscheidungstatbestände der Arzneimittelunternehmen[160] sowie die möglicherweise damit bezweckten Absichten. Aus der Abbildung lassen sich zugleich eine Vielzahl interner Gegebenheiten (z. B. Finanzkraft, F & E-Möglichkeiten) und externe Sachverhalte (z. B. Konkurrenzmaßnahmen, Zulassungsvoraussetzungen etc.) erkennen, die bei der Planung von Produktstrategien zu berücksichtigen sind.

---

159) Vgl. dazu May (1980). Die Fa. Merck wirbt daher beispielsweise im Rahmen einer Anzeigenkampagne für ihr Präparat Concor, daß "auch der 22. Beta-Blocker wichtig ist, wenn er einen medizinischen Fortschritt darstellt."
160) Vgl. dazu ausführlich Friesewinkel/Schneider (1982), S. 187 - 216.

1.2.5.2.2 KOMMUNIKATIONSSTRATEGIEN

1.2.5.2.2.1 GRUNDLAGEN DER PHARMA-KOMMUNIKATION

Nicht zuletzt wegen der Besonderheiten der Ware Arzneimittel und der spezifischen Gegebenheiten im marktlichen und weiteren Umfeld der Arzneimittelunternehmen gehört die Pharma-Industrie zu den kommunikationsintensivsten Branchen überhaupt.[161] Unter Kommunikationspolitik versteht man im Marketing zunächst einmal die bewußte Gestaltung der auf den Absatzmarkt gerichteten Informationen eines Unternehmens, zum Zwecke der Steuerung von Meinungen, Einstellungen, Erwartungen und Verhaltensweisen aktueller und potentieller Nachfrager.[162]

Niemand ist besser in der Lage, über die Präparate zu informieren, als diejenigen, die sich in langen Jahren mit der Erforschung, Entwicklung, Herstellung, Erprobung und Vermarktung der Medikamente beschäftigt haben.[163] Die dabei gewonnenen weitreichenden und umfassenden Erfahrungen im Produktumfeld der Präparate prädestinieren die Pharma-Industrie zugleich dafür, den Nachfragern umfassende Serviceleistungen z. B. in Form von Informationen über Diagnose, medikamentöse und nichtmedikamentöse Behandlungsalternativen, Prognose von Krankheitsverläufen etc. anzubieten.

In einem umfassenderen Sinne gehören aber auch andere Marktteilnehmer (z. B. staatliche Behörden) oder sonstige das Marktgeschehen direkt oder indirekt beeinflussende Personen und Institutionen (z. B. Konsumentenorganisationen, Parteien, Pharma-Kritiker etc.) zu den relevanten Zielgruppen der Kommunikationspolitik eines Pharma-Unternehmens.

Neben der primär beabsichtigten Beeinflussung der relevanten Zielgruppen des Arzneimittelmarktes bzw. des weiteren Umfeldes geht von der Kommunikationspolitik der Pharma-Unternehmen häufig eine Wirkung auf die Mitarbeiter, Eigentümer, Kreditgeber, Lieferanten und andere Zielgruppen eines Unternehmens aus. Obgleich hiermit der Objektbereich des Marketing nicht mehr direkt angesprochen ist, gilt es dennoch auch diese Effekte bei der Festlegung der kommunikationspolitischen Aktivitäten im Rahmen des Marketing-Mix zu berücksichtigen.

---

161) Vgl. Freter (1978 a), S. 272.
162) Vgl. Meffert (1986), S. 119.
163) Vgl. Gehrig (1987), S.60.

Die Notwendigkeit der Pharma-Kommunikation ergibt sich schon daraus, daß Arzneimittel in hohem Maße erklärungsbedürftige Produkte sind, für deren sachgemäße Lagerung und Anwendung der Kunde Informationen über die jeweiligen Präparateeigenschaften benötigt.[164] Damit stellt die Arzneimittelinformation einen unverzichtbaren Bestandteil des Dienstleistungsangebotes der Pharma-Unternehmen dar.[165]

Arzneimittel-Information definiert man in der Pharma-Industrie als die Gesamtheit der Tätigkeiten eines Pharma-Unternehmens, "die darauf abzielen, insbesondere Ärzte, Apotheker und Konsumenten über neue wie auch sich bereits auf dem Markt befindliche Produkte vor allem über deren Anwendung zu informieren, um ihnen eine dem Einzelfall angemessene, patientengerechte Auswahl des Arzneimittels im Rahmen eines Therapiekonzeptes zu ermöglichen."[166]

Arzneimittelwerbung will allerdings mehr als nur informieren. Die unternehmerische Intension der Arzneimittelwerbung besteht primär darin, den Kunden auf die Wahl bzw. den Kauf der eigenen Präparate zu lenken und deren Absatz zu erhöhen. Dies geschieht, indem das Unternehmen den Kunden auf den Inhalt des eigenen Arzneimittelprogramms aufmerksam macht (bzw. daran erinnert) und zugleich auf die Vorzüge seiner Produkte hinweist. Um entsprechende Aufmerksamkeit und Interesse bei den jeweiligen Zielgruppen zu erwecken, benötigt auch die Pharma-Werbung affektive Komponenten (Aufmachung, Farbgestaltung, emotional behaftete Thematik usw.).[167] Sofern die Arz-

---

164) Vgl. Heinzel/Horseling (1973), S. 62.
165) Vgl. Weißbach (1985), S. 5. Weißbach gebraucht dabei einen Vergleich mit der Computerindustrie. Für ihn stellen die Präparate die "Hardware" dar, wohingegen er die Arzneimittelinformationen als "Software" bezeichnet, die es überhaupt erst ermöglicht, mit der "Hardware" sachgemäß umzugehen.
166) Weißbach (1985), S. 4.
167) Eine rein wissenschaftliche Information ist häufig schwerer verständlich und wird von den Zielgruppen (auch Fachkreisen) nicht selten unberechtigt als "uninteressant", "langweilig" oder "phantasielos" abqualifiziert. Zur Notwendigkeit affektiver Komponenten im Rahmen der Informationspolitik vgl. ausführlicher Kroeber-Riel (1980); derselbe (1986) sowie Girardi (1987). Je nach Produkt, Zielgruppe und Werbemittel ergeben sich allerdings wichtige Unterschiede hinsichtlich des gebotenen Ausmaßes solcher affektiver Elemente. "Emotionale Ansprachen eignen sich beispielsweise für die Inseratenwerbung besonders gut, weil hier der Platz beschränkt ist, und diese der Zwecksetzung der Anzeige, Aufmerksamkeit zu erregen, sehr gut entspricht." Gehrig (1987), S. 75 - 76.

neimittelwerbung keine irreführenden und unlauteren Angaben enthält, erscheint dieses Instrument des Pharma-Marketing vor allem angesichts der Vielzahl der angebotenen Arzneimittel im Interesse des Kunden erforderlich.

Die Arzneimittelwerbung der Pharma-Unternehmen steht im Zentrum der Kritik am Pharma-Marketing. Man behauptet, sie würde die von den Unternehmen umworbenen Zielpersonen manipulieren, einen erhöhten Arzneimittelkonsum bzw. -mißbrauch der Verbraucher verursachen, und - wegen der mit einer übermäßigen Werbung verbundenen Kosten für die Unternehmen - die Arzneimittelpreise unnötig verteuern.[168]

Aufgrund der erheblichen gesundheits- und sozialpolitischen Probleme, die mit einer überzogenene und unseriösen Arzneimittelwerbung verbunden sind, unterliegt die Pharma-Kommunikation einer Reihe gesetzlicher Vorschriften. Von besonderer Bedeutung ist in diesem Zusammenhang die Unterscheidung zwischen der Fachwerbung und der Publikumswerbung für Arzneimittel.[169] Für die in der Regel wirksameren aber auch mit größeren gesundheitlichen Risiken verbundenen verordnungspflichtigen Arzneimittel darf ein Pharma-Unternehmen nur in bestimmten Fachkreisen (Ärzte, Apotheker, Pharma-Großhändler)[170] werben. Dahinter verbirgt sich unter anderem die Hoffnung, daß diese Fachleute tendenziell weniger leicht manipuliert werden können. Im Gegensatz zur Fachwerbung darf sich die Laien- oder Publikumswerbung dagegen direkt an den Verbraucher wenden.

Darüber hinaus enthalten das Heilmittelwerbegesetz (HWG) und das Arzneimittelgesetz (AMG) eine Reihe von weiteren einschränkenden Bestimmungen für die Arzneimittelwerbung. Der BPI und andere Verbände (z. B. Ärzteverbände) haben zusätzlich verbindliche Richtlinien für die Werbung der Pharma-Unternehmen erlassen, die einem Mißbrauch dieses Marketing-Instruments vorbeugen sollen.[171]

---

168) Vgl. Heumann (1974), S. 26.
169) Vgl. dazu genauer Geßner (1975) sowie Röper (1980 b).
170) In einem weiteren Sinne gehören auch andere Heilberufe (Heilpraktiker) oder Berufe des Heilgewerbes (z. B. Krankenschwestern, medizinisch-technische Assistenten) zu den Fachkreisen. Vgl. Kleist/Albrecht/Hoffmann (1979), § 2 Rand-Nr. 2 ff.
171) Zu diesen Gesetzen und Vorschriften vgl. im einzelnen den vom BPI als Loseblattsammlung herausgegebenen pharmakodex.

Wegen der gesundheits- und sozialpolitischen Bedeutung von Arzneimitteln sind außerdem neben den Kunden der Arzneimittelunternehmen eine Vielzahl von unterschiedlichen Gesellschaftsgruppen an Informationen über Zweck, Qualität und Verwendung der Medikamente aber auch sonstige Hintergründe über die Pharma-Industrie und ihre Produkte (z. B. Forschung & Entwicklung, Produktion, Gewinne) in besonderem Maße interessiert. Arzneimittelskandale sowie Unglücksfälle in chemischpharmazeutischen Großkonzernen haben die Öffentlichkeit zusätzlich für das Geschehen auf dem Pharma-Markt sensibilisiert. Auch hier ist die Pharma-Kommunikation gefordert, unter anderem durch eine angemessene und wahrheitsgemäße Informationspolitik das öffentliche Vertrauen in die Leistungsfähigkeit und das soziale Verantworungsgefühl der Arzneimittelunternehmen wieder herzustellen.[172]

Im einzelnen kann man verschiedene Objektebenen der Pharma-Kommunikation unterscheiden:

- Branchenebene (Pharma-Industrie insgesamt);
- Ebene einzelner Branchengruppen (z. B. Hersteller von Phytopharmaka, Forschende Unternehmen, Nachahmerfirmen etc.);
- Konzern-/Unternehmensebene;
- Produktgruppen-/Produktebene.

Die branchenbezogene Kommunikationspolitik (z. B. Anzeigenkampagnen über die allgemeine Leistungsfähigkeit der Pharma-Industrie) und insbesondere die Pflege der Beziehungen zu anderen wichtigen Institutionen des Arzneimittelmarktes (Krankenkassen, Ärzte- und Apothekerverbände, Staat, Parteien etc.) werden oftmals dem BPI überlassen. Die Bedeutung der dabei angesprochenen gesundheits-, sozial- oder wirtschaftspolitischen Themen für die Existenz und den Erfolg der einzelnen Arzneimittelunternehmen lassen es jedoch angeraten erscheinen, diese Aufgaben der Öffentlichkeitsarbeit bzw. Public Relations (PR) nicht allein den Verbandsorganen zu überlassen.

So empfinden beispielsweise die Nachahmerfirmen vielfach ihre Interessen im Rahmen der Verbandspolitik nicht ausreichend gewahrt. Es gab daher schon erste Bemühungen, einen eigenen Verband zu gründen. Außerdem treten immer mehr Nachahmer (z.B. in Form von Presseberichten) selbst an die Öffentlichkeit, um über die gesellschafts- und wirtschaftspolitischen Beiträge ihrer Unternehmen (z. B. Steigerung des Wettbewerbs im Pharma-Markt, Dämpfung der Arzneimittelkosten im Gesundheitswesen) zu

---

172) Vgl. Jäger (1985), S. 25.

informieren und um Verständnis für ihr unternehmerisches Handeln zu werben.[173]

Die großen forschenden Arzneimittelunternehmen haben sich in der Medizinisch Pharmazeutischen Studiengesellschaft (MPS) zusammengeschlossen, die in sachlicher Form zu aktuellen Themen des Arzneimittelmarktes Stellung bezieht.[174] Darüber hinaus halten gerade diese größeren, stärker im Mittelpunkt des allgemeinen Interesses stehenden Pharma-Unternehmen engen persönlichen Kontakt mit relevanten Institutionen des Pharma-Marktes, machen durch gemeinnützige Aktionen (z. B. Forschungsstipendien für junge Mediziner, Sponsoring industrieunabhängiger medizinischer Veranstaltungen etc.) auf sich aufmerksam oder wenden sich mit gezielten Maßnahmen an die Allgemeinheit. So hat etwa die Fa. Boehringer Mannheim in Form einer groß angelegten Anzeigenkampagne allgemein auf die Gefahren der Imitationsfirmen für die Finanzierbarkeit und den künftigen Erfolg der Arzneimittelforschung hingewiesen.

Daß auch kleine und mittlere Pharma-Unternehmen erfolgreiche PR-Arbeit zu leisten vermögen, zeigt ein von Gehrig beschriebenes Beispiel.[175] Das Hauptprodukt (Venenmittel) eines mittelgroßen Arzneimittelunternehmens droht aus der Erstattungsfähigkeit der Krankenkassen herausgenommen zu werden, da es allgemein als umstritten gilt, ob Präparate gegen Venenleiden schwerere gesundheitliche Befindlichkeitsstörungen oder nur Bagatellerkrankungen behandeln. Im Rahmen eines nationalen Symposiums beabsichtigte das Unternehmen, der Ärzteschaft und vor allem den Behörden "anhand von medizinischen Befunden, Morbiditätsuntersuchungen und volkswirtschaftlichen Konsequenzen (Erwerbsausfalltage und daraus folgende Belastung von öffentlicher Hand und Krankenkassen) die Ernsthaftigkeit dieser Leiden empirisch zu demonstrieren."[176] Derzeit scheint es, daß die relevanten staatlichen Entscheidungsgremien unter anderem aufgrund dieser und ähnlicher Maßnahmen - zumindest für den Moment - von der Erstattungswürdigkeit von Venenpräparaten überzeugt werden konnten.

---

173) Vgl. z. B. Hoof (1987); Zinken (1987); Dammroff (1987).
174) Vgl. dazu z. B. Kleinsorge (1984), S. 46 - 52.
175) Vgl Gehrig (1987), S. 76 - 77.
176) Ebenda, S. 77.

Die aufgezeigten Beispiele verdeutlichen, daß neben der Arzneimittelwerbung auch der Öffentlichkeitsarbeit in der Arzneimittelindustrie eine sehr wichtige Bedeutung zukommt.[177] Im Gegensatz zur Arzneimittelwerbung konzentrieren sich die Inhalte dieser Art der Kommunikationspolitik tendenziell weniger eng auf das eigene Präparateprogramm, sondern behandeln eher umfassendere Themen und sind in der Regel an breitere Zielgruppen adressiert.[178] Dabei werden nicht selten auch positive Effekte für die Konkurrenz erzielt (vgl. dazu das Beispiel der Venenmittel weiter oben). Zur Öffentlichkeitsarbeit stehen darüber hinaus einige spezifische Kommunikationsinstrumente (z. B. Pressekonferenzen, Presseberichte, Fachvorträge oder -publikationen, Betriebsbesichtigungen, Stiftungen, Preise und vieles andere mehr) zur Verfügung. PR-Aktionen wirken daher oft glaubwürdiger als Werbung, da ihre Beeinflussungsfunktion den Zielpersonen nicht immer direkt bewußt wird. Im Einzelfall lassen sich Werbung und PR-Aktionen aber nicht immer eindeutig voneinander trennen.[179]

1.2.5.2.2.2 ENTWICKLUNG VON KOMMUNIKATIONSSTRATEGIEN

Die Entwicklung von Kommunikationsstrategien knüpft an den übergeordneten Zielen und Grundsatzstrategien der Unternehmenspolitik und insbesondere des Marketing an.[180] Sie sind unmittelbar mit den jeweiligen Preis- und Produktstrategien abzustimmen. Voraussetzung bei der Bestimmung der Kommunikationsstrategien ist desweiteren eine Analyse der Unternehmens- und Umweltsituation speziell unter kommunikativen Gesichtspunkten. In diesem Zusammenhang interessieren Informationen über die Marktlage, das bisherige Firmen- bzw. Produktimage, die Konkurrenzaktivitäten, die Lebensphasen der Produkte, die

---

177) Hierauf deutet auch die Vielzahl der Veröffentlichungen zu diesem Problembereich hin. Vgl. dazu Woolley (1969); Tobin, v. (1974); Schmidtchen (1979); Bürger (1983); Börke/Rink (1985); Jäger (1985).
178) Die Firmenwerbung ordnet man daher üblicherweise auch der Öffentlichkeitsarbeit zu. Vgl. Meffert (1986), S. 494 - 495.
179) Vgl. Börke/Rink (1985).
180) So lassen beispielsweise die Bezeichnungen Einführungswerbung, Forcierungswerbung oder Erinnerungswerbung entsprechende Bezüge zu übergeordneten Innovations- und Wachstums-, Offensiv- bzw. Defensivstrategien erkennen.

Informations- und Entscheidungsprozesse der potentiellen Nachfrager und anderes mehr.[181]

Im Rahmen der Kommunikationspolitik kommt zunächst der Festlegung der Kommunikationsziele strategischer Charakter zu. Neben den ökonomischen Zielen spielen hierbei insbesondere außerökonomische Ziele (Einstellungsänderungen, Bekanntheitsgrade, Gedächtniswirkungen usw.) eine wichtige Rolle, da diese weniger stark durch andere Marketing-Maßnahmen beeinflußt werden können. Entsprechende außerökonomische Zielerreichungsgrade lassen sich zudem meist erst durch intensive kommunikative Maßnahmen über einen längeren Zeitraum hinweg verwirklichen.

Einen weiteren strategischen Entscheidungstatbestand der Kommunikationspolitik stellt die Bestimmung der kommunikativen Kernaussagen dar. Die Botschaftsgestaltung steht in direktem Zusammenhang mit der Definition der außerökonomischen Ziele. Sie baut vor allem auf markt- und werbepsychologischen Kenntnissen auf.

Eine dritte strategische Aufgabe ist in der Festlegung des Kommunikationsetats und vor allem des Werbeetats zu sehen. Wegen der erheblichen finanziellen Mittel, die für die Pharma-Werbung aufzubringen sind, gewinnt die Werbebudgetierung ein besonderes Gewicht. Die Höhe des Kommunikationsbudgets sollte sich vor allem an den jeweiligen Kommunikationszielen des Unternehmens ausrichten. Andere, oftmals in der Praxis vorzufindende, einfache Verfahren der Budgetbestimmung (Orientierung am Umsatz, an den Werbeaufwendungen der Konkurrenz oder an den verfügbaren finanziellen Mitteln) können zu Fehlentscheidungen führen. Sie sollten daher lediglich als Nebenbedingungen im Entscheidungsprozeß der Budgetierung Berücksichtigung finden.

Das Kommunikationsbudget ist schließlich auf die einzelnen Objekte bzw. Objektebenen (z. B. Firmenwerbung, Produktgruppenwerbung, Produktwerbung) sowie die einzelnen Kommunikationsmittel, die zur Erreichung der objektbezogenen Kommunikationsziele eingesetzt werden sollen, zu verteilen. Außerdem hat eine Spezifizierung der Kommunikationsstrategien im Hinblick auf die betreffenden Zielgruppen bzw. Marktsegmente zu erfolgen.

---

[181] Zur Entwicklung von Kommunikationsstrategien vgl. insbesondere Meffert (1986).

Auch der Prozeß der Strategieentwicklung im Rahmen der Kommunikationspolitik läßt sich in Form eines Regelkreises ohne spezifischen Anfang oder Ende darstellen, innerhalb dessen eine Vielzahl von Vor- und Rückkoppelungen stattfinden.

Die kommunikationspolitischen Besonderheiten des Pharma-Marktes führten dazu, daß sich im Laufe der Zeit einige branchenspezifische Kommunikationsinstrumente herausgebildet haben (vgl. Abb. 35), die in der Pharma-Industrie verstärkt Anwendung finden. Dabei unterscheidet man die Instrumente der Pharma-Kommunikation in Mittel der Werbung und Mittel der

KOMMUNIKATIONSMITTEL	
Mittel der Werbung	Mittel der wissensch. Kommunikation
Anzeigen	Wiss. Informationsdienste
Durchhefter	Hauszeitschriften und sonstige Periodika mit überwiegend wiss. Inhalt
Zeitschriften-Beilagen	
Hauszeitschriften und sonstige Periodika mit überwiegend schöngeistiger Thematik	Standardprospekte (wiss. Ärzteprospekte)
	Sonderdrucke wiss. Publikationen
Produktverzeichnisse (Kurzform)	Referate wiss. Arbeiten
Populäre Drucksachen	Wiss. Broschüren
PR-Filme	Monographien
Rundfunk-Werbung	Ärztejahrbücher
TV-Werbung	Präparateverzeichnisse (ausführlich)
Außenwerbung	
Schaufenster und Innenwerbung	Aussendungen wiss. inform. Inhaltes
Bewirtungen	Wiss. Filme
Nebenveranstaltungen	Wiss. Diapositive
Werbeartikel	Fortbildungsveranstaltungen
Kalender	Symposien (auß. Bewirtungen)
Wertwerbung	Ausstellungstände bei ärztlichen und pharmazeutischen Kongressen
	Medizin- und Pharmazie-Studentenbetreuung
	Ärztemuster
	Wiss. Außendienst (Ärztebesucher)

Abb. 35: **Instrumente der Pharma-Kommunikation**
(Quelle: BPI pharma kodex (Stand: Dezember 1987),III S.34/3.)

wissenschaftlichen Information. Allerdings handelt es sich hier nur um Unterschiede gradueller Art. Eine exakte Grenzziehung läßt sich im Einzelfall oft nur schwerlich vornehmen.

Wegen der zentralen Stellung der Ärzteschaft auf dem Arzneimittelmarkt wird diese Zielgruppe von den Arzneimittelunternehmen besonders heftig umworben. Dies geschieht primär mit Hilfe des wissenschaftlichen Außendienstes (Ärztebesucher). In der Bundesrepublik besuchen derzeit ca. 16.000 Außendienstmitarbeiter der Pharma-Industrie die rund 66.000 niedergelassenen Ärzte und 76.000 Klinikmediziner.[182] Je nach Produktprogramm, belieferten Indikationsmärkten und Unternehmensgröße zeigen sich in bezug auf die Außendienststärke allerdings erhebliche Unterschiede zwischen den Arzneimittelfirmen.

Bei den Ärztebesuchern handelt es sich um qualifizierte Fachkräfte, die nach Maßgabe des AMG eine spezielle pharmakologische Grundausbildung absolviert haben müssen (Prüfung zum Pharma-Referenten). Darüber hinaus stellt sich den Arzneimittelunternehmen die Aufgabe, die Außendienstmitarbeiter immer wieder aktuell im Hinblick auf die sich ändernden firmen- und produktspezifischen Erfordernisse speziell zu schulen. Aufgrund der außerordentlich hohen Schulungs- und Personalkosten stellt der wissenschaftliche Außendienst ein sehr kostspieliges Marketing-Instrument dar.[183]

Dem hohen Aufwand der Pharma-Unternehmen steht eine entsprechend hohe Nutzenerwartung gegenüber. Die Ärzte sehen in den Pharma-Referenten das von ihnen bevorzugte Informationsinstrument der Pharma-Industrie. Aufgrund der persönlichen Kommunikationsform entstehen meist enge Bindungen zwischen Arzt und Unternehmen, die sich auch in dem Verordnungsverhalten der Mediziner niederschlagen sollen. Der persönliche Dialog zwischen Arzt und Pharma-Referent ermöglicht außerdem einen regen Informationsaustausch. Die aus dieser Zwei-Weg-Kommunikation resultierenden Rückinformationen des Marktes lassen sich bei der kundenorientierten Gestaltung des Leistungsangebotes verwerten.

---

182) Vgl. Wiencke/Hundertmark (1987), S. 46 sowie Sandberg (1986).
183) Die Kosten für die 16.000 Pharma-Referenten betragen pro Arbeitstag insgesamt ca. 10 Mio. DM. Damit entfallen auf den wissenschaftlichen Außendienst etwa 60 % der Gesamtkosten des Pharma-Marketing. Vgl. dazu Gehrig (1987), S. 64 sowie Wiencke/Hundertmark (1987), S. 48.

Ein gut geschulter Außendienst garantiert dem Arzneimittelunternehmen letztlich die Nähe zum Markt. Hierbei erfüllen die Außendienstmitarbeiter eine Reihe verschiedenster Aufgaben (vgl. Abb. 36). An diesen Aufgaben des wissenschaftlichen Außendienstes wird der enge Zusammenhang zwischen den Marketing-Instrumenten bzw. den Instrumenten der Kommunikationspolitik besonders deutlich. Die einzelnen Instrumente, die sich in ihrer Wirkung gegenseitig ergänzen, gilt es kombiniert einzusetzen, um den bestmöglichen Erfolg zu erzielen.

Neben dem wissenschaftlichen Außendienst beanspruchen in der Regel die Anzeigenwerbung in Fachzeitschriften (Insertionswerbung) sowie die Aussendungswerbung (Direct Mailing) die meisten finanziellen Mittel der Pharma-Kommunikationsbudgets in den Unternehmen.[184]

Die Insertionswerbung läßt wenig Raum für umfassende Informationen.[185] Ihr Hauptzweck besteht deshalb darin, die Aufmerksamkeit der Umworbenen auf das Werbeobjekt zu lenken, das Interesse der Zielgruppen bezüglich des jeweiligen Kommunikationsthemas zu erwecken oder Erinnerungseffekte auszulösen. Berücksichtigt man, daß ein Arzt pro Woche bis zu 30 verschiedene Fachzeitungen und -zeitschriften (zum großen Teil kostenlos) bekommt und auch die Konkurrenz intensiv Anzeigenwerbung betreibt[186], so wird die Notwendigkeit einer attraktiven und zielgruppenadäquaten Anzeigengestaltung und einer entsprechenden Mediaselektion ersichtlich.

Ähnliches trifft auf die Direktwerbung zu.[187] Laut Wiencke/Hundertmark erhält der Arzt im Schnitt 30 Werbe-Postsendungen pro Tag.[188] Auch hier erscheint das Erfordernis einer gezielteren Ansprache der Umworbenen evident. Im Vergleich zur Insertion erlaubt das Direct Mailing die Übermittlung weitreichenderer Informationen. Außerdem beinhalten die Aussendungen zumeist sogenannte Abrufkarten, mit Hilfe deren die Ärzte weitere Informationen oder unentgeltliche Arzneimittelmuster bei den Firmen anfordern können. Die Daten der "Reagierer" (z. B. Anschriften, Art der gewünschten Informationen etc.) lassen sich zusammen mit den übrigen von den

---

184) Vgl. hierzu auch den Pharma-Marketing-Index (PMI) des IMS.
185) Vgl. Gehrig (1987), S. 74 ff.
186) Vgl. Behnsen (1978), S. 998.
187) Vgl. Schuback (1975).
188) Vgl. Wiencke/Hundertmark (1987).

Pharma-Referenten gesammelten Ärzte-Daten in umfassenden Ärzte-Informationssystemen speichern und für künftige zielgruppenspezifische Marketing-Maßnahmen nutzen.

Marketingmaßnahmen	Beitrag Außendienst
Angebotsgestaltung: Wirkstoff, Zusammensetzung, Dosierung, Darreichungsform, Packungsart, Packungsgrößen, Weiterentwicklung, Zusatzleistungen	Information betreffend Bedürfnisse in der Praxis: Weiterleitung von Reklamationen, Veranlassung von deren Bearbeitung in der Firma; oft erster Adressat auch bei positiven Erfahrungen mit den Produkten des Hauses; Erfragen von Wünschen betreffend Weiterentwicklung eines Präparats oder Zusatzleistungen der Firma.
Preisstellung: Festlegen des Publikumspreises sowie der Rabattstaffelung und der Bonuspraxis etc.	Begründung des Verkaufspreises und Vergleich mit Konkurrenzprodukten z.B. anhand von Tagestherapiekosten
Produktinformation, Werbung: Verkaufswirksame Darstellung von Produkteigenschaften und Wirkungsweise, basierend auf der wissenschaftlichen Dokumentation	Erster und bei Neueinführungen wichtigster Informationsvermittler für den Arzt (und den Apotheker), persönliche Abgabe von Mustern für die Erprobung neuer Produkte. Gesprächspartner, der in 90% aller Fälle auch in der Lage ist, Fachfragen kompetent zu beantworten. Sicherstellung der Beantwortung sehr komplexer Fragen durch den medizinisch-wissenschaftlichen Dienst
Beschränktes Merchandising in Apotheken für Produkte, die auch ohne Rezept erhältlich sind	Hier wirkt der Außendienstmitarbeiter sinnvollerweise auch als Regalpfleger (Schaufensterdekorationen sollten hingegen wenn möglich durch Spezialisten erstellt werden)
Mehr oder weniger direkt produktgerichtete Firmenveranstaltungen für Ärzte (Rundtischgespräche, Firmensymposien, Weiterbildungsveranstaltungen)	Organisation regionaler Veranstaltungen meist mit Hilfe des Innendienstes; Kontaktmann und Überbringer der Einladung; Auskunftsperson; dank gutem persönlichem Verhältnis zu den Kunden eventuell auch einmal Motivator zur Teilnahme
Kongresse, offene Symposien, Jahresversammlungen von Ärztegesellschaften (mit Produkt-Informationsstand)	Hier stellt der Außendienst die Standbetreuung sicher, informiert, bewirtet die Interessenten, begleitet ausgewählte Freunde des Hauses. Er stellt das Bindeglied zwischen Firma und Tagungsteilnehmer dar
Zusammenarbeit mit Ärzten für die klinische Prüfung eigener Spezialitäten	Kontaktperson für Informationsaustausch (oft zusätzlich zum die Prüfung fachlich betreuenden firmeninternen Arzt); oft wird auch das „Monitoring" und die Terminüberwachung dem Ärztebesucher übertragen
Gewinnung von Meinungsbildnern	Aufgrund seiner Markt- und Personenkenntnis kann der Außendienst Hinweise auf „coming men" geben; dazu führt er Geschäftsleitungsmitglieder und Innendienstmitarbeiter ein, stellt Kontakte her und begleitet Chefs und Kollegen

Abb. 36: **Aufgaben des Außendienstes im Pharma-Marketing**
(Quelle: Gehrig (1987), S.66.)

Ein anderes wichtiges Werbemittel der Pharma-Industrie insbesondere zur Unterstützung der Informationsaktivitäten des Außendienstes stellten bislang die Arzneimittelmuster dar.[189] Bei den Mustern handelt es sich um die originalen Wiedergaben der von ihnen beworbenen Präparate. Praktisch wird bei der Musterwerbung die Marktleistung der Arzneimittelunternehmung unmittelbar selbst akquisitorisch eingesetzt. Die Pharma-Unternehmen wollen durch die unentgeltliche Abgabe von Mustern den Ärzten eine persönliche Urteilsbildung über die Produkte und ihre Eigenschaften ermöglichen. Durch Anschauung und insbesondere Anwendung des Arzneimittelmusters am Patienten[190] soll der Arzt das Präparat umfassend kennenlernen.

Die Mehrzahl der Ärzte ist aus den verschiedensten Gründen (z. B. Angst vor Regreß, Sparen der Rezeptgebühr für den Patienten, Möglichkeit der Notfallmedikation etc.) an dem Erhalt von Mustern interessiert. Dadurch ergaben sich in der Vergangenheit für die Arzneimittelunternehmen sehr positive Ausstrahlungseffekte der Musterwerbung auf andere Werbemittel. So führte das Interesse der Ärzte an Musterabrufkarten generell dazu, daß die Mediziner die Werbesendungen der Pharma-Industrie stärker beachteten.[191] Eine noch größere Bedeutung wurde der Musterwerbung im Zusammenhang mit der Tätigkeit der Ärztebesucher beigemessen. So haben die Ärzte die Pharma-Referenten der Industrie häufig nur deshalb empfangen, weil sie Muster mitbrachten.[192] In 90 % der Ärztebesuche erfolgte denn auch die Übergabe von Mustern. Darüber hinaus bezogen sich ca. 50 % aller Arzt-Referenten-Gespräche auf die als Muster abgegebenen Präparate.[193]

Vor Inkrafttreten der gesetzlichen Musterbeschränkung im Februar 1987 erhielten die Ärzte deshalb bis zu 100 Mustern pro Woche zugeschickt bzw. übergeben. Es steht zu erwarten, daß diese Zahl aufgrund der neuen gesetzlichen Bestimmungen gravierend zurückgehen wird. Daraus ergeben sich grundlegende Veränderungen für die Ärztewerbung und das Pharma-Marketing insgesamt.

---

189) Zur mikro- und makroökonomischen Problematik der Werbung mit Arzneimittelmustern vgl. sehr ausführlich Walther (1981).
190) Damit wird das Muster letztlich auch auf der Patientenebene werbewirksam. Vgl. genauer Walther (1981).
191) Vgl. Infratest (1978), S. 16 - 36.
192) Vgl. Lengsfeld (1980).
193) Vgl. Wiencke/Hundertmark (1987).

Die Musterbeschränkungen aber auch die wachsenden Werbekosten, die steigende Werbeintensität der Konkurrenz, die zunehmende Informationsüberflutung der Ärzte und ähnliche Entwicklungen geben Anlaß, Sinn und Effizienz der bisherigen Pharma-Kommunikation gründlich zu überdenken. Dabei ist unter anderem die Frage zu stellen, ob und inwieweit andere kostengünstigere Kommunikationsformen (z. B. Telefon-Marketing, neue Medien) die bisherigen Kommunikationsmittel ergänzen oder zumindest teilweise ersetzen können.[194]

Gerade unter strategischen Gesichtspunkten erscheint es außerdem politisch und ökonomisch nicht angeraten, allein durch Erhöhung der Werbeintensität eine bessere Erreichung der Unternehmens- und Marketing-Ziele zu erhoffen. Die Unternehmensprofilierung beim Arzt aber auch gegenüber anderen Kundengruppen sollte vielmehr durch wissenschaftliche und marktliche Kompetenz sowie umfassende kommunikative Serviceleistungen erfolgen[195] (vgl. Abb. 37).

Die strategische Umsetzung des in der Praxis noch häufig vorzufindenden Produkt-Marketing in ein weitgreifenderes Leistungs-Marketing erfordert, daß der Einsatz der Kommunikationsmittel auch tatsächlich einen am jeweiligen Kundenproblem orientierten, realisierbaren Nutzen für die angesprochene Zielgruppe mit sich bringt sowie den Nachfragern und insbesondere den Patienten bei der Bewältigung ihrer Probleme vor allem im therapeutischen Bereich hilft. Gefordert sind hierbei in erster Linie unternehmerische Kompetenz und Kreativität.[196]

---

194) Vgl. hierzu genauer Jacob (1985); Gehrig (1987), S.89 ff.
195) Vgl. Dams (1987).
196) Instrumente und Maßnahmen, die in eine solche Richtung deuten sind beispielsweise Diagnose- und Praxishilfen; Interaktionstafeln für die Multi-Medikation; Aufklärungsbroschüren für Patienten; audiovisuelle Fortbildungsprogramme für Praxishilfen, Ärzte, Krankenhauspersonal usw.; Workshops für Ärzte; Anwenderschulungen für Pflegepersonal; Vermittlung von EDV- oder Marketing-Kenntnissen an Krankenhäuser, Ärzte und Apotheker. Vgl. dazu eingehender Dams (1987); Riegel (1987); Hummert/Hagen/Hagen (1987); Wilkes (1987); Hippe (1987); Wiencke/Hundertmark (1987); Sutthoff (1986); Siebert (1978); Holdermann/Thiess (1986); Boguslawski (1986); Meyer/Meyer (1987).

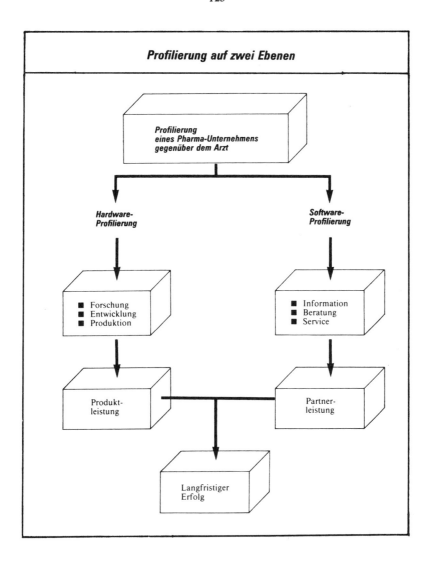

Abb. 37: Markt-Profilierung eines Pharma-Unternehmens durch
Produkt- und Partnerleistung
(Quelle: Dams (1987), S.106.)

1.2.5.2.3 PREISSTRATEGIEN

1.2.5.2.3.1 GRUNDLAGEN DER PREISPOLITIK IM PHARMA-BEREICH

Unter dem Begriff Preis kann man alle objektiven oder subjektiven Kosten bzw. Leistungsäquivalente zusammenfassen, die für den Nachfrager aus der Inanspruchnahme des unternehmerischen Leistungsangebotes entstehen.[197] Aus dieser Definition geht bereits der enge Zusammenhang zwischen der Preispolitik und den leistungsbildenden Marketing-Mix-Bereichen (Produktpolitik und Kommunikationspolitik) hervor. Für die Kaufentscheidung der Nachfrage ist nicht allein die monetäre Preisforderung sondern das von ihnen wahrgenommene komplexe Preis-/ Leistungsverhältnis ausschlaggebend.[198] Die mit dem wahrgenommenen Produktnutzen verbundene Relativierung des Preises als Wettbewerbsparameter gilt es gerade in der Pharma-Industrie zu beachten.

Die Bestimmung der Preise erfährt in den einzelnen Teilbereichen des Arzneimittelmarktes unterschiedliche Bedeutung bzw. Gewichtung. Im Bereich der Selbstmedikation wird dem Preis als monetäres Instrument vergleichsweise noch die größte Bedeutung beigemessen, da dort die Verbraucher allein aus ihrem persönlich verfügbaren Einkommen Kaufkraft verwenden müssen, um ihren Arzneimittelbedarf zu decken.[199] Außerdem ist der Anteil der Medikamente, die sich in ihrer therapeutischen Wirkung und in ihrer stofflichen Zusammensetzung nur geringfügig voneinander unterscheiden (Me-too-Präparate) auf dem Selbstmedikationsmarkt relativ hoch. Zwischen den vorwiegend ohne ärztliche Verordnung am Markt abgesetzten Konkurrenzprodukten herrscht deshalb zumeist ein regerer Preiswettbewerb als in anderen Arzneimittelbereichen.

Allerdings ist auch hier zu berücksichtigen, daß der individuell erhoffte gesundheitliche Nutzen eines Medikamentes den Verbraucher unempfindlicher macht als bei anderen Waren. Wegen der Vielfalt des Arzneimittelangebotes (Zahl der Konkurrenzprodukte mit unterschiedlichen Darreichungsformen, Packungsgrößen, Wirkstoffstärken, Einnahmedosierungen etc.) ist außerdem eine Markttransparenz der Nachfrager kaum gegeben und ein objektiver Preisvergleich erheblich erschwert.

---
197) Vgl. Nieschlag/Dichtl/Hörschgen (1985), S. 233 - 234.
198) Vgl. ebenda, S. 238 - 239.
199) Vgl. Glagau (1977), S. 122.

Ein intensiverer Preiswettbewerb zwischen den Pharma-Unternehmen wird zudem durch die Apotheken-Festpreiszuschläge, die quasi einer Preisbindung der zweiten Hand entsprechen, verhindert.[200] Darüber hinaus ist es öffentlichen Apothekern untersagt, aus preisgünstigeren Großpackungen Teilmengen auszueinzeln.[201] Aufgrund dieser Bestimmungen und der verhältnismäßig schwachen Marktstellung des Pharma-Großhandels werden von der Industrie Preisnachlässe gegenüber dem Handel allenfalls in Form von Naturalrabatten gewährt.

Auf dem Verordnungsmarkt kommt hinzu, daß es sich um wirksamere und/oder innovativere Arzneimittel handelt, die für die Patienten unter Umständen lebensnotwendig sind. Dadurch wird die Preisempfindlichkeit der Nachfrage erheblich beeinträchtigt. Darüber hinaus übernimmt die GKV zum weitaus größten Teil die bei der medikamentösen Behandlung entstehenden Kosten. Es fehlte daher den Ärzten in der Vergangenheit nahezu jeglicher Anreiz, sich kosten- bzw preisbewußt zu verhalten. Für die Apotheke gilt im Fall einer ärztlichen Verordnung das Aut-Simile-Verbot, d. h. sie dürfen dem Patienten nur das vom Arzt verordnete Medikament abgeben. Aufgrund der Festpreiszuschläge ist er außerdem wirtschaftlich nicht daran interessiert, preisgünstigere Medikamente zu verkaufen.[202] Dies führte dazu, das die Preiselastizität der Nachfrage bei den verordneten Präparaten gegen Null tendierte.[203]

Aufgrund der in den letzten Jahren erheblich gestiegenen Finanzierungsprobleme der staatlich subventionierten Kostenträger des Gesundheitswesens und der damit einhergehenden wachsenden öffentlichen Kritik an den als überhöht empfundenen Arzneimittelpreisen gewinnt aber auch die Preissetzung auf dem Verordnungsmarkt zunehmend einen neuen Stellenwert. In einzelnen Indikationsgebieten konnten deshalb preisgünstigere Nachahmerpräparate deutliche Umsatzzuwächse verzeichnen. Darüber hinaus existieren mittlerweile für einzelne Präparate-

---

200) Vgl. Oberender (1980), S. 168.
201) Vgl. ebenda, S. 170.
202) Vgl. Oberender (1980), S. 171. Die Pharma-Industrie befürchtet, daß durch die in der öffentlichen Diskussion stehende Abschaffung des Aut-Simile-Verbotes ein heftiger "Rabattkampf" auf der Apothekenstufe stattfinden wird. Vgl. Vorderwühlbecke (1988).
203) Vgl. Gehrig (1987), S. 55 - 56; Oberender (1984), S. 273.

gruppen sogenannte Preisvergleichslisten[204], die die Markttransparenz der Ärzteschaft in bezug auf die Preise der von ihnen verordneten Arzneimittel erhöhen sollen. Die Kassenärzte müssen diese Preislisten bei ihrer Verordnungsentscheidung berücksichtigen. Sofern ihnen eine unwirtschaftliche Verordnungsweise nachgewiesen werden kann, droht der Einzelregress.

Im Bereich des Krankenhausmarktes ist die makroökonomische Problematik der Preisbildung von Arzneimitteln ähnlich gelagert. Jedoch spielt der Preis dort schon deshalb eine etwas andere Rolle als auf dem Apothekenmarkt, weil der organisationale Einkaufsprozeß wegen seiner Multitemporalität, des größeren Einkaufsvolumens der einzelnen Kunden, der Zusammensetzung des Einkaufsgremiums (Mediziner, Krankenhausapotheker, kaufmännische Verwaltung) sowie der besseren Markttransparenz der Kliniken in der Regel rationaler verläuft. Da für den Klinikbereich das Auseinzelungsverbot keine Gültigkeit besitzt, können auch preisgünstigere Großpackungen (Klinikpackungen) bezogen werden.[205]

Für die einzelnen Unternehmen der Pharma-Industrie besitzt der Krankenhausmarkt oftmals aus mehreren Gründen eine besondere Relevanz. Zum einen befinden sich primär in den Kliniken die Meinungsbildner unter den Ärzten (zumeist habilitierte Mediziner), die ihre Produkterfahrungen z. B. in wissenschaftlichen Veröffentlichungen oder Fachvorträgen an ihre Kollegen weitergeben. Zum anderen lernen die jungen noch in der Ausbildung befindlichen Mediziner bereits in der Klinik die Präparate kennen, die sie später eventuell in ihr Verschreibungsrepertoire aufnehmen. Drittens schließlich setzt der Krankenhausarzt den Hausarzt in Kenntnis darüber, mit welchem Erfolg er welche Medikamente an einem Patienten einsetzte und auch der Patient selbst macht seine persönlichen Produkterfahrungen im Krankenhaus, die er dem Hausarzt im Falle einer weitergehenden medikamentösen Verordnung mitteilen wird. Wegen der bei verschiedenen Präparategruppen festzustellenden Multiplikatorwirkung von Krankenhausverordnungen sind die Arzneimittelunternehmen oft eher dazu bereit, sich den Marktzugang im Klinikbereich durch Preisnachlässe zu erkaufen.[206]

---

204) Siehe dazu Bundesausschuß der Ärzte und Krankenkassen (1986).
205) Vgl. Oberender (1984), S. 212 - 213.
206) Vgl. Oberender (1984), S. 213.

Bei der Festlegung der Arzneimittelpreise sind insgesamt gesehen eine Reihe von spezifischen Gegebenheiten des Arzneimittelmarktes zu berücksichtigen. Bislang allerdings unterliegt die Preispolitik der Pharma-Unternehmen noch weniger gesetzlichen und ökonomischen Restriktionen[207] als vielmehr Einschränkungen ethisch-moralischer Art. Hierbei haben die Pharma-Unternehmen ihr gesundheits- und sozialpolitisches Verantwortungsbewußtsein unter Beweis zu stellen. In diesem Sinne kann man auch die Preisstillhalteabkommen des BPI (Verzicht der Mitgliedsfirmen des Verbandes auf monetäre Preiserhöhung für Arzneimittel für einen Zeitraum von zwei Jahren) interpretieren.

1.2.5.2.3.2 ENTWICKLUNG VON PREISSTRATEGIEN

Unter dem Begriff Preispolitik sollen im folgenden alle zielorientierten unternehmerischen Entscheidungen verstanden werden, welche die Preislage, innerhalb deren ein Unternehmen operieren möchte, die Preisfestsetzung für neue Präparate und die Preisänderungen im Hinblick auf bereits längere Zeit auf dem Markt befindliche Präparate betreffen.[208] Aus dem Umfang und der Vielfalt des Arzneimittelangebotes einzelner Unternehmen (Zahl der Präparate und Präparatevariationen) läßt sich die Komplexität preispolitischer Entscheidungen bereits ermessen.[209] In diesem Zusammenhang sind nicht nur weitreichende Informationen und Kenntnisse über die eigenen Präparate (z. B. Kosten der Leistungserstellung, Produktvorteile) sondern auch solche über die jeweiligen Konkurrenzprodukte (z. B. Konkurrenzpreise, Vor-/Nachteile der Konkurrenzpräparate) sowie eine Reihe relevanter Informationen über das interne und marktliche Umfeld erforderlich, um zielgerechte Preisentscheidungen treffen zu können (vgl. Abb. 38).[210]

---

207) Auch das Bundeskartellamt sah sich bisher nur in relativ wenigen Einzelfällen dazu veranlaßt, einem vermeintlichen Preismißbrauch aufgrund der vermuteten Marktbeherrschung einzelner Pharma-Unternehmen in bestimmten Teilmärkten des Arzneimittelmarktes entgegenzutreten, vgl. Hoppmann (1983).
208) Vgl. Bidlingmaier (1973), S. 279.
209) Vgl. Simon (1982), S. 9.
210) Vgl. Kühn (1987), S. 955.

ORIENTIERUNGSFELDER FÜR PREISSTRATEGIEN

o Kosten
  - Vollkostenprinzip
  - Teilkostenprinzip

o Nachfrage
  - Preiselatizität/-schwellen
  - Nachfragetypen (z. B. Generika-Verordner)

o Gewinn-/Deckungsbeiträge

o Konkurrenzpreise
  - Preis des Marktführers
  - Durchschnittspreis des Marktes
  - Preise der wichtigsten Wettbewerber
  - Preisvergleichsliste

o Stellung im Produkt- und Markt-Lebenszyklus/Patentablauf

o Produktqualität
  - Leistungsmerkmale
  - Vorteile gegenüber substitutiven Produkten

o Marketing-Plan
  - Marketing-Ziele
  - Werbeintensität
  - Distributionsknäle

o Konkurrenzkosten/-verhalten
  - Art der Konkurrenzreaktion
  - Intensität der Konkurrenzreaktion

o Preispolitischer Ausgleich
  - Sukzessivkompensation (z. B. Präparat A soll finanzielle Mittel zur Erforschung und Entwicklung künftiger Präparate erwirtschaften)
  - Simultankompensation (z. B. preisgünstigeres Ergänzungsprodukt soll den Absatz für das hochpreisige Hauptprodukt steigern helfen)

o Makroökonomische Aspekte
  - Preishalteappelle
  - Bundeskartellamt
  - Festbeträge

Abb. 38: Interne und externe Orientierungsfelder der Preispolitik von Pharma-Unternehmen

Wegen der unmittelbaren Auswirkungen der Preise auf ökonomische Erfolgsgrößen (Umsatz, Gewinn) setzt man die Preispolitik in vielen Branchen verstärkt als operatives oder taktisches Marketing-Instrument ein, um kurz- bzw. mittelfristig entsprechende ökonomische Zielerreichungsgrade zu realisieren. Ein strategisches Preismanagement ist dagegen nicht auf eine kurz- bzw. mittelfristige Gewinnoptimierung, sondern auf die Steuerung der langfristigen Wettbewerbspositionen und den langfristigen Unternehmenserfolg ausgerichtet.[211]

Je nach marktlicher Bedingungslage kann der strategische Preis höher oder niedriger liegen als der Preis, der z. B. den kurzfristigen Gewinn maximieren würde.[212] Strategische Preisentscheidungen beziehen sich zudem nicht nur auf einzelne Produkte sondern betrachten auch umfassendere Programmausschnitte (z. B. Preisdifferenz zwischen teuerstem und preisgünstigstem Medikament einer Präparateart eines Herstellers) oder das gesamte Sortiment (z. B. Beschränkung des Angebots auf preisgünstige Nachahmerpräparate).[213]

Mengenrabatte an Kliniken, die darauf abzielen den Krankenhausmarkt zu erschließen, um damit langfristig die Wettbewerbsposition eines Unternehmens zu verbessern, sind beispielsweise als strategische Preisentscheidungen zu klassifizieren. In der momentanen Situation der Pharma-Industrie besitzt allerdings die Preispolitik insgesamt gesehen überwiegend strategischen Charakter. Darauf deutet bereits der betriebswirtschaftliche Aspekt des Preisstillhalteabkommens hin, mit dem die Pharma-Unternehmen durch zeitlich befristeten Verzicht auf Preiserhöhungen preisdirigistischen staatlichen Eingriffen vorbeugen und ihren preispolitischen Spielraum auf längere Sicht erhalten möchten.

Versucht man die Vielzahl möglicher Preisstrategien zu strukturieren, so kann man bei einer rein statischen Betrachtungsweise zunächst zwischen <u>Hochpreisstrategien</u> und <u>Niedrigpreisstrategien</u> unterscheiden. In der Literatur finden sich keine einheitlichen Angaben darüber, welche Bezugskriterien (z. B. Konkurrenzpreise, eigene Kosten, Gewinnspannen, Nutzenerwartung der Nachfrager etc.) letztlich heranzuziehen sind, um einen Preis als hoch oder niedrig einzustufen. Dennoch hat sich diese Strategiebezeichnung in der Praxis weitgehend durchgesetzt.

---

211) Vgl. Simon (1985 c), S. 2.
212) Vgl. ebenda, S. 3.
213) Vgl. Kühn (1987), S. 953.

Speziell unter einem strategischen Blickwinkel erscheint jedoch zusätzlich eine dynamische Betrachtung der Preispolitik im Zeitablauf angebracht.[214] Die dynamische Betrachtungsweise setzt zunächst ebenfalls an der Unterscheidung zwischen Hochpreis- und Niedrigpreispolitik an. Darüber hinaus versucht man aber im Rahmen einer an den künftigen Umfeldveränderungen orientierten Preissetzung bereits künftige Preisentscheidungen zu antizipieren. Die hieraus resultierenden Preisstrategien lassen sich grob in Abschöpfungspreisstrategien (skimming-pricing) und Penetrationspreisstrategien (penetration-pricing) einteilen.[215]

Die Abschöpfungspreisstrategie bietet sich vor allem für echte Marktneuheiten an. Der Preis des innovativen Präparates wird dabei relativ hoch angesetzt. Mit der Strategie will man (insbesondere bei patentgeschützten Medikamenten in einer monopolähnlichen Situation) eine Abschöpfung der Konsumentenrente des jeweiligen Marktes vornehmen.[216] Die dabei zu erwirtschaftenden finanziellen Mittel werden dazu benötigt, um neben der Deckung der für die Erforschung, Entwicklung, Zulassung, Herstellung und Vermarktung des Präparates entstandenen Kosten auch die Entwicklung künftiger Produktinnovationen und einen unternehmerischen Gewinn zu gewährleisten.

Bei der Preissetzung im Rahmen einer Abschöpfungspreisstrategie rechnet man schon bei der Markteinführung eines innovativen Präparates mit dem späteren Markteintritt preiswerterer Wettbewerber. Die Marketing-Literatur schlägt in diesem Zusammenhang zumeist vor, den Preis schon vor dem Markteintritt der Konkurrenten sukzessive dem zu erwartenden niedrigeren Preisniveau anzupassen (vgl. Abb. 39). Dadurch sollen hohe Marktanteilsverluste nach dem Konkurrenzeintritt verhindert werden. Außerdem läßt sich auf diese Weise die Glaubwürdigkeit einer Hochpreispolitik für innovative Medikamente gegenüber dem Kunden eher vertreten.

---

214) Vgl. Simon (1982), S. 253 ff.
215) Vgl. hierzu Simon (1982), S. 254 ff.
216) Die ähnlich lautenden Begriffe Abschöpfungspreisstrategie einerseits und Abschöpfungsstrategie (im Rahmen des Portfolio-Konzeptes) andererseits beziehen sich somit auf unterschiedliche Sachverhalte. Während bei der Preispolitik zunächst nur die Abschöpfung der Konsumentenrente angesprochen ist, betrifft die Normstrategie der Abschöpfung bzw. Ernte den langsamen Rückzug eines SPF aus dem Markt. Eine Abschöpfungspreisstrategie kann, muß aber nicht, mit einer Rückzugsstrategie einhergehen.

Zahlreiche Gegenbeispiele belegen allerdings, daß die innovativen Arzneimittelhersteller aufgrund ihres erheblichen Goodwills im Markt, selbst bei fortgesetzter Hochpreispolitik oftmals keine gravierenden Marktanteilseinbußen zu verzeichnen hatten, oder aber umgekehrt selbst bei deutlichen Preissenkungen einzelner Hersteller Marktanteilsverluste vielfach nicht zu verhindern waren.[217] Neben dem Produkt- bzw. Firmenimage kommen als Erklärung hierfür eine Vielzahl von Faktoren in Betracht (Preisunempfindlichkeit eines Nachfragesektors; therapeutische Bedeutung der Indikation; Marktwachstums- bzw. -sättigungserscheinungen; Wettbewerbsstärken bzw. -schwächen der jeweiligen Konkurrenten; unterschiedliche Serviceleistungen der Anbieter; Programmtiefe des jeweiligen Präparateangebotes und anderes mehr).

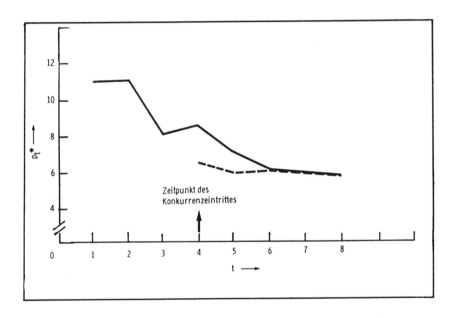

Abb. 39: Beispiel einer "idealtypischen" Abschöppfungspreisstrategie
bei erwartetem Konkurrenzeintritt
(Quelle: Simon (1982), S.304.)

Als strategische Alternativen zur oben beschriebenen "vorgezogenen" Preissenkung (vor Konkurrenzeintritt) können die "nachziehende" Preissenkung (nach Konkurrenzeintritt) oder die

---

217) Vgl. Slatter (1977), S. 88 - 93.

Beibehaltung der Hochpreispolitik in Erwägung gezogen werden.[218]

Die "nachziehende" Preissenkung erfolgt in praxi oft nur dann, wenn das innovative Unternehmen nach Konkurrenzeintritt feststellt, daß bei Beibehaltung der Hochpreispolitik erhebliche Marktanteilsverluste entstehen.[219] Es handelt sich in diesen Fällen vielfach nicht um a priori geplante Preisstrategien sondern um kurzfristiges, reaktives Handeln. Dabei können leicht andere Ursachen, die zu Marktanteilverlusten geführt haben, übersehen werden.

Bei der Beibehaltung der Hochpreispolitik geht man entweder davon aus, daß der Markteintritt preisgünstigerer Imitatoren nicht zu wesentlichen Marktanteilsverlusten führt, oder aber man nimmt Marktanteils- bzw. Absatzverluste bewußt in Kauf, da man das Präparat langsam aus dem Markt hinaussteuern möchte.[220]

In Abbildung 40 sind die drei alternativen Abschöpfungspreisstrategien (p) und ihre Auswirkungen auf den möglichen Absatz (q) eines Präparates noch einmal graphisch verdeutlicht. Welche mengen-, marktanteils- und letztlich auch gewinnmäßigen Auswirkungen die einzelnen Strategieansätze hervorbringen, läßt sich allgemein nicht sagen, sondern hängt vom jeweiligen Präparateumfeld ab. Dabei ist zu berücksichtigen, daß die oben genannten Einflußfaktoren selbst einem Wandel im Zeitablauf unterliegen können, so daß sich unternehmerische Erfahrungen aus der Vergangenheit nicht unbedingt auf die Preisstrategien für neue Präparate übertragen lassen.

Im Gegensatz zur Abschöpfungspreisstrategie setzt man bei der <u>Penetrationspreisstrategie</u> den Einführungspreis eines Präparates zunächst relativ niedrig an, um diesen dann anschließend sukzessive zu erhöhen. Die Strategie setzt (zumindest in einzelnen Kundensegmenten) eine Preiselastizität der Nachfrage voraus. Mit der Penetrationspreisstrategie möchte man möglichst rasch in einen Teilmarkt eindringen. Sie bietet sich insbesondere für imitative Präparate an.

---

218) Vgl. Simon (1982), S. 308.
219) Vgl. ebenda.
220) Vgl. ebenda.

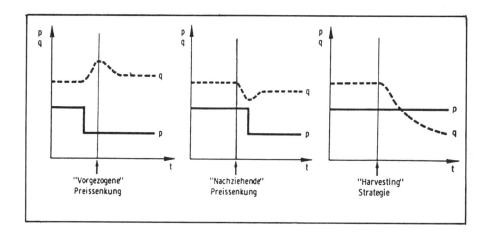

Abb. 40: Alternative strategische Preisoptionen bei erwartetem Konkurrenzeintritt
(Quelle: Simon (1982), S.308.)

Grundsätzlich kommen bei niedrigen Einführungspreisen außer späteren Preiserhöhungen auch die Beibehaltung des Einführungspreises oder Preissenkungen in Betracht. Die Kostensteigerungen der Pharma-Industrie (insbesondere im Personalbereich) lassen eine Beibehaltung oder gar eine Senkung eines knapp kalkulierten Niedrigpreises auf längere Sicht allerdings nur in den seltensten Fällen zu, oder aber es kommt zu einem ruinösen Preiswettbewerb.

Preissteigerungen lassen sich dagegen zumeist nur dann am Markt durchsetzen, wenn auch das Leistungsangebot (Produktpolitik; Serviceleistungen) dem höheren Preisniveau entsprechend angepaßt wird.[221] Eine solche Strategie verfolgen einige Nachahmerfirmen mit Erfolg. Zwischen diesen Nachahmerfirmen und den Erstanbietern verringern sich im Zeitablauf auch die Preisunterschiede (vgl. dazu das Beispiel in Abb. 41).

---

221) Der Preisstillhalteappell des BPI gilt nur für bereits am Markt eingeführte Präparate. Produktverbesserungen werden wie echte Innovationen als Neueinführungen angesehen und unterliegen nicht dem Abkommen.

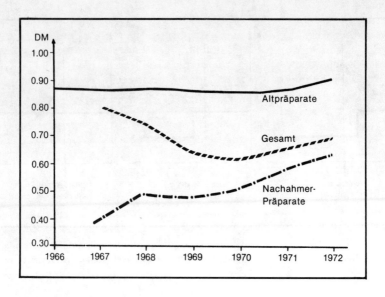

Abb. 41: Beispiel zur Penetrationspreisstrategie - hier: durchschnittliche Tagestherapiekosten auf Basis von Herstellerabgabepreisen bei Phenylbutazon-Steroidkombinationen
(Quelle: Nord (1977), S.127.)

1.2.6 DURCHFÜHRUNG EINER STRATEGISCHEN MARKETING-KONTROLLE

Die strategische Marketing-Kontrolle stellt den letzten Schritt im Regelkreis des strategischen Marketing-Managementprozesses dar. Es geht hierbei um die Überprüfung des in einem Unternehmen praktizierten strategischen Pharma-Marketing. Die Kontrollphase läßt sich gedanklich zerlegen in die ergebnisorientierte Marketing-Kontrolle und das Marketing-Audit.[222]

---

222) Vgl. ebenso Nieschlag/Dichtl/Hörschgen (1985), S. 876 - 877. In der Literatur finden sich die beiden Kontrollfunktionen häufig auch unter der Bezeichnung Marketing-Controlling zusammengefaßt. Darüber hinaus werden unter dem Stichwort Marketing-Controlling aber noch eine Reihe weiterer Führungs- und Steuerungsaktivitäten (z. B. Koor-

Entsprechend dem Ziel-Trajektorien-Konzept der strategischen Marketing-Planung liegt der Schwerpunkt einer ergebnisorientierten strategischen Marketing-Kontrolle weniger in einem Soll/Ist-Vergleich zwischen den Ziel- und Ergebnisgrößen am Ende des strategischen Planungshorizontes (Ex-post-Kontrolle) als vielmehr in zeitlich mitlaufenden Kontrollen der strategischen Zielleitlinien bzw. Abweichungen davon (Parallelkontrollen). Ex-Post-Kontrollen liefern lediglich Anhaltspunkte über die strategischen Fehler der Vergangenheit; eine Korrektur der einmal fehlgeschlagenen Marketing-Strategie läßt sich dann jedoch nicht mehr ermöglichen.[223]

Durch Parallelkontrollen können dagegen schon frühzeitig Soll/Ist-Abweichungen von den strategischen Zielleitlinien aufgedeckt werden. Sie stellen damit eine wesentliche Grundlage für bewußte Korrektureingriffe operativer, taktischer oder - falls erforderlich - auch strategischer Art dar. Erst durch Bezugnahme auf die Marketing-Strategie(n) lassen sich strategische Marketing-Kontrollen von operativen oder taktischen Marketing-Kontrollen unterscheiden. Während die beiden letztgenannten Kontrollarten die Notwendigkeit von Korrektureingriffen innerhalb gegebener Strategiekanäle aufdecken sollen, interessiert sich die strategische Kontrolle dafür, ob angesichts der erzielten Ergebnisse der bis dato ergriffenen Maßnahmen die strategische Richtung der Marketing-Aktivitäten noch beibehalten werden kann.[224]

Informationen über erhebliche Soll/Ist-Abweichungen von der Zieltrajektorie können die Zweckmäßigkeit einer Strategieänderung signalisieren. Allerdings sollten selbst deutliche Abweichungen zwischen Ziel- und Istgrößen, die schon relativ kurzfristig nach Verabschiedung eines strategischen Marketing-Planes auftreten, nicht zwangsläufig zu einer Revidierung der strategischen Marketing-Ziele bzw. -Strategien führen, zumal

---

dinationsaufgaben, Informations- und Methodenbereitstellung) subsummiert. Angesichts der sehr umfassenden, vagen und uneinheitlichen Auslegung des Begriffes Marketing-Controlling erscheint es zweckmäßiger, an der traditionellen betriebswirtschaftlichen Auffassung und der Begriffsbezeichnung Kontrolle anzuknüpfen, um von dort aus das andersgeartete Kontrollverständnis des strategischen Marketing aufzuzeigen. Vgl. ebenso Nieschlag/Dichtl/Hörschgen (1985) sowie Schreyögg/Steinmann (1985). Zum Führungskonzept des strategischen Marketing-Controlling vgl. dagegen ausführlich Döpke (1985).

223) Vgl. Gälweiler (1987), S. 206. Es darf jedoch nicht übersehen werden, daß auch Informationen über Fehler der Vergangenheit nützliche Lerneffekte auslösen können.
224) Vgl. Schreyögg/Steinmann (1985), S. 402 - 403.

strategische Marketing-Maßnahmen häufig erst mit einem erheblichen time-lag zu wirken beginnen. Zu häufige und hektische Planrevisionen stellen außerdem die Sinnhaftigkeit der strategischen Marketing-Planung generell in Frage.[225]

Das Dilemma einer rein ergebnisorientierten strategischen Marketing-Kontrolle besteht darin, entweder zu spät notwendige Strategieanpassungen herbeizuführen oder aber übereilte Planrevisionen auszulösen, die zu einer verfrühten Abkehr von einer an sich "richtigen" Strategie führen. Es bedarf daher zusätzlicher Kontrollinformationen, um das strategische Entscheidungsrisiko zu mindern. Hierfür bietet ein strategisch ausgerichtetes Marketing-Audit die geeignete Ergänzung.

Im Gegensatz zur ergebnisorientierten Kontrolle überprüft das strategische Marketing-Audit nicht die Resultate von Marketing-Strategien, sondern deren Entstehung, Inhalte und Durchführung.[226] In bezug auf den jeweiligen Gegenstand der Überprüfung lassen sich das Prämissenaudit, das Ziel- und Strategienaudit sowie das Prozeß- und Organisations-Audit unterscheiden.

Strategische Marketing-Pläne beruhen stets auf Informationen bzw. Annahmen (Prämissen) über die heutige und zukünftige Unternehmenssituation. Das primäre Anliegen eines Prämissenaudit besteht nun darin, etwaige Fehleinschätzungen der strategischen Bedingungslage eines Unternehmens zum Zeitpunkt der Ziel- und Strategienformulierung aufgrund eines zwischenzeitlich verbesserten Wissensstandes frühzeitig zu erkennen und auf notwendige Anpassungen der Ziele und/oder Strategien hinzuweisen, möglichst noch bevor es zu deutlichen Abweichungen zwischen Ziel- und Istgrößen kommt.

Im einzelnen ist es die Aufgabe eines Prämissenaudit, die der strategischen Marketing-Planung zugrunde liegenden Informationen hinsichtlich Aktualität, Vollständigkeit, Zuverlässigkeit und Präzision zu bewerten und, falls erforderlich, um strategisch relevante Zusatzinformationen zu ergänzen. Erst danach lassen sich Realitätsgehalt, Sinnhaftigkeit und damit Berechtigung der Planungsannahmen überprüfen.[227]

---

225) Ebenda, S. 397.
226) Vgl. Nieschlag/Dichtl/Hörschgen (1985), S. 876.
227) Vgl. Nieschlag/Dichtl/Hörschgen (1985), S. 894.

Das Prämissenaudit impliziert damit zugleich ein Methodenaudit, d. h. eine Überprüfung, ob die bei der Strategieentwicklung verwendeten Methoden und Modelle in bezug auf den von ihnen behandelten Sachverhalt überhaupt zu angemessenen Ergebnissen gelangen können.[228]

Angesichts der Vielfalt implizit enthaltener und/oder explizit dargelegter Grundlageninformationen und Annahmen einer strategischen Marketing-Planung erscheint es kaum durchführbar und unter ökonomischen Gesichtspunkten irrational, allen Informationen die gleiche Kontrollintensität zu widmen. Eine wesentliche Aufgabe des Prämissenaudit ist deshalb darin zu sehen, die zentralen Erfolgsfaktoren aus den Informationen über das Unternehmen und seine Umwelt herauszufiltern. Diese Kerninformationen sollten dann auch nicht nur einer gelegentlichen Überprüfung sondern einer permanenten Überwachung unterliegen.[229] Darüber hinaus gilt es sogenannte "Reaktionsschwellen" zu definieren, die das Ausmaß interner und externer Veränderungen angeben, ab der das Marketing-Management eine Revision der bisher verfolgten Marketing-Strategien erneut in Erwägung zieht.

Im Gegensatz zum Prämissenaudit, das die informatorischen Grundlagen der strategischen Marketing-Planung zum Gegenstand der Überwachung macht, beschäftigt sich das <u>Ziel- und Strategien-Audit</u> mit der Überprüfung der materiellen Inhalte des Marketing-Leitbildes, der strategischen Marketing-Ziele und der Marketing-Strategien.[230] Hierbei geht es um die Überprüfung von Kompetenz, Konsistenz und Konsequenzen einer strategischen Marketing-Konzeption.

In diesem Zusammenhang stellt sich zunächst die Frage, ob die Ziele und Strategien der jeweiligen Bedingungslage eines Unternehmens überhaupt angemessen sind. Im Falle eines zwischenzeitlich veränderten Informationsstandes gewinnen unter Umständen auch früher einmal verworfene Strategiealternativen wieder an Relevanz, da aus heutiger Sicht die Gründe, die für die frühere Ablehnung einer Alternative ausschlaggebend waren, eventuell entfallen. Das Ziel- und Strategienaudit macht daher auch die Überprüfung von bereits einmal abgelehnten Strategiealternativen zum Gegenstand der Überwachungstätigkeiten.

---

228) Vgl. Töpfer (1987), S. 264 - 265. Anders dagegen Nieschlag/Dichtl/Hörschgen (1985), die das Methodenaudit dem Prozeß- und Organisations-Audit zuordnen.
229) Vgl. Schreyögg/Steinmann (1985), S. 401.
230) Vgl. Töpfer (1987), S. 263 - 264.

Ein zweiter Problemkreis befaßt sich mit der Transparenz der formulierten Ziele und Strategien. Diese müssen letztlich von hierarchisch nachgelagerten Stellen in die Tat umgesetzt werden. Die einzelnen Marketing-Strategien sollten deshalb für die ausführenden Stellen eindeutig interpretierbar sein. Es gilt daher, die gewählten Formulierungen auf Präzision und Verbindlichkeit zu prüfen.

Den zentralen Aufgabenbereich des Ziel- und Strategien-Audit bildet jedoch die Überprüfung der inhaltlichen Abstimmung zwischen den einzelnen Bestandteilen des strategischen Pharma-Marketing. Die vorausgegangenen Darlegungen zur strategischen Marketing-Planung haben gezeigt, daß für den Erfolg des strategischen Pharma-Marketing die inhaltliche Konsistenz des Gesamt-Konzepts bzw. die Harmonie der strategischen Marketing-Maßnahmen in bezug auf die einzelnen Planungsobjekte von ausschlaggebender Bedeutung ist. Entsprechend kommt auch der Überprüfung dieses Sachverhaltes besondere Aufmerksamkeit bei.

Die bisher diskutierten Problembereiche eines strategischen Pharma-Marketing wurden weitgehend losgelöst von eher formalen Aspekten betrachtet. Es steht jedoch außer Zweifel, daß in der Praxis gerade die Führungs-, Personal- und Organisationsstrukturen sowie die Prozeßabläufe der Analyse, Planung, Durchführung und Kontrolle im Rahmen des strategischen Marketing einen wesentlichen Einfluß auf dessen materielle Inhalte ausüben.[231] Das <u>Prozeß- und Organisations-Audit</u> hat deshalb zur Aufgabe, Schwachstellen in diesen Bereichen möglichst frühzeitig aufzudecken.

Beim Prozeß-Audit prüft man, ob die Prozeßabläufe systematisch gestaltet sind und unnötige Verzögerungen bei der Ausübung der einzelnen Funktionen vermieden werden. Reibungslose Informations- und Kommunikationswege sowie eindeutige Termin-absprachen sind gerade auch im Rahmen eines strategischen Marketing unabdingbar. Insbesondere bei der Durchführungskontrolle ist darauf zu achten, daß die Geschwindigkeit der Strategie-Realisierung im Hinblick auf die Terminierung des langfristig zu erreichenden Marketing-Ziels akzeptabel bleibt.

Zwischen dem Prozeß- und Organisations-Audit besteht ein unmittelbarer Zusammenhang, da die Vielfalt und Komplexität der einzelnen Aufgaben einen arbeitsteiligen Prozeßablauf des strategischen Pharma-Marketing unerläßlich machen. Das Orga-

---

231) Vgl. Töpfer (1987), S. 267 - 268.

nisationsaudit überprüft die Koordination zwischen dem institutionalisierten Marketing (Marketing-Abteilung) und anderen Organisationseinheiten. "Besonders wichtig ist erfahrungsgemäß die gute Zusammenarbeit zwischen den Bereichen Marketing und Rechnungswesen einerseits sowie vor allem Marketing und Forschung & Entwicklung andererseits, um das interne Steuerungsinstrumentarium auf die marktbezogenen Anforderungen abzustimmen und um die innovativen Unternehmungspotentiale von vornherein marktbezogen auszurichten."[232] In größeren Marketing-Abteilungen wird zusätzlich eine Überprüfung der Kooperation und Rückkoppelungsprozesse innerhalb dieser Organisationseinheit erforderlich.

Das Organisations-Audit stellt ebenfalls keinen punktuellen Akt, sondern eine permanente Aufgabe dar. Gerade in Zeiten dynamischer Unternehmens- und Umweltentwicklungen sollte man darauf achten, daß die Entwicklung der Marketing-Organisation mit den Veränderungen der Rahmenbedingungen Schritt hält.

Ein letztes wichtiges Beobachtungsfeld des Prozeß- und Organisations-Audit ist in den Machtstrukturen im Unternehmen, dem praktizierten Führungsstil innerhalb des Marketing und dem damit verbundenen Partizipationsgrad der Mitarbeiter innerhalb der einzelnen Prozeßstufen des strategischen Pharma-Marketing zu sehen. Es sollte vor allem geprüft werden, welche Motivationsanreize hiervon auf die einzelnen Mitarbeiter sowie auf das gesamte nach innen und nach außen gerichtete Erscheinungsbild des Unternehmens (Betriebsklima; Auftreten der Mitarbeiter gegenüber den Kunden etc.) ausgehen und ob Abweichungen vom gewünschten Pharma-Marketing-Leitbild auftreten. In diesem Zusammenhang gilt es zugleich, die Notwendigkeit von Maßnahmen der Personalentwicklung (Verbesserung der Mitarbeiterqualifikation) und eventuell eines Personalausbaus im Marketing-Bereich zu eruieren.

Eine umfassende strategische Marketing-Kontrolle bietet somit nicht nur eine in die Vergangenheit gerichtete Bestandsaufnahme von früheren Versäumnissen (Feedback-Kontrolle), sondern erfüllt zugleich in die Zukunft gerichtete Steuerungszwecke, indem sie sehr frühzeitig auf notwendige Korrektureingriffe in das strategische Pharma-Marketing aufmerksam macht (Feed-Forward-Kontrolle).

---

232) Töpfer (1987), S. 267.

STRATEGISCHE MARKETING - KONTROLLE

ERGEBNISORIENTIERTE KONTROLLE		MARKETING - AUDIT		
Kontrolle ökonomischer Zielerreichungsgrade	Kontrolle außerökonomischer Zielerreichungsgrade	Prämissen-Audit	Ziel- und Strategien-Audit	Prozess und Organisations-Audit
- Umsätze - Marktanteile - Deckungsbeiträge - Gewinn - Marketingkosten etc.	- Bekanntheitsgrade - Images - Informationsverbesserungen - Preisakzeptanz - Produktakzeptanz etc.	- Aktualität, Vollständigkeit, Zuverlässigkeit und Präzision der Informationen - Realitätsgehalt, Sinnhaftigkeit und Berechtigung der Planungsannahmen - Eignung der Analyse-, Planungs- und Kontrollmethoden - Veränderung wichtiger Erfolgskriterien - Definition von "Reaktionsschwellen" etc.	- Situative Angemessenheit des Leitbildes, der Ziele und der Strategien - Präzision, Verbindlichkeit, Transparenz und Interpretierbarkeit der Strategie - verworfene Alternative - Gründe für Ablehnung verworfener Alternativen - Konsistenz des Gesamtkonzepts bzw. Harmonie zw. einzelnen Bestandteilen des Gesamtkonzepts etc.	- Ablauf der Management-Prozesse (Systematik, Terminierungen) - Koordination zw. dem institutionalisierten Marketing und anderen Organisationseinheiten - Organisatorische Bemühungen innerhalb der Marketing-Abteilung - Führungsstile, Machtstrukturen, Kommunikations- und Informationswege - Personalmanagement (Personalausbau, Personalentwicklung) etc.

Abb. 42: Überprüfungsfelder einer strategischen Marketing- Kontrolle

In Abbildung 42 sind noch einmal die genannten Überprüfungsfelder einer strategischen Marketing-Kontrolle aufgeführt. Bei der Durchführung der Kontrollaktivitäten sollte sich das Marketing-Management zunächst auf die für das Unternehmen wichtigsten Kontrollinformationen konzentrieren. Gerade hierin unterscheidet sich die strategische von der taktischen und operativen Marketing-Kontrolle.

1.2.7 FORMALE ASPEKTE DER IMPLEMENTIERUNG EINES STRATEGISCHEN PHARMA-MARKETING

Es wurde bereits weiter oben bei der Behandlung des Prozeß- und Organisations-Audit auf die Bedeutung formaler Aspekte eines strategischen Pharma-Marketing hingewiesen. Zwar sollen letztlich die materiellen Inhalte strategischer Marketing-Konzeptionen den Pharma-Unternehmen zur Sicherung des langfristigen Unternehmenserfolges verhelfen, für die Entstehung und Realisierung geeigneter strategischer Marketing-Entscheidungen sind jedoch zunächst bestimmte Vorkehrungen im Unternehmen zu treffen. Die folgenden Darlegungen befassen sich relativ knapp mit den wichtigsten Voraussetzungen, die für die Implementierung eines strategischen Pharma-Marketing notwendig erscheinen.

1.2.7.1 ORGANISATORISCHE UND PERSONELLE VERANKERUNG

Die wesentlichste Voraussetzung für die Implementierung des strategischen Pharma-Marketing ist zunächst seine organisatorische und personelle Verankerung. Eine erschöpfende Behandlung dieser Problematik würde den vertretbaren Rahmen der Arbeit überschreiten. Die nachfolgenden Ausführungen beschränken sich deshalb darauf, die zentralen Probleme anzudiskutieren. Dabei werden Aspekte
- der Aufbauorganisation,
- der Ablauforganisation,
- des Personalmanagement und
- der externen Beratung

im Zusammenhang mit dem strategischen Pharma-Marketing angesprochen.

Das strategische Pharma-Marketing behandelt die grundlegendsten Fragen der Unternehmensführung und der künftigen Unternehmensexistenz. Die maßgebliche Kompetenz für zentrale strategische Marketing-Entscheidungen kann daher nur beim Top-Management liegen. Zunächst ist es deshalb unbedingt erforderlich, daß die Unternehmensleitung das Gedankengut des strategischen Management und des Marketing akzeptiert und zu verwirklichen sucht.[233] Die Top-Manager haben sodann als

---

233) Vgl. Raffée (1985), S. 26.

Machtpromotoren dafür Sorge zu tragen, daß diese Management-Philosophie alle Unternehmensbereiche durchdringt.[234]

Unter funktionalen Gesichtspunkten stellt das Marketing zunächst nur eine - wenn auch sehr wichtige - Unternehmensfunktion neben anderen Funktionsbereichen einer Unternehmung dar. Die organisatorische Verankerung einer Marketing-Abteilung soll eine qualifizierte Erfüllung der marktbezogenen Unternehmensaufgaben durch <u>Marketing-Spezialisten</u> gewährleisten.[235] Gerade die Bewältigung strategischer Marketing-Aufgaben erfordert aber neben einem Wissen über die Marketing-Technologien und einer genauen Marktkenntnis auch eine enge Kommunikation und Koordination mit anderen Funktionsbereichen (insbesondere Forschung & Entwicklung, Medizin, Produktion und Finanzen). Um der Umwelt- und Marktorientierung bei der Kooperation der einzelnen Unternehmensbereiche entsprechendes Gewicht zu verleihen, ist eine Marketing-Leitung innerhalb der Organisationsstruktur einzurichten und diese hierarchisch möglichst hoch anzusiedeln.[236]

Ein zentrales Prinzip des strategischen Pharma-Marketing besteht außerdem darin, überschaubare Planungseinheiten (Produkt/Markt-Kombinationen) zu bilden und für diese eigens strategische Marketing-Konzeptionen zu entwerfen und zu realisieren. Zunächst handelt es sich bei diesen SPFs um nichts anderes als gedankliche Hilfskonstrukte, um die komplexen Planungsaufgaben und -ziele besser handhaben bzw. verwirklichen zu können.[237] Bei der konkreten Ausformung und Umsetzung strategischer Marketing-Ziele und -Maßnahmen erweist es sich jedoch als zweckmäßig, den SPFs bestimmte Aufgabenträger zuzuordnen.

---

234) Gerade personelle und organisatorische Veränderungen in der Führungsspitze der Unternehmen lösen häufig eine Implementierung oder Weiterentwicklung des strategischen Marketing aus. Vgl. Kreikebaum (1985), S. 289.
235) Zur organisatorischen Verankerung des strategischen Marketing vgl. ausführlicher Wieselhuber (1986) sowie Kreikebaum (1985).
236) Im folgenden wird von dem einfachen Fall ausgegangen, daß innerhalb eines Arzneimittelunternehmens bzw. einer Pharma-Sparte nur eine Pharma-Marketing-Leitung existiert. In größeren (insbesondere international tätigen) Pharma-Unternehmen findet man jedoch in der Regel nebeneinander mehrere Pharma-Marketing-Leiter vor. Hierdurch ergeben sich weitreichende Koordinationserfordernisse. Vgl. dazu ausführlicher Gehrig (1987), S. 115 ff.
237) Vgl. Gälweiler (1987), S. 266.

Für die organisatorische Ausgestaltung einer Marketing-Abteilung bedeutet dies, daß neben <u>Marketing-Funktionsspezialisten</u> wie z. B. für Marktforschung, Kommunikation, Marketing-Planung, -Controlling, Logistik und andere Marketing-Aufgaben auch <u>Produkt-/Marktspezialisten</u> vorhanden sein sollten, die primär für das Marketing eines einzelnen SPF zuständig sind. Speziell in der Pharma-Branche, die eine Vielzahl von Produkt- und Marktbesonderheiten aufweist, gelten solche Spezialisten als unabdingbar.[238] Als eine Art Funktionsgeneralisten kommt ihnen die Aufgabe zu, speziell im Hinblick auf die von ihnen betreute Planungseinheit, eine funktionsübergreifende Koordination sowohl innerhalb des Marketing als auch mit anderen Unternehmensbereichen herbeizuführen und damit die inhaltliche Konsistenz einer strategischen Marketing-Konzeption für die betreffende Planungseinheit zu gewährtleisten.

In der Pharma-Industrie hat sich als funktionsübergreifende Marketing-Institution das Produkt-Management-System weithin ausgebreitet.[239] Die hierbei vorgenommene rein objektbezogene Aufteilung der Verantwortungsbereiche kann allerdings nur dann als sinnvoll erachtet werden, wenn sie implizit Markt- bzw. Kundenaspekte ausreichend berücksichtigt. Ansonsten ist zusätzlich oder überlappend die Institutionalisierung einer Marktdimension (z. B. in Form eines Krankenhaus-Managements) in Erwägung zu ziehen, damit spezifischen Kundenbedürfnissen besser entsprochen werden kann.

Um dem strategischen Pharma-Marketing die gewünschte Flexibilität, Kreativität und Innovationskraft zu verleihen, kommen vor allem solche Führungs- und Organisationsformen in Betracht, die die Selbstorganisations- und Selbststeuerungskräfte der Mitarbeiter stärken und die gegenseitige Wertschätzung der am Management-Prozeß beteiligten Personen erhöhen.[240]

Gerade den Produkt-/Marktspezialisten sollte in ihren Teilbereichen ein möglichst weitgehend selbständiges und weitgehend eigenverantwortliches Handeln zugebilligt werden, um die Flexibilität der Marketing-Maßnahmen zu erhöhen. Ein gewisses Mindestmaß "produktiver" Konflikte, das hierbei üblicherweise entsteht, ist sogar erwünscht. Ausdruck eines solchen Füh-

---

238) Sie benötigen neben allgemeinen Management-Kenntnissen und einem ausgeprägten Marketing-Know-how auch ein fundiertes Wissen in medizinisch-naturwissenschaftlicher Hinsicht. Vgl. Dahl (1974).
239) Vgl. Gehrig (1987), S. 125.
240) Vgl. o. V. (1988), S. 36.

rungsverständnisses stellt die häufig gebrauchte Bezeichnung des Produkt-Managers als "Unternehmer im Unternehmen" dar. Dieser trägt dann als Betreuer und Entfalter seiner Produkte auch die Verantwortung für deren Erfolg im Markt.[241] Es erscheint dann ebenso konsequent, daß den Produkt-Managern, denen man eine Ergebnisverantwortung abverlangt, auch entsprechende Informations- und Handlungsbefugnisse sowie finanzielle oder sonstige Leistungsanreize einräumt.

Trotz dieser Tendenz zur Dezentralisierung, die ein strategisches Pharma-Marketing in der Regel verlangt, muß die letztliche strategische Entscheidungskompetenz aber immer in den Händen übergeordneter Instanzen (Geschäftsleitung und Marketing-Leitung) bleiben, da die Summe aller produkt-/ marktbezogenen Strategien die gesamte Unternehmensentwicklung bestimmt.[242] Diese übergeordneten Instanzen haben außerdem dafür Sorge zu tragen, daß ein harmonisches Gesamtkonzept einer marktorientierten strategischen Unternehmensführung entsteht.

Während die Marketing-Leitung zunächst die Koordination der SPF-Marketing-Strategien vornimmt und erste Abstimmungen mit anderen Funktionsbereichen der Unternehmung herbeiführt, bestimmt die Geschäftsleitung schließlich über den Stellenwert des strategischen Pharma-Marketing im Rahmen des umfassenderen strategischen Management. Die marktbezogene Unternehmenssteuerung von der Führungsspitze nach unten erfolgt dabei jeweils durch Vorgabe von gemeinsamen Wertvorstellungen und Orientierungsgrundlagen, Grundregeln für das Verhalten am Markt, Budgets sowie ökonomischen und außerökonomischen Zielen für die Planungseinheiten auf den unterschiedlichen Unternehmensebenen. Wiedmann spricht in diesem Zusammenhang von einer "zentralen Führung im Prinzip" der das Prinzip der "dezentralen Führung im Detail" gegenübersteht.[243]

Die Darstellung der strategischen Marketing-Planung erfolgte in den vorausgegangenen Abschnitten implizit nach dem "Top-to-Down-Prinzip", d. h. von der Betrachtung der Gesamtunternehmung (Verantwortungsbereich der Unternehmensspitze) ausgehend wurden Marketing-Ziele und Marketing-Strategien bis hinunter auf einzelne Produktlinien und Produkte (Verantwortungsbereich untergeordneter hierarchischer Stellen) abgeleitet. Bei einer solchen Vorgehensweise in der unternehmerischer Praxis dürfte man allerdings das unternehmerische Optimum

---
241) Vgl. Dahl (1974), S. 1.
242) Vgl. Grimm (1983), S. 243.
243) Wiedmann (1985 a), S. 152.

verfehlen, da bei der Unternehmensleitung das erforderliche Detailwissen nicht in jedem Fall vorhanden sein kann, um die Zweckmäßigkeit selbst globaler Marketing-Strategien und insbesondere die Probleme ihrer konkreten Umsetzung vorherzusehen.[244]

Um die spezifischen Kenntnisse nachgelagerter Planungs- und Entscheidungsinstanzen besser zu nutzen, empfiehlt sich eine strategische Marketing-Planung nach dem Gegenstromverfahren. "Dazu sind zunächst die (Ausgangsziele bzw.) Ausgangsstrategien in einem Prozeß der "Top-to-Down-Planung" herunterzubrechen, um dann anschließend in einer aufwärtsgerichteten "Bottom-up-Planung" die konkreten Strategien als realisierbar zu bestätigen und verbindlich festzuschreiben."[245] Der "Kampf um knappe Ressourcen" zwischen den einzelnen weitgehend dem eigenen Ressort- bzw. Objektdenken verhafteten organisatorischen Teileinheiten soll hierbei vermeiden, "daß dem (Top-) Management durch die Konsensbildung im Vorfeld zentrale Informationen entgehen."[246]

Betrachtet man das strategische Pharma-Marketing unter dem stärker personenbezogenen Blickwinkel der Mitarbeiterführung, so erscheint aufgrund des Umfangs und der Komplexität der einzelnen Aufgabenstellungen, der schwachen Aufgabenstrukturierungen sowie der geforderten Kreativität und dem hohen Innovationsgrad, welche die einzelnen Phasen des strategischen Marketing-Prozesses kennzeichnen, tendenziell ein primär auf persönlicher Interaktion beruhender, kooperativer Führungsstil zwischen den Führungspersonen und ihren Untergebenen eher angebracht als ein rein sachlich-aufgabenorientierter, autoritärer Führungsstil.[247] Allerdings hängt die Wahl eines geeigneten Führungsstils noch von einer Reihe weiterer situationsspezifischer Determinanten (Eigenschaften der jeweiligen Führungspersonen und Untergebenen, Betriebsklima, Unternehmenstradition, Eigentümerstruktur, bisheriger Unternehmenserfolg etc.) ab.

Zu beachten ist, daß eine partizipative Führung grundsätzlich höhere Anforderungen an alle am Management-Prozeß beteiligten Personen stellt. Dies gilt sowohl für die Führungskräfte, deren Autorität sich nicht mehr allein auf formale Machtbefugnisse stützen kann, wie auch für die Untergebenen, deren um-

---

244) Vgl. Freter (1987), S. 389.
245) Meffert/Wehrle (1981), S. 38.
246) Wiedmann (1985 a), S. 152.
247) Vgl. Köhler (1987 b); Harlander (1987).

fassendere Kompetenzen und Einbeziehung in die Verantwortung eine höhere Mitarbeiterqualifikation erfordern. Die Implementierung eines strategischen Pharma-Marketing muß daher in der Regel mit einem systematischen Personal- bzw. Management-Development einhergehen.[248]

Die bisherigen Ausführungen haben lediglich auf die internen organisatorischen und personellen Kapazitäten von Pharma-Unternehmen abgestellt, die zweifelsohne auch die Hauptträger eines strategischen Pharma-Marketing darstellen. Daneben existieren aber gerade in der Pharma-Branche eine Reihe von freien Dienstleistern und Management-Beratern, die wichtige Hilfsdienste zur direkten oder indirekten Unterstützung des strategischen Marketing eines Arzneimittelunternehmens bieten können (vgl. Abb. 43).[249]

Unternehmerische Funktion	Beratungsleistungen in/als
Unternehmensführung	• Management-/Organisationswesen • Personalrekrutierung, -bewertung, -salarierung, Outplacement • Public Relations • Treuhänder/Juristen • Lizenzen, Produktbroker • Merger + Acquisition • Pharma- und Gesundheitspolitik • Führungs-/Kooperationstraining, Methodentraining
Marketing/Information	• Marketing-/Product Management • Marktforschung • Werbung, Text, Grafik • Fachübersetzungen • Verkaufs-/Kommunikationstraining
Klinische Forschung/ Med. Wiss.	• Klinische Prüfungen • Biometrie/Medizinische Statistik • Med. Wiss. Beratung und Ausbildung • Produktregistrierung
Forschung/Entwicklung	• Auftragsforschung • Präklinik • Literaturdienste • Lohnentwickler
Produktion/Logistik	• Lohnhersteller, Lohnkonfektionierer • GMP-Berater • Distributor • Logistik-Berater
Administration	• EDV-Systemberater • EDV-Software-Entwickler

Abb. 43: Ausschnitt aus dem Angebot freier Dienstleiter und Berater für die Pharma-Industrie
(Quelle: Gehrig (1987), S.161.)

---

248) Vgl. Berthel (1987), S. 114 ff. sowie Meffert/Wehrle (1981), S. 39. Genauer zu Begriff, Inhalt und Durchführung der Personalentwicklung vgl. Berthel (1979), S. 153 - 206.
249) Vgl. Koinecke (1978) sowie Gehrig (1987), S. 161 ff.

Die Einbeziehung neutraler Management-Berater erweist sich speziell im Rahmen eines strategischen Marketing-Audit von Zeit zu Zeit als zweckmäßig.[250] Erfahrene externe Marketing-Berater können dazu verhelfen, daß strategische Marketing-Probleme außerhalb der gewohnten hierarchischen Strukturen offen ausgesprochen werden und auf neutralem Wege nach oben an die Unternehmensspitze gelangen. Das unvoreingenommene Angehen strategischer Marketing-Probleme ohne die subjektive Sichtweise langjähriger leitender Mitarbeiter und ohne die im eigenen Unternehmen oft vorhandene "Betriebsblindheit" verschafft eine erweiterte Perspektive und liefert häufig zusätzliche Anregungen und Ideen zur inhaltlichen Ausgestaltung eines strategischen Pharma-Marketing. Außerdem können externe Management-Seminare (insbesondere Marketing-Führungs- und -Methodentraining) wesentlich zur Personalentwicklung im Sinne eines strategisch ausgerichteten Marketing beitragen.

1.2.7.2 EINSATZ VON METHODEN UND MODELLEN

Ein weiterer wichtiger formaler Aspekt betrifft die Methodenanwendung im strategischen Pharma-Marketing. Zwischen dem Methodeneinsatz und den Inhalten eines strategischen Marketing besteht häufig ein sehr enger Zusammenhang. Vom Einsatz strategischer Methoden erhofft man sich, grundsätzliche systematische Fehler im Rahmen des Management-Prozesses zu vermeiden. Gerade die wissenschaftliche Literatur setzt daher zumeist an den Methoden (Methoden -> Inhalte) und weniger an den inhaltlichen Fragestellungen (Inhalte -> Methoden) an.[251] In der vorliegenden Arbeit, die eine probleminduzierte Sichtweise verfolgt, wurde auf die mögliche Hilfestellung, die bestimmte Methoden bei der Erfüllung strategischer Marketing-Aufgaben zu leisten vermögen, bereits mehrfach hingewiesen.

---

250) Vgl. Droege (1985).
251) Engelhardt (1985), S. 211 begründet die vorherrschende methodeninduzierte Sichtweise damit, daß der Wissenschaftler sich auf diese Weise auf einem Feld bewegen kann, auf dem er sich sicher fühlt. Zu den grundlegenden Unterschieden zwischen einer methodeninduzierten und einer probleminduzierten Sichtweise des strategischen Marketing vgl. Fronhoff (1986), S. 298 ff.

In der jüngeren Vergangenheit wurden von führenden Unternehmensberatungsgesellschaften und wissenschaftlichen Institutionen eine kaum mehr zu überschauende Zahl von Methoden und Techniken entwickelt, deren Einsatz im Rahmen des strategischen Pharma-Marketing je nach situationsspezifischer Aufgabenstellung sehr sinnvoll sein kann. Vor allem folgende Methoden bzw. Verfahren, Techniken oder Modelle haben in der Literatur besondere Aufmerksamkeit erfahren:

- Produktlebenszyklus
- Stärken-/Schwächenanalyse
- Konkurrenzanalyse
- Portfolio-Analyse
- Gap-Analyse
- Chancen-Risiko-Analyse
- Marktsegmentierung
- Produktpositionierung
- Trendextrapolationen
- sonstige quantitative Prognosemethoden
- Szenariotechnik
- ökonometrische Modelle
- multivariate statistische Analysemethoden
- Kreativitätstechniken
- Deckungsbeitragsanalysen
- Kosten-Nutzen-Analyse
- Potentialanalysen.

Es kann nicht Aufgabe dieser Arbeit sein, eine ausführliche Diskussion der einzelnen Methoden vorzunehmen. Die folgenden Hinweise sollen daher genügen, um allgemein auf den Nutzen und die Problematik eines Methodeneinsatzes hinzuweisen.
Grundsätzlich erstreckt sich die Reihe der eventuell bei der Implementierung eines strategischen Pharma-Marketing sinnvoll einsetzbaren Methoden von einfachen Checklisten[252] bis hin zu komplizierten statistisch-ökonometrischen Modellen.[253] Will man eine Grobstrukturierung aller möglichen Methoden vornehmen, so kann man zwischen eher qualitativ-heuristisch orientierten Verfahren und eher quantitativ-mathematisch ausgerichteten Modellen unterscheiden, wobei die Übergänge zwischen

---

252) Gerade im Pharma-Marketing können methodische Formulare und Checklisten den Einstieg in eine systematische strategische Marketing-Planung erleichtern. Solche Formulare finden sich z. B. bei Horseling (1985) oder Jarsen/Klingelhöller/Schönduve (1981).
253) Zur Anwendung ökonometrischer Analysen in der strategischen Marketing-Planung vgl. den Überblick bei Schultz/Röper (1983).

den jeweiligen Varianten jedoch als fließend zu bezeichnen sind.[254] Eine andere Einteilung der Methoden setzt üblicherweise an den einzelnen Phasen des Managementprozesses an.[255] Dabei ist jedoch zu berücksichtigen, daß einzelne Methoden in mehreren Phasen für die unterschiedlichsten Fragestellungen eingesetzt werden können (z. B. multivariate Methoden), oder aber mehrere Phasen übergreifen (z. B. Portfolio-Methode).

Vergegenwärtigt man sich das komplexe interne und externe Beziehungsgeflecht, das es bei der Entwicklung von Marketing-Strategien im Pharma-Bereich zu berücksichtigen gilt, so wird deutlich, daß man bei der Bewältigung bestimmter strategischer Marketing-Aufgaben um eine Komplexitätsreduktion nicht umhin kommt. Der Sinn und Zweck des Methodeneinsatzes besteht deshalb letztlich darin, das komplexe strategische Beziehungsgefüge in verkürzter modellhafter Form transparent und übersichtlich abzubilden sowie die (Wechsel-)Wirkungen strategischer Marketing-Maßnahmen deutlich zu machen.

Jedes Modell bzw. jede Methode beleuchtet somit nur einen Teilausschnitt der Gesamtproblematik aus einer ganz speziellen Perspektive. Der Einsatz mehrerer Methoden führt daher oft zu wichtigen zusätzlichen Erkenntnissen, welche die Ergebnisse anderer Methoden bestätigen, oder aber Anlaß zu einer vertiefenden kritischen Auseinandersetzung mit den einzelnen Modellen bzw. den strategischen Marketing-Problemen führen.

In der unternehmerischen Praxis gelangen qualitative Verfahren deshalb eher zum Einsatz, weil sie meist einfacher, verständlicher, anschaulicher sowie schneller und flexibler handhabbar sind. Völlig absurde Endlösungen werden durch die Eingriffsmöglichkeiten des Management leichter vermieden als bei quantitativen Modellen. Exaktere Angaben über die interessierenden Wirkungszusammenhänge können diese Methoden jedoch nicht verschaffen.[256]

Dagegen versuchen die oft komplizierteren und in der Anwendung schwierigeren quantitativen Verfahren die Beziehungen zwischen strategischen Variablen mit Hilfe mathematischer Algorithmen genauer zu analysieren. Als problematisch erweist sich hier vor allem die Beschaffung und Auswahl relevanter und exakter

---

254) Vgl. Schwaninger (1985).
255) Vgl. z. B. Meffert/Wehrle (1981) oder Döpke (1985).
256) Zu den Vor- bzw. Nachteilen qualitativer und quantitativer Methoden vgl. Troll (1983 b) sowie Friesewinkel (1983).

Ausgangsdaten, die Extrapolation vergangenheitsbezogener Daten in die Zukunft und die Wahl geeigneter Algorithmen, welche die realen Zusammenhänge in mathematischen Modellen abbilden sollen.

Der Vorteil dieser mathematischen Verfahren besteht jedoch darin, daß die Modellprämissen und Lösungswege eindeutiger festgelegt und damit besser dokumentierbar und kontrollierbar gemacht werden. Außerdem lassen sich quantitative und qualitative Modellansätze in vielen Fällen ergänzend einsetzen. Die Einsatzmöglichkeiten der EDV und das wachsende Angebot an benutzerfreundlichen Softwarepaketen erleichtern zusätzlich die Anwendung komplexer mathematischer Verfahren. Allerdings bleibt unter eher praxisrelevanten Gesichtspunkten auch weiterhin anzumerken, daß der personelle, geistige und zeitliche Aufwand hierfür oft nicht unerheblich ist, ohne daß man deshalb auch garantiert zu praktisch verwertbaren Ergebnissen gelangt.

Insgesamt betrachtet können bestimmte strategische Methoden und Verfahren den Prozeß der Strategieentwicklung im Pharma-Marketing durchaus sehr wirkungsvoll unterstützen. Ihre Anwendung sensibilisiert das Unternehmen für strategische Marketing-Probleme und schult im strategischen Denken. Die häufigere Anwendung mehrerer Methodenvarianten hat meist zur Folge, daß der Anwender Lerneffekte erzielt und zu besseren Ergebnissen gelangt.

Die Leistungsfähigkeit der einzelnen Verfahren darf man andererseits jedoch nicht überschätzen. Ihre fehlerhafte Anwendung führt zu falschen Aussagen. Die Methoden erleiden somit einen Wertverlust, je unkritischer und sorgloser man mit ihnen umgeht. Der Benutzer sollte daher stets die jeweiligen Anwendungsvoraussetzungen, -möglichkeiten und -grenzen sorgfältig prüfen, bevor er auf ihrer Grundlage strategische Marketing-Entscheidungen trifft.

2. METHODISCHER BEZUGSRAHMEN: ENTWURF EINER GRUNDKONZEPTION ZUR EMPIRISCHEN ERFORSCHUNG DES OBJEKTBEREICHES STRATEGISCHES PHARMA-MARKETING

Die bisherigen Ausführungen haben in groben Zügen ein idealtypisches Bild des strategischen Pharma-Marketing entworfen. Dieses theoretische Idealbild gilt es nun in Form einer empirischen Untersuchung der unternehmerischen Realität gegenüberzustellen.

Die Güte der empirischen Erforschung eines theoretischen Bezugsrahmens hängt in hohem Maße von ihrer methodischen Konzeptualisierung ab. Beim Aufbau eines methodischen Bezugsrahmens bedarf es zunächst der sorgfältigen Erarbeitung eines tragfähigen methodisch-konzeptionellen Grundgerüstes, aus welchem die Grobstruktur der vermuteten Zusammenhänge zwischen den einzelnen Untersuchungsvariablen hervorgeht. Auf der Grundlage dieses Forschungsmodells lassen sich anschließend die empirischen Forschungsaufgaben bei der Erhebung und Auswertung der Studie näher konkretisieren.

2.1 METHODISCH-KONZEPTIONELLE GRUNDSTRUKTUR

2.1.1 SITUATIVER ANSATZ DER ORGANISATIONSTHEORIE ALS ORIENTIERUNGSGRUNDLAGE

Für die Entwicklung eines methodisch-konzeptionellen Grundgerüstes zur empirischen Erforschung des Problemfeldes strategisches Pharma-Marketing erweist sich der ursprünglich für organisationstheoretische Forschungszwecke entwickelte situative Ansatz[257] als nützliche Orientierungshilfe. Daher sollen im folgenden die Grundzüge des situativen Ansatzes der Organisationstheorie kurz skizziert werden.[258]

---

[257] Die im deutschsprachigen Raum gebäuchliche Bezeichnung "situativer Ansatz" geht auf Staehle (1973) zurück. Sie beruht auf einer Übersetzung, der in englichsprachigen Quellen bisweilen benutzten Vokabeln "situational approach". Häufiger findet sich im Englischen die gleichbedeutende Bezeichnung "contingency approach". Der Terminus Kontingenzansatz wird dagegen im Deutschen nur selten verwendet.

[258] Einen Überblick über Entstehung, Inhalt und Aussagewert dieses Forschungsansatzes geben u. a. Kieser/Kubicek (1978); Staehle (1980) sowie Kieser/Segler (1981).

Anlaß für die Entstehung des situativen Ansatzes war die Kritik an dem "vom wissenschaftstheoretischen wie praxeologischen Standpunkt unbefriedigenden Allgemeingültigkeitspostulat"[259], das bis dahin der Organisationslehre zu Grunde lag.

Unabhängig von den unterschiedlichen Anwendungsbedingungen in den einzelnen Unternehmen wurden von der herkömmlichen Organisationstheorie auf wissenschaftlichem Wege gewonnene Aussagen bei der Explikation von Organisationsstrukturen sowie der Empfehlung von Organisationsprinzipien als allgemein zutreffend angesehen.[260]

Demgegenüber bezweifeln die Vertreter der situationsorientierten Forschungsrichtung die Existenz generell gültiger theoretischer Explikationen und universell anwendbarer Organisationsprinzipien für alle Arten von Unternehmen; es sei denn, man formuliere wissenschaftliche Erkenntnisse so allgemein, daß sie kaum gehaltvolle Aussagen für die unternehmerische Praxis erbringen. Ausgehend von dieser methodologischen Grundposition werden die Forderungen erhoben:

- bestehende Unterschiede in der Organisationsstruktur von Unternehmen unter Bezugnahme auf spezifische Merkmale der betreffenden Unternehmenssituation (situationaler Kontext) zu erklären;

- die Effizienz wissenschaftlich abgeleiteter Empfehlungen zur Gestaltung von Organisationsstrukturen nich a priori zu unterstellen, sondern zu untersuchen, bei welchen situationalen Bedingungen sich welche Organisationsprinzipien als effizient erweisen;

- organisationstheoretische Aussagen stets an der Realität der unternehmerischen Praxis auf ihren empirischen Gehalt hin zu überprüfen.

Der inhaltliche Kern des situativen Ansatzes besteht also darin, "daß die strukturelle Konfiguration den Erfordernissen der relevanten Kontextvariablen angepaßt sein muß, um die Effektivität einer Organisation sicherzustellen."[261] Dabei soll die Organisationsform zur Anwendung gelangen, welche den

---
259) Staehle (1981), S. 216.
260) Zum wissenschaftstheoretischen Selbstverständnis der traditionellen Organisationslehre vgl. u. a. Bleicher (1961) sowie Picot (1979).
261) Schreyögg (1978), S. 3.

geeigneten Verhaltensrahmen schafft für die letztlich den Unternehmenserfolg bewirkenden Tätigkeiten der Organisationsmitglieder. Abbildung 44 veranschaulicht die empirisch zu untersuchenden Zusammenhänge zwischen Kontext, Organisationsstruktur, Verhalten und Unternehmenserfolg.

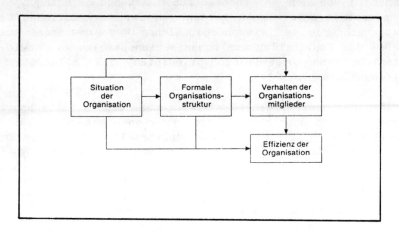

Abb. 44: Forschungsprogramm des situativen Ansatzes der Organisationstheorie
(Quelle: Kieser / Kubicek (1978), S.112.)

Da letztlich jede Unternehmung einen ganz speziellen situationalen Kontext aufweist, müßten im Rahmen des situativen Forschungsprogramms konsequenterweise auch für jede Organisation spezifische Aussagen getroffen werden. Der Allgemeinwert organisationstheoretischer Aussagen ginge damit jedoch vollständig verloren. Um dies zu vermeiden, besteht eine wesentliche Aufgabe situativer Forschungsbemühungen darin, vergleichbare Problemsituationen zu Problemklassen bzw. Situationstypologien zusammenzufassen. Auf Grundlage dieser Klassifikationen lassen sich anschließend organisationstheoretische Aussagen situativ realisieren.[262] Der situative Ansatz der Organisationstheorie stellt somit einen Kompromiß auf mittlerem Abstraktionsniveau dar, zwischen der Forderung nach der Verallgemeinerungsfähigkeit theoretischer Aussagen einerseits und dem Wunsch nach konkretem Situationsbezug bei der wissenschaftlichen Erarbeitung praxisrelevanter Problemlösungshilfen andererseits.[263]

---

262) Vgl. Staehle (1977), S. 113 - 114.
263) Vgl. Kast/Rosenzweig (1973), S. IX.

Trotz heftiger Kritik[264] am situativen Ansatz findet diese forschungsprogrammatische Leitidee mittlerweile auch im Rahmen anderer betriebswirtschaftlicher Forschungsfragen zunehmend Anwendung. Insbesondere im Zusammenhang mit der Erörterung strategischer Unternehmensprobleme greift man in fortschreitendem Maße auf den situativen Forschungsansatz zurück.[265]

2.1.2 ÜBERTRAGUNG DES SITUATIVEN ANSATZES AUF DAS PROBLEMFELD STRATEGISCHES PHARMA-MARKETING

Für die vorliegende Untersuchung bietet sich eine Ausrichtung des empirischen Forschungsprogramms am Leitprinzip des situativen Ansatzes ebenfalls an. Das heuristische Prinzip der strategischen Marketing-Konzeption impliziert - ähnlich dem situativen Kerngedanken der Organisationstheorie zur Gestaltung der Organisationsstruktur - die Abhängigkeit des langfristigen Unternehmenserfolges von der Anpassung des strategischen Marketing an die internen und externen Gegebenheiten der jeweiligen Unternehmenssituation.

---

264) Die sogenannte Fundamentalkritik geht von einem Verständnis des situativen Ansatzes als eigenständiger Theorie aus. Diesem Anspruch eines umfassenden Theoriegebäudes kann und will die hier angesprochene empirische Forschungsmethode jedoch gar nicht genügen (vgl. hierzu Kieser/Kubicek (1983), S. 349 f.). Insofern entbehrt die Fundamentalkritik in diesem Zusammenhang der Grundlage. Dagegen betrifft die zum Teil gerechtfertigte Detail-Kritik an einigen früheren situativen Forschungsarbeiten nicht den situativen Ansatz insgesamt. Die vorgebrachten Schwachstellen des Ansatzes lassen sich bei entsprechender Anlage des Forschungsdesigns weitgehend ausräumen. Zu den kritischen Stimmen vgl. u. a. Bruns (1977); Gasparini (1978) sowie Longenecker/Pringle (1978); zur Überwindung der Kritikpunkte siehe insbesondere Segler (1981) und Staehle (1981), S. 223 ff. Die wichtigsten dort genannten Kritikpunkte werden in den Kapiteln 2.1.2 und 2.1.3 aufgegriffen und problematisiert.
265) Vgl. hierzu u. a. die theoretisch-konzeptionellen Forschungsskizzen von Child (1972); Hofer (1975)); Ansoff (1979) und Jauch/Osborne (1981) sowie die empirischen Untersuchungen von Khandwalla (1976); Paine/Anderson (1977) und Lenz (1980). Ein Überblick über die situativen Studien zur strategischen Unternehmensführung findet sich bei Steiner (1979).

Das im folgenden ausführlich dargelegte situative Forschungsprogramm zum strategischen Pharma-Marketing enthält die Umsetzung der wesentlichen theoretisch-konzeptionellen Grundüberlegungen aus Kapitel II.1. in sogenannte Leit- oder Grundhypothesen.

2.1.2.1 LEITHYPOTHESE I: ZUSAMMENHANG ZWISCHEN DEN EINZELNEN BAUSTEINEN DES STRATEGISCHEN PHARMA-MARKETING

Im Mittelpunkt des Forschungsmodells dieser Arbeit steht das theoretische Konzept des strategischen Pharma-Marketing. Zur empirischen Erfassung dieses zentralen Untersuchungsgegenstandes werden in Anlehnung an die theoretischen Bausteine der strategischen Marketing-Konzeption drei Gruppen von Variablen herangezogen. Diese sollen im einzelnen Auskunft geben über

- die formalen und materiellen Inhalte,
- die Anwendung bestimmter Methoden sowie
- die organisatorische bzw. personelle Verankerung.

Eine direkte Erhebung der strategischen Marketing-Philosophie erfolgt nicht. Die entsprechenden unternehmerischen Denkhaltungen kommen letztlich in den inhaltlichen, methodischen und organisatorischen Merkmalen zum Ausdruck.

Die Beziehungen zwischen den drei oben genannten Gruppen von Variablen gestalten sich im Rahmen des Untersuchungsmodells wie folgt:

1. Für den Zusammenhang zwischen der inhaltlichen Ausrichtung des strategischen Pharma-Marketing und den speziellen strategischen Aspekten der Marketing-Organisationsstruktur gilt, daß sowohl bestimmte personelle als auch organisatorische Aspekte innerhalb des Marketing einer Pharma-Unternehmung mehr oder weniger erfüllt sein müssen (z. B. Vorhandensein von Marketing-Spezialisten, hierarchisch hoch angesiedelte Marketing-Abteilungen, Koordination strategischer Marketing-Pläne mit anderen Teilplänen der Unternehmung etc.), um die Marketing-Aktivitäten in eine strategisch gewollte Richtung zu lenken; wie es auch umgekehrt bei der Generierung und Evaluierung von Marketing-Strategien erforderlich ist, die Gegebenheiten der jeweiligen Marketing-Organisationsstruktur

zu berücksichtigen, um nicht vorab ein Scheitern strategischer Marketing-Pläne zu riskieren.[266]

2. Die Beziehung zwischen Inhalt und Methodenanwendung des strategischen Pharma-Marekting läßt sich in ähnlicher Weise charakterisieren. Während einerseits für bestimmte strategische Fragestellungen eine Vielzahl von Modellen oder Problemlösungstechniken zur Verfügung stehen[267], unter denen die Anwender eine geeignete Auswahl für die Bearbeitung ihrer konkreten strategischen Marketing-Probleme treffen können, schreibt andererseits die Anwendung einer gewählten Methode oftmals die Suche und Analyse bestimmter Informationen, die Verfolgung gewisser Zielvorstellungen, das Ergreifen bestimmter Strategien und/oder deren Kontrolle mehr oder weniger vor.[268]

3. Schließlich erscheint auch ein wechselseitiger Zusammenhang zwischen Methodenanwendung und Marketing-Organisationsstruktur gegeben. Zwar bestimmen organisatorische Regelungen darüber, ob, wie und von wem einzelne Methoden des strategischen Marketing zur Lösung strategischer Probleme herangezogen werden; ebenso kann aber auch eine unbefriedigende

---

266) Seit Chandler (1962) ist die allgemeine Beziehung zwischen der Organisationsstruktur und der inhaltlichen Ausrichtung unternehmerischer Strategien schon vielfach Gegenstand wissenschaftlicher Erörterungen und empirischer Erhebungen gewesen. Dabei hat sich herausgestellt, daß nicht nur die Chandler'sche These, wonach die Struktur einer Organisation der jeweiligen Unternehmensstrategie angepaßt wird ("structure follows strategy"), in der unternehmerischen Praxis vorfindbar ist, sondern auch die umgekehrte Auffassung ("strategy follows structure") durchaus ihre Berechtigung findet. Vgl. hierzu insbesondere Hall/Saias (1980) sowie Ansoff (1979). Ein Überblick über die Diskussion zum Strategie-Struktur-Problem findet sich bei Gabele (1979).
267) Vgl. u. a. die Methodenkataloge zu einzelnen strategischen Fragestellungen von Klöcker (1983), S. 87 - 94 sowie Meffert/Wehrle (1981), S. 8.
268) Am deutlichsten wird dies am Beispiel der Portfolio-Methode. Vgl. hierzu u. a. Dunst (1983); Roventa (1979); Neubauer (1982); Lange (1981 a) sowie Walther (1984).

Methodenhandhabung den Anlaß für die Änderung personeller und organisatorischer Regelungen im Bereich des strategischen Marketing liefern.[269]

Die vermuteten Zusammenhänge zwischen den einzelnen Komponenten des strategischen Marketing sind in <u>Leithypothese I</u> wie folgt zusammengefaßt:

Die inhaltlichen, methodischen und organisatorischen Merkmale des strategischen Pharma-Marketing bedingen sich wechselseitig.

2.1.2.2 LEITHYPOTHESE II: ZUSAMMENHANG ZWISCHEN DER UNTERNEHMENS-SITUATION VON ARZNEIMITTELUNTERNEHMEN UND DER AUSGESTALTUNG IHRES STRATEGISCHEN PHARMA-MARKETING

Entsprechend dem situativen Leitgedanken des Forschungsmodells richtet sich die weitere Betrachtung zunächst auf den Zusammenhang zwischen der situationalen Bedingungskonstellation der Pharma-Unternehmen und der inhaltlichen, methodischen und organisatorischen Ausgestaltung ihres strategischen Marketing. Wie bereits dargelegt, bestimmt im Pharma-Bereich weitgehend die Unternehmensgröße die Situation der Arzneimittelhersteller.[270] Die Unternehmensgröße steht daher auch im Vordergrund bei der nachfolgenden empirischen Erforschung des situationalen Kontextes der Pharma-Unternehmen.

---

269) Obgleich eine interdependente Beziehung zwischen Methodeneinsatz und Organisationsstruktur nicht ausgeschlossen wird, gehen bisherige situativ geleitete Forschungsstudien von einem einseitigen Zusammenhang (Organisationsstruktur Methodeneinsatz) aus. Vgl. Köhler/Uebele (1977) sowie Uebele (1980).

270) Vgl. hierzu die ausführliche Darstellung in Kapitel I.1.1.3

Obgleich bis heute kein eindeutiges Maß zu ihrer Bestimmung existiert, ist die Unternehmensgröße bereits in zahlreichen Studien Erhebungsgegenstand gewesen.[271] Diese Untersuchungen beschränken sich zumeist auf die Kriterien Umsatz oder Beschäftigtenzahl als Indikatoren. Eine solchermaßen eingegrenzte Sichtweise wird jedoch einer umfassenden Analyse dieses mehrdimensionalen Konstruktes nicht in ausreichendem Maße gerecht;[272] sie vermag nicht die vielschichtigen Auswirkungen der betriebsgrößenspezifischen Unternehmenssituation von Arzneimittelherstellern auf die Gestaltung ihres strategischen Marketing transparent zu machen. Zur Beschreibung der Größe der Pharma-Unternehmen sind deshalb eine Vielzahl von Indikatoren heranzuziehen. In Anlehnung an die gängige Unterteilung situativer Kontextvariablen lassen sich auch die für die Gestaltung des strategischen Pharma-Marekting relevanten Merkmale der Unternehmensgröße grob in interne und externe Kontextmerkmale unterteilen:

1. Zu den <u>internen Kontextvariablen</u>, welche das betriebsgrößenspezifische unternehmensinterne Umfeld des strategischen Marketing kennzeichnen, zählen außer den oben bereits angesprochenen Kriterien Umsatz und Beschäftigtenzahl eine Reihe weiterer Merkmale, die man einzelnen betrieblichen Teilfunktionen der Arzneimittelhersteller direkt zuordnen kann (z. B. Ausmaß der F & E-Aktivitäten, Finanzkraft etc.).[273] Die internen Wirkungszusammenhänge in den Unternehmen bleiben nicht ohne Einfluß auf deren Stellung in ihrer Umwelt.

2. Daher schlägt sich die Unternehmensgröße von Arzneimittelherstellern auch in deren Beziehungen zu ihrer Außenwelt nieder. Die Gruppe der <u>externen Kontextvariablen</u> umfaßt zum einen betriebsgrößenspezifische Merkmale, welche die Situation der Arzneimittelhersteller in ihrer spezifischen Mikro-Umwelt charakterisieren (z. B. Marktstellung eines Unternehmens, Zahl und Größe der belieferten Arzneimittelmärkte etc.) und zum anderen Variablen, welche Auskunft geben über die Beziehungen der Unternehmen zu ihrer globaleren Umwelt (z. B. Einfluß gesetzgeberischer Maßnahmen).[274]

---

271) Vgl. den Überblick bei Budde/Kieser (1977), S. 149 - 159.
272) Vgl. u. a. Pfohl/Kellerwessel (1982), S. 11 ff.; Bornmann (1981), S. 10; Reske/Mortsiefer (1978), S. 40 - 61; Thürbach/Menzenwerth (1975), S. 5 - 7; Güntzel (1975), S. 10.
273) Vgl. hierzu Pfohl/Kellerwessel (1982), S. 28.
274) Zur Unterteilung der Umwelt in globale und aufgabenspezifische Sphären vgl. Kubicek/Thom (1976), Sp. 3977 - 4017.

Der betriebsgrößenspezifische situationale Kontext stellt den Orientierungsrahmen für die Pharma-Unternehmen bei der Ausgestaltung ihres strategischen Marketing dar. Der dem Untersuchungsmodell zugrunde liegende Zusammenhang zwischen den Kontextvariablen einerseits sowie den organisatorischen, methodischen und inhaltlichen Merkmalen des strategischen Pharma-Marketing andererseits beinhaltet zweierlei Komponenten:

(1) restriktive Komponente:

Die betriebsgrößenspezifischen internen und externen Gegebenheiten zwingen die Pharma-Unternehmen dazu, ihr strategisches Marketing so zu konzipieren, daß es unter den vorhandenen Bedingungen faktisch realisierbar bleibt. Damit reduziert sich die Anzahl möglicher Gestaltungsalternativen für das Pharma-Marketing der einzelnen Hersteller erheblich.

(2) gestalterische Komponente:

Trotz der Vielfalt von Restriktionen verbleibt den Arzneimittelherstellern ein Freiraum an Gestaltungsmöglichkeiten für ihr strategisches Pharma-Marketing. Diesen Handlungsspielraum gilt es wahrzunehmen, indem die betriebsgrößenspezifischen Vorteile der jeweiligen Unternehmenssituation genutzt und ihre Nachteile gemindert werden (heuristisches Prinzip des strategischen Marketing). Auf diese Weise erfolgt ebenfalls eine Anpassung des strategischen Pharma-Marketing an den unternehmensindividuellen Kontext.

Der oben dargelegte Sachverhalt kommt in Leithypothese II zum Ausdruck:

Die betriebsgrößenspezifischen internen und externen Kontextvariablen der Pharma-Unternehmen beeinflussen die inhaltlichen, methodischen und organisatorischen Merkmale des strategischen Pharma-Marketing, ohne diese jedoch exakt zu determinieren.

2.1.2.3 LEITHYPOTHESE III: ZUSAMMENHANG ZWISCHEN DER AUSGESTALTUNG DES STRATEGISCHEN PHARMA-MARKETING UND DEM LANGFRISTIGEN UNTERNEHMENSERFOLG

Das strategische Pharma-Marketing zielt in seiner Grundorientierung auf eine langfristige Sicherung des Unternehmenserfolges des Arzneimittelunternehmens ab. Es erscheint daher naheliegend, den langfristigen Unternehmenserfolg unmittelbar als alleinigen Gradmesser für die Effizienz des strategischen Pharma-Marketing heranzuziehen. Diese Vorgehensweise erweist sich jedoch bei genauerer Betrachtung als wenig geeignet.

Die Sicherung des langfristigen Unternehmenserfolges stellt einen äußerst komplexen Sachverhalt dar, dessen inhaltliche Bestimmung einen weiten Interpretationsspielraum offen läßt. Um den Bereich spekulativer Effizienzvermutungen zu verlassen und zu konkreten Aussagen über die unternehmerische Praxis zu gelangen, erscheint es zweckmäßiger, zusätzlich zur direkten Erhebung des langfristigen Unternehmenserfolges eine indirekte Erfassung mit Hilfe von Indikatoren vorzunehmen, welche offenlegen, in bezug auf welche einzelnen Erfolgskriterien bestimmte Effizienzaussagen zum strategischen Pharma-Marketing getroffen werden.

Bei der Generierung und Auswahl der Effizienzkriterien stellen sich zwei grundlegende Fragen:

(1) Konzeptualisierungsproblematik

Welche Indikatoren sind grundsätzlich dazu geeignet, den komplexen Begriff des langfristigen Unternehmenserfolges möglichst genau und umfassend wiederzugeben?

(2) Zurechnungsproblematik

Inwieweit werden die gefundenen Indikatoren durch das strategische Marketing und nicht durch andere unternehmerische Entscheidungen und Maßnahmen beeinflußt?

Der Effizienzforschung ist es bislang nicht gelungen, eindeutige Antworten auf diese Fragen zu geben.[275] Allerdings finden sich in der einschlägigen Literatur der Organisationstheorie

---
275) Vgl. Gzuk (1975), S. 114.

eine Reihe pragmatischer Ansätze zur Ermittlung von Effizienzkriterien, welche sich z. T. über methodische Mängel hinwegsetzen und näherungsweise Lösungen anbieten.[276]

Als die beiden Ansätze mit dem stärksten Anwendungsbezug gelten der Zielansatz und der Management-Audit-Ansatz. Im folgenden werden einzelne Elemente dieser beiden Ansätze aufgegriffen, im Hinblick auf das strategische Pharma-Marketing modifiziert und zu einem umfassenden Effizienzkonzept integriert.

Ein naheliegender, anwendungsbezogener Effizienzansatz besteht darin, den langfristigen Unternehmenserfolg anhand ökonomischer Effizienzkriterien zu ermitteln (<u>Zielansatz</u>).[277] Man geht dabei von der Überlegung aus, daß die Sicherung des Unternehmenserfolges auf Dauer ohne die Erfüllung gewisser Mindestanforderungen an ökonomische Ziele wie z. B. Umsatz, Rentabilität oder Gewinn für Unternehmen in einem marktwirtschaftlichen System nicht erreichbar ist. Ein erfolgreiches strategisches Marketing, das die Sicherung des langfristigen Unternehmenserfolges verfolgt, schlägt sich demzufolge in ökonomischen Kriterien nieder.

Ein wesentlicher Schwachpunkt dieses Ansatzes liegt in der ungelösten Zurechnungsproblematik. Die Erfüllung ökonomischer Kriterien stellt lediglich eine notwendige - keineswegs aber hinreichende - Bedingung für ein erfolgreiches strategisches Marketing dar. So können ökonomische Erfolge von Unternehmen auch erzielt werden, ohne daß das strategische Marketing hierbei eine wesentliche Rolle gespielt hat. Zum Beispiel können bestimmte Umweltfaktoren oder Maßnahmen anderer Unternehmensbereiche den Unternehmenserfolg hervorgerufen haben. Umgekehrt ist es etwa auch möglich, daß ein ökonomischer Erfolg des strategischen Marketing durch eine ungenügende Umsetzung im Bereich des operativen Marketing verhindert wird. Wegen der Vielzahl möglicher Einflußfaktoren auf den langfristigen Unternehmenserfolg läßt sich der Beitrag des strategischen Marketing hierzu auch mit Hilfe mathematischer Methoden nicht exakt quantifizieren.

---

276) Einen kritischen Überblick über verschiedene Grundarten von Effizienzansätzen geben Staehle/Grabatin (1979), S. 89 - 94 sowie Welge/Fessmann (1980), Sp. 579 - 582.
277) Vgl. Kotler (1982), S. 678 sowie Fessmann (1980), S. 211 - 217.

Um zu einem umfassenden Ansatz zu gelangen, der konkrete Aussagen über die Effizienz des strategischen Marketing ermöglicht, bedarf es der Erhebung weiterer Kriterien. Eine solchermaßen erweiterte Perspektive eröffnet sich, wenn man die Qualität der Sachaufgabenerfüllung zum Gegenstand der Effizienzermittlungen macht (<u>Management-Audit-Ansatz</u>). Dies geschieht, indem alle Teilbereiche einer strategischen Marketing-Konzeption im Hinblick auf ihre Funktionserfüllung analysiert und bewertet werden.[278] Als Effizienzkriterien kommen z. B. in Betracht:

- das rechtzeitige Erkennen strategischer Marketing-Probleme,
- die Angemessenheit strategischer Marketing-Ziele,
- die Zufriedenheit mit der Kontrolle der Marketing-Strategien,
- die Klarheit der organisatorischen Zuordnung der anfallenden strategischen Marketing-Aufgaben,
- die Zufriedenheit mit der Anwendung von Methoden bei der Lösung strategischer Marketing-Probleme etc.

Die keinesfalls vollständig aufgeführten Beispiele reichen bereits aus, um zu verdeutlichen, daß die funktionsbezogenen Effizienzkriterien nicht unabhängig voneinander gesehen werden dürfen. Die Intention einer strategischen Marketing-Konzeption liegt zwar in erster Linie darin, mit Hilfe geeigneter Marketing-Strategien (inhaltliche Komponente) eine Sicherung des langfristigen Unternehmenserfolges zu erzielen; jedoch bedarf die inhaltliche Ausgestaltung - wegen der Interdependenz der einzelnen Teilkomponenten des strategischen Marketings - einer Reihe flankierender organisatorischer und methodischer Maßnahmen. Nur eine umfassende und konsistente, d. h. in inhaltlicher, methodischer und organisatorischer Hinsicht aufeinander abgestimmte strategische Marketing-Konzeption kann demnach seinen Zweck erfüllen.

Trotz ihrer umfassenderen Sichtweise bleibt eine Effizienzmessung mit Hilfe funktionsbezogener Effizienzkriterien vor allem deshalb problembehaftet, weil zwischen den genannten Indikatoren und dem langfristigen Unternehmenserfolg nur ein mittelbarer Zusammenhang besteht. Zum einen bedeutet dies, daß sich funktionsbezogene und ökonomische Effizienzkriterien in ihrer Aussagekraft gegenseitig ergänzen, zum anderen aber auch, daß streng genommen selbst beide Indikatorengruppen gemeinsam keine eindeutigen Effizienzaussagen erlauben.

---

278) Vgl. Kotler (1982), S. 679 sowie Grabatin (1981), S. 34 - 39.

Unter forschungspragmatischen Gesichtspunkten soll es hier jedoch genügen, wenn tendenzielle Grundaussagen über die Effizienz des strategischen Pharma-Marketing getroffen werden können. Leithypothese III lautet daher:

> Ein strategisches Pharma-Marketing, dessen Teilkomponenten aufeinander abgestimmt sind, schlägt sich in ökonomischen und funktionsbezogenen Effizienzkriterien nieder und trägt somit in erheblichem Maße zur Sicherung des langfristigen Unternehmenserfolges bei.

2.1.3 ZUSAMMENFASSENDE WÜRDIGUNG DES ERARBEITETEN FORSCHUNGSMODELLS

Der im Rahmen der Organisationstheorie entwickelte situative Ansatz stellt eine wesentliche Orientierungsgrundlage für das beschriebene Forschungsmodell dar. Die Anlehnung an das Grundmodell des situativen Ansatzes gewährleistet eine globale Sichtweise des zu untersuchenden Problemfeldes und ein systematisches Vorgehen bei der empirischen Erforschung des strategischen Pharma-Marketing. Der situative Ansatz wird dabei nicht als ein starres, in sich geschlossenes Denkmodell oder gar eine eigenständige Theorie aufgefaßt[279], sondern als ein offenes Forschungskonzept, das sich je nach Fragestellung, Untersuchungszweck und bisherigem Wissensstand mit konkretem Inhalt ausfüllen läßt.[280] Die heuristische Kraft des situativen Ansatzes wird auf diese Weise nutzbar gemacht, ohne damit eine Beeinträchtigung der forscherichen Gestaltungsfreiheit in Kauf nehmen zu müssen.

Betrachtet man das modifizierte Kontingenzmodell zum strategischen Pharma-Marketing noch einmal im Gesamtüberblick (vgl. Abb. 45), so zeigen sich gegenüber herkömmlichen situativen Konzepten folgende grundsätzliche Unterschiede:

---

279) Die häufig in der Literatur zu findende Bezeichnung "Kontingenztheorie" trifft auf das vorliegende Forschungsmodell nicht zu. Vgl. hierzu auch die Fußnote 264 auf S. 154.
280) Vgl. Brose (1984), S. 230 - 231.

1. Wegen der besonderen Bedeutung der Unternehmensgröße für die Pharma-Unternehmen und deren strategisches Marketing, konzentrieren sich die situativen Kontextvariablen vornehmlich auf betriebsgrößenspezifische Merkmale der Arzneimittelunternehmen. Dabei wird - im Gegensatz zu anderen situativen Studien - die Unternehmensgröße nicht als monokausales sondern als multikausales Phänomen verstanden, dessen vielfältige Einflußnahme auf das strategische Pharma-Marketing verdeutlicht werden soll.

2. Eine bereichsbezogene Desaggregation des situativen Ansatzes auf spezifische Fragestellungen des Marketing hat man bereits in mehreren Studien durchgeführt.[281] In diesen Untersuchungen steht jedoch die (Marketing-) Organisationsstruktur nach wie vor im Mittelpunkt der Betrachtung. Das vorliegende Forschungsprogramm stellt dagegen das theoretische Konzept des strategischen Marketing insgesamt in den Mittelpunkt des Forschungsinteresses. Dessen organisatorische Verankerung bildet nur eine Teilkomponente dieses umfassenderen Konzeptes. Allgemeine organisatorische Fragen, die die Gesamtunternehmung betreffen, gehören zum kontextuellen Bezugsrahmen des strategischen Pharma-Marketing-Konzeptes.

3. Der wesentliche Kern des strategischen Pharma-Marketing wird in seinen materiellen Inhalten (strategische Marketing-Ziele und Marketing-Strategien) gesehen. Die übrigen Komponenten des Konzeptes (Methodeneinsatz, organisatorische und personelle Verankerung, Prozeßablauf) gelten als notwendige flankierende Bestandteile. Das Modell geht dabei von einem wechselseitigen Zusammenhang zwischen den einzelnen Komponenten des strategischen Pharma-Marketing aus. Alle Elemente dieses Konzepts stellen Aktionsvariablen des Forschungsmodells dar.

4. Als Indikatoren der Leistungsfähigkeit des strategischen Pharma-Marketing dienen sowohl funktionsbezogene als auch ökonomische Effizienzkriterien. Diese Form der Effizienzuntersuchung stellt eine Verknüpfung von Elementen des Zielansatzes (ökonomische Kriterien) und Elemente des Management-Audit-Ansatzes (funktionsbezogene Kriterien) dar. Eine Sicherung des langfristigen Unternehmenserfolges kann -

---

281) Vgl. u. a. Döpke (1985); Ruekert/Walker/Roering (1985); Töpfer (1984) sowie Kieser/Fleischer/Röber (1977).

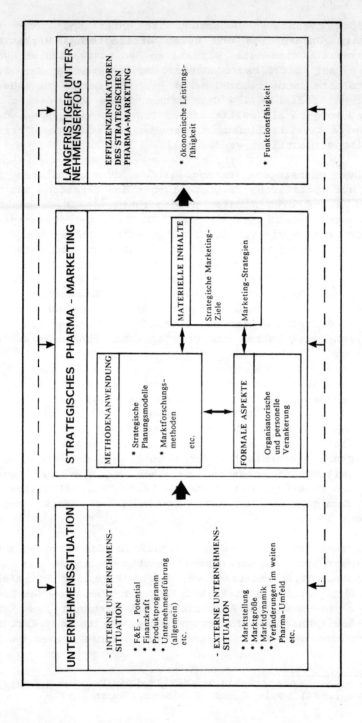

Abb. 45: Empirisches Forschungsmodell der Gesamtstudie

bei dieser Art situativer Betrachtung - nur erfolgen, wenn die konzeptionelle Ausgestaltung des strategischen Pharma-Marketing den Erfordernissen der jeweiligen Unternehmenssituation entspricht und zugleich eine Harmonisierung der einzelnen Teilkomponenten dieser Konzeption gelingt.

Das in Abbildung 51 skizzierte Untersuchungsprogramm erbringt zunächst lediglich eine statische Momentaufnahme. Dynamische Rückkoppelungsprozesse[282] (langfristig wirksame Rückwirkungen der Effizienz auf die Unternehmenssituation und das strategische Marketing) finden darin nur indirekt Berücksichtigung. So werden im Rahmen der weiter unten näher beschriebenen empirischen Untersuchungen zum Teil auch dynamische Aspekte (z.B. Umsatzentwicklungen, Marktanteilsveränderungen etc.) erfaßt.

Ein anderer Kritikpunkt an diesem Forschungsdesign läßt sich dahingehend anbringen, daß personenspezifische Aspekte (Wahrnehmungen, Werthaltungen und Einstellungen einzelner Manager oder Kunden) ebenfalls nicht direkt in die Betrachtung eingehen. Es handelt sich daher um ein rein mechanistisches Modell.[283]

Weitere Einschränkungen ergeben sich auf Grund der Erhebungs- und Auswertungsmethodik der Studie.

---

282) Vgl. hierzu die gestrichelten Linien in Abb. 51.
283) Die Darstellung und Kritik einer personalistischen Variante des situativen Ansatzes findet sich bei Kieser/Kubicek (1983), S. 355 - 363.

2.2 KONKRETISIERUNG DER EMPIRISCHEN FORSCHUNGSAUFGABEN

2.2.1 ÜBERBLICK ÜBER DIE ERHEBUNGSMETHODIK DER GESAMTSTUDIE

Empirische Untersuchungen, die auf dem situativen Ansatz basieren, bedienen sich oftmals groß angelegter Fragebogenuntersuchungen. Die Auswertungen der Studien erfolgen zumeist mit Hilfe mathematischer Berechnungen, wobei die statistischen Zusammenhänge zwischen einzelnen Variablen bzw. Variablengruppen aufgedeckt und mit Hilfe statistischer Hypothesentests überprüft werden sollen.[284] Eine solche Vorgehensweise erscheint im Rahmen der vorliegenden Studie wenig sinnvoll, da man bislang weder von einer ausgereiften Theorie des strategischen Marketing ausgehen kann noch ausreichende empirische Ergebnisse über das strategische Marketing der pharmazeutischen Unternehmen vorliegen. Die Gefahr ist deshalb groß, daß bei dem noch unbefriedigenden Wissensstand über das zu untersuchende Erkenntnisobjekt irrelevante Daten erhoben und mit diesem nur wenig aussagekräftigen Datenmaterial exakte zahlenlogische Berechnungen durchgeführt werden, denen nicht unbedingt ein sachlogischer Zusammenhang zugrunde liegt.[285]

Im Rahmen einer situativ geleiteten empirischen Erforschung des strategischen Pharma-Marketing empfiehlt sich daher ein zweistufiges Vorgehen.[286] Die beiden Untersuchungsschritte unterscheiden sich sowohl im Inhalt als auch in Erhebungsart und -umfang:

Projektphase I

Die erste der beiden Projektphasen dient primär dazu, bei einer größeren Zahl von Arzneimittelunternehmen die relevanten Kontextmerkmale zu erheben sowie eine Vorauswahl der Untersuchungseinheiten für die zweite Projektphase zu ermöglichen. Eine schriftliche Vollerhebung bei den Marketing-Leitern der ca. 450 Pharma-Unternehmen in der Bundesrepublik mit Hilfe

---

284) "Bei einer genaueren Analyse dieser "Validisierungsversuche" läßt sich feststellen, daß die Mehrheit der empirischen Arbeiten den wissenschaftlichen Anforderungen kaum genügen, gelingt es doch den wenigsten Autoren, statistisch signifikante Aussagen zu machen." Fopp (1985), S. 42.
285) Vgl. Schanz (1977).
286) Vgl. ähnlich Kreikebaum/Suffel (1981), S. 15 - 16.

eines vollstrukturierten Fragebogens soll eine ausreichende Repräsentativität dieser Vorstudie gewährleisten.

Projektphase II

Die zweite Projektphase soll dagegen vertiefte Einzelfallstudien über die organisatorische, methodische und inhaltliche Ausgestaltung und Effizienz des strategischen Pharma-Marketing bei einer überschaubaren Zahl von Arzneimittel-Unternehmen erbringen. Auf Grundlage eines grob strukturierten Interviewerleitfadens erfolgen Tiefeninterviews mit relevanten Entscheidungsträgern von - vermittels der Vorstudie - ausgesuchten Pharma-Unternehmen.

Abbildung 46 zeigt die inhaltlichen und methodischen Unterschiede zwischen den beiden Projektphasen noch einmal im Überblick.

	Projektphase I	Projektphase II
Untersuchungsgegenstand	Kontextmerkmale, formal erfaßbare Aktionsvariablen und globale Erfolgskriterien des Pharma-Marketing	Konkrete inhaltliche, methodische und organisatorische Ausgestaltung des strategischen Marketing der Arzneimittelhersteller und dessen Effizienz
Untersuchungsmethode	Schriftliche Befragung	Persönliche Befragung
Befragungsgrundlage	Voll strukturierter Fragebogen	Interviewerleitfaden
Befragungsform	---	Tiefeninterviews (Einzelfallstudien)
Auswahlverfahren	Vollerhebung bei den ca. 450 Mitgliedsfirmen des BPI	Einzelfallstudien bei einer geringen Anzahl von Unternehmen, die auf Grund der Vorstudie ausgewählt werden
Zielpersonen	Leiter der Abteilung Pharma-Marketing	Entscheidungsträger des strategischen Pharma-Marketing (allgemein)

Abb. 46: Inhalt, Vorgehensweise und Umfang der einzelnen Erhebungsschritte (Projektphasen) im Überlick

Der Mangel dieser zweistufigen Vorgehensweise liegt vor allem darin, daß zwischen den Ergebnissen der beiden Erhebungsstufen und speziell mit den Angaben aus den Einzelfallstudien keine statistischen Hypothesentests über die empirischen Zusammenhänge zwischen den oben beschriebenen Variablengruppen mehr möglich sind.[287] Diesem vermeintlichen Nachteil stehen allerdings eine Reihe von Vorteilen gegenüber.

Mit der Durchführung der schriftlichen Erhebung (<u>Projektphase I</u>) werden folgende Erwartungen verbunden:

1. Situative Kontextmerkmale lassen sich weitgehend auch auf dem Wege einer schriftlichen Befragung erheben, ohne daß es zu sprachlichen Mißverständnissen zwischen Theorie und Praxis kommt.

2. Gleiches gilt für bestimmte - eher formale - Aktionsvariablen des strategischen Pharma-Marketing. Es bietet sich daher an, diese Aktionsvariablen bereits in Projektphase I mit abzufragen.

3. Eine ausreichende Repräsentativität der Ergebnisse aus der Vorstudie soll sicherstellen, daß die nachfolgenden Einzelfallstudien nicht nur spezifische Probleme einzelner Pharma-Unternehmen aufgreifen, sondern beispielhaft strategische Marketing-Konzeptionen und deren Effizienz in typischen Problemsituationen untersuchen.

4. Durch die zusätzliche Erhebung globaler Erfolgskriterien in Projektphase I kann eine Vorauswahl der Untersuchungseinheiten dahingehend erfolgen, daß in Projektphase II jeweils für typische Problemsituationen erfolgreiche strategische Marketing-Konzepte analysiert werden.

5. Gleichzeitig läßt sich im Rahmen der Vorstudie die generelle Teilnahmebereitschaft der einzelnen Arzneimittelun-

---

287) "Fallstudien sind sehr aufwendig und Hypothesen zu generellen Zusammenhängen lassen sich an Hand derartiger Einzelbetrachtungen nicht überprüfen. Die detailliertere Erfassung der Merkmale führt aber zu umfassenden Beschreibungen der Realität, und die gewonnenen Erfahrungen tragen zur Verbesserung der generellen Erkenntnisfindung bei." Kantzenbach/Kallfass (1981), S. 116.

ternehmen an einer umfassenden Tiefenstudie zum strategischen Pharma-Marketing ermitteln.

6. Die Vorinformationen über die Untersuchungseinheiten in Projektphase II ermöglichen insgesamt eine gezielte Vorbereitung der Tiefeninterviews, so daß die knapp bemessene Zeit bei den Praktikern intensiver genutzt werden kann.

Demgegenüber verfolgen die Tiefeninterviews (<u>Projektphase II</u>) die folgenden Absichten:

1. Im Rahmen der Gespräche können begriffliche Unklarheiten, wie sie oftmals zwischen Theorie und Praxis bestehen, geklärt werden. Damit ist erst die Grundlage für eine sinnvolle umfassende empirische Erforschung des Problemfeldes strategisches Pharma-Marketing gegeben.

2. Persönliche Interviews lassen bei den Befragten tendenziell eine höhere Auskunftsbereitschaft bei "kritischen" Fragen zum strategischen Marketing und dessen Effizienz erwarten als dies bei einer anonymen Fragebogenaktion der Fall wäre.

3. Durch Zusatzfragen während des Interviews lassen sich Hintergrundinformationen über die interessierenden Zusammenhänge zwischen den drei Hauptvariablengruppen (Kontext - strategisches Pharma-Marketing - Effizienz) gewinnen.

4. Insgesamt ermöglicht ein offener Interviewerleitfaden auch das Aufgreifen von theoretischer Seite in ihrer praktischen Relevanz noch nicht erkannter oder noch ungelöster Probleme zum strategischen Pharma-Marketing und dessen Effizienz.

Die Verknüpfungen zwischen repräsentativer Fragebogenerhebung und explorativen Einzelfallstudien ermöglicht es, die bislang von der Theorie noch nicht vertiefend genug diskutierten Konzepte des strategischen Pharma-Marketing und seiner Effizienz erstmalig unter situativen Gesichtspunkten empirisch zu erforschen. Die Studie erscheint daher geeignet, die an sie gestellten Aufgaben zu erfüllen, praxisrelevante Aussagen hervorzubringen und Anregungen für künftige theoretische und empirische Forschungen auf diesem Gebiet zu geben.

2.2.2 VORBEREITUNG UND AUSWERTUNG VON PROJEKTPHASE I

Die Vorstudie macht insbesondere die theoretische Herleitung und Operationalisierung der zu untersuchenden Kontextmerkmale erforderlich. Hierbei ist darauf zu achten, daß die Variablen einen Bezug zur Unternehmensgröße der Arzneimittel-Unternehmen aufweisen und zugleich von Relevanz für die Ausgestaltung des strategischen Pharma-Marketing sind.

Über einge der in Frage kommenden Kontextvariablen existiert bereits empirisches Datenmaterial.[288] Soweit konkrete Angaben über die einzelnen Pharma-Hersteller in veröffentlicher Form vorliegen[289], fließen diese direkt in die anschließenden Analysen ein, ohne den zu erstellenden Fragebogen mit überflüssigen Fragen zu belasten. Die im Auftrag der pharmazeutischen Industrie erhobenen umfassenden Konkurrenzdaten bleiben jedoch der wissenschaftlichen Forschung leider verschlossen.[290]

In anderen Studien wiederum wurden einzelne Variablen anonym erhoben[291], so daß das Informationsmaterial keine Rückschlüsse über die Beziehungen zu anderen interessierenden Kontextmerkmalen einer Untersuchungseinheit zuläßt. Charakteristisch für das strategische Marketing ist indes nicht die Analyse und Behandlung einzelner Symptome sondern eine globale Sichtweise der komplexen Problemsituation, in der sich eine Unternehmung konkret befindet. Der Rückgriff auf vorhandene anonyme Statistiken über bestimmte Kontextmerkmale erfüllt daher im Rahmen der Vorstudie lediglich einen Zweck als Grundlageninformation für die Operationalisierung der Variablen und zur späteren Überprüfung der Repräsentativität der eigenen Untersuchungs-

---

288) Der Arzneimittelmarkt gilt als einer der am besten durchleuchteten Märkte. Die Pharma-Unternehmen besitzen aufgrund von Konkurrenzstudien in bezug auf ihre Mitbewerber eine sehr hohe Markttransparenz. Vgl. Oberender (1980), S. 166 - 167.
289) Genaue Informationen über die Produkte der Arzneimittelhersteller und die mit ihnen belieferten Indikationsmärkte liefert beispielsweise die vom BPI herausgegebene Rote Liste (1987).
290) Gemeint sind hiermit in erster Linie die Daten des IMS. Vgl. hierzu u. a. Kaufer (1976), S. 25 sowie Gehrmann (1984).
291) Eine Vielzahl solcher Daten über die Pharma-Unternehmen finden sich in den vom BPI herausgegebenen pharma-daten (1987). Diese Informationen entstammen primär aus Mitgliederbefragungen des BPI.

ergebnisse. Er macht die erneute Erhebung dieser Variablen innerhalb einer umfassenderen Kontextstudie zum strategischen Marketing nicht entbehrlich, wenn - wie im vorliegenden Fall - das komplexe Beziehungsgefüge zwischen den Kontextmerkmalen aufgedeckt werden soll. Hierzu ist der Rückgriff auf Einzeldaten der Unternehmen erforderlich.

Die statistische Auswertung der ermittelten Kontextmerkmale und ihrer gegenseitigen Beziehungen erfolgt unter Zuhilfenahme multivariater Analyseverfahren. Hierbei finden die Clusteranalyse und die Diskriminanzanalyse Anwendung.

Der Clusteranalyse kommt die primäre Aufgabe zu , auf Grundlage der Kontextmerkmale die Arzneimittelunternehmen in Gruppen (Cluster) mit ähnlicher Problemstruktur zusammenzufassen. Kennzeichnend für die Vorgehensweise der Clusteranalyse ist, daß alle vorliegenden Kontextmerkmale der Unternehmen gleichzeitig zur Gruppenbildung herangezogen werden. Aufgrund von Ähnlichkeitswerten ordnet der mathematische Algorithmus dieser Methode die Unternehmen so den verschiedenen Clustern zu, daß Arzneimittel-Unternehmen mit weitgehend übereinstimmenden Kontextstrukturen sich in einer Gruppe wiederfinden, dagegen aber zwischen den unterschiedlichen Gruppen möglichst wenig Gemeinsamkeiten bestehen.[292] Durch Berechnung von Mittelwerten der Kontextmerkmale innerhalb der einzelnen Gruppen läßt sich pro Cluster eine Unternehmenstypologie beschreiben, die jeweils stellvertretend für eine größere Anzahl von Unternehmen steht.

Die Verallgemeinerungsfähigkeit solcher Unternehmenstsypologien darf a priori nicht überschätzt werden.[293] Die Clusteranalyse ordnet zwar alle behandelten Fälle den jeweiligen Clustern eindeutig zu, was aber nicht bedeutet, daß zwischen den Untersuchungseinheiten eines Clusters keine bedeutsamen Abweichungen in den Ausprägungen der Kontextmerkmale auftreten können und unklare Zuordnungen oder Fehlzuordnungen nicht möglich sind. Um den mit der Typenbildung einhergehenden Informationsverlust zu quantifizieren, unterzieht man die Güte

---

292) Vgl. Hüttner (1979), S. 380 ff.
293) Die Kritik an der Bildung von Unternehmenstypologien hat dazu geführt, daß man im Rahmen neuer situativer Forschungsarbeiten nicht Untersuchungsobjekte sondern Merkmale der Untersuchungseinheiten zu Problemklassen zusammenfaßt. Vgl. hierzu Kieser/Kubicek (1983). Dabei wird jedoch übersehen, daß auch die Bildung von Problemklassen einen unter Umständen nicht unerheblichen Informationsverlust mit sich bringt.

des Gruppenbildungsprozesses einer Überprüfung. Dies geschieht mit Hilfe der multiplen Diskriminanzanalyse. Ergänzende Aussagen über die Güte der Gruppenbildung liefern außerdem univariate Häufigkeitsverteilungen hinsichtlich der Kontextausprägungen innerhalb der Gruppen.

2.2.3 VORBEREITUNG UND AUSWERTUNG VON PROJEKTPHASE II

Trotz ihrer unübersehbaren Mängel, stellt die Bildung von Unternehmenstypologien einen sinnvollen Weg dar, um eine gewisse Ordnung in die zunächst unstrukturierten Kontextdaten der Arzneimittel-Unternehmen zu bringen und einen ersten groben Überblick über deren wesentliche Problemstrukturen zu erhalten. Die Typologien bilden eine breite Basis für die hierauf aufbauenden Einzelfallstudien. Durch die zusätzliche Erhebung allgemeiner Erfolgsindikatoren zum strategischen Marketing im Rahmen der Vorstudie können nunmehr je Cluster ein erfolgreiches Unternehmen für Projektphase II selektiert werden. Abbildung 47 zeigt diesen Selektionsprozeß.

Die nachfolgenden Einzelfallstudien zum strategischen Pharma-Marketing und dessen Effizienz bei einer ausgesuchten Zahl von Arzneimittelunternehmen machen eine exakte Operationalisierung der interessierenden Sachverhalte nicht erforderlich. Die Gespräche mit den Praktikern sollten soviel Freiraum enthalten, daß selbst noch unerforschte praxisrelevante Aspekte im Verlauf der Interviews aufgegriffen und vertieft werden können. Andererseits sind die Interviews zumindest soweit vorzustrukturieren, daß alle aufgrund der theoretischen Vorüberlegungen als wesentlich erkannten Problemkreise enthalten und grobe Vergleiche zwischen den Untersuchungseinheiten möglich sind.

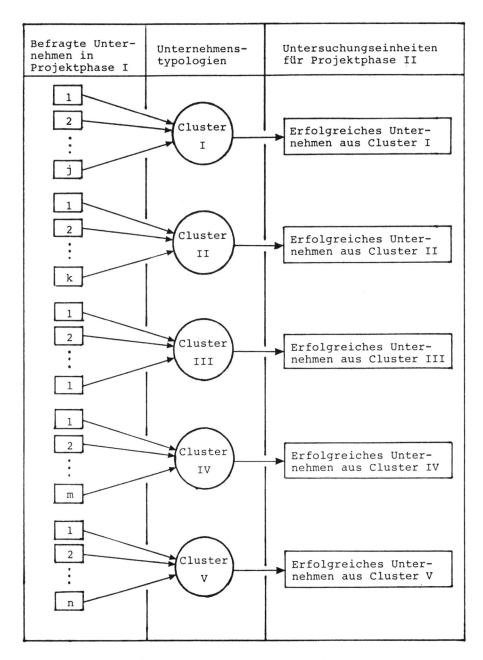

Abb. 47: Selektionsprozeß der Auswahl der Untersuchungseinheiten für Projektphase II

Als Diskussionsunterlagen bieten sich zum Teil die in Kapitel II.2.1 wiedergegebenen Abbildungen an. Im Rahmen der Interviews kann dann je nach Unternehmenstyp oder einzelner Unternehmung eine Modifizierung und unterschiedliche Vertiefung der darin enthaltenen Stichworte erfolgen. Das qualitative Informationsmaterial, das durch Vertiefung der Gespräche bezüglich bestimmter Sachverhalte zustande kommt, ist keiner statistischen Auswertung unterziehbar. Um sich nicht zu sehr im Detail zu verlieren und den Überblick über die Gesamtstudie aufrecht zu erhalten, erfolgt die Analyse der qualitativen Informationen anhand eines zuvor festgelegten inhaltlichen Grobrasters. Zur Erleichterung der anschließenden inhaltlichen (nicht statistischen) Auswertungen dienen Tonbandaufzeichnungen der geführten Tiefeninterviews.

III. Analyse des unternehmensspezifischen Kontextes (Projektphase I)

Folgt man den bisherigen theoretischen Erörterungen, so lassen sich die unterschiedlichen Ausgestaltungen eines strategischen Pharma-Marketing in der Praxis durch die jeweils unterschiedliche externe und interne Situation, in der sich die Arzneimittelunternehmen befinden, erklären. Ausgangspunkt der empirischen Erforschung des Objektbereiches strategisches Pharma-Marketing stellt deshalb die Analyse des unternehmensspezifischen Kontextes dar.

1. HERLEITUNG UND OPERATIONALISIERUNG DER KONTEXTMERKMALE

Zur ausführlichen Beschreibung eines Unternehmenskontextes benötigt man mehrere Kontextmerkmale. Als relevante Kontextmerkmale gelten im folgenden alle Charakteristika, die ein Arzneimittelunternehmen und sein Umfeld beschreiben, es von anderen Unternehmen unterscheiden und das strategische Pharma-Marketing dieses Unternehmens nachhaltig beeinflussen.

Die empirische Erhebung sämtlicher relevanter Kontextmerkmale (Variablen), welche die Ausgangssituation des strategischen Pharma-Marketing eines Arzneimittelunternehmens hinreichend charakterisieren, erscheint unmöglich durchführbar. Man wird sich daher stets auf einige allgemein als wesentlich erkannte Variablen zu beschränken haben. Dies macht eine sehr sorgfältige theoretische Herleitung und anschließende Operationalisierung der empirisch zu untersuchenden Kontextmerkmale erforderlich. Bei der nachfolgend vorgenommenen Auswahl und Festlegung dieser Kontextvariablen stehen insbesondere Aspekte der Unternehmensgröße bzw. wettbewerbliche Gesichtspunkte im Vordergrund.

1.1 INTERNE KONTEXTMERKMALE

Die Strukturierung der Merkmale erfolgt nach der üblichen Unterteilung in interne und externe Kontextvariablen. Die internen Merkmale umfassen neben allgemeinen Unternehmenscharakteristika, Merkmalen des Ressourcenbereichs und produktrelevanten bzw. unmittelbar produktbezogenen Merkmalen auch Variablen des Managementbereichs. Dabei läßt sich eine eindeutige Abgrenzung zwischen den Kontextvariablen und den Aktionsvariablen des strategischen Pharma-Marketing oftmals nicht treffen. Die Übergänge sind vielmehr als fließend zu betrachten. Es bietet sich daher an, die auch in einem standardisierten Fragebogen erfaßbaren - eher formalen - Aktionsvariablen des strategischen Pharma-Marketing unmittelbar im Zusammenhang mit den Kontextmerkmalen zu operationalisieren und gemeinsam im Erhebungsbogen von Projektphase I abzufragen.

1.1.1 ALLGEMEINE UNTERNEHMENSCHARAKTERISTIKA

1.1.1.1 UMSATZSTÄRKE

Insbesondere für makro-ökonomische Zwecke (Steuergesetzgebung, staatliche Fördermittelvergabe, Verbandsstatistiken etc.) neigt man in empirischen Untersuchungen häufig dazu, den Umsatz als alleinigen Maßstab für die Unternehmensgröße heranzuziehen.[1] Diese Vorgehensweise bietet den Vorteil, daß ein einheitlicher Orientierungspunkt für die unterschiedlichen Unternehmensgrößen zur Verfügung steht, der Vergleiche zwischen verschiedenen Erhebungen zuläßt.[2]

Unter mikroökonomischen Gesichtspunkten kann es - je nach Untersuchungszweck - ebenfalls genügen, sich auf den Umsatz als alleinige Bemessungsgröße zu beschränken.[3] Dies ist bei-

---

1) Vgl. Reske/Mortsiefer (1978), S. 40 - 48 sowie Winkelmann (1982), S. 13 - 18.
2) Vgl. Gruhler (1984), S. 15 - 16.
3) Child (1973) wies im Rahmen empirischer Untersuchungen nach, daß zwischen verschiedenen Größenindizes eine hohe Interkorrelation besteht und deshalb die Erhebung nur eines Größenmerkmals zur Bestimmung der Unternehmensgröße ausreicht.

spielsweise dann angebracht, wenn lediglich grobe Unterschiede in den Organisationsstrukturen von Unternehmen unterschiedlicher Betriebsgrößenklassen herausgearbeitet werden sollen und die Unternehmensgröße nur eine von mehreren Kontextmerkmalen darstellt, deren Einfluß auf die Organisationsstruktur isoliert von den anderen Einflußfaktoren analysiert wird.[4]

Im Gegensatz dazu geht die vorliegende Studie von der Unternehmensgröße als einem mehrdimensionalen Konstrukt aus, dessen Einflußnahme auf die Ausgestaltung des strategischen Pharma-Marketing unterschiedlichster Natur sein kann. Eine tiefergehende Analyse der Einflußbeziehungen erfordert konkretere Informationen über die Ausprägung einzelner Verursachungsfaktoren (Größenmerkmale) und ihrer gegenseitigen Beziehungen innerhalb des gesamten betriebsgrößenspezifischen Kontextes.

Da im Grunde kein unmittelbarer Zusammenhang zwischen der Umsatzgröße und der Ausgestaltung des strategischen Pharma-Marketing besteht, soll der Umsatz vor allem deshalb erhoben werden, um Vergleiche zu anderen empirischen Untersuchungen zu ermöglichen. Der Vergleich mit der letzten Mitgliederbefragung des Bundesverbandes der Pharmazeutischen Industrie liefert Anhaltspunkte über die Repräsentativität der eigenen Erhebung.[5] Der BPI ermittelt im Rahmen seiner Mitgliederbefragung den gesamten Pharma-Umsatz[6] der ihm angeschlossenen Unternehmen anhand von sechs vorgegebenen Umsatzgrößenklassen. Die eigene Erhebung der Umsatzhöhe lehnt sich an diese Klassifizierung an (vgl. Frage 1 a).[7] Obgleich durch die Bildung von Umsatzgrößenklassen Informationsverluste bei der Erhebung entstehen, erweist sich dieses Vorgehen auch unter erhebungstechnischen Aspekten als sinnvoll. Aufgrund der Vorgabe der Größenklassen düfte sich die Auskunftsbereitschaft der befragten Unternehmen erhöhen.

---

4) Vgl. hierzu Kieser/Kubicek (1983), S. 221.
5) Vgl. BPI (1987 b), S. 9 ff.
6) Die Umsatzzahlen enthalten alle Inlandsumsätze sowie Exporte der Unternehmen mit pharmazeutischen Erzeugnissen jedweder Art (Human- und Veterinärpharmazeutika; Fertigarzneimittel und Bulk-Ware).
7) In den einzelnen Abschnitten zur Operationalisierung der Kontextvariablen finden sich die zugehörigen Fragestellungen des schriftlichen Erhebungsbogen jeweils aufgeführt. Der gesamte Fragebogen von Projektphase I ist im Anhang der Arbeit noch einmal vollständig abgebildet.

Wenn sich die vorliegende Untersuchung auch ausschließlich mit dem Pharma-Bereich auseinandersetzt, so erscheint es dennoch zweckmäßig, den Anteil des Pharma-Umsatzes am Gesamtumsatz der befragten Unternehmen zu analysieren. Gerade für die Pharma-Industrie sind chemisch-pharmazeutische Mischunternehmen geradezu typisch.[8] Während die reinen Pharma-Unternehmen bei der Planung, Durchführung und Kontrolle ihres strategischen Pharma-Marketing auf die Interessen anderer Sparten keine Rücksicht zu nehmen brauchen, ist das strategische Pharma-Marketing in Mehr-Sparten-Unternehmen in ein umfassenderes unternehmerisches Gesamtkonzept eingegliedert.

Inwieweit in Mehr-Sparten-Unternehmen eine Abhänigkeit des strategischen Pharma-Marketing von gesamtunternehmerischen Überlegungen besteht, hängt auch davon ab, welcher Stellenwert der Pharma-Sparte innerhalb des Unternehmens zukommt.[9] Das gesamtunternehmerische Konzept übt hierbei keineswegs nur restriktiven Einfluß aus. Da Mehr-Sparten-Unternehmen über zusätzliche Ressourcen außerhalb des Pharma-Bereichs verfügen, können andere Sparten die Pharma-Sparte in strategisch bedeutsamen Situationen unterstützen.[10]

F 1	UMSATZSTÄRKE
1 a	Wie groß war in etwa der Pharma-Umsatz (incl. Exporte von Human- und Veterinärpharmazeutika; Fertigarzneien und Bulk-Ware), den Ihr Unternehmen (ohne Tochtergesellschaften) im abgelaufenen Geschäftsjahr erzielte? 1 ☐ 1 - 7,5 Mio. DM 3 ☐ 15 - 45 Mio. DM 2 ☐ 7,5 - 15 Mio. DM 4 ☐ 45 - 150 Mio. DM 001 5 ☐ über 150 Mio. DM
1 b	Wie hoch ist in etwa der Anteil des Pharma-Umsatzes am Gesamtumsatz aller Produkte Ihrer Unternehmung? 1 ☐ über 95 % 3 ☐ 51 - 75 % 2 ☐ 76 - 95 % 4 ☐ 26 - 50 % 002 5 ☐ bis zu 25 %

Der prozentuale Anteil des Pharma-Umsatzes am Gesamtumsatz und damit die Bedeutung der Pharma-Sparte innerhalb der befragten Unternehmen wird ebenfalls mit Hilfe von Klassenvorgaben abgefragt (vgl. Frage 1 b). Die vorgegebenen Klassen sind dabei

---

8) Vgl. Oberender (1984), S. 257.
9) Der Anteil des Pharma-Umsatzes ist hierfür ein Indikator.
10) Vgl. Dietz (1980), S. 44.

mehr oder weniger willkürlich gewählt. Die Fragestellung soll einen groben Anhaltspunkt über die Bedeutung der Pharma-Sparte innerhalb der befragten Untersuchungseinheit liefern.

1.1.1.2 KONZERNABHÄNGIGKEIT

Bei den zu befragenden Untersuchungseinheiten handelt es sich, wie bereits oben erwähnt, um die Mitgliedsfirmen des Bundesverbandes der Pharmazeutischen Industrie. Diese stellen zwar im rechtlichen Sinne selbständige Unternehmen, keinesfalls aber immer auch wirtschaftlich unabhängige Gebilde dar. Oftmals bestehen wirtschaftliche Verflechtungen mit in- oder ausländischen Pharma- bzw. Chemiekonzernen.[11]

Als Gründe für diese Entwicklung werden insbesondere die steigenden Kosten für die Erforschung und Entwicklung sowie die Produktion von Medikamenten genannt, die mittelständische Unternehmen vielfach nicht mehr aufbringen können. Daneben bereiten den kleinen und mittleren Unternehmen aber auch die gegenwärtigen Marktsättigungstendenzen, der zunehmende Wettbewerbsdruck sowie die strafferen gesetzlichen Regelungen solch erhebliche Probleme, daß es ihnen oft nicht mehr möglich ist, selbständig auf dem Pharma-Markt zu agieren.

Einfache Unternehmensgrößenklassifikationen des BPI nach Umsatzzahlen berücksichtigen die in der Pharma-Branche besonders ausgeprägten konzernmäßigen Verflechtungen nicht, wenn sie von kleineren, mittleren und großen oder gar verfälschenderweise von "mittelständischen" Unternehmen sprechen.[12]

Als konzernmäßig verbunden gelten in dieser Arbeit alle Pharma-Unternehmen, die nach § 290 HGB in einen Konzernabschluß einzubeziehen sind, d.h. aufgrund einheitlicher Leitung einer Beteiligung oder aufgrund konzerntypischer Merkmale (Mehrheit der Stimmrechte, beherrschender Einfluß, Recht als

---

11) Röper (1980 a), S. 166 - 186 zeigt die vielfältigen wirtschaftlichen Verflechtungen innerhalb dieser Branche auf. Vgl. auch Hünerkoch (1985), S. 178 - 188; Gansser (1975), S. 15 sowie o. V. (1968).
12) Vgl. BPI (1987 a), S. 10.

Gesellschafter die Mehrheit der Organmitglieder zu bestimmen) eine enge wirtschaftliche Verflechtung zwischen Mutter- und Tochtergesellschaften.

Letztlich kann man drei Formen der wirtschaftlichen Verflechtung (Konzernzugehörigkeit) unterscheiden:

- Konzernmitgliedschaft als Muttergesellschaft
- Konzernmitgliedschaft als Tochtergesellschaft
- Konzernmitgliedschaft sowohl als Muttergesellschaft als auch als Tochtergesellschaft.

Grundsätzlich versucht eine Muttergesellschaft, mit einer Tochtergesellschaft bestimmte konzernpolitische Ziele zu erreichen. Sie wird daher der Tochter unternehmenspolitische Ziele und Aufgaben vorgeben. Wenn eine Unternehmung die Tochter einer anderern Unternehmung ist, so läßt sich dann auch erwarten, "daß letztere ihre eigene Struktur oder Prozeduren, wo angebracht, überträgt, sei es, weil sie damit Erfahrungen gesammelt hat und sie für gut befunden hat, sei es, weil gleichartige Prozeduren die Tochter durchsichtiger und beeinflußbarer machen."[13]

Während die Konzernmuttergesellschaft ebenso wie die eigenständigen Unternehmen ihre unternehmerischen Entscheidungen weitgehend autonom treffen können, hängt der Handlungsspielraum der Pharma-Tochtergesellschaft (und damit auch ihres strategischen Pharma-Marketing) davon ab, inwieweit die jeweiligen Muttergesellschaften von ihren Einflußmöglichkeiten Gebrauch machen. Es interessiert deshalb im Zusammenhang mit der vorliegenden Studie nicht allein die bloße Feststellung, daß die Konzernmutter im allgemeinen größer ist als die Tochtergesellschaft und einen Einfluß auf letztere ausübt. Vielmehr sind Art und Ausmaß dieses Abhängigkeitsverhältnisses und seine Auswirkungen auf das strategische Pharma-Marketing einer genaueren Analyse zu unterziehen.

Zu diesem Zweck ist es zunächst einmal erforderlich, vorab die Frage nach der Konzernzugehörigkeit bzw. nach der Art der wirtschaftlichen Verflechtung zu stellen (vgl. Frage 2 a). Frage 2 a stellt zugleich eine Gabelungsfrage dar. Nur im Falle der Konzernzugehörigkeit als Tochtergesellschaft gilt es weiter zu untersuchen, inwieweit das strategische Pharma-Marketing durch die jeweilige dominierende Gesellschaft beeinflußt wird.

---

13) Pönsgen/Hort (1981), S. 15.

Je nachdem wo sich der Sitz der Muttergesellschaft befindet, kann die Stärke der Einflußnahme auf die jeweilige Tochtergesellschaft variieren. In Frage 2 b sollen die deutschen Pharma-Tochtergesellschaften Auskunft über den jeweiligen Sitz ihrer Muttergesellschaft geben. Dabei ist auch von Interesse, ob sich der Sitz der Mutter im Inland oder im Ausland befindet.

F 2	KONZERNZUGEHÖRIGKEIT
2 a	Gehört Ihr Unternehmen einem Konzernverbund an? 1 ☐ nein ——— Bitte weiter mit Frage F 3 ———————→ F 3 2 ☐ ja, aber nur als Tochtergesellschaft ⎫ 3 ☐ ja, sowohl als Muttergesellschaft wie auch als Tochtergesellschaft ⎬→ F 2 b 4 ☐ ja, aber nur als Muttergesellschaft ———————→ F 3
003	Sofern Ihre Unternehmung keinem Konzernverbund als Tochtergesellschaft angehört, bitte weiter mit Frage 3.
2 b	Sofern Ihre Unternehmung einem Konzern als Tochtergesellschaft angehört, in welchem Land liegt der Sitz der Muttergesellschaft? 1 ☐ im Inland (BR Deutschland einschl. West-Berlin) 2 ☐ im Ausland
004	nämlich: --

2 c	Im folgenden geht es um die Möglichkeiten der Einflußnahme und Kontrolle durch die Muttergesellschaft. Inwieweit werden wichtige Vorgänge und Entscheidungen in Ihrer Unternehmung im allgemeinen und speziell im Hinblick auf Ihr Marketing für pharmazeutische Produkte durch die Konzernmutter beeinflußt? Kreuzen Sie bitte das Ausmaß der Einflußnahme für die vorgegebenen Bereiche auf den jeweiligen Skalen an!
	
	Die Konzernmutter nimmt im Hinblick auf den Bereich ....
	
	                    keinen sehr starken
	                    Einfluß Einfluß
	                    0 1 2 3 4 5

005 006 007	Allgemeine Bereiche: ○ Unternehmensführung insgesamt .... ○ Arzneimittelprogramm .... ○ Pharma-Marketing insgesamt ....

008
009
010
011
012
013
014
015
	Spezielle Bereiche des Pharma-Marketing:
	○ organisatorische Gestaltung der Abteilung Pharma-Marketing ....
	○ Personalentscheidungen in der Abteilung Pharma-Marketing ....
	○ Anwendung von Methoden und Modellen zur Gewinnung und Verarbeitung von Marketing-Informationen ....
	○ Ablauf der Marketing-Planung und -Kontrolle ....
	○ Durchführung von - Werbestrategien ....
	                         - Preisstrategien ....
	                         - Distributionsstrategien .
	                         - Produkt- und Verpackungsstrategien ....

Die Einflußnahme einer Muttergesellschaft auf ihre Tochtergesellschaft kann grundsätzlich alle Bereiche der Unternehmensführung und des strategischen Marketing betreffen.[14] Die Pole dieser Ratingskalen zeigen an, ob die jeweilige Muttergesellschaft "überhaupt keinen" oder "sehr starken Einfluß" auf die Tochtergesellschaft ausübt.

1.1.2 AUSSTATTUNG MIT BASISRESSOURCEN

Die Einhaltung von Ressourcenrestriktionen ist für ein Unternehmen von zentraler Bedeutung. Insbesondere Wachstumsstrategien können die Existenz einer Unternehmung bedrohen, wenn vom Management das eigene Ressourcenpotential bzw. die für die Durchführung der Strategien erforderliche Ressourcenbeanspruchung falsch eingeschätzt werden.[15] Die nachfolgenden Erörterungen behandeln die grundlegendsten Ressourcenarten einer Unternehmung, nämlich Finanz- und Human-Kapital.

1.1.2.1 FINANZKRAFT

Investitions- und Finanzierungsprobleme zählt man üblicherweise mit zu den betriebsgrößenspezifischen Hauptproblemen kleiner und mittlerer Unternehmen.[16] Neuere empirische Befunde ergaben allerdings, daß erfolgreiche kleinere Unternehmen einen - im Verhältnis zum Umsatz gesehen - größeren finanziellen Spielraum für Investitionen besitzen als größere Unternehmen.[17]

Die Ursachen für die häufig beklagte Finanzschwäche der kleinen und mittleren Betriebe werden deshalb heute weniger in unüberwindbaren Finanzierungshemmnissen (fehlende Sicherheiten, mangelndes Kapitalangebot etc.) als vielmehr in Finan-

---

14) Vgl. Thanheiser/Patel (1977), S. 28.
15) Vgl. Robens (1986), S. 113.
16) Vgl. hierzu Robl/Thürbach (1976), S. 18 - 27.
17) Zu diesem Ergebnis gelangen Untersuchungen des Ifo-Instituts für Wirtschaftsforschung. Vgl. hierzu o. V. (1985 a), S. 1.

zierungsmentalität und -verhalten (Unabhängigkeitsstreben, konservative finanzielle Grundhaltung, fehlende Finanzplanung etc.) dieser Unternehmen gesehen.[18]

Einen weiteren Grund für die von kleinen und mittleren Unternehmen empfundenen betriebsgrößenspezifischen Finanzprobleme kann man in der jeweils spezifischen Wettbewerbssituation vermuten. Da umsatzstarke Unternehmen - absolut gesehen - über größere finanzielle Mittel verfügen dürften[19], erleiden kleinere und mittlere Unternehmen, die auf aktuellen oder potentiellen Märkten in direkter Konkurrenz zu größeren Mitbewerbern stehen und nicht über deren finanzielle Ressourcen verfügen, auf diesen Märkten einen relativen finanziellen Wettbewerbsnachteil. Diese konkurrenzbezogene Finanzschwäche bzw. -stärke ist für das strategische Marketing von besonderer Relevanz.

Allgemein läßt sich die Beziehung zwischen betriebsgrößenspezifischer Finanzsituation und strategischem Marketing dadurch charakterisieren, daß kleinere und mittlere Unternehmen wegen ihrer geringeren Finanzkraft häufig nicht in der Lage sind, sich bietende Marktchancen durch umfangreiche Investitionen wahrzunehmen.[20] Die finanziellen Restriktionen wirken sich sowohl in unmittelbarer als auch in mittelbarer Form auf das strategische Pharma-Marketing aus:

1. **Unmittelbare finanzielle Restriktionen** schlagen sich in der Höhe des Marketing-Budgets nieder. Hiervon betroffen sind neben den klassischen Bereichen wie Werbung, Außendienst und Verkaufsförderung[21], auch Marktforschungsaktivitäten, die Beschäftigung bzw. Weiterbildung qualifizierter Marketing-Mitarbeiter im Innendienst und/oder das Hinzuziehen externer Marketing-Berater.[22]

---

18) Vgl. Roth (1966), S. 12 - 13; Cassier (1976), Sp. 1361 - 1362; Heinrich (1978), S. 62 - 65 sowie derselbe (1979), S. 30 - 31 und (1980), S. 31 - 32.
19) Vgl. dazu auch Abt (1971), S. 103 - 104.
20) Vgl. Robl/Reske (1980), S. 11.
21) Für wissenschaftliche Informationen, Werbung und Vertrieb verausgaben die deutschen Pharma-Unternehmen laut Verbandsangaben mehr als ein Viertel ihres Umsatzes. Vgl. hierzu Bundesverband der Pharmazeutischen Industrie (1987 a), S. 11. Vertrauliche Studien der Pharma-Industrie sprechen von einem Anteil von 13 Prozent des Umsatzes allein für die Verkaufsförderung. Vgl. hierzu Pellinghausen (1984), S. 104.
22) Vgl. o. V. (1980), S. 43.

2. **Mittelbare finanzielle Auswirkungen** für das strategische Pharma-Marketing ergeben sich durch die Ausstrahlung der finanziellen Situation auf andere Kontextfaktoren. Da Auswirkungen der Finanzkraft auf alle Kontextmerkmale zu vermuten sind, bezeichnet man sie auch als "ursächlichste Schwäche" kleinerer und mittlerer Unternehmen.[23]

Die indirekten Auswirkungen der Finanzsituation auf das strategische Pharma-Marketing werden im Zusammenhang mit der Erörterung der jeweiligen Kontextmerkmale abgehandelt. Die nachfolgende Operationalisierung beschränkt sich auf die direkten Auswirkungen der Finanzsituation auf das strategische Pharma-Marketing.

F 3	FINANZKRAFT					
3 a	Wie beurteilen Sie die Finanzkraft Ihrer Unternehmung im Vergleich zu den wichtigsten Konkurrenten auf dem deutschen Arzneimittelmarkt?					
016	eher schwach 1 2 3 4 5 eher stark					
3 b	Inwieweit bestehen in Ihrem Unternehmen hinsichtlich der nachfolgend aufgeführten Etat-Positionen finanzielle Engpässe?					
		\multicolumn{5}{c}{Finanzieller Spielraum}				
		sehr eng				weniger eng
	Etat-Positionen:	1	2	3	4	5
017	- Werbung/Verkaufsförderung					
018	- Öffentlichkeitsarbeit					
019	- Marktforschung					
020	- Außendienst					
021	- Marketing-Personal (Innendienst)					
022	- externe Marketing-Beratung					

Die Erhebung des wahrgenommenen Ausmaßes der **Finanzstärke** einer Unternehmung erfolgt **im Vergleich zu den wichtigsten Konkurrenten**. Der Frage liegt eine fünfstufige Ratingskala mit den Gegenpolen "sehr stark - sehr schwach" zugrunde (vgl. Frage 3 a). Da auch bei finanzkräftigeren Unternehmen das Marketing-Budget nicht in unbegrenzter Höhe zur Verfügung steht, wird bei allen Untersuchungseinheiten danach gefragt, ob und in welchem Umfang die Marketing-Manager **finanzielle Restriktionen hinsichtlich der einzelnen Marketing-Etatpositionen** empfinden (vgl. Frage 3 b). Der Fragestellung liegt wiederum

---

23) Vgl. Freter (1982), S. 114 sowie Freter/Keßler/Wangen (1980), S. 45.

eine fünfstufige Ratingskala zugrunde. Hierbei handelt es sich allerdings um eine einpolige Skala, wobei die jeweiligen Extremwerte mit den Wortbedeutungen "überhaupt nicht" bzw. "sehr stark" verknüpft sind.

1.1.2.2 PERSONALAUSSTATTUNG

Das Personal allgemein und vor allem die Führungspersonen gelten als "unbestreitbar eines jeden Unternehmens höchstes Gut".[24] Die Human-Ressourcen begründen spezifische Stärken und Schwächen der Unternehmen im Wettbewerb.[25] Das im Human-Kapital enthaltene Unternehmenspotential drückt sich in der Quantität und der Qualität der Mitarbeiter aus. Wenn daher - laut einer Untersuchung des Institutes für Mittelstandsforschung - Personalprobleme mit das am häufigsten beklagte betriebswirtschaftliche Einzelproblem kleiner und mittlerer Betriebe darstellen[26], so dürften damit sowohl quantitative als auch qualitative Aspekte angesprochen sein.

Zunächst erfolgt eine Erörterung der quantitativen Komponente der Personalausstattung. Hierbei sind die folgenden Kontextmerkmale von Interesse:

- Gesamtzahl der Mitarbeiter des Unternehmens
- Anzahl der Mitarbeiter im Pharma-Bereich
  o Mitarbeiter insgesamt
  o Marketing-Mitarbeiter
- Anzahl der Mitarbeiter im Pharma-Außendienst
  o Außendienst-Mitarbeiter insgesamt
  o Pharma-Referenten
  o Apotheken-Besucher.

Die Zahl der Mitarbeiter ist neben dem Umsatz der in empirischen Studien am häufigsten verwandte quantitative Maßstab zur Bestimmung der Unternehmensgröße. Ebenso wie der Umsatz er-

---

24) Gehrig (1985), S. 483. Ähnlich wird Mc Pherson in Peters/Watermann (1982), S. 17 zitiert: "Almost everybody agrees, people are our most important asset."
25) Vgl. Laukamm (1985), S. 244 ff. sowie Bodenhöfer (1981), S. 255.
26) Vgl. Robl/Thürbach (1976), S. 22 - 23.

laubt dieser Maßstab Vergleiche mit anderen Betriebsgrößenuntersuchungen. Um auch Vergleiche mit nicht-branchenspezifischen Studien zu ermöglichen, benötigt man Angaben über die <u>Gesamtzahl der Mitarbeiter</u>. Bei Mehr-Sparten-Unternehmen liefert die Gesamtzahl der Mitarbeiter zugleich Informationen über das Human-Kapital, das "hinter" dem Pharma-Bereich steht.

Für die vorliegende Untersuchung ist jedoch der Pharma-Bereich und hierbei primär das Pharma-Marketing von eigentlichem Interesse. Da letztlich nicht allein die Mitarbeiter einer eventuell vorhandenen (Haupt-)Abteilung Pharma-Marketing[27] sondern auch andere Mitarbeiter des Pharma-Bereichs in den Prozeß des strategischen Pharma-Marketing involviert sind, werden beide Größen abgefragt. Die Angaben über die Zahl der <u>Mitarbeiter im Pharma-Bereich und innerhalb der Abteilung Pharma-Marketing</u> sollen einen ersten Aufschluß über die personellen Möglichkeiten der Entwicklung, Realisation und Kontrolle von Pharma-Marketing-Strategien geben. Dahinter verbirgt sich die Annahme, daß bei einer größeren Anzahl von Mitarbeitern eher die Möglichkeit gegeben ist, sich neben den Aufgaben im operativen "Tagesgeschäft" auch mit strategischen Fragestellungen der Unternehmensführung bzw. des Pharma-Marketing zu befassen.[28]

Im Rahmen des strategischen Pharma-Marketing nimmt der Außendienst eine zentrale Stellung ein. Der Außendienst dient in erster Linie der direkten und intensiven Kommunikation mit den Ärzten (Pharma-Referenten)[29], daneben aber auch dem persönlichen Kontakt mit den Apotheken (Apotheken-Besucher).[30] Je größer die Anzahl der <u>Außendienst-Mitarbeiter</u> einer Arzneimittel-Firma ist, umso eher lassen sich sogenannte Push-Strategien für die einzelnen Präparate am Markt durchführen.[31]

Da für die Ausbildung und Unterhaltung von Außendienst-Mitarbeitern erhebliche Kosten anfallen[32], sind nur finanzkräftige Unternehmen dazu in der Lage, einen sehr umfassenden Außendienst zu unterhalten. Kleinere und mittlere Arzneimittelunternehmen erleiden dagegen in bezug auf den Außendienst einen bedeutsamen Wettbewerbsnachteil.

---

27) Vgl. hierzu die Ausführungen zur Operationalisierung der Organisationsstruktur.
28) Vgl. Belz (1983), S. 19 sowie Steiner/Reske (1978), S. 99.
29) Vgl. Sandberg (1986), S. B 23 sowie Rochow, v. (1985), S. 6.
30) Vgl. Unger (1985), S. 128 - 130.
31) Vgl. Fraas/du Voitel (1982).
32) Vgl. dazu u. a. Hamann (1985), S. 125 - 126; Schmitz (1985), S. 122 - 123 sowie Fresenius (1982), S. 58 - 59.

Bei der genaueren Operationalisierung der oben erörterten quantitativen Merkmale der Personalausstattung erscheint - aus den bereits erwähnten erhebungs- und auswertungstechnischen Gründen - zunächst wiederum die Vorgabe von Größenkategorien zweckmäßiger als die direkte Erhebung der jeweiligen Mitarbeiterzahlen. Die Operationalisierung der Betriebsgröße nach der Gesamtzahl der Mitarbeiter erfolgt in vielen Studien anhand einer Pauschalkategorisierung der Industrieunternehmen in kleinere (bis 49 Beschäftigte), mittlere (50 - 499 Beschäftigte) und größere Unternehmen (über 500 Beschäftigte).[33] Diese grobe Unterscheidung wird dazu benutzt, um - möglichst statistisch signifikant - unterschiedliche Aussagen für die genannten Betriebsgrößenklassen zu erzielen, die anschließend zu generellen Tendenzaussagen hinsichtlich der Betriebsgröße führen sollen.[34]

Bei der deskriptiv orientierten Untersuchung des betriebsgrößenspezifischen situationalen Kontextes von Pharma-Unternehmen genügt diese Grobklassifizierung nicht. Sie differenziert beispielsweise nicht zwischen den Human-Ressourcen der chemisch-pharmazeutischen Großkonzerne mit weit mehr als 10.000 Mitarbeitern (wie etwa Hoechst, Schering und Bayer)[35] und dem weitaus geringeren Arbeitskräftepotential, das einem Pharma-Unternehmen mit ca. 500 Beschäftigten zur Verfügung steht. Ein relativ undifferenziertes Bild ergibt sich ebenso - wenn auch nicht in dieser Deutlichkeit - in den kleinen und mittleren Größenklassen. Im Rahmen der vorliegenden Untersuchung wird deshalb die übliche Pauschalkategorisierung der Unternehmen nach der Gesamtzahl ihrer Mitarbeiter in weitere Unterkategorien aufgeteilt (vgl. Frage 4 a). Die sich hieraus ergebende Einteilung der Unternehmen in acht Größenklassen stellt einen Kompromiß dar zwischen der Intension eines möglichst geringen Informationsverlustes bei der Erhebung und den eher forschungspragmatischen Gesichtspunkten einer Klassenbildung.

---

33) Diese gebräuchliche Pauschalkategorisierung findet sich u. a. bei Thürbach/Menzenwerth (1975), S. 17; BMWi (1981/82), S. 13; Pfohl/Kellerwessel (1982), S. 20 sowie Gruhler (1984), S. 16.
34) Vgl. Pfohl/Kellerwessel (1982), S. 21.
35) Vgl. hierzu die Rangfolge der größten deutschen Unternehmen nach der Zahl ihrer Mitarbeiter bei Jeske (1985).

Bei der Operationalisierung der übrigen quantitativen Merkmale der Personalausstattung ergeben sich grundsätzlich die gleichen Probleme wie bei Frage 4 a. Allerdings liegt zu diesen spezifischen Fragestellungen kein umfassendes empirisches Datenmaterial über die pharmazeutischen Unternehmen vor, so daß hier auch keine Anhaltspunkte für eine Klassenbildung gegeben sind. Die Daten über die einzelnen Mitarbeitergruppen im Pharma-Bereich werden deshalb mit einer offenen Fragestellung erhoben (vgl. Frage 4 b).

F 4	PERSONALAUSSTATTUNG (quantitativ)
4 a 023	Wieviele Mitarbeiter beschäftigen Sie insgesamt in Ihrem Unternehmen in der Bundesrepublik Deutschland (einschließlich Berlin-West)? Gesamtzahl der Mitarbeiter aller Sparten - auch Nicht-Pharma - aber ohne Mitarbeiter von Tochtergesellschaften: 1 ☐ bis 20 4 ☐ 101 bis 250 7 ☐ 1001 bis 5000 2 ☐ 21 bis 50 5 ☐ 251 bis 500 8 ☐ über 5000 3 ☐ 51 bis 100 6 ☐ 501 bis 1000
4 b 024 025 026 027 028 028a	Wieviele Mitarbeiter beschäftigen Sie davon (vgl. 6 a) ständig (!) in den folgenden Unternehmensbereichen? Pharma-Bereich (insgesamt) : ca. _____ Pharma-Marketing (ohne Außendienst) : ca. _____ Außendienst (insgesamt) : ca. _____ - Ärztebesucher : ca. _____ - Klinikbesucher : ca. _____ - Apothekenbesucher : ca. _____

Im Gegensatz zur quantitativen Komponente beschränkt sich die Analyse der qualitativen Komponente der Personalausstattung auf folgende Mitarbeiter(-gruppen):

- Führungspersonen im Pharma-Bereich
  o Leiter der (Haupt-)Abteilung Pharma-Marketing
  o sonstige Führungspersonen, die dem Marketing-Leiter gleich- oder übergeordnet sind
- Mitarbeiter der (Haupt-)Abteilung Pharma-Marketing.

Den Führungspersonen allgemein mißt man in der einschlägigen Literatur die zentrale Aufgabenstellung innerhalb der strategischen Unternehmensführung bei.[36] Demnach bestimmt die Führungsmannschaft einer Unternehmung die strategischen Stoßrichtungen und gibt die notwendigen Impulse für die Planung, Realisation und Kontrolle der Unternehmensstrategie. Die Auf-

---

36) Vgl. Becker (1985), S. 20 - 23; Laukamm (1985), S. 244 - 281; Krämer (1982), S. 666 - 680.

gabe, einen solchen Rahmen für das strategische Pharma-Marketing zu schaffen, soll dabei in erster Linie der verantwortlichen Führungsperson für das Pharma-Marketing zukommen. In der Regel dürfte dies der Leiter einer (Haupt-) Abteilung Pharma-Marketing sein.[37]

Da jedoch das strategische Pharma-Marketing einen integralen Bestandteil der gesamten strategischen Unternehmensführung darstellt, nehmen noch weitere Fürhungspersonen zumindest indirekt Einfluß. Dies sind zum einen die Führungskräfte gleichgeordneter funktionaler Teilbereiche, mit denen eine Abstimmung hinsichtlich des strategischen Marketing-Konzeptes erfolgen hat, und zum anderen die dem Pharma-Marketing übergeordneten Führungskräfte des Pharma-Bereichs, deren Zustimmung die Verwirklichung des Konzeptes letztendlich bedarf.[38]

Bei Mehr-Sparten-Unternehmen bezieht sich die Analyse ausschließlich auf die Führungspersonen des Pharma-Bereichs. Zwar stellt die Pharma-Sparte innerhalb dieser Unternehmen kein autonomes Gebilde dar, doch würde die Einbeziehung der dort zusätzlich vorgelagerten Willensbildungszentren den vertretbaren Rahmen dieser Arbeit überschreiten.

Im Gegensatz zu den Führungspersonen sollen die übrigen Mitarbeiter die ausführenden Tätigkeiten bei der strategischen Unternehmensführung übernehmen. Aufgabe der Marketing-Mitarbeiter ist somit die Mitarbeit bei der Durchführung der Planung, Koordination und Kontrolle der Marketing-Strategien innerhalb der von der Marketing-Leitung gesetzten Rahmenbedingungen. Eine solch vage Unterscheidung zwischen den Führungspersonen und den übrigen Mitarbeitern nach der Art ihrer Aufgabenstellung bei der Verwirklichung des strategischen Pharma-Marketing läßt jedoch folgende Abgrenzungsschwierigkeiten unberücksichtigt:

---

37) In Kleinstunternehmen ist unter Umständen der Unternehmer selbst oder eine andere Führungsperson für das Pharma-Marketing zuständig.
38) Bislang war das Zusammenwirken verschiedener betrieblicher Hierarchieebenen zur Entwicklung und Verwirklichung umfassender Marketing-Strategien noch nicht explizit Gegenstand wissenschaftlicher Erörterungen in der Marketing-Literatur. Vgl. Köhler (1985), S. 216.

1. Insbesondere in kleineren Unternehmen übernehmen Führungspersonen nicht ausschließlich Führungsaufgaben sondern auch ausführende Tätigkeiten.[39]

2. Umgekehrt können auch wichtige Impulse auf das strategische Marketing von Mitarbeitern ausgehen, denen im Grunde keine Führungsfunktion zugedacht ist.

3. Pharma-Marketing-Abteilungen in größeren Unternehmen sind oftmals in mehrere Hierarchiestufen unterteilt, so daß dort neben dem Marketing-Leiter auch andere Marketing-Instanzen Aufgaben der Mitarbeiterführung wahrnehmen.

4. Es können durchaus auch Mitarbeiter anderer Abteilungen (z. B. Planungsabteilungen) ausführende Tätigkeiten bei der Planung, Realisation und Kontrolle von Marketing-Strategien wahrnehmen.

Es bleibt somit festzuhalten, daß eine eindeutige Abgrenzung der Personen, die in den Prozeß des strategischen Pharma-Marketing involviert sind, a priori nicht möglich ist. Die Analyse der qualitativen Komponenten der Personalausstattung beschränkt sich deshalb auf diejenigen Personen(-kreise), von denen zu erwarten steht, daß sie primär und dauerhaft - sei es direkt oder indirekt - auf die Gestaltung des strategischen Pharma-Marketing einwirken (i. e. Führungspersonen im Pharma-Bereich; Pharma-Marketing-Mitarbeiter).

Die Unterscheidung zwischen Führungspersonen und Marketing-Mitarbeitern stellt implizit auf die sachbezogenen Führungs- bzw. Ausführungsaufgaben im Rahmen des strategischen Pharma-Marketing und nicht auf die personenbezogene Führungtätigkeit der jeweiligen Personen ab. Um formal eine eindeutige Unterteilung zwischen den Personengruppen für die Erhebung vornehmen zu können, erfolgt die Abgrenzung der jeweiligen Personengruppen anhand des Kriteriums Rang bzw. Position. Als Führungskräfte gelten alle Mitarbeiter (im Pharma-Bereich), die der Instanz eines (Haupt-) Abteilungsleiters Pharma-Marketing gleich- oder übergeordnet sind. Als Marketing-Mitarbeiter werden dagegen alle Mitarbeiter angesehen, die der Instanz des Pharma-Marketing-Leiters direkt untergeordnet sind.

---

39) Vgl. Steiner (1980), S. 183.

Nach Festlegung der zu analysierenden Mitarbeiter, geht es nunmehr um die Operationalisierung der qualitativen Komponente. Als qualitative Kriterien kommen prinzipiell eine Vielzahl von Merkmalen der Mitarbeiter in Betracht, die für die Erfüllung von Führungsaufgaben und/oder ausführenden Tätigkeiten des strategischen Pharma-Marketing relevant sein können.[40] Hierbei handelt es sich vor allem um soziale Merkmale (z. B. Teamfähigkeit, Durchsetzungsvermögen, Gesellschaftsorientierung etc.), persönliche Werthaltungen (z. B. Aufstiegsorientierung, Arbeitgeber-/ Arbeitnehmerorientierung etc.) sowie Persönlichkeitsmerkmale (Fähigkeit zur Analyse, Bewertungskritik, konzeptionelles Denken, Kreativität etc.). Diese Kriterien jedoch alle einer stärker verhaltenswissenschaftlich ausgerichteten Untersuchung vorbehalten.

Gegenstand der Analyse sind im folgenden zwei eher formale Kriterien, denen speziell in der Pharma-Industrie eine besonders wichtige Bedeutung zukommt:

- die fachspezifische Qualifikation der Mitarbeiter;
- der Ausbildungsabschluß der Mitarbeiter.

Aufgrund der Besonderheiten der Erforschung der Herstellung und der Zweckbestimmung der Ware Arzneimittel dominieren in Pharma-Unternehmen traditionsgemäß die medizinisch-naturwissenschaftlichen Ausbildungsrichtungen mit universitärem Studienabschluß. Dies hat quasi zu einer beruflichen Substitution in den Arzneimittelfirmen geführt. In zahlreichen pharmazeutischen Unternehmen nehmen Naturwissenschaftler im Grunde fachfremde kaufmännische Führungsaufgaben wahr.

Bei einigen pharmazeutischen Unternehmen findet diese berufliche Substitution allerdings mittlerweile nicht mehr statt.[41] Dort übernehmen heute in zunehmendem Maße Wirtschaftsfachleute

---

40) Vgl. hierzu z. B. den Kriterienkatalog von Lange (1981 b), S. 14 - 17.
41) Vgl. Langbein u. a. (1981), S. 25.

die kaufmännischen Führungsaufgaben.[42] In diesen Unternehmen kommt es allerdings vielfach zu Konflikten zwischen den naturwissenschaftlich ausgebildeten Führungspersonen und denen mit kaufmännischer Ausbildung.[43] Je nachdem, welche Ausbildungsrichtung überwiegt, ergeben sich eventuell bei den Abstimmungsprozessen zwischen den funktionalen Teilbereichen andere unternehmerische Grundpositionen. Da in der pharmazeutischen Industrie die Akademiker überdurchschnittlich häufig vertreten sind, könnte auch dieser Status der einzelnen Führungspersonen bei der Interaktion ins Gewicht fallen.

Eine stärker kaufmännisch ausgeprägte unternehmerische Grundposition dürfte Auswirkungen auf die Art und Stellung des Pharma-Marketing innerhalb der strategischen Unternehmungsführung haben. Frage 5 a soll deshalb Auskunft darüber geben, in welchem Maße die einzelnen Ausbildungsrichtungen bzw. Abschlüsse bei den jeweiligen Führungspersonen (im Pharma-Bereich) vertreten sind. Dabei erfolgt zum einen eine Unterteilung der <u>fachlichen Qualifikation</u> in naturwissenschaftliche, wirtschaftswissenschaftliche bzw. kaufmännische und sonstige Ausbildungsrichtungen. Außerdem wird im Hinblick auf den <u>Ausbildungabschluß</u> zwischen Akademikern und Nichtakademikern unterschieden. Das Ausmaß des Vorhandenseins der jeweiligen fachlichen Qualifikation bzw. des Ausbildungsabschlusses unter den Führungspersonen sollen die Befragten auf einer Skala ankreuzen, die Prozentangaben wiedergibt.

Die Analyse der fachlichen Ausbildung der für das Pharma-Marketing zuständigen Führungsperson erfolgt explizit. (Vgl. Frage 5 b). In diesem Zusammenhang interessiert nicht allein, ob die betreffende Führungskraft eine naturwissenschaftliche

---

42) Legt man die Annahme zu Grunde, daß mit zunehmender Übereinstimmung zwischen Arbeitsanforderung und Ausbildung die betroffenen Führungspersonen eher in der Lage sind, die an sie gestellten Arbeitsanforderungen zu erfüllen, so ist die Entwicklung, in verstärktem Maße Wirtschaftsfachleute für kaufmännische Führungsaufgaben heranzuziehen, positiv zu beurteilen. Dies schließt aber keinesfalls aus, daß im Einzelfall eine naturwissenschaftlich ausgebildete Führungsperson die an sie gestellten kaufmännischen Aufgaben "besser" erfüllt als eine Führungskraft mit wirtschaftswissenschaftlicher Ausbildung. Die Frage, welche Führungsperson die an sie gestellten Aufgaben "besser" verrichtet, ist jedoch nicht Gegenstand dieser Analyse.
43) Vgl. Ripka (1982), S. 220.

oder eine kaufmännische Ausbildung absolviert hat[44], sondern genauer, ob und gegebenenfalls um welche Art von (Marketing-) Spezialisten es sich hierbei handelt. Ein solches Spezialistentum (gemeint ist hier die jeweilige fachliche Qualifikation bzw. der Ausbildungsabschluß) bringt in der Regel die Kenntnis bestimmter Methoden und/oder Vorgehensweisen mit sich und besitzt damit auch Relevanz für die Gestaltung des strategischen Pharma-Marketing.

Gerade in kleineren und mittleren Unternehmen zieht man häufig kaufmännisch gebildete Führungskräfte nur für das Rechnungswesen heran. Eine Nachfrage nach Diplom-Kaufleuten mit Studium der speziellen Betriebswirtschaftslehre Marketing bzw. Absatz besteht dagegen dort kaum.[45] Diese Haltung der kleineren und mittleren Unternehmen wird als Verzicht auf Spezialisierung im Hinblick auf die unternehmerische Teilfunktion Pharma-Marketing interpretiert.[46]

Demgegenüber erkennt man Großunternehmen hinsichtlich der Arbeitsteilung der Führungskräfte allgemein eine stärkere Spezialisierung im kaufmännisch-administrativen Sektor zu.[47] Für die Besetzung der Marketing-Instanz in Großunternehmen bedeutet dies aber nicht unbedingt, daß Diplom-Kaufleute mit der speziellen Betriebswirtschaftslehre Marketing bzw. Absatz diese Führungspositionen einnehmen. Hierfür kommen auch Absolventen anderer Studienfächer (z. B. Psychologen, Mathematiker etc.) in Betracht. Eine solche Art von Spezialistentum könnte sich dann in einer bestimmten Grundhaltung des strategischen Pharma-Marketing (z. B. quantitativer oder verhaltenswissenschaftlicher Orientierung) ausdrücken.

Vielfach holen die Pharma-Marketing-Leiter größerer Unternehmen auch Spezialisten mit entsprechendem Know-how in ihre Abteilungen. Entsprechend der Bedeutung dieser Mitarbeiter im Prozeß des strategischen Pharma-Marketing besitzt auch deren Spezialistentum Relevanz für die Ausgestaltung der strategischen Pharma-Marketing-Konzeption.

---

44) Bei den Alternativen Naturwissenschaftler versus Betriebswirtschaftler oder Kaufmann handelt es sich ohnehin um "Extremtypen". Selbstverständlich erfordert jede Tätigkeit im Bereich des Pharma-Marketing sowohl naturwissenschaftliche als auch kaufmännische Kenntnisse. Vgl. Hopp (1983), S. 74 - 80.
45) Vgl. Drumm (1980), S. 1002.
46) Vgl. ebenda, S. 1003.
47) Vgl. Schumacher (1986), S. 250.

F 5	PERSONALAUSSTATTUNG (qualitativ)

5 a Kreuzen Sie bitte das jeweilige Ausmaß an, mit dem die einzelnen Ausbildungsrichtungen bzw. -abschlüsse <u>unter den Führungspersonen</u> (im Pharma-Bereich) vertreten sind!
Als Führungspersonen gelten nur diejenigen Personen, die dem (Haupt-)Abteilungsleiter Pharma-Marketing (bzw. falls diese Instanz nicht vorhanden ist, dem für Ihr Pharma-Marketing zuständigen Verantwortlichen) über- oder zumindest gleichgeordnet sind.

	Fachliche Qualifikation bzw. Ausbildungsabschluß:	Anteil der Ausbildungsabschlüsse unter den Führungspersonen (Def. siehe oben!)				
		keine 0 % 0	weniger häufig bis 15% 1	häufig 16-40% 2	sehr häufig 41-60% 3	dominierend über 60% 4	alle 100% 5
029	o Universitäts-/(Fach-)Hochschulabschlüsse						
	davon:						
030	- Mediziner/Apotheker/Naturwissenschaftler (Dipl.-Biol., Dipl.-Chem.)						
031	- Wirtschaftswissenschaftler (Dipl.-Kaufl., Dipl.-Volksw.,MBA's etc.)						
032	- Sonstige						
033	o <u>Nicht-universitäre</u> bzw. Nicht(Fach-)Hochschulabschlüsse						
	davon:						
034	- kaufmännische Ausbildung (z. B. Industriekaufl., Wirtschaftsass. etc.)						
035	- medizin.-naturwiss. Ausb. (z. B. Pharmaz.-techn.-Ass. etc.)						
036	- Sonstige						

5 b Welche Ausbildung besitzt <u>der (Haupt-)Abteilungsleiter Pharma-Marketing</u> (bzw. die für das Pharma-Marketing zuständige Führungsperson) vornehmlich? Zutreffendes bitte ankreuzen! (Nur <u>eine</u> Angabe)

Universitäts-/(Fach-)Hochschulabschluß mit Studienrichtung:

1 ☐ Wirtschaftswissenschaftler mit Studienschwerpunkt Marketing

2 ☐ Wirtschaftswissensch. mit sonstigen Studienschwerpunkten

3 ☐ Mediziner/Apotheker/Naturwissenschaftler

4 ☐ Sonstige: nämlich: _____

037

Außeruniversitäre bzw. Nicht-(Fach-)Hochschulabschluß mit Ausbildungsrichtung:

5 ☐ kaufmännische Ausbildung

6 ☐ medizinisch-naturwissenschaftliche Ausbildung

7 ☐ sonstige Ausbildung nämlich: _____

5 c Geben Sie nun bitte das Ausmaß an, mit dem die jeweiligen Ausbildungsrichtungen bzw. -abschlüsse unter Ihren übrigen <u>Pharma-Marketing-Mitarbeitern</u> (Innendienst) vertreten sind! (Bitte für <u>jede</u> Qualifikation angeben!)

	Fachliche Qualifikation bzw. Ausbildungsabschluß	Pharma-Marketing-Leute mit .... Abschluß sind in unserem Unternehmen				
		nicht vertreten 0	einer vertreten 1	wenige vertreten 2	mehrere vertreten 3	alle 4
038	Universitäts-/(Fach-)Hochschulabschluß					
	Studienrichtung:					
039	- Wirtschaftswissensch. mit Studienschwerpunkt Marketing					
040	- Wirtschaftswissensch. mit sonstigen Studienschwerpunkten					
041	- Medizin/Pharmazie/Biologie/Chemie					
042	- Jura					
043	- Psychologie					
044	- Mathematik					
045	- sonstige Studienrichtung .... nämlich:_____					
	Außeruniv. bzw. Nicht-(Fach-)Hochschulabschl.					
	Ausbildungsrichtung:					
046	- kaufmännische Ausbildung					
047	- med.-naturwissenschaftliche Ausbildung					
048	- sonstige Ausbildung .... nämlich:_____					

Die jeweiligen Fragen nach der Ausbildung des Marketing-Leiters (vgl. Frage 5 b) und der übrigen Mitarbeiter in der Abteilung Pharma-Marketing (vgl. Frage 5 c) enthalten tiefergehende Vorgaben über die fachliche Qualifikation bzw. den Ausbildungsabschluß als bei den (Pharma-)Führungspersonen allgemein (vgl. Frage 5 a), da sie genauere Auskunft über den Spezialisteneinsatz im Pharma-Marketing erbringen sollen. Während die Antwortkategorien im Hinblick auf die Marketing-Leitung als Nominalskala vorliegen, erfolgt die Abfrage bei den übrigen Marketing-Mitarbeitern wiederum auf der Grundlage einer Skala, die das Ausmaß angeben soll, mit dem die einzelnen Studien-/bzw. Ausbildungsrichtungen unter den Mitarbeitern der (Haupt-)Abteilung Pharma-Marketing vertreten sind.

1.1.3 PRODUKTBEZOGENE UNTERNEHMENSASPEKTE

Im Mittelpunkt des Leistungsangebotes von Arzneimittelunternehmen stehen die Präparate. Einen wesentlichen Einfluß auf die Inhalte und die Qualität des Präparateangebotes eines Pharma-Unternehmens üben deren F & E-Aktivitäten aus. Daneben schlagen sich aber auch die unternehmerischen Bemühungen anderer Funktionsbereiche unmittelbar im Produktions- bzw. Vertriebsprogramm der Arzneimittelunternehmen nieder.

1.1.3.1 FORSCHUNGS- & ENTWICKLUNGSAKTIVITÄTEN

Unter dem Begriff Pharma-Forschung subsummiert die Pharma-Industrie "die Gesamtheit aller Tätigkeiten, die im Rahmen industrieller Zielsetzungen der Medikamenteninnovation dienen."[48] Als Innovationen werden dabei alle "verbesserte oder neuartige, hinsichtlich Leistungs- und Risikopotential hinreichend definierte Produkte und Verfahren"[49] bezeichnet. Diese umfassende Definition des Begriffes Pharma-Forschung umschließt sowohl die reine Forschung als auch die Verbesserung bereits bekannter Produkte und Produktionsverfahren.

---

48) Cerletti (1981), S. 957.
49) ebenda.

In Anlehnung an die allgemeine Einteilung der Forschungs- & Entwicklungsarbeiten läßt sich die Pharma-Forschung nach dem Zweck der jeweiligen Forschungsart in verschiedene Kategorien einteilen:[50]

a) Grundlagenforschung:

Erforschung der Biochemie des menschlichen Körpers und krankhafter Prozesse (dient nur mittelbar der Umsetzung der gewonnenen Erkenntnisse in ein neues Arzneimittel);

b) Angewandte Forschung:

Entwicklung neuer Arzneistoffe und Erforschung ihrer pharmakologischen Wirkung am Tier;

c) Experimentelle und klinische Entwicklung:

Prüfung der Wirksamkeit und Unbedenklichkeit neuer Arzneistoffe am Tier und am Menschen;

d) Galenische Entwicklung:

Entwicklung von Darreichungsformen, die es ermöglichen, daß das Medikament die gewünschte Wirkung im Menschen entfaltet;

e) Verfahrens- und Fertigungstechnik:

Entwicklung von Verfahren bzw. Anlagen zur Produktion von Wirkstoffen und Fertigarzneimitteln.

Die Gesamtheit aller Forschungs- und Entwicklungsaktivitäten vollzieht sich allerdings innerhalb eines weitaus komplexeren und vielschichtigeren Forschungsprozesses, den ein Medikament von der Konzeption bis zu seiner Markteinführung und auch darüber hinaus noch durchläuft.[51] Die einzelnen Phasen dieses Prozesses sind oft nicht überschneidungsfrei und können sich

---

50) Zur obigen Einteilung in fünf Kategorien gelangt der Bundesverband der Pharmazeutischen Industrie (1983 a), S. 4 - 10. Andere Autoren unterscheiden z. T. nur drei oder vier wesentliche Hauptkategorien. Vgl. dazu u. a. Ruhr (1978), S. 62 - 63; James (1977), S. 59 - 60 sowie Pharma-Information (1981), S. 3 - 11.
51) Eine ausführliche Beschreibung dieses Prozesses geben u. a. Oberholzer/Tripod (1973), S. 4 - 29; Heinzel/Horseling (1973), S. 11 - 27; Schwartzman (1976), S. 48 - 82 sowie Pharma-Information (1981), S. 4 - 9.

z. T. gleichzeitig, bisweilen aber auch in wechselnder Reihenfolge vollziehen. Es handelt sich hierbei um einen fortdauernden Prozeß ohne konkreten Anfang und Ende.

Der gesamte Prozeß der Pharma-Forschung läßt sich global durch folgende Merkmale charakterisieren, welche weitreichende Auswirkungen auf die Forschungsaktivitäten der Unternehmen haben:

1. Multidisziplinarität der Forschungsaufgaben

Einem Pharma-Forscherteam gehören zumindest Chemiker, Pharmakologen, Toxikologen, Apotheker und Ärzte an. Für diese akademischen Forscher und die von ihnen benötigten Laboratorien ergeben sich hohe Personal- und Sachkosten.[52]

2. Gesetzliche Anforderungen an die Forschung

Aus Gründen der Arzneimittelsicherheit bestehen auf dem Arzneimittelmarkt von Seiten des Gesetzgebers strenge Zulassungsvoraussetzungen für Medikamente.[53] Dabei werden hohe Anforderungen an den Ablauf und die Dokumentation der Pharma-Forschung gestellt. Hierin liegt mit ein Hauptgrund dafür, daß zwischen der Entwicklung eines Wirkstoffes und der Vermarktung eines Medikamentes heute zwischen 9 und 12 Jahre vergehen.[54]

3. Risikobehaftung des Forschungserfolges

Die forschende Pharma-Industrie gibt an, daß von 5.000 bis 10.000 geprüften Substanzen nur eine zu einem marktfähigen Medikament führt.[55] Außerdem ist auch bei neu eingeführten Präparaten nicht immer ein sofortiger und sicherer Markterfolg garantiert.[56]

---

52) "Die Neueinrichtung eines Arbeitsplatzes für einen akademischen Forscher kostet zwischen 500.000 und 600.000 Markt, die Betriebskosten betragen rund 350.000 Mark jährlich." Bundesverband der Pharmazeutischen Industrie (1987 a), S. 20.
53) Zum Prozess der Medikamentenzulassung vgl. Stackelberg (1984) sowie Frey (1982).
54) Vgl. Burstall/Dunning/Lake (1982).
55) Vgl. Bally (1981), S. 10 sowie Jann (1975), S. 7.
56) In den Vereinigten Staaten bringt beispielsweise nur jedes vierte Präparat noch vor Ablauf des Patentschutzes seine Forschungskosten wieder ein. Auch in der Bundesrepublik Deutschland erreichen viele Präparate den hierzu notwendigen Mindestumsatz erst nach einer Zeitdauer von mehr als 20 Jahren nach Entdeckung des Wirkstoffes. Vgl. dazu Drews (1985), S. 3.

Aufgrund der Besonderheiten der Pharma-Forschung entsteht den intensiv forschenden Pharma-Unternehmen ein erheblicher Personal- und Sachaufwand. Da diese Investitionen erst langfristig Gewinne erwirtschaften, müssen zunächst die Umsätze anderer Produkte die Forschungskosten tragen. Umfassende Forschungs- und Entwicklungsaufgaben können dehalb lediglich große Pharma-Unternehmen wahrnehmen.[57]

Trotz der hohen Kosten stellt für die forschungsintensiven Pharma-Unternehmen die Qualität ihrer Forschungs- und Entwicklungsaktivitäten den wohl bedeutendsten Wettbewerbsfaktor dar.[58]

Die Ergebnisse der Forschungs- und Entwicklungsbemühungen bestimmen weitgehend über Art, Umfang und therapeutischen Nutzen des künftigen Leistungsprogrammes und über Umsatzentwicklungen bzw. Wachstumsaussichten dieser Pharma-Unternehmen. Laut Angaben des Institutes für medizinische Statistik lagen die Umsatzzuwächse bei den Arzneimittelgruppen mit hoher Forschungsintensität in der Vergangenheit deutlich über den Zuwachsraten der übrigen Arzneimittel.[59]

Die Bedeutung der Pharma-Forschung für das strategische Pharma-Marketing hängt letztlich von dem Erfolg der Forschungsbemühungen ab. Dieser wiederum steht in einem Zusammenhang mit Art, Umfang und Intensität der Pharma-Forschung. Alle vier Merkmale werden im folgenden bei der Erhebung dieses Kontextfaktors berücksichtigt.

Wie oben bereits angedeutet, bestimmen Umsatzgröße bzw. Finanzkraft der Unternehmen weitgehend Art und Umfang der jeweiligen Forschungsaktivitäten. Die meisten Pharma-Unternehmen müssen deshalb eine weitgehende Beschränkung bzw. Spezia-

---

57) Nach Verbandsangaben übersteigen lediglich bei 25 Unternehmen in der Bundesrepublik Deutschland die Forschungsausgaben die Millionengrenze. Vgl. Bundesverband der Pharmazeutischen Industrie (1987 a), S. 20.
58) Vgl. u. a. Pratt (1984), S. 420 - 421; Smith (1983), S. 143 sowie Schneider (1965), S. 145 - 148.
59) "Während beispielsweise der Indexwert für den gesamten Apothekenmarkt von 100 im Jahr 1971 auf 232 im Jahr 1980 anstieg, erhöhten sich die Indexwerte der forschungs- und innovationsintensiven Arzneimittelgruppen ungleich stärker. Als wichtigste Beispiele sollen an dieser Stelle die Beta-Blocker mit einem Indexwert von 2525, die Antimykotika mit einem Indexwert von 524, die Zytostatika mit einem Indexwert von 457 und die peripheren Vasodilatatoren (375) genannt werden." Bundesverband der Pharmazeutischen Industrie (1983 b), S. 6.

lisierung ihrer Forschungstätigkeiten vornehmen. Dies kann auf zwei verschiedenen Wegen erfolgen:

a) <u>Beschränkung auf bestimmte Arten von Forschungsaufgaben</u>:

Es existieren in der Bundesrepublik Deutschland nur 15 Unternehmen, die in der Lage sind, die kostenintensive Grundlagenforschung zu betreiben. Insgesamt befinden sich lediglich 30 bis 40 Unternehmen ganz oder teilweise in deutschem Besitz, die sich mit angewandter Pharma-Forschung befassen. Die restlichen Unternehmen tätigen lediglich Entwicklungsarbeit.[60]

b) <u>Spezialisierung der Forschungsarbeiten auf wenige und/oder kleinere Therapiegebiete</u>:

Unter den Unternehmen, die auf dem Gebiet der angewandten Pharma-Forschung tätig sind, befinden sich nach Angaben des Bundesverbandes der Pharmazeutischen Industrie auch ca. zehn kleinere und mittlere Unternehmen mit weniger als 45 Mio. Jahresumsatz an pharmazeutischen Produkten. Diese Unternehmen haben ihre Forschungsbemühungen auf wenige kleine Therapiegebiete spezialisiert.[61]

Zur Erfassung der von den Unternehmen jeweils betriebenen <u>Forschungsart</u> bietet sich eine Anlehnung an die fünf oben aufgeführten Kategorien der Pharma-Forschung an (vgl. Frage 6 a). Da eine umfassende Pharma-Forschung alle genannten Arten einschließt, sind bei Frage 6 a Mehrfachnennungen zugelassen. Für Unternehmen der letzten Kategorie (keine F & E-Aktivitäten) stellt Frage 6 a zugleich eine Filterfrage für den weiteren Verlauf des Themenkomplexes Pharma-Forschung dar.

Mit Frage 6 b ist dagegen die <u>Breite des Forschungsprogramms</u> angesprochen. Der Fragestellung liegen zwei gegenpolige fünfstufige Ratingskalen zugrunde. Hierauf sollen die befragten Unternehmen angeben, inwieweit die Unternehmen hinsichtlich Zahl und Größe der von ihnen erforschten Therapiegebiete eine Spezialisierung ihrer Forschungsarbeiten vornehmen.

---

60) Vgl. Bundesverband der Pharmazeutischen Industrie (1987 a), S. 22 - 24.
61) Vgl. ebenda.

F 6		FORSCHUNG UND ENTWICKLUNG
6 a		Welche <u>Arten von Forschungs- und Entwicklungsaktivitäten</u> werden in Ihrer Unternehmung betrieben? (Mehrfachnennungen möglich!) 0 ☐ Keine F & E-Aktivitäten —Bitte weiter mit Frage 7 → F 7 1 ☐ Verfahrens- und Fertigungstechnik 2 ☐ Galenische Entwicklung 3 ☐ Experimentelle und klinische Entwicklung ⎫ → F 6 b 4 ☐ Angewandte Forschung 049 5 ☐ Grundlagenforschung
6 b 050 051		Die Forschungs- und Entwicklungsaktivitäten sind .....: eher auf wenige 1 2 3 4 5 eher auf <u>mehrere</u> Therapiegebiete ☐ ☐ ☐ ☐ ☐ Therapiegebiete spezialisiert verteilt eher auf "kleine" 1 2 3 4 5 eher auf "große" Therapiegebiete ☐ ☐ ☐ ☐ ☐ Therapiegebiete spezialisiert ausgerichtet
6 c 052		Wie hoch liegt der <u>Anteil der F & E-Kosten</u> (ohne Lizenzabgaben) an Ihrem Pharma-Umsatz? 1 ☐ bis 5 % 3 ☐ 11 - 15 % 5 ☐ über 20 % 2 ☐ 6 - 10 % 4 ☐ 16 - 20 %
6 d 053 054 055		Wie war der <u>Erfolg der Forschungs- und Entwicklungsbemühungen</u> Ihres Unternehmens in den vergangenen 10 Jahren? Beurteilen Sie den F & E-Erfolg bitte sowohl unter <u>quantitativen</u> (z. B. Zahl neuer Wirkstoffe) als auch <u>qualitativen</u> (z. B. therapeutischer Nutzen, Relevanz für marktliche Verwertung) Aspekten! ohne jeden Erfolg 0 / 1 / 2 / 3 / 4 / sehr erfolgreich 5 o Erforschung <u>neuer</u> Wirkstoffe .... o Verbesserung bereits <u>vorhandener</u> Präparate .... o Verbesserung der Verfahrens- und Fertigungstechn

Als Maß für die <u>Forschungsintensität</u> dient der durchschnittliche prozentuale Anteil der F & E-Kosten am Pharma-Umsatz der befragten Unternehmung in den letzten zehn Jahren (vgl. Frage 6 c). Die hierbei vorgegebenen Antwortkategorien orientieren sich grob an den Ergebnissen einer Studie des Bundesverbandes der Pharmazeutischen Industrie. Bei dieser Studie gaben die befragten Großunternehmen an, im Durchschnitt 17,8 % ihres Jahresumsatzes für Forschungs- und Entwicklungszwecke einschließlich Lizenzabgaben zu verwenden.[62] In Fragestellung 6 c

---

62) Vgl. Bundesverband der Pharmazeutischen Industrie (1987 a), S. 22 - 24.

werden aus Gründen der genauen Zurechenbarkeit die Lizenzabgaben explizit aus der Betrachtung ausgeschlossen.[63] Durch die Vorgabe grober Antwortkategorien dürfte wiederum eine höhere Auskunftbereitschaft zu erwarten sein, als wenn man direkt nach den jeweiligen F & E-Etats gefragt hätte.

Wegen der Risikobehaftung pharmazeutischer Forschung lassen sich aus Art, Umfang und Intensität der Forschungsbemühungen noch keine endgültigen Rückschlüsse auf deren letztendlichen Erfolg ableiten. So ergeben beispielsweise Mitgliederbefragungen des Bundesverbandes der Pharmazeutischen Industrie, daß selbst aus der Gruppe der Firmen, die nur Entwicklungsarbeiten betreiben, vereinzelt auch neue Wirkstoffe resultieren.[64] Fragestellung 6 d befaßt sich explizit mit dem Erfolg der unternehmerischen Forschungsbemühungen.[65] Für das strategische Pharma-Marketing von Relevanz sind hierbei neben der Anzahl neu entdeckter Wirkstoffe auch die Produktverbesserungen, die sich durch die Pharma-Forschung erzielen lassen. Beide Aspekte werden anhand einer einpoligen fünfstufigen Ratingskala abgefragt. Die Extremwerte dieser Skala erhalten die Wortassoziationen "sehr erfolgreich" bzw. "überhaupt nicht erfolgreich".

1.1.3.2 PRODUKTIONS- UND VERTRIEBSPROGRAMM

Das Produktprogramm stellt letztlich für alle Pharma-Unternehmen das zentrale Element im Wettbewerb dar. Einen vollständigen Überblick über die Angebotspalette an human-pharmazeutischen Fertigarzneimitteln der einzelnen Mitgliedsfirmen des BPI bietet die sogenannte "Rote Liste". In diesem Arzneimittelverzeichnis zeigt sich eine erhebliche Diskrepanz zwischen den Unternehmen hinsichtlich der Breite und Tiefe des jeweiligen Präparateangebotes.[66]

---

63) Zur Vergabe von Lizenzen vgl. im folgenden Abschnitt dieser Arbeit.
64) Bundesverband der Pharmazeutischen Industrie (1987 a), S. 24.
65) Der Begriff Erfolg ist hierbei nicht im betriebswirtschaftlichen Sinn zu verstehen.
66) Vgl. hierzu BPI (1987 b), "grüne Seiten". Während das Verzeichnis einerseits Unternehmen mit über 70 Präparateeinträgen und über 130 Darreichungsformen ausweist, finden sich in der "Roten Liste" andererseits auch Pharma-Unternehmen mit wenigen oder gar nur einem Präparat. "Soweit überein stimmende Angaben bei Indikationen und Zusammensetzungen dies zuließen, wurden die verschiedenen Dar-

Umfang und Zusammensetzung des Arzneimittelangebotes bestimmen sich nur - wenn auch oft zu einem wesentlichen - Teil nach dem Erfolg der Forschungs- und Entwicklungsbemühungen eines Unternehmens in der Vergangenheit. Daneben sind vor allem beschaffungs-, produktions- und absatzwirtschaftliche Aspekte für die Gestaltung des Produktprogramms ausschlaggebend.

Grundsätzlich streben auch die Arzneimittelhersteller einen Kompromiss zwischen Rationalisierung (z. B. kostengünstige Beschaffung, Produktion hoher Stückzahlen) und Anpassung an Markterfordernisse (z. B. Vielzahl therapiegerechter Arzneimittelformen) an.[67] Gerade kleine und mittlere Pharma-Unternehmen sehen sich hierbei einer Reihe von Restriktionen ausgesetzt, die einer marktorientierten Ausweitung des Produktprogramms entgegenstehen können.

Da der <u>Umfang des Vertriebsprogrammes</u> der einzelnen Arzneimittelfirmen sich unmittelbar aus der "Roten Liste" ablesen läßt, erübrigt sich eine nochmalige Erhebung dieses Kontextmerkmales. Die Daten hierzu gehen dennoch mit in die statistischen Auswertungen der Untersuchung ein.

Die nachfolgende Analyse der Produktprogramme von Arzneimittelunternehmen und deren Operationalisierung für die schriftliche Erhebung beschäftigt sich im wesentlichen mit:

- der prozentualen Aufteilung des Präparateprogrammes
  o nach der Entwicklung und Herstellung der Arzneimittel
  o nach der inhaltlichen Zusammensetzung der Arzneimittel
- sowie der Anpassungsfähigkeit des Präparateprogrammes an veränderte Marktbedingungen.

Die Möglichkeiten programmpolitischer Marketing-Entscheidungen hängen für eine Arzneimittelfirma zunächst einmal davon ab, ob die Entwicklung und <u>Herstellung der Präparate</u>[68] im eigenen

---

reichungsformen und Stärken, die unter demselben Warenzeichen im Handel sind, - in der "Roten Liste" (Anm. des Verfassers) - zu einem gemeinsamen Eintrag zusammengefaßt". Ebenda, S. 10.
67) Vgl. Friesewinkel/Schneider (1982), S. 206.
68) Einen anschaulichen Einstieg zum besseren Verständnis der komplexen Vorgänge bei der Entwicklung und Herstellung von Arzneimitteln bieten Grube u. a. (1983) sowie Heinzel/Horseling (1973).

Unternehmen erfolgt oder nicht.[69] Die Frage des Selbstherstellens oder Zukaufens von Arzneimitteln bzw. Arzneistoffen ("make or buy") stellt sich prinzipiell für alle Pharma-Unternehmen. Aus produktionstechnischen und kostenwirtschaftlichen Gründen erfolgt die Herstellung, Weiterverarbeitung und Konfektionierung der angebotenen Fertigarzneimittel einer Firma oftmals nicht ausschließlich im eigenen Unternehmen.[70] In vielen Fällen werden die zugekauften Arzneistoffe lediglich zu konfektionierten Fertigpräparaten weiter verarbeitet oder man übernimmt - in Form von Vertriebslizenzen - gar nur den Vertrieb bestimmter Fertigarzneien, die aus der Produktion anderer Pharma-Unternehmen stammen.

Im Extremfall kann ein Pharma-Unternehmen alle von ihr vertriebenen Arzneimittel als fertig konfektionierte Präparate geliefert bekommen. Bei diesen reinen Vertriebsgesellschaften handelt es sich um Tochtergesellschaften in- oder ausländischer Konzerne.

Für die Programmgestaltung der Arzneimittelhersteller ist allerdings nicht nur von Bedeutung, ob die Herstellung der Präparate in der eigenen Firma erfolgt, sondern es stellt sich auch die Frage nach der Herkunft der Arzneistoffe. Der Zugang zu diesen Grundstoffen ist Voraussetzung für die marktgerechte Aufbereitung bzw. den Vertrieb von human-pharmazeutischen Fertigarzneimitteln. Grundsätzlich bestehen für die Pharma-Unternehmen Zugangsmöglichkeiten zu Arzneistoffen:[71]

- über die Bereitstellung von Wirkstoffen aus eigener Forschung & Entwicklung;
- in Form von Patent- und Lizenzkäufen;
- durch Entwicklung von "Me-too-Präparaten" bzw. durch Imitation "freier" (patentrechtlich nicht mehr geschützter) Arzneistoffe.

Das Ausmaß, mit dem die Entwicklung, Herstellung und Weiterverarbeitung von Arzneistoffen im eigenen Unternehmen erfolgt, spiegelt die Unabhängigkeit der Arzneimittelhersteller in ihren programmpolitischen Entscheidungen wieder. Größere

---

69) Vgl. Schneider (1965), S. 145.
70) Allgemein vgl. hierzu z. B. Nieschlag/Dichtl/Hörschgen (1980), S. 297. Speziell zu den Strategien einer optimalen Produktion und Lagerhaltung in der pharmazeutischen Industrie siehe Altenschmidt/Schärfe (1979).
71) Differenzierte Einteilungen finden sich bei Ziegler (1980), S. 119 ff.; Abt (1971), S. 150 ff.; Kaufer (1970), S. 86 sowie Schneider (1965), S. 146.

Unternehmen mit entsprechenden Forschungs- & Entwicklungs-
sowie Produktionskapazitäten sind eher in der Lage, eine
marktgerechte Ausweitung ihrer Angebotspalette vorzunehmen,
ohne bei der Beschaffung der Grundstoffe auf Dienstleistungen
anderer Arzneimittelfirmen zurückzugreifen. Außerdem werden
Lizenzabtretungen in der Pharma-Industrie zumeist nur noch in
Form von Gegenlizenzen gewährt.[72] In der Regel verfügen nur
große Unternehmen über Patente, die sich für einen Lizenz-
tausch oder gar Patentaustausch eignen.[73] "Wenn überhaupt Lizenzen vergeben werden, so meist auf wettbewerbsfremden Aus-
landsmärkten."[74]

Für kleinere und mittlere Unternehmen, die sich ihre wirtschaftliche Unabhängigkeit bewahren wollen, bleibt dagegen oft
nur die Möglichkeit, sich auf die produktpolitische Fortentwicklung von bereits längere Zeit auf dem Markt befindlichen "freien" Arzneistoffen (me-too-Produkte) zu beschränken.
Eine andere Möglichkeit besteht darin, eben erst abgelaufene
Patente von forschungsintensiven Großunternehmen nachzuahmen
(Imitationsprodukte). Der wertmäßige Anteil der Nachahmerprodukte am gesamten Arzneimittelumsatz der Apotheken betrug 1983
bereits ca. 7 % und weist weiterhin steigende Tendenz auf.[75]

Neben der Herstellung bzw. der Herkunft der Präparate besitzt
auch deren <u>inhaltliche Zusammensetzung</u> besondere Relevanz für
das strategische Pharma-Marketing der Arzneimittelunternehmen.
Die von der Pharma-Industrie angebotenen Fertigarzneien kann
man grob in vier Stoffklassen aufteilen:[76]

- Präparate aus Pflanzen, Pflanzenteilen,
  Pflanzenbestandteilen oder deren Zubereitung;
- Präparate aus chemisch definierten Stoffen;
- Präparate aus Organen, Organteilen bzw. Organbestandteilen;
- Homöopathika.

Bei den 8.926 Präparateinträgen der "Roten Liste" 1986 handelt
es sich zu 75 % (6.709 Präparateeinträge) um primär chemisch
definierte Arzneimittel. Nur knapp 13 % der dort aufgeführten
human-pharmazeutischen Fertigarzneien (1.127 Präparateeinträge) sind pflanzlicher Herkunft. Organpräparate (560 Präparateeinträge) und Homöopathika (530 Präparateeinträge) um-

---
72) Vgl. Möbius/Seusing/Ahnefeld (1976), S. 29 - 30.
73) Vgl. Oberender (1984), S. 266.
74) Kaufer (1976), S. 102.
75) Vgl. hierzu Cranz (1985 b).
76) Siehe BPI (1987 b), S. 11.

fassen jeweils lediglich ca. 6 % aller in der "Roten Liste" verzeichneten Medikamente.[77]

Demnach dominieren von der Angebotsseite eindeutig die chemischen Arzneimittel. Von Verbraucherseite ist heute allerdings eine verstärkte Hinwendung zu sog. "Naturheilmitteln" festzustellen[78], ohne daß damit aber eine eindeutige Abgrenzung der "Naturarzneien" zu den übrigen Medikamenten verbunden wäre.[79] Eine eindeutige Zuordnung der "Naturheilmittel" zu einzelnen Stoffklassen der "Roten Liste" kann deshalb laut BPI nicht erfolgen.[80] Da sich "Naturarzneimittel" aus allen vier genannten Stoffklassen auf dem Arzneimittelmarkt befinden und umgekehrt nicht jedes Medikament pflanzlicher Herkunft als "Naturpräparat" verkauft werden kann[81], bestimmt letztlich das einzelne Pharma-Unternehmen bzw. dessen Wettbewerber, welche "Produktart" man vertreibt. Den Anbietern von "Naturarzneien" entstehen allerdings dadurch Probleme, daß sie bis 1989 bei BGA einen Wirksamkeitsnachweis für ihre Medikamente vorlegen müssen. In vielen dieser Fälle ist ein solcher Nachweis nur schwer zu erbringen, so daß zahlreiche Präparate dieses Genres aus dem Produktprogramm der Arzneimittelunternehmen entfallen müssen. Dies führt bei einigen Firmen zu schwerwiegenden Existenzproblemen.[82]

Eine weitere Unterteilungsmöglichkeit hinsichtlich der inhaltlichen Zusammensetzung der Präparate besteht darin, nach der Zahl der enthaltenen Wirkstoffe zu unterscheiden zwischen:

- Monopräparaten und
- Kombinationspräparaten.

Während Monopräparate nur einen Arzneistoff beinhalten, setzen sich Kombinationspräparate aus mehreren arzneilich wirksamen Bestandteilen zusammen. Auf dem deutschen Arzneimittelmarkt sind eine Vielzahl von festen Arzneimittelkombinationen

---

77) Vgl. ebenda, S. 10.
78) Vgl. Esser (1983 a), S. 15; Lichtwer (1986), S. 25.
79) Vgl. Nord (1979), S. 61.
80) Gespräch mit Herrn Auterhoff, dem zuständigen Abteilungsleiter für die Erstellung der "Roten Liste", geführt am 12.09.1986 in Frankfurt/Main.
81) So wird man beispielsweise Schmerzmittel, die auf dem natürlich vorkommenden Analgetikum Morphium aufbauen, wohl kaum als "Naturheilmittel" bezeichnen.
82) Vgl. Hünerkoch (1982), S. 182.

zugelassen.[83] In den 8.926 Präparaten der "Roten Liste" sind lediglich 2.900 verschiedene Substanzen verarbeitet.[84] Bei zwei Drittel aller vertriebenen Fertigarzneien handelt es sich somit um Wirkstoffmodifikationen, Nachahmerprodukte oder Kombinationspräparate. Gerade den Kombinationspräparaten steht man heute weitaus kritischer gegenüber als noch vor wenigen Jahren[85], da ihre Anwendung oft auch größere arzneiliche Risiken in sich birgt als dies bei Monopräparaten der Fall ist[86] und man vor allem in der Vielzahl von Kombinationspräparaten eine - therapeutisch betrachtet - unnötige Ausweitung des Arzneimittelangebotes vermutet.

In Frage 7 a wird der <u>Anteil der einzelnen Produktarten</u> (unterteilt nach Herstellung bzw. Vertrieb, Herkunft und inhaltlicher Zusammensetzung der Präparate) an der Zahl der jeweils angebotenen Präparate der Untersuchungseinheiten anhand siebenstufiger Skalen ermittelt. Die Skalen zeigen die <u>prozentuale Aufteilung des Produktprogramms</u>. Ihre Extremwerte reichen von 0 % (Stufe 1) bis 100 % (Stufe 7). Die Zwischenstufen sind dagegen grob gewählt und sollen lediglich die Schwerpunkte des Produktprogramms verdeutlichen.

Wie die vorausgegangenen Ausführungen bereits erkennen lassen, erfordern die sich ständig ändernden Rahmenbedingungen des Arzneimittelmarktes in besonderem Maße eine <u>Flexibilität des Produktprogramms</u>.[87] Unter Flexibilität kann man allgemein die Anpassungsfähigkeit an veränderte Situationen verstehen.[88] Die generelle Forderung nach Flexibilität der Unternehmen stellt insofern einen Leitgedanken des strategischen Unternehmenskonzeptes dar, dessen Aufgabe darin besteht, unter-

---

83) Unter den einfachen Schmerzmitteln sind beispielsweise die Marken Aspirin (Wirkstoff Acetylsalicyl) und Novalgin (Wirkstoff Metamizol) die bekanntesten Monopräparate. Die bekanntesten Mischpräparate auf diesem Teilmarkt heißen dagegen Spalt (4 Wirkstoffe), Togal (3 Wirkstoffe) und Thomapyrin (3 Wirkstoffe). Vgl. Esser (1983 b), S. 22.
84) Vgl. BPI (1987 b), S. 10.
85) Vgl. Kleinsorge/König/Schlichtegroll (1984), S. 2 ff. "Es muß daher auch festgestellt werden, daß die Schwierigkeiten bei der Registrierung und Einführung von Kombinationspräparaten zunehmend wachsen". Friesewinkel/Schneider (1982), S. 18.
86) Vgl. o. V. (1984 a), S. 1.
87) Zur generellen Forderung "zahlreicher (Wirtschafts-) Wissenschaftler", die "Unternehmen sollten ... die Flexibilität ihrer Leistungsangebote erhöhen", siehe den Bericht über die Jahrestagung 1986 des Verbandes der Hochschullehrer für Betriebswirtschaft von Jacobs (1986), S. 14.
88) Zum Flexibilitätsbegriff vgl. Mössner (1982), S. 38.

nehmerische Risiken zu umgehen und sich bietende Chancen wahrzunehmen.[89] Das Ziel einer "größeren Flexibilität als Unternehmenskonzept"[90] besteht deshalb primär darin, für das Unternehmen "selbst unter turbulenten Umfeldbedingungen eine kontinuierliche Entwicklung zu erreichen".[91]

Flexibilitätsanforderungen richten sich letztlich an alle Funktionsbereiche der Unternehmen.[92] Aus der Sicht des strategischen Pharma-Marketing stellt die Flexibilität des Arzneimittelprogramms den Kern dieser Forderung dar, da sich in ihr auch die Anpassungsfähigkeit der betrieblichen Funktionsbereiche manifestieren. Primäre Bedeutung für die Gestaltung des Produktprogramms besitzen zwar - wie oben bereits dargelegt - die Bereiche Forschung & Entwicklung, Beschaffung und Produktion. Indirekt nehmen aber auch finanz-[93] und personalwirtschaftliche[94] Aspekte erheblichen Einfluß. In all den genannten Bereichen besitzen größere Unternehmen wegen ihrer größeren Ressourcenausstattung erhöhte Flexibilitätspotentiale. Dagegen bestehen für kleinere und mittlere Arzneimittelfirmen aufgrund ihrer geringen Komplexität insbesondere im Hinblick auf die organisatorische und planungsbezogene Flexibilität Vorteile. Häufig sind diese Unternehmen aber nicht in der Lage, ihre Flexibilitätspotentiale zu nutzen.[95]

Bei der Erhebung der Flexibilität des Arzneimittelangebotes im Hinblick auf Veränderungen der Rahmenbedingungen des Pharma-Umfeldes (vgl. Frage 7 b) wird genauer zwischen <u>mengen-, art- und qualitätsmäßiger Anpassungsfähigkeit</u> des Produktprogrammes differenziert. Hinsichtlich der qualitativen Komponente erfolgt eine bei den Arzneimittelunternehmen übliche tiefergehende Unterteilung in die therapeutische Qualität (Indikationswirksamkeit und Nebenwirkungen der Arzneimittel) und die pharmazeutische Qualität (Verarbeitungsgüte der Arzneimittel).[96] Am geringsten dürften die Flexibilitätsunterschiede bei den Unternehmen im Hinblick auf die pharmazeutische

---

89) Vgl. Horváth/Mayer (1986), S. 69.
90) Meffert (1985 b), S. 121.
91) Hirschmann (1985), S. 144.
92) Vgl. Horváth/Mayer (1986), S. 72.
93) Vgl. Jacob (1982), S. 72.
94) Vgl. Staudt (1978), S. 377.
95) Zu den organisatorischen und zu planungsbezogenen Flexibilitätspotentialen und ihrer Nutzung in kleinen und mittleren Arzneimittelfirmen vgl. die nachfolgenden Kapitel.
96) Zu dieser Unterscheidung vgl. u. a. Feltkamp (1982), S. 49 sowie Thesing (1982), S. 40.

F 7	PRODUKTIONS- UND VERTRIEBSPROGRAMM						
7 a	Kreuzen Sie bitte an, wie sich Ihr Vertriebs- bzw. Produktionsprogramm an human-pharmazeutischen Fertigarzneimitteln zusammensetzt.						
		Anteil an der Zahl der angebotenen human-pharmazeutischen Fertigarzneimittel der Unternehmung					
		keine 0 %	bis 10%	11-25%	26-50%	51-75%	über 75%	alle 100%
	o nach Herstellung bzw. Vertrieb						
056	- Herstellung, Weiterverarbeitung und Vertrieb im eigenen Unternehmen						
057	- nur Weiterverarbeitung und Vertrieb .						
058	- nur Vertrieb						
	o nach Herkunft der Arzneistoffe						
059	- auf Basis von Arzneistoffen aus eigener F & E						
060	- Patentkäufe						
061	- Lizenznahmen						
062	- auf Basis "freier" Arzneistoffe						
	o nach Zahl der Wirkstoffe						
063	- Monopräparate						
064	- Kombinationspräparate						
	o nach inhaltlicher Zusammensetzung						
065	- "Naturheilmittel"						
066	- primär chemisch def. Präparate						
067	- Sonstige						
7 b	Wie beurteilen Sie die Fähigkeit Ihrer Unternehmung, sich in Ihrem Angebot an human-pharmazeutischen Fertigarzneimitteln geänderten Rahmenbedingungen des Arzneimittelmarktes (mengen-, art- oder qualitätsmäßig) anzupassen?						
		Flexibilität des Angebotes					
		hoch 1	2	3	4	gering 5	
068	o mengenmäßige Anpassungen						
069	o artmäßige Anpassungen						
070	o qualitätsmäßige Anpassungen der - therapeutischen Qualität .... - pharmazeutischen Qualität						

Qualität der Arzneimittel ausfallen.[97] Aufgrund der besonderen gesellschaftspolitischen Verantwortung, die die Herstellung von Medikamenten mit sich bringt[98], hält der überwiegende Teil der Mitgliedsfirmen des BPI bereits seit Jahren die internationalen "Grundregeln für die Herstellung von Arzneimitteln und Sicherung ihrer Qualität der Weltgesundheitsorganisation" (Kurz: GMP - Richtlinien der WHO[99]) ein und erfüllt damit einen im internationalen Vergleich außerordent-

---

97) Vgl. Rüggeberg (1985), S. 22.
98) Vgl. hierzu ausführlich Bally (1981).
99) "Good-manufacturing-practices regulations of the World Health Organization".

lich hohen Entwicklungsstand auf dem Gebiet der pharmazeutischen Qualitätssicherung.[100] Die GMP-Richtlinien haben mittlerweile zum Teil in Form der Betriebsverordnung für pharmazeutische Unternehmen (Pharm. Betr. V.)[101] in der Bundesrepublik auch rechtliche Verbindlichkeit erlangt.[102]

1.1.4 ASPEKTE DER ALLGEMEINEN UNTERNEHMENSFÜHRUNG

Eine Vielzahl empirischer Untersuchungen belegen, daß mit abnehmender Unternehmensgröße generelle Schwachstellen der Unternehmensführung in verstärktem Maße auftreten.[103] Das strategische Marketing ist lediglich ein - wenn auch zentraler - Bestandteil der generellen Unternehmensführung. Die Form der Ausgestaltung des strategischen Pharma-Marketing bestimmt sich daher nicht zuletzt auch nach

- den allgemeinen organisatorischen Regelungen
- dem grundsätzlich vorherrschenden Führungsstil
- dem umfassenderen Planungs- und Kontrollsystem
- und dem insgesamt zu Grunde liegenden Informationswesen

einer Arzneimittelunternehmung.[104]

Diese grundlegenden Bausteine der allgemeinen Unternehmensführung finden als weitere interne Kontextmerkmale des strategischen Pharma-Marketing bei der Erhebung Berücksichtigung.

---

100) Zur Qualitätssicherung im pharmazeutischen Betrieb vgl. u. a. Rüggeberg (1985) sowie Jarsen u. a. (1982).
101) Pharm. Betr. V. vom 8. März 1985 (BGBL.I, S. 546) abgedruckt in Pharmazeutische Industrie 47 (1985) 3, S. 251 - 255.
102) Vgl. hierzu auch S. 285 dieser Arbeit.
103) Vgl. z. B. Freter u. a. (1981); Bussiek/Niemeier (1981); IHK Koblenz (1981); IHK Koblenz (1978); Manager Magazin (1977); Grochla u. a. (1981); Thürbach/Hutter (1976); Kirsch u. a. (1975); Reske/Mortsiefer/Brandenburg (1978); Szyperski u. a. (1980).
104) Vgl. ähnlich auch Hecking/Binder (1974).

1.1.4.1 ORGANISATORISCHE REGELUNGEN

Als organisatorische Regelungen werden im folgenden offizielle, personenunabhängige Verhaltensregelungen bezeichnet, die den hierarchischen Aufbau und die Arbeitsabläufe in Unternehmen strukturieren.[105] Fragen organisatorischer Regelungen hängen eng mit Art und Umfang der Personalausstattung zusammen. In Unternehmen mit weniger spezialisiertem und weniger umfangreichem Personalbestand sind sowohl die Anforderungen an die Organisationsstruktur wie auch die Möglichkeit der organisatorischen Gestaltung geringer. Das Ausmaß organisatorischer Regelungen in kleinen und mittleren Unternehmen[106] steht daher weit hinter dem in Großunternehmen zurück.[107] Hieraus ergeben sich wiederum betriebsgrößenspezifische Wettbewerbsvor- bzw. -nachteile für die Arzneimittelunternehmen.

Der geringere Koordinationsaufwand kleinerer und mittlerer Unternehmen bringt den Vorteil organisatorischer Flexibilität mit sich.[108] Die kürzeren Informations- und Entscheidungswege in den Unternehmen erlauben es der Unternehmensführung, schneller auf Fehlentwicklungen aufmerksam zu werden und umgehend zu reagieren.[109] Auf der anderen Seite führt die begrenzte Möglichkeit der Arbeitsteilung bzw. Spezialisierung häufig zu einer Überlastung der Unternehmensführung und - damit verbunden - dem Fehlen von speziellem betriebswirtschaftlichem Know-how.[110] In Großunternehmen verhält es sich dagegen umgekehrt. Während dort die Vorteile der Spezialisierung vorliegen, erkennt man andererseits die Nachteile "bürokratischer" Organisationsformen.

---

105) Eine eindeutige Abgrenzung des Organisationsbegriffs existiert bislang nicht. In der Organisationstheorie ist allerdings die Tendenz zu einer umfassenderen Auslegung des Begriffs zu erkennen. Vgl. Hoffmann (1980), Sp. 1425 - 1431.
106) Zum Stand der Organisation in kleinen und mittleren Unternehmen vgl. insbesondere Thürbach/Hutter (1976) sowie Grochla u. a. (1981).
107) Vgl. Kieser/Kubicek (1983), S. 222 - 232. Dort finden sich zahlreiche Literaturhinweise auf empirische Studien, die den zunächst trivial erscheinenden Zusammenhang zwischen Organisationsstruktur und Unternehmensgröße im Detail belegen.
108) Vgl. Meffert (1985 b), S. 10.
109) Vgl. Kellerwessel (1982), S. 145.
110) Vgl. Kellerwessel (1982), S. 149.

Die organisatorische Verankerung des strategischen Pharma-Marketing stellt ein zentrales Problem dar.[111] Die Möglichkeiten der Implementierung dieses Konzeptes hängen nicht zuletzt von der bestehenden Organisationsstruktur der Unternehmung insgesamt und insbesondere der vorliegenden Institutionalisierung des Pharma-Marketing ab.[112] Die (Marketing-) Organisationsstruktur stellt insofern einen Kontextfaktor des strategischen Pharma-Marketing dar.

Zur empirischen Erfassung des organisationalen Kontextes werden drei Strukturdimensionen der organisatorischen Gestaltung herangezogen:[113]

- Konfiguration
- Spezialisierung
- Koordination.

Als <u>Konfiguration</u> bezeichnet man üblicherweise die äußere Form des Stellengefüges, die sich in Organisationsschaubildern (Organigrammen) abbilden läßt.[114] Da in Organigrammen meist nur die mit Weisungs- und Entscheidungsbefugnissen ausgestatteten Instanzen aufgeführt werden, denen aus mehreren Stellen zusammengefaßte Abteilungen unterstehen, spricht man auch vom sogenannten Leitungssystem. Hinsichtlich der Verteilung von Entscheidungs- und Weisungsbefugnissen unterscheidet man vier Grundtypen von Konfigurationsformen (Ein-Linien-System, Stab-Linien-System, Mehr-Linien-System, Matrix-Organisation).[115]

Zu diesen vier Grundtypen gibt es allerdings eine Vielzahl von Kombinationsformen, so daß eine Zuordnung der in der Praxis vorfindbaren Konfigurationen zu diesen Basisformen nicht möglich ist. Wegen der Vielfalt und Komplexität der Konfigurationsformen erweist sich eine umfassende schriftliche Erhebung dieser Strukturdimensionen als kaum durchführbar.[116] Im Rahmen der schriftlichen Befragung in Projektphase I muß des-

---

111) Vgl. Wieselhuber (1986), S. 133 ff.
112) Vgl. Baligh/Burton (1979), S. 92.
113) Zu dieser Einteilung der Organisationsstruktur in drei Strukturdimensionen vgl. Grochla (1982), S. 96 ff.
114) Vgl. Kieser/Kubicek (1983), S. 10.
115) Vgl. Braun (1982), S. 178 - 179.
116) Vgl. Kieser/Kubicek (1983), S. 158 ff.

halb eine Einschränkung der zu erhebenden Konfigurationsmerkmale auf die wichtigsten Aspekte des hierarchischen Aufbaus der (Marketing-)Organisation erfolgen.[117]

Die hierarchische Einordnung des Pharma-Marketing steht in einem unmittelbaren Zusammenhang mit seiner Philosophie als unternehmerische Führungskonzeption. Marketing als Führungskonzept impliziert die Gestaltung der Unternehmensorganisation unter dem Primat der Markterfordernisse.[118] Entsprechend sollte die Pharma-Marketing-Leitung auf der obersten Führungsebene innerhalb der Unternehmung bzw. bei Mehr-Sparten-Unternehmen auf der obersten Ebene des Pharma-Bereichs angesiedelt sein, um eine Konzentration aller auf den Arzneimittelmarkt gerichteten Marketing-Aktivitäten zu erreichen und zugleich eine Integration und Koordination mit anderen funktionalen Teilbereichen zu ermöglichen.[119] Die Frage der hierarchischen Stellung der für das Pharma-Marketing hauptverantwortlichen Führungsperson (vgl. Frage 8 a) soll daher Auskunft geben, inwieweit die Marketing-Idee innerhalb der befragten Unternehmung organisatorisch Eingang gefunden hat.[120]

Einen besonderen Aspekt der hierarchischen Einordnung des Pharma-Marketing in das Unternehmensorganigramm stellt die hierarchische Relation zum Pharma-Vertrieb dar. Historisch betrachtet entstanden die Marketing-Abteilungen aus den Vertriebsabteilungen. Auch in der Pharma-Industrie werden deshalb die Marketing-Leitung und die Vertriebs-Leitung vielfach heute noch als identisch angesehen.[121] Dem heutigen Marketing-Verständnis entsprechend gehen die Marketing-Aktivitäten einer Unternehmung jedoch weit über die Vertriebsaktivitäten hinaus. Um eine Koordination und Integration aller marktgerichteten Unternehmensaktivitäten unter dem Primat des Marketing sicher zu stellen, ordnen heute einige marktorientierte Unternehmen den Vertrieb dem Marketing unter.[122]

---

117) Im Rahmen von Projektphase II können die für das strategische Pharma-Marketing relevanten organisatorischen Regelungen jedoch im Rahmen von Tiefeninterviews vertiefend behandelt werden.
118) Vgl. Bidlingmaier (1973), S. 178.
119) Vgl. Meffert (1986), S. 541.
120) Zu dieser empirischen Vorgehensweise vgl. bereits Hise (1965).
121) Vgl. Fraas/du Voitel (1982), S. 143.
122) Vgl. Nieschlag/Dichtl/Hörschgen (1985), S. 905 - 907. Siehe hierzu auch weiter unten die Ausführungen zur Strukturdimension Koordination.

Grob lassen sich vier Stufen der Entstehungsgeschichte von Marketing-Abteilungen unterscheiden. Diese Entwicklungsstufen schlagen sich in der hierarchischen Relation zwischen Vertriebsleitung und Marketing-Leitung nieder. In Frage 8 b sind die möglichen hierarchischen Beziehungen vorgegeben. Die Beantwortung der Frage, welche Konstellationen für das untersuchte Pharma-Unternehmen zutrifft, läßt einen zusätzlichen Rückschluß auf den Entwicklungsstand des Pharma-Marketing in der betreffenden Untersuchungseinheit zu.

Eine weitere Strukturdimension des organisationalen Kontextes ist die organisatorische Spezialisierung der Unternehmensaufgaben. Die Intention bei der Erhebung des Spezialisierungsgrades der Unternehmensorganisationen besteht darin, zu ermitteln, welche Teilaufgaben des strategischen Pharma-Marketing von welchen bestehenden Abteilungen bzw. Stellen erledigt werden können. Die organisatorische Spezialisierung besitzt eine andere inhaltliche Bedeutung als die zuvor bei der Behandlung der Personalausstattung angesprochene personelle Spezialisierung. In einem Pharma-Unternehmen, in dem eine von einem fachfremden geleitete Abteilung Pharma-Marketing vorhanden ist, erfolgt zwar kein Spezialisteneinsatz (personelle Spezialisierung), dennoch liegt hier eine organisatorische Spezialisierung der Marketing-Funktion vor.

Wie bereits angedeutet, kommen für die ausführenden Tätigkeiten des strategischen Pharma-Marketing auch nicht-marketingspezialisierte Abteilungen in Betracht. Insbesondere sind dies EDV-Abteilungen für die Bereitstellung quantitativer strategischer Marketing-Informationen, Planungsabteilungen für die Analyse und Planung von Marketing-Strategien, Controlling-Abteilungen für die Steuerung und Kontrolle des strategischen Pharma-Marketing-Konzeptes sowie Vertriebs-Abteilungen, denen in vielen Unternehmen nicht nur die Steuerung des Außendienstes, sondern die gesamte Verantwortung für das strategische Pharma-Marketing zukommt. Letzteres gilt insbesondere für Unternehmen, in denen man Marketing-Leitung und Vertriebsleitung als identisch ansieht. In Frage 8 c sollten die Befragten angeben, ob die jeweiligen Unternehmen eine Abteilung Pharma-Marketing unterhalten, und welche der vorgenannten Abteilungen in ihrem Unternehmen außerdem existieren.

In marktorientierten Unternehmen mit einer (Haupt-)Abteilung Pharma-Marketing kommt dem Leiter dieser Abteilung die primäre Verantwortung für das strategische Pharma-Marketing zu. Üblicherweise werden umfassendere Probleme auf einer höheren Unternehmensebene jedoch nur global gelöst und in Teilaufgaben aufgegliedert an untergeordnete Stellen bzw. Unterabteilungen zur Bearbeitung weitergereicht.[123] Entsprechend delegiert die Instanz des Pharma-Marketing-Leiters Teilaufgaben des strategischen Pharma-Marketing an spezialisierte Unterabteilungen bzw. untergeordnete Stellen. Frage 8 d zielt darauf ab, welche Unterabteilungen bzw. Stellen für die Erledigung solcher Marketing-Teilaufgaben in der Unternehmung vorhanden sind. Als Vorgaben dienen die wichtigsten Marketing-Funktionen, wie sie in größeren Pharma-Unternehmen auch weitgehend institutionalisiert sind.[124]

Mit der Strukturdimension Koordination bezeichnet man in der Organisationstheorie die Abstimmung zwischen den Organisationseinheiten einer Unternehmung. Fragen der Koordination treten grundsätzlich bei komplexen Unternehmensproblemen auf, an deren Lösungen mehrere Organisationseinheiten mitwirken.[125] Koordinationsbedarf entsteht aufgrund der mit der organisatorischen Spezialisierung einhergehenden Arbeitsteilung. Entsprechend der Spezialisierungsebene kann man zwischen abteilungsübergreifender und abteilungsinterner Koordination unterscheiden.

Im Zusammenhang mit der Erforschung des strategischen Pharma-Marketing interessiert zunächst die Qualität der Abstimmung zwischen der (Haupt-)Abteilung Pharma-Marketing und anderen gleich- oder übergeordneten Abteilungen (abteilungsübergreifende Koordination). Um eine Koordination und Integration aller marktgerichteten Aktivitäten herbeizuführen, muß die Marketing-Abteilung auch mit anderen Abteilungen zusammenarbeiten. Offen bleibt allerdings - sowohl von theoretischer wie auch praktischer Seite -, wieviel Einfluß der Marketing-Abteilung bei dem hierbei notwendigen Abstimmungsprozeß zugestanden werden muß. Da sich die verschiedenen Abteilungen hinsichtlich ihrer jeweiligen Ziele und Aufgaben deutlich unterscheiden, entstehen nicht selten Konflikte. Diese Konflikte werden unter Umständen dadurch verschärft, daß die jeweiligen Mitglieder der Abteilungen sich mit den Zielen der Organisationseinheiten identifizieren und in den Abteilungen aufgehen, so daß "Menschenbilder" von Abteilungen entstehen.[126]

---

123) Vgl. Kieser/Kubicek (1983), S. 50 ff.
124) Zur Institutionalisierung von Marketing-Abteilungen in Pharma-Unternehmen vgl. Wingen (1978), S. 50 - 55.
125) Vgl. Wollnik/Kubicek (1976), S. 502 - 504.
126) Vgl. Kieser (1983), S. 443.

Kommunikationsprobleme zwischen den Organisationseinheiten können zusätzlich dadurch auftreten, daß die Mitglieder verschiedener Abteilungen unterschiedliche Ausbildungsgrade und -richtungen mitbringen. In Arzneimittel-Unternehmen zieht man für das Pharma-Marketing und andere kaufmännische Bereiche mehr und mehr Wirtschaftsfachleute heran, wohingegen in der Forschung & Entwicklung, in der Produktion und im Einkauf nach wie vor Mediziner und Naturwissenschaftler dominieren. Hinzu kommt, daß diese medizinisch-naturwissenschaftlich orientierten Abteilungen in den Pharma-Unternehmen eine weitaus größere Tradition besitzen als das Pharma-Marketing. Auch dieser Aspekt dürfte der Durchsetzung einer marktorientierten Unternehmenführung eher hinderlich sein.

Die Qualität der abteilungsübergreifenden Abstimmungsprozesse zwischen dem Pharma-Marketing und anderen Organisationseinheiten wird auf einer fünfstufigen Ratingskala abgefragt (vgl. Frage 8 e). Um erkennbar zu machen, wo Koordinationsprobleme in den Unternehmen auftreten, dienen die jeweiligen Abteilungen, mit denen das Marketing Abstimmungen durchführen muß, als Vorgaben. Die einzelnen Abstufungen der Ratingskalen sollen die Zufriedenheitsgrade des Abteilungsleiters Pharma-Marketing mit dem Verlauf der jeweiligen Abstimmungsprozesse angeben.

Eine gegenseitige Abstimmung der Marketing-Aktivitäten ist verständlicherweise auch innerhalb des Pharma-Marketing erforderlich (<u>abteilungsinterne Koordination</u>). Die von theoretischer Seite geforderte Unterstellung von Werbung, Produktmanagement, Vertrieb usw. unter einer einheitlichen Marketing-Leitung soll einer autonomen und widersprüchlichen Marktpolitik der einzelnen Stellen bzw. Abteilungen entgegenwirken. Die Qualität der abteilungsinternen Koordination wird ebenfalls auf einer fünfstufigen Zufriedenheitsskala abgefragt (vgl. Frage 8 f). Da sich die Unternehmen hinsichtlich der Größe und Spezialisierung ihrer Marketing-Abteilungen erheblich voneinander unterscheiden können, erfolgt im Rahmen der schriftlichen Erhebung nur eine Globalbetrachtung der Koordinationsprozesse innerhalb des Pharma-Marketing.

F 8	ORGANISATORISCHE REGELUNGEN
8 a	Auf welcher Hierarchie-Ebene nach der Geschäftsleitung (bzw. bei Mehr-Sparten Unternehmen nach der Pharma-Bereichsleitung) ist der (Haupt-)Abteilungsleiter Pharma-Marketing bzw. die für das Pharma-Marketing zuständige Führungsperson angesiedelt? 1 ☐ 1. Hierarchie-Ebene 3 ☐ 3. Hierarchie-Ebene 071 2 ☐ 2. Hierarchie-Ebene 4 ☐ 4. Hierarchie-Ebene
8 b	Im folgenden geht es um die hierarchische Relation zwischen Pharma-Marketing und Pharma-Vertrieb. Kreuzen Sie bitte an, welche Konstellation für Ihr Unternehmen zutrifft! 0 ☐ Es existiert weder Vertriebs- noch Marketing-Leitung 1 ☐ Vertriebsleitung und Marketing-Leitung sind identisch 2 ☐ Marketing-Leitung ist der Vertriebsleitung untergeordnet 3 ☐ Marketing-Leitung und Vertriebsleitung sind gleich gestellt 072 4 ☐ Vertriebsleitung ist der Marketing-Leitung unterstellt
8 c 073 - 078	Welche der nachfolgend aufgeführten Abteilungen existieren in Ihrer Unternehmung? 0/1 ☐ EDV 0/1 ☐ Marketing 0/1 ☐ (Unternehmens-)Planung 0/1 ☐ Außendienst/Vertrieb 0/1 ☐ PR (Öffentlichkeitsarbeit) 0/1 ☐ Controlling
8 d 079 - 084	Für welche der nachfolgend aufgeführten Funktionsbereiche des Pharma-Marketing gibt es eigens zuständige Stellen bzw. Unterabteilungen in Ihrem Unternehmen? 0/1 ☐ Produktmanagement 0/1 ☐ Werbung/Verkaufsförderung 0/1 ☐ Marktforschung 0/1 ☐ Marketing-Controlling 0/1 ☐ Marketing-Planung 0/1 ☐ Sonstige: _____
8 e	Wie zufrieden sind Sie mit dem Verlauf der Abstimmungsprozesse zwischen dem Pharma-Marketing und folgenden anderen Abteilungen^x des Unternehmens?

Abteilung:	Zufriedenheit mit der Abstimmung				
	sehr gut 1	2	3	4	weniger gut 5
085 Rechnungswesen					
086 Forschung & Entwicklung					
087 Produktion					
088 Außendienst					
089 Unternehmens-Planung					
090 Controlling					
091 EDV					
092 Öffentlichkeitsarbeit					

(^xBitte nur angeben, falls die betreffende Abteilung in Ihrem Unternehmen vorhanden ist.)

8 f	Beurteilen Sie nun bitte auch die Qualität der Abstimmungsprozesse zwischen den Stellen bzw. Unterabteilungen innerhalb des Bereiches Pharma-Marketing (falls vorhanden). 093 sehr gut 1 2 3 4 5 weniger gut

1.1.4.2 MITARBEITERFÜHRUNG

Die Frage nach dem in der Unternehmung vorherrschenden Führungsstil bezieht den humanen Aspekt der Unternehmensführung mit in die Betrachtung ein. Unter einem personenbezogenen Blickwinkel[127] kann man (Mitarbeiter-)Führung in Unternehmen definieren als personengerichteter Beeinflussungsvorgang, der von Führungspersonen auf untergebene Mitarbeiter ausgeht, mit dem Zweck einer gemeinsamen Zielerreichung.[128] Führung vollzieht sich demnach in hierarchisch geordneten Mensch-Mensch-Systemen, in denen gemeinsame Ziele bestehen. Der vorherrschende Führungsstil in einer Unternehmung kann als Ausdruck eines bestimmten Führungsverhaltens der Führungskräfte bezeichnet werden.[129]

Das "Dilemma der Personalführung" besteht in der Unternehmenspraxis darin, daß zwischen den "gemeinsamen" Sachzielen im Unternehmen und den jeweiligen Mitarbeiterbedürfnissen nicht immer Zielkongruenz herrscht.[130] Eine Lösung dieses Problems strebt man mit der Wahl des Führungsstils an. Häufig wird dabei von einer eindimensionalen Betrachtungsweise des Führungsprozesses ausgegangen, wobei die Begriffe "autoritärer" bzw. "kooperativer" Führungsstil die polaren Endpunkte eines Kontinuums darstellen.[131] Bewegt man sich auf diesem Kontinuum weg von einem eher autoritären zu einem eher kooperativen Führungsstil, so bedeutet dies, daß die Führungsperson von ihrem Weisungs- und Kontrollrecht immer weniger Gebrauch machen, wohingegen der Mitwirkungs- und Selbstkontrollspielraum der geführten Mitarbeiter zunimmt. Während also bei der eher autoritären Führung primär die Vorgesetzten Einfluß auf die

---

127) Zur grundsätzlichen Unterscheidung zwischen personenbezogener und sachbezogener (Unternehmens-)Führung vgl. Bleicher (1980), Sp. 730.
128) Vgl. ähnlich Raidt (1985), S. 72; Remer (1978), S. 389 sowie von Rosenstiel/Molt/Rüttinger (1979), S. 108. Ein Überblick über die Vielzahl verhaltenswissenschaftlicher Definitionen des Begriffs Führung findet sich bei Neuberger (1984), S. 1 - 8 sowie sehr ausführlich bei Seidel (1978), S. 63 - 202.
129) Vgl. Beyer (1970), S. 23 - 25.
130) Vgl. Weser/Grunwald (1985), S. 46 - 50 sowie Remer (1978), S. 389.
131) Zur historischen Entwicklung dieser eindimensionalen Betrachtungsweise des Führungsprozesses vgl. Ulrich/Baitsch/Alioth (1983), S. 9 - 19 sowie Dreyer (1985), S. IV - V.

Entscheidungsprozesse und -ergebnisse im Unternehmen ausüben, überwiegt bei der eher kooperativen Führung die Einflußnahme der Mitarbeiter.[132]

Obgleich die Wirksamkeit eines Führungsstils von einer Vielzahl intervenierender Variablen abhängt und in empirischen Studien weder für die "kooperative" noch für die "autoritäre" Führung eine höhere Effizienz eindeutig ermittelt werden konnte[133], geht der Trend in der unternehmerischen Praxis mehr und mehr zum kooperativen Führungsstil.[134] Ein wesentlicher Grund dafür liegt in den gesellschaftlichen Veränderungen der jüngeren Vergangenheit und ihren Auswirkungen auf die Mitarbeiter. Der Hauptgrund dürfte allerdings darin bestehen, daß die Aufgaben der Unternehmensführung immer komplexer, unstrukturierter und neuartiger werden und die Führungskräfte daher mehr und mehr darum bemüht sein sollten, sich von weniger wichtigen Entscheidungen und Aufgaben zu befreien bzw. diese auf untergeordnete Mitarbeiter zu delegieren, um sich auf wichtigere Aufgaben der Unternehmensführung konzentrieren zu können.[135]

Das Erfordernis einer eher kooperativen Führung erkennt man insbesondere in Großunternehmen. Deshalb wird der kooperative Führungsstil den Führungskräften von Großunternehmen häufig in Form schriftlich fixierter Führungsgrundsätze verbindlich vorgegeben.[136] Obgleich auch dort die Umsetzung der Führungsleitlinien in die Führungspraxis oftmals Probleme mit sich bringt[137], dürfte in diesen Unternehmen ein kooperativer Führungsstil stärker verbreitet sein als in kleinen und mittleren Unternehmen. Zwar besteht heute auch in mittelständischen Betrieben in zunehmendem Maße die Notwendigkeit zu mehr Delegation, doch scheut man dort vor einer kooperativen Führung

---

132) Tannenbaum/Schmidt (1973), S. 164 sprechen daher auch von "Boss-centered leadership" (autoritäre Führung) bzw. "Subordinate-centered leadership" (kooperative Führung). Vgl. auch Bleicher/Meyer (1976), S. 153 - 156.
133) Ein Überblick über den gegenwärtigen Stand der empirischen Führungs-Forschung findet sich bei Neuberger (1984), S. 114 - 120.
134) Vgl. Marzen (1979), S. 133 ff.; Zander (1985), S. 87 ff. sowie Volk (1986), S. 1.
135) Zum Zusammenhang zwischen kooperativem Führungsstil und Delegation vgl. die empirischen Untersuchungen von Grochla u. a. (1981), S. 207 - 232.
136) Vgl. Riekhof (1985 a), S. 441 ff. sowie derselbe (1985 b), S. 101 ff.
137) Vgl. Zander (1985), S. 89.

insbesondere deshalb zurück, weil mit diesem Führungsstil die Übertragung von mehr Verantwortung auf die Mitarbeiter verbunden ist.[138]

Die eindimensionale Betrachtung des Führungsstils kann nicht das gesamte Phänomen des Führungsverhaltens in Unternehmen adäquat wiedergeben. Dennoch gestattet sie eine sinnvolle Ordnung typischer Verhaltensweisen der Mitarbeiterführung, die zugleich eine einfache und verständliche Erhebung des jeweiligen Führungsstils zuläßt.[139] In Frage 9 wird deshalb nach dem vorherrschenden Führungsstil innerhalb der Arzneimittel-Unternehmung (bzw. Pharma-Sparte) allgemein und speziell innerhalb der (Haupt-)Abteilung Pharma-Marketing mit Hilfe dieses eindimensionalen Schemas gefragt. Die Angaben auf den beiden bipolaren fünfstufigen Ratingskalen liefern Rückschlüsse darüber, wie Entscheidungen in den Arzneimittel-Unternehmen (bzw. in der Pharma-Sparte) und innerhalb der (Haupt-)Abteilung Pharma-Marketing getroffen werden und besitzen insofern Relevanz für das strategische Pharma-Marketing.

Bei der späteren Interpretation der Untersuchungsergebnisse ist allerdings zu berücksichtigen, daß es sich bei der Erhebung des allgmein vorherrschenden Führungsstils in der Arzneimittel-Unternehmung (bzw. Pharma-Sparte) um eine Durchschnittsbetrachtung des Führungsverhaltens einer Vielzahl von Führungspersonen handelt, die von einer Person (der für das Pharma-Marketing verantwortlichen Führungsperson) vorgenommen werden soll. Während der den Fragebogen beantwortende Marketing-Leiter also zunächst vor allem das Führungsverhalten anderer gleich- oder übergeordneter Führungspersonen beurteilt, nimmt er im zweiten Fall (Ermittlung des Führungsstils innerhalb des Pharma-Marketing) primär eine Bewertung seines eigenen Führungsverhaltens und evtl. der ihm untergeordneten Führungspersonen vor.

Obgleich die Unternehmen im allgemeinen danach bestrebt sind, möglichst einheitliche Führungsstile zu praktizieren, erscheint eine zweigeteilte Erhebung des Führungsstils deshalb sinnvoll, weil es im Marketing in sehr hohem Maße auf Kreativität und Eigeninitiative ankommt. Das Einflußpotential von

---

138) Vgl. Heinze (1983), S. 34 sowie Zander (1981), S. 19 - 24. Zu den einzelnen Beweggründen, die mittelständische Unternehmen veranlassen, einen eher autoritären Führungsstil zu praktizieren. Vgl. Grochla (1981), S. 225 ff.
139) Vgl. dazu Bleicher/Meyer (1976), S. 157 - 159.

Vorgesetzten dürfte in diesem Bereich stärker beschränkt sein als bei besser kontrollierbaren überschaubaren Tätigkeiten, bei denen die Ergebnisse leichter zu messen sind.[140]

F 9	FÜHRUNGSSTIL / UNTERNEHMENSFÜHRUNG					
	Wie beurteilen Sie den Führungsstil, der innerhalb Ihrer Unternehmung bzw. Pharma-Sparte (bei Mehr-Sparten-Unternehmen) allgemein und speziell innerhalb der Abteilung Pharma-Marketing (falls vorhanden) herrscht?					
	Kreuzen Sie bitte das jeweilige Ausmaß an Entscheidungsdelegation der Führungspersonen nach folgendem Schema an!					
		Entscheidungsraum der Vorgesetzten				Entscheidungsraum der Mitarbeiter
		eher autoritär 1	2	3	4	eher kooperativ 5
094	Unternehmung bzw. Pharma-Sparte					
095	Abteilung Pharma-Marketing ..					

1.1.4.3 PLANUNG UND KONTROLLE

Planung und Kontrolle stellen neben Organisation und Personalführung zwei weitere Grundfunktionen der Unternehmensführung dar. Man kann diese beiden Aufgaben der Unternehmensführung als "Zwillingsfunktionen"[141] bezeichnen. Einerseits ermöglicht erst die Kontrolle es der Planung, ihre Steuerungsfunktion wahrzunehmen; andererseits ist Kontrolle ohne vorherige Planung nicht durchführbar.[142] Um eine Abweichungsanalyse zwischen Soll- und Ist-Ergebnissen vorzunehmen und darauf aufbauend entsprechende Anpassungsprozesse im Unternehmen in

---

140) Vgl. Riekhof (1985 b), S. 101.
141) Steinmann/Schreyögg (1983), S. 1.
142) Vgl. Wild (1974), S. 44.

Gang setzen zu können, ist es erforderlich, daß das Planungs- und Kontrollsystem einer Unternehmung aufeinander abgestimmt ist. Beide Systeme müssen die gleiche Form und die gleichen Datenkategorien beinhalten.[143] Sie werden daher im folgenden parallel analysiert und operationalisiert.

Die Durchführung von Planung und Kontrolle im Unternehmen hängt eng mit dem praktizierten Führungsstil zusammen.[144] Die mangelnde Delegation von Aufgaben führt meist zu einer mangelnden Planung und Kontrolle, weil die Führungskräfte zu sehr mit anderen Tätigkeiten überlastet sind, um diese beiden Führungsfunktionen ausreichend wahrnehmen zu können.[145] In kleineren und mittleren Unternehmen sollte deshalb erst ein "Planungsklima"[146] in Form eines stärker kooperativen Führungsstils geschaffen werden. Dies wiederum ist aber nur in begrenztem Maße möglich, weil - im Gegensatz zu Großunternehmen - die Spezialisten hierfür fehlen.[147] Damit schließt sich ein "Teufelskreis"[148], aus dem die Unternehmen nur schwer herausfinden.

Ein weiterer wichtiger Grund dafür, daß Großunternehmen signifikant häufiger Pläne aufstellen und kontrollieren[149], liegt darin, daß in kleinen und mittleren Unternehmen der Nutzen von Planung und Kontrolle nicht hinreichend erkannt wird. So besteht nicht selten auch heute noch das Fehlurteil gegenüber einer Durchführung von Planung und Kontrolle, daß sie den wichtigsten Wettbewerbsvorteil kleinerer und mittlerer Unternehmen - die Flexibilität reduzieren. Planung und Kontrolle müssen aber nicht notwendigerweise zur Inflexibilität einer Unternehmung führen. Man übersieht häufig die Möglichkeiten der Planung, durch antizipatives Handeln künftige Handlungsspielräume erst zu schaffen, bzw. die Fähigkeit der Kontrolle, wichtige Veränderungen - die auch ohne Planung eingetreten wären - zu registrieren und rechzeitig mit entsprechenden Anpassungen zu reagieren, um somit letztendlich die Flexibilität einer Unternehmung zu erhöhen.

---

143) Vgl. Hill (1976), S. 5.
144) Vgl. dazu Grochla u. a. (1981), S. 5 - 7; Krähenbühl (1983); Kiehne (1983), S. 687; Heinze (1983), S. 34 sowie Kirsch (1983), S. 32.
145) Vgl. hierzu auch die empirische Studie von Jones (1982), S. 18.
146) Köhler/Uebele (1979), S. 70.
147) Vgl. Hahlbohm (1983), S. 595 sowie Neubert (1986), S. 3.
148) Perrigo (1970), S. 258 und Grochla u. a. (1981), S. 6.
149) Vgl. z. B. die empirische Studie von Brockhoff (1975), S. 310.

In der Praxis kleiner und mittlerer Unternehmen finden sich darüber hinaus vor allem die folgenden Beweggründe, auf Planung und Kontrollsysteme zu verzichten:[150]

- die Kosten für die Implementierung und Instandhaltung eines solchen Planungs- und Kontrollsystems seien zu hoch;
- Planung und Kontrolle nehmen die jeweiligen Muttergesellschaften wahr;
- Planung und Kontrolle liefern keine Hilfe, wenn man schnelle Problemlösungen braucht.

Von theoretischer Seite räumt man ein, daß die besonderen Gegebenheiten kleinerer und mittlerer Unternehmen weniger Planung und Kontrolle erfordern bzw. ermöglichen, als dies in übersichtlichen Großunternehmen mit einem Mehr an finanziellen und menschlichen Ressourcen der Fall ist.[151] Dennoch findet man heute in der Literatur Einigkeit über die Notwenigkeit der Planung und Kontrolle zur systematischen Entscheidungsvorbereitung in kleineren und mittleren Betrieben.[152]

Die einzelnen Autoren verweisen auf die oft fatalen Folgen von Fehlentscheidungen in kleineren und mittleren Betrieben und heben in diesem Zusammenhang speziell auf den Nutzen strategischer Konzepte ab. Gerade kleinere und mittlere Unternehmen können es sich heute nicht erlauben, wichtige Veränderungen in ihrer Umwelt zu vernachlässigen und auf eine langfristig angelegte Konzentration der eigenen Kräfte auf die jeweiligen Wettbewerbsvorteile zu verzichten. Dies gilt auch in ganz besonderem Maße für kleine und mittlere Unternehmen der Pharma-Industrie, deren Umwelt eine sehr hohe Dynamik aufweist.[153]

---

150) Vgl. Mann (1984), S. 150 und Brockhoff (1975), S. 310. Zu weiteren Widerständen einer Einführung umfassender Planungs- und Kontrollsysteme siehe Kreikebaum (1983), S. 103 - 107.
151) Vgl. Kirsch (1983), S. 21.
152) Vgl. hierzu z. B. Hill (1976), S. 3 ff.; Mann (1984), S. 149 ff.; McGrail (1978), S. 24 ff.; Horváth (1981), S. 19 ff.; Holl (1982), S. 364 ff.; Kirsch (1983), S. 19 ff.; du Voitel (1982), S. 205 ff.; Neubert (1986), S. 3; Heigl (1981), S. 427 ff.
153) Zur Notwendigkeit der strategischen Planung in kleineren und mittleren Unternehmen der Pharma-Industrie vgl. speziell Kiehne (1983), S. 686 ff. sowie Gehrig (1981), S. 1095 ff.

Mit Hilfe der strategischen Planung und Kontrolle versucht man sehr frühzeitig, Sachzwänge zu vermeiden und sich eröffnende Möglichkeiten der Unternehmen wahrzunehmen. Damit soll die notwendige Flexibilität für die Lösung akuter betrieblicher Probleme in der Zukunft geschaffen werden.[154] Voraussetzung dafür ist allerdings die Umsetzung strategischer Konzepte in taktische und operative Projekte und Maßnahmen. Die strategische Planung und Kontrolle erreichen ihre volle Leistungsfähigkeit daher nur, wenn sie in ein umfassenderes Planungs- und Kontroll-System eingebettet sind.[155]

Mittlerweile erkennt man zum Teil auch in kleinen und mittleren Unternehmen die Vorteile von Planungs- und Kontrollsystemen, deren tragender Bestandteil ein strategisches Konzept bildet. Eine Umsetzung dieser Erkenntnis in die unternehmerische Praxis ist deswegen jedoch nicht immer erfolgt.[156] Soweit solche Systeme in Ansätzen überhaupt vorliegen, sind sie vornehmlich kurzfristig ausgerichtet.[157]

Um die besonderen Gegebenheiten kleinerer und mittlerer Unternehmen angemessen zu berücksichtigen und ihnen aus dem "Teufelskreis" mangelnder Delegations-, Planungs- und Kontrollmöglichkeiten herauszuhelfen, schlägt man von theoretischer Seite die Einführung von zwar umfassenden, dafür aber weniger stark formalisierten und weniger stark detaillierten Planungs- und Kontrollsystemen vor, die entsprechend unkomplizierter, leichter verständlich und einfacher in der Handhabung sind. Kirsch fordert in diesem Zusammenhang auch von den Unternehmen mehr Mut zur "Hemdsärmligkeit"[158] bei der Planung und Kontrolle. Zweck dieser Vorgehensweise ist es, den Unternehmen den Zugang zu einem systematischen und insbesondere stra-

---

154) Vgl. Eppink (1978), S. 9 - 15 sowie MacMillan (1975), S. 62 - 63.
155) Vgl. Hahn (1981), S. 223 sowie Krink/Kracht-Müntz (1984), S. 24 - 26 und S. 73 - 77.
156) Vgl. dazu die empirische Studie von Unni (1981).
157) Vgl. hierzu auch Shuman (1975), S. 86; Strigel (1970), S. 12; Bacon (1971), S. 4 - 5.
158) Kirsch (1983).

tegischen Denken und Planen zu verschaffen, ohne deshalb das speziell in kleinen und mittleren Pharma-Unternehmen notwendige Maß an Kreativität und Intuition zu vermindern.[159]

Der Absatzbereich stellt in kleinen und mittleren Betrieben der Pharma-Industrie den entscheidenden Engpaßfaktor dar. Entsprechend dem Leitgedanken einer marktorientierten Unternehmenführung sollten auch dort die Marketing-Planung und Kontrolle die Grundlage und Zentrale eines umfassenderen Planungs- und Kontrollsystem der Unternehmung darstellen.[160] Voraussetzung dafür ist allerdings eine strategische Ausrichtung der Marketing-Planung und -Kontrolle.[161] Viele Marketing-Manager sind jedoch noch zu stark dem taktischen und operativen Denken verhaftet.[162] Es steht daher zu vermuten, daß in kleineren und mittleren Unternehmen der Pharma-Industrie die Marketing-Planung und -Kontrolle nur eine untergeordnete Rolle einnimmt.

Zusammenfassend bleibt festzuhalten: Die operative und taktische Planung und Kontrolle im Bereich Pharma-Marketing und die umfassendere Unternehmensplanung und -Kontrolle stellen das situative Umsystem für eine strategische Marketing-Planung und -Kontrolle dar. Die Ausgestaltung dieses Umsystems dürfte je nach Unternehmensgröße unterschiedlich sein. In den bisherigen Erörterungen wurden zwei Aspekte besonders herausgestellt, die für die Erhebung von Relevanz sind:

1) Der allgemeine <u>Entwicklungsstand der Planungs- und Kontrollsysteme</u> in den Arzneimittel-Unternehmungen (bzw. Pharma-Sparten) im Hinblick auf eine Differenzierung nach strategischer, taktischer und operativer Ebene.

---

159) Zum Zusammenhang zwischen Intuition einerseits sowie Planung und Kontrolle andererseits in kleinen und mittleren Unternehmen vgl. Isaack (1981), S. 74 ff.; Hoorn (1979), S. 88 sowie o. V. (1985 b), S. 1. Speziell zu diesem Problemkreis für die Pharma-Industrie vgl. Gehrig (1985), S. 1095. Gehrig bemerkt dazu, daß "Nase" und "Gefühl" in kleinen und mittleren Pharma-Unternehmen zwar eine notwendige, nicht aber hinreichende Bedingung für deren Zukunftssicherung darstellt.
160) Vgl. Hürlimann (1975), S. 364.
161) Vgl. Holl (1982), S. 364.
162) Vgl. Wilson/George/Solomon (1978), S. 65 ff. sowie speziell zur mangelnden strategischen Orientierung des Pharma-Marketing Maitland (1983), S. 185.

2) Die Ausgestaltung und Bedeutung der Marketing-Planung und -
Kontrolle innerhalb dieses umfassenderen Systems:

a) Differenzierung der Marketing-Planung und -Kontrolle
   nach strategischer, taktischer und operativer Ebene
b) Hierarchische Stellung der Marketing-Planung innerhalb
   des Systems der funktionalen Teilbereichspläne.

In der Praxis der Unternehmen ist meist eine kombinierte Anwendung der Differenzierung zwischen strategischen, taktischen und operativen Konzepten nach dem Abstraktionsgrad sowie zeitlichen Gesichtspunkten anzutreffen.[163] Man unterscheidet lediglich zwischen kurzfristigen Plänen mit hoher Differenziertheit (operative Planung), mittelfristigen Plänen mit mittlerer Differenziertheit (taktische Planung) und langfristigen Plänen mit geringer Differenziertheit (strategische Planung). Daneben existieren bisweilen Unternehmensleitbilder, die den Zweck der Unternehmung für einen sehr langen Zeitraum grob skizzieren.[164]

In bezug auf die strategische Planung stimmt diese Einteilung der Praxis nicht notwendigerweise mit den theoretischen Vorstellungen überein. Die Langfristplanung kann zwar ihrem Zweck nach strategisch ein, dies muß aber nicht der Fall sein, weil bei einer zweidimensionalen Betrachtung (Zeithorizont/ Abstraktionsgrad) das strategische Denken, das hinter dieser Planungsebene stehen soll, nicht berücksichtigt wird.[165]

Frage 10 a befaßt sich zunächst mit dem Entwicklungsstand der Unternehmens- (bzw. Bereichs-) Planung in der unternehmerischen Praxis pharmazeutischer Unternehmen. Der Aufbau der Frage berücksichtigt folgende Aspekte:

o Um bei der schriftlichen Erhebung Mißverständnisse zu vermeiden und trotzdem Anhaltspunkte über den Entwicklungsstand der Planungssysteme in den pharmazeutischen Unternehmen zu erhalten, wird in Frage 10 a die in der Praxis geläufige Einteilung der Planungskategorien vorgegeben.

---

163) Vgl. Wild (1974), S. 166 - 167. Ausführlicher zur Systematisierung von Planungs- und Kontrollsystemen siehe Rau (1985), S. 29 - 41.
164) Vgl. Horváth (1980), S. 17 - 18; Neubert (1986), S. 3 und Gabele (1982), S. 185 ff.
165) Vgl. hierzu Thanheiser/Patel (1979), S. 9 - 11 sowie Kapitel II dieser Arbeit.

o Da in kleinen und mittleren Unternehmen Pläne (insbesondere strategische) vielfach nicht schriftlich fixiert sind, sondern nur in den Gedanken der Manager bestehen oder nur mündlich an andere Führungspersonen weitergegeben werden[166], gibt Frage 10 a diese drei Antwortkategorien ebenfalls vor.

o Daneben sollen die Befragten die zeitliche Reichweite der jeweiligen Planungen in einer offenen Rubrik genauer spezifizieren. Die zeitliche Reichweite der Planungsebenen kann innerhalb der vorgegebenen Kategorien (kurz-, mittel-, langfristig) bei den einzelnen Unternehmen erheblich divergieren. Speziell in größeren Unternehmen mit einer notwendigerweise sehr langfristig angelegten Pharma-Forschung dürften insbesondere die strategischen Zeithorizonte weiter in die Zukunft gerichtet sein.

o Frage 10 a geht außerdem speziell auf die Ausgestaltung der Marketing-Planung ein. Der Aufbau der Frage bleibt derselbe wie oben. Die jeweilige Planungsebene, die die Marketing-Planung erreicht, gibt zugleich Auskunft über ihren Stellenwert im Gesamtsystem der Unternehmensplanung.

Frage 10 b befaßt sich mit dem Entwicklungsstand des Kontrollsystems. Zwar betont die Theorie, es gelte für jede Planungsebene und jeden Planungsbereich, daß keine sinnvolle Planung ohne Kontrolle möglich ist, dennoch zeigen empirische Studien, daß selbst in Großunternehmen, in denen strategische Planung betrieben wird, eine strategische Kontrolle nicht unbedingt erfolgt.[167] Dies macht es erforderlich, im Rahmen der Erhebung explizit auf die Frage der Kontrolle einzugehen.

Die Fragestellung lehnt sich in Zweck und Inhalt eng an Frage 10 a an. In Frage 10 b wird untersucht, ob überhaupt entsprechende Kontrollaktivitäten zu den in Frage 10 a aufgeführten Plänen durchgeführt werden und wie häufig dies geschieht. Auch

---

166) Vgl. hierzu Kellerwessel (1981), S. 139; Kiehne (1983), S. 687; McGrail (1978), S. 24.
167) Siehe hierzu Horovitz (1979), S. 3 ff.; Kreikebaum/Suffel (1981), S. 84 und Kordina-Hildebrandt/Hildebrandt (1979), S. 115 ff.

F 10	PLANUNG / KONTROLLE					
10 a	Inwieweit existieren in Ihrer Unternehmung Leitlinien und Pläne der künftigen Geschäftspolitik für den Arzneimittelsektor? Kreuzen Sie bitte in den Kästchen an, ob die jeweiligen Zukunftsvorstellungen schriftlich, mündlich oder gedanklich fixiert sind und geben Sie bitte außerdem an, inwieweit solche Überlegungen in die Zukunft reichen (zeitliche Reichweite)!					
	Unternehmung bzw. Pharma-Sparte (allgemein) / Pharma-Marketing (speziell)	nicht existent	nur gedanklich	nur mündlich	schriftlich fixiert	zeitliche Reichweite (Bitte jeweils angeben
		0	1	2	3	
096	o Pharma-Leitbild .... Zweck (Mission) und Aufgaben der Unternehmung auf dem Arzneimittelsektor - sehr langfristig ausgerichtet - sehr grob skizziert	☐	☐	☐	☐	_____
097	o Strategische Planung (allgem.) - langfristige Ziele und Maßnahmen - geringe Differenziertheit	☐	☐	☐	☐	_____
098	o Taktische Planung (allgemein) - mittelfristige Ziele und Maßnahmen - mittlere Differenziertheit	☐	☐	☐	☐	_____
099	o Operative Planung (allgemein) - kurzfristige Ziele und Maßnahmen - hohe Differenziertheit	☐	☐	☐	☐	_____
100	o Strategische Marketing-Planung	☐	☐	☐	☐	_____
101	o Taktische Marketing-Planung	☐	☐	☐	☐	_____
102	o Operative Marketing-Planung	☐	☐	☐	☐	_____
10 b	Kreuzen Sie nun bitte jeweils an, inwieweit zu den einzelnen Planungen entsprechende Kontrollaktivitäten durchgeführt werden!					
		Kontrollen erfolgen:				
		keine	nur am Ende der Planperiode	mit Zwischenkontrollen	als permanente Überwachung	
		0	1	2	3	
103	Strategische Planung (allgemein)	☐	☐	☐	☐	
104	Taktische Planung (allgemein)....	☐	☐	☐	☐	
105	Operative Planung (allgemein)....	☐	☐	☐	☐	
106	Strategische Marketing-Planung...	☐	☐	☐	☐	
107	Taktische Marketing-Planung......	☐	☐	☐	☐	
108	Operative Marketing-Planung......	☐	☐	☐	☐	
10 c	Welcher der nachfolgend aufgeführten Pläne dominiert in der Hierarchie der funktionalen Teilbereichspläne? Bitte nur den (einen) Plan angeben, dem die größte Bedeutung zukommt.					
109 - 114	0/1 ☐ Finanzplan 0/1 ☐ Investitionsplan 0/1 ☐ Produktionsplan 0/1 ☐ Marketing-Plan 0/1 ☐ F & E-Plan 0/1 ☐ sonstiger Plan nämlich: _____					

hierbei lassen sich unterschiedliche Verständnisweisen zwischen dem Begriff der strategischen Kontrolle in der Theorie und in der Praxis allerdings nicht ausschließen.[168]

Frage 10 c behandelt schließlich die <u>Stellung des Pharma-Marketing-Planes</u> im Rahmen der funktionalen Teilpläne. Die Befragten sollen dabei unter den fünf vorgegebenen funktionalen Teilplänen angeben, welcher Plan in der Hierarchie dieser Teilpläne den ersten Platz einnimmt. Entsprechend der Philosophie einer marktorientierten Unternehmensführung müßte dies der Marketing-Plan sein. Die Frage gibt also auch Auskunft darüber, ob der Marketing-Gedanke in die Unternehmensplanung überhaupt Eingang gefunden hat.

1.1.4.4 INFORMATIONSWESEN

Betrachtet man den Informationsbegriff unter pragmatischen Gesichtspunkten und versteht darunter "zweckorientiertes Wissen"[169] zur Fundierung von Entscheidungen in Unternehmen, so wird die Bedeutung von Informationen im Rahmen von Managementprozessen offensichtlich. Informationen sollen letztlich der Verbesserung der Qualität von Management-Entscheidungen dienen.

Der gemeinsame Zweck aller Phasen des Management-Prozesses besteht deshalb darin, Informationen zu gewinnen, zu verarbeiten und weiterzuleiten. Management-Prozesse und Informationsprozesse sind somit stets untrennbar ineinander verwoben. Informationsprozesse laufen in allen Phasen (Analyse, Planung, Kontrolle), auf allen Ebenen (operative, taktische, strategische) und in allen funktionalen Teilbereichen (Marketing, Produktion, Forschung & Entwicklung etc.) des Management-Prozesses ab.

Die Gesamtheit aller Menschen, Maßnahmen und Maschinen, die der Beschaffung, Verarbeitung, Speicherung und Weiterleitung von Informationen dienen, bezeichnet man als Management-Informationssystem. Diese Systeme stellen Entscheidungsgrundlagen für die verschiedensten Bereiche des Management zur Ver-

---

168) Vgl. Steinmann/Schreyögg (1983), S. 12 sowie Kapitel II.1 dieser Arbeit.
169) Wittmann (1980), Sp. 894.

fügung. Entsprechend der Aufteilung des Management-Prozesses läßt sich die Struktur solcher Systeme in Entscheidungsebenen, -phasen und Aufgabenbereiche untergliedern.[170] Das Marketing-Informationssystem stellt somit ein integriertes Subsystem des umfassenderen Management-Informationssystems dar. Dieses Subsystem dient speziell der Unterstützung von Marketing-Entscheidungen und soll u. a. die informatorische Basis für das strategische Marketing liefern.[171]

Verschiedene Autoren setzen Management-Informationssysteme mit umfassenden computerunterstützten betrieblichen Informationssystemen gleich.[172] Dieser Auffassung wird hier nicht gefolgt. Zwar findet die elektronische Datenverarbeitung heute selbst in nahezu allen kleineren Unternehmen Anwendung[173], der EDV-Einsatz bezieht sich dort zumeist nur auf vereinzelte betriebliche Fragestellungen und Probleme. Wenngleich z. T. in Großunternehmen relativ weit entwickelte partielle betriebliche Informationssysteme bestehen[174], kann auch dort nicht von umfassenden computergestützten Management-Informationssystemen die Rede sein.[175] Der EDV-Einsatz wird deshalb nicht als begriffskonstituierendes Merkmal von Management-Informationssystemen vorausgesetzt, sondern ist selbst explizit Gegenstand der empirischen Erhebung.

Neben dem EDV-Einsatz beschränkt sich die Analyse und Operationalisierung der (Marketing-)Management-Informationssysteme von Arzneimittelunternehmen auf folgende Aspekte:

- Informationsquellen
- Informationsinhalte
- Methoden/Modelle der Informationsgewinnung und -verarbeitung.

---

170) Zu weiteren Unterteilungsmöglichkeiten von Management-Informationssystemen vgl. Kirsch/Klein (1977).
171) Vgl. ähnlich Heinzelbecker (1974), S. 37 sowie Mathieu (1974), Sp. 851 - 852. Allgemein zu Informationssystemen siehe Berthel (1975), zu Marketing-Informationssystemen Heinzelbecker (1985).
172) Vgl. z. B. Mertens (1981); Busch (1985) sowie Heinzelbecker (1974).
173) Vgl. hierzu Nowak (1984), S. 65 ff. sowie Bussiek (1981).
174) Vgl. Heinzelbecker/Köhler/Stölzel (1977).
175) Zu den Problemen des Aufbaus umfassender computergestützter Management-Informationssysteme siehe Heinzelbecker (1978), S. 133 - 138 sowie derselbe (1985).

Inwieweit ein Ausbau der betrieblichen Informationssysteme bei den untersuchten Arzneimittelunternehmen erfolgt, hängt ab vom objektiven Informationsbedarf und subjektiven Informationsbedürfnis der Entscheidungsträger sowie der finanziellen Tragbarkeit eines solchen Systems.

Unter dem objektiven Informationsbedarf versteht man die Art, Menge und Qualität von Informationen, welche die Entscheidungsträger in einer Unternehmung benötigen.[176] In weniger komplexen kleinen und mittleren Unternehmen mit weniger Produkten und Märkten ist dieser Informationsbedarf tendenziell geringer als in Großunternehmen. Andererseits treten gerade dort eher Informationsdefizite auf[177], weil entsprechende Analyse-, Planungs- und Kontrollprozesse, im Rahmen deren man Informationslücken meist erst erkennen kann, nicht stattfinden und somit die subjektiven Informationsbedürfnisse hinter dem objektiven Informationsbedarf zurückbleiben, zum anderen, weil der finanzielle Rahmen oft nicht ausreicht, um die Gewinnung und Verarbeitung der benötigten Informationen vornehmen zu können. In komplexen Großunternehmen mit einer Vielzahl von Produkten und Märkten sowie Spezialisten für Planung, Kontrolle, Marktforschung usw. besteht dagegen tendenziell eher das Bedürfnis und die finanzielle Möglichkeit, ein umfassendes (Marketing-)Management-Informationssystem aufzubauen.

Die pharmazeutische Industrie gilt als wohl am besten informierteste Branche.[178] Als <u>Informationsquellen</u> dienen vor allem die einschlägigen Branchenpanels (insbesondere des Institutes für Medizinische Statistik), die aktuelles Datenmaterial über die verschiedensten Teilmärkte des Arzneimittelsektors liefern. Die Panels enthalten regelmäßige Informationen über die Umsatz- und Absatzentwicklungen sowie Preise und Werbeaufwendungen der wichtigsten Präparate und sind gegen Bezahlung allen Pharma-Unternehmen zugänglich.[179] Mittlerweile sind diese und zahlreiche andere Pharma-Daten (z. B. über demographische Entwicklungen, Patent- und Lizenzvergaben, Gesundheitsstatistiken, pharmapolitische Entwicklungen und vieles andere mehr) auch auf Datenbanken gespeichert, auf die im direkten Online-

---

176) Vgl. Szyperski (1980), Sp. 904.
177) Siehe hierzu z. B. Bussiek/Niemeier (1983), S. 10 ff.; IHK Koblenz (1978); Thürbach/Hutter (1976), S. 74 ff.; Szyperski (1971), S. 902 ff.; Schmid (1970), S. 46 ff.
178) Vgl. Chappell (1983), S. 117.
179) Vgl. Oberender (1977), S. 176 - 177.

Betrieb ein rascher Zugriff möglich ist. Diese Datenbanken decken den externen Informationsbedarf der Pharma-Unternehmen zu einem Großteil ab.[180]

Um neben diesen standardisierten Daten auch Informationen zu spezifischen Problemstellungen zu erhalten, geben größere pharmazeutische Unternehmen vielfach auch Primärerhebungen bei Marktforschungsinstituten in Auftrag bzw. führen diese Erhebungen selbst durch. Während die Informationsgewinnung über standardisierte Informationsdienste sowie Primärerhebungen relativ kostenintensiv sind, existieren noch eine Reihe weiterer Informationsquellen für Pharma-Unternehmen, deren Erschließungen weniger finanzielle Mittel erfordern (z. B. Informationsmaterialien des Bundesverbandes der Pharmazeutischen Industrie, Zeitungsberichte, Statistische Ämter etc.) und sich deshalb insbesondere für kleine und mittlere Pharma-Unternehmen anbieten.[181] Dies gilt insbesondere auch für die Nutzung von internen Informationen (z. B. des Rechnungswesens) oder von Berichten des Außendienstes.

Trotz dieser Vielzahl von Informationsquellen bestehen auch in der pharmazeutischen Industrie z. T. Informationsdefizite. Nach Informationsebenen unterschieden betreffen diese Informationslücken vor allem die Grundlageninformationen für strategische Entscheidungen[182], da deren Informationsbedarf über die herkömmlichen Informationserfordernisse hinausgeht.[183] In diesem Zusammenhang wird insbesondere von der Marktforschung eine gedankliche Umorientierung gefordert.[184] Demnach soll der Marktforschung die Aufgabe zukommen, neben Marktdaten zusätzliche Informationsinhalte über unternehmensexterne Sachverhalte aus dem weiteren Umfeld der Arzneimittelbetriebe (globale, medizinische, Branchen-Umwelt) zu beschaffen und somit den wichtigsten Teil des Informationsbedarfs für das gesamte strategische Management abzudecken.

Meist führt allerdings erst die Verknüpfung und Verdichtung dieser Informationen zusammen mit den Marktdaten zu strategisch relevantem Informationsmaterial. Gerade in pharmazeuti-

---

180) Zum Angebot solcher Datenbanken vgl. Venker (1983), S. 11 - 14 sowie vor allem Newell (1983), S. 71 - 92.
181) Zu den Möglichkeiten der Informationsbeschaffung für kleine und mittlere Unternehmen vgl. ausführlich Kellerwessel (1984), S. 138 ff.
182) Vgl. hierzu Fanucci (1983), S. 1 - 10.
183) Vgl. dazu ausführlich Sprengel (1984).
184) Vgl. u. a. Köhler (1986); Lüninghöner (1985); o. V. (1983).

schen Unternehmen besteht das Problem des strategischen Informationsdefizites eher in einem "Information overload" als im fehlenden Zugang zu relevanten Informationen. Die erforderliche Informationsverdichtung kann mit Hilfe strategischer <u>Modelle und Verfahren</u> erfolgen, von denen die Literatur eine Vielzahl anbietet.[185]

Obgleich den kleineren und mittleren Pharma-Unternehmen sowohl im Hinblick auf die Deckung des Informationsbedarfes als auch des Methodeneinsatzes engere Grenzen gesetzt sind als Großunternehmen, zeigen Einzelbeispiele, daß auch dort Umfeldanalysen und die Anwendung strategischer Modelle und Verfahren - wenn auch in geringerem Umfang - möglich und sinnvoll sind.[186]

Die Erhebung der genannten Teilaspekte von (Marketing-) Management-Informationssystemen, welche die Möglichkeiten der Informationsgewinnung und -verarbeitung der Pharma-Industrie widerspiegeln, erfolgt in Frage 11. Dort geht es darum,

a) ob die aufgeführten Informationsmöglichkeiten überhaupt von den befragten Arzneimittelunternehmen genutzt werden,
b) falls die Informationsmöglichkeiten genutzt werden, mit welcher Intensität die Nutzung erfolgt,
c) ob bei der Nutzung der jeweiligen Informationsmöglichkeiten ein EDV-Einsatz erfolgt oder nicht.[187]

---

185) Vgl. hierzu den sehr ausführlichen Überblick bei Klöcker (1983), S. 87 - 94.
186) Vgl. dazu Lüninghöner (1985), Fischer/Zimmermann (1983); Pearce/Chapman/David (1982); Barnes/Pynn/Noonan (1982).
187) Einen Eindruck von den Möglichkeiten der EDV-Unterstützung insbesondere im Hinblick auf strategische Fragestellungen geben Mertens/Plattfant (1985).

F 11	INFORMATIONSWESEN

Im folgenden geht es um Ihr betriebliches Informationswesen.
Beantworten Sie bitte für alle angegebenen Informationsquellen, -ebenen, -inhalte und -methoden folgende zwei Fragen:
a) Wie umfassend und intensiv erfolgt die Nutzung der einzelnen Informations(-gewinnungs)möglichkeiten (Nutzungsintensität)?
b) Sofern eine Nutzung erfolgt, geschieht die Datenerfassung und/oder -verarbeitung mit EDV-Einsatz?

	Informationsquellen	keine Nutzung 0	ge- ring 1	2	3	4	sehr hoch 5	EDV-Einsatz nein 0	ja 1
115	- Panels								
116	- Außendienstberichte								
117	- Zeitschriften, Bücher etc.								
118	- Informationen des BPI								
119	- Behörden; stat. Ämter etc.								
120	- Datenbanken								
121	- Primärerhebungen								
122	- Innerbetriebliche Berichte								
	Informationsebenen								
123	- strategische Informationen								
124	- taktische Informationen								
125	- operative Informationen								
	Informationsinhalte über:								
126	- Globale Umwelt (Gesamtwirtschaftliche, -politische und -gesellschaftliche Entwicklungen)	☐	☐	☐	☐	☐	☐	☐	☐
127	- Medizinische Umwelt (Mortalität, Morbidität, Ärzte, Apotheken etc.)	☐	☐	☐	☐	☐	☐	☐	☐
128	- Branchen-Umwelt (Firmengründungen, Lizenz-, Patentvergaben, Kooperationen etc.)	☐	☐	☐	☐	☐	☐	☐	☐
129	- Marktliche Umwelt (Marktanteile, Umsätze etc.)	☐	☐	☐	☐	☐	☐	☐	☐
	Methoden / Modelle								
130	- Produktlebenszyklus								
131	- Stärken-/Schwächenanalyse								
132	- Konkurrenzanalysen								
133	- Portfolio-Analyse								
134	- Gap-Analyse								
135	- Chancen-Risiko-Analyse								
136	- Marktsegmentierung								
137	- Produktpositionierung								
138	- Trendextrapolation								
139	- sonst. quantitative Prognosemethoden								
140	- Szenariotechnik								
141	- ökonometrische Modelle								
142	- multivariate statistische Analysemethoden								
143	- Kreativitätstechniken								
144	- Deckungsbeitragsanalysen								
145	- Kosten-Nutzen-Analysen								
146	- Potentialanalyse								

1.2 EXTERNE KONTEXTMERKMALE

Neben internen Gegebenheiten in den Pharma-Unternehmen kommt einer Vielzahl exogener Einflußfaktoren erhebliche Bedeutung bei der Ausgestaltung der strategischen Unternehmensführung zu. Unter Marketing-Gesichtspunkten gilt es hierbei primär, die absatzmarktlichen Rahmenbedingungen der einzelnen Arzneimittelfirmen zu analysieren. Die nachfolgende Analyse und Operationalisierung der für das strategische Pharma-Marketing relevanten externen Kontextmerkmale beschäftigt sich daher mit dem Markt für human-pharmazeutische Fertigarzneimittel und dessen weiteres Umfeld.

1.2.1 PRODUKTBEZOGENE MARKTASPEKTE

Die offensichtliche Beziehung zwischen einzelnen Produktcharakteristika und dem strategischen Pharma-Marketing wurde zum Teil bereits an anderer Stelle dieser Arbeit im Zusammenhang mit der Analyse des Produktions- und Vertriebsprogramms der Pharma-Unternehmen erörtert. Im Gegensatz zu den dort abgehandelten Produktmerkmalen geht es im folgenden nicht um Eigenschaften, die den Präparaten primär aufgrund innerbetriebliche Gegebenheiten bzw. Entscheidungen vorbestimmt sind, sondern um Kriterien, die tendenziell eher von außerhalb der Unternehmung (z. B. Gesetzgeber, Nachfrager, Marktpartner) einwirkenden Markteinflüssen unterliegen.

1.2.1.1 VERTRIEBSBINDUNG

Eine wichtige Besonderheit des Arzneimittelmarktes ist in der rechtlichen Vertriebsbindung bestimmter Medikamente zu sehen. Nach den Bestimmungen des AMG unterscheidet man zwischen <u>verschreibungspflichtigen, apothekenpflichtigen und frei verkäuflichen Arzneimitteln</u>. Die Einteilung erfolgt nach der Risikobehaftung der Medikamente. Arzneimittel, die auch bei bestimmungsgemäßem Gebrauch die menschliche Gesundheit gefährden können, dürfen nur auf Vorlage einer ärztlichen Verschreibung an Verbraucher abgegeben werden. Für die verordnungspflichtigen Präparate besteht zudem nach § 10 Abs. 1 HWG ein

Publikumswerbeverbot.[188] Desweiteren darf die Abgabe von Arzneimitteln, sofern diese nicht ausdrücklich aufgrund ihrer geringen pharmakologischen Wirkung von der Apothekenpflicht ausgenommen sind, nur in Apotheken an der Verbraucher erfolgen.

Infolge ihrer Verordnungs- bzw. Apothekenpflicht unterliegt die Mehrzahl aller Arzneimittel der gesetzlichen Vertriebsbindung auf der Einzelhandelsstufe. Unter den rund 8.900 (100 %) Präparateeinträgen der "Roten Liste" befinden sich ca. 4.000 (45 %) verschreibungspflichtige Medikamente und nur etwa 350 (4 %) apothekenfreie Präparate, die auch für den Verkehr außerhalb der Apotheke zugelassen sind.[189] Das Image des Apothekers als Fachmann für Pharmazeutika bewirkt zusätzlich, daß die Pharma-Unternehmen diese frei verkäuflichen Arzneimittel ebenfalls weitgehend in Apotheken absetzen.[190] Etwa 85 % des Umsatzes mit nicht apothekengebundenen Medikamenten wird daher trotzdem über Apotheken getätigt.[191]

Der Verkauf von apothekenfreien Arzneimitteln über Reformhäuser, Drogerien sowie den Lebensmittelhandel gilt - gemessen am gesamten Arzneimittelumsatz - als sehr gering. Lediglich in bezug auf vereinzelte Grenzbereiche des Pharma-Sektors (z. B. bei den frei verkäuflichen Vitamin-Präparaten) besitzen diese Vertriebswege eine größere Bedeutung. Aufgrund ähnlicher Erfahrungen in den Vereinigten Staaten wird zum Teil allerdings erwartet, daß sich bei den nicht-apothekengebundenen Arzneien der Trend zum Verkauf außerhalb der Apotheken verstärkt.[192]

In der Terminologie der Pharma-Manager ist auch die Unterscheidung zwischen den sogenannten over-the-counter (OTC)-Arzneimitteln, die der Arzneimittelkonsument ohne ärztliche Verordnung bzw. Verschreibung kauft (Handverkaufs- bzw. Selbstmedikationsmarkt), und den verordneten Arzneimitteln, die aufgrund eines Rezeptes nachgefragt werden (Verordnungsmarkt) gebräuchlich.[193] Diese Unterteilung ist nicht identisch mit der im AMG zu findenden Einteilung in verschreibungspflichtige (oder auch ethisch genannte Präparate) und nicht-verschreibungspflichtige Medikamente, da die letzteren ebenfalls vom Arzt verschrieben werden können. Nicht-verschreibungspflich-

---

188) Vgl. dazu auch Kapitel II.1.2.5.2.2.1, S. 112.
189) Vgl. BPI (1986 b), S. 10.
190) Vgl. Oberender (1984); Cranz/Czech-Steinborn/Frey/Reese (1982); Winckelmann (1978) sowie BBE (1985).
191) Vgl. BBE (1985), S. 87.
192) Vgl. o. V. (1985 c); BBE (1985); Bürger (1982).
193) Zur Verwendung unterschiedlicher Arzneimittelbegriffe in der Pharma-Branche vgl. Oberender (1984).

tige Präparate, deren Abgabe überwiegend per Rezept erfolgt, bezeichnet man häufig auch als semi-ethische Präparate; die übrigen rezeptfreien Medikamente als Populärpräparate (vgl. Abb. 48).

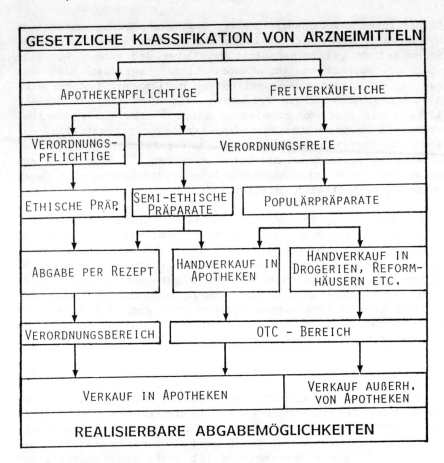

Abb. 48: Überblick über verschiedene Klassifikationen von Arzneimitteln und deren realisierbare Abgabemöglichkeiten

Eine zusätzliche begriffliche Verwirrung ergibt sich, wenn man zwischen erstattungsfähigen und nicht-erstattungsfähigen Arzneimitteln unterscheidet. Während bei ersteren die Krankenkassen die Arzneimittelkosten tragen, müssen nicht-erstattungsfähige Präparate grundsätzlich vom Patienten selbst bezahlt werden. Die Krankenkassen erstatten die Medikamentenkosten zwar prinzipiell nur für verordnete ethische bzw. semi-ethische Präparate, umgekehrt ist aber nicht jedes rezeptpflichtige und nicht jedes apothekengebundene Präparat, das verordnet wird, gleichzeitig auch erstattungsfähig.[194]

Bei der Betrachtung der Umsatzstruktur des Arzneimittelmarktes (ohne Krankenhausmarkt) in Abbildung 49 ist festzustellen, daß die verordnungspflichtigen Präparate bereits einen Umsatzanteil von 58 % (10,5 Mrd. DM) auf sich vereinigen.[195]

Struktur des Arzneimittel-Angebotes

Arzneimittel	Verordner	Kosten	Absatzstätte	Marktvolumen
1. Rezeptpflichtig Apothekenpflichtig	Arzt	Kassenrezept ohne/mit Selbstbeteiligung	Apotheke (Gesetz)	10,5 Mrd. DM
2. Rezeptfrei Apothekenpflichtig	Arzt	Kassenrezept ohne/mit Selbstbeteiligung	Apotheke (Gesetz)	4,2 Mrd. DM
	Verbraucher	Eigenkosten	Apotheke (Gesetz)	
3. Rezeptfrei Freiverkäuflich	Verbraucher	Eigenkosten	Apotheke (Hersteller)	2,8 Mrd. DM
4. Rezeptfrei Freiverkäuflich	Verbraucher	Eigenkosten	Apotheke Drogerie Drogeriemärkte Reformhaus usw.	0,5 Mrd. DM

(TREND ↓ / OTC-Markt)

Abb. 49: Umsatzstruktur des Arzneimittelmarktes (ohne Krankenhausmarkt)
(Quelle: Esser (1983a), S.71.)

---

194) Vgl. auch hierzu Oberender (1984). Zur Problematik der Erstattungsfähigkeit von Medikamenten vgl. außerdem genauer Kapitel III.1.2.3.1., S. 279 ff.
195) Die Angaben beziehen sich auf Umsätze nach Apothekenverkaufspreisen.

Berücksichtigt man, daß auch bei nicht-verordnungspflichtigen apothekengebundenen Medikamenten die Abgabe überwiegend per Rezept erfolgt, dann wird die besondere Stellung des Arztes beim Kaufentscheid von Arzneimitteln deutlich. Über 80 % des Arzneimittelumsatzes außerhalb von Krankenhäusern entsteht im Wege ärztlicher Verordnung. Dabei gilt es zu berücksichtigen, daß es aufgrund des Aut-Simile-Verbotes sowohl dem Apotheker als auch dem Patienten gesetzlich untersagt ist, das verordnete Arzneimittel durch ein anderes Produkt zu substituieren und somit die per Rezept vollzogene Produktwahl des Arztes zu verändern.

Selbst für den OTC-Kauf spielt der Arzt eine sehr wichtige kaufbeeinflussende Rolle. Laut empirischen Untersuchungen berücksichtigen 44,5 % der Konsumenten selbst beim Handverkauf ärztliche Empfehlungen bzw. frühere ärztliche Verordnungen.[196] Als zweithäufigster Einflußfaktor beim OTC-Kauf wird die Empfehlung des Apothekers genannt (39 % der Befragten).[197]

Neben dem Apothekenmarkt, auf den ca. 78 % des gesamten Umsatzes mit human-pharmazeutischen Fertigarzneimitteln entfallen, stellt der Krankenhausmarkt mit einem Umsatzanteil von ca. 20 % den zweiten großen Sektor des Arzneimittelmarktes dar.[198] Inwieweit einzelne Medikamente auf dem Krankenhausmarkt Absatz finden, hängt unter anderem auch von der jeweiligen Produktart ab. Nicht alle Arzneimittel, die auf dem Apothekenmarkt einen starken Absatz finden, eignen sich auch für den Krankenhausmarkt. Dagegen stellen beispielsweise Infusionslösungen typische Krankenhauspräparate dar. In der Regel sind die Pharma-Unternehmen allerdings daran interessiert, selbst Medikamente, die überwiegend im Apothekenmarkt nachgefragt werden, auch auf dem Krankenhausmarkt abzusetzen.[199]

Die Unterscheidung der Arzneimittel in verordnungspflichtige, apothekenpflichtige und frei verkäufliche Medikamente sowie Krankenhauspräparate hat nachhaltige Auswirkungen auf die Ausgestaltung des jeweiligen strategischen Pharma-Marketing sowie insbesondere auf die Zielgruppenbestimmung und den Einsatz der Marketing-Instrumente. In Frage 12 a wird der prozentuale Anteil der jeweiligen Arzneimittelart am Produktprogramm der

---

196) Vgl. Esser (1983 a), S. 72.
197) Vgl. ebenda.
198) Vgl. Oberender (1984), S. 269.
199) Zu den Gründen hierfür vgl. S. 126.

einzelnen Pharma-Unternehmen nach ihrer Vertriebsbindung (ähnlich wie in Frage 7) anhand einer siebenstufigen Skala abgefragt. Im Gegensatz zu Frage 7 bezieht sich die Fragestellung jedoch nicht auf die Anzahl der Arzneimittel sondern auf den umsatzmäßigen Anteil der jeweiligen Produktklasse am gesamten Arzneimittelumsatz einer Unternehmung.

1.2.1.2 STELLUNG IM PRODUKTLEBENSZYKLUS

Einen weiteren Schwerpunkt bei der Analyse der Angebotsstruktur von Arzneimittelunternehmen unter marktlichen Aspekten stellt die Betrachtung des Altersaufbaus der Präparateprogramme dar. Die Untersuchung der Altersstruktur der Produktprogramme knüpft an die Stellung der einzelnen Präparate innerhalb des Produktlebenszyklus-Modells an.

Das Lebenszyklus-Konzept stellt ein deskriptives Modell dar, das die "Evolution" bzw. den "Lebensweg" von Produkten vom Zeitpunkt ihres Markteintritts bis zur Marktelimination beschreibt.[200] Die graphische Darstellung des Produkt-Lebenszyklus erfolgt üblicherweise in einem zweidimensionalen Schaubild, auf dessen Abszisse die Zeit und auf dessen Ordinate der Umsatz pro Zeiteiheit abgetragen ist. In der Marketing-Literatur geht man dabei von einem "idealtypischen" S-förmigen Kurvenverlauf aus, ohne daß dieser jedoch theoretisch und/oder empirisch ausreichend genug fundiert wird (vgl. hierzu Abb. 50).[201]

---

200) Vgl. hierzu u. a. Engel (1986 a), S. 397 ff.; Meffert (1986), S. 62 ff. bzw. S. 369 ff.; Nieschlag/Dichtl/Hörschgen (1985), S. 168 ff.; Potucek (1984), S. 83 ff.; Kotler (1982), S. 299 ff. sowie Simon (1982), S. 185 ff.
201) Bei der Begründung des S-förmigen Kurvenverlaufes bezieht man sich zum Teil auf die Diffusionstheorie von Rogers (1962), dessen statistische Verteilung der individuellen Adaptionszeiten der Nachfrager von Innovationen einen ähnlichen Kurvenverlauf aufzeigt. Speziell zum Adaptionsprozeß von Pharmazeutika bei Ärzten vgl. Coleman/Katz/Menzel (1966) sowie Haseloff (1978). Daneben existieren noch verschiedene Studien, die mehr oder minder gute Übereinstimmungen zwischen dem Umsatzverlauf bestimmter Produkte und dem "idealtypischen" Lebenszyklus feststellen. Vgl. hierzu insbesondere Polli/Cook (1969). Diese Untersuchungen vermögen jedoch nicht, die Gesetzmäßigkeit des "typischen" Produkt-Lebenszyklus hinreichend zu stützen. Vgl. hierzu auch Meffert (1974), S. 96.

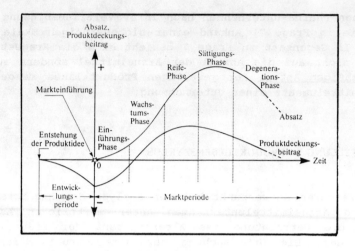

Abb. 50: **Idealtypischer Verlauf des Produktlebenszyklus**
(Quelle: Nieschlag / Dichtl / Hörschgen (1985), S.168.)

Das in Abbildung 50 dargestellte Elementar-Modell versucht aufzuzeigen, daß jedes Produkt im Verlauf seiner Marktexistenz mehrere Stadien durchläuft. Je nach Autor unterscheidet man vier bis sechs Phasen[202], wobei die Abgrenzung der Phasen relativ willkürlich erfolgt. Unter der Annahme, daß jedes auf dem Markt befindliche Produkt sich einer dieser Phasen zuordnen läßt, werden für die einzelnen Produkte respektive Phasen jeweils charakteristische Kosten- und Gewinnsituationen, Marktstrukturen, Unternehmenstypen, Wettbewerbsbeziehungen und Nachfrageverhalten der Konsumenten beschrieben. Basierend auf diesen Hypothesen erfolgt anschließend die Ableitung theoretischer Handlungsempfehlungen für das strategische Marketing. Diese "Standardempfehlungen" beziehen sich sowohl auf strategische Grundsatzentscheidungen (z. B. Investitions- vs. Desinvestitionsstrategien, Marktsegmentwahl etc.) als auch auf Art und Intensität des Einsatzes einzelner Marketing-Instrumente (Instrumentalstrategien).[203]

---

202) Vgl. dazu den Überblick bei Pfeiffer/Bischof (1974), S. 67 ff.
203) Kataloge von "Standardstrategien", die sich aus dem Lebenszykluskonzept ergeben, finden sich beispielsweise bei Meffert (1980); Hinterhuber (1984), S. 232 f.; Friesewinkel/ Schneider (1982), S. 453 ff. sowie Wasson (1971), S. 164 ff.

Die Kritik am Modell des Produktlebenszyklus[204] setzt an den bislang nicht eindeutig verifizierten Hypothesen des Konzeptes an. Da weder eine Gesetzmäßigkeit des Kurvenverlaufs für bestimmte Gütekategorien eindeutig nachgewiesen werden konnte, noch klare Kriterien zur Abgrenzung der einzelnen Phasen vorliegen und sich somit auch kein greifbarer Zusammenhang zu anderen relevanten Bedingungskonstellationen des strategischen Marketings (z. B. Marktstruktur; Wettbewerbsbeziehungen; Nachfrageverhalten etc.) präzisieren läßt, kann dem Modell auch keine deterministische Kraft hinsichtlich der Formulierung marketingpolitischer Standardstrategien beigemessen werden. Darüber hinaus gilt es zu berücksichtigen, daß der Lebenszyklus eines Produktes kein endgültiges "Schicksal" darstellt, sondern selbst durch entsprechende Marketing-Aktivitäten gestaltbar ist.

Bei entsprechender Vorsicht bei der Interpretation der Umsatzkurve eines Produktes kann jedoch letztlich an der fundamentalen Konzeption von Reife- und Alterungsprozessen nicht vorbeigegangen werden.[205] "Dabei sind produktspezifische Besonderheiten zu berücksichtigen (Leistungsvermögen, Lebensdauer, Nutzungsfrequenz etc.). Die Produktlebenszykluskurve sollte tatsächlich als "Möglichkeitskurve" verstanden werden, und dies ohne den kritischen Beigeschmack, den diese Qualifizierung im Rahmen erklärungsorientierter Theoriekonzepte besitzt. Die Abschätzung der Möglichkeiten ist notwendige (unabdingbare), wenn auch nicht hinreichende Voraussetzung jeglicher Wahlentscheidung."[206]

Die Phasen des Produktlebenszyklus stellen somit nur eine von mehreren Möglichkeiten zur Typologisierung strategisch relevanter Marketing-Situationen dar und liefern lediglich Anhaltspunkte darüber, welche Maßnahmen im Hinblick auf das strategische Marketing getroffen werden können. Sie machen die Ermittlung anderer Rahmenbedingungen nicht entbehrlich. Dennoch bietet das Modell einen brauchbaren Ansatz zur Analyse der Angebotsstruktur human-pharmazeutischer Arzneimittelunternehmen im Rahmen der vorliegenden Erhebung dar.

---

204) Kritisch setzen sich vor allem Dhalla/Yuspeh (1976); Meffert (1974) und Hoffmann (1972) mit dem Konzept des Produkt-Lebenzyklus auseinander.
205) Vgl. Eybl (1984), S. 11.
206) ebenda, S. 106.

Die Tatsache, daß auch die Lebensdauer von Präparaten auf dem Markt für human-pharmazeutische Medikamente zeitlich begrenzt ist[207], hat verschiedene Vertreter des Pharma-Marketing dazu veranlaßt, das Lebenszyklus-Modell am Beispiel von Arzneimitteln empirisch zu überprüfen.[208] Die Studien zeigen die oben bereits genannten Schwächen des Produktlebenszyklus-Konzeptes und gelangen zu mehreren "Typen" von Umsatzkurven. Gleichzeitig belegen jedoch auch sie die prinzipielle Anwendbarkeit des Konzeptes auf den Pharma-Bereich.

Die schon als "klassisch" zu bezeichnende Studie von Cox aus dem Jahre 1963 erbrachte im Hinblick auf die Lebensdauer von Medikamenten folgende Resultate:[209]

Präparate mit neuer chemischer Substanz	30 Jahre
Kombinationspräparate	14 Jahre
Imitationspräparate	12 Jahre.

Zwar dürfte auch heute noch die Lebensdauer mit dem Neuigkeitsgrad des Produktes variieren, insgesamt gesehen zeichnet sich jedoch mittlerweile eine Beschleunigung in der Verdrängung alter durch neuere Arzneimittel am Markt ab.[210] "Eine permanente Produktinnovation ist deshalb für die meisten Pharma-Unternehmen lebensnotwendig."[211]

Unter den rund 9.000 Präparaten des Arzneimittelmarktes befinden sich jährlich etwa 280 (ca. 3 %) Neueinführungen.[212] Von diesen erreichen lediglich 30 % die Wachstumsphase mit einem steigenden Umsatz, den die jeweiligen Pharma-Unternehmen zumindest als befriedigend ansehen. Die übrigen Arzneimittel werden bereits frühzeitig wieder aus dem Markt genommen. Bei den Medikamenten, die sich längere Zeit behaupten können, ist im Durchschnitt nach ca. acht Jahren mit einem stagnierenden Umsatz zu rechnen. Die Abstiegsphase mit sinkenden Umsätzen erreichen die meisten Medikamente nach ca. zehn Jahren. Insgesamt beträgt die durchschnittliche Lebenserwartung der Präparate auf dem Markt für human-pharmazeutische Arzneimittel 12 bis 15 Jahre.

---

207) Vgl. Smith (1983), S. 56 ff.
208) Vgl. dazu insbesondere die Studien von Cox (1963); Abt (1971) sowie die Ergebnisse bei Müller (1982).
209) Vgl. Cox (1963).
210) Vgl. Emmerich/Heiduk (1985), S. 71 ff.
211) Friesewinkel/Schneider (1982), S. 193.
212) Vgl. hierzu sowie zu den folgenden Zahlenangaben Müller (1982), S. 8.

In Frage 12 b wird der umsatzmäßige Anteil der Präparate am Produktprogramm der Arzneimittelhersteller nach ihrer jeweiligen Stellung im Produktlebenszyklus ermittelt. Die Art der Fragestellung erfolgt analog zu Frage 12 a.

1.2.1.3 PATENT- UND MARKENSCHUTZ

Sowohl Patente als auch Markenbezeichnungen können einzelnen Präparaten einen entscheidenden Wettbewerbsvorsprung gegenüber Konkurrenzprodukten sichern. Während der Patentschutz für innovative Medikamente allerdings nur temporärer Art ist, unterliegt der Markenschutz weder einer auf eine bestimmte Art von Fertigarzneimitteln bezogenen Beschränkung noch einem zeitlichen Limit. Beide Formen des Wettbewerbsschutzes lassen sich auch gemeinsam für ein Präparat wahrnehmen und ergänzen sich - wie im folgenden genauer zu verdeutlichen sein wird - hierbei.[213]

Bei der <u>Patentvergabe</u> handelt es sich um einen vom Gesetzgeber gewährten, forschungsbedingten, befristeten Wettbewerbsvorsprung, mit dem man die Erfindungstätigkeit sowie die Markteinführung von Erfindungen fördern möchte.[214] Unter der Voraussetzung, daß der Erfinder seine neuen Erkenntnisse veröffentlicht, erhält er das Recht, andere für begrenzte Zeit von der wirtschaftlichen Nutzung des Erfindungsgegenstandes auszuschließen. Mit Hilfe dieses Ausschließlichkeitsrechtes wird der Erfinder sowohl vor der Nachahmung seiner patentierten Innovation als auch vor möglichen unabhängigen Doppelerfindungen der Konkurrenz geschützt. Die ihm auferlegte Veröffentlichungspflicht liegt dagegen im Interesse der Konkurren-

---

213) Vgl. hierzu u. a. Gansser (1975), S. 18; Greif (1974), S. 303 ff.; Ziegler (1980), S. 82 und Hoppmann (1983), S. 52.
214) Vgl. Prahl (1969), S. 71 - 72. Die von den Juristen als gegeben unterstellte fortschrittsfördernde Wirkung des Patentschutzes ist unter Ökonomen allerdings keineswegs unumstritten. So behauptet beispielsweise Oberender (1984), S. 267, es lägen bislang noch keinerlei empirisch abgesicherte Befunde darüber vor, daß der Patentschutz notwendigerweise zu einem intensiveren Forschen sowie einem innovativeren Verhalten der Unternehmen führt. Zur Kontroverse um den Patentschutz siehe ausführlich Prahl (1969), S. 15 ff.

ten. Nach Ablauf der Patentfrist wird die Erfindung Allgemeingut, so daß auch Konkurrenzunternehmen sie ungehindert wirtschaftlich auswerten dürfen.[215]

Die bis zum Patentablauf befristete Alleinstellung kann das innovative Unternehmen nutzen, um vom Markt zu holen, was dieser für den durch die Erfindung erreichten Fortschritt zu zahlen bereit ist. Die hierbei erzielbaren Gewinne sollen dazu dienen, um Anreize für weitere Forschungs- & Entwicklungsbemühungen bzw. Innovationen des Unternehmens oder auch dessen Wettbewerber zu geben.[216] Zusätzliche Möglichkeiten zur wirtschaftlichen Verwertung des Patentschutzes bestehen für den Patentinhaber darin, das Recht zur gewerblichen Nutzung der Erfindung an eine oder mehrere Unternehmen zu verkaufen (ausschließlicher bzw. nicht ausschließlicher Lizenzverkauf) oder aber das Patent mit sämtlichen Rechten zu veräußern (Patentverkauf).[217]

Bei Pharmazeutika kann eine Patentierung erfolgen "für einen neuen Stoff an sich, für einen bereits bekannten Wirkstoff, dessen erstmalige Anwendung als Arzneimittel offenbart wird, für das Herstellverfahren mit Erzeugnisschutz und für die Anwendung eines neuen Stoffes zur Krankheitsbekämpfung."[218] Derzeit beträgt die Dauer des Patentschutzes für Arzneimittel in der Bundesrepublik Deutschland 20 Jahre.[219]

Die Anmeldung eines Medikamentes beim Deutschen Patentamt erfolgt meist bereits in einer frühen Phase des Forschungs- & Entwicklungsprozesses, um Ansprüchen anderer auf dem gleichen Gebiet forschender Pharma-Unternehmen zuvor zu kommen.[220] Aufgrund der langen Forschungs- & Entwicklungsdauer einer Arzneimittelinnovation vergehen von der Patentanmeldung bis zur Markteinführung eines neuen Präparates im Durchschnitt ca. 10

---

215) Siehe auch hierzu Prahl (1969), S. 72.
216) Vgl. dazu z.B. Cramer (1985), S. 10 und Jentsch (1985), S. 3.
217) Vgl. Brownlee (1979), S. 225 f. sowie Heinzel/Horseling (1973), S. 18. Zur Lizenznahme von Arzneimitteln und zum Kauf von Patenten in der Pharma-Industrie siehe auch Kapitel II.1.1.3.2.
218) BPI (1986 a), S. 29.
219) Vgl. ebenda.
220) Vgl. etwa Heinzel/Horseling (1973), S. 17 oder von Stackelberg (1984), S. 110.

Jahre, so daß der auf 20 Jahre angelegte Patentschutz effektiv nur die Hälfte der Zeit besteht.[221] Man unterscheidet daher auch zwischen nomineller (fiktiver) und ökonomischer (effektiver) Patentdauer.[222]

Eine weitere Restriktion bei der wirtschaftlichen Ausnutzung des Patentschutzes von Arzneimitteln kann sich dadurch ergeben, daß das geschützte Präparat im Wettbewerb mit Medikamenten ähnlicher therapeutischer oder prophylaktischer Wirkung (Substitutionsprodukte) steht, deren inhaltliche Zusammensetzung und/oder Herstellungsverfahren sich aber von dem patentierten Präparat unterscheiden. Außerdem wacht das Kartellamt darüber, daß eine marktbeherrschende Stellung eines innovativen Arzneimittelherstellers nicht mißbräuchlich ausgenutzt wird, um ungerechtfertigt hohe Preise für das patentgeschützte Arzneimittel zu verlangen.[223]

Diese Beschränkungen der wirtschaftlichen Ausnutzung des Patentschutzes treten jedoch nur in seltenen Fällen auf. Die Entwicklung eines Substitutionsproduktes, das keines der vorliegenden Patentrechte von Arzneimitteln tangiert, stellt einen sehr schwierigen und kostenintensiven Prozeß dar, der nur jenen Unternehmen möglich ist, die auf einem ähnlichen Indikationsgebiet forschen und die hohen Forschungs- und Entwicklungskosten zu tragen in der Lage sind.[224] Nur selten existieren deshalb neben patentgeschützten Arzneimittelinnovationen substituive Medikamente, die eine gleiche oder bessere Wirkqualität besitzen. Dagegen finden sich in einem Indikationsbereich oft ältere Medikamente, denen das patentierte Präparat in seiner Wirksamkeit jedoch überlegen ist.

Darüber hinaus treten auch bei der kartellrechtlichen Kontrolle des Mißbrauchs einer marktbeherrschenden Stellung patentgeschützter Präparate erhebliche Probleme auf. Diese ergeben sich sowohl im Hinblick auf die empirische Erfassung als auch hinsichtlich der wettbewerbstheoretischen Analyse und Interpretation der erforderlichen Fakten.[225]

---

221) Vgl. hierzu Cramer (1986 b), S. 1; derselbe (1985), S. 10; Vorderwülbecke (1986), S. 17; derselbe (1984), S. 1 sowie Drews (1985), S. 3.
222) Zur prinzipiellen Unterscheidung zwischen nomineller und ökonomischer (effektiver) Patentdauer vgl. Schwartzman (1976), S. 163 sowie Hoppmann (1983), S. 52.
223) Vgl. Bellstedt (1978), S. 16.
224) Vgl. Ziegler (1980), S. 81.
225) Vgl. dazu Kaufer (1982), S. 46 - 48. Zu den Möglichkeiten und Grenzen kartellrechtlicher Preiskontrollen in der Pharma-Industrie siehe auch ausführlicher Hoppmann (1983).

Tatsächlich ist denn auch im Hinblick auf die Preissetzung von patentierten Arzneimitteln festzustellen, daß die sogenannten Nachahmerprodukte, die nach Ablauf der Patente auf den Arzneimittelmarkt gelangen, im Durchschnitt um ca. 50 % unter dem Preis der Originalpräparate liegen.[226] Die innovativen Unternehmen begründen die erheblichen Preisunterschiede damit, daß in den Preisen der Originalpräparate die Deckungsbeiträge sowohl für die derzeitigen als auch die künftigen Forschungs- und Entwicklungsarbeiten enthalten seien und als Anreiz für die sehr kostenintensive und mit hohem Risiko behaftete Investition in die Forschung nur eine relativ geringe Rendite bleibe. Die imitierenden Arzneimittelunternehmen besitzen demnach einen komparativen Preisvorteil, der es ihnen im Gegensatz zu den intensiv forschenden Firmen erlaubt, selbst bei wesentlich niedrigeren Preisen noch rentable Umsatzerlöse zu erzielen.[227]

Auch nach Ablauf des Patentschutzes nahmen die intensiv forschenden Firmen allerdings bislang in der Regel keine Preiskorrekturen nach unten vor. Es steht daher zu vermuten, daß der durch das Auftreten preisgünstigerer Imitationspräparate hervorgerufene mengenmäßige Rückgang des Marktanteils eines Originalpräparates in der Vergangeheit so gering war, daß er sich weniger negativ auf das Betriebsergebnis der Unternehmung auswirkte als eine Preissenkung dieses Medikaments.[228] Der Hauptgrund hierfür wird in dem markenloyalen Verhalten von Ärzten und Patienten gesehen.[229]

Die <u>Markenbildung</u> zur Identifikation und Differenzierung von Medikamenten und Firmen besitzt auf dem Arzneimittelmarkt eine außerordentlich große Bedeutung. Ähnlich wie bei Produkten anderer Branchen erfolgt die Markierung eines Fertigarzneimittels mit Hilfe eines produktspezifischen Markennamens,

---

226) Vgl. dazu Hoof (1986), S. 13 sowie die tabellarisch aufgeführten Einzelbeispiele aus der Lauer-Taxe bei Oberender (1984), S. 278 sowie S. 298 - 301.
227) Vgl. Hoppmann (1978), S. 423 sowie Walker (1971), S. 91 ff. Hierbei anzumerken ist, daß auch zur Imitation eines Originalpräparates bestimmte Forschungs- und Entwicklungsarbeiten auf dem entsprechenden Forschungsgebiet betätigt werden müssen. Diese Tätigkeiten sind allerdings bei weitem nicht so kostenintensiv wie die Entwicklung eines Originalpräparates.
228) Vgl. Hoof (1986), S. 13 sowie Oberender (1984), S. 277.
229) Zu anderen möglichen Gründen vgl. auch Kapitel II.

eines Markenzeichens und eines speziellen Verpackungsdesigns. Für ein solches Markenpräparat kann ein Arzneimittelunternehmen Warenzeichenschutz beantragen. Aufgrund dieses Warenzeichenschutzes ist es Konkurrenzunternehmen rechtlich untersagt, die Markenkennzeichen eines Medikamentes für deren Produkte zu benutzen. Die Markierung eines Arzneimittels erlaubt es damit den Ärzten und Verbrauchern, ein bestimmtes Markenpräparat von der Vielzahl anderer Arzneimittel zu unterscheiden.

Da der rechtliche Warenzeichenschutz im Gegensatz zum Patentschutz beliebig zeitlich ausgedehnt werden kann, erfährt die Markenbildung auf dem Arzneimittelsektor vor allem im Zusammenhang mit dem Patentschutz ihre besondere Relevanz. Die Alleinstellung eines patentgeschützten Markenpräparates auf einem Teilmarkt des Arzneimittelsektors verschafft diesem zumeist eine sehr große Markenbekanntheit bei den Verordnern und Konsumenten. Ärzte und/oder Patienten, die außerdem mit dem Präparat positive Erfahrungen gemacht haben, sind nach Ablauf des Patentschutzes oft nicht bereit, ein preisgünstigeres Imitationspräparat mit vergleichbarer inhaltlicher Zusammensetzung zu verordnen bzw. einzunehmen, zumal das Vertrauen in die Erfahrung, Qualität und Arzneimittelsicherheit bei großen und forschungsintensiven Herstellern sehr groß ist.[230]

Die Markenloyalität wird durch die Typenvielfalt auf dem Arzneimittelmarkt noch verstärkt. Allein auf den im März 1985 patentfrei gewordenen Wirkstoff Nifedipin entfielen in selben Jahr 54 Arzneimittelzulassungen durch das Bundesgesundheitsamt.[231] Die Vielzahl von Imitationsprodukten kleiner und mittlerer Arzneimittelunternehmen können von den Ärzten und Verbrauchern im einzelnen kaum mehr wahrgenommen werden. Greif kommt deshalb zu dem Schluß, daß durch die Koppelung von Patent- und Markenschutz die Möglichkeit besteht, die Marktstellung eines Originalpräparates so zu sichern, daß dieses auch nach Ablauf der Patentfrist eine monopolähnliche Wettbewerbssituation vorfindet.[232]

Patentierte bzw. ehemals patentierte Arzneimittel werden entsprechend mit einem produktspezifischen Handelsnamen vermarktet. Die warengeschützte Markenbezeichnung dieser Medikamente stellen vorwiegend Phantasienamen dar.

---

230) Vgl. Oberender (1984), S. 267 - 268.
231) Vgl. Huber (1986), S. 1345.
232) Vgl. Greif (1974), S. 309 ff.

Die Nachahmerprodukte dieser Originalpräparate tragen nur zum Teil produktspezifische Handelsnamen. So etwa das Präparat Corotrend der Firma Siegfried, das ein Imitationsprodukt des Herzmedikamentes Adalat von Bayer darstellt. Allerdings enthält das "Me-too"-Präparat ebenfalls ein innovatives Element in Form seiner Galenik. Nachdem der Patentschutz für den Adalat-Wirkstoff Nifedipin abgelaufen war, ließ die Firma Bayer auch die Kapsel ihres Arzneimittels patentrechtlich schützen. Die Firma Siegfried entwickelte daraufhin eine eigene Kapsel und gab seinem Nifedipin-Medikament den Markennamen Corotrend.[233]

Größtenteils werden Imitationsprodukte jedoch als sogenannte Generika in Verkehr gebracht. Bei den reinen Generika handelt es sich um Arzneimittel, die den allgemein verwendbaren Gattungsnamen des Wirkstoffs als Handelsnamen tragen. In der Regel gründen sich die generischen Bezeichnungen auf die internationalen Nonproprietary Names (INN) der Weltgesundheitsorganisation (WHO) oder eine generische Benennung gemäß anderer einschlägiger Verordnungen, welche dazu dienen, Arzneimittel unabhängig von den nationalen Markenbezeichnungen hinsichtlich ihrer Zusammensetzung international erkennbar zu machen.[234] Wegen ihrer fehlenden diskriminatorischen Kraft hinsichtlich der Unterscheidung einzelner Präparate bzw. Hersteller sowie dem öffentlichen Bedürfnis, daß diese generischen Bezeichnungen der Allgemeinheit zur Verfügung stehen sollen, ist die Eintragung von Generic Names als Warenzeichen ohne weiteren Zusatz nicht möglich.[235]

Um auch bei den Generika eine Differenzierung der Erzeugnisse verschiedener Anbieter zu erreichen und den Warenzeichenschutz zu erhalten, bieten einige Arzneimittelhersteller ihre "generischen" Präparate unter einem Handelsnamen an, der sowohl die Wirkstoffbezeichnung als auch den Firmennamen bzw. ein Kürzel des Firmennamens umschließt oder aber vermarkten ihre Arzneimittel mit Produktnamen, die neben dem Generic Name auch einen Hinweis auf die spezifische galenische Form ihres Arzneimittels geben (so z. B. die Präparate Nifical Tablinen mit dem Wirkstoff Nifedipin und Cotrim-Tablinen mit dem Wirkstoff Trimethoprim, beide Firma Beiersdorf). Man bezeichnet diese Präparate auch als "Branded Generics".[236]

---

233) Vgl. Engel (1986 b), S. 2.
234) Vgl. z. B. Kranz (1982), S. 34 und European Federation of Pharmaceutical Industries Associations (EFPIA) (1982), S. 1.
235) Vgl. Martino (1986), S. 1396 ff.
236) Vgl. James (1982), S. 43 sowie Rahner (1986 a), S. 416.

Für die im Pharmabereich gebräuchliche Differenzierung zwischen generischen Medikamenten einerseits und Arzneimitteln mit produktspezifischem Handelsnamen andererseits ist daher der Warenzeichenschutz nicht ausschlaggebend. Der wesentliche Unterschied zwischen Generika und Markenartikelpräparaten besteht im allgemeinen darin, daß letztere bei der Markteinführung einen ganz spezifischen, meist innovativen Charakter besitzen.

Ob die Indikationspräparate gegenüber den konkurrierenden Originalpräparaten auch - wie von den intensiv forschenden und daher zumeist innovativen Pharma-Unternehmen behauptet - qualitativ minderwertiger sind, bleibt dagegen umstritten. Zwar müssen die Nachahmerpräparate ebenfalls den gesetzlichen Qualitätsanforderungen genügen und auch bisherige vergleichende Bioverfügbarkeitsstudien haben in vielen Fällen keine gravierenden Unterschiede zwischen Generika und Markenpräparaten ergeben.[237] Andererseits räumen selbst Nachahmerfirmen ein, daß "nicht alle Generika gleichwertig"[238] sind.

Unter marktlichen Aspekten liegt der Wettbewerbsvorteil der Generika gegenüber den konkurrierenden Markenpräparaten primär in ihrem günstigeren Preis. Dieser Vorteil gewann in den letzten Jahren angesichts steigender Kosten im Gesundheitswesen zunehmend an Bedeutung. So verlor das Herzpräparat Adalat der Erfinderfirma Bayer innerhalb nur eines Jahres nach Ablauf des Patentschutzes für seinen Wirkstoff Nifedepin im Jahre 1985 ca. 40 % Marktanteil an Nachahmerfirmen.[239] Ähnlich erging es dem Zuckerpräparat Euglucon der Erfinderfirmen Hoechst und Boehringer Mannheim.[240]

---

237) Vgl. Kaufer (1976), S. 191 - 193 sowie Nord (1979), S. 95. "Unter "Bioverfügbarkeit" versteht man das Maß für diejenige Menge des Wirkstoffs, die aus einer Arzneiform in Abhängigkeit von einer bestimmten Zeit in die Blutbahn gelangt und daher therapeutisch wirksam werden kann." Ebenda, Fußnote 123.
238) Hoof (1986), S. 12.
239) Vgl. Cramer (1986 a), S. 3.
240) Vgl. Müller-Haeseler (1985).

Als typisch für die Wettbewerbssituation auf dem Arzneimittelmarkt gilt derzeit noch, daß die großen forschungsintensiven Firmen keines der abgelaufenen Patente ihrer Konkurrenten imitieren, da dies gegen ihre Unternehmensethik verstoße.[241] Es steht jedoch zu erwarten, daß diese Firmen unter dem Eindruck des zunehmenden Erfolges der Nachahmerpräparate diesen Verhaltenskodex aufgeben werden.

F 12	PRODUKTBEZOGENE MARKTASPEKTE							
	Im folgenden geht es um die Umsatzanteile bestimmter Präparategruppen Ihres Angebotes an human-pharmazeutischen Fertigarzneimitteln.							
		Umsatzanteile an den angebotenen Human-Pharmazeutika						
	Fertigarzneimittel, davon:	0 %	bis 10%	10-25%	26-50%	51-75%	über 75%	100%
	o nach Vertriebswegen	0	1	2	3	4	5	6
147	- Verordnungspflichtige							
148	- Apothekenpflichtige							
149	- Krankenhauspräparate							
150	- Freiverkäufliche Präparate							
	o nach der Stellung im Produktlebenszyklus							
151	- Neueinführungen							
152	- Etablierte mit steigendem Umsatz							
153	- Etablierte mit stagnierendem Umsatz							
154	- Etablierte mit sinkendem Umsatz							
	o nach dem Patentschutz							
155	- mit Patentschutz							
156	- ohne Patentschutz							
	o nach dem Markennamen							
157	- mit produktspez. Handelsnamen							
158	- nach der Wirkstoffbez.(Generikas)							

---

241) Vgl. Oberender (1984), S. 281 - 282. Allerdings bieten einige dieser forschenden Unternehmen bereits über ihre Tochtergesellschaften Nachahmerprodukte an.

Zusammenfassend bleibt festzuhalten, daß Patent- und Markenschutz die Wettbewerbssituation der Präparate entscheidend bestimmen. Beide Aspekte werden im Rahmen der Erhebung getrennt abgefragt. Bei der Frage nach dem <u>Patentschutz</u> (vgl. Frage 12 c) geht es darum, wie groß der umsatzmäßige Anteil derjenigen Medikamente eines Herstellers ist, die derzeit eine mehr oder minder monopolähnliche Alleinstellung auf einem Teilgebiet des Arzneimittelmarktes genießen. Deshalb erfolgt zunächst eine grobe Differenzierung zwischen Arzneimitteln <u>mit</u> und solchen <u>ohne</u> Patentschutz, wobei in der letzteren Gruppe auch die Medikamente mit abgelaufenem Patent enthalten sind. Die Frage nach der <u>Namensgebung</u> (vgl. Frage 12 d) behandelt anschließend die Unterteilung zwischen den Markenpräparaten mit produktspezifischem Handelsnamen einerseits, bei denen die Hersteller den Qualitätsaspekt zu betonen suchen, und den Generika andererseits, die in der Regel den Preiswettbewerb zwischen den Medikamenten stärker in den Vordergrund stellen.

1.2.2 STRUKTURELEMENTE DER INDIKATIONSMÄRKTE

Der Gesamtmarkt für Arzneimittel stellt ein sehr umfassendes, vielschichtiges und heterogenes Feld dar, auf dem die einzelnen Pharma-Unternehmen mit ihren Medikamenten nur zum Teil miteinander konkurrieren. Nach den jeweiligen wettbewerblichen Beziehungen, in denen die Präparate zueinander stehen, lassen sich folgende Unterscheidungen treffen:[242]

- unabhängige Medikamente (z. B. Antibiotika und Antidiabetika)
- komplementäre Medikamente (z. B. Diuretika und Antihypertensiva in einer Vielzahl von Anwendungsfällen)
- substitutive Medikamente (z. B. verschiedene Migränepräparate)
- Medikamente mit identischen Wirkstoffen (z. B. Generika).

Konkurrenzbeziehungen liegen nur zwischen substitutiven und inhaltlich identischen Arzneimitteln vor. Der Gesamtmarkt für Pharmazeutika zerfällt somit in eine Vielzahl kleiner und größerer Teilmärkte, auf denen ähnliche und inhaltlich identische Arzneimittel miteinander konkurrieren. Um die Pharma-Unternehmen unter wettbewerblichen Gesichtspunkten näher zu analysieren, ist es erforderlich, die Betrachtung auf solche Teilmärkte abzustellen.[243]

In der Pharma-Branche gilt es als weithin üblich, eine Aufteilung des Gesamtmarktes nach der funktionalen Ähnlichkeit, d. h. im Hinblick auf die therapeutische bzw. prophylaktische Wirkungsrichtung der Arzneien vorzunehmen.[244] Demnach unterscheidet man ca. 90 einigermaßen homogene Indikationsmärkte, die alphabetisch betrachtet von A wie Abmagerungsmittel bis Z wie Zytostatika reichen. Auch innerhalb der jeweiligen Anwendungsbreiche besteht allerdings keineswegs immer eine Substituierbarkeit zwischen den einzelnen Präparaten, wohingegen umgekehrt einzelne Produkte durchaus bei verschiedenen Indikationen Anwendung finden können. Da sich eindeutige Marktgrenzen durch Indikationen nicht ergeben und diese als vage zu bezeichnenden Trennungskriterien darüber hinaus im Zeitablauf dynamisch sind, stellt die branchenübliche Aufteilung des

---

242) Vgl. Schulz (1985), S. 99.
243) Vgl. ebenda.
244) Vgl. u. a. Oberender (1984), S. 261; Dichtl/Schobert (1979), S. 92; Nord (1979), S. 122; Kaufer (1976), S. 194.

Gesamtmarktes in einzelne Indikationsbereiche sicherlich keine "Ultima ratio" zur Abgrenzung der relevanten Märkte von Arzneimittelunternehmen dar.[245] Wenn im folgenden bei der Analyse des externen Kontextes dennoch auf die von den untersuchten Unternehmen belieferten Indikationsmärkte abgestellt wird, dann aus folgenden Gründen:

1. Bislang existiert noch kein praktikableres generell gültiges Konzept zur Abgrenzung der relevanten Märkte von Arzneimittelfirmen als die gängige Einteilung in verschiedene Anwendungsgebiete.[246]

2. Bisherige Untersuchungen haben gezeigt, daß innerhalb der einzelnen Indikationsmärkte relativ starker und zwischen verschiedenen Indikationsbereichen relativ geringer Wettbewerb herrscht.[247]

3. Es kann erwartet werden, daß die unter pragmatischen Gesichtspunkten durchaus hilfreiche Einteilung des Gesamtmarktes in verschiedene Indikationsgebiete bei den zu befragenden Praktikern am geläufigsten ist.

Kaufer bezeichnet als Elemente der Marktstruktur alle Merkmale eines Marktes, "die in signifikanter Weise das Verhalten der in diesem Markt zusammentreffenden Firmen prägen."[248] Von der Kenntnis über solche wesentlichen Strukturelemente der Indikationsmärkte, auf denen ein Pharma-Unternehmen tätig ist, lassen sich somit weitere wichtige Aufschlüsse für das strategische Marketing-Verhalten der Arzneimittelhersteller erwarten.[249]

---

245) Vgl. etwa Dichtl/Schobert (1979), S. 92 sowie Slatter (1977), S. 12.
246) Vgl. hierzu den Überblick über verschiedene Konzepte der Marktabgrenzung bei Brandt (1980), S. 252 - 260; Dichtl/Schobert (1979), S. 90 - 93.
247) Vgl. Reekie (1975), S. 21 sowie Slatter (1977), S. 12.
248) Kaufer (1980), S. 24.
249) Der Zusammenhang zwischen Marktstruktur und Marktverhalten wird in zahlreichen Untersuchungen der Industrial-Organisations-Forschung untersucht und untermauert. Zu diesem Forschungsgebiet vgl. Kantzenbach/Kallfass (1981), S. 113 ff. sowie Kaufer (1980), S. 24 ff.

1.2.2.1 MARKTGRÖSSE UND -DYNAMIK

Der effektive Gesamtumsatz eines Indikationsmarktes und dessen Veränderungen im Zeitablauf stellen erste Anhaltspunkte für das Marktverhalten der untereinander konkurrierenden Pharma-Unternehmen dar.[250] Hinsichtlich dieser Orientierungskriterien zeigen sich erhebliche Unterschiede zwischen den einzelnen Indikationsmärkten.

Betrachtet man die Größe der Indikationsmärkte zunächst unter rein statischen Gesichtspunkten, so ist festzustellen, daß im Jahre 1985 allein die 15 größten Arzneimittelgruppen am Gesamtmarkt für öffentliche Aspotheken zusammengenommen einen Marktanteil von etwa 52 % erreichten. Neben diesen großen und mittelgroßen Indikationsmärkten mit Marktvolumina zwischen 100 bis 800 Mio. DM Umsatz p. a. existieren noch zahlreiche kleiner und kleinster Teilmärkte, die zum Großteil nur weitaus geringere Jahresumsätze auf sich vereinen können.[251]

Das wirtschaftliche Interesse der Pharma-Unternehmen ist auf die umsatzstärkeren Indikationsgebiete ausgerichtet. Dort erhofft man sich auch dann hohe Umsätze für die eigenen Präparate, wenn der Marktanteil der einzelnen Produkte nicht sehr hoch liegt. Entsprechend konkurrieren beispielsweise auf dem umsatzträchtigen Markt für Psychopharmaka (Marktvolumen 1985 ca. 600 Mio. DM) laut Roter Liste 1986 allein 100 verschiedene Arzneimittelfirmen mit 233 unterschiedlichen Präparaten. Dagegen befinden sich z. B. auf dem weitaus weniger umsatzstarken Markt für Ophtalmika zwar 315 Medikamente, die aber nur von ca. 45 Pharma-Unternehmen angeboten werden.

Insbesondere für forschungsintensive Großunternehmen besteht auf Grund der hohen Fixkostenlasten durch die Forschung der Zwang, in therapeutisch großen Märkten vertreten zu sein.[252] Aufgrund ihrer besseren Ressourcenausstattung sind diese Firmen auch eher dazu in der Lage, solche Märkte umfassend zu bedienen bzw. zu bearbeiten. Demgegenüber spezialisieren sich kleine und mittlere Unternehmen oft auch auf kleinere Detailmärkte für seltenere Krankheiten. Auch hierfür gilt der Markt für Augenheilkunde als ein geradezu typisches Beispiel.[253]

---
250) Vgl. Robens (1986), S. 135.
251) Vgl. BPI (1986 a), S. 57.
252) Vgl. Slatter (1977), S. 53 - 54.
253) Vgl. Kaufer (1976), S. 51.

Die oben geschilderte Form der Marktaufteilung hat allerdings nur ihre Gültigkeit, solange die Großunternehmen keine ökonomischen bzw. mit ihrem Forschungsimage verbundenen Anreize erkenne, in kleinere Märkte einzudringen.[254] Umgekehrt gilt aber auch, daß sich speziell kleinere und mittlere Nachahmerfirmen mit ihren Imitationen bewußt auf umsatzstarke Indikationsgebiete konzentrieren.[255]

Auf dem Arzneimittelmarkt findet man denn auch nahezu jede denkbare Kombination zwischen Unternehmensgröße, Größe des Marktes und Höhe des jeweiligen Marktanteils einer Unternehmung vor.[256] Friesewinkel/Schneider betonen hierzu ausdrücklich, daß sowohl für Großunternehmen als auch für kleine und mittlere Firmen unter bestimmten Bedingungen ein kleiner Detailmarkt rentabler sein kann als ein größeres Indikationsgebiet.[257] Der Zusammenhang zwischen Markt- und Unternehmensgröße darf daher nicht eindimensional betrachtet werden, sondern ist stets im weiteren Zusammenhang mit anderen Kontextmerkmalen zu sehen.

Die einzelnen Indikationsmärkte unterscheiden sich aber nicht nur in der absoluten Höhe ihrer wertmäßigen Marktvolumina sondern auch in den Wachstumsraten ihrer Umsätze erheblich voneinander. Während etwa Präparate zur Behandlung von Herz-Kreislauferkrankungen in den letzten 15 Jahren stark überdurchschnittliche Umsatzzuwächse verzeichneten, haben z. B. Schlaf- und Beruhigungsmittel deutlich Marktanteile am Umsatz des Gesamtmarktes eingebüßt.[258]

Die Marktvolumina auf den Indikationsmärkten und deren Entwicklungen im Zeitablauf sind vor dem Hintergrund der jeweiligen Aufnahmefähigkeit dieser Märkte bzw. deren Veränderungen zu sehen. Diese Marktpotentiale wiederum hängen vor allem ab vom Wandel der Morbiditäts- und Mortalitätsstrukturen in-

---

254) In diesem Zusammenhang weist Nord (1979), S. 87 - 88 vor dem Hintergrund wachsender F & E-Kosten mit Recht auch darauf hin, daß vielfach nur noch "große" Unternehmen die Forschungskosten für ein neues Präparat in einem "kleinen" Indikationsgebiet aufbringen und im Rahmen der Mischkalkulation auf ihr umsatzstarkes Sortiment verteilen können, da sich in der Regel auf kleinen Detailmärkten die Kosten für eine Arzneimittel-Innovation kaum decken lassen.
255) Vgl. Nord (1979), S. 88; Emmerich/Heiduk (1985), S. 23 und S. 99.
256) Vgl. Friesewinkel/Schneider (1982), S. 431
257) Vgl. ebenda, S. 107.
258) Vgl. BPI (1986 a), S. 57.

nerhalb der Bevölkerung, dem medizinischen Fortschritt sowie tiefgreifenden gesellschaftlichen Umwälzungen. So haben vornehmlich höhere Lebenserwartung, wachsender Wohlstand, zunehmende Belastungen am Arbeitsplatz und in der Freizeit, höherer Genußmittelverbrauch und ähnliches dazu geführt, daß Präparate für Herz- Kreislauferkrankungen sowie Rheumatismus Schwerpunkte des heutigen Arzneimittelverbrauchs bilden.[259]
Einflüsse der genannten Art besitzen zumeist eher langfristige und stetige Auswirkungen auf den Umsatzverlauf einzelner Indikationsmärkte. Ähnlich wie sich die Umsätze einzelner Präparate im Zeitablauf ändern und - mehr oder weniger dem Idealtypus entsprechend - das hypothetische Konstrukt eines Produkt-Lebenszyklus durchlaufen, lassen sich für ganze Produktgruppen bzw. Indikationsmärkte Marktlebenszyklen konstruieren, die den Zeitraum der Marktexistenz beschreiben sollen.[260] Die Summe der einzelnen Präparatelebenszyklen eines Indikationsbereiches bilden dann gemeinsam den Marktlebenszyklus (vgl. Abb. 51). Idealtypischerweise ergibt sich wieder ein S-förmiger Kurvenverlauf.

Grob betrachtet kann man den Markt-Lebenszyklus in die drei aufeinander folgenden Phasen des Marktwachstums, der Marktreife und der Marktschrumpfung einteilen. Ebenso wie die Phasen des Produktlebenszyklus dürfen diese Marktstadien aber nicht als Gesetz aufgefaßt werden. Auf <u>jungen wachsenden Märkten</u> liegt das Marktvolumen meist noch deutlich unter der potentiellen Aufnahmefähigkeit des Indikationsgebiete. Das bei weitem noch nicht ausgeschöpfte Marktpotential ermöglicht es den Pharma-Unternehmen in dieser Marktphase, die Umsätze zu steigern, ohne Marktanteile von der Konkurrenz hinzugewinnen zu müssen. In einem daher möglicherweise wettbewerbsfreundlicheren Klima bietet sich die Gelegenheit, den Grundstock für eine erfolgreiche Unternehmenszukunft in einem solchen Arzneimittelbereich zu schaffen. Das Marktwachstum gilt daher allgemein als ein bedeutsamer Indikator für die Attraktivität eines Marktes.[261]

---

259) Vgl. ausführlich die "Umfeldstudie" des BPI (1982 a).
260) Vgl. Friesewinkel/Schneider (1982), S. 106 - 197 bzw. S. 412 - 413. Ebenso läßt sich das Konzept des Lebenszyklus auch auf ganze Branchen und Industrien erweitern. Vgl. dazu Hinterhuber (1982), S. 119 ff.
261) Vgl. z. B. Hinterhuber (1984), S. 100; Dunst (1983), S. 78 ff. Seine besondere Bedeutung gewinnt das Marktwachstum nach Ansicht der Autoren allerdings für die Unternehmen vor allem im Zusammenhang mit einem hohen Marktanteil und hohem Marktvolumen. Vgl. dazu genauer weiter unten.

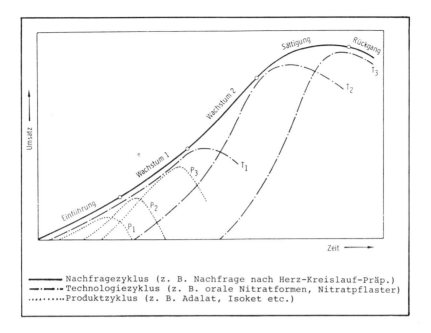

Abb. 51: Zusammenhang zwischen Produkt- und Marktlebenszyklen
- dargestellt am Beispiel des Herz-Kreislauf-Sektors
(Quelle: Nach Meffert (1986), S.64.)

Die von der Theorie der strategischen Unternehmensführung immer wieder geforderte Ausrichtung der Unternehmen auf junge, wachsende Märkte ist allerdings mit nicht unerheblichen Schwierigkeiten verbunden. Neue expandierende Indikationsbereiche erfordern zumeist hohe Investitionen in Forschung & Entwicklung, Personal, Produktion und Marketing und besitzen damit einen negativen Einfluß auf die Liquidität einer Unternehmung.[262] Unternehmen, die sich in finanziellen Engpässen befinden, können daher kaum vom Marktwachstum profitieren.[263]

Darüber hinaus besteht in jungen Märkten oftmals eine Befangenheit hinsichtlich der Anwendung der "neuen" Medikamente. Auch die Produktionstechnologie und Produktgestaltung gilt meist noch nicht als endgültig ausgereift, so daß hierüber selbst bei den Anbietern des Marktes eine gewisse Unsicherheit

---

vor allem im Zusammenhang mit einem hohen Marktanteil und hohem Marktvolumen. Vgl. dazu genauer weiter unten.
262) Vgl. Hinterhuber (1984), S. 117.
263) Vgl. Grimm (1983), S. 35.

herrscht.²⁶⁴ Diese allgemeine Verunsicherung führt unter Umständen dazu, daß die Unternehmen keine Klarheit über das geeignete Marketing und die anzubietenden Serviceleistungen gewinnen können.

Ein expandierender Markt darf aber nicht nur nach gegenwärtigen Gesichtspunkten beurteilt werden, sondern es ist vor allem danach zu fragen, ob das Indikationsgebiet auch in Zukunft überdurchschnittliche Umsätze bringt. Unter Umständen kann ein noch wachsender Markt relativ schnell in das Stadium der Marktreife eintreten.

Aufgrund dieser mit expandierenden Indikationsgebieten verbundenen Risiken und Probleme darf angenommen werden werden, daß Großunternehmen mit umfassender Ressourcenausstattung und einem umfangreichen Sortiment tendenziell eher in der Lage sind, in wachsende Detailmärkte zu investieren als kleinere und mittlere Arzneimittelhersteller.²⁶⁵

Märkte, die in das Stadium der Marktreife eintreten, lassen sich demgegenüber dadurch charakterisieren, daß die Umsatzzuwächse der Marktvolumina abnehmen. Für wachstumsorientierte Unternehmen bleibt daher nur ein konkurrenzbezogener Handlungsspielraum, d. h. deutliche Umsatzsteigerungen gehen zu Lasten von Marktanteilen der Mitbewerber.²⁶⁶ In diesen Verdrängungswettbewerb greifen die Unternehmen zur Lösung ihrer Probleme vor allem auf intensivere und aggressivere Marketing-Aktivitäten, produktionsorientierte Verbesserungen sowie allgemein kostensenkende Maßnahmen zurück.²⁶⁷

Sobald die Phase der Marktschrumpfung beginnt, verschärfen sich die Wettbewerbsbedingungen noch weiter, da in diesem Stadium auch die absoluten Marktvolumina rückläufig sind. Der Konkurrenzdruck durch Mitbewerber, die ihre Marktanteile halten oder gar zusätzliche hinzugewinnen möchten, führt in vielen Bereichen - sofern nicht bereits in der Phase der Mark-

---

264) Vgl. Porter (1985), S. 290.
265) Vgl. Weinhold-Stünzi (1984 a), S. 1.
266) Vgl. dazu u. a. Meffert (1986), S. 217; Weinhold-Stünzi (1984 b), S. 8 ff.; Kroeber-Riel (1984), S. 1; Meffert (1984 a), S. 38 - 39.
267) Vgl. hierzu insbesondere die empirischen Untersuchungen in nahezu 500 bundesdeutschen Unternehmen bei Meffert/Katz (1983), S. 20 ff.; Meffert (1984 a), S. 44 ff. bzw. Meffert (1984 b), S. 215 ff.

treife harte Preiskämpfe entbrannt sind - nunmehr zu einem
starken Preisdruck.[268]

Nicht zuletzt auf Grund der nun schon seit einigen Jahren sehr
weitreichenden Absicherung durch die gesetzliche Krankenversicherung finden sich auf dem bundesdeutschen Arzneimittelsektor zahlreiche gesättigte Teilmärkte. Vor dem Hintergrund einer immer dringlicher werdenden Kostendämpfung im
Gesundheitswesen kommt man zu dem Schluß, daß sich die Situation in den meisten Indikationsbereichen eher noch weiter verschlechtert und in Zukunft nicht nur mit etlichen stagnierenden Märkten sondern vielfach sogar rückläufigen Marktvolumina
zu rechnen ist.

Würde man den Heuristiken folgen, welche die klassischen Methoden einer wachstumsorientierten strategischen Unternehmensführung vorschlagen, dann müßten die Pharma-Unternehmen
ihren Marktaustritt aus diesen Teilmärkten vornehmen bzw. vorausplanen, ohne nach weiteren Handlungsmöglichkeiten zu suchen.[269] Da stark wachsende Indikationsmärkte auch in Zukunft
eher die Ausnahme bleiben werden, hätte dies den Austritt
zahlreicher - insbesondere kleiner und mittlerer - Pharma-Unternehmen aus dem deutschen Arzneimittelmarkt zur Folge.

Neuere empirische Untersuchungen haben demgegenüber allerdings
ergeben, daß es durchaus möglich ist, mit erfolgreichen Marktbehauptungsstrategien in stagnierenden und sogar schrumpfenden
Märkten zu konkurrieren und dabei zufriedenstellende Gewinne
zu erwirtschaften.[270] Die dabei ermittelten erfolgversprechenden Strategien ähneln den von Porter beschriebenen Strategien
der Qualitätsführerschaft, der Kostenführerschaft und der
Marktnischen-Strategie. Trotz dieser Ergebnisse, die es den
Unternehmen als lohnend erscheinen lassen, ihre in angestammten Indikationsbereichen erworbenen Fähigkeiten und Erfahrungen auszunutzen, sehen alle Autoren allerdings auch eine Gefahr darin Autoren, die Suche nach neuen expandierenden Betätigungsfeldern zu verdrängen und einen unter Umständen notwendigen rechtzeitigen Wandel in der grundlegenden Unternehmensorientierung zu versäumen.[271]

---
268) Vgl. Weinhold-Stünzi (1984 b), S. 8 sowie Sever (1985),
S. 227 - 228.
269) Vgl. Kretschmer (1983), S. 95 ff.; Hinterhuber/Mak
(1983), S. 89 ff.; Sever (1985), S. 55; Eybl (1984), S.
115; Meffert (1983 b), S. 195 ff.; Robens (1986), S. 55.
270) Vgl. Hamermesh/Silk (1980), S. 74 ff.; Hall (1980), S. 75
ff. sowie Meffert/Ohlsen (1985), S. 112 ff.
271) Vgl. insbesondere Kretschmer (1983), S. 104.

Die Aspekte der Marktdynamik wurden bislang in diesem Abschnitt aus einer eher kontinuierlich verlaufenden, längerfristigen Perspektive betrachtet. Daneben können aber auch kürzerfristige starke Umsatzschwankungen auf den Indikationsmärkten auftreten, die strategisches Handeln erforderlich machen. Solche Marktbewegungen liegen beispielsweise begründet in einer Ausweitung des Indikationsbereiches durch neue Arzneimittelentwicklungen, der Erweiterung des Anwendungsspektrums von Arzneimittelgruppen, in der Herausnahme einer ganzen Arzneimittelgruppe aus der Erstattungspflicht der Krankenkassen und im Auftreten von Krankheitsepidemien. Die Konsequenzen, die sich daraus für das strategische Marketing ergeben können, reichen auch hier von einer Zielgruppenumorientierung über die Änderung der Auswahl und der Aktivitätsniveaus der Marketing-Instrumente bis hin zur Elimination oder Aufnahme einzelner Präparate.

Zusammenfassend läßt sich aus den vorstehenden Erörterungen der Schluß ziehen, daß Markgröße und -dynamik der von den einzelnen Unternehmen belieferten Indikationsmärkte wesentliche Einflußfaktoren für das strategische Pharma-Marketing darstellen. Frage 13 beschäftigt sich mit diesen strategischen Orientierungskriterien. Bei der Frage nach der Marktgröße wird grob in die drei Größenkategorien mit kleinem, mittlerem und großem Gesamtumsatz unterschieden. Hinsichtlich des Kriteriums Marktdynamik erfolgt zunächst eine Einteilung der Stadien von Marktzyklen in die drei Phasen mit wachsendem, stagnierendem und sinkendem Gesamtumsatz. Im Hinblick auf die Stärke der Marktschwankungen unterscheidet Frage 13 schließlich Märkte mit starken und weniger starken Umsatzveränderungen.

Da die Arzneimittelfirmen in der Regel auf mehreren Indikationsgebieten agieren, sollten die Unternehmen in Frage 13 jeweils angeben, wie häufig die entsprechende Marktkategorie unter den von ihnen belieferten Arzneimittelmärkten vertreten ist. Die Erfassung der Zahl der bedienten Indikationsmärkte der jeweiligen Marktkategorie erfolgte an Hand einer Fünfer-Skala, die von den Extrempunkten "keine" (d. h. betreffende Marktkategorie ist unter den belieferten Teilmärkten nicht vertreten) bis "sehr viele" (d. h. betreffende Marktkategorie ist unter den belieferten Teilmärkten sehr häufig vertreten) reicht.

F 13		GRÖSSE UND DYNAMIK DER INDIKATIONSMÄRKTE					
	Wie häufig bedienen Sie die folgenden <u>Arten von Indikationsmärkten</u> mit Ihren human-pharmazeutischen Fertigarzneimitteln?						
	Art der Indikationsmärkte	Zahl der bedienten Indikationsmärkte					
		keine 0	sehr wenige 1	wenige 2	mehrere 3	viele 4	sehr viele 5
159	- mit <u>kleinem</u> Gesamtumsatz						
160	- mit <u>mittlerem</u> Gesamtumsatz						
161	- mit <u>großem</u> Gesamtumsatz						
162	- mit <u>wachsendem</u> Gesamtumsatz						
163	- mit <u>stagnierendem</u> Gesamtumsatz ...						
164	- mit <u>sinkendem</u> Gesamtumsatz						
165	- mit <u>starken</u> Umsatzschwankungen ...						
166	- mit <u>weniger starken</u> Umsatzschwankungen						

1.2.2.2 MARKTSTELLUNG

Die Stellung eines Unternehmens im Rahmen einer Marktkonstellation wird allgemein in der Literatur als wesentliche Orientierungsgröße für die Entwicklung und Durchführung von Marketing-Strategien angesehen. Die Marktposition läßt sich mit Hilfe einer Vielzahl von Merkmalen wie z. B. Bekanntheitsgrad, Firmenimage, Produktqualität, Marktmacht etc. umfassend umschreiben.[272] Bei der praktischen Analyse der Marktstellung erscheint es aber sinnvoll, sich auf einen gemeinsamen Indikator zu beschränken. Als geeigneter Indikator für die Wettbewerbsstellung eines Unternehmens gilt sein Marktanteil.

Der wertmäßige <u>Marktanteil</u> ergibt sich aus dem Verhältnis zwischen dem Umsatz eines Unternehmens (Absatzvolumen) und der Summe der Umsätze aller Wettbewerber auf einem abgegrenzten Markt (in Prozent gemessen). Damit zeigt der Marktanteil den Ausschöpfungsgrad des Marktvolumens für ein Unternehmen auf und liefert zugleich konkrete Informationen über dessen relative Bedeutung im Vergleich zu seinen Konkurrenten.[273]

Hohe Marktanteile verbindet man in der Regel mit hohen Gewinnpotentialen. Ein solcher Zusammenhang läßt sich theoretisch aus dem sog. <u>Erfahrungskurvenkonzept</u> ableiten.[274] Das

---

272) Vgl. Stoff (1978), S. 1.
273) Zur Definition des Begriffs Marktanteil vgl.z. B. Meffert (1986), S. 82; Nieschlag/Dichtl/Hörschgen (1985), S. 880 - 881 und Grimm (1983), S. 39.
274) Zum Erfahrungskurvenkonzept vgl. u. a. Bauer (1986); Sever (1985), S. 14 ff.; Lange (1984), S. 229 ff.; Dunst (1983), S. 68 ff.; Gälweiler (1981), S. 89 ff. sowie die

Konzept besagt, daß bei jeder Verdoppelung der im Zeitablauf kumulierten Produktionsmengen das Kostensenkungspotential bezogen auf die inflationsbereinigten Wertschöpfungskosten pro Stück ca. 20 - 30 % beträgt. Dieser Effekt bezieht sich nicht allein auf die Fertigungskosten sondern betrifft alle einem Produkt direkt zurechenbaren und ausgabewirksamen Kosten wie z. B. Kapital-, F & E-, Vertriebs- und Marketing-Kosten sowie allgemeine Verwaltungskosten und sonstige Gemeinkosten. Zur Begründung des Kostenrückgangs bei steigender Produktionsmenge werden verschiedene Kosteneinflußgrößen wie Größendegression, Lerneffekte, Technischer Fortschritt und Rationalisierungseffekte herangezogen. Die graphische Darstellung der Erfahrungskurve erfolgt zumeist im doppelt-logarithmischen Diagramm, "um die konstante Wechselbeziehung zwischen "Erfahrung" (kumulierte Produktionsmenge) und "Kosten" (Stückkosten) stärker herauszustellen".[275]

Erfahrungskurveneffekte hat man im Rahmen empirischer Studien sowohl für einzelne Anbieter als auch für ganze Branchen aufgedeckt.[276] Als unabänderliches Gesetz darf aber auch dieses Konzept nicht verstanden werden. Es ist vielmehr - ähnlich den Varianten des Lebenszyklus - als ein für strategische Einflußfaktoren sensibilisierendes Beschreibungsmodell aufzufassen, das "mögliche" Kostenentwicklungen bei steigender Produktionsmenge in idealtypischer Weise vorzeichnet.[277] Die Literatur zu diesem Thema betont daher nachdrücklich, daß erfahrungskurvenbedingte Kostenrückgänge die Fähigkeiten im Unternehmen zum Erkennen und Realisieren von Kosteneinsparungen und damit zu erfolgreichem Kostenmanagement voraussetzt.

Die theoretische Ableitung eines positiven Zusammenhangs zwischen dem Marktanteil und der Gewinnsituation der Unternehmen eines Marktes mit Hilfe des Erfahrungskurvenkonzeptes geht davon aus, daß sich die Produktionsmengen wie die Marktanteile der Unternehmen verhalten. Demnach verfügen die Anbieter mit größeren Marktanteilen über höhere Kostensenkungspotentiale als ihre Konkurrenten mit geringeren Anteilen, d. h. sie besitzen das günstigere Gewinnpotential. Führt man diese logische Gedankenkette weiter fort, so tritt der Effekt -ceteris paribus - bei hohen Marktwachstumsraten und großen Marktvolumina in verstärktem Maße auf.

---

erstmalige Veröffentlichung des Konzeptes von Henderson (1974).
275) Dunst (1983), S. 70.
276) Vgl. Dunst (1983), S. 69.
277) Vgl. Lange (1984), S. 244.

Der statistische Zusammenhang zwischen Marktanteil und unternehmerischem Erfolg (Umsatzrendite; Return on Investment) wurde in zahlreichen empirischen Studien untersucht.[278] Die Ergebnisse dieser Untersuchungen lassen sich in zwei grobe Richtungen unterteilen. Während ein Teil der Studien einen positiven Zusammenhang zwischen Marktanteil und Unternehmens-erfolg feststellt, kommen die anderen Untersuchungen zu dem Schluß, daß Unternehmen mit großem Marktanteil nicht unbedingt erfolgreicher sein müssen als Unternehmen mit einem geringeren Marktanteil.

Die eindeutigsten Aussagen über das Verhältnis zwischen Marktanteil und Unternehmenserfolg stammen aus den sog. PIMS-Untersuchungen.[279] Buzzell, Gale und Sultan konstatieren auf Basis des PIMS-Datenmaterials im Durchschnitt einen positiven linearen Zusammenhang zwischen dem Marktanteil und dem ROI vor Steuern.[280] "On the average, a difference of 10 percentage points in market share is accompanied by a difference of about 5 points in pretax ROI".[281] Darüber hinaus stellen die Autoren fest, daß auch die Umsatzrentabilität - noch stärker als der ROI - mit dem erreichten Marktanteil wächst.[282] Graphisch läßt sich der ermittelte Zusammenhang zwischen Unternehmenserfolg und Marktanteil mit Hilfe einer "Regressionsgeraden" darstellen (vgl. Abb. 52).

---

278) Vgl. dazu den jeweils sehr ausführlichen Überblick bei Sever (1985), S. 100 ff. und Eybl (1984), S. 198 ff.
279) Die Profit Impact of Market Strategy (PIMS) -Untersuchungen des Strategic Planning Institute in Massachusetts basieren auf der größten unternehmensbezogenen Datensammlung in der Geschichte der Wirtschaftswissenschaften. Das Institut verfügt über zahlreiches und detailliertes Informationsmaterial von ca. 2.000 Geschäftseinheiten. Ziel dieses seit 1975 laufenden Projektes ist die Erforschung von Erfolgsfaktoren der strategischen Unternehmensplanung. Von den Ergebnissen der PIMS-Studien wurde die Theorie der strategischen Unternehmensführung maßgeblich beeinflußt. Das bekannteste Ergebnis des Projektes stellt die Korrelation zwischen Marktanteil und Erfolg dar. Zu Anliegen, Inhalten und Entwicklung der PIMS-Forschung siehe sehr ausführlich Eybl (1984), S. 145 ff.
280) Laut Dunst (1983), S. 80 wird in den PIMS-Studien der ROI definiert als "Summe von Gewinn vor Steuern und Zinsen auf das langfristige Fremdkapital, dividiert durch die Summe von Eigenkapital und langfristigem Fremdkapital (dividiert durch Bilanzsumme minus kurzfristigen Verbindlichkeiten)".
281) Buzzell/Gale/Sultan (1975), S. 97.
282) Vgl. ebenda, S. 99.

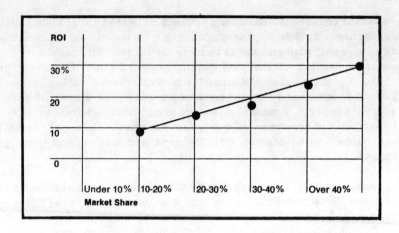

Abb. 52: Linearitätshypothese über den Zusammenhang zwischen
Marktanteil und Unternehmenserfolg
(Quelle: Buzzel / Gale / Sultan (1975), S.98.)

Obgleich die Untersuchungen von Gale, Buzzell und Sultan den Schluß nahelegen, daß eine linerare Beziehung zwischen Marktanteil und Unternehmenserfolg existiert, gilt diese "Linearitätshypothese" selbst unter den PIMS-Forschern als umstritten. Bei den als Punkte entlang und auf der "Regressionsgeraden" gekennzeichneten ROI/Marktanteil-Kombinationen in Abbildung 59 handelt es sich um Durchschnittsbetrachtungen, die bestehende deutliche Abweichungen zahlreicher Einzelbeobachtungen verwischen. So berichten beispielsweise Woo/Cooper von 40 Unternehmen in der PIMS-Datenbank, die trotz einem sehr geringen relativen Marktanteil[283] von unter 0,2 einen ROI von 20 % und mehr aufweisen.[284] Darüber hinaus zeigen die Autoren für verschiedene - mit Hilfe der Clusteranalyse gebildete - Markttypen eine sehr unterschiedliche Erfolgsträchtigkeit für Firmen mit geringem Marktanteil.[285]

Auch andere empirische Untersuchungen lassen solche marktspezifischen Unterschiede erkennen. Porter beispielsweise verweist auf eine umfangreiche Studie nach der in 15 von 38 Bran-

---

[283] Der relative Marktanteil wird in den PIMS-Untersuchungen definiert als das Verhältnis zwischen dem eigenen Marktanteil eines Unternehmens zum kombinierten Marktanteil der drei größten Wettbewerber. Durch diese Größe soll die Marktstruktur als Einflußgröße neutralisiert werden. Vgl. Grimm (1983), S. 40.
[284] Vgl. Woo/Cooper (1982), S. 106 ff.
[285] Vgl. ebenda, S. 110 - 111.

chen die Unternehmen mit dem höchsten Marktanteil weniger rentabel arbeiten als ihre unmittelbaren Verfolger.[286] Setzt man diese Untersuchung in Beziehung zu den von Woo/Cooper gefundenen Ergebnissen, dann erscheint ein U-förmiger Zusammenhang zwischen Marktanteil und Rentabilität - wie ihn Porter in einigen Branchen zu erkennen glaubt[287] - für einzelne Märkte durchaus denkbar.

Die genannten Studien legen den Schluß nahe, daß der Einfluß des Marktanteils auf den Unternehmenserfolg, der sich auf Grundlage der PIMS-Datenbank ableiten läßt, weitaus geringer ist als weithin angenommen wird. Problematisch bei einer vergleichenden Beurteilung aller Untersuchungen bleibt jedoch die Frage der jeweiligen Abgrenzung der relevanten Märkte, da hiervon die Höhe des Marktanteils abhängt. Obgleich die Studien keine eindeutigen Erklärungen für die aufgezeigten marktspezifischen Unterschiede liefern, reichen ihre Ergebnisse doch aus, um zu verdeutlichen, daß der Marktanteil keineswegs den allein ausschlaggebenden Bestimmungsfaktor für den Unternehmenserfolg darstellt.[288]

Ohne auf umfassende empirische Belege oder geschlossene theoretische Modelle zurückzugreifen, machen insbesondere auch die Ausführungen von Kotler deutlich, warum der statistische Zusammenhang zwischen Marktanteil und Unternehmenserfolg keineswegs deterministisch ist, sondern neben zahlreichen internen und externen Kontextmerkmalen vor allem vom strategischen Marketing-Verhalten der Unternehmen abhängt.[289] Zur Erläuterung dieses Sachverhaltes unterteilt Kotler die Anbieter eines Marktes in vier Gruppen:

- Marktführer
- Marktherausforderer
- Marktmitläufer
- Marktnischenfüller.

In einem Markt gibt es nahezu immer nur ein dominierendes Unternehmen, das als <u>Marktführer</u> allgemeine Anerkennung fin-

---

286) Vgl. Porter (1985), S. 197 - 198.
287) Vgl. ebenda, S. 72 - 73.
288) Zum gleichen Schluß kommen auch die neueren Untersuchungen von Jacobson/Aaker, die ebenfalls auf der PIMS-Datenbank basieren. Vgl. Jacobson/Aaker (1985), S. 11 - 22.
289) Vgl. Kotler (1982), S. 282 - 297.

det.[290] Ein solches Unternehmen besitzt den größten Marktanteil auf dem relevanten Absatzmarkt und dient den übrigen Anbietern als Orientierungspunkt für deren strategisches Marketing-Verhalten. Laut Slatter findet sich auch auf dem Arzneimittel-Sektor wohl kaum ein Marketing-Manager, der für einen Indikationsmarkt Marketing-Strategien formulieren würde, ohne die Strategien des führenden Wettbewerbers in dem jeweiligen Bereich in irgendeiner Weise zu berücksichtigen.[291] Prinzipiell bieten sich den nachrangigen Wettbewerbern die drei Grundvarianten: den Marktführer herauszufordern, zu imitieren oder zu meiden.[292]

Sofern durch gesetzlichen Patentschutz keine monopolähnliche Stellung mehr für den Marktführer besteht, bereiten dem führenden Arzneimittel-Unternehmen die Angriffe der Wettbewerber unter Umständen erhebliche Probleme. Insbesondere der Imitationswettbewerb hat sich in der jüngeren Vergangenheit als eine zunehmende Bedrohung herausgestellt. Dominierende Unternehmen erscheinen nicht selten gegenüber Angreifern als zu unbeweglich. Vor allem in wachsenden Märkten, auf denen die Wettbewerbsverhältnisse noch nicht so stabil sind, ergeben sich Ansatzpunkte, eventuelle Schwächen des Marktführers auszunutzen.[293]

Ein geradezu typisches Beispiel hierfür liefert der in der Wachstumsphase befindliche Markt für Magenpräparate, auf dem die Firma Smith Kline Dauelsberg zu Beginn der 80er Jahre mit ihrem Präparat Tagamet als uneinholbarer Marktführer galt. Den Firmen Cascan (Präparat: Sostril) und Glaxo (Präparat: Zantic) gelang es mittlerweile gemeinsam, den zuvor alleinigen Marktführer auf ca. 25 % Marktanteil herabzusenken. Insbesondere der Firma Cascan, deren Präparat Zantic heute mit einem Marktanteil von ungefähr 30 % das erfolgreichste Medikament auf diesem Markt darstellt, wird in der Pharma-Branche das "modernere Produkt-Marketing" bestätigt. Im Rahmen einer breit angelegten, problemorientierten Marketing-Strategie konnte das Unternehmen den Ärzten und Patienten - auf der Basis eigener klinischer Studien - zahlreiche Wirkungszusammenhänge über den Anwendungsbereich ihres Präparates verdeutli-chen (z. B. über die Wechselwirkung zwischen Heilerfolg und Rauchen; wirkungs-

---

290) Die Boston Consulting Group bezeichnet diese im Rahmen ihrer Beratungstätigkeit gewonnene Erkenntnis als "ehernes Gesetz des Wettbewerbs". Vgl. Grimm (1983), S. 178.
291) Vgl. Slatter (1977), S. 78 - 79.
292) Vgl. Kotler (1982), S. 284.
293) Vgl. Grimm (1983), S. 178 - 179.

vollste Einnahmezeit etc.) und damit die Konkurrenz überflügeln.[294]

Aufgrund seiner exponierten Stellung ergeben sich für den Marktführer aber auch eine Reihe von Problemen, die nicht allein auf das Wettbewerbsverhalten der Mitbewerber zurückzuführen sind. Meist handelt es sich bei Arzneimittelunternehmen mit einer dominierenden Marktstellung um Großunternehmen[295], auf die sich das Interesse der Öffentlichkeit ohnehin in stärkerem Maße konzentriert. Ein hoher Marktanteil erweckt aber vielfach zusätzlich die Aufmerksamkeit von Verbraucherschutzorganisationen, Krankenkassen, Kartellbehörden, dem Bundesgesundheitsamt und anderen Institutionen oder Verbrauchergruppen.[296] Gerade in einem so sensiblen Bereich wie dem Arzneimittelsektor kann dies dazu führen, daß die hieraus entstehenden Nachteile der Marktführerschaft unter Umständen die Kostenvorteile hoher Marktanteile überkompensieren.

Darüber hinaus darf man bei der Diskussion um die Vorteilhaftigkeit der Marktführerschaft außer Acht lassen, daß z. B. auf stagnierenden oder schrumpfenden Märkten sich für den Marktführer ähnliche Probleme wie für die nachrangigen Wettbewerber ergeben.[297] Diese Probleme gilt es auch für die führende Unternehmung zu bewältigen, wenn es die dominierende Marktstellung ausbauen oder erhalten möchte. Eine dominierende Marktposition stellt daher lediglich einen momentanen, keineswegs aber unabänderlichen Ausdruck der Wettbewerbsstärke eines Anbieters innerhalb eines Indikationsbereiches dar.

Neben dem Marktführer besitzen in einem Indikationsmarkt üblicherweise noch zwei bis drei weitere Anbieter einen verhältnismäßig großen Marktanteil.[298] Kotler bezeichnet diese Unternehmen, sofern sie die Marktführerschaft anstreben, als <u>Marktherausforderer</u>. Eine solche Herausforderung bringt erhebliche Gefahren für den Angreifer mit sich, wenn der Marktführer aufmerksam ist und die bessere Ressourcenausstattung besitzt, um einen längere Zeit andauernden Konkurrenzkampf durchzuhalten. Für kleine und mittelgroße Herausforderer bietet sich daher allenfalls die Möglichkeit eines überraschenden Angriffs auf größere Unternehmen.

---

294) Vgl. Rüßmann (1987), S. 79 - 80.
295) Vgl. Slatter (1977), S. 53 - 54.
296) Vgl. Bloom/Kotler (1983), S. 74 ff.
297) Vgl. Meffert (1980), S. 54.
298) Vgl. Slatter (1977), S. 79.

Ein solches Vorhaben gelang beispielsweise dem damals noch mittelständischen Arzneimittel-Unternehmen Boehringer Mannheim mit dem Antibiotikum Euglucon.[299] Durch spezielle Schulung und gezielten Einsatz des gesamten Außendienstes genau zum Zeitpunkt der Markteinführung konnte das Unternehmen mit seinem Produkt Euglucon die Konkurrenz überraschen und die Umsatzzahlen des zunächst führenden, inhaltlich identischen Präparates Daonil der Fa. Hoechst übertreffen.

Um Vernichtungsstrategien großer Arzneimittelfirmen zu vermeiden[300] oder weil die knappe Ressourcenausstattung eine Marktanteilserweiterung nicht zuläßt[301], beschränken sich viele kleine und mittlere Unternehmen auf ein nahezu wettbewerbsloses Verhalten gegenüber Unternehmen mit höherem Marktanteil. Diese als <u>Marktmitläufer</u> bezeichneten Unternehmen halten zum Teil durchaus beachtliche Marktanteile. Slatter erkennt im Marktmitläufertum die typische Situation vieler kleiner und mittlerer Anbieter auf dem Arzneimittelmarkt, die eher dazu neigen, mit einem ausreichenden Marktanteil in zwei oder mehreren umsatzstarken Indikationsbereichen vertreten zu sein, als auf umsatzschwächeren Märkten eine dominierende Position einzunehmen oder anzustreben.[302]

Porter vermutet allerdings im Mitläufertum - ohne dies jedoch empirisch ausreichend untermauern zu können - eine äußerst ungünstige Wettbewerbssituation, die nach seinen Kenntnissen aus anderen Branchen in den seltensten Fällen befriedigende Unternehmenserfolge zuläßt.[303] Demgegenüber berichten Hamermesh/Anderson/Harris von etlichen Unternehmen, die mit weniger als der Hälfte des Marktanteils des jeweiligen Marktführers eine Rendite erwirtschaften konnten, die über dem Median dieser Branche lag.[304]

Eine andere Möglichkeit, die Konfrontation mit größeren Unternehmen zu vermeiden, besteht für kleine und mittlere Unternehmen in der Besetzung von Marktnischen (<u>Marktnischenfüller</u>), d. h. in der Konzentration auf bestimmte Abnehmergruppen und/oder spezielle Teile des Leistungsangebotes innerhalb eines Indikationsmarktes. Die bereits erwähnte Studie von Woo/Cooper zeigt, daß eine solche strategische Wettbewerbssituation zu sehr guten Unternehmensergebnissen führen kann.

---

299) Vgl. Rüßmann (1983), S. 36.
300) Vgl. Grimm (1983), S. 179.
301) Vgl. Sever (1985), S. 99.
302) Vgl. Slatter (1977), S. 57 - 58.
303) Vgl. Porter (1985), S. 71.
304) Vgl. Hamermesh/Anderson/Harris (1978), S. 95 ff.

Die Position scheint vor allem dann erfolgversprechend, wenn das bearbeitete Marktsegment eine ausreichende Größe besitzt, genügend Wachstumspotential beinhaltet und der Marktnischenbearbeiter das spezielle Know-how für diese Nische mitbringt, um eventuelle Angriffe von größeren Unternehmen abzuwehren.[305] Umgekehrt drohen dem Marktnischenfüller vor allem dann Gefahren, wenn sich die Unterschiede zwischen Marktnische und dem gesamten Indikationsmarkt hinsichtlich der Konsumentenbedürfnisse und dem Leistungsprogramm der Anbieter verringern oder andere Unternehmen sich noch gezielter auf das zu bearbeitende Marktsegment konzentrieren.[306]

Insgesamt zeigen die Betrachtungen, daß der Marktanteil die Wettbewerbsposition einer Unternehmung in hohem Maße bestimmt. Mit hohen Marktanteilen sind Wettbewerbsvorteile verbunden, wohingegen geringere Marktanteile relative Wettbewerbsnachteile mit sich bringen. Andererseits stellt der Marktanteil weder eine unabänderliche Wettbewerbsposition noch ein eindeutiges Erfolgskriterium dar. Der Erfolg oder Mißerfolg einer Unternehmung ist nicht durch den jeweiligen Marktanteil vorbestimmt, sondern scheint insbesondere auf das strategische Marketing-Verhalten der Unternehmen zurückzuführen zu sein. Für dieses Verhalten der Marktteilnehmer stellt der Marktanteil einen zwar sehr wesentlichen, keineswegs aber den allein ausschlaggebenden Kontextfaktor dar.

F 14	WETTBEWERBSSTELLUNG						
	Welche Wettbewerbsstellung nimmt Ihre Unternehmung auf diesen Indikationsmärkten ein?						
		auf keinem Markt	auf sehr wenigen Märkten	auf wenigen Märkten	auf mehreren Märkten	auf vielen Märkten	auf sehr vielen Märkten
		0	1	2	3	4	5
167	Marktführer						
168	Herausforderer des Marktführers						
169	Mitläufer auf dem Markt						
170	Marktnischenfüller						

Zur Ermittlung der Wettbewerbsstellung der Pharma-Unternehmen auf den jeweils relevanten Indikationsmärkten wird in Frage 14 die auf Kotler zurückzuführende Einteilung der Marktteilnehmer

---
305) Vgl. Kotler (1982), S. 296.
306) Vgl. Porter (1985), S. 77.

in Marktführer, Marktherausforderer, Marktmitläufer und Marktnischenfüller vorgegeben. Zu diesen Kategorien sollten die befragten Unternehmen wiederum jeweils angeben, wie häufig sie auf ihren relevanten Indikationsmärkten die entsprechende Marktposition einnehmen (vgl. dazu auch Frage 13).

1.2.2.3 KONKURRENZSITUATION

Da sich die Pharma-Unternehmen auf den einzelnen Indikationsmärkten in einem mehr oder weniger intensiv geführten Wettbewerb miteinander befinden, ist im Grunde jede marktgerichtete Unternehmensstrategie zugleich konkurrenzbezogen.[307] Außerdem hat jede Marketing-Strategie auch Gegenaktivitäten (Reaktionen) der Konkurrenz zu berücksichtigen. Selbst Marktführer können nicht ohne Beachtung der Konkurrenz und damit zugleich auch der Nachfrager Preis-, Produkt-, Qualitäts-, Service- und Kommunikationspolitik betreiben respektive unterlassen. Bereits die vorausgegangenen Ausführungen zum Kontextmerkmal "Marktstellung" haben hierzu wesentliche Gesichtspunkte eines strategischen Pharma-Marketing aufgezeigt. Wegen der besonderen Bedeutung der Konkurrenzsituation für die Entwicklung und Durchführung von Marketing-Strategien soll dieser Aspekt im folgenden vertiefend behandelt werden.

Betriebswirtschaftliche Erörterungen des Themas in der Literatur beschäftigen sich primär mit drei Fragestellungen:[308]

1) Wieviele Wettbewerber konkurrieren mit dem betrachteten Unternehmen auf den jeweils relevanten Märkten (Zahl der Konkurrenten)?

2) Wer sind die wichtigsten Konkurrenten des Unternehmens (Art der Konkurrenten)?

3) Wie intensiv konkurrieren die Unternehmen auf den jeweiligen Märkten untereinander (Wettbewerbsintensität)?

In Anlehnung an die Volkswirtschaftslehre unterteilt man die Vielzahl real existierender Formen der Angebotskonkurrenz

---
307) Vgl. Udell (1972), S. 37 - 38.
308) Vgl. Weitz (1985), S. 229 ff.

zunächst üblicherweise nach der Zahl der Anbieter in drei grobe Klassen:[309]

1) (Angebots-)Monopol: Es existiert nur ein Anbieter auf dem betreffenden Markt.

2) (Angebots-)Oligopol: Es befinden sich lediglich wenige große Anbieter auf dem betreffenden Markt.

3) (Angebots-)Polypol: Es konkurrieren viele kleine Anbieter auf dem betreffenden Markt.

Weiterführende Deskriptionen dieser drei Konkurrenzformen beziehen sich auf Art und Ausmaß des Konkurrenzeinflusses auf ein Unternehmen.[310] Demnach verspürt ein Unternehmen in einer Polypolsituation zwar das Verhalten der zahlreichen Konkurrenten insgesamt, nicht aber die Aktionen einzelner Wettbewerber. Im Falle eines Oligopols dagegen ist ein Unternehmen von der Konkurrenz jedes einzelnen Mitbewerbers direkt betroffen. Da sein eigenes Wettbewerbsverhalten auch das Verhalten der anderen Wettbewerber beeinflußt, hat der Oligopolist auch bei eigenen marktgerichteten Maßnahmen mit Gegenmaßnahmen seiner Konkurrenten zu rechnen. Durch Kollusion (geheime Absprachen) lassen sich aber im Oligopol Wettbewerbskämpfe vermeiden. Bei einer Monopolstellung schließlich empfindet ein Unternehmen per definitionem keinerlei Konkurrenz. Laut dieser modelltheoretischen Sichtweise ist der Monopolist in der Lage, seine Entscheidungen ohne Rücksicht auf Konkurrenten und Konsumenten zu treffen. Das Modell legt nahe, daß mit abnehmender Zahl der Konkurrenten auch die Wettbewerbsintensität auf einem abgegrenzten Markt zurückgeht.

Verschiedene Autoren haben auf Grund von Plausibilitätsüberlegungen Zusammenhänge zwischen den Phasen von Produkt- bzw. Marktlebenszyklen, der Anzahl der Konkurrenten und der Wettbewerbsintensität konstatiert.[311] Solche Verlaufsmuster erscheinen vor allem für Produkte oder Märkte mit hohem Innovationsgrad denkbar. Im Verlaufe des Lebenszyklus eines Produktes oder eines Marktes treten diesen theoretischen Modellgedanken zufolge entweder schon während der Dauer des Patentschutzes für den Erstanbieter neue innovative Anbieter von substitutiven Produkten auf, oder aber es kommen nach Ablauf

---

309) Vgl. hierzu z. B. Woll (1984), S. 187.
310) Vgl. Krelle (1976), S. 6 - 21.
311) Siehe hierzu den Überblick bei Simon (1982), S. 191 - 193.

des Patentschutzes Nachahmerfirmen mit Imitationsprodukten auf den Markt hinzu. Die Zahl der Wettbewerber nimmt annahmegemäß so lange zu, wie der Markt bzw. das Marktsegment des Originalproduktes auf Grund schnell wachsender Umsätze für neue Wettbewerber attraktiv erscheint. Für die weniger attraktiv erachteten Phasen stagnierender oder gar sinkender Umsätze werden dagegen abnehmende Wettbewerberzahlen vermutet, da zu diesem Zeitpunkt auf Grund eines sich verschärfenden Wettbewerbs Grenzanbieter den Markt verlassen.

Die theoretischen Überlegungen verleiten zu der Annahme, daß ein eindeutiger Zusammenhang zwischen der Anzahl der Konkurrenten und der Wettbewerbsintensität eines Marktes besteht. Zahlreiche Einzelbeispiele belegen dagegen, daß die Wettbewerbsintensität zwischen wenigen Anbietern unter Umständen weitaus höher sein kann als zwischen vielen Konkurrenten.[312] Die Annahme einer direkten Beziehung zwischen den oben genannten Kontextmerkmalen erscheint allerdings auch bei genauer theoretischer Betrachtung nicht haltbar. Es ist eher wahrscheinlich, daß die Wettbewerbsintensität nicht primär von der Zahl der Konkurrenten sondern vielmehr von dem Verhältnis zwischen Anbieterkapazität und Nachfrage abhängt.[313] Bei gegebener Preiskonstellation läßt sich demnach von einer steigenden Wettbewerbsintensität ausgehen, wenn die Angebotskapazität der Wettbewerber die Nachfrage übersteigt. Simon vermochte - ebenfalls anhand von Beispielen aus verschiedenen Branchen - aufzuzeigen, daß eine solche Konstellation in allen Phasen des Produkt- bzw. Marktlebenszyklus eintreten kann.[314]

Entscheidend für die Intensität des Wettbewerbs auf einem Markt sind aber nicht zuletzt auch Wettbewerbswille und Wettbewerbsfähigkeit der Marktteilnehmer. Gerade auf dem Arzneimittelmarkt läßt sich feststellen, daß die am Markt bereits etablierten Anbieter eine Verschärfung des Wettbewerbs insbesondere des Preiswettbewerbs zu verhindern suchen. Durch den bewußten Aufbau von Markteintrittsbarrieren (z. B. durch Ausnutzung von Patentrechten, Ausbau der Marken- bzw. Firmenloyalität bei den Verwendern, Produktdifferenzierung, General

---

312) In diesem Zusammenhang werden häufig die Beispiele der sehr intensiv untereinander konkurrierenden Sportartikelhersteller Puma und adidas oder der Getränkehersteller Coca Cola und Pepsi Cola zitiert. Vgl. Arndt (1981), S. 51.
313) Vgl. Robens (1986), S. 127 sowie Simon (1982), S. 193.
314) Vgl. Simon (1982), S. 193 - 194.

Agreements unter den Wettbewerbern etc.) versucht man, potentielle neue Konkurrenten vom Markt fern zu halten.[315]

Daneben bestehen für neue Marktteilnehmer häufig gar nicht bewußt von den etablierten Wettbewerbern herbeigeführte Eintrittsbarrieren auf Grund fehlender marktlicher, technologischer und/oder finanzieller Voraussetzungen (z. B. fehlende Marktkenntnisse, fehlendes Know-how zur Leistungserstellung, geringe F & E-Potentiale, fehlende spezielle Produktionsanlagen etc.).[316] Umgekehrt können sich aber ebenso für bereits am Markt befindliche Firmen Schwierigkeiten bei einem Marktaustritt aus weniger attraktiven Märkten ergeben. Hohe Marktaustrittsbarrieren stellen sich insbesondere in Indikationsmärkten, die eine hohe Innovationskraft und Produktqualität erfordern sowie das Renommée des Arzneimittelherstellers am Markt in starkem Maße mitbestimmen. Zusammenfassend bleibt daher festzuhalten, daß die vielfach in der Literatur unterstellte Hypothese einer direkten Kausalität zwischen dem Lebenszyklus von Produkten oder Märkten, der Zahl der Anbieter und der Wettbewerbsintensität nicht tragfähig ist.

Die einschlägige Literatur betont darüber hinaus auch Beziehungen zwischen der Zahl der Wettbewerber, der Wettbewerbsintensität und der Art der Konkurrenten.[317] Demnach meiden forschungsintensive Großunternehmen Konkurrenzkämpfe eher und streben mit Innovationen monopolähnliche oder zumindest oligopolistische Marktstellungen an, wohin gegen kleinere Anbieter in polypolistischen Märkten harte Preiskämpfe untereinander austragen.[318] Auch diese Aussage beschreibt nur einen Teil der Realität und erscheint daher ebenfalls ergänzungsbedürftig.

Grundsätzlich dürfte wohl die Tatsache zutreffen, daß alle Unternehmen danach streben, Wettbewerbskämpfen auszuweichen, die ihnen keine ökonomischen Vorteile versprechen. Insbesondere aufgrund der größeren F & E-Potentiale sowie der damit verbundenen Innovationskraft besteht zunächst für die forschungsintensiven Großunternehmen tendenziell eher die Möglichkeit, auf weniger stark besetzten Märkten zu agieren. Auf der anderen Seite sind aber auch vielfach folgende Konstellationen auf dem Arzneimittelmarkt anzutreffen:

---
315) Vgl. hierzu ausführlich Oberender (1984).
316) Vgl. Robens (1986), S. 128.
317) Vgl. Grimm (1983), S. 81.
318) Vgl. ähnlich Friesewinkel/Schneider (1982), S. 44.

- Kleinere Anbieter spezialisieren sich auf kleine, für Großunternehmen weniger attraktive und daher weniger stark besetzte Indikationsmärkte und entziehen sich dadurch ebenfalls dem Preiswettbewerb.

- Selbst die größeren F & E-Potentiale ermöglichen es den Großunternehmen nicht mehr immer, durch ständige neue und bahnbrechende Innovationen dem Wettbewerb auszuweichen.

- Kleinere und mittlere Nachahmerfirmen konzentrieren sich insbesondere auf große Indikationsmärkte, auf denen die Patente großer forschungsintensiver Pharma-Unternehmen auslaufen und suchen dabei bewußt den Preiswettbewerb, der ihnen ökonomische Vorteile verspricht.

- Dynamische mittelgroße Arzneimittelhersteller (darunter vor allem ausländische Tochtgergesellschaften) streben danach, durch einen intensiven Qualitätswettbewerb sowie weitreichende Marketing-Aktivitäten Marktanteile von konkurrierenden Großunternehmen hinzuzugewinnen.

Obgleich durchaus erkennbare Zusammenhänge zwischen den drei in der Literatur am intensivsten diskutierten Problemstellungen zur Frage der Konkurrenzsituation bestehen, zeigen die Erörterungen aber andererseits auch jeweils unterschiedliche Aspekte auf. In Frage 15 werden daher alle drei Kontextmerkmale angesprochen.

Bei der Frage nach der <u>Zahl der Wettbewerber</u> erfolgt eine Dichotomisierung in die Kategorie "viele" und "wenige" Konkurrenten. Eine völlige Monopolstellung erreichen in der Regel selbst Unternehmen mit patentgeschützten Substanzen nicht, da zumindest ältere Substitutionspräparate von Konkurrenzfirmen sich ebenfalls auf solchen Indikationsmärkten befinden. Diese dritte Kategorie einer Monopolsituation entfällt daher.

Die Frage nach der <u>Art der wichtigsten Konkurrenten</u> bezieht neben der eindimensionalen Betrachtung der "Größe" der Firma auch deren Konzerneingebundenheit mit in die Betrachtung ein, da indirekt auch den kleinen und mittleren Tochtergesellschaften die F & E-Potentiale der Konzernmütter zur Verfügung stehen. Entsprechend ergeben sich hierzu in Frage 15 fünf Vorgabekategorien.

F 15	KONKURRENZSITUATION						
	Wie stellt sich die Konkurrenzsituation auf diesen Indikationsmärkten im einzelnen dar?	auf keinem Markt	auf sehr wenigen Märkten	auf wenigen Märkten	auf mehreren Märkten	auf vielen Märkten	auf sehr vielen Märkten
		0	1	2	3	4	5
	o Zahl der Konkurrenten						
171	- viele						
172	- wenige						
	o Art der schärfsten Konkurrenten						
173	- vornehmlich große Konzernmutterges. ...						
174	- vornehmlich mittelgr. Tochterges.						
175	- vornehmlich unabhängige mittelgroße Unternehmen						
176	- vornehmlich kleine Tochtergesellsch. ..						
177	- vornehmlich kleine selbständige Arzneimittelunternehmen						
	o Marketing- bzw. Wettbewerbsintensität						
178	- sehr hohe Intensität						
179	- mittlere Intensität						
180	- geringe Intensität						

Der letzte Teil der Frage schließlich, welcher den Aspekt der Wettbewerbsintensität aufgreift, gibt drei Kategorien vor. Es erfolgt eine Unterscheidung in Märkte mit "hoher", "mittlerer" und "geringer" Wettbewerbsintensität. Ähnlich wie bei den Fragen 13 und 14 sollen die Unternehmen auch in Frage 15 jeweils angeben, wie häufig die einzelnen Kategorien auf den von ihnen belieferten Indikationsmärkten anzutreffen sind.

1.2.3 VERÄNDERUNGEN IM WEITEREN PHARMA-UMFELD

Aufgrund der Tatsache, daß Human-Arzneimittel qualitativ hochwertige und vielfach auch innovative Güter sind, die wegen ihrer Nutzen-/Risikobehaftung einer engen Sozialbindung und einem besonderen öffentlichen Interesse unterliegen, erfahren die Pharma-Unternehmen eine vergleichsweise stärkere Einflußnahme von außerhalb ihres unmittelbaren Konkurrenzumfeldes als Anbietersysteme anderer Branchen.[319] Die Vielzahl marketingrelevanter Veränderungen im weiteren Pharma-Umfeld gebieten es, sich auch hier auf die wichtigsten Problembereiche zu beschränken. Im folgenden werden daher nur pharma-politische Themen behandelt, die in den letzten fünf Jahren in der Fachliteratur besondere Aufmerksamkeit erfahren haben[320], und de-

---
319) Vgl. Nord (1979), S. 38 ff.
320) Im einzelnen wurden die letzten 5 Jahrgänge der Zeitschriften "die pharmazeutische industrie", "medikament &

ren Auswirkungen auch in Zukunft noch spürbar das Marktgeschehen innerhalb der Pharma-Industrie beeinflussen werden. Die einzelnen Arzneimittelfirmen sind den verschiedenen Umwelteinflüssen in unterschiedlichem Ausmaß ausgesetzt.

1.2.3.1 ALLGEMEINE AUSWIRKUNGEN DER KOSTENDÄMPFUNG IM GESUNDHEITSWESEN

Die Kostenexpansion im Gesundheitswesen und die allgemein daraus zu ziehenden Konsequenzen hinsichtlich kostendämpfender Maßnahmen gehören seit geraumer Zeit zu den herausragenden innenpolitischen Themen in der Bundesrepublik Deutschland. Neben Krankenhäusern, Ärzteschaft, Apothekerschaft und letztlich vor allem den Patienten ist auch die Pharma-Industrie von den nunmehr schon seit mehr als zehn Jahren andauernden Diskussionen um die besorgniserregende Entwicklung der staatlichen Gesundheitsausgaben und den hieraus resultierenden staatlichen Eingriffen in das Gesundheitssystem in erheblichem Maße berührt.

In der Bundesrepublik Deutschland besteht für 99,6 % der Bevölkerung ein Krankenversicherungsschutz, wobei 89,3 % der Bundesbürger einer gesetzlichen Krankenversicherung (GKV), 8,4 % einer privaten Krankenversicherung (PKV) und 2 % einer sonstigen Heilfürsorge (Bundeswehr, Polizei etc.) angehören.[321] Trotz verschiedener gesetzgeberischer Maßnahmen, die seit 1976 in Kraft getreten sind, waren die staatlichen Bemühungen um eine Dämpfung der Gesundheitsausgaben der GKV insgesamt betrachtet bislang wenig erfolgreich.[322]

Die jährlichen Leistungsausgaben der GKV stiegen zwischen 1976 und 1986 um 78,9 % von 63,6 Mrd. DM auf 113,8 Mrd. DM an. Bei den anteiligen Arzneimittelkosten war im gleichen Zeitraum ein

---

meinung", "pharma dialog" und "Pharma Marketing Journal" analysiert. Vgl. dazu auch die (Jahres-) Inhaltsverzeichnisse der genannten Zeitschriften. Einen konzentrierten Überblick über die zentralen Themenbereiche und ihre Auswirkungen auf das strategische Pharma-Marketing geben außerdem Rüßmann (1986); Hünerkoch (1985) sowie verschiedene Pharma-Marketing-Manager in einem Rückblick auf 10 Jahre Pharma-Marketing-Journal, im Rahmen dessen die Praktiker nach den gravierendsten Veränderungen des Pharma-Marktes im Hinblick auf die kommenden 5 Jahre befragt wurden. Vgl. dazu o. V. (1986 a), S. 80 - 86.
321) Vgl. Sommer (1987), S. 253.
322) Vgl. Paffrath/Reiners (1987 a), S. 369 - 373.

Anstieg um 83,3 % von 9,6 Mrd. DM im Jahre 1976 auf 17,6 Mrd. DM im Jahre 1986 zu verzeichnen.[323] Damit finanzieren die gesetzlichen Krankenkassen allein über 75 % des Arzneimittelumsatzes in öffentlichen Apotheken.[324]

Mit einem Anteil an den Gesamtausgaben der GKV von 15,4 % im Jahre 1986 (1976: 15,1 %) stellen die Arzneimittelkosten zwar nicht den Hauptfaktor der Kostenexpansion im Gesundheitswesen dar[325], dennoch wird die Notwendigkeit zur Kosteneinsparung auch in diesem Bereich mittlerweile von allen Marktpartnern eingesehen.[326] Die Zweckmäßigkeit einzelner dirigistischer Kostendämpfungsmaßnahmen gelten aus sozial- und gesundheitspolitischen Erwägungen und aus ökonomischer Sicht allerdings nach wie vor als heftig umstritten.

Angesichts der erheblich gestiegenen Gesundheitskosten stellt sich aber generell die Frage, ob und inwieweit der Sozialstaat Bundesrepublik Deutschland in Zukunft überhaupt noch in der Lage sein wird, den Hauptteil der Arzneimittelkosten für seine Bürger zu übernehmen. Ein wesentlicher Grund für das weitgehende Scheitern bisheriger staatlicher Kostendämpfungsmaßnahmen im Arzneimittelsektor wird darin gesehen, daß das Phänomen des "moral hazard"[327] nicht nur unter den Patienten sondern auch in den Reihen der übrigen Marktpartner weit verbreitet ist. Um die Kostenexpansion im Gesundheitswesen aufzuhalten, erscheint eine grundlegende Strukturreform des Gesundheitswesens mit weitreichenden Auswirkungen auf den Arzneimittelmarkt unabwendbar. Für die Pharma-Industrie dürften daher in Zukunft noch weitaus tiefgreifendere staatliche Eingriffe als bisher zu erwarten stehen.

Die sich auf § 182 f Reichsversicherungsordnung (RVO) stützende sogenannte <u>Negativliste</u>, die am 1. April 1983 in der Bundesrepublik Deutschland in Kraft trat, entbindet alle als "Bagatellarzneimittel" bezeichneten Präparate gegen geringfü-

---
323) Vgl. ebenda.
324) Vgl. Oberender (1984), S. 209.
325) Der Krankenhaussektor ist mit einem Kostenanteil von ca. 33 % (1976: 30 %) nach wie vor der größte und am stärksten expandierende Kostenfaktor innerhalb des Gesundheitssystems. Vgl. BPI (1986/87), S. 93 sowie Löffler (1987), S. 3.
326) Vgl. Vogel (1982), S. 3 - 4.
327) Vgl. Oberender (1984). Unter dem Begriff "moral hazard" wird das Phänomen verstanden, daß die einzelnen Marktpartner die für sie jeweils geltenden Vorzüge des Sozialstaates zu eigenen Gunsten überanspruchen und damit die Gemeinschaft insgesamt schädigen.

gige Gesundheitsstörungen von der Erstattungspflicht der GKV. Zu diesen Medikamenten zählen bislang Mittel gegen Reisekrankheiten, Abführmittel, Mund- und Rachendesinfektionsmittel sowie Arzneimittel zur Anwendung bei Erkältungskrankheiten und grippalen Infekten.

Die Regelung hat zu einem Umsatzrückgang der von der Erstattung ausgeschlossenen Arzneimittel um etwa 30 % geführt. Weitere rund 30 % der früher getätigten Umsätze mit "Bagatellarzneimitteln" fließen jetzt in den OTC-Markt; bei ca. 40 % erfolgt weiterhin eine Verordnung zu Lasten der GKV.[328] Eine Analyse des BPI zeigt, daß von der Negativliste insbesondere kleine und mittlere Pharma-Unternehmen betroffen sind.[329] Von den 137 Mitgliedsfirmen des BPI, deren Präparate zu einem mehr oder weniger großen Teil unter die Negativliste fallen, mußten 64 % Ertragsminderungen von über 10 % hinnehmen. Bei den größeren Pharma-Unternehmen lagen die Umsatzeinbußen dagegen nur bei 2,8 %.[330]

Unter Marketing-Gesichtspunkten ergeben sich für kleinere und mittlere Pharma-Unternehmen oft dadurch Probleme, weil sie finanziell oder aufgrund fehlenden Know-hows nicht in der Lage sind, die Konsumenten durch aufwendige und intensive Publikumswerbung unmittelbar auf ihre Produkte aufmerksam zu machen. Eine Verlagerung der Marketing-Schwerpunkte auf anderen Präparate scheitert vor allem daran, daß diese Firmen wegen fehlender F & E-Möglichkeiten nur ein enges Produktsortiment besitzen.[331]

Insgesamt erbrachte die Negativliste anstatt der vom Gesetzgeber erhofften 580 Mio. DM an jährlichen Kosteneinsparungen für die GKV nur eine Reduzierung der Arzneimittelkosten um ca. 200 - 320 Mio. DM pro Jahr.[332] Ein wesentlicher Grund hierfür wird darin gesehen, daß die Ärzte in ihren Verordnungen vielfach die relativ preiswerten "Bagatellarzneimittel" zur Behandlung von Erkältungskrankheiten durch relativ teurere aber erstattungsfähige Präparate (z. B. Antibiotika) ersetzen, die aufgrund ihrer höheren Wirkstärke eigentlich für die Behand-

---

328) Vgl. Rahner (1985 a), S. 2.
329) Vgl. BPI (1984), S. 1099 - 1104.
330) Vgl. Löffler (1984), S. 2.
331) Vgl. BPI (1984), S. 1102.
332) Die Schätzungen der verschiedenen Marktpartner bzw. Verbände des Arzneimittelmarktes schwanken innerhalb dieser Bandbreite. Vgl. Rahmer (1985 a), S. 1 - 2.

lung schwerwiegenderer Krankheiten vorgesehen sind.[333] Nicht zuletzt aufgrund der bisherigen Erfahrungen zieht der Gesetzgeber eine Neugestaltung der Negativliste in Betracht, bei der neben der Herausnahme einzelner Erkältungspräparate auch die Aufnahme anderer Präparategruppen (z. B. Venenmittel, Schlafmittel, Naturarzneimittel) erneut zur Disposition steht.[334]

Darüber hinaus besteht nach wie vor die Forderung der Krankenkassen und verschiedenster politischer Kreise nach Einführung einer Positivliste.[335] Einer solchen Liste sollen ausschließlich diejenigen Arzneimittel angehören, für die eindeutig ein medizinisches Bedürfnis besteht und die nach Überprüfung des therapeutischen Nutzens und der Preiswürdigkeit ausdrücklich zur Verordnung zu Lasten der gesetzlichen Krankenkassen zugelassen werden. Die Einführung einer Positivliste, die in ihren gesundheitspolitischen und ökonomischen Folgen weit über die Negativliste hinaus ginge, dürfte ebenfalls für die intensiv forschenden chemisch-pahrmazeutischen Großunternehmen (mit größtenteils stärker wirksamen chemischen Präparaten) im Durchschnitt weniger gravierende Belastung nach sich ziehen als für viele kleine und mittlere Unternehmen.

Im Gegensatz zur Positivliste, die bislang noch keine Realisierung gefunden hat, liegt den Kassenärzten die am 5. Dezember 1986 als Anlage Nr. 24 der Arzneimittel-Richtlinien (AMR) in Kraft gesetzte Preisvergleichsliste[336] vor. Diese vom Bundesausschuß der Kassenärzte und Krankenkassen erstellte und herausgegebene Liste enthält eine Zusammenstellung der Arzneimittel von neun für die kassenärztliche Versorgung besonders relevant erachteten Indikationsgruppen. Wegen der zum Teil unterschiedlichen Packungsgrößen wird dabei der Preisvergleich anhand der rechnerischen mittleren Tagesdosis der Medikamente vorgenommen und graphisch durch Balkendiagramme dargestellt. Außerdem erfolgt eine Einteilung der Präparate in die Gruppen A, B und C. Nach Ansicht des Bundesausschusses umfassen die Kategorien A und B Medikamente, die "allgemein" (A) oder "in besonderen Fällen" (B) zur Behandlung in den betreffenden In-

---

333) Dies machte sich auch durch eine deutliche Verlagerung der Diagnose der Ärzte von der einfachen Bronchitis zur akuten oder chronischen Bronchitis bemerkbar. Vgl. BPI (1984), S. 1102 - 1104.
334) Vgl. Huber (1987 b), S. 861; Münnich (1985), S. 3 sowie o. V. (1985 e), S. 1.
335) Vgl. Cramer (1987), S. 1.
336) Vgl. dazu auch im folgenden Bundesausschuß der Kassenärzte und Krankenkassen (1986) sowie Denninger (1987), S. 785 ff.

dikationsgebieten geeignet sind. Bei den Medikamenten der Kategorie C wird den Kassenärzten eine "besondere Aufmerksamkeit" bei der Verschreibung auferlegt.

Die Preisvergleichsliste impliziert eindeutige und verbindliche Soll-Vorschriften für die kassenärztliche Verordnung. Laut AMR Nr. 24 soll die Liste "dem Arzt nicht nur einen Preisvergleich ermöglichen, sondern ihm auch Hinweise für eine therapiegerechte und wirtschaftliche Arzneiverordnung geben."

Die Pharma-Unternehmen sehen in der Preisvergleichsliste eine nach ihrer Ansicht nur "abgeschwächte Positivliste". Anstrengungen einzelner Firmen gegen die Eingruppierung ihrer Präparate in die Gruppen B und C über einstweilige gerichtliche Anordnungsverfahren vorzugehen, schlugen weitgehend fehl.[337] Empirische Erhebungen über die ökonomischen Auswirkungen der Preisvergleichsliste auf einzelnen Pharma-Unternehmen liegen zur Zeit noch nicht vor. Für 1988 ist jedoch bereits die zweite Auflage der Preisvergleichsliste zu erwarten, die um zusätzliche Indikationsgruppen erweitert werden soll.[338]

Von der Kostendämpfung allgemein sind neben den kleinen und mittleren Arzneimittelfirmen allerdings auch die innovativeren Großunternehmen in sehr starkem Maße betroffen. Dagegen profitieren die Anbieter der sogenannten "Billigarzneimittel" von dieser Entwicklung. Unter Billigarzneimitteln versteht man neben den im Vergleich zu dem Originalprodukt deutlich preiswerteren Nachahmerpräparaten auch Parallelimporte. Bei den Parallelimporten handelt es sich um Originalprodukte, die ohne Zustimmung des Originalherstellers durch Arbitrage-Händler aus anderen Ländern importiert und preisgünstiger als die identischen, von den betreffenden Originalherstellern selbst in der Bundesrepublik vermarkteten Arzneimittel angeboten werden.[339] Die Arbitragemöglichkeiten für die Handels-Unternehmen eröffnen sich insbesondere deshalb, weil in den jeweiligen Importländern staatliche Preisregulierungen den Marktpreis der Medikamente deutlich niedriger fixieren als auf dem deutschen Arzneimittelmarkt.

---

337) Vgl. BPI (1986/87), S. 33.
338) Vgl. Huber (1987 a), S. 659.
339) Genauer ist bei den Parallelimporten noch zwischen reimportierten und importierten "Billigarzneien" zu unterscheiden. Zum Begriff der Parallelimporte vgl. genauer Cranz (1985 b), S. 22 - 23. Im Durchschnitt liegen die Apothekenverkaufspreise der Parallelimporte rund 15 % unter den Preisen der Originalanbieter. Vgl. o. V. (1985 d) sowie Kirchner (1987), S. 567.

Um Arzneimittelkosten einzusparen, haben die Krankenkassen mit einigen Landesapothekervereinen vereinbart, daß in den Apotheken Parallelimporte bevorzugt an die Verbraucher abzugeben sind.[340] Der Bundesgerichtshof hat bestätigt, daß die Apotheker dort, wo entsprechende Vereinbarungen bestehen, sich an die Regelungen halten müssen.[341] Da der Marktanteil der Parallelimporte am gesamten deutschen Arzneimittelmarkt etwa 1 % nicht überschreitet, lassen sich auf diese Weise für die GKV jedoch "nur" jährlich Einsparungen von ca. 30 Mio. DM erzielen.[342]

Größere Einsparpotentiale glauben die Krankenkassen dagegen realisieren zu können, indem man die Verordnung preisgünstiger Nachahmerpräparate anstelle der Originalprodukte forciert. Insbesondere Ärzte, die den nach § 368 Abs. 6 RVO zwischen Krankenkassen und kassenärztlichen Vereinigungen festgelegten Arzneimittelhöchstbetrag überschritten haben und denen daher ein Einzelregreß droht, gehen eher dazu über, nachgeahmte Billigarzneien zu verschreiben. Mittlerweile halten die Krankenkassen in persönlichen Schreiben auch diejenigen Kassenärzte zur Verordnung der Nachahmerpräparate an, "die zwar nicht erheblich über der durchschnittlichen Verschreibungsintensität ihrer Fachgruppe liegen, jedoch nach Ansicht der Krankenkassen in nicht ausreichendem Maße die günstigeren (meist Nachahmer-)Präparate berücksichtigen".[343]

Beabsichtigt ist von verschiedenen Kreisen auch, die Apotheker bei der Förderung der Verordnung von nachgeahmten Billigarzneien in Zukunft einzubeziehen.[344] Im sogenannten Frankfurter Modellversuch sollen die beteiligten Kassenärzte die Apotheker von Aut-Simile-Verbot (Substitutionsverbot) befreien können. Dem Arzt steht dann offen, ein Medikament unter dem Handelsnamen mit oder ohne den Zusatz "aut simile" oder allein

---

340) Vgl. Rahner (1984), S. 435.
341) Vgl. derselbe (1987), S. 227 - 228; Hartmann-Besche (1986), S. 529 - 531 sowie Kirchner (1987), S. 566 - 567.
342) Vgl. Hartmann-Besche (1986), S. 532.
343) Cranz (1985 a), S. 352.
344) Vgl. Rahner (1985 b), S. 1115 - 1116.

den Wirkstoff zu verordnen.³⁴⁵ Die umfassende Verwirklichung dieses geplanten Modellversuchs würde die Bedeutung des Apothekers innerhalb des Arzneimittelmarktes erheblich anheben und ihn neben dem Arzt zum Hauptentscheidungsträger der Arzneimittelnachfrage machen.

1.2.3.2 RESTRIKTIONEN FÜR DEN EINSATZ DES MARKETING-INSTRUMENTARIUMS

Durch die Diskussionen und Maßnahmen zur Kostendämpfung werden nicht nur die Umsätze einzelner Präparategruppen beeinträchtigt bzw. gefördert, sondern es erfolgt letztlich auch eine direkte Einflußnahme auf die Gestaltung des Marketing-Instrumentariums der Arzneimittelhersteller.³⁴⁶ Vor allem die als überhöht bezeichnete Preispolitik der Arzneimittelhersteller ist heftigen Vorwürfen der Pharma-Kritiker ausgesetzt.³⁴⁷ Um die Bereitschaft der Pahrma-Industrie zu demonstrieren, einen aktiven Beitrag zur Dämpfung der Ausgaben der GKV leisten zu wollen, und die zum Teil von politischer Seite bereits geforderten staatlich regulierten Preissenkungen auf dem deutschen Arzneimittelmarkt zu verhindern,³⁴⁸ forderte der BPI Ende 1985 seine Mitgliedsfirmen nachdrücklich auf, die Preiserhöhungen ihrer Medikamente - für zunächst 2 Jahre -³⁴⁹ auf ein Minimum zu beschränken (Preishalteappell). Aufgrund dieses Appells stiegen die Arzneimittelpreise von November 1985 bis April 1987 nur um 1,1 %.³⁵⁰

Trotz der Preisstabilität erhöhten sich allerdings die Arzneimittelkosten der GKV 1987 um 5 %.³⁵¹ Die wesentliche Ursache für diese Ausgabensteigerung wird in der Verordnung von

---

345) Aufgrund der Apothekenfestpreiszuschläge für Arzneimittel nach § 3 Arzneimittel-Preisverordnung (AMPreisV) ist der Apotheker bislang allerdings wirtschaftlich eher daran interessiert, teuerere Präparate zu verkaufen. Um die Nachteile für seinen Umsatz und seine Rendite abzumindern, soll ihm im Rahmen des Modellversuchs ein Betrag von 3 DM je ausgewähltem Medikament erstattet werden.
346) Vgl. Troll (1983 a), S. 102 - 103.
347) Vgl. unter anderem Bielenstein (1984), S. 13 - 14.
348) Vgl. Cramer (1987), S. 1.
349) Mittlerweile hat der BPI seinen Preisstabilitätsbeschluß bis Frühjahr 1988 verlängert. Vgl. o. V. (1987 c), S. 1.
350) Vgl. BPI (1986/87), S. 93.
351) Vgl. ebenda, S. 31.

mehr und höherwertigen Arzneimitteln durch die Kassenärzte gesehen. Hierzu trugen vor allem neue Arzneimittel bei.

Der Preis-Stabilitätsbeschluß des BPI gilt nur für die bereits am Markt befindlichen Präparate. Für neu vom BGA zugelassene Fertigarzneimittel können die Preise von den Pharma-Unternehmen frei festgesetzt werden. Diejenigen Pharma-Unternehmen, die mehrere Markteinführungen vornehmen konnten, waren daher auch weniger stark vom Preishalteappell des BPI betroffen.

Die <u>Produktpolitik</u> der Arzneimittelhersteller ist ebenfalls schon vielfach Gegenstand kritischer Auseinandersetzungen mit der Pharma-Industrie gewesen.[352] Man bemängelt dabei, daß sich zu viele Medikamente auf dem Markt befinden, was zu einer Marktintransparenz für die Nachfrager von Arzneimitteln führe. Die Markteinführung neuer Präparate - insbesondere von Kombinationspräparaten - wird ebenfalls zunehmend argwöhnisch betrachtet, weil sie vielfach keinen therapeutischen Fortschritt mit sich bringen. Außerdem gerät auch die Qualität und Sicherheit einzelner Arzneimittel (-gruppen) mehr und mehr in den Blickpunkt der Kritik. Nicht zuletzt auch die öffentliche Kritik hat teilweise einschneidende Maßnahmen und staatliche Eingriffe gegen die Arzneimittelunternehmen ausgelöst. So mußten zum Beispiel in den letzten Jahren auf Veranlassung des BGA zahlreiche Schmerz-, Abführ- und Bräunungsmittel vom Markt genommen werden, bei denen ein Tablettenmißbrauch und/oder erhöhte Nebenwirkungen festzustellen waren.[353] Vor dem Hintergrund wachsender Kritik ist auch die Verschärfung staatlicher Produktions- und Zulassungsvoraussetzungen zu sehen.

Die am 1. April 1985 in Kraft getretene Betriebsverordnung für pharmazeutische Unternehmen (PharmBetrV) verfolgt die <u>Erhöhung der pharmazeutischen Qualitätssicherung</u> als Ziel.[354] Bis 31.12.1987 müssen die Personalausstattung, Betriebsräume und Einrichtungen zur Herstellung und dem Vertrieb von Arzneimitteln dem in den Vorschriften geforderten Qualitätssicherungsstandard angepaßt sein. Für kleinere, finanzschwache Unternehmen ergeben sich hieraus zum Teil schwerwiegende Probleme.[355]

---

352) Vgl. hierzu vor allem Langbein u. a. (1985).
353) Vgl. Loff (1987); Schaefer (1987) und o. V. (1985 f).
354) Vgl. Sander (1986 b), S. 52 - 53.
355) Für die größeren und mittleren Pharma-Unternehmenb, die international tätig sind, stellt sich das Problem auch deshalb nicht in gleichem Umfang, weil ihre Ausstattungen in der Regel bereits seit Jahren den internationalen GMP-Richtlinien angepaßt sind. Vgl. dazu S. .

Das am 1.1.1978 in Kraft getretene AMG aus dem Jahre 1976 hat generell eine stetig zunehmende <u>Zulassungsverschärfung</u> für neue Arzneimittel durch das BGA eingeleitet.[356] Aufgrund der 1986 vorgenommenen Neuordnung des AMG ist in Zukunft zusätzlich bei der Zulassung von Kombinationspräparaten vom Hersteller nachzuweisen, daß jeder darin enthaltene arzneilich wirksame Bestandteil einen Beitrag zur positiven Beurteilung des Arzneimittel im Hinblick auf Qualität, Sicherheit oder Therapievereinfachung leistet.[357]

Die gestiegene Prüfungsintensität des BGA läßt sich unter anderem daran ablesen, daß die Zahl der Präparate, denen das Amt die Zulassung versagt, deutlich zunimmt.[358] Ein weiteres Indiz für die erhöhten Zulassungsanforderungen ist die Verlängerung der einzelnen Zulassungsfristen.[359] Aufgrund des Zulassungsstaus beim BGA ist für die Pharma-Unternehmen der Zeitpunkt der Markteinführung eines neuen Produktes mittlerweile kaum mehr planbar. Dies trifft im wesentlichen auf innovative Produkte wie auf Me-too-Produkte bzw. Imitationspräparate gleichermaßen zu.[360]

Die Vielzahl der vom Gesetzgeber gemäß § 22 ff. AMG geforderten Prüfungen, Unterlagen und Gutachten für die Zulassung innovativer Präparate können von kleineren und mittleren Unternehmen kaum erbracht werden. § 36 Abs. 1 AMG stellt daher für bestimmte Arzneimittel (-gruppen) die Pharma-Unternehmen von der Erarbeitung und Vorlage von Zulassungsunterlagen frei, um den Zugang zu diesen Märkten zu vereinfachen. Es handelt sich dabei um bekannte ältere Arzneimittel, die in gleicher oder ähnlicher Zusammensetzung von zahlreichen Arzneimittelunternehmen vermarktet werden.[361] Die Befreiung von der Einzelzulassung erfordert gleichwohl eine Zulassung dieser Medikamente in Form einer <u>Standardzulassung</u>. Die Bandbreiten dieser Standardisierung im Hinblick auf die quantitative und qualitative Zusammensetzung der Präparate sind in Monographien normiert. Die Zulassung solcher Präparate kann unter Bezugnahme auf diese Monographien erfolgen.[362]

---

356) Vgl. dazu die §§ 21 - 27 AMG.
357) Vgl. dazu § 22 Abs. 2 Nr. 3a AMG sowie die Interpretation der Regelung durch Reher (1987 a), S. 243.
358) Vgl. Rahner (1986 b), S. 1339.
359) Vgl. o. V. (1987 d), S. 1 sowie Markus (1987), S. 2.
360) Allenfalls in ganz seltenen Ausnahmefällen, wie z. B. bei dem ersten AIDS-Präparat, wurden Zulassungsanträge vorgezogen. Vgl. Markus (1987), S. 2.
361) Vgl BPI (1982 b), S. 259.
362) Vgl. ebenda.

Aufgrund der Übergangsbestimmungen des AMG von 1976 existieren auf dem deutschen Pharma-Markt aber eine Reihe von Alt-Arzneimitteln, die noch kein Zulassungsverfahren durchlaufen haben und die daher nur fiktiv zugelassen sind. Sofern für diese Präparate bis zum 31.12.1989 kein Antrag auf <u>Nachzulassung</u> gestellt wird, müssen die Arzneimittelfirmen sie vom Markt nehmen.[363] Bei der Nachzulassung ist die pharmazeutische Wirksamkeit der Medikamente in gleichem Maße wie bei einem Neuzulassungsantrag nachzuweisen.[364] Man rechnet damit, daß viele Altpräparate - insbesondere Naturheilmittel und Kombinationspräparate - diese Zulassungshürde nicht überwinden und aus dem Markt ausscheiden. Dadurch sind etliche kleine und mittlere Unternehmen erheblich in ihrer Existenz gefährdet, weil sie einen großen Anteil stark gefährdeter Produkte in ihrem Sortiment haben.[365]

Eine gesetzliche Neuregelung, die die frühzeitige Produktneueinführung der Nachahmerfirmen behindert und daher die innovativen Arzneimittelfirmen begünstigt, stellt die 1986 in den §§ 24 a und 24 b neu in das AMG aufgenommene <u>Zweitanmelderregelung</u> dar. Die Zulassungspraxis des BGA erlaubt den Zweitanmeldern (Nachahmerfirmen) eine Bezugnahme auf die Zulassungsunterlagen des Erstanmelders (Originalanbieter).[366] Die Zweitanmelder konnten deshalb früher die in klinischen und experimentellen Studien gewonnenen Forschungsergebnisse der intensiver forschenden Pharma-Unternehmen unmittelbar nach Patentablauf für die eigenen Zulassungsanträge kostenlos nutzen. Bei entsprechend langer Entwicklungsdauer des innovativen Produktes führte diese Praxis dazu, daß den Originalanbietern nur eine geringe Zeitspanne zur Nutzung des Patentschutzes verblieb, weil den Zweitanmeldern die Zeit - und kostenintensive Erarbeitung der Zulassungsunterlagen erleichtert wurde, und ihr Markteintritt daher sehr frühzeitig erfolgen konnte.

Um einen Interessenausgleich zwischen Erst- und Zweitantragsteller herbeizuführen, der die Innovationsbereitschaft der forschenden Pharma-Industrie fördert, ohne den von staatlicher Seite letztlich gewünschten Nachahmerwettbewerb zu stark zu behindern, bestimmt die Zweitanmelderregelung, daß eine Bezugnahme auf die Zulassungsunterlagen des Erstanmelders erst 10

---

363) Vgl. Sander (1986 a), S. 1237 sowie Braun (1986), S. 1244 - 1245.
364) Vgl. Fuchs (1986), S. 1448 ff.
365) Vgl. Vogel (1986 b), S. 849.
366) Vgl. Cramer (1986 b), S. 1; Reher (1987 a), S. 242; derselbe (1987 b), S. 522 und Brockhoff (1986 b), S. 737.

Jahre nach der Erstzulassung möglich ist.[367] Aufgrund der Patentschutzdauer von 20 Jahren kommt die Zweitanmelderregelung allerdings nur bei der Entwicklungsdauer eines Medikamentes von mehr als 10 Jahren zum tragen.[368] Vergleiche dazu die unten stehende Abbildung 53.

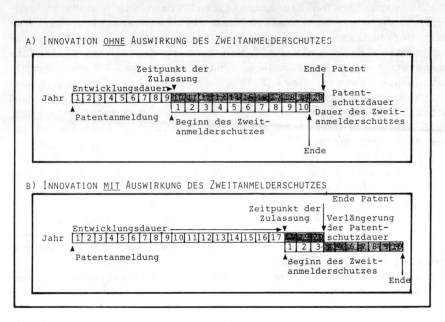

Abb. 53: Auswirkung des Zweitanmelderschutzes
(Quelle: Cramer (1986), S.1.)

Ebenso wie die Preis- und Produktpolitik ist auch die Kommunikationspolitik der Arzneimittelhersteller umstritten. Nach eigenen Angaben verwendet die Pharma-Industrie im Durchschnitt knapp 20 % ihres Umsatzes für wissenschaftliche Information, Werbung und Öffentlichkeitsarbeit.[369] Mit der Wahrnehmung dieser Funktionen üben die Pharma-Unternehmen allerdings eine unverzichtbare Dienstleistung aus, indem sie die Nachfrage und die Öffentlichkeit über die Erforschung, Herstellung sowie insbesondere Anwendung, Nutzen und Risiko ihrer Medikamente informieren.[370]

---

367) Vgl. o. V. (1985 g); o. V. (1986 b); Bunzenthal (1986); BPI (1985), S. 704 - 705 und Gedenk (1987), S. 22 - 28 sowie S. 217 - 266.
368) Vgl. Cramer (1986 b), S. 1 - 2.
369) BPI (1986/87), S. 91.
370) Vgl. Weißbach (1985), S. 5.

Die gegen die Kommunikationspolitik der Pharma-Industrie gerichteten Vorwürfe lauten insbesondere dahingehend, daß der hierfür benötigte Aufwand der Unternehmen im Vergleich zu den F & E-Kosten zu hoch sei,[371] die Arzneimittel-Information und -Werbung Ärzte sowie Verbraucher manipuliere, den Medikamentenverbrauch erhöhe und damit auch den Arzneimittelmißbrauch fördere.[372] Aufgrund der mit einer unsachgemäßen Pharma-Kommunikationspolitik verbundenen Gefahren unterliegt vor allem die Werbung der Arzneimittelhersteller einer Reihe von Reglementierungen.

Neben dem im AMG und im Heilmittelwerbegesetz festgelegten gesetzlichen Regelungen bestehen für die Pharma-Unternehmen noch eine Reihe - zum Großteil selbst auferlegter - weiterführender Werbebeschränkungen, die mißbräuchliche Werbepraktiken auf dem Arzneimittelmarkt verhindern sollen. Dazu gehören die von der Bundesärztekammer und der kassenärztlichen Bundesvereinigung aufgestellten "Grundsätze für die Arzneimittelwerbung", an die sich alle Pharma-Unternehmen zu halten haben, die in ärztlichen Fachzeitschriften inserieren wollen, sowie der "BPI-Kodex" und der Marketing-Kodex der International Federation of Pharmaceutical Manufactures (IFPMA-Kodex), welche die BPI-Mitgliedsfirmen beide als verbindlich für ihre Marketing-Aktivitäten ansehen. Die Verbandsbestimmungen beinhalten neben allgemeinen Regeln für die Arzneimittelwerbung gesonderte Vorschriften für die Arzt-Werbung und die Publikumswerbung. In den letzten Jahren erfolgte eine sukzessive Erweiterung der Werbebeschränkungen.

Trotz ihrer Verbindlichkeit für die Pharma-Unternehmen wurden diese Werberichtlinien in der Vergangenheit nicht immer eingehalten. Beanstandungen richteten sich insbesondere gegen die überhöhte Abgabe von Arzneimittel-Mustern und die Durchführung von sogenannten Feldstudien.[373] Der Gesetzgeber sah sich daher auch hier zu restriktiven Eingriffen veranlaßt.

Die vom BGA für die Arzneimittelzulassung geforderten Studien zur Überprüfung der Wirksamkeit und Unbedenklichkeit eines Medikamentes schließen Arzneimittelrisiken nicht aus. Jedes präparat kann unterschiedliche individuelle Reaktionen im bzw. am

---

371) Der Anteil der F & E-Kosten am Arzneimittel-Umsatz der Pharma-Unternehmen wird mit knapp 15 % angegeben. Vgl. BPI (1986/87), S. 91.
372) Vgl. dazu insbesondere die umfassende Dokumentation von Reher (1986).
373) Vgl. Reher (1986), S. 90 - 107.

menschlichen Körper auslösen. Erst nach langjähriger breitester Anwendung lassen sich oft einzelne Nebenwirkungen oder zusätzliche therapeutische Effekte erkennen.

Nach Zulassung eines Medikamentes werden daher von der Pharma-Industrie gemeinsam mit Kliniken und/oder niedergelassenen Ärzten auch weiterhin klinische Prüfungen am Patienten mit entsprechenden statistischen Prüfmethoden durchgeführt, um zusätzliche Erkenntnisse über die Sicherheit oder den Wert einer neuen Substanz zu gewinnen (klinische Prüfungen in der Phase IV).

Darüber hinaus geben die Pharma-Unternehmen auch für bereits längere Zeit auf dem Markt befindliche Medikamente Beobachtungsstudien bei den Ärzten in Auftrag, bei denen weder ein statistischer Prüfplan noch bestimmte Behandlungs-, Diagnose- oder (Nach-) Untersuchungsmaßnahmen vorgegeben sind, und deren Erkenntnisse bzw. Beobachtungen die Ärzte lediglich in einem Fragebogen des Arzneimittelunternehmens festhalten (Drug Monitoring). Für die im Rahmen dieser Feldstudien getätigten Dienstleistungen können die Arzneimittelhersteller die betreffenden Ärzte in einem angemessenen Umfang entlohnen.[374]

In der Vergangenheit wurden Feldstudien häufig als Marketing-Instrument eingesetzt, um den Arzt für die Verordnung der eigenen Präparate zu gewinnen. Zur Einschränkung dieser Marketing-Studien bestimmt die im Februar 1987 in Kraft getretene Novellierung des AMG in § 10 Abs. 10 folgende <u>Reglementierungen bei Feldversuchen</u>:[375]

a) Prüfpräparate, die wie bisher lediglich mit dem Handelsnamen versehen sind, dürfen nur noch über den Apotheker an Patienten abgegeben werden. Eine direkte Abgabe der Prüfpräparate an die Prüfärzte ist untersagt. Die Erprobung des Arzneimittels erfolgt - wie eine "normale" Verordnung - zu Lasten der GKV. Klinische Prüfungen mit zugelassenen Fertigarzneimitteln dieser Art hat das betreffende Pharma-Unternehmen außerdem dem BGA und der kassenärztlichen Bundesvereinigung anzuzeigen.

b) Die Anzeigepflicht für klinische Prüfungen entfällt, wenn der Arzneimittelhersteller bei den Prüfpräparaten auf die Angabe des Handelsnamens verzichtet und sie stattdessen mit dem Aufdruck "Zur klinischen Prüfung bestimmt" versieht.

---
374) Vgl. BPI (1986/87), S. 16 - 17.
375) Vgl. dazu Reher (1987 a), S. 243.

Diese Prüfpräparate können die Pharma-Unternehmen auch direkt an die Prüfärzte abgeben.

Mit diesen Neuregelungen wird die Durchführung von Feldstudien für die Pharmazeutische Industrie problematischer bzw. unattraktiver. Insbesondere für die innovativen Pharma-Unternehmen verliert damit ein wichtiges Marketing-Instrument an Bedeutung, das ihnen zur Bekanntmachung und Marktpenetration ihrer neuen Produkte diente.

Nach § 47 Abs. 3 AMG aus dem Jahre 1976 war die Abgabe von unverkäuflichen Arzneimittelmustern an Ärzte auch bisher "nur in einem dem Zwecke der Erprobung angemessenen Umfang" erlaubt. Ungeachtet dieser gesetzgeberischen Bestimmung und der BPI-Selbstbeschränkungsrichtlinien, wonach pro Ärzte-Kontakt über Mailings (Musterabrufkarten) oder Pharma-Referenten nur vier Muster abgegeben werden durften, erhielt ein Arzt durchschnittlich 100 Präparate-Muster pro Woche.[376] Auf diesen Mißbrauch haben insbesondere die Apotheker aus verständlichen Eigeninteressen immer wieder hingewiesen.[377]

Nach der neuen gesetzlichen <u>Ärztemusterbeschränkung</u> laut § 47 Abs. 4 AMG dürfen seit Februar 1987 die Pharma-Unternehmen pro Jahr und Arzt nur noch zwei Muster auf schriftliche Anforderung abgeben (lassen). Über Art, Umfang, Zeitpunkt und Empfänger der Musterabgabe hat das Arzneimittelunternehmen genaue Nachweise zu führen. Die gesetzliche Ärztemusterregelung beeinträchtigt insbesondere die Nachahmerfirmen, die bislang besonders intensiv über Arzneimittelmuster die Mediziner und Patienten von der "Gleichwertigkeit" ihrer Präparate zu überzeugen versuchten. Für kleine Unternehmen ergeben sich durch den verwaltungstechnischen Mehraufwand aufgrund des erforderten Abgabenachweises weitere Probleme.

Insgesamt betrachtet haben die aufgezeigten und selbst in der breiten Öffentlichkeit zum Teil heftig diskutierten Themen dem Ansehen der Branche geschadet. Während noch 1980 knapp 70 % der Bundesbürger das Image der Pharma-Industrie positiv beurteilten, waren es 1987 nur noch 40 %. Entsprechend nahm der Anteil der schwächeren Imagebewertungen zu. Das Interesse der zunehmend <u>kritischeren öffentlichen Meinung</u> konzentriert sich vor allem auf die großen bekannteren Pharma-Unternehmen, mit

---
376) Vgl. Wiencke/Hundertmark (1987), S. 49.
377) Zur öffentlichen Diskussion um die Werbung mit Arzneimittelmustern vgl. genauer Walther (1981), S. 58 - 89.

deren Namen auch Themen wie Umweltverschmutzung oder Tierversuche primär in Zusammenhang gebracht werden. Dagegen unterliegen kleinere und mittlere Firmen - insbesondere die Nachahmerfirmen und die Anbieter von Naturheilmitteln - einem eher positiven Zeittrend.[378]

Die bisherigen Ausführungen haben verdeutlicht, daß die Veränderungen im weiteren Pharma-Umfeld die Arzneimittelunternehmen in unterschiedlichster Weise berühren. In Frage 16 wird abgefragt, ob und in welchem Ausmaß die Pharma-Unternehmen von den einzelnen weiter oben angesprochenen Veränderungen betroffen sind. Da die Auswirkungen sowohl positiver als auch negativer Art sein können, erfolgt die Abfrage auf einer fünfstufigen Ratingskala, die von minus 2 (sehr negativ betroffen) bis plus 2 (sehr positiv betroffen) reicht.

F 16	PHARMA-UMFELD					
	Inwieweit ist Ihre Unternehmung von folgenden Veränderungen im Umfeld der pharmazeutischen Industrie betroffen?	-2 sehr negativ betroffen	-1 eher negativ betroffen	0 nicht betroffen	1 eher positiv betroffen	2 sehr positiv betroffen
181	- Zweitanmelder-Regelung					
182	- Ärztemusterbeschränkung					
183	- Nachzulassungen					
184	- Standardzulassungen					
185	- Werbe(selbst)beschränkungen des BPI					
186	- Preishalteappelle					
187	- Negativliste					
188	- Positivliste					
189	- Preislisten					
190	- Kostendämpfung (allgemein)					
191	- kritischere öffentliche Meinung					
192	- Zulassungsverschärfungen					
193	- Parallelimporte					
194	- Reglementierung bei Feldversuchen					
195	- Erhöhte Anforderungen an pharmazeutische Qualitätssicherung					

---

378) Zum Image der Pharma-Industrie in der Öffentlichkeit vgl. ausführlicher BPI (1986/87).

2. ERHEBUNG UND AUSWERTUNG DES DATENMATERIALS

Die in Abschnitt II.1 operationalisierten Fragen wurden zusammengefaßt in Form eines schriftlichen Erhebungsbogens[379] zur Beantwortung an Pharma-Unternehmen innerhalb der Bundesrepublik Deutschland verschickt. Die Erhebung und Auswertung der in diesem Fragebogen im Rahmen von Projektphase I[380] erfaßten Kontextvariablen zum strategischen Pharma-Marketing ist Gegenstand der folgenden Ausführungen.

2.1 DURCHFÜHRUNG DER FRAGEBOGENERHEBUNG

Als Grundgesamtheit für die schriftliche Erhebung dienten die 435 im Bundesverband der Pharmazeutischen Industrie (BPI) zusammengeschlossenen Arzneimittelunternehmen. Laut Angaben des Bundesverbandes repräsentieren die Mitgliedsfirmen ca. 95 % des Produktionswertes aller in der Bundesrepublik Deutschland angebotenen Medikamente. Beim Anschreiben der Firmen konnte auf die "Rote Liste 1986" zurückgegriffen werden. Dieses Nachschlagewerk des BPI enthält auf den "grünen Seiten" ein vollständiges Verzeichnis der Mitgliedsfirmen und ihrer Anschriften.[381] Persönliche Adressaten der Schreiben waren die Marketingleiter der 435 Firmen. Die Anschreiben enthielten jeweils die Bitte, den beigefügten Fragebogen vollständig auszufüllen.

Die Durchführung der ersten Fragebogenaktion erfolgte Anfang Oktober 1986. Aufgrund des geringen Rücklaufes von nur 25 ausgefüllten Fragebögen (Rücklaufquote 5,7 %) wurden alle Firmen Anfang November und Anfang Dezember 1986 erneut angeschrieben. Die Erinnerungsschreiben erhöhten den Rücklauf auf 35 Fragebögen (Rücklaufquote 8,0 %). Eine zu Beginn 1987 durchgeführte telefonische Nachfaßaktion mit über 300 persönlichen Telefonaten erbrachte bis Ende März 1987 insgesamt 56 ausgefüllte Fragebögen (Rücklaufquote 12,9 %). Leider konnten diese nicht alle in die anschließenden Auswertungen mit eingehen, da 11 Erhebungsbögen nicht sorgfältig und vollständig genug bearbeitet waren. Durch Abstriche an die inhaltliche Genauigkeit sollte jedoch keine "künstliche" Erhöhung der Rücklaufquote

---
379) Vgl. dazu den Fragebogen im Anhang dieser Arbeit.
380) Zum Gegenstand und Zweck von Projektphase I vgl. Kapitel I.2.
381) Vgl. BPI (1986 b), "grüne Seiten", S. 1 - 115.

herbeigeführt werden. Somit blieb es bei 45 auswertbaren Fragebögen. Dies entspricht einem Anteil von 10,3 % der teilnehmenden Firmen an der Grundgesamtheit der Verbandsmitglieder.

Gründe für den äußerst schwachen Rücklauf gibt es mehrere:

- Unter den 435 Mitgliedsfirmen befinden sich zahlreiche Vertriebslinien mit eigenem Firmennamen, die aber faktisch keinerlei Eigenständigkeit besitzen. Unternehmen, deren Vertriebslinien unter einheitlicher Marketing-Leitung stehen, haben den Fragebogen daher nur einmal implizit für mehrere Firmen ausgefüllt.

- Eine Reihe von Mitgliedsfirmen stellt keine Fertigarzneimittel für den Konsumentenmarkt her sondern lediglich Rohstoffe, Additiva sowie Vor- und Zwischenprodukte für die Pharma-Industrie. Andere Firmen wiederum gehören als Hersteller von Verbandsstoffen, Hygieneprodukten oder Desinfektionsmitteln nicht zu den "klassischen" Arzneimittelunternehmen, auf die die Fragebogenaktion abzielte. Insgesamt haben 28 Firmen Abstand von einer Teilnahme an diesem Forschungsprojekt genommen, weil sie kaum oder überhaupt nicht auf dem Markt für Fertigarzneimittel vertreten sind.

- Der Fragebogen ist mit insgesamt 201 einzeln abgefragten Variablen außergewöhnlich umfangreich. Üblicherweise korreliert der Rücklauf einer schriftlichen Erhebung negativ mit dem Umfang des verschickten Fragebogens.

- Der Erhebungsbogen enthält eine Vielzahl von Fragen nach sensiblen Bereichen der Unternehmen und der Unternehmenspolitik. Gerade in einer Branche wie der Pharma-Industrie, die einer besonders kritischen Beobachtung seitens der Öffentlichkeit unterliegt, sind viele Unternehmen trotz Zusicherung der Vertraulichkeit der Daten nicht dazu bereit, diese an Dritte weiterzugeben.

Berücksichtigt man ferner, daß selbst der BPI bei seiner 1985 durchgeführten Mitgliederbefragung mit einem wesentlich weniger umfangreichen Fragebogen lediglich eine Rücklaufquote von weniger als 35 % erzielte, so wird deutlich, welche Probleme sich für einen empirisch arbeitenden Forscher in dieser Branche generell ergeben.

Im Rahmen des vorliegenden Forschungsprojektes lag der Interessenschwerpunkt allerdings nicht darauf, einige wenige Einzelinformationen von möglichst vielen Pharma-Unternehmen zu erhalten[382], sondern die Interessenabwägung tendierte prinzipiell zu Gunsten einer möglichst genauen und umfassenden Erhebung des Unternehmenskontextes bei einer annähernd repräsentativen Anzahl von Arzneimittelfirmen. Auf grund der relativ kleinen Grundgesamtheit konnte dieses Ziel mit 45 vollständig auswertbaren Fragebögen erreicht werden.

Tabelle 3 vermittelt einen deskriptiven Überblick über die Mitarbeiterstruktur der befragten Unternehmen. Es zeigt sich, daß die Befragung ein breites Spektrum an Pharma-Unternehmen abdeckt. Dieses reicht vom kleinsten Unternehmen mit insgesamt nur sieben Mitarbeitern bis hin zu chemisch-pharmazeutischen Großkonzernen mit mehreren Tausend inländischen Mitarbeitern allein in ihrer Pharma-Sparte. Im Durchschnitt beschäftigen die befragten Unternehmen 470 Mitarbeiter im Pharma-Bereich.

Mitarbeiter insgesamt	Befragte Unternehmen abs.	in %	Mitarbeiter Pharma-Bereich	Befragte Unternehmen abs.	in %
bis 20	3	6,7	7 - 20	4	8,9
21 - 50	4	8,9	21 - 50	3	6,7
51 - 100	5	11,1	51 - 100	5	11,1
101 - 250	10	22,2	101 - 250	10	22,2
251 - 500	10	22,2	251 - 500	12	26,6
501 - 1000	6	13,3	501 - 1000	4	8,9
1001 - 5000	5	11,1	1001 - 3500	2	4,4
über 5000	2	4,4	über 3500	2	4,4
Zusammen	45	100,0	Zusammen	45	100,0

Tab. 3: **Mitarbeiterstruktur der befragten Unternehmen**

Abbildung 54 ermöglicht neben einem Überblick über die Umsatzstruktur der befragten Unternehmen einen Vergleich mit den Ergebnissen der 1985 durchgeführten Mitgliederbefragung des BPI.

---

382) Solches primär unter makroökonomischen Aspekten erhobenes Datenmaterial liegt zum Teil bereits vor. Vgl. dazu vor allem die jährlich erscheinenden pharma-daten des BPI. Dieses Datenmaterial läßt aber kaum betriebswirtschaftliche Rückschlüsse über komplexe unternehmerische Fragestellungen zu.

Wie daraus hervorgeht, sind bei den am Forschungsprojekt "Strategisches Pharma-Marketing" teilnehmenden Firmen die beiden höheren Umsatzklassen U 5 und U 6 relativ (prozentual) stärker repräsentert als in der Vergleichsstudie des BPI. Dagegen beteiligten sich - absolut und prozentual betrachtet - Unternehmen der Umsatzklassen U 1 und U 5 in stärkerem Maße an der Mitgliederbefragung des BPI. Die Umsatzklasse U 2 ist in beiden Befragungen jeweils am schwächsten besetzt. Ein Chi-Quadrat-Anpassungstest verdeutlicht, daß erst auf einem Signifikanzniveau von 0,374 beide Untersuchungen als gleichermaßen repräsentativ anzusehen sind.

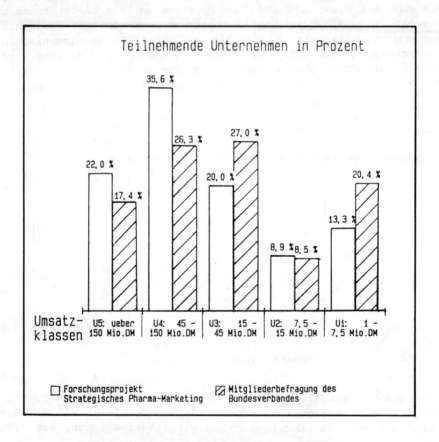

Abb. 54: Umsatzverteilung der befragten Pharma-Unternehmen im Vergleich zur letzten Mitgliederbefragung des BPI

Die absolute Zahl von 45 Untersuchungseinheiten ermöglicht nicht nur eine ausreichende Repräsentanz, sondern läßt es auch zu, Gruppen von Unternehmen zu bilden und das Datenmaterial anhand anspruchsvoller statistischer Verfahren zu analysieren. Mit insgesamt rund 9.000 Einzelinformationen (201 Variablen x 45 Untersuchungseinheiten) steht hierzu ein relativ umfangreicher Datensatz zur Verfügung. Die Auswertung der Fragebögen erfolgte daher per EDV mit Hilfe des Programmpaketes SPSS X 2.0.[383]

2.2 AUSWERTUNG DES DATENMATERIALS

2.2.1 PROBLEMAUFRIß: ZUM EMPIRISCHEN KONZEPT STRATEGISCHER GRUPPEN

Die Erkenntnis, daß die Ausgangssituation und das strategische Verhalten von Unternehmen, die in derselben Branche operieren, sehr unterschiedlich sein kann, ist in der empirisch-betriebswirtschaftlichen Forschung keinesfalls neu. Porter faßt auf dieser Erkenntnis aufbauend die Unternehmen eines Industriezweiges, die gleiche oder ähnliche Strategien entlang strategischer Ansatzpunkte (z. B. Spezialisierung) verfolgen, in strategische Gruppen zusammen.[384] Ein Vorzug des Konzeptes strategischer Gruppen ist darin zu sehen, daß die Strategiedeterminanten nicht isoliert voneinander untersucht, sondern in ihrer Wechselwirkung betrachtet werden. Das Konzept macht das Zusammenwirken von Kontextmerkmalen und grundsätzlichen strategischen Verhaltensweisen der Unternehmen eines Industriezweiges anhand strategisch relevanter Variablenkomplexe deutlich.[385]

---

383) Zur Anwendung dieses Programmpaketes vgl. Schubö/Uehlinger (1984) sowie in Detailfragen zum Teil etwas ausführlicher SPSS Incorporation (1983).
384) Vgl. Porter (1985), S. 177 ff.
385) Dies entspricht auch der weiter oben getroffenen Erkenntnis, daß sich die Kontextmerkmale und die Merkmale eines strategischen Marketing nicht völlig isoliert voneinander erheben lassen. Vgl. dazu die einführenden Bemerkungen zu Kapitel II dieser Arbeit.

EINTEILUNG VON PHARMA-UNTERNEHMEN NACH VERSCHIEDENEN GRUNDTYPEN

NACH RÖPER	NACH EMMERICH / HEIDUK
- Führende deutsche Chemiekonzerne mit einer beachtlichen Pharma-Sparte. - Führende, weitgehend auf Pharma spezialisierte deutsche Unternehmen. - Führende Schweizer Pharma- und Chemie-Konzerne mit Produktions- und Vertriebsgesellschaften in der BR Deutschland. - Führende US-Pharma-Konzerne mit Produktions- oder Vertriebsgesellschaften in der BR Deutschland. - Tochtergesellschaften großer deutscher oder europäischer Chemie- und Pharma-Konzerne. - Unabhängige größere und mittlere deutsche Pharmahersteller. - Kleine, auf wenige Produkte spezialisierte Pharmahersteller. - Sehr kleine Hersteller, oft in Personaleinheit mit Apotheken oder Laboratorien, zumeist nur mit lokaler Bedeutung.	- Unternehmenstyp 1 und 2: Forschende Unternehmen, die unter Einsatz von Kapital, hochqualifiziertem Personal und technologischem Wissen vor allem neue Arzneimittelerforschen, diese bis zur Marktreife entwickeln und dann unter ständiger Betreuung und Beobachtung produzieren. Große forschende Pharma-Unternehmen (UT 1) bieten ein breites und tiefes Produktsortiment an; mittlere Unternehmen (UT 2) sind meist auf wenige Indikationsgebiete spezialisiert. - Unternehmenstyp 3: Unternehmen, die sich auf die Endstufen der Entwicklung von Arzneimitteln spezialisiert haben. Sie gehen von bekannten Wirkstoffen aus. - Unternehmenstyp 4: Nicht-forschende Unternehmen, die Arzneimittel aus patentfreien Wirkstoffen nachahmen. - Unternehmenstyp 5: Ausländische Tochtergesellschaften, die durch Lizenznahme bei den forschenden Muttergesellschaften innovative Arzneimittel anbieten.

Abb. 55: Bisherige Ansätze zur Einteilung von Pharma-Unternehmen nach verschiedenen Grundtypen

Damit gelingt es, die strategischen Grundpositionen der Unternehmen innerhalb einer Branche offenzulegen, welche die Ausgangslage einzelwirtschaftlicher strategischer Marketing-Entscheidungen darstellen.[386]

Das theoretische Grundmodell strategischer Gruppen läßt sich - laut Porter - auf jede Branche übertragen.[387] In der Literatur finden sich vergleichbare Ansätze zur Klassifizierung von Pharma-Unternehmen, die davon ausgehen, daß die spezifischen Wettbewerbsvorteile einzelner Unternehmensgruppen durch ein typisches Bündel strategischer Handlungen genutzt werden. In der Regel beschränkt sich die Einteilung der Pharma-Unternehmen jedoch auf die grundlegende Unterscheidung zwischen innovativen (forschenden) und imitativen (nicht-forschenden) Firmen. Vertiefendere Gruppenbildungen finden sich lediglich bei Emmerich/Heiduk sowie Röper. In Abbildung 55 sind die Ansätze dieser Autoren dargelegt.

Die in Abbildung 55 widergegebenen Klassifikationen enthalten zwar einige auch bei der Kontextoperationalisierung im Rahmen dieser Arbeit als relevant erkannte strategische Determinanten; die Beschreibung der Gruppen erscheint aber nicht weitreichend genug, um konkretere Anhaltspunkte über die jeweiligen Möglichkeiten und Probleme der Arzneimittelunternehmen speziell im Hinblick auf die Ausgestaltung des strategischen Pharma-Marketing zu erhalten. Gegenstand der nachfolgenden Datenauswertung ist daher die Bildung, Interpretation und Beschreibung von Unternehmensgruppen anhand des umfassenden und auf die spezifischen Fragestellungen des Pharma-Marketing genauer ausgerichteten Datenmaterials über die Kontextmerkmale der 45 befragten Arzneimittelunternehmen.

---

386) Vgl. Bamberger (1981), S. 102 - 103.
387) Vgl. Porter (1985), S. 177 ff. Hinterhuber/Kirchebner (1984) haben das theoretische Konzept strategischer Gruppen beispielhaft anhand einer empirischen Untersuchung in der Bauindustrie erfolgreich auf dessen praktische Anwendbarkeit getestet.

2.2.2 BILDUNG VON UNTERNEHMENSGRUPPEN MIT HILFE DER CLUSTERANALYSE

2.2.2.1 AUFGABENSTELLUNG UND METHODISCHE VORGEHENSWEISE

Die Clusteranalyse gehört zu den multivariaten Methoden. So nennt man eine Reihe mathematisch-statistischer Verfahren, die umfangreiches Datenmaterial zu aussagekräftigeren Informationen verdichten, ohne daß damit ein allzu großer Informationsverlust einhergeht. Im Gegensatz zu den einfacheren univariaten Häufigkeitsauszählungen und bivariaten Kreuztabellierungen werden bei der Durchführung multivariater Analysemethoden mehrere Variablen gleichzeitig in die Berechnung einbezogen.[388]

Der Begriff Clusteranalyse selbst ist ein zusammenfassender Terminus für eine Reihe mathematisch-statistischer Verfahren, deren Ziel darin besteht, aus einer heterogenen Gesamtheit von Objekten (z. B. Unternehmen), die durch eine Vielzahl von Merkmalen charakterisiert sind, homogene Gruppen (Klassen oder Cluster) zu bilden. Dabei sollen die Mitglieder der zu bildenden Gruppen hinsichtlich ihrer Merkmalsstruktur möglichst ähnlich sein, wohingegen zwischen den Mitgliedern verschiedener Gruppen möglichst nur eine geringe Ähnlichkeit bestehen soll.[389]

Die Clusteranalyse hat schon bei den verschiedensten betriebswirtschaftlichen Fragestellungen Anwendung erfahren.[390] Goronzy berichtet beispielsweise von einer Studie, bei der 50 Unternehmen bei gleichzeitiger Berücksichtigung von je 30 Unternehmensmerkmalen mit Hilfe der Clusteranalyse in vier Gruppen zusammengefaßt wurden.[391] Der Einsatz der Clusteranalyse im Rahmen des vorliegenden Forschungsprojektes verfolgt eine ähnliche Aufgabenstellung.

Die Arbeitshypothese, die dem weiteren mathematisch-statistischen Vorgehen zu Grunde liegt, lautet, daß es innerhalb der Pharma-Industrie Gruppen von Arzneimittelunternehmen gibt, die in bezug auf die in Projektphase I abgefragten Kontextmerkmale

---

388) Vgl. hierzu ausführlich Backhaus u. a. (1987).
389) Vgl. dazu z. B. Bock (1974), S. 14; Kern/Hagemeister (1986), S. 79; Steinhausen/Lange (1977), S. 13 - 14 sowie Backhaus u. a. (1986), S. 115 - 116.
390) Vgl. hierzu Kern/Hagemeister (1986), S. 79.
391) Vgl. Goronzy (1969), S. 42 - 52.

untereinander ähnlich sind, sich von anderen Gruppen aber deutlich unterscheiden. Diese Annahme läßt sich allerdings mit Hilfe der Clusteranalyse nicht im streng mathematisch-statistischen Sinne testen, da sowohl die Anzahl der Cluster als auch die Ähnlichkeitsstrukturen der Objekte a priori nicht vorgegeben sind, sondern erst über den Fusionierungsalgorithmus gefunden werden sollen. Dieses Charakteristikum der Clusteranalyse erschwert, wie weiter unten noch zu sehen ist, das Auffinden der "richtigen" Cluster-Lösung.

Der wesentliche Vorteil der Clusteranalyse besteht aber darin, daß durch die Algorithmisierung des Gruppenbildungsprozesses sich die vorgenommene Klasseneinteilung objektiv nachvollziehen läßt und eine Verarbeitung größerer Datenmengen mit Hilfe von EDV-Anlagen erfolgen kann. Insgesamt gingen in die im Rahmen des Forschungsprojektes "Strategisches Pharma-Marketing" durchgeführte Clusteranalyse jeweils 35 Merkmalsausprägungen der 45 befragten Arzneimittelunternehmen ein (ca. 1.530 Daten).[392] Die Größe und damit auch Unüberschaubarkeit dieses Datensatzes über relevante Kontextmerkmale der Unternehmen zum strategischen Pharma-Marketing macht die Grenzen einer manuellen, empirisch-intuitiven Klasseneinteilung und das Erfordernis des EDV-Einsatzes deutlich.

Die Methoden der Clusteranalyse schreiben weder die Anzahl der Objekte noch die Anzahl der Variablen, die zu ihrer Durchführung heranzuziehen sind, eindeutig vor.[393] Allerdings dürfen nur weniger Merkmale als Objekte Berücksichtigung finden. Bei der Auswahl der Variablen sollte außerdem darauf geachtet werden, daß die Merkmale keine allzu hohen Korrelationen (> 0,8) aufweisen, da in diesem Fall eine hochkorrelierte Variable bereits die Informationen der anderen Variablen enthält. Diesen Anforderungen wurde bei der Durchführung der Clusteranalyse entsprochen.

Letztlich bestimmt aber jeweils der Anwender auf Grund seiner theoretischen Vorüberlegungen darüber, welche Merkmale als relevant für den interessierenden Untersuchungszusammenhang gelten und in den Gruppierungsprozeß einfließen. Im vorliegenden Fall handelt es sich um die in Abbildung 56 wiedergegebenen 34 Kontextmerkmale zum strategischen Pharma-Marketing.[394]

---

392) Zur Anzahl der in die clusteranalytischen Auswertungen eingehenden Variablen siehe auch S. 302.
393) Vgl. Backhaus u. a. (1986), S. 155.
394) Um die Operationalisierung der Kontextmerkmale anhand des im Anhang abgebildeten Erhebungsbogens noch einmal für den Leser nachvollziehbar zu machen, sind jeweils die Va-

KONTEXTMERKMALE	
Pharma-Umsatz (v001)	Marketing-Orientierung (v112)
Konzernzugehörigkeit (v003)	Informationsgrad (Σv115 bis v122)
Finanzkraft (v016)	Kontrollgrad (Σv103 bis v108)
Mitarbeiterzahl Pharma (v024)	Umsatzanteil Verordnungsmarkt (v147)
Außendienststärke (v026)	Umsatzanteil Krankenhausmarkt (v149)
Ausbildungsrichtung Mitarbeiter ((v030+v035)-(v031+v034))	Umsatzanteil OTC - Markt (v150)
Mitarbeiterqualifikation (v029-v033)	Marktalter der Produkte ((v151+v152)-(v153+v154))
Forschung & Entwicklung (v049)	Patentschutz der Produkte (v155)
Zahl der Arzneimittel ("Rote Liste")	Generika-Anteil (v158)
Herstellung der Arzneimittel (v056)	Marktgröße (v159-v161)
Herkunft der Arzneistoffe (v062)	Marktwachstum (v162)
Kombinationspräparate (v064)	Marktdynamik (v165)
Chemische Präparate (v066)	Marktstellung (Σv167 bis v170)
Flexibilitätsgrad (v068+v069+v070)	Zahl der Konkurrenten (v171-v172)
Organisationsgrad (Σv073 bis v078)	Art der Konkurrenten (Σv173 bis v177)
Führungsstil (v094)	Wettbewerbsintensität (v178-v180)
Planungsgrad (Σv096 bis v108)	Umweltabhängigkeit (Σv181 bis v195)

Abb. 56: Liste der im Rahmen der Cluster- und Diskriminanzanalyse verwendeten Kontextmerkmale

---

riablen-Nummern (V) der Kontextmerkmale gemäß der Reihenfolge ihrer Erhebung im Fragebogen in Abbildung 56 angegeben.

2.2.2.2 DARSTELLUNG DER UNTERSUCHUNGSERGEBNISSE

Zu Beginn der clusteranalytischen Berechnungen wurde eine Standardisierung der Variablen vorgenommen. Dies sollte sicherstellen, daß trotz unterschiedlicher Skalenbreiten alle Merkmale mit gleichem Gewicht in die Auswertungen eingehen.[395] Die Berechnung der Clusteranalyse erfolgte mit der SPSS-Prozedur CLUSTER.[396] Diese Programmversion bietet sieben verschiedene agglomerativ-hierarchische Verfahren an, unter denen der Anwender wählen kann.[397] Gemeinsam ist diesen Verfahren, daß zunächst jedes Objekt jeweils eine Gruppe bildet (Anzahl der Untersuchungsobjekte = Anzahl der Gruppen) und diejenigen Gruppen, zwischen denen die größte Ähnlichkeit besteht, nacheinander so lange vereinigt werden, bis alle Untersuchungsobjekte gemeinsam eine Gruppe bilden. Im Rahmen der clusteranalytischen Auswertungen fanden alle sieben mit CLUSTER möglichen Methoden Berücksichtigung. Die verschiedenen Verfahren erbrachten erwartungsgemäß[398] unterschiedliche Ergebnisse. Die folgenden Ausführungen beziehen sich jedoch lediglich auf die Cluster-Lösung des Complete-Linkage-Verfahren, das nach Ansicht des Benutzers zur "besten" Cluster-Lösung führte.

Da eine rein mathematisch-statistische Beurteilung clusteranalytischer Lösungen nicht möglich ist und bei diesem Verfahren vor allem anwendungsbezogenen Aspekten eine besondere Rolle zukommt, ist der Forscher primär auf visuelle Beurteilungshilfen angewiesen.[399] Abbildung 57 zeigt die Ergebnisse der Complete-Linkage-Methode in Form eines Eiszapfen-Plots. Der Computerausdruck skizziert die Vereinigung der 45 befragten Pharma-Unternehmen zu Clustern auf den einzelnen Fusionierungsstufen.

---

395) Die Standardisierung ermöglicht außerdem eine Vergleichbarkeit der Variablen. Dies erleichtert und vereinfacht die anschließende Beschreibung der Cluster.
396) Vgl. Schubö/Uehlinger (1984), S. 222 - 230.
397) Die einzelnen Verfahren sowie die mit ihrer Anwendung verbundenen Probleme sind in der Literatur hinreichend dokumentiert. Vgl. dazu insbesondere Backhaus u. a. (1986), S. 115 - 159 sowie die dort zitierte Literatur. Auf ihre ausführliche Beschreibung kann deshalb an deser Stelle verzichtet werden.
398) Vgl. auch hierzu Backhaus u. a. (1986), S. 134 - 144 sowie Kaufmann/Pape (1984), S. 394 - 402.
399) Vgl. Steinhausen/Langer (1977), S. 169.

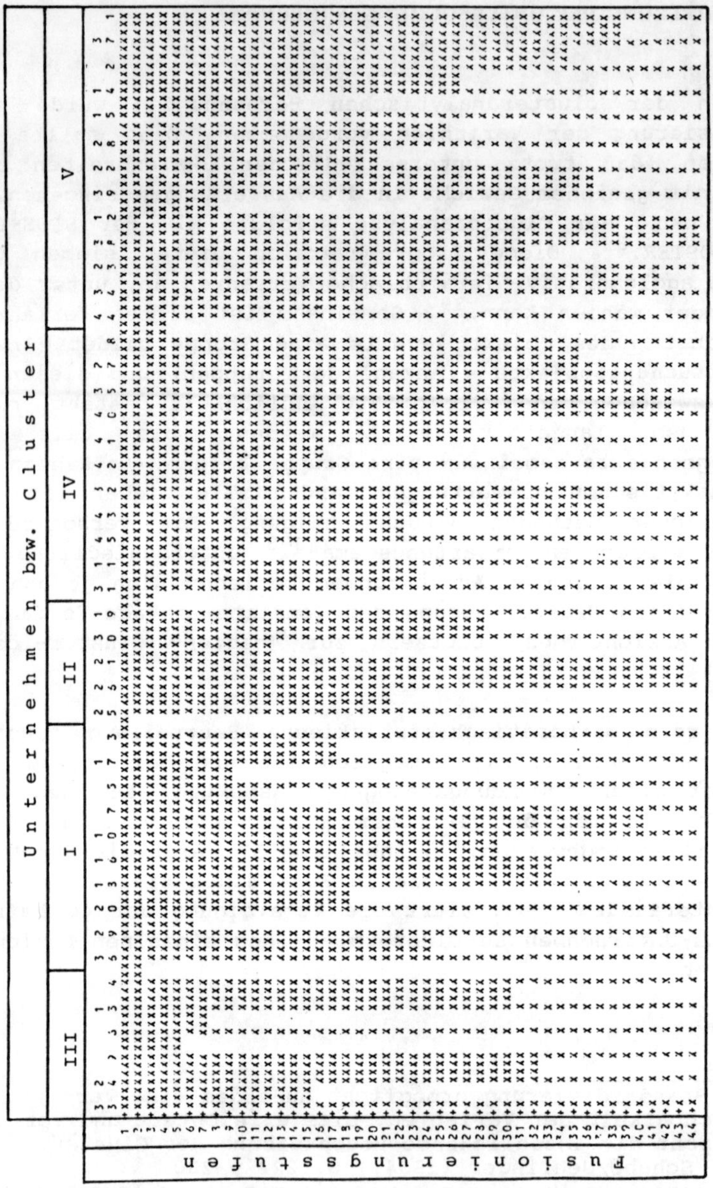

Abb. 57: Ergebnisse der Clusteranalyse – dargestellt in Form eines Eiszapfen-Plot

Aus Abbildung 57 gehen die beiden Extreme des Gruppierungsprozesses hervor. Stufe 44 beginnt mit den einzelnen Fällen als Gruppen. Am Ende des agglomerativen Verfahrens auf Stufe 1 existiert nur noch eine Gruppe, die sich aus allen 45 Fällen zusammensetzt. Die Auswahl der Gruppeneinteilung muß zwischen diesen beiden Extremen erfolgen. Hierfür existiert kein allgemeingültiges Entscheidungskriterium.[400]

Die 5-Cluster-Lösung auf Fusionierungsstufe 5 wurde - zunächst per Augenschein - als die zweckmäßigste Lösung erachtet. Ausschlaggebend hierfür war die Größe der Cluster. Die Unternehmensgruppen sollten einerseits groß genug sein, um auch innerhalb der Grundgesamtheit eine angemessene Zahl von Arzneimittelunternehmen zu repräsentieren; andererseits durften die Gruppen auch nicht zu viele Unternehmen enthalten, da sonst spezifischere Aussagen zum strategischen Pharma-Marketing dieser Gruppen kaum mehr möglich gewesen wären. Ein Abbruch des Gruppierungsprozesses auf der der Lösungsstufe 5 vorhergehenden Stufe 6 hätte dagegen eine Unterteilung der zweitkleinsten Gruppe (Cluster III) mit ohnehin nur 6 Fällen erbracht. Die der gewählten Clusterlösung anschließende Fusionierungsstufe 4 führt zu einer Vereinigung der beiden größten Gruppen (Cluster IV und V).

Die Veranschaulichung des Gruppierungsprozesses in Form eines Dendogramms (vgl. Abb. 58) gibt zusätzlich über das Ausmaß der Ähnlichkeit bzw. Unähnlichkeit[401] zwischen den einzelnen Unternehmen und Gruppen Auskunft (normierter Wert 0 = vollkommene Ähnlichkeit; normierter Wert 25 = maximale Unähnlichkeit). Abbildung 58 zeigt, daß Gruppe III am heterogensten und Gruppe II am homogensten ist. Die beiden Gruppen IV und V sind untereinander am ähnlichsten. Dagegen heben sich die Gruppen I und III am deutlichsten von den übrigen 3 Clustern ab. Ihre Fusionierung mit den übrigen Clustern erfolgt erst auf der letzten Stufe des Gruppierungsprozesses.

---

400) Vgl. Schubö/Uehlinger (1984), S. 222.
401) Als Proximitätsmaß diente hierbei die City-Block-Metrik. Bei der City-Block-Metrik errechnet sich die Distanz zwischen zwei Fällen als Summe der absoluten Differenzen ihrer Werte in den 34 Variablen.

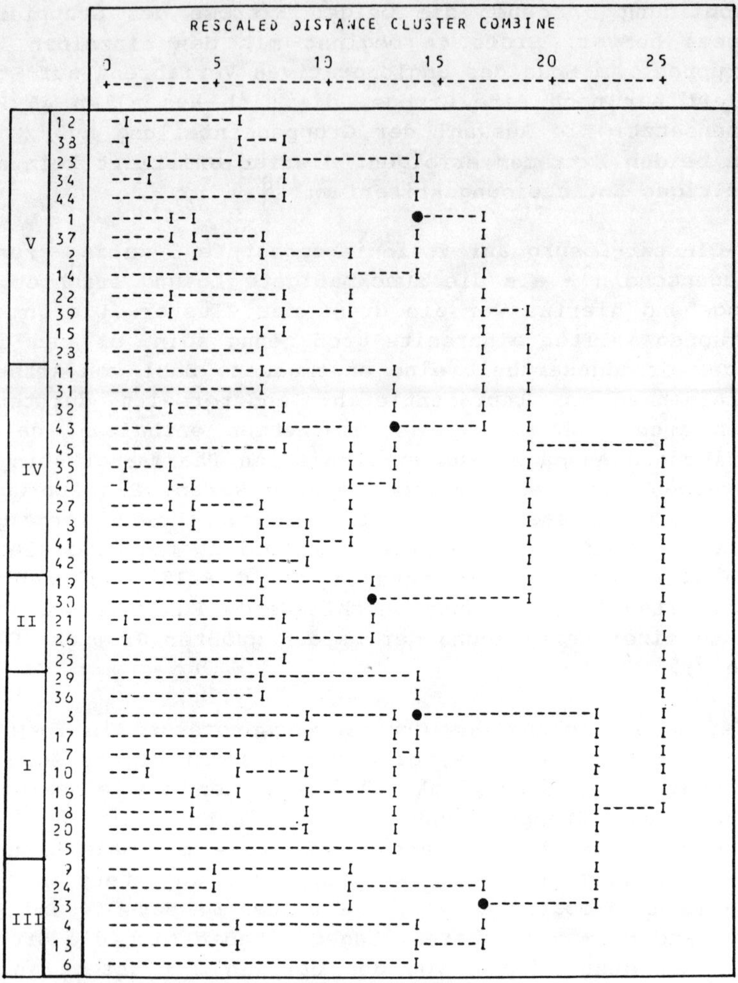

Abb. 58: Ergebnisse der Clusteranalyse - dargestellt in Form eines
Dendogramms

Die subjektiven Eingriffsmöglichkeiten des Forschers im Rahmen
der Clusteranalyse und insbesondere bei der letztendlichen
Klasseneinteilung machen es erforderlich, die Güte der gewählten Gruppierungen auch unter mathematisch-statistischen Gesichtspunkten einer genaueren Überprüfung zu unterziehen. Die
Diskriminanzanalyse stellt ein geeignetes mathematisches

Hilfsinstrument dar, das statistische Aussagen über die Qualität der gefundenen Gruppen liefert und zugleich erste Hinweise zur Interpretation der Cluster gibt.[402]

2.2.3 BEURTEILUNG UND INTERPRETATION DER GRUPPIERUNGEN MIT HILFE DER DISKRIMINANZANALYSE

2.2.3.1 AUFGABENSTELLUNG UND METHODISCHE VORGEHENSWEISE

Mit der Diskriminanzanalyse steht ein multivariates Analyseverfahren zur Verfügung, das im Gegensatz zur Clusteranalyse keine Gruppierungen erzeugt, sondern die nunmehr vorgegebenen fünf Gruppen von Pharma-Unternehmen (Cluster-Lösung) im Hinblick auf die Kontextmerkmale zum strategischen Pharma-Marketing simultan zu untersuchen vermag. Die Diskriminanzanalyse ermöglicht es, ein beliebiges Untersuchungsobjekt (Unternehmen), dessen Klassenzugehörigkeit als unbekannt angenommen wird, allein auf Grund seiner Merkmalsstruktur demjenigen Cluster zuzuordnen, dem es entstammt. Zugleich erlauben die diskriminanzanalytischen Auswertungen auch eine statistische Überprüfung der Hypothese, daß die 45 befragten Pharma-Unternehmen in fünf Gruppen zerfallen, die in sich homogen sind, sich aber voneinander statistisch signifikant unterscheiden. Darüber hinaus läßt sich durch Projektion der Untersuchungsobjekte in einer von den ersten beiden Diskriminanzfunktionen aufgespannten Ebene eine visuelle Hilfe zur Interpretation der Gruppen erhalten.[403]

Die Diskriminanzanalyse gehört zu den dependenzanalytischen multivariaten Verfahren. Bei den durchgeführten diskriminanzanalytischen Auswertungen stellte die Clusterzugehörigkeit der Unternehmen die abhängige Variable (Gruppierungsvariable) dar, während die bereits im Rahmen der Clusteranalyse verwendeten 34 Kontextmerkmale als unabhängige Variablen in die Analyse eingingen. Die Auswertungen erfolgten mit der SPSS-Prozedur

---

402) Vgl. Steinhausen/Langer (1977), S. 170.
403) Vgl. zur Aufgabenstellung der Diskriminanzanalyse im Zusammenhang mit der Clusteranalyse Backhaus u. a. (1986), S. 162; Steinhausen/Langer (1977), S. 170 sowie Fahrmeir/Häußler/Tutz (1984), S. 301.

DISCRIMINANT.[404] Auch diese Statistik-Prozedur läßt die Durchführung mehrerer diskriminanzanalytischer Verfahren zu.[405]

Grundlage der folgenden Analyse bildet die Programmeinstellung MAHAL, die im schrittweisen Programmablauf die kleinste Mahalanobis-Distanz zwischen jeweils zwei Gruppen maximiert. Solche Stufenmethoden bieten den Vorteil, daß sie nicht alle unabhängigen Variablen unmittelbar zur Trennung der Gruppen heranziehen, sondern nacheinander die am besten trennenden Merkmale in die Analyse aufnehmen. Umgekehrt entfernen die Algorithmen auch Variablen, deren ursprünglicher Trendbeitrag durch andere, später herangezogene Variablen übernommen wird, wenn sich dadurch eine bessere Trennung der Gruppen erreichen läßt.[406] Da die 34 Kontextmerkmale zum Teil Korrelationen bis zu 0,7 aufweisen bietet sich ein stufenweises Vorgehen im Rahmen der vorliegenden Untersuchung an.

Um die Robustheit der Untersuchungsergebnisse zu testen, wurde die Diskriminanzanalyse auch mit anderen schrittweisen Methoden durchgeführt, die die SPSS-Prozedur DISCRIMINANT erlaubt. Die Ergebnisse bei Einstellung anderer Auswahlkriterien weichen kaum nennenswert von den im folgenden beschriebenen Resultaten ab.

2.2.3.2 BEURTEILUNG DER MATHEMATISCHEN GÜTE DER GRUPPIERUNGSERGEBNISSE

Zur Beurteilung der mit Hilfe der Clusteranalyse gefundenen fünf Gruppen von Pharma-Unternehmen ermöglicht die Diskriminanzanalyse die Beantwortung der folgenden beiden grundlegenden Fragestellungen:

1) Besteht zwischen den fünf Gruppen von Pharma-Unternehmen ein deutlicher und signifikanter Unterschied bezüglich der Kontextmerkmale der einzelnen Untersuchungsobjekte?

---

404) Vgl. Schubö/Uehlinger (1984), S. 226 - 237 sowie SPSS Incorporation (1983), S. 623 - 646.
405) In bezug auf die Darstellung dieser Verfahren kann ebenfalls auf die Literatur verwiesen werden. Zu den Methoden der Diskriminanzanalyse vgl. u. a. Backhaus u. a. (1986), S. 161 - 220; Fahrmeir/Häußler/Tutz (1984), S. 301 - 370; Nieschlag/Dichtl/Hörschgen (1985), S. 750 - 757 sowie die dort angegebene weiterführende Literatur.
406) Vgl. Schubö/Uehlinger (1984), S. 226.

2) Lassen sich die Kontextmerkmale zum strategischen Pharma-Marketing zu Merkmalsdimensionen bündeln, welche die fünf Gruppen von Pharma-Unternehmen deutlich voneinander unterscheiden und in welche die Arzneimittelunternehmen anschließend positioniert werden können?

Insgesamt ergaben sich bei der Auswertung vier Diskriminanzfunktionen (vgl. Tab. 4):

Funktion	Eigenwert	Relativer Eigenwertanteil (REA)	Kumulierte REA
1	53.06959	61,28 %	61,28 %
2	20.59561	23,78 %	85,06 %
3	3.75698	10,11 %	95,18 %
4	4.17697	4,82 %	100,00 %

Tab. 4: Diskriminatorische Bedeutung der Diskriminanzfunktion (Kontextdimensionen)

Von den vier Diskriminanzfunktionen erfassen bereits die ersten beiden ca. 85 % der gesamten Trenninformationen aller Kontextmerkmale (vgl. Tab. 4). Dabei ist zu berücksichtigen, daß Funktion 1 mit ca. 61 % einen mehr als doppelt so hohen <u>relativen Eigenwertanteil</u> (REA) aufweist als Funktion 2, die immerhin noch knapp ein Viertel (REA ca. 24 %) aller Trennbeiträge auf sich vereinigt. Den beiden restlichen Funktionen 3 und 4 kommt in bezug auf ihren Erklärungsanteil an der Gesamtvarianz (REA 10 % bzw. 5 %) eine untergeordnete Bedeutung zu. Die SPSS-Programmversion DISCRIMINANT liefert eine Reihe relevanter Gütemaße zur Beurteilung der diskriminanzanalytischen Ergebnisse (vgl. Tab. 5):[407]

---

[407] Zur Berechnung und Interpretation der Gütemaße vgl. Backhaus u. a. (1986), S. 184 - 186.

Funktion	Kanonische Korrelation	Wilks' Lambda	Chi-Quadrat	Freiheitsgrad	Signifikanz
1	0,9907095	0.0000170	302.09	112	0.0000
2	0,9765727	0.0009167	192.35	81	0.0000
3	0,9473697	0.0197975	107.86	52	0.0000
4	0,8982409	0.1931633	45.22	25	0.0079

Tab. 5: Gütemaße der Diskriminanzfunktionen (Kontextdimensionen)

Die **kanonischen Korrelationskoeffizienten** geben Auskunft über den Zusammenhang zwischen den ermittelten Diskriminanzfunktionen und den abhängigen Gruppierungsvariablen. Die Korrelationswerte in Tabelle 6 machen deutlich, daß bei allen vier ermittelten Diskriminanzfunktionen ein sehr enger Zusammenhang zwischen den unternehmensindividuellen Diskriminanzwerten und der Gruppenzugehörigkeit des Unternehmens besteht.

Wilks' Lambda stellt ein Maß für die Unterschiedlichkeit der Gruppen dar. Das Maß kann Werte zwischen 0 und 1 annehmen. Werte kleiner 0,5 geben einen Hinweis darauf, daß mit der betreffenden Diskriminanzfunktion eine deutliche Trennung der Gruppen vorgenommen werden kann. Auch hierin weisen laut Tabelle 6 alle vier Diskriminanzfunktionen ausgezeichnete Werte auf. Die wesentliche Bedeutung des Maßes Wilks' Lambda besteht jedoch darin, daß es sich in die probabilistische Variable Chi-Quadrat überführen läßt und damit Signifikanzprüfungen erlaubt.

Der **Signifikanztest** überprüft die Nullhypothese, daß die fünf Gruppen sich nicht unterscheiden. Je größer Chi-Quadrat ist, um so niedriger ist die Wahrscheinlichkeit, daß die Nullhypothese zutrifft. Die letzte Spalte in Tabelle 5 zeigt äußerst geringe Irrtumswahrscheinlichkeiten. Alle vier ermittelten Diskriminanzfunktionen tragen somit hochsignifikant zur Trennung der fünf Gruppen von Pharma-Unternehmen bei.

Wie aus Tabelle 6 hervorgeht reicht die diskriminatorische Kraft der beiden ersten Diskriminanzfunktionen bereits aus, um alle 45 befragten Unternehmen den jeweiligen Gruppen korrekt zuzuordnen. Die "**Trefferquote**" der Diskriminanzanalyse beträgt damit 100 %. Selbst wenn man berücksichtigt, daß die Berechnung der "Trefferquote" - wie allgemein üblich - auf Basis derselben Stichprobe wie die Ermittlung der Diskriminanzfunktionen erfolgte, ist das Klassifikationsergebnis dennoch als außerordentlich positiv zu bezeichnen. Üblicherweise gilt bereits eine "Trefferquote" zwischen 90 % und 95 % als sehr zufriedenstellend.[408]

Tatsächliche Gruppenzugehörigkeit	Anzahl der Fälle	Prognostizierte Gruppenzugehörigkeit				
		Gruppe I	Gruppe II	Gruppe III	Gruppe IV	Gruppe V
Gruppe I	10	10 (100 %)	0 (0 %)	0 (0 %)	0 (0 %)	0 (0 %)
Gruppe II	5	0 (0 %)	5 (100 %)	0 (0 %)	0 (0 %)	0 (0 %)
Gruppe III	6	0 (0 %)	0 (0 %)	6 (100 %)	0 (0 %)	0 (0 %)
Gruppe IV	13	0 (0 %)	0 (0 %)	0 (0 %)	13 (100 %)	0 (0 %)
Gruppe V	11	0 (0 %)	0 (0 %)	0 (0 %)	0 (0 %)	11 (100 %)

Tab. 6: Klassifikationsmatrix (erstellt mit Hilfe der beiden ersten Diskriminanzfunktionen)

Die Werte in den Tabellen 4 - 6 lassen zusammen betrachtet folgende Schlußfolgerungen zu:

a) Die fünf Gruppen von Pharma-Unternehmen lassen sich im Hinblick auf die 34 abgefragten Kontextmerkmale sehr deutlich und signifikant voneinander unterscheiden.

b) Die Unterschiede zwischen den einzelnen Arzneimittelunternehmen können bereits anhand zweier Kontextdimensionen (Diskriminanzfunktionen) nahezu vollständig aufgezeigt werden.

Damit ist es möglich, die ursprünglich 34 Kontextmerkmale auf zwei Dimensionen zu reduzieren, die als orthogonale Achsen eine leicht überschaubare geometrische Karte der Pharma-Industrie bilden (vgl. Abb. 59). Die beiden Dimensionen stellen in bezug auf den Kontext des strategischen Pharma-Marketing die wichtigsten Merkmalsbündel dar, nach denen sich die Arzneimittelunternehmen unterscheiden. In dieses von den beiden Diskriminanzfunktionen aufgespannte Feld lassen sich die 45

---

[408] Vgl. Backhaus u. a. (1986), S. 182 - 184 sowie Steinhausen/Lange (1977), S. 170.

befragten Pharma-Unternehmen bzw. die fünf Unternehmensgruppen anhand der unternehmensindividuellen Diskriminanzwerte (vgl. Tab. 7) positionieren.

Fall-Nr.	Gruppe	Diskriminanzwert	
		Funktion 1	Funktion 2
1	5	1.9897	-2.1586
2	5	2.6920	-1.5789
3	1	-9.2174	-6.3226
4	3	-8.4271	13.0093
5	1	-9.1995	-6.6184
6	3	-7.8218	11.5043
7	1	-8.2070	-6.0185
8	4	10.4514	1.1750
9	3	-8.3014	13.4933
10	1	-9.9564	-5.4401
11	4	10.7938	0.7157
12	5	1.3504	-3.1027
13	3	-8.3909	12.4551
14	5	3.9364	-2.8770
15	5	2.5532	-1.2197
16	1	-11.4216	-6.8367
17	1	-9.3138	-6.2965
18	1	-9.7224	-4.2262
19	2	-3.6789	-1.2279
20	1	-10.3651	-5.0051
21	2	-3.7954	-1.2198
22	5	3.2842	-0.7395
23	5	3.5657	-3.1516
24	3	-9.2283	11.6567
25	2	-2.9837	-1.1562
26	2	-2.9308	-3.4874
27	4	9.9536	0.6678
28	5	2.7746	-0.9575
29	1	-8.7436	-7.4394
30	2	-1.9968	-1.8765
31	4	10.3695	0.8919
32	4	11.9887	0.9571
33	3	-7.7248	13.7793
34	5	2.0143	0.5596
35	4	10.6452	0.0197
36	1	-9.1289	-4.5335
37	5	4.0495	0.5156
38	5	6.5960	-1.2579
39	5	2.0480	-0.4517
40	4	12.4441	1.2050
41	4	11.1240	1.5696
42	4	11.8092	-0.5328
43	4	9.8154	0.9954
44	5	3.9134	-0.7527
45	4	10.3930	1.3150

Tab. 7: **Diskriminanzwerte der befragten Pharma-Unternehmen auf den ersten beiden Diskriminanzfunktionen**

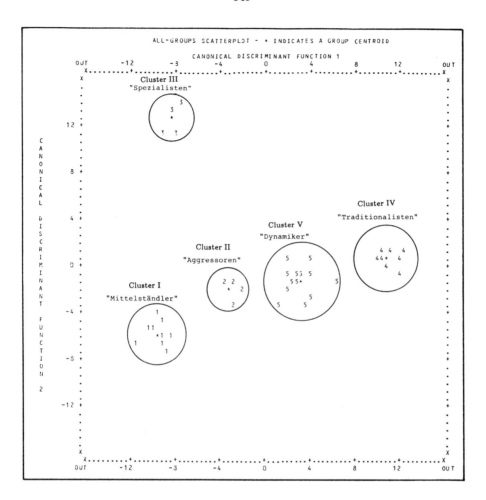

Abb. 59: Positionierung der befragten Pharma-Unternehmen im zweidimensionalen Diskriminanzraum

Abbildung 59 macht die Unterschiedlichkeit der Unternehmensgruppen noch einmal visuell deutlich. Allerdings ist zu berücksichtigen, daß das diskriminanzanalytische Verfahren MAHAL letztlich eine Optimierung des Abstandes der beiden ähnlichsten Gruppen anstrebt.[409] Insofern sind die Distanzen zwischen den Clustern IV und V insgesamt betrachtet nicht ganz so deutlich wie das Schaubild suggeriert.

2.2.3.3 INTERPRETATION DER GRUPPIERUNGEN IM ZWEIDIMENSIONALEN DISKRIMINANZRAUM

Um die strategische Karte als analytisches Hilfsinstrument zur Interpretation der Gruppen nutzen zu können, ist es außerdem erforderlich zu eruieren, welche Kontextmerkmale die beiden Diskriminanzachsen repräsentieren. Anhaltspunkte hierfür geben zunächst die jeweiligen Anteile der Merkmale an der Trenninformation der einzelnen Diskriminanzfunktionen (vgl. Tab. 8).[410]

In Tabelle 9 sind lediglich Merkmale mit einem Trennanteil von mindestens 5 % aufgeführt, da kleinere Werte für eine Interpretation nicht ausreichen. Die sechs trennstärksten Merkmale von Funktion 1 erklären bereits ca. 40 % der Streuung der Diskriminanzwerte dieser Funktion. Bei den einzelnen Variablen handelt es sich ausschließlich um interne Kontextmerkmale. Dagegen stellen die trennstärksten Variablen von Funktion 2 im wesentlichen externe Kontextmerkmale dar. Die sechs Variablen erreichen bereits einen kumulierten Trennanteil von ca. 43 % dieser Funktion. Die Gesamtbetrachtung über alle Funktionen macht noch einmal deutlich, daß Funktion 1 stärker zur Trennung der Gruppen beiträgt als Funktion 2.

---

409) Vgl. Backhaus u. a. (1986), S. 210 - 211. Das Verfahren zieht vor allem solche Kontextmerkmale zur Trennung der Gruppen heran, nach denen sich die am schlechtesten trennbaren Cluster am deutlichsten unterscheiden.
410) Die Trennanteile mußten per Hand aus den standardisierten Diskriminanzfunktionen errechnet werden, da die SPSS-Programmversion DISCRIMINANT eine Berechnung dieser Werte nicht ermöglicht. Zur Vorgehensweise bei der manuellen Berechnung der Trennanteile vgl. Schuchard-Ficher (1982), S. 195 - 197.

Tab. 9: Strukturkoeffizienten der am stärksten mit den beiden Diskriminanzfunktionen korrelierenden Merkmale

Diskriminanzfunktion 1		Diskriminanzfunktion 2	
Kontextmerkmale	Strukturkoeffizienten	Kontextmerkmale	Strukturkoeffizienten
Krankenhausmarkt	0.19523	Zahl der Konkurrenten	- 0.30621
Pharma-Umsatz	0.18072	Marktgröße	0.28483
Außendienststärke	0.15940	Flexibilitätsgrad	- 0.17475
Arzneimittelzahl	0.14068	Alter der Produkte	0.12332
Planungsgrad	0.12929	Marktstellung	0.12312
Konzernzugehörigkeit	0.12554	Herkunft der Produkte	0.11000
Finanzstärke	0.11416	Generika	0.10011
Forschung & Entwicklung	0.10475		
Informationsgrad	0.10365		

Tab. 8: Relative diskriminatorische Bedeutung der trennstärksten Merkmalsvariablen

	Diskriminanzfunktion 1				Diskriminanzfunktion 2				Insgesamt		
Rang	Kontextmerkmale	Trennanteile in %	kum.	Rang	Kontextmerkmale	Trennanteile in %	kum.	Rang	Kontextmerkmale	Trennanteile in %	kum.
1	Pharma-Umsatz	8,2	8,2	1	Naturheilmittel	8,9	8,9	1	Pharma-Umsatz	7,0	7,0
2	Außendienststärke	7,5	15,7	2	Zahl der Konkurrenten	8,9	17,8	2	Mitarbeiterqualifikation	6,9	13,9
3	Mitarbeiterqualifikation	7,3	23,0	3	Verordnungsmarkt	8,1	25,9	3	Außendienststärke	6,4	20,3
4	Führungsstil	6,4	29,4	4	Planungsgrad	6,2	32,1	4	Führungsstil	5,7	26,0
5	Organisationsgrad	5,3	34,7	5	Wettbewerbsintensität	5,5	37,6	5	Naturheilmittel	5,6	31,6
6	Marktorientierung	5,0	39,7	6	Patentschutz	5,1	42,7	6	Verordnungsmarkt	5,5	37,1

Bei der Interpretation der Trennanteile ist zu berücksichtigen, daß niedrigere Werte bei den übrigen Variablen daraus resultieren können, daß ein korrelierendes Merkmal, das die gleiche Trenninformation besitzt, diese schon zur Gruppentrennung eingebracht hat. Es bietet sich daher zusätzlich eine Interpretation der Diskriminanzachsen mit Hilfe der Korrelationskoeffizienten (Strukturkoeffizienten) der Variablen mit den Diskriminanzfunktionen an, da diese durch die Korrelationen zwischen den Merkmalen weniger beeinflußt werden.[411] Je höher der Strukturkoeffizient einer Variablen ist, desto größer ist der Zusammenhang zwischen dem betrachteten Merkmal und der Diskriminanzfunktion (vgl. Tab. 9).

Tabelle 9 enthält nur Merkmale mit Strukturkoeffizienten >0,1. Im großen und ganzen bestätigen die Daten die vorherigen Ergebnisse. Allerdings sind die Korrelationen allesamt relativ niedrig (0,3). Damit wird deutlich, welche Schwierigkeiten die inhaltliche Interpretation rein mathematischer Konstrukte (Diskriminanzachsen) mit sich bringt. Vernachlässigt man diese Interpretationsprobleme, so lassen sich aus den Tabellen 8 und 9 sowie insbesondere aus Abbildung 59 folgende grobe Schlußfolgerungen ziehen:

1) <u>Gruppe 1</u> steht in bezug auf den internen Kontext (Umsatz, Außendienststärke etc.) hinter den übrigen Gruppen zurück (vgl. Funktion 1). Im wesentlichen konkurrieren diese wohl eher mittelständlich strukturierten Pharma-Unternehmen (<u>"Mittelständler"</u>) aber nahezu auf den selben Märkten wie die Unternehmen der Gruppen 2, 4 und 5 (vgl. dazu Funktion 2).

2) Bezüglich der internen Ausstattung erreichen die Unternehmen der <u>Gruppe 2</u> nicht die Größenordnung der Firmen in den Gruppen 4 und 5 (vgl. dazu Funktion 1). Dennoch suchen sie aggresiv die Konkurrenz dieser größeren Unternehmen auf den größeren Indikationsmärkten (<u>"Aggressoren"</u>).

3) Die Unternehmen von <u>Gruppe 3</u> heben sich hinsichtlich marktlicher Aspekte (vgl. Funktion 2) deutlich von den übrigen Pharma-Unternehmen ab. Es handelt sich um Unternehmen, die sich auf spezielle Teilmärkte des Arzneimittelmarktes spezialisieren (<u>"Spezialisten"</u>).

4) Hinsichtlich der internen Merkmale (Forschung & Entwicklung, Mitarbeiterqualifikation, Außendienststärke etc.)

---

411) Vgl. Sheth (1977), S. 70.

besitzen die Unternehmen der Gruppe 4 die besten Wettbewerbsvoraussetzungen. Man kann sie als die klassischen Arzneimittelunternehmen bezeichnen ("Traditionalisten").

5) Die Unternehmen der Gruppe 5 weisen sowohl hinsichtlich der internen als auch der externen Kontextmerkmale die größte Nähe zur Gruppe 4 auf. Diese in- und ausländischen Unternehmen besitzen aufgrund der ihnen innewohnenden Dynamik bereits eine beachtliche Größe auf dem deutschen Arzneimittelmarkt ("Dynamiker").

Trotz der erkennbaren Schwierigkeiten, die eine "Etikettierung" stets mit sich bringt, sollen im folgenden die Bezeichnungen "Mittelständler", "Aggressoren", "Spezialisten", "Traditionalisten" und "Dynamiker" für die einzelnen Cluster beibehalten werden. Die Namensgebung ist anschaulicher und einprägsamer als die bloße Benennung der Unternehmensgruppen mit Ziffern.

2.2.4 INHALTLICHE BESCHREIBUNG DER UNTERNEHMENSTYPEN MIT HILFE EINFACHER STATISTISCHER VERFAHREN

2.2.4.1 AUFGABENSTELLUNG UND METHODISCHE VORGEHENSWEISE

Multivariate Analyseverfahren erfüllen einen wichtigen Zweck, um umfangreiches Datenmaterial grob vorzustrukturieren. Will man jedoch nähere Informationen über die gefundenen Ergebnisse, so muß man letztlich wieder auf einfachere uni- und bivariate statistische Methoden zurückgreifen.

Die mit Hilfe der Clusteranalyse gefundenen Gruppen von Pharma-Unternehmen stellen klassifikatorische Typen dar. Jedes Untersuchungsobjekt gehört einem bestimmten Typus an. Im folgenden werden die Unternehmenstypen jedoch primär durch Mittelwertbildungen über die Kontextmerkmale beschrieben. Dadurch entstehen extremtypologische Bilder, d. h. der repräsentierende Merkmalsvektor der Merkmalsmittelwerte einer Gruppe stimmt mit den unternehmensindividuellen Merkmalsvektoren der einzelnen Gruppenmitglieder nur mehr oder weniger gut überein. Durch die multivariaten Verfahren ist lediglich sichergestellt, daß die Abweichungen der Einzelfälle von den Mittelwerten insgesamt (über alle 31 Merkmale) eine bestimmte

Distanz nicht überschreiten.[412] In bezug auf einzelne Merkmale können dagegen deutlichere Unterschiede auftreten.

Trotz der Ungenauigkeiten, die eine Mittelwertbildung mit sich bringt, erscheint auch hier die pragmatische Rechtfertigung für eine solche Vorgehensweise offensichtlich. Die Mittelwerbildung erbringt zusätzlich eine Ordnung des Datenmaterials und erschließt dadurch einen besseren Überblick über die Vielzahl von Einzelinformationen. Außerdem erlaubt das Vorgehen eine graphische Darstellung der Unternehmenstypen in Form von Polaritätenprofilen.
Hierdurch lassen sich weitere Erkenntnisse über die Unterschiedlichkeit der Gruppenstrukturen gewinnen. Durch die Standardisierung der Kontextvariablen ermöglichen die Polaritätenprofile einen unmittelbaren Vergleich der Gruppenmittelwerte mit den (Gesamt-)Mittelwerten aller 45 befragten Unternehmen, da die Gesamtmittelwerte auf den Wert 0 normiert sind.

Die Polaritätenprofile geben bereits hinreichende Hinweise auf die Struktur und Unterschiedlichkeit der Gruppen. Um die inhaltliche Beschreibung der Unternehmenstypen jedoch zu vervollständigen, wird im Text teilweise auch auf die Häufigkeitsverteilungen der einzelnen Merkmalsausprägungen in den einzelnen Gruppen eingegangen, da die Mittelwerte die Intragruppenunterschiede verwischen und die Standardisierung der Daten die ursprüngliche Operationalisierung der Merkmalsausprägungen nur noch schwerlich erkennen läßt.

2.2.4.2 BESCHREIBUNG DER TYPEN VON PHARMA-UNTERNEHMEN

2.2.4.2.1 UNTERNEHMENSTYP 1: "MITTELSTÄNDLER"

Die als "Mittelständler" bezeichnete Unternehmensgruppe umfaßt zehn Arzneimittelunternehmen mit einem Pharma-Umsatz von jeweils weniger als 45 Mio. DM pro Jahr. neun Gruppenmitglieder gehören keinem Unternehmensverbund an, sondern sind selbständig. Die Gesamtmitarbeiterzahl beträgt bei den "Mittelständlern" jeweils deutlich unter 250 (Durchschnitt 70 Mitarbeiter). Über einen Außendienst verfügen acht Unternehmen. Bei

---

412) Vgl. dazu auch die graphisch veranschaulichte Streuung der Diskriminanzwerte einer Gruppe um den zugehörigen Gruppenzentroiden in Schaubild 67.

sieben davon ist die Zahl der Außendienstmitarbeiter kleiner als 25.

In den mittelständischen Unternehmen überwiegen insgesamt die Mitarbeiter mit medizinisch-naturwissenschaftlicher Ausbildung leicht. Der Akademikeranteil ist jedoch geringer als in der Gesamtstichprobe. Die Forschungs- & Entwicklungsaktivitäten beschränken sich - falls überhaupt welche durchgeführt werden - im wesentlichen auf galenische Entwicklungen. Auch die Ausstattung mit finanziellen Ressourcen liegt hinter dem Gesamtmittelwert zurück (vgl. Abb. 60).

Bei neun der zehn "Mittelständler" herrscht ein eher autoritärer Führungsstil vor. Außerdem ist die Abteilungsbildung (Organisationsgrad) deutlich schwächer ausgeprägt als im Gesamtdurchschnitt. Auch im Hinblick auf das Planungs-, Informations- und Kontrollwesen zeigen sich erhebliche Rückstände gegenüber Arzneimittelfirmen anderer Unternehmenstypen. Eine Marketingorientierung der Unternehmensplanung findet sich nur bei einem mittelständischen Unternehmen. Im wesentlichen dominieren Finanz- (fünf Fälle) und Produktionsplan (drei Fälle).

Die Zahl der angebotenen Arzneimittel umfaßt bei den "Mittelständlern" zwischen 5 und 15 Präparaten. Der Anteil der Naturheilmittel beträgt bei sieben Firmen über 50 %. Drei "Mittelständler" produzieren ausschließlich Naturheilmittel. Bei dem weitaus größten Teil der Produkte dieses Unternehmenstyps handelt es sich um Kombinationspräparate. Die Präparate basieren ausschließlich auf "freien" Arzneistoffen. Bei allen Firmen erfolgt die Herstellung und Weiterverarbeitung der Medikamente im eigenen Betrieb. Die Flexibilität der "Mittelständler" in bezug auf notwendige Anpassungen des Produktangebotes an Veränderung der Nachfrage wird als relativ gering erachtet.

Allerdings empfinden die "Mittelständler" im Durchschnitt auch eine geringere Marktdynamik. Sie befinden sich mit meist älteren Präparaten vornehmlich auf OTC-Märkten. Zum Teil sind diese Produkte auch verordnungsfähig. Auf den typischen Märkten der "Mittelständler" (OTC; Naturheilmittel) herrscht generell eher ein Marktwachstum vor.

Hinsichtlich der Marktstellung nehmen die Unternehmen von Unternehmenstyp 1 vornehmlich die Plätze der Marktmitläufer und der Marktnischenfüller ein. In der Regel handelt es sich bei ihren Produkten um markengeschützte Präparate. Da die Medikamente auf "freien" Arzneistoffen basieren, existieren eher viele Wettbewerber auf den Betätigungsfeldern dieser Unternehmensgruppe. Bei allen zehn befragten "Mittelständlern" stellen die mittelgroßen Arzneimittelunternehmen die schärfsten Konkurrenten dar. Auf Grund der geringen Marktzutrittsbarrieren und des Marktwachstums erscheinen die OTC- und Naturheilmärkte insbesondere für diese mittelgroßen Unternehmen wirtschaftlich zunehmend interessanter.

Die "Mittelständler" scheinen insgesamt betrachtet von den Veränderungen in ihrer weiteren Umwelt weniger stark betroffen als andere Unternehmensgruppen. Eine solche Schlußfolgerung wäre jedoch falsch. Die "Mittelständler" unterliegen zwar weniger unterschiedlichen Umwelteinflüßen, sofern sie aber von einer Veränderung in ihrer Umwelt negativ betroffen sind, trifft sie dies ungleich schwerwiegender.[413] Das gravierende und durchschlagende Hauptproblem besteht für diese Unternehmen in der Frage der Nachzulassung. Hiervon fühlen sich neun von zehn Unternehmen sehr negativ betroffen.

Abbildung 60 veranschaulicht graphisch die Konturen des Typs "Mittelständler" in bezug auf die 34 abgefragten Kontextmerkmale im Vergleich zu den Ergebnissen der Gesamtstichprobe (Wert 0).

---

413) Die "Mittelständler" sehen daher auch von allen fünf Gruppen ihre Zukunft am stärksten bedroht. Vgl. dazu weiter unten Tab. 11 auf Seite 341.

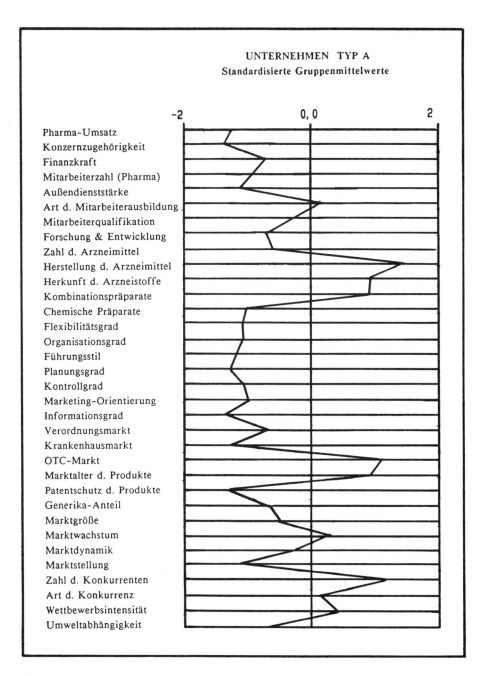

Abb. 60: Unternehmensprofil A: Typ "Mittelständler"

2.2.4.2.2 UNTERNEHMENSTYP 2: "AGGRESSOREN"

In der Gruppe der "Aggressoren" befinden sich fünf Unternehmen mit einem Arzneimittelumsatz von jeweils weniger als 150 Mio. DM pro Jahr. Drei Unternehmen erreichen lediglich einen Jahresumsatz von etwas weniger als 45 Mio. DM. Als Mutter- und/oder Tochtergesellschaften sind drei der fünf Unternehmen einem Konzernverbund zugehörig. Im einzelnen beschäftigen die fünf Firmen zwischen 50 und 300 Mitarbeiter im Pharma-Bereich (Durchschnitt 165 Mitarbeiter). Im Außendienst betätigen sich zwischen 20 und 110 Mitarbeiter (Durchschnitt ca. 60 Außendienstmitarbeiter).

Die Ausbildung der Mitarbeiter ist bei allen Unternehmen dieses Typs insgesamt eher kaufmännisch orientiert. Der Anteil der Akademiker liegt deutlich unter dem anderer Gruppen. Im wesentlichen beschränken sich die F & E-Tätigkeiten der Aggressoren auf galenische Entwicklungen. Ihre Finanzkraft geben die "Aggressoren" als gut bis befriedigend an.

Trotz ihrer relativ geringen Betriebsgröße sind die Unternehmen dieser Gruppe organisatorisch verhältnismäßig tiefgehend strukturiert. Ähnliches gilt im Hinblick auf die Informationsgewinnung und -verarbeitung sowie insbesondere die Wahrnehmung der Planungs- und Kontrolltätigkeiten, die ebenfalls in einem sehr weitreichenden Umfang erfolgen. Bei allen fünf "Aggressoren" dominiert der Marketing-Plan gegenüber anderen funktionalen Teilplänen. Die Mitarbeiterführung gilt als eher straff und autoritär.

Die Angebotspalette reicht bei diesem Unternehmenstyp von 10 - 25 verschiedenen Präparaten. Der Anteil chemischer Monopräparate überwiegt dabei eindeutig. Auch die Medikamente dieser Unternehmensgruppe basieren allerdings im wesentlichen auf "freien" Wirksubstanzen. Die Flexibilität des Arzneimittelangebotes im Hinblick auf marktliche Veränderungen wird von dieser Unternehmensgruppe als ziemlich hoch beurteilt.

Die "Aggressoren" betätigen sich nahezu ausschließlich auf den Verordnungsmärkten. Im Krankenhaussektor sind sie dagegen verhältnismäßig schwach vertreten. Im wesentlichen handelt es sich bei ihren Produkten um "junge" Präparate mit wachsenden Umsätzen. Der Generika-Anteil ist sehr hoch.

Die Unternehmensgruppe agiert in erster Linie auf den großen und wachsenden Indikationsmärkten mit hoher Marktdynamik. Auf diesen Märkten befinden sich erwartungsgemäß relativ viele Wettbewerber. Entsprechend liegt dort auch eine außergewöhnlich hohe Wettbewerbsintensität vor. Als Hauptkonkurrenten nennen alle fünf Unternehmen die großen Konzerngesellschaften. Ihre Marktposition sehen die "Aggressoren" primär in der des Herausforderers.

Die Abhängigkeit der Unternehmen von ihrer weiteren Umwelt wird als erheblich aber auch als weitgehend positiv eingestuft. Dies gilt insbesondere in bezug auf die öffentliche Meinung, die alle fünf befragten Untersuchungseinheiten als eher positiv für das eigene Unternehmen erachten.

Die graphische Veranschaulichung der Konturen dieses Unternehmenstyps findet sich in Abbildung 61.

2.2.4.2.3 UNTERNEHMENSTYP 3: "SPEZIALISTEN"

Bei den sechs als "Spezialisten" benannten Firmen liegt der jährliche Arzneimittelumsatz ebenfalls in einer Größenordnung bis zu maximal 150 Mio. DM pro Unternehmen. In dieser Gruppe befinden sich vier Unternehmen mit einem Jahresumsatz von weniger als 45 Mio. DM. Alle fünf Untersuchungseinheiten dieser Gruppe stellen Tochtergesellschaften in- und/oder ausländischer Konzerne dar. Zwei "Spezialisten" sind reine Vertriebsgesellschaften. Die Zahl der Mitarbeiter variiert zwischen 30 und 250 (Durchschnitt rund 135 Mitarbeiter). Fünf Unternehmen verfügen über Außendienstorganisationen, die mit 10 - 40 Mitarbeitern aber relativ schwache Besetzungen aufweisen.

Die Beschäftigten dieses Unternehmenstyps besitzen weitestgehend eine akademische Qualifikation in den medizinisch-naturwissenschaftlichen Berufen. Der Führungsstil wird jeweils als kooperativ eingestuft. Planungs-, Informations- und Kontrollwesen sowie die organisatorischen Strukturen sind bei dieser Gruppe im Durchschnitt etwas schwächer ausgeprägt als im Gesamtdurchschnitt der Stichprobe. In vier der sechs Firmen dominiert allerdings der Marketing-Plan im Rahmen der Unternehmensplanung.

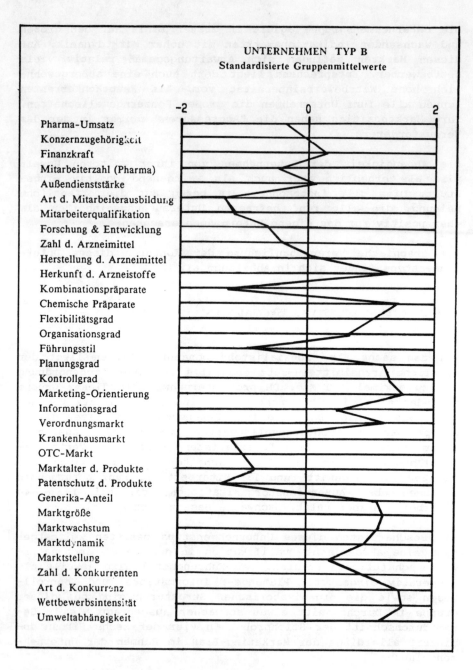

Abb. 61: Unternehmensprofil B: Typ "Aggressor"

Die Produkt-Range der "Spezialisten" reicht von 5 - 25 Arzneimitteln. Alle Arzneistoffe entstammen eigener bzw. konzerneigener Forschung & Entwicklung. Zu einem Teil bestehen diese Spezialprodukte auch aus nicht-chemischen Wirkstoffen. Nach eigenen Angaben verfügt dieser Unternehmenstyp über eine außerordentliche Nähe zum Markt. Die Flexibilität ihres Produktprogramms bei Veränderung des Marktes halten alle sechs Unternehmen für relativ hoch.

In bezug auf die jeweiligen Nachfragesektoren ist die Gruppe jedoch als relativ heterogen zu bezeichnen. Bei drei Unternehmen beträgt der Anteil des Klinik-Umsatzes über 50 %. Zwei Unternehmen vertreiben ausschließlich OTC-Präparate. Ein Unternehmen bietet nur verordnungspflichtige Medikamente für den Bereich niedergelassener Ärzte an.

Eine Gemeinsamkeit der spezialisierten Firmen besteht darin, daß sie über einen verhältnismäßig großen Anteil Generika - im weiteren Sinne des Wortes - verfügen. Diese Produkte tragen generische Bezeichnungen, sind aber keine Nachahmerpräparate. So haben drei der sechs "Spezialisten" auch Medikamente mit Patentschutz in ihrem gegenwärtigen Vertriebsprogramm. Als Beispiele für diesen Unternehmenstyp können das Institut Mérieux oder die Deutsche Homöopathie-Union angeführt werden.

Die "Spezialisten" bearbeiten vornehmlich wenige und oftmals kleine und mittlere Indikationsmärkte, die allerdings ein deutliches Marktwachstum aufweisen. Auf diesen Teilmärkten nehmen sie zumeist die Rolle der Marktführer oder Marktnischenfüller ein. Die Zahl der Konkurrenten wird von ihnen im allgemeinen als niedrig angegeben. Im wesentlichen handelt es sich bei den Wettbewerbern dieses Unternehmenstyps um kleine und mittlere Konzerntöchter.

Zu den Konturen des Unternehmenstyps "Spezialisten" vergleiche Abbildung 62.

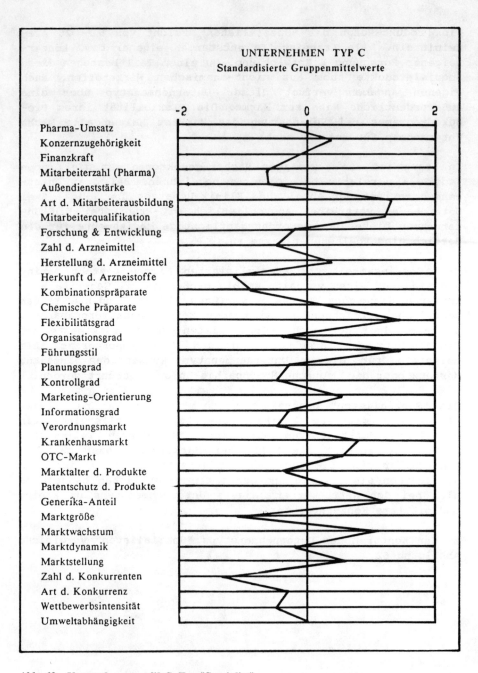

Abb. 62: Unternehmensprofil C: Typ "Spezialist"

2.2.4.2.4 UNTERNEHMENSTYP 4: "TRADITIONALISTEN"

Die Gruppe der "Traditionalisten" beinhaltet elf Arzneimittelfirmen, von denen fünf auf einen jährlichen Pharma-Umsatz von über 150 Mio. DM kommen. Bei den übrigen sechs Unternehmen erreicht der Jahresumsatz eine Größenordnung von deutlich über 45 Mio. DM. Neun der elf "Traditionalisten" gehören einem Konzernverbund an; davon drei als reine Muttergesellschaften und sechs als Mutter- und gleichzeitig Tochtergesellschaften. Der Sitz der Muttergesellschaften befindet sich bei sieben Unternehmen im Inland.

Im Hinblick auf die Finanzkraft sehen sich die Unternehmen dieser Gruppe gegenüber ihren Konkurrenten als überlegen an. Die Zahl der Pharma-Mitarbeiter erstreckt sich von 250 bis zu mehreren Tausend Beschäftigten. Alle elf Unternehmen verfügen über einen relativ großen Außendienst. Die Angaben über die Zahl der Außendienstmitarbeiter variiert zwischen 75 und mehr als 300 (Durchschnitt 160 Außendienstmitarbeiter).

Unter den Mitarbeitern dominieren bei allen "Traditionalisten" diejenigen mit medizinisch-naturwissenschaftlicher Ausbildung. Der Akademikeranteil ist im Vergleich zum Gesamtdurchschnitt der Stichprobe außerordentlich hoch. Alle elf Unternehmen betreiben Forschung & Entwicklung in einem sehr weitreichenden Umfang. Acht Firmen geben an, sich auch in der Grundlagenforschung zu betätigen; die drei übrigen Unternehmen nehmen zumindest Forschungsaktivitäten auf dem Gebiet der angewandten Forschung wahr.

Den bei ihnen vorherrschenden Führungsstil bezeichnen die "Traditionalisten" als kooperativ bis neutral. Die Organisations-, Planungs-, Informations- und Kontrollgrade übersteigen deutlich das durchschnittliche Ausmaß in der Gesamtstichprobe. Im Rahmen der Unternehmensplanung dominieren vor allem der F & E-Plan und der Finanzplan (je vier Unternehmen). Der Marketing-Plan nimmt in drei Unternehmen den ersten Rang in der Hierarchie der funktionalen Teilpläne ein.

Hinsichtlich der Zahl der angebotenen Arzneimittel reicht die Spanne innerhalb dieser Gruppe von 35 bis weit über 100 Präparate (Durchschnitt rund 75 Produkte). Die Herstellung der Medikamente erfolgt primär im eigenen Betrieb. Sieben Firmen übernehmen bei bis zu 25 % ihrer am Markt angebotenen Produkte nur den Vertrieb. Unter den vertriebenen Arzneimitteln überwiegen bei den "Traditionalisten" zumeist (sieben Unternehmen) solche, deren Wirkstoffe aus der eigenen Forschung & Entwicklung stammen. Bei vier Unternehmen liegt der Anteil der selbst erforschten Präparate allerdings unter 25 %. Alle elf Unternehmen nehmen jedoch in mehr oder weniger großem Umfang auch Lizenznahmen oder Patentkäufe vor. Der Anteil der Produkte fremder Herkunft variiert zwischen 10 und 25 %.

Insgesamt überwiegt bei den "traditionellen" Arzneimittelunternehmen der Anteil der chemischen Präparate. Vier "Traditionalisten" bieten ausschließlich chemische Substanzen an. Bei fünf Firmen beträgt der Anteil an Naturheilmitteln bis zu 25 %. In zwei Unternehmen besteht das Produktprogramm sogar zu 50 % aus natürlichen Arzneistoffen. Die Unternehmen der Gruppe 4 erachten ihr Arzneimittelprogramm im Hinblick auf quantitative und insbesondere qualitative Änderungen der Marktanforderungen als relativ flexibel.

Die "Traditionalisten" betätigen sich primär auf dem Verordnungsmarkt. Alle elf Firmen agieren außerdem im Krankenhausmarkt. Bei drei Unternehmen entfallen über 25 % des Pharma-Umsatzes auf den Krankenhaussektor. Vier "traditionelle" Pharma-Unternehmen sind auch auf dem OTC-Markt mit bis zu 25 % ihres Gesamtumsatzes vertreten.

Die Arzneimittelfirmen dieses Unternehmenstyps vertreiben nahezu alle angebotenen Produkte als Markenpräparate. Zehn Firmen verfügen über eines oder mehrere patentgeschützte Präparate in ihrem gegenwärtigen Vertriebsprogramm. Zwei Unternehmen tätigen über 50 % ihres Umsatzes mit patentierten Arzneimitteln. Der Umsatzanteil der älteren Präparate mit stagnierenden oder sinkenden Umsätzen überwiegt - insgesamt betrachtet - in dieser Gruppe gegenüber dem Umsatz mit jüngeren Präparaten mit steigenden Umsatzzahlen leicht.

In der Regel gehören die von den "Traditionalisten" bearbeiteten Indikationsmärkte zu den mittleren bis größeren Teilmärkten des Arzneimittelmarktes. Die "traditionellen" Arzneimittelunternehmen geben an, daß die Märkte mit sinkenden Umsatzzahlen überwiegen. Auf diesen Märkten fungieren die Unternehmen dieses Typs zumeist entweder als Marktführer oder als Marktmitläufer. Die bearbeiteten Teilmärkte mit vielen Konkurrenten überwiegen gegenüber den Märkten mit wenigen Wettbewerbern deutlich. Kleine und mittelgroße Unternehmen (Nachahmerfirmen) werden dabei zumeist als die

Hauptkonkurrenten angesehen. Auf diesen Indikationsmärkten herrscht eine hohe Wettbewerbsintensität.

Die "Traditionalisten" sind im Gesamtdurchschnitt der Stichprobe am stärksten von den umgreifenden Veränderungen des Pharma-Umfeldes betroffen. Am häufigsten werden Preislisten, Kostendämpfung (allgemein) und die öffentliche Meinung als negative Begleiterscheinungen angeführt.

Abbildung 63 stellt die Besonderheiten dieses Unternehmenstyps noch einmal in Form eines Polaritätenprofils heraus.

2.2.4.2.5 UNTERNEHMENSTYP 5: "DYNAMIKER"

Von den insgesamt 13 Unternehmen des Typs "Dynamiker" erzielen vier einen Arzneimittel-Umsatz von mehr als 150 Mio. DM pro Jahr. Acht Firmen erreichen jährliche Umsatzzahlen zwischen 45 und 150 Mio. DM. Zehn Unternehmen dieses Typs sind einem Konzernverbund als Mutter- und Tochtergesellschaften angeschlossen. In acht dieser zehn Fälle liegt der Konzernsitz im Ausland.

Die Zahl der Pharma-Mitarbeiter beträgt zwischen 150 und weit über 1.000 Beschäftigte. Auch die als "dynamisch" bezeichneten Unternehmen verfügen allesamt über relativ große Außendienstorganisationen. Die Zahl der Außendienstmitarbeiter reicht von 50 bis über 300 (Durchschnitt 145 Außendienstmitarbeiter).
Unter den Mitarbeitern dominieren in zehn der dreizehn Fälle die kaufmännischen Ausbildungsarten. Dennoch ist auch bei den "Dynamikern" der Anteil der Akademiker überdurchschnittlich hoch.

In den "dynamischen" Unternehmen herrscht zumeist (acht Fälle) ein neutraler Führungsstil vor. Die Zahl organisatorischer Einheiten überwiegt die anderer Gruppen. Das Planungs-, Informations- und Kontrollwesen ist ebenfalls sehr weit ausgebaut. Im Rahmen der Unternehmensplanung dominiert weitgehend (neun Unternehmen) der Marketing-Plan.

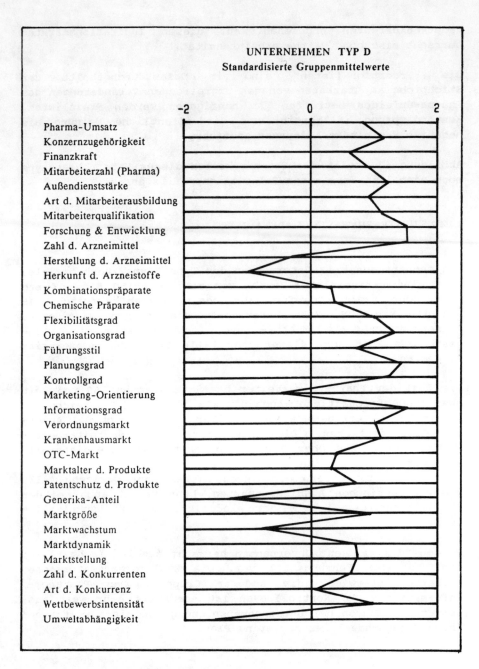

Abb. 63: Unternehmensprofil D: Typ "Traditionalist"

Die "Dynamiker" sind auch im Bereich der Forschung & Entwicklung aktiv. Der Schwerpunkt der F & E-Aktivitäten liegt in der experimentellen und klinischen Entwicklung (sechs Fälle) sowie der angewandten Forschung (vier Fälle). Eine Firma beschäftigt sich auch mit der Grundlagenforschung. Nur in zwei Firmen betreibt man keine Forschung & Entwicklung; dort übernehmen die Konzernmütter die gesamten Forschungsaufgaben.

In der Gruppe der "Dynamiker" reicht der Umfang der jeweils angebotenen Arzneimittelprogramme von 25 bis 100 verschiedenen Präparaten. Nur drei Unternehmen stellen ihre Produkte allesamt im eigenen Betrieb her. Insgesamt befinden sich vier reine Vertriebsgesellschaften unter den "Dynamikern". Bei allen dreizehn Unternehmen überwiegen die chemischen Produkte innerhalb des Vertriebsprogramms eindeutig (Anteil jeweils größer als 75 %). Der Anteil der Kombinationspräparate liegt etwas über dem Gesamtdurchschnitt der Stichprobe.

Die "Dynamiker" vertreiben ihre Medikamente in erster Linie auf dem Verordnungsmarkt. Zehn Unternehmen bieten ihre Produkte auch im Krankenhaussektor an. Der Umsatzanteil der Krankenhauspräparate beträgt zumeist (sieben Unternehmen) weniger als 10 % des Firmenumsatzes. Insgesamt überwiegen die "jüngeren" Präparate bei den Unternehmen dieses Typs leicht. Neun "Dynamiker" verfügen über patentgeschützte Präparate. Zwei davon tätigen über 75 % ihres Arzneimittelumsatzes mit patentierten Medikamenten; bei den übrigen sieben Firmen variiert der Umsatzanteil patentgeschützter Präparate zwischen 10 und 50 %. Im wesentlichen werden die Medikamente der "Dynamiker" als Markenpräparate vermarktet.

Die Unternehmen dieses Typs nehmen auf den großen und mittleren Indikationsgebieten zumeist die Positionen der Marktführer oder der Herausforderer ein. Als Hauptkonkurrenten geben sie in erster Linie große Konzernmuttergesellschaften und an zweiter Stelle mittelgroße Tochtergesellschaften an.

Abbildung 64 zeigt das Polaritätenprofil des Unternehmenstyps "Dynamiker".

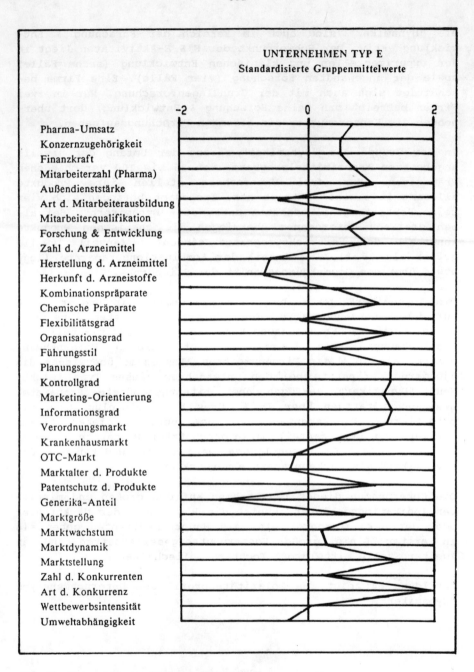

Abb. 64: Unternehmensprofil E: Typ "Dynamiker"

2.2.5 ABSCHLIEßENDE BEWERTUNG DER TYPENBILDUNG

Bei der abschließenden Bewertung der Typenbildung ist zunächst noch einmal explizit darauf hinzuweisen, daß die zuvor in Form von Polaritätenprofilen dargestellten Unternehmenstypen der Pharma-Industrie Extremtypen darstellen, von denen die real existierenden Arzneimittelunternehmen in bezug auf die einzelnen Kontextmerkmale mehr oder minder deutlich abweichen.

Außerdem gilt es zu berücksichtigen, daß die Typenbildung auf der Grundlage einer Stichprobe von nur 45 Arzneimittelfirmen zustande kam. Andere Arzneimittelfirmen, die nicht an der Befragung teilgenommen haben, lassen sich aber ex post einer der fünf Unternehmensgruppen zuordnen. Die Diskriminanzanalyse nimmt eine solche eindeutige Zuordnung mit mathematisch-statistischer Genauigkeit vor. Eine nach der Aufnahme zusätzlicher Unternehmen erneut vorgenommene Mittelwertbildung könnte allerdings eine Verschiebung der Durchschnittswerte und/oder eine Erhöhung der Streuung der Merkmalsausprägungen um die Gruppenmittelwerte mit sich bringen und damit zu einer Nivellierung der aufgezeigten Strukturtypen führen.

Die damit angesprochene Problematik soll an einem Beispiel näher verdeutlicht werden: Die Fa. Behringwerke ist als Anbieter qualitativ hochwertiger Spezialprodukte (insbesondere Impfstoffe) auf dem Pharma-Markt bekannt. Aufgrund ihres spezifischen Arzneimittelangebotes dürfte diese Firma der Gruppe der "Spezialisten" zuzuordnen sein. Allerdings erzielen die Behringwerke mit über 800 Mio. DM Jahresumsatz weitaus höhere Erlöse aus dem Vertrieb ihrer Spezialpräparate als der mit maximal 150 Mio. DM bezifferte Jahresumsatz des Typs "Spezialisten" innerhalb der Stichprobe vorgibt.[414] Gemessen am Umsatz wären die Behringswerke demnach entweder den "Traditionalisten" oder den "Dynamikern" zuzuordnen.

Das Beispiel läßt erkennen, daß es im Grunde nicht allein von Bedeutung ist, welchem Unternehmenstyp der mathematisch-statistische Algorithmus ein einzelnes Pharma-Unternehmen im Nachhinein exakt zuordnet. Eine Unternehmung kann vielmehr Aspekte verschiedener Typologien in sich vereinigen. Ähnliche Beispiele - wie das oben genannte - ließen sich in beliebiger Zahl für alle übrigen Gruppen anführen.

---

414) Vgl. dazu den Geschäftsbericht der Hoechst AG (1986), S. 38.

Es ist daher noch einmal daran zu erinnern, worin die Typenbildung ihren Zweck innerhalb dieses Forschungsprojektes erfüllt. Die Aufgabenstellung der Typenbildung besteht zunächst darin, zentrale Aspekte des Kontextes von Arzneimittelunternehmen und deren Auswirkungen auf das strategische Pharma-Marketing herauszustellen und damit zugleich ein Verständnis für unterschiedliche strategische Grundpositionen und strategische Verhaltensweisen im Rahmen des praktizierten Pharma-Marketing zu schaffen.

Außerdem ermöglicht es die Klassenbildung, mit den nachfolgenden Einzelfallstudien ein breiteres Spektrum unterschiedlicher Ausgestaltungsmöglichkeiten des strategischen Pharma-Marketing aufzuzeigen. Dies geschieht, indem die vertiefenden Einzelbetrachtungen jeweils auf ein erfolgreiches Arzneimittelunternehmen aus jeder der fünf Gruppen Bezug nehmen. Dadurch lassen sich eher Anregungen für andere Arzneimittelunternehmen geben.

IV. Strategisches Pharma-Marketing ausgewählter erfolgreicher Arzneimittelunternehmen (Projektphase II)

Die Ausführungen über die strategischen Marketing-Konzeptionen erfolgreicher Pharma-Unternehmen basieren auf empirischen Einzelfallstudien (Projektphase II).[1] Bei den Untersuchungseinheiten handelt es sich um ausgewählte erfolgreiche Unternehmen aus Projektphase I.

Die nachfolgenden Darlegungen zu den verschiedenen strategischen Marketing-Konzeptionen einzelner erfolgreicher Arzneimittelunternehmen sollen dazu beitragen, den vielschichtigen Zusammenhang zwischen dem praktizierten strategischen Marketing und dem Unternehmenserfolg der Pharma-Unternehmen aufzuhellen. Zugleich können die Ausführungen wichtige Anregungen für die Ausgestaltung des strategischen Pharma-Marketing in der Praxis bieten. Dabei ist es hilfreich, nicht nur einen Unternehmenstyp heranzuziehen, sondern unterschiedliche Denk- und Verhaltensansätze in die Betrachtung einzubeziehen.

Vor der Darlegung der Untersuchungsergebnisse ist es jedoch zunächst erforderlich, die methodische Vorgehensweise bei der Vorbereitung und Durchführung dieser empirischen Erhebung näher zu erläutern.

1. ERHEBUNG DES INFORMATIONSMATERIALS IN FORM VON EINZELFALLSTUDIEN

Die Vorgehensweise bei der Auswahl der Untersuchungsobjekte und das weitere Vorgehen bei der Durchführung der Einzelfallstudien leiten sich unmittelbar aus den in Kapitel II.2.1 aufgestellten Leithypothesen der Arbeit ab.

Leithypothese II beinhaltet, daß die Ausprägungen der Pharma-Unternehmungen bezüglich ihrer Kontextmerkmale und damit auch ihrer Gruppenzugehörigkeit spezifische Stärken und Schwächen dieser Firmen im Wettbewerb begründen. Obgleich sich hieraus a priori gewisse Grundvarianten des strategischen Pharma-Marketing ergeben (z. B. Spezialisierung), bleibt innerhalb der

---
1) Vgl. dazu auch Kapitel II.2.2, S. 168 ff.

einzelnen strategischen Gruppen immer noch ein relativ großer Handlungsspielraum für die unternehmensspezifische Ausgestaltung des strategischen Pharma-Marketing.

Leithypothese III führt diesen Gedankengang fort. Demnach hängt der langfristige Unternehmenserfolg der Arzneimittelfirmen davon ab, ob und inwieweit dieser mehr oder weniger große Handlungsspielraum genutzt wird, bzw. welche unternehmensindividuelle Ausgestaltung das strategische Pharma-Marketing letztlich erfährt.

Geht man des weiteren davon aus, daß die einzelnen Komponenten eines unternehmensindividuellen strategischen Marketing-Konzeptes nicht unabhängig voneinander gesehen werden dürfen (Leithypothese I), so sind umfassende Betrachtungen bezüglich des strategischen Pharma-Marketing erfolgreicher Arzneimittelunternehmen aus verschiedenen Unternehmensgruppen vorzunehmen, um das mit Hilfe dieser Leithypothesen aufgestellte Forschungsprogramm durchführen zu können.

1.1 AUSWAHL DER UNTERSUCHUNGSOBJEKTE

Die Fragebogenaktion (Projektphase I) diente neben der Erfassung des situativen Kontextes auch der Vorauswahl der Untersuchungsobjekte für die Durchführung der Einzelfallstudien. Die eingehender zu unterswuchenden Pharma-Unternehmen sollten folgenden Anforderungen genügen:

- Sie sollten einen für die Branche überdurchschnittlichen Unternehmenserfolg aufweisen.

- Sie sollten jeweils einer der fünf zuvor gebildeten Unternehmensgruppen angehören.

- Sie sollten ein strategisch ausgerichtetes Pharma-Marketing praktizieren.

Die endgültige Auswahl der Untersuchungsobjekte erfolgte vor dem Hintergrund der genaueren Definition der Merkmale und ihrer Verteilung innerhalb der Stichprobe von Projektphase I.

1.1.1 DEFINITION ERFOLGREICHER ARZNEIMITTELUNTERNEHMEN

Zunächst war es erforderlich, aufgrund der Fragebogenaktion besonders erfolgreiche Pharma-Unternehmen herauszuselektieren. Als erstes Selektionskriterium diente dabei die Umsatzrentabilität vor Steuern der 45 befragten Unternehmen auf dem inländischen Arzneimittelmarkt. Bereits vorliegende Studien zeigen, daß im Durchschnitt der bundesdeutschen Pharma-Industrie diese Rentabilitätsziffer zwischen 6 % und 8 % beträgt.[2]

Da die Auswirkungen des strategischen Pharma-Marketing auf den langfristigen Unternehmenserfolg für das vorliegende Forschungsprojekt von Interesse sind und die von den jeweiligen Geschäftsführungen für ein Geschäftsjahr ausgewiesene Unternehmensrentabilität vielfach taktischen Zwängen unterliegt, wurde in Frage 17 a des Fragebogens auf die durchschnittliche Umsatzrentabilität der Arzneimittelfirmen in den vergangenen 5 Jahren abgestellt. Die Befragung erbrachte folgende Ergebnisse (vgl. Abb. 65):

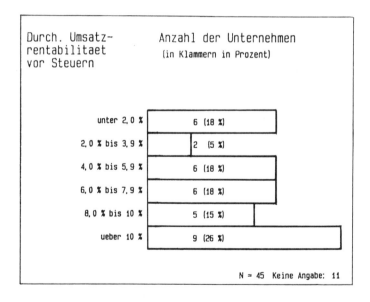

Abb. 65: Durchschnittliche Umsatzrentabilität der befragten Pharma-Unternehmen vor Steuern in den vergangenen 5 Jahren

---
2) Vgl. dazu Commerzbank (1985), S. 7; Ruhland Wilde (1985), S. 179 sowie BPI (1987 a), S. 11.

Elf der befragten Unternehmen (24 %) machen keine Angaben zur
Rentabilität. Diese Firmen kommen somit auch nicht für die
späteren Einzelfallstudien in Betracht. Von den 34 antwortenden Arzneimittelunternehmen geben 14 (41 %) an, eine Umsatzrentabilität vor Steuern von durchschnittlich über 10 % in den
vergangenen 5 Jahren erwirtschaftet zu haben. Die gleiche Zahl
von Firmen erreicht dagegen nur eine Rendite von weniger als 6
%. Damit scheinen die in Abbildung 72 wiedergegebenen Befragungsergebnisse zur Umsatzrentabilität mit denen anderer Befragungen im wesentlichen übereinzustimmen.

Die Angaben zur Rentabilität der einzelnen Unternehmen sind
vergangenheitsbezogen. Im Rahmen der Einzelfallstudien sollten
jedoch Firmen analysiert werden, deren strategisches Pharma-
Marketing bereits Hinweise auf künftige Erfolgspotentiale auf
dem deutschen Arzneimittelmarkt gibt. Die Antworten auf die
Frage nach den Zukunftsaussichten (vgl. Frage 17 b) der befragten Arzneimittelunternehmen zeigt das folgende Kreisdia-
gramm:

Abb. 66: Zukunftsaussichten der befragten Pharma-Unternehmen

Die Ergebnisse machen deutlich, daß der weitaus größte Teil
der Pharma-Unternehmen (86 %) eher optimistisch in die Zukunft
blickt. Dennoch: Immerhin 14 % sehen ihre künftige Existenz
als schlechter an.

Da die Kontextmerkmale spezifische Wettbewerbsvorteile und
-nachteile mit sich bringen, ist es zusätzlich erforderlich,
den Unternehmenserfolg einer Arzneimittelunternehmung im <u>Vergleich zu ähnlich strukturierten Firmen vergleichbarer Größenordnung</u> zu betrachten. In Frage 17 c sollten die Befragten angeben, wie sie diesen relativen Erfolg ihres Unternehmens beurteilen. Die betreffenden Befragungsergebnisse sind in Abbildung 67 wiedergegeben:

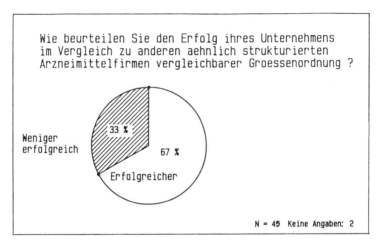

Abb. 67: Relativer Unternehmenserfolg der befragten Pharma- Unternehmen

Zwei Drittel der antwortenden Pharma-Unternehmen glauben erfolgreicher zu sein als vergleichbare Arzneimittelfirmen. Die Ergebnisse bezüglich der erwarteten Zukunftsaussichten (vgl. Abb. 66) und des relativen Unternehmenserfolges (vgl. Abb. 67) lassen zwei Interpretationsmöglichkeiten zu. Entweder die Stichprobe enthält überproportional viele erfolgreiche Pharma-Unternehmen, oder aber die befragten Arzneimittelunternehmen beurteilen ihren Unternehmenserfolg als vorteilhafter als er sich tatsächlich darstellt. Die Befragungsergebnisse zur Umsatzrentabilität (vgl. Abb. 65) sowie die in anderen Studien ermittelten durchschnittlichen Rentabilitätsziffern deuten eher auf letzteres hin.

Aus den genannten Gründen erschien es zweckmäßig, alle drei beschriebenen Selektionskriterien zur Auswahl besonders erfolgreicher Untersuchungsobjekte für Projektphase II heranzuziehen. Die in den Einzelfallstudien genauer zu analysierenden Pharma-Unternehmen erfüllen jeweils folgende drei Bedingungen:

a) Sie erwirtschafteten in den vergangenen fünf Jahren Umsatzrenditen von durchschnittlich mehr als 8 %.
b) Sie beurteilen ihre Zukunftsaussichten im Vergleich zu anderen Arzneimittelfirmen als besser.
c) Sie beurteilen ihren relativen Unternehmenserfolg als besser wie vergleichbare Arzneimittelunternehmen.

1.1.2 GRUPPENZUGEHÖRIGKEIT UND UNTERNEHMENSERFOLG

Daneben sollten die fünf Untersuchungsobjekte aus jeweils einer der fünf Gruppen von Pharma-Unternehmen ausgewählt werden, um ein möglichst breites Spektrum verschiedenartiger strategischer Marketing-Konzeptionen zu erfassen. Die Ergebnisse zu den drei Selektionskriterien des Unternehmenserfolges aufgeschlüsselt nach der Gruppenzugehörigkeit der befragten Arzneimittel-Unternehmen finden sich in den Tabellen 10 - 12.

UMSATZ-RENTABILITÄT VOR Steuern	ANZAHL DER PHARMA-UNTERNEHMEN					Insgesamt
	Typ "Mittel-ständler"	Typ "Aggres-sor"	Typ "Spezia-list"	Typ "Tradi-tionalist"	Typ "Dynami-ker"	
unter 2,0%	2	2	1	1	-	6
2,0 bis 3,9%	2	-	-	-	-	2
4,0 bis 5,9%	2	-	1	2	1	6
6,0 bis 7,9%	2	1	1	1	1	6
8,0 bis 10,0%	-	-	-	2	3	5
über 10,0%	2	2	1	3	1	9
keine Angaben	-	-	2	2	7	11
Zusammen	10	5	6	11	13	45

Tab. 10: Umsatzrentabilität der befragten Pharma-Unternehmen nach Unternehmenstypen

ZUKUNFTS-AUSSICHTEN	ANZAHL DER PHARMA-UNTERNEHMEN					Insgesamt
	Typ "Mittel-ständler"	Typ "Aggres-sor"	Typ "Spezia-list"	Typ "Tradi-tionalist"	Typ "Dynami-ker"	
besser	5	5	6	10	10	36
schlechter	4	-	-	-	2	6
keine Ang.	1	-	-	1	1	3
Zusammen	10	5	6	11	13	45

Tab. 11: Zukunftsaussichten der befragten Pharma-Unternehmen nach Unternehmenstypen

RELATIVER UNTERNEHMENS-ERFOLG	ANZAHL DER PHARMA-UNTERNEHMEN					Insgesamt
	Typ "Mittel-ständler"	Typ "Aggres-sor"	Typ "Spezia-list"	Typ "Tradi-tionalist"	Typ "Dynami-ker"	
erfolgreicher	5	5	5	6	9	30
weniger erfolgreich	4	-	1	5	4	14
keine Angaben	1	-	-	-	-	1
Zusammen	10	5	6	11	13	45

Tab. 12: Relativer Unternehmenserfolg der befragten Pharma-Unternehmen nach Unternehmenstypen

Tabelle 10 unterstützt die Vermutung, daß größere Unternehmen ("Dynamiker", "Traditionalisten") eher Wettbewerbsvorteile am Markt realisieren können und daher - insgesamt gesehen - im wesentlichen zufriedenstellende bis sehr gute Renditen (Rentabilität $\geqslant 4,0$ %) erwirtschaften. Bei den kleineren Unternehmen liegt - grob betrachtet - eine Gleichverteilung der Ausprägung ihrer Umsatzrentabilität vor. Auf der anderen Seite zeigen sich innerhalb aller fünf Gruppen jedoch mehr oder weniger deutliche Unterschiede bezüglich des bislang realisierten Unternehmenserfolges.

Tabelle 11 macht deutlich, daß vor allem die "Mittelständler" ihre künftige Existenz bedroht sehen. Dagegen erkennen die "Aggressoren" und "Spezialisten" gute Zukunftsaussichten und beurteilen auch ihren relativen Unternehmenserfolg nahezu ausschließlich als positiver als die anderen Unternehmensgruppen (vgl. Tab. 12).

1.1.3 STRATEGISCHES PHARMA-MARKETING UND UNTERNEHMENSERFOLG

Die innerhalb und zwischen den Gruppen zu verzeichnenden Unterschiede bezüglich der Erfolgskriterien der befragten Pharma-Unternehmen gehen durchaus konform mit den Leithypothesen der Arbeit. Es bleibt jedoch die zentrale Frage offen, inwiefern das strategische Pharma-Marketing die Erfolgsunterschiede zwischen den Arzneimittelunternehmen zu erklären vermag. Erst wenn sich bei einer größeren Anzahl von Unternehmen der Stichprobe ein Zusammenhang zwischen dem praktizierten strategischen Pharma-Marketing und dem langfristigen Unternehmenserfolg andeutet, erscheint es gerechtfertigt, bei einzelnen erfolgreichen Arzneimittelunternehmen, die ein strategisches Pharma-Marketing betreiben, vertiefend nach plausiblen Erklärungen für die These zu suchen, daß das strategische Pharma-Marketing den Unternehmenserfolg positiv beeinflußt.

Im Rahmen der Erhebung von Projektphase I wurde deshalb in Frage 17 d danach gefragt, ob die Durchführung eines strategischen Pharma-Marketing in den betreffenden Unternehmen erfolgt. Abbildung 68 vermittelt einen Eindruck von den Befragungsergebnissen der gesamten Stichprobe.

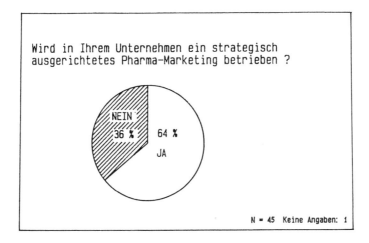

Abb. 68: Durchführung eines strategischen Pharma-Marketing in den befragten Unternehmen

Knapp zwei Drittel (64 %) der 45 befragten Unternehmen ist der Ansicht, ein strategisches Pharma-Marketing zu betreiben. Tabelle 13 belegt, daß vor allem bei dem Typ "mittelständischer" Pharma-Unternehmen Defizite in bezug auf das strategische Pharma-Marketing auftreten.

STRATEGISCHES PHARMA-MARKETING	ANZAHL DER PHARMA-UNTERNEHMEN					Insgesamt
	Typ "Mittel-ständler"	Typ "Aggres-sor"	Typ "Spezia-list"	Typ "Tradi-tionalist"	Typ "Dynami-ker"	
ja	2	5	4	8	9	28
nein	8	-	2	3	3	16
keine Angaben	-	-	-	-	1	1
Zusammen	10	5	6	11	13	45

Tab. 13: Durchführung eines strategischen Pharma-Unternehmen nach Unternehmenstypen

Es stellt sich jedoch nicht allein die Frage, ob überhaupt ein strategisches Pharma-Marketing in den einzelnen Unternehmen getätigt wird, sondern darüber hinaus ist insbesondere von Interesse, welcher Einfluß sich aus der Realisation strategischer Marketing-Konzepte für den langfristigen Unternehmenserfolg ergibt. Die Tabellen 14 und 15 liefern hierüber Anhaltspunkte.

STRATEGISCHES PHARMA-MARKETING		ANZAHL DER PHARMA-UNTERNEHMEN						
		UMSATZRENTABILITÄT VOR STEUERN						
		unter 2%	2 - 3,9%	4 - 5,9%	6 - 7,9%	8 - 10%	über 10%	Insgesamt
ja	abs.	2	-	3	5	4	8	22
	in %	9,1	-	13,6	22,7	18,2	36,4	100
	kum. %	9,1	9,1	22,7	45,5	63,6	100	-
nein	abs.	4	2	3	1	1	1	12
	in %	33,3	16,7	25,0	8,3	8,3	8,3	100
	kum. %	33,3	50,0	75,0	83,3	91,6	100	-
$\sum$	abs.	6	2	6	6	5	9	34
	in %	17,6	5,9	17,6	17,6	14,7	26,3	100
	kum %	17,6	23,5	41,4	59,0	73,7	100	-

Chi-Quadrat: 10,54916   Signifikanz: 0,0135
Freiheitsgrade: 5   Keine Angaben: 11   N = 45

Tab. 14: **Zusammenhang zwischen der Durchführung eines strategischen Pharma-Marketing und der Umsatzrentabilität der befragten Unternehmen**

Aus Tabelle 14 geht hervor, daß drei Viertel (75 %) aller befragten Unternehmen, die kein strategisches Pharma-Marketing betreiben, lediglich Umsatzrenditen von weniger als 6 % erzielen. Dagegen liegt der entsprechende Anteil der Unternehmen mit schwächeren Renditeziffern bei denjenigen Arzneimittelfirmen, die von sich behaupten, daß sie ein strategisches Pharma-Marketing praktizieren, unter 23 %. Von den neun Unternehmen mit Umsatzrenditen von über 10 % geben acht an, strategische Marketing-Aktivitäten zu entfalten. Der Chi-Quadrat-Unabhängigkeitstest zeigt außerdem, daß - bezogen auf die in Tabelle 15 festgehaltenen Befragungsergebnisse - mit einer Irrtumswahrscheinlichkeit von weniger als 6,11 % ein statistisch signifikanter Zusammenhang zwischen dem strategischen Pharma-Marketing und der Umsatzrentabilität der befragten Pharma-Unternehmen existiert.

		ANZAHL DER PHARMA-UNTERNEHMEN					
STRATEGISCHES PHARMA-MARKETING		ZUKUNFTSAUSSICHTEN			RELATIVER UNTERNEHMENSERFOLG		
		besser	schlechter	insgesamt	weniger erfolgr.	erfolgreich	insgesamt
ja	abs.	26	1	27	5	23	28
	in %	96,3	3,7	100	17,9	82,1	100
nein	abs.	10	5	15	9	6	15
	in %	85,7	33,3	100	60,0	40,0	100
∑	abs.	36	6	42	14	29	43
	in %	85,7	14,3	100	32,6	67,4	100

```
Chi-Quadrat    :         4,7055              6,09753
Signifikanz    :         0,0301              0,00135
Freiheitsgrade:          1                   1
Keine Angaben  :         3                   2
N = jeweils 45
```

Tab. 15: Zusammenhang zwischen der Durchführung eines strategischen Pharma-Marketing und Zukunftsausichten bzw. dem relativen Unternehmenserfolg der befragten Unternehmen

Ebenfalls deutliche Unterschiede zwischen den "Marketing-Strategen" und den übrigen antwortenden Arzneimittelfirmen ergeben sich im Hinblick auf die beiden anderen Erfolgskriterien (vgl. Tab. 15). 96,3 % der "Marketing-Strategen" blicken demnach optimistisch in die Zukunft. Dagegen sehen nur zwei Drittel (66,7 %) der Unternehmen ohne strategische Marketing-Konzepte ihre Zukunftsaussichten als vorteilhaft an. Hierzu lassen die empirischen Ergebnisse die Aussage zu, daß mit einer Irrtumswahrscheinlichkeit von nur ca. 3 % ein statistisch signifikanter Zusammenhang zwischen dem praktizierten strategischen Pharma-Marketing und den Zukunftsaussichten der Arzneimittelunternehmen besteht.

Ihren relativen Unternehmenserfolg bewerten 82,1 % der "Marketing-Strategen" positiv. Der entsprechende Anteil der restlichen Firmen liegt bei nur 40 %. Ein statistisch signifikanter Zusammenhang zwischen dem strategischen Pharma-Marketing und dem relativen Unternehmenserfolg läßt sich mit einer Irrtumswahrscheinlichkeit von sogar weniger als 1,35 % konstatieren.

Die statistischen Kontingenztests stellen - in sich betrachtet - eine reine Zahlenlogik dar. Ein sachlogischer Zusammenhang zwischen dem strategischen Pharma-Marketing und dem langfristigen Unternehmenserfolg ist damit noch keinesfalls nachgewiesen. Gegen den oben geführten empirisch-statistischen Nachweis könnten im wesentlichen folgende Einwände erhoben werden:

1) Erfolgreiche Pharma-Unternehmen geben nur deshalb an, ein strategisch ausgerichtetes Pharma-Marketing zu betreiben, weil sie erfolgreich sind.[3]

2) Die befragten "Praktiker" verknüpfen mit einem strategischen Pharma-Marketing völlig andere Vorstellungsinhalte als die "Theoretiker".

Auch diese Einwände lassen es sinnvoll erscheinen, die strategischen Marketing-Konzeptionen erfolgreicher Arzneimittelunternehmen intensiver zu durchleuchten und nach plausiblen Gründen für die Rechtfertigung der These zu suchen, daß ein den Erkenntnissen der Theorie entsprechendes strategisches Pharma-Marketing den langfristigen Unternehmenserfolg nachhaltig positiv beeinflußt. Für die Durchführung dieser Einzelfallstudien stellen die beschriebenen Untersuchungsergebnisse aus Projektphase I ein tragfähiges Grundgerüst dar.

1.2 DURCHFÜHRUNG DER EINZELFALLSTUDIEN

Die Erhebung in Form von Einzelfallstudien (Projektphase II) gestaltete sich ausgesprochen schwierig. Aufgrund der hohen Anforderungen an die fünf eingehender zu analysierenden Untersuchungseinheiten kamen von den 45 Fällen aus der Stichprobe von Projektphase I nur noch elf Unternehmen (24 %) für eine Teilnahme an Projektphase II in Frage.

In der Gruppe der "Spezialisten" verblieb nach diesem Selektionsprozeß lediglich ein Unternehmen. In den übrigen Gruppen reduzierte sich die Zahl potentieller Kandidaten auf je zwei ("Mittelständler"; "Aggressoren") bzw. drei ("Traditionalisten"; "Dynamiker") Arzneimittelfirmen. Die betreffenden Pharma-Unternehmen mußten zum Teil erst für eine weitere Zu-

---

[3] Dies würde die Richtung des in Leithypothese III vermuteten Zusammenhangs umkehren.

sammenarbeit gewonnen werden. Schließlich erklärten sich aber fünf Pharma-Unternehmen, die den aufgestellten Kriterien entsprachen, zu persönlichen Tiefeninterviews bereit.

Die Durchführung der Erhebungen erfolgte in den Monaten Mai bis August 1987. Als Interviewer fungierten bei den Gesprächen neben dem Autor jeweils ein weiterer wissenschaftlicher Mitarbeiter des Lehrstuhls für Marketing der Universität Siegen. Ansprechpartner in den einzelnen Unternehmen waren in erster Linie Geschäftsführer, Marketing- und Vertriebsleiter sowie - soweit vorhanden - Produktmanager und Leiter von Marketing-Service-Abteilungen (z. B. Marktforschung). Daneben nahmen zum Teil auch Assistenten der betreffenden Führungspersonen an den Gesprächen teil. Die Interviews fanden sowohl in Form von Einzel- wie auch in Form von Gruppengesprächen statt. Insgesamt dauerten die Gespräche pro Unternehmen bis zu sieben Stunden. Alle Interviews wurden per Cassetten-Recorder aufgezeichnet.

Als Diskussionsgrundlage dienten 20 Abbildungen zur theoretischen Konzeption eines strategischen Pharma-Marketing.[4] Über diese allgemein gehaltenen Schaubilder diskutierten die Gesprächsteilnehmer vor dem spezifischen Hintergrund der jeweiligen Unternehmung. Im wesentlichen behandelten die Einzelfallstudien folgende Themenkomplexe:

1. Inhaltliche Bestimmung des Unternehmens- und Marketing-Leitbildes.

2. Beschreibung der Haupt-Betätigungsfelder der Unternehmen auf dem deutschen Arzneimittelmarkt.

3. Grundsätzliche strategische Vorgehensweisen auf diesen Betätigungsfeldern (Marketing-Grundsatzstrategien).

4. Strategisch ausgerichteter Einsatz von Marketing-Instrumenten (Marktbearbeitungsstrategien).

5. Implementierungsfragen des strategischen Marketing (Personelle und organisatorische Verankerung, Methodeneinsatz, formaler Ablauf des Managementprozesses).

Damit konnten alle Hauptkomponenten einer theoretischen Konzeption des strategischen Pharma-Marketing angesprochen werden.

---

4) Vgl. dazu die Abbildungen in Kapitel II.1 dieser Arbeit.

Zum besseren Verständnis der von ihnen dargelegten strategischen Marketing-Konzeptionen nannten die Gesprächspartner zum Teil auch Zahlen (z. B. Marktanteile, Umsätze etc.). Diese Daten stellen jedoch lediglich sehr grobe Richtwerte für den Leser dar und erheben keinen Anspruch auf Exaktheit. Die Angaben der einzelnen Firmen wurden sowohl in sich als auch unter Zuhilfenahme von externen Informationsquellen auf Kompatibilität und Plausibilität überprüft. Soweit Unstimmigkeiten auftraten, erfolgte eine (telefonische) Rücksprache mit den betreffenden Gesprächspartnern und zum Teil eine entsprechende Korrektur der Daten aufgrund dieser Rückinformationen.

Damit basiert der gesamte Inhalt der nachfolgenden Einzelfallstudien auf den Angaben der Firmen, auf deren Glaubwürdigkeit der empirische Forscher sich letztlich verlassen muß. Gerade die Pharma-Unternehmen verfügen über zahlreiche Informationen, die der Wissenschaft nicht direkt zugänglich sind. Diese Informationsquellen können über empirische Befragungen zumindest indirekt genutzt werden.

2. DARLEGUNG DER UNTERSUCHUNGSERGEBNISSE

Die nachfolgenden Beschreibungen der Einzelfallstudien greifen jeweils einen der drei Hauptthemenkomplexe der Tiefeninterviews zum strategischen Pharma-Marketing (Leitbild; Strategien; Implementierung) gesondert heraus und stellen die unterschiedlichen Ausgestaltungsformen des strategischen Pharma-Marketing der fünf Untersuchungseinheiten in bezug auf diesen Themenkomplex vergleichend nebeneinander.

Den drei Hauptuntersuchungsgegenständen sind jeweils entsprechende Untersuchungsergebnisse aus der umfassenderen Stichprobe der Fragebogenerhebung (Projektphase I) als Basisinformationen vorangestellt. Diese verschaffen einen breiteren Überblick über die Relevanz der in den Einzelfallstudien näher behandelten Problemstellungen innerhalb der Pharma-Industrie.

2.1 UNTERNEHMENS- UND MARKETING-LEITBILDER

2.1.1 ÜBERBLICK: ERGEBNISSE DER SCHRIFTLICHEN ERHEBUNG

Frage 10 a des schriftlichen Erhebungsbogens befaßte sich u. a. mit der Frage der Existenz eines Pharma-Leitbildes. Von den in Projektphase I befragten Arzneimittelunternehmen geben lediglich fünf (11,6 %) an, kein Unternehmens- und Marketing-Leitbild zu besitzen. Weitere sieben Unternehmen (16,3 %) behaupten, daß zumindest gedanklich ein solches Leitbild bei ihnen existiere. Eine mündliche Absprache der Führungspersonen über grundsätzliche Leitlinien der künftigen Geschäftspolitik auf dem Arzneimittelsektor besteht in zehn Unternehmen (23,3 %). Bei immerhin 21 Unternehmen (48,8 %) liegt ein grob skizziertes Leitbild in schriftlich fixierter Form vor. Abbildung 76 vermittelt einen Überblick über die Befragungsergebnisse zur Existenz eines Pharma-Leitbildes.

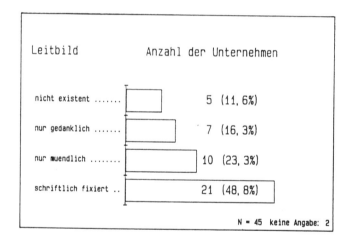

Abb. 69: Existenz eines Pharma-Leitbildes in den befragten Unternehmen

Über die zeitliche Reichweite des Pharma-Leitbildes vermag ein Teil der befragten Unternehmen keine Angaben zu machen. Von den verbleibenden 32 Unternehmen geben 7 (21,9 %) einen zeitlichen Horizont von weniger als fünf Jahren an. Bei 12 Arzneimittelunternehmen (36,5 %) beträgt die zeitliche Reichweite des Leitbildes zwischen 5 und 10 Jahren. In 9 (28,1 %) der antwortenden Unternehmen sollen die Leitlinien einen Zeitraum von 10 bis 15 Jahren überbrücken. Einen zeitlichen Horizont von mehr als 15 Jahren halten vier Pharma-Unternehmen noch für grob überschaubar. Abbildung 70 gibt die Ergebnisse in Form eines Balkendiagramms wieder.

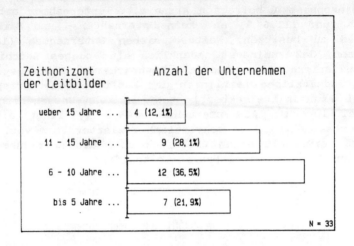

Abb. 70: Zeitliche Reichweite der Pharma-Leitbilder in den befragten Unternehmen

Die nachfolgenden Ausführungen zeigen am Beispiel erfolgreicher Arzneimittelunternehmen auf, welche Elemente diese Unternehmens- und Marketing-Leitbilder im einzelnen beinhalten können, und welchen Zweck sie im Rahmen eines praktizierten strategischen Pharma-Marketing erfüllen.

2.1.2 EINZELFALLSTUDIEN: ERGEBNISSE DER PERSÖNLICHEN TIEFENINTERVIEWS

2.1.2.1 UNTERNEHMENS- UND MARKETING-LEITBILD UNTERNEHMEN A (TYP: "MITTELSTÄNDLER")

Bei Unternehmen A handelt es sich um ein rund 60 Jahre altes reines Familien-Unternehmen, das sich nunmehr in der zweiten Generation im Besitz der Gründerfamilie befindet. Als alleiniger Geschäftsführer fungiert ein Sohn des Firmengründers. Ein wesentliches Leitprinzip des Firmenchefs besteht darin, die vollkommene Eigenständigkeit der Unternehmung zu erhalten. Die damit bezweckte Absicherung des Unternehmenseigentums für die nächste Generation beinhaltet zugleich eine auf den längerfristigen Unternehmenserfolg ausgerichtete Denkweise.

Das Unternehmen hat sich vornehmlich die Isolierung und Erforschung von Naturstoffen für die Therapie zur Aufgabe gemacht. Mehr als 90 % der derzeit vermarkteten Präparate basieren auf pflanzlichen Wirkstoffen. Ebenso wie die Erforschung der Naturstoffe erfolgt auch die Herstellung und Weiterverarbeitung der Phytopharmaka ausschließlich im eigenen Betrieb. Auch hierdurch soll die Unabhängigkeit von anderen Unternehmen gewahrt bleiben.

Vom Produktions- bzw. Vertriebsprogramm zahlreicher anderer Anbieter von Naturheilmitteln unterscheidet sich das Arzneimittelangebot vor allem dadurch, daß grundsätzlich alle vertriebenen Medikamente einen wissenschaftlich geführten Wirksamkeitsnachweis erbracht haben müssen, d. h. die Kausalität zwischen der jeweiligen Arzneimittelsubstanz und ihrer therapeutischen Wirkung gilt als gesichert. Damit stellt der ab 1989 vom Gesetzgeber für alle Naturheilmittel geforderte Wirksamkeitsnachweis das Unternehmen vor keine Probleme.

Die marktlichen Aktivitäten des Unternehmens konzentrieren sich ausschließlich auf den Verordnungsmarkt. Auch hierdurch versucht man, sich von den übrigen Anbietern von Naturheilmitteln abzuheben. Das bei den Ärzten angestrebte Unternehmensimage basiert auf Inhalt und Qualität des Arzneimittelprogramms und beinhaltet entsprechend zwei Komponenten. Zum einen ist man bestrebt, sich als Anbieter von Naturheilmitteln zu präsentieren, zum anderen gilt es zu verdeutlichen, daß die angebotenen Medikamente nicht nur den Ansprüchen der "Sympathisanten" von Naturheilverfahren genügen.

Bei der Ansprache der Ärzte werden deshalb grob zwei Typen von Verordnern unterschieden:

a) "Naturheil-Verordner", die der Erfahrungsheilkunde vertrauen und prinzipiell Naturheilmittel eher präferieren;

b) "Schulmediziner", die vor der Verordnung von Naturheilmitteln deren wissenschaftlichen Wirksamkeitsnachweis verlangen.

Die Ansprache der beiden Hauptzielgruppen erfolgt mit Hilfe von Marketing-Programmen, die je nach Ärztetyp entweder die therapeutische Wirksamkeit und pharmazeutische Qualität der Produkte in den Vordergrund stellen oder aber primär den gegenwärtigen Trend zu Naturheilmitteln auszunutzen suchen. Da beide Komponenten des Unternehmensimage sich nicht widersprechen sondern ergänzen, entsteht ein geschlossenes Außenbild der Unternehmung.

Das Unternehmen erzielt heute einen Arzneimittelumsatz von etwas weniger als 40 Mio. DM pro Jahr. In den vergangenen zwölf Jahren konnte man den Jahresumsatz mehr als verdreifachen. Die Gründe für diesen Aufschwung lassen sich am ehesten vor dem Hintergrund der Firmengeschichte verdeutlichen.

Vom Zeitpunkt der Unternehmensgründung bis zum zweiten Weltkrieg beschränkte sich das Unternehmen ausschließlich auf die Herstellung und Vermarktung von Arzneimitteln für den Bereich der Heilpraktiker und der Selbstmedikation. Nach 1945 wurde die Wiederaufnahme der Firmentätigkeit für eine erste geschäftliche Umorientierung genutzt. Das Unternehmen beschäftigte von da ab erstmals in seiner Geschichte wissenschaftlich geschulte Mitarbeiter (Mediziner, Apotheker, Naturwissenschaftler). Diese verhalfen dazu, die therapeutische und pharmazeutische Qualität der Phytopharmaka entscheidend zu verbessern. Das gesamte Vertriebsprogramm wurde daraufhin in Richtung Arzt umgestellt. Bis Mitte der 60er Jahre entwickelte sich das Unternehmen parallel mit dem wachsenden Arzneimittelmarkt.

Im Laufe der 60er Jahre blieben die Zuwachsraten des Umsatzes deutlich hinter denen des gesamten Pharma-Marktes zurück. Das Unternehmen wurde zu diesem Zeitpunkt mit dem für Mittelständler typischen Generationenproblem konfrontiert. Dem Firmengründer fehlten mit zunehmendem Lebensalter die notwendigen unternehmerischen Impulse. Das Unternehmen wurde eher statisch verwaltet als geführt. Es mangelte zu diesem Zeitpunkt an programmatischen und wegweisenden Willenserklärungen in Richtung Markt.

Anfang der 70er Jahre mit Übernahme des Unternehmens durch den jetzigen Geschäftsführer trat eine entscheidende Wende ein. Während man sich bis dahin keine weitreichenden Gedanken über Zielgruppen und Absatzstrategien gemacht hatte, sondern aus der jahrzehntelangen Tradition heraus das zum Teil überkommene Arzneimittelprogramm weiter produzierte und vermarktete, erfolgte nunmehr die Hinwendung zu einer stärker marktorientierten Denkweise. Die Zielsetzung des neuen Geschäftsführers bestand darin, in Zukunft ausschließlich Phytopharmaka zu vertreiben, die auch für das heute noch weitaus größere Marktsegment der "Schulmediziner" verschreibungsfähig sind.

Konsequenterweise trennte sich das Unternehmen schon damals von allen Arzneimitteln ohne wissenschaftlichen Wirksamkeitsnachweis. Diese Entscheidung zur Produktelimination war noch nicht durch gesetzliche Regelungen erzwungen worden. Es handelte sich vielmehr um eine rechtzeitige und gewollte strategische Marketing-Maßnahme, deren Durchführung ohne zeitlichen Druck erfolgen konnte. Präparate, die keinen Wirksamkeitsnachweis erbrachten, wurden entweder gänzlich aus dem Markt genommen oder in Lizenzvergabe an andere Anbieter von Naturheilmitteln abgegeben. Zum Teil befinden sich diese Lizenzpräparate noch heute am Markt.

Die rechtzeitige Anpassung der Unternehmung an künftige sich abzeichnende Markterfordernisse bedeutet keine grundsätzliche Abkehr von der Firmentradition. Die Grundausrichtung auf das Gebiet Naturheilmittel blieb erhalten. Damit war es möglich, sich bietende Marktchancen ("Trend zu Naturheilmitteln") und das hierzu vorhandene Know how im Bereich Phytopharmaka auszunutzen. Durch den konsequenten Ausbau und die Modernisierung des medizinisch-naturwissenschaftlichen Bereiches (Forschung & Entwicklung; Produktion; Zulassung) konnten außerdem die bislang nur in Ansätzen vorhandenen relativen Stärken des Unternehmens (im Vergleich zu anderen mittelständischen Anbietern von Naturheilmitteln) forciert und drohende Marktrisiken (Gesetzlich geforderter Wirksamkeitsnachweis für Phytopharmaka) abgebaut werden. Gleichzeitig bilden diese wissenschaftlich ausgerichteten Unternehmensbereiche die notwendige Voraussetzung für eine Weiterentwicklung des Präparateprogramms.

Im Bereich Forschung & Entwicklung beschäftigt das Unternehmen heute 40 Mitarbeiter. Der Anteil der F & E-Kosten am Gesamtumsatz beträgt derzeit über 16 %. Im Vergleich dazu beläuft sich der Kostenanteil der übrigen sechs "Mittelständler" von Cluster 1, die ebenfalls F & E-Aktivitäten tätigen, jeweils deutlich unter 10 %. Ein Schwerpunkt der F & E-Ausgaben von Firma A liegt auf dem Gebiet experimenteller und klinischer Entwicklung, deren Studien den Wirksamkeitsnachweis für die pharmazeutischen Substanzen erbringen. Daneben werden galenische Entwicklungen und Forschungs- und Entwicklungsaktivitäten der Verfahrens- und Fertigungstechnik durchgeführt, um bewährte Substanzgruppen zu überarbeiten. Als einziger der "Mittelständler" in Cluster 1 ist die Firma auch auf dem Gebiet der angewandten Arzneimittelforschung tätig. Durch Isolierung und Reindarstellung von Naturstoffen, Veränderungen natürlicher Wirkstoffe und Synthese von Stoffen sollen neue Möglichkeiten der therapeutischen Heilung mit Naturheilmitteln gefunden werden. Aufgrund dieser erheblichen F & E-Anstrengungen erscheint es nicht überraschend, daß Firma A auch als einzige der sechs "forschenden Mittelständler" von Cluster 1 große Erfolge in der Verbesserung der therapeutischen und pharmazeutischen Qualität vorhandener Arzneimittelsubstanzen und in der Verbesserung der Produktions- und Fertigungstechnik aufweisen kann.

Die kontinuierliche Entwicklung des Unternehmens in der Vergangenheit bietet zugleich auch eine geeignete Grundlage für den künftigen erfolgreichen <u>Fortbestand</u>. Aufgrund der 1989 vom Gesetzgeber geforderten Nachzulassung werden zahlreiche Naturheilmittel aus dem Markt ausscheiden müssen, so daß eine verstärkte Nachfrage auf die am Markt verbleibenden Phytopharmaka zu erwarten steht. Darüber hinaus deutet vieles auch auf eine weiterhin zunehmende Nachfrage nach "natürlichen" Medikamenten hin.

Es wird deutlich, daß die aufgezeigten unternehmerischen Grundsatzentscheidungen einen sehr langfristigen und nachhaltigen Einfluß auf die erfolgreiche Entwicklung von Unternehmen A ausüben. Diese Unternehmenspolitik steht - wie im Mittelstand typisch - untrennbar verbunden mit der <u>Unternehmerpersönlichkeit</u> des derzeitigen Geschäftsführers. Seine Leitlinien der Unternehmenspolitik finden sich in groben Ansätzen in der Firmenbroschüre schriftlich fixiert und sind daher auch den ca. 200 Mitarbeitern zugänglich, die alle in irgendeiner Form zur erfolgreichen Umsetzung dieser Leitgedanken beitragen sollen.

Eine etwas konkretere Form der schriftlichen Ausgestaltung des Leitbildes liegt nur den Führungskräften in verschiedenen Arbeitspapieren und Besprechungsunterlagen vor. Zwischen diesem Personenkreis und dem Geschäftsführer besteht außerdem - auch hierin liegt ein typischer Vorteil kleiner und mittlerer Unternehmen - ein sehr persönlicher Kontakt, der es erlaubt, wichtige Grundsätze des Unternehmens im direkten Gespräch zu konkretisieren und zu vermitteln. Auch insofern ist das Pharma-Leitbild von Firma A in der Persönlichkeit des derzeitigen Geschäftsführers personifiziert.

2.1.2.2 UNTERNEHMENS- UND MARKETING-LEITBILD UNTERNEHMEN B (TYP: "AGGRESSOR")

Unternehmen B fungiert auf dem deutschen Arzneimittelmarkt als Tochtergesellschaft einer mittelgroßen <u>ausländischen Unternehmensgruppe</u>. Die gesamte Gruppe beschäftigt ungefähr 850 Mitarbeiter und erzielt einen Jahresumsatz von ca. 230 Mio. DM. Der Anteil der Pharma-Sparte beträgt etwa 35 %. Insgesamt werden mehr als 500 chemisch-pharmazeutische Erzeugnisse in weltweit über 50 Ländern vertrieben. Die Arzneimittelsubstanzen der Präparate von Unternehmen B stammen zu einem geringen Teil aus der Forschung und Entwicklung der Muttergesellschaft. In den letzten zehn Jahren hat die Forschungsabteilung der Unternehmensgruppe fünf neue Arzneimittelgrundsubstanzen entwickelt, die als Patentsubstanzen vermarktet und zum Großteil in Lizenz an andere Unternehmen weltweit abgegeben werden.

Für die Pharma-Sparte besitzt die 1950 gegründete <u>deutsche Tochtergesellschaft</u> besondere Bedeutung. Das Unternehmen erreicht heute einen Jahresumsatz von über 40 Mio. DM und erwirtschaftet damit etwa 50 % des Pharma-Umsatzes der gesamten Unternehmensgruppe. Vor ungefähr zehn Jahren hatte der Umsatz auf dem deutschen Pharma-Markt lediglich zwischen 7 und 8 Mio. DM betragen. Seit diesem Zeitpunkt verfünffachte sich somit der Jahresumsatz dieser Tochtergesellschaft.

Das enorme <u>Umsatzwachstum</u> von Unternehmen B im vergangenen Jahrzehnt ist weniger auf den Forschungserfolg des Stammhauses als vielmehr auf die frühzeitige Abkehr des Unternehmens vom herkömmlichen Denken forschender Arzneimittelfirmen (bzw. deren Tochtergesellschaften) zurückzuführen. Mitte der 70er

Jahre stagnierten die Umsätze des Unternehmens. Das damalige Präparateprogramm entsprach nicht den marktlichen Gegebenheiten und Entwicklungstendenzen des bundesdeutschen Pharma-Marktes, und auch die Ergebnisse der im Ausland angesiedelten Forschungsabteilung ermöglichten keine erfolgversprechende Anpassung des Präparateprogramms an die Markterfordernisse. Die Geschäftsführung erkannte schließlich keinen ersichtlichen Grund mehr, weshalb man nach Ablauf des zeitlich befristeten Patentschutzes von erfolgreichen Präparaten anderer Hersteller diese nicht imitieren sollte. Neben den eigenen Präparatesubstanzen werden deshalb seither auch Nachahmerpräparate vermarktet.

Diese grundlegende Änderung der Unternehmenspolitik bedurfte jedoch der Überwindung erheblicher interner Widerstände. Der Vorteil hierbei war, daß erst intensive Marktuntersuchungen vorgenommen wurden, die zu den letztendlich strategischen Marketing-Entscheidungen führten, "welche" Imitationsprodukte "wie" vermarktet werden sollten. Im Anschluß an die interne Beschlußfassung hat das Unternehmen die strategische Neuorientierung auch nach außen hin konsequent vertreten. Trotz der branchenintern vielfach anzutreffenden Vorbehalte gegenüber "Nachahmerfirmen" bekannte man sich dazu, primär als "Generika"-Anbieter auf dem Markt zu gelten.

Die von forschungsintensiven Großkonzernen abwertend gebrauchte Bezeichnung "Generika"-Anbieter ist im Grunde für das Unternehmen allerdings nicht ganz zutreffend. Man vertreibt zwar Nachahmerprodukte, diese werden jedoch allesamt unter einem produktspezifischen Handelsnamen als Markenpräparate oder zumindest als "Branded Generics" vermarktet. Der Grund dafür liegt in den spezifischen Stärken des Unternehmens bzw. seiner Medikamente, die durch die Markierung der Produkte herausgestellt werden sollen.

Im Gegensatz zu vielen anderen kleineren Anbietern von Imitationsprodukten kann das Unternehmen auf den hohen Produktionsstandard und vor allem die Forschung und Entwicklung der Muttergesellschaft zurückgreifen. Ein besonderer Entwicklungsschwerpunkt liegt bei der Galenik. Dies gilt für eigene Substanzen der Unternehmensgruppe ebenso wie für Nachahmerprodukte, bei denen generell galenische Weiterentwicklungen gegenüber dem Originalprodukt der Konkurrenz angestrebt werden. F & E-Studien über die Bioverfügbarkeit der Medikamente erbringen außerdem den Nachweis des gleichwertigen oder sogar verbesserten Verhaltens des eigenen Imitationspräparates im

Vergleich zum Originalpräparat. Diese Studien sollen die Vorwürfe innovativer Firmen entkräften, die Nachahmerprodukte könnten nicht die gleiche Qualität wie Originalpräparate erreichen.

Ebenso wie die Forschung & Entwicklung erfolgt auch die <u>Produktion</u> der Bulkware im Stammhaus, das nicht nur eine über 100-jährige Tradition und Erfahrung in der gewerblichen Herstellung chemisch-pharmazeutischer Produkte aufweist, sondern darüber hinaus auch sehr kapitalintensive und auf dem neuesten technologischen Standard befindliche Produktionsanlagen besitzt. Die Muttergesellschaft übernimmt zugleich die Kontrolle der eingehenden Rohstoffe, die Analyse produzierter Chargen, die Überprüfung der Haltbarkeit der Arzneiform, die Überwachung der Fertigung sowie die schriftliche Dokumentation der Kontrollen. Die Tätigkeiten der deutschen Tochtergesellschaft beschränken sich hingegen auf die Konfektionierung und Vermarktung der Arzneimittel.

Das <u>strategische Marketing-Verhalten</u> von Unternehmen B am deutschen Pharma-Markt ist im wesentlichen durch drei Sachverhalte bestimmt:

1. Der Rückgriff auf vorhandene <u>Potentiale und das Know how der Muttergesellschaft</u> in den Bereichen Fertigung sowie Forschung und Entwicklung stellt zunächst primär einen entscheidenden Wettbewerbsvorteil gegenüber kleinen konkurrierenden Nachahmerfirmen dar. Damit wird der von letzteren nicht immer erzielte hohe Qualitäts- und Sicherheitsstandard der Originalprodukte erreicht und die Vermarktung von Produkten unter einem Markennamen erst zweckmäßig.

2. Gegenüber den Herstellern der Originalpräparate setzt das Unternehmen unter anderm auf den geringeren <u>Preis der Nachahmerprodukte</u> als entscheidenden Wettbewerbsvorteil. Der Unternehmensphilosophie zufolge sieht der Arzt immer weniger einen Sinn darin, eine hochpreisige Medikation zu wählen, wenn das therapeutische Ziel sich mit niedrigem Kostenaufwand erreichen läßt.
In Anbetracht der derzeitigen Kostenexpansion im Gesundheitswesen bietet man damit dem Arzt die Möglichkeit, einen Beitrag zur Kostendämpfung zu leisten.

3. Wegen der Besonderheit der Ware Arzneimittel ist es für die Akzeptanz dieser Marketing-Philosophie durch den Arzt von unabdingbarer Voraussetzung, daß die kostengünstigeren Nachahmerpräparate dem oben angesprochenen <u>Qualitäts- und Sicherheitsstandard der Originalpräparate</u> ebenbürtig sind. Die Vorgabe an die Produktpolitik beschränkt sich jedoch nicht auf diese Mindestanforderung. Eine maßgebliche Marketing-Zielsetzung der Unternehmung besteht darin, in einer Teilkomponente des nachgeahmten Medikamentes eine Verbesserung gegenüber dem Originalpräparat zu erreichen, um auf dem Markt besser zugunsten der eigenen Arzneimittel argumentieren zu können. Auch hierfür stellen die Forschungs- und Entwicklungsaktivitäten des Stammhauses die notwendige Voraussetzung dar.

Die entscheidenden Impulse für diese strategische Unternehmenskonzeption gehen vom <u>Marketing</u> der deutschen Tochtergesellschaft aus, das primär die Planung und Durchführung der strategischen Unternehmenskonzeption trägt. Eine wesentliche Aufgabe des Marketing besteht darin, die Patentvergabe auf dem Arzneimittelsektor zu beobachten und bereits etliche Jahre vor Ablauf des Patentschutzes die zu imitierenden Originalpräparate und ihr marktliches Umfeld genauestens zu analysieren. Die sich hieraus ergebenden produktpolitischen Konsequenzen werden unmittelbar mit den Möglichkeiten der F & E-Abteilung sowie der Fertigung des Stammhauses abgestimmt und auf Realisierbarkeit überprüft (<u>Pre-Marketing</u>).

Das Leitprinzip des Unternehmens ist es, möglichst unmittelbar nach Patentablauf eines zu imitierenden Originalpräparates mit einem Marketing-Programm in den jeweiligen Indikationsmarkt eintreten zu können, das preisliche und qualitätsmäßige Vorteile des angebotenen Nachahmerpräparates aufzeigt und dabei vorhandene Schwächen des Originalanbieters rigoros ausnutzt (<u>frühzeitiges, aggressives Marketing</u>). Durch das rechtzeitige Eintreten in den Markt soll zugleich möglichst schnell ein Wettbewerbsvorsprung gegenüber anderen Nachahmerfirmen aufgebaut werden.

Die <u>Leitlinien des Unternehmens</u> sind für einen Zeitraum von ca. fünf Jahren relativ knapp und verbindlich für alle Führungspersonen schriftlich fixiert. Daneben existiert eine Firmenbroschüre, deren Inhalt diese Leitgedanken eher schlagwortartig wiedergeben. Die Broschüre dient primär dem

Zweck, eine <u>Außenwirkung</u> zu entfalten. Den Anlaß für die Gestaltung einer solchen Broschüre ergaben Marktuntersuchungen bei Apothekern und Ärzten.

Durch Umfragen hatte man festgestellt, daß Unternehmen B zwar bei den beiden genannten Berufsgruppen einen relativ hohen Bekanntheitsgrad aber kein spezifisches Image besaß. Die befragten Personen kannten zwar vielfach den Firmennamen, konnten aber keine konkreten Vorstellungsinhalte mit dem Unternehmen verknüpfen. Im Gegensatz dazu waren die beiden Generikahersteller Ratiopharm und Stada zu diesem Zeitpunkt schon am Markt als Anbieter preisgünstiger Nachahmprodukte weitestgehend bekannt. Selbst bei Ärzten, die bewußt preisgünstigere Präparate verordnen wollten, ergab sich dadurch ein erheblicher Wettbewerbsnachteil gegenüber diesen Imitationsfirmen. Mit der Gestaltung einer Firmenbroschüre sollte ein erster Schritt zur Verringerung dieses Nachteils vorgenommen werden.

Die Firmenbroschüre faßt die Grundsätze der Unternehmenspolitik in der <u>Leitmaxime</u> "Gute Qualität zum guten Preis" zusammen und stellt die wesentlichen Gründe heraus, weshalb das Unternehmen sich in der Lage sieht, mit seinen Produkten diesem Anspruch zu genügen. Das Unternehmen erkennt seine Marktaufgabe darin, einen Beitrag für ein leistungsfähiges, qualitativ hochstehendes Gesundheitswesen zu leisten, das auch dauerhaft finanzierbar bleibt. Die beiden Imagekomponenten Qualität und Preis bestimmen auch die gesamte nach außen gerichtete Marktkommunikation, wobei der Qualität bei der Argumentation eindeutig Vorrang vor dem Preis eingeräumt wird. Hierin versucht sich Unternehmen B von anderen Nachahmerfirmen zu unterscheiden. Wie neuere empirische Untersuchungen erkennen lassen, ist das Unternehmen heute am Markt weitgehend bekannt als einer der "Generika"-Hersteller mit qualitativ zuverlässigen Produkten.

Neben diesem nach außen gerichteten Zweck sollte die Firmenbroschüre das Unternehmenskonzept aber auch gegenüber der Belegschaft verdeutlichen (<u>Innenwirkung</u>). Das nach innen gerichtete Ziel war es dabei, alle Mitarbeiter darüber zu informieren, "für welche Arzneimittelfirma sie arbeiten." Erst dadurch, daß die Mitarbeiter das Konzept mit tragen, meint man, ein glaubwürdiges Außenbild der Unternehmung abgeben zu können.

Der Übergang von Unternehmen B von einer eher "behäbigen" Tochtergesellschaft einer mittelgroßen Arzneimittelfirma mit "mäßigem" Forschungserfolg hin zu einer aggressiven Nachahmerfirma, die unter Betonung eigener Stärken die Schwachstellen der Konkurrenz (Preis-/Leistungsverhältnis der Anbieter von Originalpräparaten bzw. Qualitätsaspekte kleinerer Generika-Hersteller) direkt angreift und dabei eine für die gesamte Pharma-Industrie eher bedrohliche Umweltentwicklung (Kostenexplosion im Gesundheitswesen) ausnutzt, erfolgte nach Meinung des Mangements gerade noch rechtzeitig.

Das Unternehmen verfügt heute - im Gegensatz zu anderen, später auf den Markt drängenden Nachahmerfirmen - über eine vordere Marktposition unter den Imitatoren. Diese exponierte Stellung bringt es aber auch mit sich, daß die Gegenangriffe der innovativen Großkonzerne sich auch auf das Marketing von Unternehmen B konzentrieren. Das geht hin bis zu einstweiligen Verfügungen oder Androhungen gerichtlicher Unterlassungsklagen der Originalanbieter, durch die das Marketing-Tagesgeschäft in Unternehmen B geradezu geprägt ist. Gerade aber auf Grund dieser erreichten Marktstellung und der damit verbundenen Unternehmensbekanntheit glaubt man, daß es auch in Zukunft möglich sein wird, trotz eines äußerst scharfen Wettbewerbs auf den wirtschaftlich interessanten Märkten gegen Originalprodukte zu bestehen und dabei von dem weiterhin anhaltenden Trend der Ärzte zu einer wirtschaftlicheren Verordnungsweise zu profitieren.

2.1.2.3 UNTERNEHMENS- UND MARKETING-LEITBILD UNTERNEHMEN C (TYP: "SPEZIALIST")

Unternehmen C ist die Tochtergesellschaft einer ausländischen Pharma-Gruppe. Die Unternehmensgruppe besteht aus 14 Einzelunternehmen in den wichtigsten Industrieländern der Erde und beschäftigt insgesamt über 2.000 Mitarbeiter. Der konsolidierte Jahresumsatz dieses Unternehmensverbundes beträgt rund 600 Mio. DM.

Die Unternehmenstätigkeit beschränkt sich im wesentlichen auf den Bereich biologischer Arzneimittel aus menschlichem Blutplasma. Hierbei handelt es sich um qualitativ außerordentlich hochwertige und in der Anwendung komplizierte Spezialpräparate für verschiedene Anwendungen der Therapie und Prophylaxe. Die

Unternehmensgruppe nimmt auf dem Spezialgebiet der menschlichen Blutprodukte zusammen mit etwa 5 - 6 weiteren Unternehmen weltweit eine <u>führende Marktstellung</u> ein. Hinter diesen wenigen Konkurrenten verbergen sich die auf diesen Sektor spezialisierten Tochtergesellschaften umfassender und namhafter pharmazeutischer Großkonzerne mit weltweiten Arzneimittelumsätzen in Milliardenhöhe.

Trotz dieser starken Konkurrenz ist es erklärtes Ziel der Unternehmensgruppe, die erreichte Stellung nicht nur zu halten, sondern in einzelnen Bereichen auszubauen und dabei insbesondere weitere innovative Wirkstoffe aus menschlichem Blutplasma zu gewinnen (<u>Innovations- und Expansionsstreben</u>).

Die Unternehmensgruppe ging vor etwas mehr als 30 Jahren aus einem wissenschaftlichen Forschungsinstitut hervor. Die Gründung des Konzerns ist insbesondere auf zwei Wissenschaftler zurückzuführen, von denen der eine als bedeutender Forscher auf dem Gebiet der Hämatologie, der andere als Produktionsfachmann für die Herstellung von Arzneimitteln auf der Basis von menschlichem Blut gilt. Das relativ unkonventionelle und weniger von hierarchischem oder abteilungsbezogenem Denken geprägte <u>wissenschaftliche Unternehmensklima</u> der Gründungsphase bestimmt heute noch die Philosophie des gesamten Unternehmensverbundes und die darin enthaltene Betonung der Forschungs- und Entwicklungsaktivitäten.

Die <u>Geschichte der Unternehmensgruppe</u> läßt sich daher auch am ehesten vor dem Hintergrund der Unternehmenserfolge bei der Erforschung und Entwicklung von Blutprodukten aufzeigen:

- Im Jahre 1955 gelang es, ein antihämophiles Plasma, das die Ausbildung von Anämie (Verminderung der roten Blutkörperchen im Blut) bei Hämophilen (Blutern) vermeidet, erstmals auf den Markt zu bringen.

- Bereits zwei Jahre später war ein Impfstoff auf der Basis von menschlichem Immunglobulin (Eiweißkörperchen im Blut) gegen Poliomyelitis (Kinderlähmung) marktreif.

- 1964 konnte menschliches Immunglobin zur Sofort-Tetanusprophylaxe erstmals kommerziell zur Verfügung gestellt werden.

- Mitte der 70er Jahre gelang die bahnbrechende Entwicklung eines Gerinnungspräparates, mit dem man Blutungen bei Hämophilen behandeln konnte.

- Etwa zur gleichen Zeit brachte man einen Gewebekleber bestehend aus Humanplasmaprotein auf den Markt, der neben der Gewebeklebung der Ränder von Operationswunden auch die Blustillung und Wundheilung unterstützt.

- Ende der 70er Jahre schließlich kam ein neuer Impfstoff mit Human-Immunglobulin gegen die durch Zecken übertragene Frühsommer-Hirnhautentzündung erfolgreich zur Anwendung.

Selbst heute noch sind mehr als 10 % der weit über 1.000 Mitarbeiter der Konzernzentrale im biomedizinischen Forschungszentrum der Unternehmensgruppe im Ausland tätig. Bei diesen Mitarbeitern handelt es sich zu einem großen Teil um hochqualifizierte und spezialisierte Experten der Biomedizin mit umfassender universitärer Ausbildung in den Fachrichtungen Medizin, Biologie, Mikrobiologie oder Chemie. Außer der produktbezogenen Forschung betreibt das Forschungszentrum Grundlagenforschung auf speziellen Gebieten der Traumatologie (Wundbehandlung), Intensivmedizin, Gastroenterologie, Arteriosklerose, Hömostaseologie sowie der Immunologie und Infektabwehr. Die Unternehmensgruppe ist mittlerweile auch auf dem Gebiet der AIDS-Forschung sehr stark engagiert.

In einem der Forschungsschwerpunkte beschäftigen sich die chemischen, biochemischen und biologischen Forschungs- und Entwicklungsabteilungen mit der Isolierung bislang ungenutzter aktiver Blutbestandteile, um das vom Menschen gewinnbare Ausgangsmaterial bestmöglich zu nutzen. Darüber hinaus sind verschiedene Projekte auf gentechnologischem Gebiet in das Forschungs- und Entwicklungsprogramm aufgenommen worden. Die Wirkungsmechanismen der vorhandenen bzw. neu hinzugewonnenen Substanzen werden durch entsprechende Untersuchungen zunächst bei verschiedenen Tieren studiert, um neue therapeutische, prophylaktische und mittlerweile auch diagnostische Methoden auf gesicherter Grundlage am Menschen anwenden zu können. Außer der Entwicklung von Arzneimitteln gelang es, einige prinzipiell neue Diagnostika und diagnostische Methoden zu entwickeln.

Neben Forschung und Entwicklung besitzen Ausgangsmaterial, Produktion und Qualitätskontrolle für die Unternehmensgruppe eine besondere Bedeutung. Menschliches Plasma, das für die

Herstellung biologischer Arzneimittel notwendig ist, wird mittels Plasmapherese[5] von kommerziellen Blutspendern gewonnen. Die Beschaffung des Ausgangsmaterials der biologischen Arzneimittel ist äußerst kostenintensiv. Trotz sorgfältigster und nach dem neuesten Stand des Wissens durchgeführten medizinischen und labordiagnostischen Untersuchungen der kommerziellen Spender läßt sich ein Übertragungsrisiko von Viren nicht ausschließen. Daher müssen jahrelang erprobte Produktionsmethoden und Virusinaktivierungsmethoden angewandt werden, um aus Plasma Arzneimittel möglichst ohne Nebenwirkungen und ohne Infektionsrisiko herzustellen.

Weltweite Marktbedeutung, Expansions- und Innovationsstreben sowie Qualitätsdenken, wissenschaftliches Unternehmensklima und Ethik der Muttergesellschaft bestimmen maßgeblich das Marketing-Leitbild der Einzelunternehmen in den verschiedenen Ländern. Innerhalb dieses Unternehmensverbundes nimmt die vor rund 20 Jahren gegründete deutsche Tochtergesellschaft eine herausragende Stellung ein. In der Bundesrepublik wird ungefähr 25 % des Gesamtumsatzes der Unternehmensgruppe (ca. 150 Mio. DM) getätigt. Die Tochtergesellschaft beschäftigt insgesamt ca. 200 Mitarbeiter (10 % des Mitarbeiterstabes der gesamten Gruppe). Neben dem Vertrieb der im Ausland gefertigten Medikamente erfolgt in der Bundesrepublik auch die Gewinnung von Blutplasma mittels Plasmapherese.

Das Leitbild von Unternehmen C beinhaltet, daß das von ihr praktizierte Pharma-Marketing nicht ausschließlich als Aufgabe des Marketing- bzw. Vertriebsbereiches angesehen wird. Die gesamte Unternehmensgruppe und insbesondere die Konzernleitung sowie Geschäftsführung der Einzelunternehmen denken marktbezogen. Der Kerngedanke dieses Marketing-Verständnisses besteht darin, daß der Anwender (Arzt) der hochkomplizierten Medikamente und dessen weitreichende Probleme im therapeutischen Umfeld der Produktanwendung im Mittelpunkt aller unternehmerischen Bemühungen stehen. Der Anwender soll eine möglichst umfassende und individuelle Betreuung erfahren.

Die persönliche Kommunikation zwischen Markt und Unternehmen beschränkt sich daher nicht auf die Außendienstebene. Nahezu alle Mitarbeiter und Führungspersonen halten ständigen persönlichen Kontakt mit der Ärzteschaft, um mit diesen Marktpartnern zu gemeinsamen Problemlösungen bei der Bekämpfung von

---

5) Als Plasmapherese bezeichnet man in der Medizin die Gewinnung von Blutplasma mit Wiederzuführung der Blutkörperchen an den Blutspender.

Krankheiten zu gelangen sowie schnell und direkt auf die Bedürfnisse der Kunden eingehen zu können. Diese unmittelbare Marktorientierung ermöglicht die hohe Angebotsflexibilität des Unternehmens, die darin besteht, sich den jeweiligen Anforderungen des Arzneimittelmarktes mengen-, art- und insbesondere qualitätsmäßig umgehend anzupassen und damit einen entscheidenden Wettbewerbsvorsprung gegenüber der Konkurrenz zu erzielen. Voraussetzung hierfür sind hochqualifizierte medizinisch-naturwissenschaftliche Mitarbeiter in allen Unternehmensbereichen, die weitgehend eigenverantwortlich zu handeln in der Lage sind, sowie eine unbürokratische Kommunikationsform innerhalb und zwischen einzelnen Ebenen bzw. Bereichen des Unternehmens und der gesamten Unternehmensgruppe.

Ein Marketing-Denken, das den Kunden und seine medizinische Probleme zum Aufgangs- und Endpunkt aller Überlegungen macht, war trotz der Spezialisierung der Unternehmung keineswegs schon von Anfang des Unternehmensbestehens in der heute ausgeprägten Form vorhanden. Bis Ende der 70er Jahre zeigte der Markt für Blutprodukte insgesamt die typischen Merkmale eines Verkäufermarktes, d. h. ein Überwiegen der Nachfrage über das Angebot. Das Unternehmen konzentrierte sich auf die Probleme der Beschaffung des Blutplasmas, der Herstellung der Produkte und der Erforschung und Entwicklung neuer Präparate bzw. neuer Anwendungsgebiete für das Blutplasma. Der Verkauf der Produkte erwies sich als problemlos. Ein spezifisches Marketing-Denken schien daher nicht erforderlich.

Erst Anfang der 80er Jahre bahnte sich auf dem Indikationsmarkt für Gerinnungsfaktorenkonzentrate - einem wichtigen Teilmarkt von Unternehmen C - ein Wandel hin zum Käufermarkt ab. Es traten neue Wettbewerber auf dem Markt hinzu[6], so daß es schließlich zu einem Überangebot an Präparaten sowie einem erheblichen Preisverfall kam.

Gleichzeitig begannen sich insbesondere in der Bundesrepublik wesentliche Veränderungen im Pharma-Umfeld abzuzeichnen. Vor allem die zunehmende Kritik an der Preispolitik der Pharma-Industrie, der Notwendigkeit, Wirksamkeit und Sicherheit der Arzneimittel sowie der Ethik der Arzneimittelforschung vor dem Hintergrund von Genforschung und Tierversuchen blieb nicht ohne Auswirkungen auf das Unternehmen.

---

6) Dabei handelte es sich insbesondere um US-amerikanische Firmen, die nach Beendigung des Vietnamkrieges über überschüssige Blutpräparate verfügten.

Man war erstmals gezwungen, sich konzeptionelle Gedanken über die besonderen Fähigkeiten des Unternehmens zu machen, diese Stärken gegenüber der Konkurrenz deutlich herauszustellen und vorhandene Schwachstellen zu beseitigen oder zumindest zu vermindern. Erst seit diesem Zeitpunkt begann allmählich die vom Management bewußt vorgenommene strategische Marketing-Ausrichtung des Unternehmens.

Anstöße hierzu kamen zum Teil auch von außen. Die Führungspersonen besuchten in verstärktem Maße Management-Seminare, um Antworten auf die drängende Frage einer nachhaltigen zukünftigen Erfolgssicherung der Unternehmung in einem schwieriger werdenden Umfeld zu erhalten. Nach und nach stellte sich in der unternehmerischen Praxis heraus, daß bestimmte Denkraster und Managementtechniken der strategischen Unternehmensführung sowie insbesondere des Marketing bei kritischer und aufgrund der spezifischen Unternehmensgegebenheiten vielfach stark modifizierter Anwendung sehr hilfreich sind, um selbst ein so spezialisiertes und von medizinisch-naturwissenschaftlichem Denken geprägtes Unternehmen unter Marketing-Gesichtspunkten erfolgreich zu leiten.

Das heutige Marketing-Leitbild stellt daher eine Symbiose aus strategischem Marketing-Denken und der traditionellen Unternehmenskultur (Wissenschaftlichkeit, Ethik, Qualitäts- und Innovationsdenken etc.) dar. Es orientiert sich primär an den Komponenten "Kundenprobleme", "Produkte" sowie "Wettbewerb" und "Pharma-Umfeld", und läßt sich grob wie folgt zusammenfassen:

1. Der Arzt mit seinen medizinischen Problemen steht im Mittelpunkt der gesamten Unternehmenstätigkeit (Orientierung an Kundenproblemen):

    a) Der Arzt ist stets als sehr ernst zu nehmender Marktpartner anzusehen. Aufgrund einer intensiven Kommunikation mit den Medizinern sollen deren Probleme bei der Diagnose, Prophylaxe und Therapie relevanter Krankheitsbilder erkannt und die gewonnenen Erkenntnisse möglichst in entsprechende unternehmerische Maßnahmen und Aktivitäten (Forschung und Entwicklung, Produktion, wissenschaftliche Information) eingehen, die dem Arzt bei seiner Medikation dienen.

b) Der Unternehmenszweck beschränkt sich nicht allein darauf, menschliche Blutprodukte für therapeutische und prophylaktische Maßnahmen bereitzustellen, sondern umfaßt die <u>Weitergabe aller Fähigkeiten und Kenntnisse</u>, die das Unternehmen auf dem Sektor der Erforschung, Produktion und Qualitätskontrolle dieser Medikamente erworben hat und die dem Arzt dienlich sein können. Die umfassenden Marktleistungen des Unternehmens erstrecken sich daher in weitreichendem Umfang auch auf die Gebiete wissenschaftliche Information und Diagnostika.

2. Mit einer intensiveren Kundenorientierung geht auch eine stärkere <u>Wettbewerbs- und Umfeldorientierung</u> einher:

a) Die Wettbewerbsvorteile gegenüber der Konkurrenz schlagen sich letztlich in den angebotenen Produkten nieder. Als spezifische <u>Wettbewerbsstärken</u> betont man aber auch die persönliche Betreuung des Arztes sowie die Flexibilität und das rasche Anpassungsvermögen des Unternehmens an neue Marktanforderungen. Durch die tatsächlich gelebte enge Partnerschaft und den direkten Kontakt mit dem Arzt versucht man, sich von den vielfach als "arrogant und inflexibel" geltenden größeren Mitbewerbern am Markt deutlich abzuheben.

b) Kritische <u>Veränderungen im Umfeld</u> der relevanten Indikationsmärkte bzw. des Unternehmens (insbesondere bei der Öffentlichkeit und dem Gesetzgeber) sind im Rahmen der Marketing-Strategien ebenfalls umgehend zu berücksichtigen. Trotz des Expansionsstrebens verzichtet das Unternehmen darauf, sich die Marktführerschaft in einem kritischen Markt durch Abstriche an die eigene Ethik zu "erkaufen". Dieser Verzicht erfolgt nicht zuletzt auch im Bewußtsein der Tatsache, daß der jeweilige Marktführer in besonderem Maße im Blickpunkt von Gesellschaft und Staat steht.[7]

3. Die Erforschung, Herstellung und Vermarktung von Produkten aus Blutplasma bildet nach wie vor den Schwerpunkt der Unternehmenstätigkeit. Es werden aber im Gegensatz zu früheren Jahren nicht alle technisch möglichen <u>Arten von Medikamenten aus Blutplasma</u> angeboten. Folgende drei Voraussetzungen gelten als unabdingbar:

---

7) Dies gilt beispielsweise für den - wegen des hohen Übertragungsrisikos der Präparate besonders "kritischen" Bereich der Gerinnungsfaktorenzentrate.

a) Die angebotenen Medikamente müssen eindeutig wirksam sein. Dies bedeutet einen Rückzug aus allen zweifelhaften Anwendungsgebieten von Blutprodukten (z.B. Keuchhusten bei Kindern).

b) Die Unbedenklichkeit der angebotenen Arzneimittel sollte gewährleistet sein. Blutprodukte, bei denen der Verdacht einer Infektionsgefahr besteht, sind - sofern es sich nicht um unabdingbare, lebensnotwendige Medikamente handelt - sofort aus dem Markt zu nehmen.

c) Die angebotenen Produkte müssen "originell" sein. Alle Produkte haben gegenüber den Konkurrenzpräparaten einen spezifischen Produktvorteil aufzuweisen. Auf me-too-Produkte wird generell verzichtet.

Die Ausführungen machen deutlich, daß die einzelnen Leitgedanken sehr eng miteinander verflochten sind. Das skizzierte Leitbild gilt als verbindlich für den gesamten Unternehmenskonzern.

2.1.2.4 UNTERNEHMENS- UND MARKETING-LEITBILD UNTERNEHMEN D (TYP: "TRADITIONALISTEN")

Unternehmen D stellt die deutsche Muttergesellschaft einer mittelgroßen, rein pharmazeutisch ausgerichteten Unternehmensgruppe mit internationaler Geschäftstätigkeit dar. Die gesamte Gruppe erwirtschaftet einen konsolidierten Umsatz von rund 125 Mio. DM im Jahr. Etwa 80 % (ca. 100 Mio.) des Jahresumsatzes entfallen auf das Inlandsgeschäft. In der Bundesrepublik sind mehr als 700 (87 %) der insgesamt ungefähr 800 Mitarbeiter beschäftigt. Das Inlandsgeschäft steht damit im Mittelpunkt der unternehmerischen Bemühungen.

Die Ursprünge der Unternehmensgruppe reichen ungefähr bis zum Anfang der 30er Jahre dieses Jahrhunderts zurück. Die heutige Muttergesellschaft der Gruppe ging allerdings erst im Jahre 1949 - zunächst als Niederlassung - aus einem Vorläufer-Unternehmen hervor. Erst in den 50er Jahren nahm das Unternehmen die Verlegung des Firmensitzes in den süddeutschen Raum vor. Der expandierende Arzneimittelmarkt ermöglichte in den folgenden Jahren ein relativ unproblematisches Dasein. Man tätigte bis Ende der 60er Jahre bereits einen Umsatz von ungefähr 60 Mio. DM pro Jahr mit Fertigarzneimitteln. Zu diesem Zeitpunkt erfolgte auch die Akquisition einer ebenfalls traditionsreichen mittelständischen Arzneimittelfirma, die heute noch als eigenständige Vertriebslinie der Gruppe fungiert. Bis zum Ende der 70er Jahre schließlich konnte der Inlandsumsatz auf knapp 90 Mio. DM gesteigert werden. Die Unternehmensgruppe besaß damals bereits die beiden im Jahre 1972 erworbenen Tochtergesellschaften im Ausland und beschäftigte ebenso viele Mitarbeiter wie heute.

Als Anfang der 80er Jahre auf dem deutschen Arzneimittelmarkt in einigen Indikationsbereichen Sättigungserscheinungen auftraten und zugleich Kostendämpfungsmaßnahmen im Gesundheitswesen immer dringlicher wurden, war das Unternehmen hinsichtlich dieser Entwicklungen unvorbereitet und geriet daher in ernsthafte <u>Überlebensschwierigkeiten</u>. Während sich in früheren Jahren die produzierten Fertigarzneimittel nahezu allesamt mühelos am Markt absetzen ließen, stellte man nun mehr und mehr fest, daß die kritischer gewordene Ärzteschaft lediglich noch solche Produkte akzeptierte, die ein tatsächlich existierendes Gesundheitsbedürfnis besser oder zumindest ebenso gut als die übrigen Konkurrenzprodukte zu befriedigen vermochten.

Nachteilig wirkte sich damals aus, daß die Unternehmenstätigkeit primär auf <u>"kritische" Indikationsbereiche</u> ausgerichtet war. Allein auf den Bereich Venenmittel entfielen 30 % des Gesamtumsatzes der Unternehmensgruppe. Diese Medikamente (z.B. gegen Krampfadern) stellen in gewisser Hinsicht auch einen Grenzbereich zwischen dem Gesundheits- und dem Kosmetiksektor dar. Die Notwendigkeit der medizinischen Verordnung ist nicht in jedem Fall eindeutig gegeben. In Anbetracht der Notwendigkeit kostensparender Maßnahmen erfolgte eine Verordnung bzw. Erstattung dieser Arzneimittel durch die Krankenkassen nur noch in eingeschränktem Maße. Außerdem geraten Venenmittel unter zunehmenden Druck einiger Mediziner, nach deren Ansicht die <u>Wirksamkeit</u> dieser Produkte nicht zweifelsfrei als gesichert gilt.

Deutliche Umsatzeinbußen verzeichnete das Unternehmen auf dem Indikationsmarkt für einfachere Schmerzmittel (z. B. Medikamente gegen Kopfschmerz). Die medikamentöse Therapie bei leichten und mittelschweren Schmerzen galt in den letzten Jahren als besonders heftig umstritten, da zum Teil erhebliche <u>Nebenwirkungen</u> (Magenunverträglichkeit, Entstehung irreversibler Nierenschäden, Veränderungen des Blutbildes etc.) mit der Einnahme dieser Präparate einhergehen. Bei einem Großteil der ca. 5 % der Bundesbürger, die Schmerzmittel regelmäßig einnehmen, liegt nach Ansicht zahlreicher medizinischer Fachleute ein chronischer Arzneimittelmißbrauch vor. Insbesondere bei Kombinationspräparaten mit einem beruhigenden Inhaltsstoff gilt die Gefahr der Medikamenten-Gewöhnung als wesentlich größer. Unternehmen D war daher 1983 gezwungen, ein barbiturathaltiges Schmerzmittel aus dem Markt zu nehmen, auf das 1981 noch etwa 10 % des gesamten Umsatzes der Unternehmensgruppe entfallen war.

Die ökonomischen Schwierigkeiten führten dazu, daß im Jahre 1981 rund 150 Mitarbeiter entlassen werden mußten. Mit dieser einschneidenden Maßnahme ging eine völlige Abkehr von der bislang betriebenen Unternehmenspolitik einher. Erst seit diesem Zeitpunkt erfährt das Unternehmen eine marktorientierte Unternehmensführung. Äußeres Zeichen der Neuorientierung war die Einrichtung eines Ressorts der Geschäftsführung, zuständig für die beiden Kernbereiche Marketing sowie Forschung & Entwicklung.

Diese organisatorische Maßnahme deutet bereits an, daß dem Bereich Forschung & Entwicklung eine bedeutsame Rolle innerhalb des Unternehmens zufällt. Die Ausgaben hierfür betrugen im Jahre 1986 rund 15 % des Umsatzes der Unternehmensgruppe (zum Vergleich 1972: 10 %). Damit liegen die Forschungs- und Entwicklungskosten anteilsmäßig im Vergleich zu anderen forschenden Pharma-Unternehmen ab mittlerer Größenordnung (Cluster "Traditionalisten") im oberen Durchschnitt.

Trotz des beschränkten Budgets eines mittelgroßen Arzneimittelherstellers erstrecken sich die Ausgaben umfassend über alle Stufen der Forschung und Entwicklung bis in den Bereich der Grundlagenforschung. Diese Tätigkeiten dienen dem vorrangigen Unternehmensziel, neue und verbesserte Arzneimittel hervorzubringen. Neue innovative Medikamente werden für die Unternehmung als überlebensnotwendig angesehen. Nicht zuletzt wegen der negativen Erfahrungen der Vergangenheit schenkt man im Rahmen der Forschung & Entwicklung vor allem der Wirksamkeit und Unbedenklichkeit der Medikamente besondere Beachtung.

Obgleich dem Bereich Forschung & Entwicklung ein sehr wesentliches Gewicht im Rahmen des Unternehmenskonzeptes zukommt, unterliegt auch dieser funktionale Teilbereich heute eindeutig dem Primat des Marketing. In früheren Jahren besaßen die Forschungs- und Entwicklungsanstrengungen in Unternehmen D keinen unmittelbaren Marktbezug. Es wurde teilweise geforscht, ohne daß ein entsprechendes Marktpotential für den entwickelten Wirkstoff vorhanden war. Den Ausgangspunkt aller F & E-Bemühungen stellten dabei die Substanzen dar, für die man erst in den darauf folgenden Entwicklungsschritten nach Anwendungen suchte. Heute verläuft dieser Prozeß umgekehrt, d. h. ausgehend von bestimmten Indikationsgebieten erfolgt mit Hilfe der Forschung & Entwicklung die Suche nach neuen verbesserten Therapiemöglichkeiten bzw. Wirkstoffen.

Dem Marketing fällt die Aufgabe zu, die unternehmerischen Betätigungsfelder (Indikationsgebiete) zu definieren. Der wesentliche Grundsatz des Marketing-Leitbildes von Unternehmen D besteht heute darin, die Erforschung, Herstellung und Vermarktung von Medikamenten auf solche Arzneimittelmärkte auszurichten, die dem kranken Menschen tatsächlich helfen. Das Produktions- und Vertriebsprogramm beschränkt sich daher ausschließlich auf Präparate, deren Wirksamkeit und Unbedenklichkeit auf Grund zahlreicher Forschungs- und Entwicklungsstufen und nach dem neuesten Stand der Wissenschaft als gesichert gelten. Dieser Grundsatz impliziert einen Rückzug aus umstrittenen Indikationen (z. B. Schmerzmittel) und einen verstärkten Einstieg in weniger risikobehaftete Anwendungsbereiche.

Das Marketing-Leitbild beinhaltet des weiteren eine <u>Konzentration der unternehmerischen Kräfte</u> auf wenige Indikationsbereiche. Voraussetzung für die Wahl eines Indikationsgebietes als Hauptbetätigungsfeld ist die intensive qualitative und quantitative Analyse des Marktes und insbesondere seines Umfeldes. Sofern die voraussichtlichen Markt- bzw. Umfeldentwicklungen nicht den Anforderungen des Unternehmens entsprechen, werden selbst neuere Substanzen aus der eigenen Grundlagenforschung nicht in das Vertriebsprogramm aufgenommen. Die Vermarktung solcher Wirkstoffe geschieht allenfalls über Lizenznehmer (insbesondere im Ausland) und nicht unter eigenem Firmennamen.

Umgekehrt wird jedoch eine <u>Aufbereitung älterer Substanzen</u> vorgenommen, wenn sie für die als interessant erachteten Indikationsgebiete in Frage kommen. Auch hierbei erfolgt eine gedankliche Auseinandersetzung mit den Managementfehlern der Vergangenheit. So hatte das Unternehmen Ende der 70er Jahre allein in einem Zeitraum von ca. drei Jahren 15 Produktneueinführungen zu verzeichnen, welche allesamt nicht länger als ein bis zwei Jahre auf dem Markt verblieben. Die Gründe für den

Mißerfolg dieser Neueinführungen lagen zum Teil nicht bei den Produkten, sondern waren auf die Ungeduld des Managements zurückzuführen.

Die damaligen Besuchs- und Besprechungspläne der Ärztebesucher zeigen beispielsweise auf, daß für die neuen Präparate allenfalls ein- bis zweimal intensive Besprechungen erfolgten, bevor sie auf der Prioritätenliste der Außendienstmitarbeiter durch andere Neueinführungen abgelöst wurden. Eine solche "Verzettelung" in der Marketing-Strategie und insbesondere bei der Neuproduktpolitik gilt als ein für viele Arzneimittelhersteller geradezu typisches Phänomen, das bei einigen dieser Unternehmen zur Umsatzstagnation geführt hat. Erst in den letzten Jahren hat es sich Unternehmen D zur Aufgabe gemacht, diese "Alt"-Präparate unter Marketing-Gesichtspunkten gründlich zu analysieren und einige davon in modifizierter Form und zielgruppengerechter (z. B. mit neuer Wirkstoffdosis, durch galenische Neuentwicklungen etc.) erneut auf den Markt zu bringen.

Das Unternehmen folgt dabei der Maxime, eine einmal eingeschlagene <u>Marketing-Strategie</u> zumindest zwei bis drei Jahre <u>konsequent einzuhalten und nicht vorzeitig aufzugeben</u>. Situativ gebotene Variationen versucht man möglichst nur in geringem Umfang vorzunehmen. Diese Entschlossenheit und Ausdauer bei der Verwirklichung strategischer Marketing-Ziele drückt sich auch in dem geplanten stetigen und systematischen <u>Aufbau umfassender Präparateprogramme</u> für die wichtigsten Hauptbetätigungsfelder aus. Man versucht, sich in den jeweiligen Indikationen als vielseitiger Experte zu profilieren.

Unternehmung D repräsentiert auf den von ihr belieferten Märkten den Typ des vorderen <u>Marktmitläufers</u>. Die Marketing-Strategie ist insgesamt auf ein im Vergleich zu anderen erfolgreichen Arzneimittelherstellern geringes aber stetiges Unternehmenswachstum ausgerichtet. Eine Konfrontation mit den übrigen Konkurrenten will man durch Profilierung mit Medikamenten, die spezifische Eigenschaften aufweisen, möglichst vermeiden. Marktanteilsziele stehen daher nicht unbedingt im Vordergrund bei der Marketing-Strategie. In erster Linie geht es darum, die gesetzten Umsatz- und Deckungsbeitragsziele mit den jeweiligen Produkten zu erreichen und dabei den Abstand zum Marktführer nicht größer zu lassen.

Die wirtschaftliche Lage des Unternehmens war Anfang der 80er Jahre allerdings so schlecht, daß es finanziell nicht in der Lage war, dieses überlebensnotwendige Marketing-Konzept ohne <u>fremde Hilfe</u> durchzuführen. Um die notwendigen liquiden Mittel zu beschaffen, mußten traditionelle Firmengrundsätze, die das Forschungsimage und die völlige Eigenständigkeit der Unternehmensgruppe betrafen, aufgegeben werden.

Man gründete zusammen mit einer anderen deutschen Pharma-Unternehmung ähnlicher Größenordnung und interner Struktur sowie ähnlich gelagerten Überlebensproblemen eine joint-venture-Gesellschaft, welche die Produktion und <u>Vermarktung von Nachahmerpräparaten</u> aufnahm.[8] Auch diesem bedeutsamen Unternehmensschritt gingen eingehende interne und externe Analysen voraus. Folgende drei Aspekte bestimmten die letztendliche Entscheidung maßgeblich:

1. Durch empirische Studien konnte festgestellt werden, daß das Unternehmen bei den Ärzten <u>kein ausgeprägtes "Forschungsimage"</u> besaß. Ein solches Image weisen lediglich pharmazeutische Großkonzerne wie z. B. Bayer, Hoechst, Ciba Geigy oder Schering auf. Die Unternehmensleitung vertrat die Auffassung, daß ein gleichermaßen deutlich ausgeprägtes "Forschungsimage" für ein mittelgroßes Arzneimittelunternehmen nicht erreichbar ist bzw. ein nicht existierendes Image auch nicht zerstört werden kann.

2. Angesichts des zunehmenden Zwanges zur Kostendämpfung im Gesundheitssektor bietet selbst das von den Marktteilnehmern als sehr positiv erachtete Forschungsimage der Großkonzerne immer weniger Schutz vor preisgünstigeren Nachahmerpräparaten. Diesen <u>Trend hin zur kostengünstigeren Arzneimitteltherapie</u> galt es rechtzeitig auszunutzen. Der Zeitpunkt zur Einführung von Nachahmerpräparaten erschien deshalb günstig, weil bei einigen wirtschaftlich interessanten Originalprodukten der Patentschutz gerade abgelaufen war.

---

8) Diese Maßnahme der beiden Unternehmen gilt als typisches Beispiel dafür, daß auch forschungsintensivere Arzneimittelhersteller, wenn sie sich in wirtschaftlichen Schwierigkeiten befinden, nicht davor zurückscheuen, Originalprodukte zu imitieren.

3. Das Forschungs- und Entwicklungspotential, die Produktionsanlagen und das Know-how zur Herstellung qualitativ hochwertiger Arzneimittel, das die beiden kooperierenden Arzneimittelhersteller besitzen, kann bei der Herstellung und Vermarktung von Imitationspräparaten eingebracht werden. Das Argument der forschungsintensiven Großunternehmen, die Nachahmerfirmen könnten keine dem Originalprodukt adäquate Marktleistung erbringen, glaubte man dadurch weitgehend entkräften zu können.

Das Nachahmergeschäft sollte allerdings trotz seiner Lukrativität und Erfolgsträchtigkeit von untergeordneter Bedeutung für das gesamte Unternehmenskonzept bleiben.[9] Unternehmen D baut für die Zukunft - wie oben schon erwähnt - in erster Linie auf innovative Medikamente. Um die hierfür notwendigen F & E-Ausgaben finanzieren und weitere fortschrittliche Präparate in das Vertriebsprogramm aufnehmen zu können, gestattete man im Jahre 1983 eine 28 %-Minoritätsbeteiligung eines ausländischen Pharma-Konzerns. Unternehmen D vertreibt einige Produkte dieses Konzerns in Lizenz auf dem deutschen Arzneimittelmarkt.

Die aufgezeigten Marketing-Leitlinien des Unternehmens sind umfassend für einen Zeithorizont von ca. zehn Jahren schriftlich niedergelegt. Der Unternehmenszweck wird dabei dahingehend definiert, durch Bereitstellung qualitativ hochwertiger Arzneimittel und wissenschaftlicher Information einen Beitrag zur Heilung kranker Menschen zu leisten. Neben der Betonung der in langen Jahren erworbenen Fähigkeiten und Kenntnisse auf dem Arzneimittelsektor versucht man, in weitaus stärkerem Ausmaß als in früheren Jahren, den gesundheitspolitischen Entwicklungen des Pharma-Umfeldes und den erhöhten Markterfordernissen Rechnung zu tragen. Als Voraussetzung sieht die Unternehmensleitung dabei an, daß die Mitarbeiter aller Unternehmensbereiche aus den Managementfehlern der Vergangenheit Konsequenzen ziehen und eine marktbezogene Denkweise akzeptieren.

Getragen wird das Unternehmenskonzept allerdings insbesondere durch die Managerpersönlichkeit des Geschäftsführers für das Ressort Marketing sowie Forschung & Entwicklung und durch den sich mittlerweile eingestellten Unternehmenserfolg. Unternehmen D konnte seinen Inlandsumsatz des Jahres 1980 in Höhe von

---
9) Bei den nachfolgenden Ausführungen zum SPM von Unternehmen D wird daher auf das typische Nachahmergeschäft nicht mehr eingegangen.

weniger als 90 Mio. DM um mehr als 10 % auf knapp 100 Mio. DM steigern. In den vergangenen fünf Jahren lag dabei die Umsatzrentabilität vor Steuern deutlich über dem Durchschnitt der Branche. Darüber hinaus befinden sich heute erfolgversprechende neue Präparate in der prä-klinischen bzw. klinischen Entwicklungsphase und auch in der Aufbereitung von "Alt"-Präparaten sieht das Unternehmen noch eine Reihe wirtschaftlich interessanter Möglichkeiten für die Zukunft.

2.1.2.5 UNTERNEHMENS- UND MARKETING-LEITBILD UNTERNEHMEN E (TYP: "DYNAMIKER")

Unternehmen E ist ebenso wie Unternehmen D die deutsche Muttergesellschaft einer international tätigen, mittelgroßen pharmazeutischen Unternehmensgruppe mit insgesamt rund 1.250 Beschäftigten und einem konsolidierten Jahresumsatz von ungefähr 350 Mio. DM. Das Inlandsgeschäft stellt dabei mit ungefähr 260 Mio. DM Jahresumsatz (77 % des Gesamtumsatzes) bei etwa 870 in der Bundesrepublik tätigen Mitarbeitern (70 % aller Beschäftigten) auch bei dieser Unternehmensgruppe noch den eindeutigen Schwerpunkt der Geschäftstätigkeit dar.

Das Unternehmen läßt sich als typische Nachkriegsfirma charakterisieren. Die Unternehmensgründung erfolgte 1946 durch einen Apotheker, der zunächst noch in seinem Officium Arzneimittel herstellte. Erst im Jahre 1950 begann der Aufbau eines Arzneimittelwerkes. In den folgenden Jahren konnte das Unternehmen an der Expansion der deutschen Pharma-Industrie in besonders starkem Maße partizipieren.[10]

Ein wesentlicher Einschnitt in die Unternehmenspolitik erfolgte Ende der 60er Jahre, als man in eine neue Unternehmensdimension hineinwuchs und sich daher eines professionelleren Managements bedienen wollte. Das Unternehmen konzentrierte sich von da an auf bestimmte stark expandierende Indikationsgebiete des Verordnungsmarktes (Marktspezialisierung) und begann mit einer differenzierten Bearbeitung der ausgewählten Märkte. Das Marketing-Ziel bestand schon damals expli-

---

10) Die pharmazeutische Industrie gehörte zu den expansionsstärksten Wirtschaftszweigen der Nachkriegsentwicklung in der Bundesrepublik Deutschland. Die Produktion an humanpharmazeutischen Arzneimitteln stieg in den Jahren zwischen 1950 und 1975 um mehr als 10 % jährlich. Vgl. Barnikel (1980), S. 15 - 16.

zit darin, sich in den ausgewählten Indikationsmärkten als anerkannter Experte zu profilieren. Parallel dazu wurden zwei deutsche Tochterunternehmen als eigenständige Vertriebslinien gegründet, die bestimmte Tätigkeitsfelder auf dem Arzneimittelmarkt abdecken sollten. Dieser Schritt von einer produktionsorientierten zu einer marktorientierten Unternehmensführung ist eng mit einer Beratungsgesellschaft verbunden, die sich schon frühzeitig auf den Bereich Pharma-Marketing spezialisiert hat. Der nachhaltige Erfolg des Konzeptes prägt auch heute noch die unternehmerische Denkweise und den Stellenwert des Marketing als richtungsweisende Philosophie in Unternehmen E.

Anfang der 80er Jahre erreichte das Unternehmen einen Inlandsumsatz von knapp 140 Mio. DM. Obgleich man seither in verstärktem Maße in Auslandsmärkte investierte, insbesondere durch den Kauf von ausländischen Tochtergesellschaften, konnte der damalige Inlandsumsatz bis heute noch einmal um ca. 120 Mio. DM (+ 86 %) gesteigert werden. Damit hat man die konsequent verfolgte Wachstumsorientierung in der jüngeren Vergangenheit auch auf einem schwieriger werdenden Inlandsmarkt verwirklicht.

Außerdem war und ist es Zielsetzung des Unternehmens, auf den jeweiligen Indikationsmärkten stets eine führende Marktposition anzustreben. Auch hierin ist das Unternehmen bislang sehr erfolgreich gewesen. Für die Zukunft allerdings rechnet die Unternehmung auf dem Inlandsmarkt nur noch mit geringeren Zuwachsraten. Um die nach wie vor vorhandenen Wachstumsziele zu erreichen, soll das Auslandsgeschäft noch stärker forciert werden.

Unternehmen E versteht sich primär als Originalanbieter von qualitativ hochwertigen, in hohem Maße erklärungsbedürftigen Arzneimitteln und damit zugleich als Gegenpol zu den Nachahmerfirmen. Die unternehmerische Aufgabenstellung beschränkt sich nicht nur auf die Bereitstellung der Präparate (Hardware), sondern umfaßt wesentliche, die ärztliche Therapie unterstützende Serviceleistungen (Software). Das vertretene Konzept der umfassenden Marktleistung beinhaltet neben Informationen über die angebotenen Produkte auch Maßnahmen und Hinweise für eine gesunde Lebensweise (Einrichtung von Herz-Sportgruppen, Ernährungsberatung, Informationen über Risikofaktoren wie Rauchen und vieles andere mehr), welche einer medikamentösen Therapie vorbeugen oder sie sogar ersetzen können. Diese Form eines De-Marketing[11] soll die Glaubwürdigkeit des Unternehmens erhöhen, als Partner von Arzt und Patient bei der Bekämpfung von Krankheiten dienen zu wollen.

Im Mittelpunkt des Leistungsprogramms stehen (heute noch bewußter als vor einigen Jahren) die Präparate, auf die sich das Hardware-Angebot beschränkt. Das verfolgte Konzept der umfassenden Marktleistung grenzt Diversifikationen in artverwandte Produktbereiche des Gesundheitssektors aus. Eine schon einmal vorgenommene Ausweitung der Unternehmenstätigkeit in den Bereich der Medizintechnik scheiterte vor allem daran, weil man für die technischen Apparate nicht die gleiche Kompetenz vorweisen konnte, wie man sie auf dem Arzneimittelsektor besitzt. Er erfolgte daher wieder eine intensivere <u>Konzentration auf die bereits vorhandenen Fähigkeiten und Kenntnisse</u>.

Ziel des Unternehmens ist es, diese Stärken nicht nur in einem statischen Sinne gegenüber dem Markt zu betonen, sondern ständig zu vertiefen und auszubauen. Das Konzept der umfassenden Marktleistung wird daher als unternehmenspolitische Aufgabe verstanden, für die gewählten Indikationsbereiche die bereits heute umfassenden Angebotspaletten sowohl an Arzneimittel-Hardware als auch -Software weiter auszubauen und diese differenziert nach einzelnen Kundensegmenten auf dem jeweiligen Indikationsmarkt anzubieten. Dabei soll nicht nur eine reaktive Anpassung an die sich ständig erhöhenden Marktanforderungen erfolgen, sondern man ist darum bemüht, eine <u>aktiv gestaltende "Vorreiter"-Rolle</u> innerhalb des Indikationsmarktes zu übernehmen.

Eine Profilierung des Unternehmens gegenüber Nachahmerfirmen wird zunächst durch die Betonung der <u>Qualität, Wirksamkeit und Sicherheit der hergestellten Arzneimittel</u> angestrebt. Neben dem hohen technischen Standard der Produktionsanlagen verdeutlicht diesen Aspekt der Produktpolitik z. B. auch die Tatsache, daß auf zwei Mitarbeiter in der Produktion ein Qualitätskontrolleur entfällt.

Mittlerweile genügen aber auch die größeren Nachahmerfirmen in zunehmendem Maße einem hohen Qualitätsstandard, so daß dieses Argument unter den sich verschärfenden und vor allem durch einen intensiven Preiswettbewerb seitens der Nachahmer von

---

11) Unter De-Marketing versteht man laut Raffée solche Marketing-Aktivitäten, die die Nachfrage nach bestimmten Produkten allgemein oder die spezifischer Kundengruppen vorübergehend oder dauernd verringern können. Vgl. Raffée (1979), S. 49.

Originalpräparaten geprägten Marktbedingungen allein nicht ausreicht. Die Qualität des Arzneimittelangebots soll daher auch durch eine qualitativ hochwertige wissenschaftliche Information und innovative Serviceleistungen gesteigert werden, um sich von den Nachahmerfirmen abzusetzen. Dabei glaubt das Unternehmen den Vorteil zu haben - im Vergleich zu den Nachahmerfirmen -, auf eine genauere Produktkenntnis ihrer Originalpräparate sowie eine längere Markterfahrung zurückgreifen zu können.

Um den steigenden Anforderungen des Marktes zu genügen und sowohl gegenüber den Nachahmerfirmen als auch gegenüber der übrigen Konkurrenz Wettbewerbsvorteile zu erzielen, richtet sich die Unternehmenspolitik vor allem daraufhin aus, das bisherige Präparate-Angebot zu verbessern und auf den angestammten Indikationsgebieten gezielt zu erweitern. Das Unternehmen setzt daher in verstärktem Maße auf unternehmerische Aktivitäten im Bereich Forschung und Entwicklung. In diesem Bereich sind derzeit ca. 160 Mitarbeiter beschäftigt. Sie verfügen über ein Budget von ca. 14 % des Umsatzes. Die Unternehmensleitung ist der Ansicht, kein ausreichendes Forschungsbudget zu besitzen, das es erlaubt, Grundlagenforschung zu betreiben. Man ist deshalb vornehmlich darauf angewiesen, vorhandene Substanzen oder Wirkstoffe, die aus Forschungskooperationen stammen, schwerpunktmäßig in Form präklinischer, klinischer und galenischer Fortentwicklungen weiter zu verbessern. Als Resultat dieser Zielsetzung konnten für das Inland allein 1986 mehr als 20 Zulassungsanträge beim Bundesgesundheitsamt eingereicht werden.

Eine andere Art der Sicherung des Produktnachschubs geschieht durch Lizenznahmen. Auch hierbei kommt dem Marketing die Aufgabe zu, vorab zu klären, inwieweit solche Lizenzsubstanzen das eigene Marktangebot sinnvoll erweitern. Dabei hat sich gezeigt, daß die bisherigen Markterfolge in den belieferten Indikationsbereichen das Unternehmen vor allem für ausländische Lizenzgeber interessant erscheinen lassen. Zum Teil werden diese Lizenzsubstanzen parallel auch von den ausländischen Lizenzgebern unter deren Firmennamen auf dem deutschen Arzneimittelmarkt angeboten. Unternehmen E akzeptiert diese Konkurrenz der Lizenzgeber und sieht darin einen Ansporn, durch marktgerechte Aufbereitung sowie Weiterentwicklung der Lizenzsubstanzen und durch Ausnutzung des langjährig erworbenen Know-hows in den einzelnen Indikationsbereichen ihren Wettbewerbsvorsprung weiter auszubauen.

Die zunehmende Wettbewerbsintensität und die exponierte Marktstellung auf den jeweiligen Indikationsmärkten fördern Unternehmen den Zwang zu einer ständigen Fortentwicklung und einem innovativen Marketing immanent. Ein dynamisches Management sowie ein Unternehmensklima, das Kreativität, Innovation und unternehmerische Initiative fördert, stellen hierfür die notwendige Voraussetzung dar. Dieses <u>Leitbild einer dynamischen und fortschrittsfähigen Unternehmung</u> versucht man, über schriftlich fixierte Führungsgrundsätze und über Führungs- bzw. Mitarbeiterseminare weiter zu vermitteln.

Aufgrund der Tatsache, daß Unternehmen E relativ frühzeitig die Philosophie einer marktorientierten Gesamtsicht des Unternehmens bei gleichzeitig differenzierter Analyse und Planung von Märkten und Marktsegmenten verfolgte, hat es in hohem Maße die Fähigkeit erworben, sich rechtzeitig an diese Märkte anzupassen und diese darüber hinaus selbst aktiv zu gestalten. Dieses <u>Know-how im Bereich des Marketing-Managements</u> soll die Grundlage dafür bilden, die erworbenen Marktstellungen auf den jeweils relevanten Märkten in Zukunft zu konsolidieren und auszubauen.

2.2 BETÄTIGUNGSFELDER- UND MARKETING-STRATEGIEN

2.2.1 ÜBERBLICK: ERGEBNISSE DER SCHRIFTLICHEN ERHEBUNG

Während die vorausgegangenen Darlegungen zum strategischen Pharma-Marketing erfolgreicher Arzneimittelunternehmen übergeordnete Unternehmensaspekte (Gesamt-Unternehmensebene) aufgegriffen haben, soll nunmehr konkreter auf die Marketing-Strategien in einzelnen Betätigungsfeldern (Produkt-/ Marktebene und Produktebene) eingegangen werden.

Berücksichtigt man die <u>Zahl der Arzneimittel</u>, welche die Firmen im einzelnen anbieten (vgl. Abb. 71), so wird deutlich, daß es in aller Regel für planerische strategische Überlegungen in Pharma-Unternehmen unverzichtbar ist, eine überschaubarere Anzahl von Produkt-/Markteinheiten zu bilden, um den Überblick über das Produktprogramm zu verbessern und Schwerpunkte im Rahmen der strategischen Marketing-Aktivitäten setzen zu können.

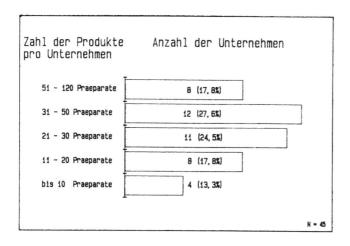

Abb. 71: Zahl der angebotenen Arzneimittel je befragtes Unternehmen

Die in Abbildung 71 enthaltenen Angaben über die Zahl der angebotenen Arzneimittel entstammen der "Roten Liste" 1986. Bei der Zusammenstellung der Daten wurden Präparateeinträge eines Anbieters mit identischem produktspezifischem Handelsnamen als ein Präparat gezählt. Ansonsten hätte sich die Zahl der jeweils angebotenen Produkte pro Unternehmen noch erhöht. Berücksichtigt man ferner die Vielzahl von unterschiedlichen Darreichungsformen, Dosierungsstärken und Packungsgrößen, so erhält man einen Eindruck von der Programmvielfalt eines Arzneimittelunternehmens.

Aus Abbildung 71 geht hervor, daß bei lediglich vier der 45 befragten Unternehmen das Produktprogramm nur zehn oder weniger Präparate umfaßt. Der aus den jeweiligen Einzelwerten der Firmen errechnete Durchschnitt beträgt rund 35 Arzneimittel pro Unternehmen.

Im folgenden sollen zunächst jeweils die Hauptbetätigungsfelder und die in diesen Bereichen verfolgten Marketing-Grundsatzstrategien erfolgreicher Arzneimittelunternehmen aufgezeigt werden. Die anschließende Behandlung der Marktbearbeitungsstrategien erfolgt jeweils am Beispiel ausgewählter Produkt-/Marktbereiche bzw. Produkte.

2.2.2 EINZELFALLSTUDIEN: ERGEBNISSE DER PERSÖNLICHEN TIEFENINTERVIEWS

2.2.2.1 BETÄTIGUNGSFELDER UND MARKETING-STRATEGIEN VON UNTERNEHMEN A (TYP: "MITTELSTÄNDLER")

2.2.2.1.1 BETÄTIGUNGSFELDER UND GRUNDSATZSTRATEGIEN

Unternehmen A vertreibt rund 15 verschiedene Fertigarzneimittel in ca. 35 unterschiedlichen Darreichungsformen. Bis auf wenige Ausnahmen handelt es sich dabei um Allopathika pflanzlicher Herkunft bzw. aus synthetisch hergestellten Pflanzenwirkstoffen. Das Sortiment wird durch einige chemisch definierte Präparate ergänzt.

Wegen ihres Wirkstoffgehaltes besteht für alle Produkte des Präparateprogramms die gesetzliche Verpflichtung zum Vertrieb über die Apotheken (Apothekenpflicht). Darüber hinaus unterliegt ein geringerer Anteil der Präparate zusätzlich der Verordnungspflicht. Die inhaltliche Zusammensetzung prädestiniert jedoch keines der Medikamente für einen Einsatz bei schweren akuten Krankheitsfällen. Dem Krankenhausmarkt kommt daher kaum eine Bedeutung für Unternehmen A zu.

Obgleich weniger als 10 % des Unternehmensumsatzes auf die verordnungspflichtigen Präparate entfallen, steht der Arzt eindeutig im Mittelpunkt der Marketing-Anstrengungen. Unternehmen A betont damit die Verordnungs- und Erstattungsfähigkeit seiner Medikamente und das beabsichtigte Image, wissenschaftlich nachweislich wirksame Medikamente zu vermarkten, die der Mediziner als Fachmann akzeptiert und verordnet. Neben den Ärzten werden als weitere Fachgruppe die Heilpraktiker umworben. Selbst bei den nicht-verordnungspflichtigen Medikamenten wird die Selbstmedikation bewußt nicht durch Publikumswerbung forciert. Ein OTC-Verkauf (ohne Rezept) in Apotheken entsteht aber bei diesen Produkten durch Nachkauf nach vorausgegangenen ärztlichen Verordnungen oder auf Grund von Heilpraktikerempfehlungen. Je nach Indikationsbereich differiert der Anteil des OTC-Geschäftes. Es liegt aber bei allen Produkten von Unternehmen A deutlich unter 50 %.

Nach Indikationsgebieten läßt sich das Präparateprogramm in die drei Hauptbereiche Venenmittel, Immunstimulantien und Gynäkologika untergliedern:

(1) Bereich Venenmittel

Unternehmen A deckt den Anwendungsbereich und die Zielgruppen von Venenmitteln mit seinem Produkt vollständig ab (Produktspezialisierung). Das betreffende Präparat findet häufiger zur Einnahme (z. B. in Form von Tabletten) als zum Auftragen (z. B. in Form einer Salbe) seine Anwendung. Diese Venenmittel zur Einnahme gelangen weitgehend per ärztlicher Verordnung an den Patienten. Der Markt für Venenmittel gehört mit einem Verordnungsvolumen von rund 200 Mio. DM pro Jahr bereits zu den mittelgroßen Indikationsbereichen des deutschen Arzneimittelmarktes. Venenerkrankungen können als eine Art Zivilisationskrankheit bezeichnet werden. Es ist davon auszugehen, daß auch in Zukunft ein relativ großer Bedarf an wirksamen Präparaten gegen diese "Volkskrankheit" besteht. Seit Anfang der 80er Jahre, als der Indikationsbereich sehr stark in die Diskussion um die Kostendämpfung im Gesundheitswesen geriet, stagniert der Markt allerdings. Es stellt sich außerdem nach wie vor die Frage, ob oder inwieweit diese Medikamente auch in Zukunft erstattungsfähig bleiben.

Hinsichtlich der Konkurrenzsituation gilt der Indikationsmarkt als relativ starr und gefestigt. Es befinden sich auf dem Markt allenfalls fünf bedeutsame Konkurrenten. Der Marktführer hält einen wertmäßigen Marktanteil von ca. 25 % und besitzt eine hohe Markt- und Marketing-Macht. Bei dem Konkurrenzunternehmen handelt es sich um eine mittelgroße Tochtergesellschaft eines großen ausländischen Pharma-Konzerns. Das Unternehmen erzielt insgesamt auf dem deutschen Arzneimittelmarkt einen Umsatz von ca. 100 Mio. DM, der schwerpunktmäßig auf den Bereich Venentherapie entfällt. Aufgrund ihrer langjährigen und intensiven Marktbearbeitung gilt die Arzneimittelfirma bei den Ärzten geradezu als Synonym für medikamentöse Venentherapie. Im Vergleich zu diesem Marktführer halten die übrigen Hauptwettbewerber mit Marktanteilen zwischen 6 % und 15 % deutlich schlechtere Marktpositionen. Allerdings sind die Positionen auch bei diesen Wettbewerbern relativ stark verfestigt. Es bestehen daher insgesamt hohe Markteintrittsbarrieren für potentielle Neu-Konkurrenten. Der Eintritt eines neuen Wettbewerbers erscheint lediglich mit einem sehr innovativen und deutlich wirksameren Medikament zweckmäßig.

Bezogen auf den wertmäßigen Umsatz nimmt Unternehmen A mit einem Marktanteil von ca. 8 % Rangplatz Nr. 4 unter den führenden Unternehmen des Indikationsbereiches ein. Das Unternehmen befindet sich mittlerweile seit knapp 20 Jahren auf dem Markt und hat sich seither sehr stetig auf die heutige Position nach vorne gearbeitet. Man bedauert mittlerweile, daß es in früheren Jahren zu Zeiten eines starken Wachstums des Venenmarktes dem Unternehmen nicht möglich war, mit entsprechenden Marketing-Maßnahmen massiver in diesen Markt einzudringen, um sich eine noch bessere Marktposition zu verschaffen. Während dem Unternehmen früher die finanziellen Mittel für eine intensivere Marktbearbeitung fehlten, erlaubt der Unternehmenserfolg der jüngeren Vergangenheit umfangreichere Marketing-Investitionen. In den letzten Jahren gelang daher trotz des erheblichen Marktwiderstandes durch die Wettbewerber eine Marktdurchdringung in Form der Gewinnung von Verordnern der Konkurrenzprodukte.

Gegenüber den Konkurrenzpräparaten nimmt das Produkt von Unternehmen A eine Art Sonderstellung ein. Die Medikamente des Indikationsbereiches lassen sich grob in drei Substanzklassen einteilen, für die es unter den Ärzten jeweils zahlreiche Befürworter und Gegner gibt. Die Sonderstellung des eigenen Produktes beruht auf der Kombination zweier Wirkstoffe. Das Unternehmen versucht im Rahmen seines Marketing herauszustellen, daß die Kombination der beiden Wirkstoffe mehr zu bewirken vermag als eine Substanz allein. Auf der Basis zahlreicher wissenschaftlicher Studien gelang es, dem Präparat spezifische Merkmale der Wirksamkeit zuzuordnen. Der wesentliche Produktvorteil wird heute darin gesehen, daß der Effekt der medikamentösen Behandlung schneller eintritt als bei anderen Venenmitteln. Hinsichtlich einer Langzeittherapie ergeben sich dagegen keine produktspezifischen Vor- und Nachteile.

Unternehmen A glaubt sich insbesondere aufgrund des geschilderten Produktvorteils auch in Zukunft in der Lage, durch Einbruch in die Marktanteile der Wettbewerber zusätzliche Positionsverbesserungen und Umsatzzuwächse auf dem Markt für Venenmittel realisieren zu können. Die Offensivstrategie richtet sich nicht nur gegen kleinere Wettbewerber sondern auch gegen die übrigen Hauptmitbewerber und insbesondere den Marktführer. Dies erfordert eine intensive Marktbearbeitung, um die relativ starren Marktstrukturen weiter aufbrechen zu können. Aus der Sicht von Unternehmen A ist die Renditesituation im Bereich der Venenmittel als zufriedenstellend zu bezeichnen, so daß trotz verstärkter Marketing-Investitionen eine positive Cash flow-Bilanz sowie relativ hohe Gewinnbeiträge in diesem Tätigkeitsbereich erwirtschaftet werden können.

(2) Bereich Gynäkologika

Hinsichtlich des zweiten unternehmerischen Betätigungsfeldes "Gynäkologika" liegt für Unternehmen A eine zunächst grundsätzlich anders geartete Markt- und Wettbewerbssituation vor. Das Unternehmen besetzt in diesem Indikationsbereich eine Marktnische. Bei dem Marktsegment handelt es sich um den Bereich nicht-hormoneller Klimakteriumtherapeutika. Bis vor wenigen Jahren bestand eine Möglichkeit der medikamentösen Behandlung von Klimakteriumsbeschwerden nur mit Hilfe von Hormonen. Unternehmen A vermochte als erste Arzneimittelfirma, diese Marktlücke zu erschließen. In der jüngeren Vergangenheit verzeichnete der Bereich nicht-hormoneller Klimakteriumstherapeutika jährliche Wachstumsraten von über 20 %. Auf das noch relativ kleine Marktsegment entfallen heute ca. 18 - 20 Mio. DM Umsatz pro Jahr.

Die Erschließung der Marktlücke gelang durch ein bereits längere Zeit auf dem Markt befindliches Präparat, dessen Eigenschaften man aber früher nicht kannte. Das Präparat diente zuvor allgemein der Linderung von "Frauenleiden" (Hitzeleiden, schmerzhafte Regel, Menstruationsstörungen etc.). Auf der Basis intensiver Grundlagenforschung konnte festgestellt werden, daß das Medikament auch zur Anwendung bei Klimakteriumsbeschwerden nachweislich geeignet ist. Von diesem Zeitpunkt an hat man das Produkt sehr eng auf den speziellen Anwendungsbereich der Klimakteriumsbeschwerden positioniert und profiliert. Durch entsprechende Marketing-Maßnahmen war es möglich, den monatlichen Präparateumsatz innerhalb relativ kurzer Zeit von 20.000,- auf 30.000,- DM zu steigern.

Auf dem Arzneimittelmarkt existieren einige Konkurrenzpräparate mit ähnlicher Wirkstoffzusammensetzung und vergleichbaren Eigenschaften. Der Erfolg des Produktes veranlaßte diese Wettbewerber, ebenfalls in das Marktsegment verstärkt einzutreten. Unternehmen A besitzt allerdings einen deutlichen Wettbewerbsvorsprung, da man zuerst mit der Bearbeitung des Segmentes begonnen hat. Im Bereich hormonfreier Klimakteriumsmittel entfällt heute auf das Unternehmen ein mengen- und wertmäßiger Marktanteil von weit mehr als 20 %.

Als führender Wettbewerber innerhalb des Marktsegmentes sieht Unternehmen A es als seine vordringliche Aufgabe an, das einsetzende Umdenken der Ärzte hinsichtlich der Klimakteriumstherapie, weg von den mit vielen Nebenwirkungen behafteten Hormonen hin zu dem neuen, nicht-hormonellen Therapiekonzept, zu forcieren sowie das spezifische Markenimage des Produktes zu intensivieren und einer breiteren Ärzteschaft bekannt zu machen. Eine wesentliche Erleichterung für die Durchführung des Marketing-Konzeptes ist es dabei, daß die Mediziner ein erhebliches Interesse daran haben, den Frauen nicht auch bei den Klimakteriumsbeschwerden die schon für andere Indikationen gebrauchten und mit vielen Nebenwirkungen verbundenen Hormonpräparate verordnen zu müssen.

Die <u>Investitions- und Wachstumsstrategie</u> in diesem Marktsegment erfordert ebenfalls erhebliche finanzielle Ressourcen, um die vorhandene führende Wettbewerbsposition weiter auszubauen. Allerdings ist selbst in diesem Bereich heute schon die Cashflow Bilanz positiv.

(3) <u>Bereich Immunstimulanzien</u>

Der Bereich Immunstimulanzien stellt das dritte Haupttätigkeitsfeld von Unternehgmen A dar. Unter dieses sehr große und <u>kaum abgrenzbare Teilgebiet</u> des Arzneimittelmarktes lassen sich die verschiedensten Substanzen und Anwendungsgebiete subsummieren. Soweit diese Medikamente zur Stärkung der körpereigenen Abwehrkräfte nicht bereits anderen Indikationsbereichen eindeutig zuzuordnen sind, werden sie üblicherweise zu einem Bereich "Unspezifische Immunstimulanzien" oder "sonstige Therapeutika" zusammengefaßt.

Das Immunstimulanz von Unternehmen A ist eines der ältesten Präparate dieser Firma. Es wurde bereits kurz nach Firmengründung in den 20er Jahren des Jahrhunderts vorwiegend zur Behandlung lymphatischer Kinder in den Markt gebracht. Das Einsatzgebiet des Medikamentes breitete sich in den darauf folgenden Jahren allgemein auf den Bereich viral bedingter <u>Erkältungskrankheiten</u> aus. In diesem Indikationsgebiet wird das Arzneimittel heute noch schwerpunktmäßig angewendet. Dabei konkurriert das Präparat auch mit zahlreichen anderen Erkältungsmitteln gegen Husten, Schnupfen, grippale Infekte usw.

Erkältungskrankheiten lassen sich nicht kausal bekämpfen. Durch gefäßverengende Schnupfenmittel ist es beispielsweise nur möglich, die lästigen Begleiterscheinungen der Krankheit (verstopfte Nase) zu lindern. Immunstimulanzien dagegen versuchen, durch Steigerung der körpereigenen Abwehrkräfte der Krankheit entgegenzuwirken. Außer gegen Erkältungskrankheiten kann man unspezifische Immunstimulanzien auf pflanzlicher Basis auch bei anderen leichteren Infektionskrankheiten wie z.B. Lippenbläßchen, Sonnenbrand, Furunkeln, Neurodermatitis oder als Begleittherapie zu einer Antibiotikabehandlung (bei schweren Infektionen) einsetzen.

Die Eigenschaften dieser Präparate wurden schon relativ frühzeitig von einzelnen Naturheilverordnern, Heilpraktikern und Konsumenten erkannt, ohne daß jedoch genauere wissenschaftliche Erkenntnisse über deren Wirksamkeit vorlagen. Die Einnahme der Medikamente beruhte somit in früheren Jahren allein auf der sogenannten "Erfahrungsheilkunde". Obgleich auf dem Markt schon lange ein starkes Bedürfnis nach einer medikamentösen Behandlung leichter viraler Infekte unter Verzicht auf die mit vielen Nebenwirkungen verbundenen Antibiotika vorhanden war, scheiterte eine umfassendere Vermarktung dieser Präparate vor allem an der Skepsis der "Schulmediziner". Unternehmen A konnte jedoch in den 70er Jahren durch zahlreiche experimentelle Studien die Wirksamkeit dieser Naturheilmittel nachweisen und damit eine durchgängige Erschließung des Marktes für unspezifische Immunstimulanzien auf pflanzlicher Basis in Gang setzen. Die durchschnittlichen Wachstumsraten des Marktes erreichten daraufhin eine Größenordnung von + 25 %.

Die Strategie der Marktdurchdringung durch Gewinnung von Nicht-Verordnern bzw. die Führungsrolle, welche Unternehmen A beim Abbau der Vorbehalte zahlreicher Schulmediziner übernahm, erbrachten einen wertmäßigen Marktanteil von knapp 40 %. Der Marktverfolger hält lediglich einen Marktanteil von ca. 15 %. Das Immunstimulanz von Unternehmen A erreichte die jährliche Verkaufszahl von 1,6 Mio. Packungen und gehört zu den 50 am häufigsten in der Bundesrepublik verkauften Medikamenten.

Mittlerweile profitieren allerdings auch die anderen Wettbewerber mehr und mehr von der Pionierarbeit des Marktführers. Man ist gezwungen, eine Defensivstrategie einzuschlagen, um die erworbene Marktposition erhalten zu können. Ein Umsatzwachstum in diesem Tätigkeitsfeld soll vor allem durch eine Marktausweitung erreicht werden.

Die Positionierung des Präparates aus der Sicht der Kunden (Ärzte, Heilpraktiker, Patienten) liegt derzeit noch eindeutig auf dem Erkältungsmarkt. Das erklärte Marketing-Ziel besteht heute darin, weg von dieser engen Positionierung in den umfassenderen Anwendungsbereich allgemeiner temporärer Abwehrschwächen zu gelangen und damit die oben bereits aufgezeigten sonstigen Einsatzmöglichkeiten des Produktes (bakterielle Hautinfektionen, Herpes simplex labialis, Atemwegsinfektionen etc.) voll auszuschöpfen. Damit will man zugleich die schwächere Nachfrage nach dem Medikament in den Sommermonaten ein wenig ausgleichen. Bei dieser Strategie der Marktentwicklung bestehen insofern Wettbewerbsvorteile für das Produkt, weil die Kombination der drei in ihm enthaltenen Wirkstoffe ein breiteres Anwendungsspektrum als bei den konkurrierenden Monopräparaten ermöglicht.

Außer durch den zunehmenden Wettbewerbsdruck ergeben sich für diesen Produktbereich auf Grund der Beschränkung des Rohstoffmarktes ebenfalls Wachstumsgrenzen. Unternehmen A ist der Welt größter Abnehmer von Bapticia, einer in den USA wild gesammelten Pflanze. Bislang war es nicht möglich, durch eine Verbesserung der Anbaumethoden eine stets gesicherte Lieferung dieses Ausgangsmaterials zu erreichen, so daß bei schlechter Ernte die Bestände z. T. knapp werden. Hier zeigt sich der typische Fall, wie sich durch ein Beschaffungsproblem Restriktionen für die Marketing-Zielsetzung ergeben können.

Außer in diesen drei Haupttätigkeitsfeldern befinden sich einige weitere - eventuell für die Zukunft wirtschaftlich relevante - Präparate von Unternehmen A in verschiedenen Indikationsbereichen. Für diese Produkte werden allerdings momentan noch keine sehr intensiven Marketing-Anstrengungen unternommen, da man die jeweilige Marktentwicklung sowie weitere Ergebnisse der Forschungs- und Entwicklungsarbeiten abwarten möchte (Übergangsstrategie).

Eine Abschöpfungsstrategie verfolgt das Unternehmen dagegen im Indikationsbereich der Vasodilatoren (Medikamente zur Gefäßerweiterung). Nach Ansicht von Marketing und Vertrieb existieren auf diesem Markt modernere medikamentöse Therapieprinzipien. Weitere Marketing-Bemühungen erscheinen daher nicht erfolgversprechend.

Mit Ausnahme des Indikationsbereiches Vasolidatoren strebt Unternehmen A somit auf allen Tätigkeitsfeldern ein Umsatzwachstum an, wobei die Marketing-Bemühungen sich am intensivsten auf die drei Haupttätigkeitsfelder richten, da man sich dort - zumindest momentan noch - die besten Erfolgschancen ausrechnet.

2.2.2.1.2 MARKTBEARBEITUNGSSTRATEGIEN

Die Wachstumsziele des Unternehmens sollen jeweils durch eindeutige Differenzierung von den Wettbewerbern erreicht werden. Marketing-Ziel ist es daher auch, auf allen Märkten eine Ausnahmestellung einzunehmen. Dies geschieht zunächst durch die inhaltliche Zusammensetzung der Präparate, wobei die Differenzierung gegenüber den Konkurrenzpräparaten durch Kombinationen verschiedener nebenwirkungsarmer pflanzlicher Wirkstoffe erfolgt. Andere produktpolitische Maßnahmen erweitern diese Differenzierungsstrategie. Durch Veränderung der Packungsgrößen gelang es beispielsweise, sich den Erfordernissen der jeweiligen Therapien besser anzupassen. Die erstmalige Einführung von Dauertherapien brachte dem Unternehmen in verschiedenen Indikationsbereichen sehr große Erfolge. Auch das inzwischen moderner gestaltete Produktdesign hebt die eigenen Medikamente von der Produktgestaltung der Konkurrenzpräparate von Naturheilmittelherstellern ab. Das moderne Design soll die Fortschrittlichkeit der eigenen Naturtherapie auch von außen verdeutlichen.

Eine sehr wesentliche Methode zur produktpolitischen Differenzierung stellt die Einführung innovativer Darreichungsformen dar, die der Verbesserung der Einnahme dient. Auch hier strebt Unternehmen A es prinzipiell an, jeweils die modernsten und einfachsten Einnahmemöglichkeiten für Naturheilmittel anzubieten. Für Phytopharmaka ergeben sich in diesem Zusammenhang größere Probleme als bei chemischen Präparaten. Außerdem ist die Einführung neuer Darreichungsformen mit erheblichem Aufwand an Zeit und Geld verbunden, da mittlerweile auch für Naturarzneien für jede neue Darreichungsform eigens die Zulassung beim Bundesgesundheitsamt zu erfolgen hat.

Bislang beantragte das Unternehmen noch keine Zulassung für seine Alt-Präparate, obgleich die Zulassungsdossiers alle fertig in der Firma vorliegen. Man wartet ab, bis der Gesetzgeber zur Abgabe der Zulassungsunterlagen auffordert. Das Unternehmen möchte der Konkurrenz nicht frühzeitig Gelegenheit geben, die Unterlagen für deren eigene Zulassung zu benutzen. Speziell bei dem unter Renditeaspekten außerordentlich interessanten Venenmittel besteht die Gefahr der Nachahmung durch Imitationsfirmen. Aus diesem Grund zögert Unternehmen A derzeit noch die Einführung einiger innovativer und marktreifer Darreichungsformen hinaus.

Um sich von den Mitbewerbern weiter abzusetzen, versucht man außerdem, dem Arzt ein möglichst <u>umfassendes Produktprogramm</u> für die jeweilige Therapie anzubieten. Es werden daher auch <u>chemische Arzneimittel</u> vermarktet, die das Sortiment an Phytopharmaka sinnvoll ergänzen. Neben der Vermarktung des Immunstimulans, das unter anderem zur Behandlung von Atemwegsinfektionen dienen soll, erwies es sich z. B. als zweckmäßig, dem Arzt zugleich ein Expectorans (Schleimlöser) anzubieten. Für die das Sortiment ergänzenden chemischen Präparate wird jedoch bewußt kein spezieller Marketing-Aufwand betrieben. So erfolgt z. B. die Besprechung des Expectorans durch den Außendienst ausschließlich in einem Folder mit dem Immunstimulans.

Bei den chemischen Präparaten handelt es sich wie bei den angebotenen Naturheilmitteln nicht um preiswerte Generikas, sondern um <u>Markenpräparate</u> mit spezifischen Eigenschaften. Unternehmen A ist der Ansicht, daß die Vermarktung von preisgünstigen Imitationsprodukten sich nicht mit dem Image eines forschenden Anbieters von Naturheilmitteln vereinbaren läßt.

Obgleich die angestrebten strategischen Wettbewerbsvorteile eindeutig in Richtung Differenzierung zielen, tendieren einige der strategischen Maßnahmen auch in Richtung <u>Kostenvorsprung</u> gegenüber der Konkurrenz. Insbesondere durch erfahrungsbedingte Kostensenkungsmöglichkeiten bei der Herstellung von Naturheilmitteln, durch Verfahrensinnovationen und durch den Aufbau großer und moderner Produktionsanlagen konnte eine deutliche Reduzierung der variablen Kosten erreicht werden. Das Unternehmen besitzt heute die modernste Produktionsanlage zur Herstellung von Naturheilmitteln in der Bundesrepublik.

Die Bedeutung dieser Investition ist vor allem vor dem Hintergrund zu sehen, daß der Anteil der Herstellkosten am Fabrikabgabepreis bei Phytopharmaka im Durchschnitt fast das Doppelte als bei chemischen Präparaten beträgt. Deutliche Kostenvorteile ergeben sich jedoch erst ab einer bestimmten Produktionsmenge. Der durch die moderne Produktionsanlage verursachte Fixkostendruck brachte zugleich den Zwang zu einer Ausweitung der Absatzmenge mit sich. Auf der anderen Seite führten die Investitionen aber auch zu einer weiteren Verbesserung der Produktqualität, was sich wiederum positiv auf den Absatz der Naturheilmittel auswirkt.

Die Qualität bzw. die Produktvorteile eines Präparates oder Sortimentes (schnellere Wirkung, einfachere Einnahme, geringere Nebenwirkungen etc.) reichen allein aber nicht aus, damit sich das eigene Naturheilmittel gegenüber den Konkurrenzpräparaten am Markt durchsetzen kann. Gerade bei Naturheilmitteln interessieren den Arzt häufig nur der primäre Wirkstoff (z. B. Baldrian-Präparat) für seine letztliche Verordnungsentscheidung.

Die Differenzierung gegenüber natürlichen Konkurrenzpräparaten mit gleichem oder ähnlichem Grundwirkstoff soll deshalb primär durch die wissenschaftliche Information über die therapeutische Wirksamkeit des eigenen Produktes erfolgen. Dazu ist es zunächst notwendig, dem Arzt zu verdeutlichen, daß man hierfür die entsprechende Kompetenz besitzt. Auf allen firmen- und/oder produktbezogenen Marktinformationen des Hauses steht daher als Basiszeile "Unternehmen A: Naturstoff-Forschung und Therapie".

Auf dem vermittelten Wissen über die Wirksamkeit des Produktes aufbauend geht es dann darum, den Zielgruppen (Ärzte und Heilpraktiker) die spezifischen Produktvorteile kommunikativ zu vermitteln. Außerdem werden zusätzlich spezielle produktbezogene Kommunikationsinhalte vermittelt, welche der Erreichung übergeordneter Marketing-Ziele dienlich sind. So läuft beispielsweise für das pflanzliche Immunstimulans eine Kampagne unter dem Motto "Vier Jahreszeiten ... immer Produkt X", um das breite Anwendungsspektrum des Präparates herauszustellen und damit die Strategie der Marktausweitung kommunikativ umzusetzen.

Die Grundvoraussetzung für die Kommunikationsinhalte stellt deren wissenschaftliche Fundierung dar. Das Marketing benötigt deshalb bei der Marktkommunikation die Mithilfe der medizinisch-naturwissenschaftlich orientierten Abteilungen, deren Basisinformationen man marktadäquat und verständlich umzusetzen versucht. Als wesentlich sieht es das Unternehmen dabei an, daß der Arzt oder Heilpraktiker ständig neue und aktuelle Informationen erhält, um dessen Interesse an wissenschaftlichen Informationen aufrecht zu erhalten.

Die Kommunikationsinhalte bestimmen zugleich auch die Wahl der Kommunikationsinstrumente. Der Außendienst - an erster Stelle - sowie wissenschaftliche Standardprospekte - an zweiter Stelle - werden als die beiden wichtigsten Instrumente genannt, um die medizinisch-wissenschaftlichen Informationen ausführlich und prägnant genug an die Zielgruppen transferieren zu können.

Daneben gilt das Arzneimittelmuster als dritter unverzichtbarer Bestandteil des Kommunikationsmixes. Mit dem Muster soll der Arzt sich schließlich ein eigenes Bild vom Produkt verschaffen. Da sich das Unternehmen bereits an den früheren BPI-Beschluß der Musterabgabe gehalten hat, stellt die neue gesetzliche Abgaberegelung keinen schwerwiegenden Eingriff in die Kommunikationspolitik mehr dar. Durch die geforderte EDV-mäßige Erfassung jeder Musterabgabe ergeben sich allerdings administrative Probleme für das mittelständische Unternehmen.

Andere in der Pharmaindustrie gebräuchliche Kommunikationsinstrumente, die ebenfalls breite Anwendung finden, dienen lediglich der Ergänzung der drei genannten Hauptkommunikationsmittel.

Die Aufteilung des Kommunikationsbudgets auf die einzelnen Produkte und Zielgruppen basiert auf den jeweiligen Umsatz - bzw. daraus abgeleiteten kommunikativen Zielsetzungen. Die Ansprache der einzelnen Zielgruppen erfolgt mit unterschiedlichen Inhalten und unterschiedlicher Intensität.

Ein erstes Segmentierungskriterium auf der Ärzteebene stellen die verschiedenen Facharztgruppen dar. So sind für die Indikationen einzelner Präparate häufig nur bestimmte Facharztgruppen von Relevanz. Das Erscheinungsbild einer Krankheit kann außerdem bei den Patienten verschiedener relevanter Facharztgruppen anders auftreten. Während der niedergelassene Arzt ein Venenmittel vorwiegend zur Behandlung der chronischen Varikosis ("dicke Beine") einsetzt, dient das Präparat dem Gynäkologen primär zur Therapie der Schwangerschaftsvarikosis (Krampfadern werdender Mütter). Je nach Facharzt ergeben sich daher andere kommunikative Schwerpunkte.

Weitere Kriterien zur Selektion und Segmentierung der Ärzteschaft betreffen die Praxisgröße (Zahl der Patienten bzw. Scheine pro Quartal), die Einstellung des Arztes zur Firma und zur Naturheiltherapie allgemein sowie das Verordnungsverhalten (Verordner/Nicht-Verordner der eigenen Produkte).

Primär nach den genannten Kriterien soll der einzelne Außendienstmitarbeiter subjektiv die Ärzte seines Bezirkes in vier Klassen einteilen. Die 75 Außendienstmitarbeiter des Unternehmens decken zwar flächenmäßig die gesamte Bundesrepublik ab, mit dieser Außendienststärke lassen sich jedoch nicht alle relevanten Ärzte direkt erreichen. Aufgrund der Klassenzugehörigkeit eines Arztes bestimmt sich, ob und wie häufig der Besuch eines Arztes erfolgt und welche Besprechungsschwerpunkte der Außendienstmitarbeiter wählt.

Die Auswahl und Marktbearbeitung der <u>Heilpraktiker</u> richtet sich allein danach, ob er haupt- oder nebenberuflich tätig ist. Nur bei ersterem glaubt man, daß ein ausreichendes Verordnungspotential vorhanden ist, das die Ansprache dieser Zielgruppe rechtfertigt. Auf Apotheken- und Patientenebene nimmt das Unternehmen keine Marktbearbeitung vor. Die Apotheker dienen dem Außendienstmitarbeiter aber als wichtige Informationsquelle, um Auskunft über das Verordnungsverhalten der einzelnen Ärzte seines Bezirkes zu erhalten.

Hinsichtlich der <u>Preispolitik</u> orientiert sich Unternehmen A primär an den jeweiligen marktlichen Gegebenheiten eines Tätigkeitsfeldes. Für die Verordnungsentscheidung ist in der Regel nicht der Preis sondern der therapeutische Wert eines Produktes von ausschlaggebender Bedeutung. Wegen der hohen Herstellkosten sowie der oft schwierigen und teilweise auch sehr teuren Beschaffung des Ausgangsmaterials sind Phytopharmaka für Nachahmerfirmen meist weniger interessant.

Der Grund dafür wird darin gesehen, daß die Wirksamkeit der Naturtherapie sich nicht immer zweifelsfrei nachweisen läßt oder diese Phytopharmaka andere Produktnachteile aufweisen. Da man der Ansicht ist, daß dies für die eigenen Naturprodukte nicht zutrifft, sind die Präparate von Unternehmen A <u>hochpreisig</u> und in der Regel relativ teurer als die Konkurrenzpräparate. Das Unternehmen setzt die Preise meist leicht über denen der chemischen oder pflanzlichen Konkurrenzpräparate fest. Auf der anderen Seite will man aber auch der gesellschaftspolitischen Verantwortung eines Arzneimittelherstellers nachkommen. Das Unternehmen befolgt daher bereits seit 1985 strikt den Preishalteappell des Bundesverbandes der Pharmazeutischen Industrie.

2.2.2.2 BETÄTIGUNGSFELDER UND MARKETING-STRATEGIEN VON UNTERNEHMEN B (TYP: "AGGRESSOR")

2.2.2.2.1 BETÄTIGUNGSFELDER UND GRUNDSATZSTRATEGIEN

Das Präparateprogramm von Unternehmen B umfaßt knapp 20 Produkte in 45 Darreichungsformen. Nahezu das gesamte Produktangebot unterliegt der Verordnungspflicht. In erster Linie spricht das Sortiment die niedergelassenen Ärzte für Allgmeinmedizin und die Internisten an. Typische Krankenhauspräparate enthält es ebensowenig wie frei verkäufliche Arzneimittel, d.h. die gesamte Distribution verläuft über die öffentlichen Apotheken.

Bei den Medikamenten handelt es sich ausnahmslos um chemisch definierte Präparate. Mehr als die Hälfte der Produkte basieren auf sogenannten "freien" Arzneistoffen, deren Patente von anderen Firmen stammen und bereits abgelaufen sind. Mit diesen Imitationsprodukten tätigt Unternehmen B weit über 90 % seines Umsatzes auf dem deutschen Arzneimittelmarkt. Der Vermarktung von Wirkstoffen aus der Forschungs- und Entwicklungsabteilung der Muttergesellschaft sowie von einigen wenigen Lizenznahmen kommt dagegen eine völlig untergeordnete Bedeutung zu. Die folgenden Ausführungen beziehen sich daher ausschließlich auf das Nachahmergeschäft.

Die imitativen Medikamente von Unternehmen B lassen sich fünf großen Hauptindikationen zuordnen, die als sog. "Wohlstandskrankheiten" gelten. Die Ursachen dieser Krankheiten werden vorwiegend in überhöhtem Genußmittelverbrauch, falscher Ernährung, wachsender Belastung am Arbeitsplatz sowie höherer Lebenserwartung bzw. dem vermehrten Auftreten altersbedingter Verschleißerscheinungen gesehen. Unternehmen B hat sich innerhalb dieser Hauptindikationsgruppen selektiv auf bestimmte Teilindikationen und Substanzklassen beschränkt (selektive

Marktspezialisierung). Nach Indikationen betrachtet handelt es sich im einzelnen um folgende fünf Haupttätigkeitsfelder bzw. ausgewählte Teilmärkte (in Klammern):

(1) Herz-Kreislauf-Sektor (Calciumantagonisten, Beta-Rezeptorenblocker, Diuretika)

(2) Psychopharmaka (Neuroleptika, Neurotropika, Tranquilantia)

(3) Infektionskrankheiten (Antibiotika, Sulfonamide)

(4) Stoffwechselerkrankungen (Gichtmittel)

Gemeinsam ist diesen vier Medikamentengruppen zunächst, daß sie zu den größten Indikationen des Arzneimittelmarktes öffentlicher Apotheken in der Bundesrepublik Deutschland zählen. Selbst die genannten Teilindikationen erreichen noch jeweils Umsätze von über 100 Mio. DM pro Jahr. Die <u>Marktgröße</u> gilt denn auch als erstes Kriterium für die Auswahl der Betätigungsfelder dieser Nachahmerfirma.

Neben der Marktgröße mißt man als Kriterium auch dem <u>Marktwachstum</u> eine besondere Rolle bei. Der Begriff Marktwachstum erfährt hierbei zweierlei Bedeutung:

1. Zum einen versteht das Unternehmen darunter das <u>Wachstum von relevanten Indikationsfeldern</u> der genannten Hauptindikationsgruppen. So verzeichnete z. B. im Herz-Kreislauf-Sektor der Hypertoniemarkt (Medikamente gegen Bluthochdruck: Beta-Rezeptorenblocker, Diuretika) in den letzten Jahren deutliche Umsatzzuwächse und auch für die Zukunft ist noch mit einer Zunahme dieser Krankheit unter der bundesdeutschen Bevölkerung zu rechnen. Ein solches mengen- und umsatzmäßiges Wachstum weisen allerdings nicht alle von Unternehmen B bearbeitete Indikationsmärkte auf.

2. Von Marktwachstum wird zum anderen auch dann in Unternehmen B gesprochen, wenn das imitierte Pharmakon für die behandelnden Mediziner eine besondere Aktualität besitzt, d. h. der Wirkstoff gilt hinsichtlich seiner therapeutischen Qualität als besonders wertvoll, und es existiert kein innovativerer Wirkstoff mit höherer therapeutischer Qualität. Nur bei diesen Substanzen findet eine Umschichtung der Verordnungen von den Originalprodukten auf die Nachahmerpräparate in größerem Umfang statt (<u>Wachstum der Generika-Verordnung</u>

<u>in einzelnen Substanzklassen</u>). Alle von Unternehmen B imitierten Substanzen besitzen eine solche Aktualität. In den letzten Jahren liefen beispielsweise die Patente dreier verschiedener Substanzen im Bereich der Calciumantagonisten ab, von denen man im eigenen Imitationsprodukt den Wirkstoff (Nifedipin) verarbeitete, der nach allgemein anerkannter Meinung medizinischer Fachleute die höchste therapeutische Qualität aufweist.

Die Attraktivität dieser Teilmärkte im Hinblick auf Marktgröße und Marktwachstum bzw. Aktualität einer Substanz bringt es allerdings mit sich, daß eine <u>Vielzahl von Nachahmerfirmen</u> in diese Marktsegmente drängen. Während Ende der 70er Jahre 4 - 5 Imitationsprodukte auf ein solches Originalpräparat entfielen, sind es heute bis zu 20. Selbst unter den Imitationsfirmen herrscht daher zum Teil ein <u>ruinöser Preiswettbewerb</u>.

Die Gruppe der Imitatoren kann man in <u>zwei Klassen</u> unterteilen. Die Preise der Präparate der ersten Gruppe liegen bis zu 50% unter den Preisen der Originalpräparate. Die Präparate der zweiten Gruppe sind zum Teil sogar bis zu 50% preisgünstiger als andere Nachahmerpräparate.

Die wachsende Zahl der Imitationskonkurrenten führte nicht nur zu einer erhöhten Wettbewerbsintensität unter den Nachahmerfirmen sondern verschärfte auch das <u>allgemeine Wettbewerbsklima</u> in diesen Teilmärkten. Die Anbieter der Originalpräparate, die innerhalb dieser Segmente erhebliche Marktanteile an Nachahmerfirmen verloren haben, sind heute kaum mehr in der Lage, durch Erforschung und Entwicklung innovativer Patentsubstanzen dem erhöhten Wettbewerbsdruck auszuweichen. Die ehemals innovativen Firmen versuchen daher, durch verstärkte Marketing-Anstrengungen Marktanteile zu halten oder von den Nachahmern zurückzugewinnen.

Außerdem hat der nachlassende Forschungs- und Entwicklungserfolg der forschungsintensiven Arzneimittelunternehmen auch insofern Auswirkungen auf die Imitatoren, als diese nun ebenfalls kaum mehr neue Teilmärkte erschließen können. In den nächsten Jahren laufen nur noch wenige wirtschaftlich interessante Patente ab. Die Wettbewerbsintensität in den typischen Nachahmersegmenten dürfte sich daher in Zukunft noch erhöhen.

Vor dem Hintergrund nachlassender Substanzinnovationen auf dem Arzneimittelsektor und des zunehmenden Wettbewerbsdrucks auf den Imitationsmärkten ist ein drittes Selektionskriterium von Unternehmen B hinsichtlich der Wahl seiner Betätigungsfelder zu sehen. Man erkannte rechtzeitig, daß das angestrebte Unternehmenswachstum langfristig nicht allein über zusätzliche Imitationen von neu ablaufenden Patentsubstanzen und damit den Einstieg in neue Märkte erreicht werden kann. Das Präparateprogramm von Unternehmen B enthält daher nur solche Imitationspräparate, bei denen es - auf der Grundlage entsprechender Forschungs- und Entwicklungsarbeiten der Schweizer Muttergesellschaft - produktpolitische Verbesserungen bzw. Differenzierungen gegenüber den Orginalpräparaten und zugleich auch gegenüber den anderen konkurrierenden Nachahmerprodukten glaubte vornehmen zu können.

Während in früheren Jahren primär die Größe der Indikation ausschlaggebende Bedeutung für den Einstieg in einen Imitationsmarkt besaß, fällt den beiden anderen Selektionskriterien (Marktwachstum bzw. Aktualität der nachzuahmenden Substanz und Verbesserungsmöglichkeiten des Produktes gegenüber den Konkurrenzpräparaten) erst in jüngerer Zeit ein größeres Gewicht zu. Diese Änderung der Unternehmensstrategie führte u.a. zur Aufgabe des Betätigungsfeldes Vasodilatatoren bzw. des Teilmarktes cerebrale Durchblutungsstörungen, weil bestimmte Wirkstoffe dieses Indikationsbereiches heute mehr und mehr als umstritten gelten und somit weder ein Marktwachstum noch die Aktualität der Wirkstoffe gegeben ist. Darüber hinaus elimierte Unternehmen B mittlerweile auch ein Präparat mit dem Wirkstoff Furosemid, bei dem sich keine produktspezifischen Vorteile gegenüber den Konkurrenzpräparaten mehr ergeben und das daher im Markt auf relativ geringe Nachfrage stieß.

In den verbleibenden Marktsegmenten hält Unternehmen B derzeit Marktanteile zwischen 3 und 9 % und nimmt damit Ränge zwischen Platz 2 und 5 unter den jeweiligen Mitbewerbern ein. Den zweiten Platz erreicht das Unternehmen dort, wo es mit als erste Nachahmerfirma in den Markt eintreten konnte.

In den letzten Jahren liefen die Patente für drei sowohl therapeutisch als auch wirtschaftlich bedeutsame Wirkstoffe ab. Bereits wenige Tage nach dem jeweiligen Patentablauf konnte Unternehmen B mit einem eigenen, gegenüber dem Originalpräparat hinsichtlich der Galenik verbesserten Imitationspräparat am Markt auftreten. Die Vorarbeiten für die Marketing-Konzeptionen der Produkte (Marktforschung, Produktentwicklung, Zulassung, Vorbereitung für die Durchführung der Kommunikationsstrategie) waren bereits drei bis vier Jahre zuvor angelaufen. Sofort mit der Markteinführung wurden mit erheblichem Marketing-Aufwand Mailings mit Musterabrufkarten verschickt und Anzeigen in der medizinischen Fachpresse geschaltet.

Die zentrale Aufgabe bei der Markteinführung kam dem wissenschaftlichen Außendienst zu. Der gesamte Außendienst besuchte gleichzeitig in verstärktem Maße die relevante Ärzteschaft und stellte das jeweilige neue Imitationsprodukt und seine Produktvorteile vor. Von erheblichem Vorteil war dabei für die Argumentation der Ärztebesucher, daß die Ärzte Unternehmen B als Anbieter qualitativ hochwertiger Imitationsprodukte mittlerweile kannten.

Der Zeitpunkt des Markteintritts und die Intensität der Marketing-Anstrengungen unmittelbar nach der Markteinführung bestimmen bei den Imitatoren in hohem Maße deren spätere Marktbedeutung. Unternehmen B hatte es Ende der 70er und Anfang der 80er Jahre versäumt, rechtzeitiger und mit stärkerem Engagement als Imitator bedeutender ablaufende Patentsubstanzen in die jeweilgen Marktsegmente einzudringen.

Die Gründe hierfür lagen in internen Widerständen gegen das Nachahmergeschäft, die es sowohl bei der ausländischen Muttergesellschaft als auch bei Teilen der deutschen Geschäftsleitung zu überwinden galt.

Bis 1982 fehlte daher auch eine klare strategische Linie hinsichtlich der Sortiments- und Produktpolitik. Außerdem blieb die Intensität der Marktkommunikation deutlich hinter den Aktivitäten wichtiger Imitationskonkurrenten zurück, die eher am Markt waren. Konkret versäumte man es, den Außendienst schon früher auf die heutige Stärke auszubauen und durch begleitende Maßnahmen (insbesondere Insertionswerbung) eine höhere Bekanntheit als Anbieter qualitativ hochwertiger Nachahmerpräparate zu erzielen.

Unternehmen B hat daher die überdurchschnittliche Umsatzentwicklung anderer bekannter Nachahmerfirmen, die sich vor allem in den Jahren zwischen 1975 und 1984 vollzog, nicht in gleichem Umfang mitgemacht. Diese hinsichtlich der Produkt- und Sortimentspolitik sowie der Marktkommunikation sehr vielseitigen und starken imitativen Wettbewerber stellen neben den Anbietern der Originalpräparate die wichtigsten Konkurrenten dar.

Die Grundsatzstrategien von Unternehmen B zielen in allen gegenwärtigen Tätigkeitsfeldern in die gleiche strategische Stoßrichtung (generelle Wachstumsorientierung). In den vergangenen Jahren mußten Wettbewerbsnachteile insbesondere gegenüber anderen großen Imitatoren aufgeholt werden. Dies führte zu erheblichen Marketing-Aufwendungen, so daß sich zeitweise auch negative Cash flow-Bilanzen in diesen Geschäftsfeldern ergaben.

Nachdem die Phase der Imitations- und Wachstums-Strategien aber abgeschlossen ist, soll nunmehr durch Offensivstrategien der weitere Ausbau der strategischen Pharma-Felder erfolgen. Dabei wird jeweils eine Marktdurchdringung über die Gewinnung von Marktanteilen der Konkurrenz angestrebt. Das Unternehmen ist der Ansicht, bei seinen Präparaten wichtige Produktvorteile gegenüber den Konkurrenzpräparaten aufzuweisen und darüber hinaus für die Zukunft noch erhebliche Entwicklungsreserven hinsichtlich der Verbesserung dieser Produkte zu besitzen.

Die Angriffsstrategien richten sich letzlich gegen alle drei auf den Imitationsmärkten relevanten strategischen Gruppen von Mitbewerbern (Originalanbieter, renommierte Imitationsfirmen, kleinere Imitationsfirmen). Die Anbieter der Originalpräparate stellen aber nach wie vor das primäre Angriffsziel dar. Man versteht sich als Herausforderer dieser Marktführer und glaubt, schneller und flexibler entscheiden und auf veränderte Marktsituationen regieren zu können als die relativ unbeweglichen Großkonzere wie z. B. Bayer oder Hoechst.

2.2.2.2.2 MARKTBEARBEITUNGSSTRATEGIEN

Wie bereits erwähnt handelt es sich bei der Produktpolitik um ein sehr wesentliches Marketing-Instrument von Unternehmen B zur Verfolgung einer Differenzierungsstrategie gegenüber den Originalanbietern, aber auch gegenüber anderen Imitatoren. Ein erster Schwerpunkt der Produkt- und Sortimentspolitik befaßt sich mit der Kombination verschiedener Wirkstoffe. So suchte und fand man für den Wirkstoff Calciumantagonisten (Nifedipin) unter ca. zehn patentfreien Substanzen von Diuretika einen geeigneten Wirkstoff zur Kombination. Diese Kombination erbringt bei den meisten Hypertoniekranken bessere Therapieergebnisse als vergleichbare Kombinationen.

Ein weiterer Schwerpunkt der Produktpolitik liegt auf dem Gebiet der Galenik. Es konnten beispielsweise für den Calciumantagonisten eine patentierte Weichgelatine-Kapsel zum Zerbeißen und eine Retard-Kapsel entwickelt werden. Durch eine neue Retard-Tablette des Gichtmittels war es möglich, eine schonendere Senkung des Harnsäurespiegels und eine Ausdehnung der Wirkungsdauer des Medikamentes von 17 auf 24 Stunden zu erreichen.

Bei dem Antibiotikum schließlich gelang es, erstmals eine behandlungsgerechtere Packungsgröße am Markt einzuführen. Die Reihe produktpoltischer Maßnahmen zur Verbesserung der therapeutischen Qualität der Medikamente läßt sich für alle Imitationspräparte des Sortiments fortführen.

Der zunehmende Wettbewerb duch Produktdifferenzierung von Seiten der Anbieter der Originalpräparate sowie mittlerweile auch einiger größerer Nachahmerfirmen bringt zugleich eine Verkürzung der Lebensdauer der Präprate mit sich. Unternehmen B geht heute davon aus, daß ein Präparat ohne wesentliche produktpolitische Fortentwicklung spätestens nach fünf Jahren aus einem wirtschaftlich bedeutsamen Imitationsmarkt genommen werden sollte. Die unternehmerischen Wachstumsziele gilt es, in Zukunft weniger über den Einstieg in neue Imitationsmärkte als vielmehr über ständig neue Produktentwicklungen zu erreichen. Dieses aus der Theorie des Produktlebenszyklus abgeleitete Marketing-Denken bestimmt maßgeblich die gesamte Marketing-Strategie für die einzelnen Präparate.

Ansatzpunkte für die Preispolitik (insbesondere im Vergleich zu kleineren Imitationsfirmen) ergeben sich unmittelbar aus der Produktpolitik. Die Qualität der Produkte (Produktnutzen in bezug auf Wirksamkeit und Nebenwirkungen der Medikamente) sowie die spezifischen Produktvorteile (Erleichterung der Einnahme) relativieren den Preis zunächst gegenüber den "Billig-Anbietern", für deren Generika keine Qualitätsnachweise existieren und die keine produkspezifischen Besonderheiten aufweisen. Gegenüber diesen Produkten der kleineren Imitationsfirmen lassen sich die eigenen Nachahmerpräparate als relativ hochpreisig klassifizieren. Im Vergleich zu den Originalpräparten liegen die Preise der Produkte dagegen deutlich niedriger.

Grundlage der Preiskalkulation bildet eine genaue Kostenkalkulation. Es werden sehr strenge Kontrollen der Herstell- und Gemeinkosten durchgeführt. Um größere und kostengünstigere Chargen produzieren zu können, tätigt Unternehmen B die Herstellung seiner Medikamente in der Schweiz, so daß insofern gegenüber kleineren, nicht international tätigen Imitationsfirmen Kostenvorteile entstehen. Obgleich die eigenen F & E-Tätigkeiten im Ausland ebenfalls hohe Kosten verursachen, sieht man sich gegenüber den forschungsintensiveren Großkonzernen vor allem deshalb in einer kostengünstigeren Position, weil deren früher - zu Zeiten eines stark expandierenden Arzneimittelmarktes - ausgiebig vorgenommenen Investitionen in F & E-Personal zu erheblichen Kostenbelastungen führte, die sich heute nur schwer abbauen lassen.

Die gegenwärtige Marktsituation - insbesondere die fortgesetzte Hochpreispolitik der Originalanbieter - ermöglicht Unternehmen B derzeit noch wachsende Umsätze und hohe Gewinnbeiträge der einzelnen Produkte. Änderungen der Preisstrategien waren daher in der Vergangenheit noch nicht notwendig.

Die aggressive Marketing-Strategie des Unternehmens läßt sich nur über eine ebenfalls aggressive und intensive Kommunikationspolitik am Markt umsetzen. Mit Hilfe der Kommunikationspolitik vermittelt das Unternehmen im wesentlichen drei Kernaussagen:

1. Die Qualität der eigenen Imitationsprodukte.

2. Die eigenen F & E-Bemühungen und die daraus resultierenden Produktvorteile.

3. Die Preisvorteile gegenüber den Originalpräparaten.

Die intensiver forschenden pharmazeutischen Großkonzerne ziehen die Qualität von Nachahmerprodukten generell in Zweifel. Daher sind die Imitationsfirmen gezwungen, die Qualität ihrer Präparate unter Beweis zu stellen. Ob ein Nachahmerpräparat dem Erstpräparat gleichwertig ist, läßt sich nur über vergleichende wissenschaftliche Untersuchungen belegen. Die von Unternehmen B an wissenschaftliche Institute in Auftrag gegebenen Untersuchungen erbrachten im Hinblick auf Wirksamkeit und Nebenwirkungen keine Nachteile der eigenen Imitationsprodukte gegenüber den Standardpräparten der Originalanbieter.

Ein wesentliches Ziel der Kommunikationspolitik muß deshalb darin bestehen, die Ärzte von der Qualität der eigenen Nachahmerprodukte zu überzeugen.

Im Rahmen seiner Marktkommunikation nimmt Unternehmen B auf die vergleichenden wissenschaftlichen Untersuchungen über die Medikamente und damit auf die Konkurrenzpräprate der Originalanbieter direkten Bezug. Von Seiten der forschungsintensiveren Großunternehmen wird man aus diesem Grund der Irreführung in der Werbung und damit des Vergehens gegen § 1 UWG bezichtigt.

Es folgten eine Reihe von einstweiligen Verfügungen und der Gang durch verschiedene gerichtliche Instanzen, der bis heute noch nicht beendet ist. Einstweilige gerichtliche Verfügungen gehören daher mit zum Tagesgeschäft des Marketing von Unternehmen B.

Die aggressive Kommunikationspolitik trägt dazu bei, das gewünschte Firmenimage als Anbieter qualitativ hochwertiger Nachahmerpräparate bekannt zu machen, und schafft damit auch zugleich die Grundlage für die weitergehenden Bemühungen des Unternehmens, bei den Ärzten eine Produktloyalität hinsichtlich der eingen Imitationspräparate aufzubauen. Neben der Wirksamkeit und Verträglichkeit der Medikamente werden im Rahmen der Kommunikationspolitik stets auch die Forschungsaktivitäten des Unternehmens und die daraus resultierenden Produktvorteile herausgestellt.

Hinweise auf die relative Preisgünstigkeit der Präparate erfolgen erst nachgelagert. Die Zwischenstellung des Unternehmens hinsichtlich der Preislage wird in Relation zur Qualität der Produkte verdeutlicht. Auf allen Producterzeugnissen und dem gesamten Informationsmaterial des Hauses findet sich die Basiszeile: "Unternehmen B: Gutes zum guten Preis".

Aufgrund der Besonderheiten der Produkt- und der Kommunikationspolitik vertreibt man auch keine Generikas im eigentlichen Sinne. Eine allgemeine Bewerbung beispielsweise des Wirkstoffes Nifedipin könnte dazu führen, daß der Arzt ein Konkurrenzprodukt verordnet. Da sich die Produkte jedoch von den Konkurrenzpräparaten unterscheiden und um eine Werbung für die Konkurrenz zu vermeiden, vermarktet das Unternehmen seine Präparate unter einem produktspezifischen Handelsnamen. Zum Teil handelt es sich dabei auch um sog. "Branded Generics", deren Produktbezeichnung neben dem Hinweis auf den Hauptwirkstoff auch ein Kürzel des Firmennamens mit beinhaltet. Die wichtigsten Produkte des Unternehmens, die sich sehr wesentlich von den Konkurrenzpräparaten abheben, werden dagegen unter einem speziellen Markennamen auf den Markt gebracht.

Die Intensität der Marketing-Anstrengungen stehen heute nur noch wenig hinter denen anderer Imitationsfirmen zurück. Gegenüber den Großkonzernen wie z.B. Hoechst oder Bayer bestehen aber aufgrund deren größerer Finanzkraft wesentliche Wettbewerbsnachteile. Die Originalanbieter besitzen z.T. die 5 - 6fache Außendienststärke und können kostenintensivere Marketing-Instrumente (z.B. Fortbildungsveranstaltungen, medizinisch-wissenschaftliche Fachpublikationen und sonstige Serviceleistungen) in einem Umfang einsetzen, der die finanziellen Möglichkeiten der Nachahmerfirmen bei weitem übersteigt. Diese Wettbewerbsnachteile versucht man, durch flexible, konzentrierte und gezielte Marketing-Strategien zu kompensieren.

Aufgrund der heute errreichten Außendienst-Stärke von 70 Mitarbeitern sieht sich Untenehmen B in der Lage, die für ihre Produkte als besonders relevant erachtete Ärzteschaft des gesamten Bundesgebietes in einem Besuchsrhythmus von 4 - 8 Wochen aufzusuchen und damit selbst den Außendienstaktivitäten der Großkonzerne gezielt entgegenwirken zu können. Letztere verfolgen zwar über einen weitaus größeren Stab von Pharma-Referenten, müssen damit aber weitaus mehr Produkte besprechen und zugleich mehere sehr heterogene Zielgruppen (unterschiedliche Facharztgruppen, Krankenhausmediziner, niedergelassene Ärzte) ansprechen. Unternehmen B beschränkt sich dagegen im wesentlichen auf die Zielgruppe niedergelassener Allgemeinärzte. Die Mitarbeiter besuchen pro Tag zehn Mediziner dieser Ärztegruppe. Von den zehn momentan vorgestellten Präparaten werden pro Arztbesuch 1 - 2 Produkte besprochen.

Auf diese Weise lassen sich über den Außendienst etwa ein Sechstel der ca. 30.000 in der Bundesrepublik niedergelassenen Allgemeinärzte und Internisten umfassend über die Firma und deren Produkte informieren. Ob und wie häufig ein Arzt besucht wird, hängt davon ab, ob ihn der jeweilige Außendienstmitarbeiter in die Kategorie A (Besuchsrhytmus: 4 Wochen), B (Besuchsrhtymus: 8 Wochen) oder C (keine oder nur gelegentliche Besuche) einstuft. Ein erstes Klassifikationskriterium stellt dabei die Praxisgröße dar. Als A-Ärzte gelten vor allem niedergelassene Mediziner von Praxen mit mehreren

Arzthelferinnen, mehreren Behandlungsräumen und einer geschätzten Krankenscheinzahl von über 1.500 pro Monat. Außerdem kommen für die Kategorie A solche Ärzte in Betracht, die hinsichtlich einer Produktklasse (z.B. Calciumanatgonisten) hohe Nutzenerwartungen hegen, deren Patientenklientel das den Medikamenten entsprechende Krankheitsbild (z.B. ältere Patienten mit koronaren Herzkrankheiten) häufig aufweist und die weder die Verordnung von Generikas grundsätzlich ablehnen noch auf konkrete Imitationspräparate anderer Nachahmerfirmen starr festgelegt sind. Je nachdem wie stark die Merkmalsausprägungen in den genannten Kriterien hiervon abweichen, wird eine Zurückstufung in die Kategorien B oder C vorgenommen.

Arzneimittelmuster dienten in der Vergangenheit den Pharma-Referenten häufig dazu, um Einlaß in die Praxen der Zielärzte zu erhalten. Aufgrund der gesetzlichen Musterregelung ist dies heute nicht mehr im gleichen Ausmaß der Fall. Es finden daher andere begleitende Marketing-Instrumente Anwendung, um den Außendienstmitarbeiter als Gesprächspartner für den Arzt interessant zu machen bzw. den Kontakt Arzt/Mitarbeiter zu halten und zu intensivieren. Zu diesen Serviceleistungen von Unternehmen B zählen vor allem Fortbildungsmaßnahmen (z. B. Wochenend-Workshops), medizinische Hilfsmittel (z. B. Diagnose-Hilfsmittel) und Patientenbroschüren (z. B. Ernährungspläne für Gichtkranke), die den Ärzten zur Verfügung gestellt werden. Gerade in diesem Bereich sind die umfassenderen und kostenintensiveren Marktleistungen der Originalanbieter überlegen. Unternehmen B ist daher verstärkt darum bemüht, hier durch kreative und sinnvolle Dienstleistungen für den Arzt eine Ausgleich zu finden.

Neben dem Außendienst fällt der Insertationswerbung als Kommunkationsmittel eine besondere Bedeutung zu. Die Anzeigenwerbung in medizinischen Fachzeitschriften dient primär dazu, den Bekanntheitsgrad als Nachahmerfirma von qualitativ hochwertigen Produkten weiter zu erhöhen. Die Pharma-Referenten profitieren von der heutigen Bekanntheit von Unternehmen B. Diejenigen Ärzte, denen die Firma erst einmal bekannt ist, wollen meist mehr über die einzelnen Produkte erfahren. Um die relevante Zielgruppe potentieller Generikaverordner gezielter ansprechen zu können, bedient man sich bei der Anzeigengestaltugn und Mediplanung sogenannter Ärztetypologien (Typ:"Junger kritischer Mediziner", Typ: "Regreßgefährdeter Arzt").

Beim Direct Mailing handelt es sich um das dritte bedeutende Kommunikationsinstrument von Unternehmen B. Bei dieser Form der Kommunikationspolitik wird eine mehrstufige Vorgehensweise gewählt. Die Aussendungen enthalten jeweils Abrufkarten für zusätzlich Informationsanforderungen (nicht nur Muster). Dadurch entsteht nach 3 - 4 Aussendungsschüben eine zunehmende Selbstselektion der relvanten Zielgruppe sowie eine konzentrierte Marktbearbeitung. Zugleich erhält auch der Außendienst Informationen über die jeweiligen "Reagierer". Kampagnen dieser Art haben für einzelne Präparate deutliche Umsatzzuwächse gebracht.

2.2.2.3 BETÄTIGUNGSFELDER UND MARKETING-STRATEGIEN VON UNTERNEHMEN C (TYP: "SPEZIALIST")

2.2.2.3.1 BETÄTIGUNGSFELDER UND GRUNDSATZSTRATEGIEN

Bei den ca. 20 verschiedenen Blutprodukten im Vertriebsprogramm von Unternehmen C handelt es sich um ausgesprochene Spezialpräparate, die zu einem Großteil nur bei schweren akuten Krankheitsfällen Anwendung finden. Rund 70 % des Arzneimittelumsatzes der Unternehmung entfallen daher auf den Klinik-Bereich (<u>Krankenhausmarkt</u>). Ein Teil der Produkte kommt aber auch für die Verwendung in Praxen niedergelassener Ärzte in Frage. Wegen ihrer Risikobehaftung (komplizierte Anwendung, hohe Wirksamkeit, Gefahr von Nebenwirkungen) unterliegt die Anwendung dieser Präparate ebenfalls der ärztlichen Überwachung (<u>Verordnungsmarkt</u>). Je nach Indikationsgebiet ergeben sich für die Präparate unterschiedliche Anteile hinsichtlich ihrer Anwendung im Klinik-Bereich und im Bereich niedergelassener Ärzte.

Im Hinblick auf die Indikationsstellung und die besonderen marktlichen Gegenbenheiten unterscheidet Unternehmen C zunächst grob drei Haupttätigkeitsfelder:

(1) Notfall-Präparate:

Der Bereich umfaßt Blutpräparate, die im wesentlichen bei akuten Krankheitsfällen eingesetzt werden. Unternehmen C tätigt über 60 % seines Umsatzes mit diesen Produkten. Da die Verabreichung von Vollblut oder Plasma für den Empfänger mit erheblichen Infektionsrisiken (insbesondere HIV und Hepatitis) verbunden ist, sollten aus medizinischer Sicht - wenn möglich - geeignete und sichere Blutkomponenten bzw. -derivate bevorzugt Anwendung finden. Diesem medizinischen Aspekt versucht das strategische Pharma-Marketing von Unternehmen C besondere Rechnung zu tragen.

Man stellt daher eine breite Palette von Produkten für die Blutkomponententherapie zur Verfügung. Gerinnungsfaktorenkonzentrate dienen primär zur therapeutischen Behandlung und Prophylaxe von Blutungen und Blutungsrisiken bei angeborener oder erworbener Hämophilie (Bluterkrankheit) sowie aber auch zur Prophylaxe im Falle von chirurgischen Eingriffen bei Nicht-Hämophilen. Human-Albumine infundiert man bei chirurgischen Eingriffen mit erheblichem Blutverlust, schweren Verbrennungen und allen Schocksyndromen. Inhibitoren von Gerinnungsfaktoren (Antithrombin, Heparin) werden zur Prophylaxe bei Thromboembolie-Risiken bzw. bei nachgewiesenem Antithrombin-Mangel eingesetzt. Zu einem großen Teil unterstützen und ergänzen sich diese Notfallpräparate auch in ihrer Wirkung.

Die Herstellung der einzelnen Produkte gestaltet sich zum Teil allerdings recht unterschiedlich. So gilt die Herstellung von Human-Albuminen durch Fraktion aus menschlichem Frischplasma als relativ einfach und unproblematisch. Die Präparate enthalten außer Albuminen nur die hitzebeständigen Globuline menschlichen Plasmas. Aus diesem Grund ist eine Thermoinaktivierung für die Dauer von zehn Stunden bei ca. 60° C möglich. Die Hitzeeinwirkung schließt eine Übertragung viraler Erreger einschließlich Hepatitis und HIV durch das Präparat aus. Außerdem können die Präparate ohne Rücksicht auf Blutgruppen- und Rhesus-Eigenschaften des Empfängers infundiert werden. Die Handelsformen unterscheiden sich deshalb vor allem hinsichtlich der Konzentrationsgrade der Lösungen (z. B. Human-Albumin 20 %). Im Hinblick auf die Qualität der Präparate treten bei den 3-5 führenden Wettbewerbern des Marktes kaum gravierende Unterschiede auf.

Im Vergleich zur Herstellung von Human-Albuminen ergeben sich dagegen bei der Herstellung von Gerinnungsfaktorenkonzentraten weitaus größere Probleme. Trotz intensiver Maßnahmen zur Senkung der viralen Infektiosität des Ausgangsplasmas (z. B. ausschließliche Verwendung von Frischplasma aus gesundheitsbehördlich kontrollierten europäischen und US-Plasmapherese-Zentren, strenger Spenderauswahl und -überwachung sowie verschiedener Tests bei der Einzelspende, beim Plasmapool und beim Endprodukt) durch seriöse Anbieter von Blutprodukten zählen diese Medikamente zur Klasse der High-Risk-Präparate.

Unternehmen C ist es als zweitem Arzneimittelhersteller gelungen, ein produktspezifisches Virusinaktivierungsverfahren (Dampfbehandlung) zu entwickeln und patentieren zu lassen. Experimentelle Befunde und klinische Langzeituntersuchungen belegen mittlerweile die Wirksamkeit der Virusinaktivierungsmethode. Eine Übertragung des AIDS-Erregers HIV durch Gerinnungsfaktorenkonzentrate kann nunmehr nach einer Behandlung mit dem sogenannten S-TIM-Verfahren nahezu ausgeschlossen werden. Das Risiko der Übertragung von Virushepatitiden oder sonstiger Viruserkrankungen ist mit hoher Wahrscheinlichkeit eliminiert.

Im Gegensatz zu den Humanalbuminen unterscheiden sich die verschiedenen am Markt angebotenen Handelsformen von Gerinnungsfaktorenkonzentraten erheblich voneinander und zwar in bezug auf den jeweiligen Gerinnungsfaktor, die Art der Herstellung, den Konzentrationsgrad der Lösung und die jeweilige Blutgruppe (z. B. Faktor VIII S-TIM 3 H-Konzentrat 250 Blutgruppe B). Außerdem zeigen sich unter den am Markt angebotenen Präparaten zu einem großen Teil erhebliche Qualitätsunterschiede. Die Herstellung und Vermarktung von Inhibitoren nimmt eine Zwischenstellung zwischen den Human-Albuminen einerseits und den Gerinnungsfaktorenkonzentraten andererseits ein.

Die Marketing-Bemühungen von Unternehmen C für Notfallpräparate konzentrieren sich in erster Linie auf die Vermarktung der Gerinnungsfaktorenkonzentrate für Bluter. Mit diesen Produkten tätigt das Unternehmen ca. 30 % seines gesamten Arzneimittel-Umsatzes. Der Teilmarkt für Hämophilie stellt den Ursprungsmarkt der Firma dar. Es handelt sich hierbei um ein kleines überschaubares Marktsegment. In der Bundesrepublik existieren nur ca. 20 Zentren, die sich auf die Behandlung von Bluterkrankheiten spezialisiert haben. Als primäre Zielgruppe in diesem Marktsegment kommen nur rund 200 behandelnde Ärzte

(Anästhesisten und Chirurgen) in Frage. Das Unternehmen deckt dieses Marktsegment mit <u>mehreren Produktlinien</u> vollständig ab.

Unter den ca. zehn Anbietern auf dem Hämophilie-Markt nimmt Unternehmen C derzeit mit über 35 % Marktanteil Rangplatz 2 ein. Der Markt gilt hinsichtlich der Marktpositionen der Wettbewerber als relativ wenig dynamisch. Zwischen der Arzneimittelherstellern und den Anwendern bestehen sehr enge traditionelle und finanzielle Bindungen. Dem Unternehmen gelang es bisher auf Grund richtungsweisender Innovationen, mit den Markt aufzubauen und die eigene Marktposition zu stärken. Heute werden Bluterkranke deshalb älter, weil man mit entsprechenden Medikamenten in der Lage ist, auch bei inneren Verletzungen deren Blutungen zu stoppen. Allerdings treten bei Anwendung der Medikamente - zum Beispiel wegen der mitverabreichten Begleitproteine - noch erhebliche Probleme auf, so daß es weitere Innovationen auf diesem Therapiegebiet bedarf.

Der Ruf der Firma auf dem Hämophilie-Markt und insbesondere die Qualität der von ihr angebotenen Gerinnungsfaktorenkonzentrate dienten quasi als <u>Einstieg in den umfassenderen Markt für Notfallpräparate aus Blut</u> (Gerinnungsfaktorenkonzentrate, Inhibitoren, Human-Albumine, lyophilisiertes Frischplasma). Das Unternehmen hält mit diesen Produkten einen Marktanteil von über 20 % und belegt damit Position 3 unter den rund 15 Wettbewerbern. Die Produkte werden nahezu ausschließlich in der Klinik (Bereich Anästhesie und Chirurgie) eingesetzt. Für die Zukunft deutet sich bei den Thrombose-Präparaten eine Marktausweitung in den Bereich niedergelassener Ärzte an. Eine solche Marktausdehnung ist jedoch noch mit erheblichen Investitionen im Hinblick auf Produktgestaltung und Marktbearbeitung verbunden.

Insgesamt verfolgt Unternehmen C allerdings auf dem Markt für Notfallpräparate aus Blut eine <u>Defensivstrategie</u>, bei der es darum geht, die erreichte Marktposition zu halten. Der Markt durchläuft momentan eine Übergangsphase von den aus Plasma hergestellten Präparaten zu den gentechnisch hergestellten Produkten. Gentechnische Präparate befinden sich zwar noch keine am Markt, jedoch konkretisieren sich bereits entsprechende Entwicklungen. Zwei Wettbewerber konnten ihre Präparate bereits in die Phase der klinischen Prüfungen überführen.

Im Zusammenhang mit der technologischen Entwicklung auf dem Gebiet der Genforschung zeichnet sich ab, daß auch neue Wettbewerber auf dem Markt für Notfallpräparate aus Blut in Erscheinung treten werden. Unternehmen C ist zwar ebenfalls auf diesem Forschungsgebiet tätig, die Entwicklung in diesem Bereich sind aber - im Hinblick auf einen späteren Markterfolg der Produkte - noch mit sehr hohem Risiko behaftet. Es existieren zur Zeit drei konkurrierende Herstellverfahren, von denen man nur bei einem eine Option besitzt. Es bleibt abzuwarten, welches dieser Verfahren sich letztendlich am Markt durchsetzt. Vom Ausgang dieser Entwicklungen hängen die künftigen Marketing-Strategien des Unternehmens im Bereich der Notfallpräparate ab.

(2) Fibrin-Kleber

Unter Fibrin versteht man den Eiweißstoff des Blutes, der bei der Blutgerinnung entsteht. Die Fibrin-Klebung entspricht im Prinzip der letzten Phase der Blutgerinnung. Fibrin-Kleber sind hochwertige und hochpreisige Blutprodukte, die nur bei äußerst schweren inneren und äußeren Verletzungen und Operationen zur Blutstillung, zur Wundheilung und zum Wundverschluß eingesetzt werden. Die Gewebeklebung von Wundrändern mit Fibrin kann in vielen Fällen auch die Operationsnaht ersetzen.

Auf die Vermarktung dieser Medikamente entfallen ungefähr 10 % des Umsatzes von Unternehmen C. Obgleich sich sowohl hinsichtlich der in Frage kommenden Zielgruppen (Chirurgen und Anästhesisten) als auch der Herstellung der Produkte (Qualitätskontrolle der Produktbestandteile, Thermoinaktivierung etc.) Überschneidungen mit anderen Produktbereichen ergeben, wird der Bereich der Fibrin-Klebung als eigenständiger Markt mit eigenen Gesetzmäßigkeiten angesehen.

Es handelt sich hierbei um einen ausgesprochenen Wachstumsmarkt mit zweistelligen jährlichen Wachtumsraten, auf dem sich lediglich zwei Anbieter befinden. Unternehmen C war mit seinem Fibrin-Kleber bereits acht Jahre vor dem Konkurrenten am Markt. Das Hinzutreten des neuen Wettbewerbers wurde in diesem Fall aber als positiv bewertet. Durch den Mitanbieter erhöhte sich die Glaubwürdigkeit der eigenen Marktkommunikation. Dies half sehr wesentlich dabei, den Markt bzw. das Anwendungsgebiet der Produkte im Hinblick auf neue Therapiebereiche auszuweiten. Mit einem Marktanteil von über 80 % ist Unternehmen C allerdings nach wie vor eindeutiger Marktführer.

Auf Grund der größeren Produkt- und Markterfahrung dürfte diese Position auch in Zukunft kaum gefährdet sein.

Trotz des hohen Marktanteils verfolgt das Unternehmen im Bereich der Fibrin-Klebung weiterhin eine eindeutige Offensivstrategie. Das Unternehmen sieht hier eines seiner künftigen Haupttätigkeitsfelder, zumal dieser Produktbereich bereits heute die höchsten Deckungsbeiträge erwirtschaftet. Der Ausbau des Geschäftsfeldes und die Hinzugewinnung zusätzlicher Marktanteile soll durch aktives Vorantreiben der Marktentwicklung, aber auch Marktdurchdringung und Produktentwicklung erfolgen.

Die Marktausweitung bei Fibrin-Klebern steht noch in den Anfängen. Das Präparat findet heute vornehmlich Anwendung in der Allgemein- und Unfallchirurgie. Letztlich können Fibrin-Kleber aber in nahezu allen Bereichen der operativen Medizin (Herz- und Gefäß-, Thorax-, Neuro-, HNO-, Zahn-, Mund- und Kiefer-, Plastische Chirurgie, Hämatologie, Urologie, Onkologie und Gynäkologie) eingesetzt werden und bieten dabei jeweils erhebliche Anwendungsvorteile. So läßt sich beispielsweise bei einer Verletzung der Milz mit Hilfe des Präparates das Organ und damit das Immunsystem des Körpers intakt erhalten. Bei vorzeitigem Blasensprung in der Gravidität ist durch Fibrin-Versiegelung der Erhalt der Schwangerschaft möglich, bei Hauttransplantationen oder Rekonstruktionen von Konturdefekten im Gesichtsbereich lassen sich verbesserte kosmetische Ergebnisse erzielen.

Die genannten Anwendungsbeispiele und Produktvorteile geben nur einen kleinen ersten Eindruck von den Möglichkeiten der Marktausweitung bei Fibrin-Klebern. Die Reihenfolge der systematischen Marktbearbeitung einzelner Fachgebiete richtet sich dabei zum einen nach der Schwere der Verletzung bzw. Krankheit, der Bedeutung der Anwendungsvorteile und dem Imagewert der Behandlung, zum anderen nach dem jeweiligen Marktpotential.

Neben der Marktausdehnung zielen die Marketing-Bemühungen auch auf eine stärkere Marktdurchdringung in den bereits bearbeiteten Therapiebereichen ab. Dort existieren zum Teil noch Widerstände gegen die Verwendung des Produktes, die in der komplizierten Handhabung begründet liegen. Speziell in Behandlungsfällen, bei denen große Eile geboten ist, ergeben sich hieraus Probleme. Durch Produktentwicklungen, die anwenderfreundlichere Teillösungen bieten, sollen bisherige Nicht-Anwender verstärkt angesprochen werden.

(3) Sera/Impfstoffe

Im wesentlichen handelt es sich bei diesen Produkten um Human-Immunglobuline (wäßrige Bestandteile des menschlichen Blutes mit Antikörpereigenschaften), die zur Behandlung von Antikörpermangelzuständen sowie zur Sofortprophylaxe und frühzeitigen Adjuvanstherapie bei viralen und bakteriellen Infektionskrankheiten (Hepatitis, Masern, Mumps, Poliomyelitis etc.) eingesetzt werden. Bei einem Teil dieser Sera aus menschlichem Blut besitzt Unternehmen C Patente für die Verfahren zu ihrer Herstellung (Blut-Fraktionierung, Reinigung). Auch bezüglich dieser Produkte werden hohe Anforderungen an die Verträglichkeit und Sicherheit (Infektionsrisiken) gestellt, die nicht alle Anbieter im gleichen Umfang erfüllen.

Neben Präparaten zur Serumtherapie, die eine sofortige aber nur wenige Monate andauernde, passive Immunisierung hervorrufen, bietet Unternehmen C in seinem Produktprogramm auch Impfstoffe gegen die durch Zeckenbisse übertragene Frühsommer-Hirnhautentzündung (FSME) und gegen Tetanus an. Diese Impfstoffe enthalten abgeschwächte Krankheitserreger und dienen im Gegensatz zur Serumtherapie einer länger andauernden aktiven Immunisierung. Der Sinn der Impfung besteht darin, daß der Körper selbst lernt, Abwehrstoffe zu produzieren, ohne zu erkranken. Begleitend zu diesen beiden Impfstoffen enthält das Produktprogramm aber auch entsprechende Immunglobuline gegen FSME und Tetanus. Diese Impfstoffe und Sera lassen sich auch kombiniert einsetzen.

In der Bundesrepublik werden zu Apothekenverkaufspreisen jährlich etwa 200 Mio. DM an Immunglobulinen (ca. 85 - 90 Mio. DM) und Impfstoffen (ca. 110 - 115 Mio. DM) umgesetzt. Bei einem Marktanteil von etwa 8 % tätigt das Unternehmen rund 10 % seines gesamten Arzneimittelumsatzes in diesen Märkten. Bei dem Impfstoff zur Vorbeugung von FSME, der primär bei bestimmten Risikogruppen (z. B. Waldarbeitern) Anwendung findet, ist Unternehmen C der einzige Anbieter und nimmt in dieser Marktnische eine Art Monopolstellung ein. Der Tetanus-Impfstoff wird von sechs weiteren Wettbewerbern angeboten. Hier nimmt das Unternehmen ebenfalls einen vorderen Marktrang ein.

Die Entwicklung des Betätigungsfeldes verlief vom ursprünglichen Einsatz der Immunglobuline im Krankenhaussektor insbesondere über die Impfstoffe heute auch zu einem verstärkten Engagement im Verordnungsmarkt. Damit kommt man den Interessen der niedergelassenen Ärzte entgegen, die sich durch Impfungen zusätzliche Einnahmen erhoffen (in der Vergangenheit waren Impfungen in freien Praxen nicht die Regel). Unternehmen C verfolgt nicht nur die Strategie der <u>Marktausdehnung in den niedergelassenen Bereich</u> mit Hilfe des bestehenden Produktangebotes, sondern auch die Strategie einer <u>horizontalen Differenzierung</u> durch Erweiterung des gegenwärtigen Produktprogramms um zusätzliche Impfstoffe und Sera für weitere Krankheiten.

Der Bereich Impfstoffe und Sera gilt als zweiter Zukunftsbereich des Unternehmens, in dem man noch erhebliche Wachstumspotentiale vermutet. Man geht deshalb in diesem Betätigungsfeld ausgesprochenen <u>Investitions- und Wachstumsstrategien</u> nach. Auf Grund erheblicher F & E-Investitionen gelang es z. B. mittlerweile auch, an der Erforschung einer AIDS-Vakzine erste Erfolge zu verzeichnen. Der Impfstoff soll noch 1988 in die Phase der klinischen Prüfung gelangen.

Betrachtet man alle Betätigungsfelder von Unternehmen C zusammenfassend, so fällt auf, daß das Unternehmen nur auf Märkten tätig ist, auf denen man ein Spezialwissen besitzt und entweder auf Grund einzelner Produkte oder eines umfassenden Produktprogramms Besonderheiten gegenüber den Wettbewerbern aufweist. Die unternehmerische <u>Basisstrategie</u> lautet dabei, stets augehend von der angestammten Unternehmensaufgabe - der Erforschung und Herstellung von Blutprodukten - , eine vorsichtige Ausweitung der Geschäftstätigkeit vorzunehmen. Die Ausweitung erfolgt nur dann, wenn das Unternehmen der Ansicht ist, auf Grund des in langen Jahren erworbenen Spezialwissens Wettbewerbsvorteile gegenüber potentiellen oder tatsächlichen Konkurrenten zu besitzen.

2.2.2.3.2 MARKTBEARBEITUNGSSTRATEGIEN

Die Marktbearbeitungsstrategien von Unternehmen C sind darauf ausgerichtet, dem Arzt <u>umfassende Problemlösungen</u> anzubieten. Diese Grundtendenz schlägt sich sowohl in der Produkte- und Programmpolitik als auch in der Kommunikationspolitik nieder.

Das Unternehmen ist zunächst darum bemüht, dem Arzt für ein Indikationsgebiet ein sowohl hinsichtlich der Programmbreite als auch hinsichtlich der Programmtiefe möglichst vollständiges Arzneimittelangebot zur Verfügung zu stellen. Die Palette der Notfallpräparate aus Blut etwa umfaßt vier Produktlinien (Frischplasma, Human-Albumine, Inhibitoren, Gerinnungsfaktorenkonzentrate), wobei selbst bei den Gerinnungsfaktorenkonzentraten, bei denen die meisten Variationsmöglichkeiten offenstehen, alle Produktarten angeboten werden. Mit diesem umfassenden Programm gelang es Unternehmen C, Synergieeffekte beim Absatz der einzelnen Produkte auszunutzen und sich zugleich als Spezialist für Notfallpräparate aus Blut am Markt zu profilieren. Dieses Image stellt heute noch einen sehr wesentlichen Wettbewerbsvorteil für das Unternehmen dar. Das gleiche Konzept wird auch im Bereich der Sera und Impfstoffe verfolgt. Dort besitzt man bei den Immunglobulinen bereits eine relativ umfangreiche Produktlinie. Die gegenwärtigen Bemühungen laufen darauf hinaus, sowohl das Sera-Angebot als auch die sich damit ergänzende Palette an Impfstoffen weiter auszubauen.

Die Fibrin-Kleber ermöglichen aus produktpolitischer Sicht insofern umfassendere Therapielösungen, weil das Produktangebot neben den eigentlichen Blutpräparaten (tiefgefrorene Leberproteinlösungen) auch Applikationssets (Fertigspritzen, Applikationsnadeln, Sprühköpfe, Sprühkatheder, verschiedene lyophilisierte Thrombine und Calciumchlorid-Lösungen) sowie technische Wärme- und Rührgeräte zur physiologischen Auflösung der Kleberkomponenten umfaßt. Diese Komplett-Sets versetzen den jeweiligen Anwender in die Lage, eine der spezifischen Behandlungssituation angepaßte Produktanwendung (z. B. schnelle vs. langsame Fibrin-Klebung) vornehmen zu können. Ähnliche kundengerechte Produktvariationen enthält das Vertriebsprogramm auch in den anderen Produktbereichen (z. B. Fertigspritzen und Durchstechflaschen für Immunglobuline, kleinere Applikationsnadeln für die Anwendungen beim Pädiater etc.). Mit solchen Produktmodifikationen gelang es bereits mehrfach, erfolgreiche Trends in den jeweiligen Märkten zu begründen.

Ergänzt wird das Sortiment in den einzelnen Betätigungsfeldern schließlich durch entsprechende Diagnostika. Diese Diagnostika, die zur Erforschung, Herstellung und Qualitätskontrolle von Blutpräparaten erforderlich sind (z. B. AIDS-Tests), entstanden quasi als Nebenprodukte. Auch diese Produkte gingen aus dem Spezialwissen des Unternehmens hervor, das man nun den Anwendern von Blutpräparaten zur Verfügung stellt. Zum Teil handelt es sich dabei um hochtechnische Geräte. So konnte Unternehmen C beispielsweise ein fotometrisch arbeitendes Gerät zur quantitativen Erfassung des Gerinnungsvorgangs im Blut entwickeln, das die bisherigen, manuell vorgenommenen Untersuchungen automatisierbar und damit zugleich schneller und verläßlicher macht.

Das primäre Anliegen der Produktpolitik besteht jedoch darin, echte Produktinnovationen auf den Markt zu bringen. Dies soll zum einen durch völlig neue Präparate der Bluttherapie (z. B. AIDS-Impfstoff), zum anderen durch entscheidende qualitative Verbesserungen der bisher bekannten medikamentösen Bluttherapie geschehen. Bislang bestehen bei allen auf dem Markt bekannten Blutprodukten noch Probleme hinsichtlich Isolation, Stabilisierung und Reinheit der Wirkstoffe sowie Verträglichkeit und Infektionsrisiken der Präparate, so daß sich auch hier noch ein sehr weites Aufgabenfeld eröffnet. Insbesondere mit Hilfe der Gentechnologie erhofft man sich hierbei wesentliche Fortschritte. Die im gesamten Markt für Blutprodukte vorherrschende technologische Dynamik will das Unternehmen nutzen, um sich durch patentgeschützte Innovationen weitere Wettbewerbsvorteile zu sichern.

Wegen des Patentschutzes eines großen Teiles der Präparate, der Dynamik des Marktes, der überschaubaren Zahl potentieller und faktischer Wettbewerber sowie der Bekanntheit des Unternehmens als Anbieter eines umfassenden Sortiments qualitativ hochwertiger und nach dem neuesten Stand der Wissenschaft hergestellter Blutpräparate verzichtet Unternehmen C zum Teil darauf, finanzielle Mittel zu investieren, um produktspezifische Handelsnamen am Markt bekannt zu machen. Jedes Produkt wird nur als ein Teil des Gesamtkonzeptes der jeweiligen Bluttherapie angesehen. Die Vermarktung der meisten Präparate erfolgt daher unter generischer Bezeichnung (z. B. Human-Albomin 5 %, Faktor VIII S-TIM 500 isoagglutininfrei, Mumps Immunglobulin-Lösung etc.).

Der Firmenname soll quasi als Dachmarke dienen. Er findet sich in identischer Aufmachung auf allen Produkten. Auch die Verpackungen der Präparate besitzen durchgängig das gleiche Grunddesign (Farbe, Verpackungsgestaltung, Schriftzüge). Die einzelnen Produktreihen enthalten aber zusätzlich jeweils ein charakteristisches Merkmal. Nur bei den Präparaten, bei denen zusätzliche Abgrenzungen erforderlich erscheinen, um den spezifischen Produktvorteil gegenüber den Wettbewerbern herauszustellen, z.B. bei patentgeschützten Herstellverfahren, die sich nicht bereits aus der generischen Produktbezeichnung heraus erkennen lassen, werden warenzeichengeschützte Markennamen für die einzelnen Präparate verwendet.

Die Marktkommunikation von Unternehmen C zeichnet sich durch einen umfassenden sowohl produktspezifischen als auch wissenschaftlichen Informationsaustausch mit den einzelnen Zielpersonen aus. Dabei werden zielgruppenspezifische Interessen und Besonderheiten in hohem Maße berücksichtigt.

Der Krankenhausmarkt stellt nach wie vor den Kernmarkt dar. In der Bundesrepublik Deutschland existieren ca. 1.850 Krankenhäuser für Akutkranke mit ca. 460.000 planmäßigen Betten. Auf ein Akutkrankenhaus entfallen im Durchschnitt rund 250 Betten. Die Krankenanstalten werden von Unternehmen C zunächst in ihrer organisatorischen Gesamtheit in A, B und C Kunden segmentiert. Für eine intensivere Kundenbetreuung kommen letztlich nur rund zwei Drittel (ca. 1.000 Akut-Krankenhäuser) in Frage, die dazu in der Lage sind, die zum Teil in der Anwendung hochkomplizierten Produkte (z. B. Durchführung anspruchsvoller Operationen mit Fibrin-Klebern; spezielle Bluttherapie für Hämophilie-Kranke etc.) umfassend einzusetzen. In der Regel handelt es sich dabei um Kliniken mit über 500 Betten. Diese Basissegmentierung dient jedoch nur als Ausgangspunkt vertiefender kundenspezifischer Marktbearbeitung.

Die differenzierte Kundenansprache auf individueller Ebene trägt der Multipersonalität des Kaufentscheidungsprozesses bei Medikamenten in Krankenhäusern und dem Innovationsgrad der jeweiligen Produkte Rechnung. Dabei kommt der hierarchischen Stellung der Beteiligten besondere Bedeutung bei.

Die Chefärzte großer Kliniken zeigen lediglich an hoch innovativen Präparaten besonderes Interesse. Zumeist handelt es sich bei diesem Personenkreis um bekannte Mediziner und Wissenschaftler, die sich ein eigenes Bild von einer Arzneimittelinnovation machen möchten. Gemeinsam mit diesen anerkannten Fachleuten führt Unternehmen C klinische Studien durch und versucht, sie dadurch von der Qualität und den Anwendungsvorteilen eines neuen Präparates zu überzeugen. Dabei erfolgt ein intensiver Meinungsaustausch, den das Unternehmen zugleich zu weiteren Produktverbesserungen zu nutzen sucht.

Die Gewinnung der obersten Ärztehierarchie großer Kliniken für eine Arzneimittelinnovation besitzt nicht nur maßgebliche Innenwirkung auf den Absatz der Präparate in den jeweiligen Krankenhäusern, sondern bringt zugleich eine wichtige Außenwirkung mit sich. Dadurch daß sich diese führenden Medizinwissenschaftler auf Kongressen, in der Fachpresse und in der Literatur als kompetente, unabhängige und anerkannte Fachleute zu den jeweiligen Arzneimitteln äußern, fungieren sie als <u>Meinungsbildner</u> am Markt.

Üblicherweise üben aber nicht die Chefärzte sondern die dazu von ihnen autorisierten <u>Oberärzte</u> die Rolle als Kaufentscheider bei Präparaten in der Klinik aus. Daneben kommen eine Reihe von <u>sonstigen Krankenhausangestellten</u> als geeignete Zielgruppen für Produktpflegemaßnahmen in Frage. Die Assistenzärzte und zum Teil auch das übrige medizinische Krankenhauspersonal (Schwestern, Helfer usw.) beeinflussen als Anwender der Produkte den Meinungsbildungsprozeß der Oberärzte oft in hohem Maße. Die Oberärzte ihrerseits repräsentieren in den Arzneimittelkommissionen der Kliniken nur die medizinischen Aspekte des Medikamenteneinkaufes; die wirtschaftliche Seite nehmen in der Regel die Krankenhausapotheker und/oder die Krankenhausverwaltung wahr. Auch diese Einkäufer sind bei der Kommunikationspolitik berücksichtigt.

Die Kommunikationspolitik von Unternehmen C geht umfassend auf die Interessen aller direkt oder indirekt am Kaufentscheidungsprozeß beteiligten Personen in einer spezifischen Form ein. Bei den Krankenhausärzten liegt in der Regel die Absicht vor, sich durch Habilitationen, Promotionen oder Fachveröffentlichungen wissenschaftlich zu profilieren. Für diese Zwecke stellt das Unternehmen umfassende Literatur zur Bluttherapie, spezielle Medikamente und Diagnostika für empirische Studien oder sonstige Hilfsmittel zur Verfügung. Häufig erfolgt außerdem eine persönliche Betreuung des Wissenschaftlers durch einen kompetenten Mitarbeiter des wissenschaftlichen Innendienstes. Wegen der besonderen Bedeutung aber auch der Problembehaftung von Blutprodukten sind solche wissenschaftlichen Untersuchungen nicht nur bei Innovationen sondern auch bei bereits längerer Zeit auf dem Markt befindlichen Präparaten notwendig. Die Betreuung von <u>wissenschaftlichen Arbeiten</u> bietet daher einen beiderseitigen Nutzen und schafft enge persönliche Bindungen an das Unternehmen.

Um eine sachgerechte Anwendung der Präparate zu gewährleisten, erfolgt die Durchführung verschiedener Schulungen und Seminare, welche die einzelnen Facharztgruppen und zum Teil auch das übrige medizinische Krankenhauspersonal ansprechen. Außerdem bietet das Unternehmen eine Vielzahl von Dia-Reihen, Filmen und Videobändern an, die über die Techniken im Umgang mit Blutpräparaten informieren.

Die Veranstaltung von wissenschaftlichen Ärztesymposien und Kongressen mit bis zu 500 Teilnehmern, bei denen im Rahmen von ausgiebigen Fachvorträgen allgemeine medizinwissenschaftliche Themen aufgegriffen werden, oder von Ärzteworkshops mit maximal 80 Teilnehmern, die außer Kurzreferaten auch zu ausführlichen Diskussionen und gegenseitigem Erfahrungsaustausch zwischen den Ärzten Gelegenheit geben, ergänzen das Fortbildungsprogramm um weitere nicht firmen- und produktbezogene Themen.

Fortbildungsprogramme ohne konkreten Produkt- oder Firmenbezug offeriert das Unternehmen insbesondere auch für Krankenhausapotheker sowie das Verwaltungspersonal. "EDV in der Klinik-Apotheke" oder "Zeitmanagement in der Krankenhausverwaltung" lauten beispielsweise die Themen von Seminaren für diese Zielgruppen.

Die Ansprache der Zielgruppen im Verordnungsmarkt, erfordert andere kommunikative Vorgehensweisen. Insbesondere der persönliche Kontakt läßt sich bei der weitaus größeren Anzahl von relevanten Ärzten nicht ganz so eng wie im Klinikbereich gestalten. Allerdings bevorzugt das Unternehmen wegen der hohen Erklärungsbedürftigkeit der Präparate auch hier eher umfassend informierende Kommunikationsmittel. Anzeigen, auf denen nur relativ wenig Informationen übermittelbar sind, kommen relativ selten und nur bei emotional besetzten Kommunikationsthemen (z. B. bei einem Gammaglobulin für die Prophilaxe bakterieller und viraler Infektionen bei Reisen in südliche Länder) in Betracht. Schwerpunktmäßig gelangen im Bereich niedergelassener Ärzte neben dem Außendienst vor allem Broschüren, Durchhefter und Direct Mailings zum Einsatz. Außerdem finden auch für diesen Markt Ärzte-Workshops (z. B. allgemein zum Thema Impfungen) statt.

Der Verordnungsmarkt wird von Unternehmen C erst seit relativ kurzer Zeit bearbeitet. Der Einstieg in diesen Markt zeigt charakteristische Merkmale der Kommunikationspolitik dieser Unternehmung auf. Neben dem wirtschaftlichen Anliegen der

Ärzte besteht auch ein sehr großes fachliches Interesse an dem Thema Impfungen. In medizinischen Fachpublikationen wird zunehmend darüber geklagt, daß die Zahl der Impfungen rückläufig ist, weil in der Bevölkerung weithin die Fehleinschätzung vorherrscht, daß einige Infektionskrankheiten bereits vollständig ausgerottet seien, oder man die Gefährlichkeit des Krankheitsverlaufes bei bestimmten Infektionskrankheiten unterschätzt. Andererseits stellt der Einsatz von Impfstoffen und Sera für die meisten Mediziner in der freien Praxis ein noch weithin unbekanntes Feld dar, über das sie gerne näheres erfahren möchten.

Um diesem Informationsbedürfnis der Ärzte nachzukommen und den Firmennamen auch in den Praxen der niedergelassenen Ärzte bekannt zu machen, schaltete man in der deutschen Ärztezeitung doppelseitige Einhefter, in denen man den Medizinern per Abrufkarte einen kostenlosen Katalog umfassender Informationen über Impfungen anbot. Das übersichtlich gestaltete "Vaccinarium" in Form eines DIN A 5-Ringbuches enthält außer spezifischen Informationen über die Produkte des Unternehmens auch einen von anerkannten medizinischen Fachleuten gestalteten Leitfaden für den Einsatz von Impfstoffen und Sera bei den verschiedensten Krankheiten bis hin zum Giftschlangenbiss. Der Informationskatalog, der im Dialog-System gestaltet ist, wird vervollständigt durch Patienteninformationsblätter, Impfplaner, Impfausweise, Informationsschecks zum Abruf zusätzlicher Informationen und zur Wieder-Vervollständigung des Kataloges und ähnlichen Dingen. Innerhalb von nur 14 Tagen nach Erscheinen der Einhefter in der deutschen Ärztezeitung forderten über 20.000 Ärzte (ca. 30 % der rund 67.000 niedergelassenen Ärzte in der Bundesrepublik Deutschland) das Vaccinarium an. Das Unternehmen und seine Produkte erreichten dadurch einen entsprechend hohen Bekanntheitsgrad. Insbesondere über diese Vorgehensweise bei der Marktkommunikation gelang der Einstieg in den Verordnungsmarkt.

Die Preise der Präparate von Unternehmen C sind bei allen Produkten sowohl absolut betrachtet als auch im Vergleich zu den Konkurrenzanbietern als sehr hochpreisig zu bezeichnen. Die Ursachen hierfür liegen zunächst in den hohen Beschaffungskosten des Ausgangsmaterials, den kostenintensiven Herstellungsverfahren, der Qualität und Innovationskraft der Präparate, der umfassenden wissenschaftlichen und produktbezogenen Information und insbesondere auch in den hohen F & E-Ausgaben des Unternehmens begründet. Daneben orientiert sich das Unternehmen im Rahmen seiner Preispolitik aber auch an der jeweiligen Marktsituation (Marktstellung, Produktvorteile gegenüber Konkurrenzpräparaten, Preis der Konkurrenten). Auf Grund der hierbei zu verzeichnenden Wettbewerbsvorteile bieten sich Ansatzpunkte für die verfolgte Hochpreispolitik.

Prinzipiell ist das Unternehmen darum bemüht, sowohl unter Berücksichtigung von Kostenaspekten als auch unter ethischen Gesichtspunkten die Preise in einem "angemessenen" Rahmen festzulegen. Daher werden auch die Preishalteappelle des Bundesverbandes der Pharmazeutischen Industrie strikt befolgt. Probleme mit dem Bundeskartellamt ergaben sich nur bei den Gerinnungsfaktorenkonzentraten. Das Eingreifen des Bundeskartellamtes betraf allerdings alle Anbieter auf diesem Teilmarkt.

2.2.2.4 BETÄTIGUNGSFELDER UND MARKETING-STRATEGIEN VON UNTERNEHMEN D (TYP: "TRADITIONALISTEN")

2.2.2.4.1 BETÄTIGUNGSFELDER UND GRUNDSATZSTRATEGIEN

Unternehmen D vermarktet über zwei Vertriebslinien (ohne Generika-Linie) rund 30 verschiedene Präparate. Die Produkte, die zu einem Großteil nicht nur chemischer sondern auch pflanzlicher Herkunft sind, unterliegen allesamt der Apothekenpflicht. Auf den Krankenhausmarkt entfallen lediglich ca. 5 % des Unternehmensumsatzes. Das Hauptgeschäft verteilt sich etwa zu 70 % auf den Verordnungsmarkt und zu rund 30 % auf den OTC-Markt in Apotheken. Da es sich selbst bei den nicht-rezeptpflichtigen Präparaten von Unternehmen D um semi-ethische Medikamente handelt, die bei den Krankenkassen abrechnungsfähig sind, zielen die Marketing-Bemühungen nahezu ausschließlich auf den Verordnungsmarkt ab. Die OTC-Verkäufe der semi-ethischen Medikamente ergeben sich zumeist aufgrund vorausgegangener ärztlicher Verordnungen oder Empfehlungen.

Mittel- und längerfristig möchte das Unternehmen mit hoch innovativen chemischen Medikamenten und Wirkstoffen aus der eigenen Forschung und Entwicklung oder aus Forschungskooperationen und Lizenzverträgen (insbesondere mit den ausländischen Unternehmensteilhabern) den Verordnungsanteil am Umsatz noch weiter ausbauen. Bereits heute befinden sich einige erfolgversprechende Präparate in der Phase der prä-klinischen bzw. klinischen Entwicklung.[12]

Die ca. 30 Medikamente des gegenwärtigen Vertriebsprogrammes erstrecken sich auf eine <u>Vielzahl unterschiedlichster Indikationsgebiete</u> (z. B. Urologika, Dermatika, Magen-/Darm-Mittel, Cholagoga, Antianämika, Gynäkologika, durchblutungsfördernde Mittel etc.). In Anbetracht dieses diffusen Sortiments hielt man es im Rahmen der <u>Konsolidierung des Unternehmens</u> zunächst für erforderlich, eindeutige Marketing-Prioritäten hinsichtlich der einzelnen Arzneimittel bzw. deren Indikationsgebiete zu setzen, um eine weitere "Verzettelung" der marktbezogenen Unternehmensaktivitäten zu vermeiden. Es erfolgte daher im Hinblick auf das bereits vorhandene Präparateprogramm eine primäre <u>Konzentration der Marketing-Aktivitäten</u> zunächst auf drei Indikationsmärkte:

(1) <u>Venenerkrankungen</u>

Auf den Indikationsmarkt der Venenerkrankungen entfallen über 25 % des Unternehmensumsatzes. Der weitaus größte Teil (ca. 80%) des Unternehmensumsatzes mit diesen <u>semi-ethischen Medikamenten</u> erfolgt per ärztlicher Verordnung und nicht über OTC-Verkauf. Mit diesen Produkten erreichte Unternehmen D 1986 einen Marktanteil von ca. 15 % und nahm damit - allerdings mit deutlichem Abstand hinter dem Marktführer (Marktanteil ca. 25 %) - den <u>zweiten Marktrang</u> ein. Dicht dahinter folgen weitere 4 - 5 Wettbewerber mit relativ starken Marktpositionen.

Im Bereich der medikamentösen Behandlung von Venenerkrankungen ist das Unternehmen mit <u>zwei Produkten</u> vertreten. Neben dem auf pflanzlicher Basis hergestellten Hauptprodukt zur Behandlung der chronisch-venösen Insuffizienz (Krampfadern) bietet man zusätzlich für Venenpatienten mit "dicken" Beinen (Wasser im Bein) seit 1984 eine medikamentöse Doppel-Therapie an, die außer der Gefäßabdichtung bei Krampfaderleiden (pflanzliche Produktkomponente) zugleich über eine chemischen Produktkomponente (Diuretikum) eine Ödemausschwemmung bewirkt. Das Produkt erbringt heute einen Umsatz von knapp 6 Mio. DM pro Jahr. Auch in diesem Marktsegment belegt das Unternehmen den zweiten Marktrang.

---

12) Da sich diese Produkte zum Zeitpunkt der Erhebung noch nicht am Markt befanden, kann im folgenden auch nicht auf deren Vermarktungsstrategie eingegangen werden.

Dem Venenmarkt wird innerhalb des Unternehmens insgesamt eine geringe Marktattraktivität beigemessen. Die Wirksamkeit der Mittel gegen Krampfadern gilt heute bei immer mehr Ärzten als umstritten. Außerdem verlangen speziell weibliche Patienten - bei Frauen treten Krampfadern häufiger auf als bei Männern - meist bereits bei leichten äußerlichen Anzeichen der Krankheit aus kosmetischen Gründen nach Venenmitteln. Nicht zuletzt auch in Anbetracht der Kostenexpansion im Gesundheitswesen sind die Ärzte jedoch in ihren Verordnungen gerade bei Venenpräparaten nicht mehr zurückhaltender als in früheren Jahren.

Darüber hinaus besteht für die Zukunft insofern ein erhebliches Marktrisiko, als die gänzliche Herausnahme der Präparate aus der Krankenkassenerstattung nach wie vor droht. Die Markteinbußen in Folge einer solchen Entwicklung des Indikationsbereiches von einem semi-ethischen Markt mit hohem Verordnungsanteil zu einem reinen OTC-Markt werden als erheblich eingeschätzt.

Aufgrund der aufgezeigten Problematik innerhalb dieses Indikationsbereiches beschränken sich die Marketing-Bemühungen von Unternehmen D darauf, die erreichte Marktstellung und die dabei erzielten Absatzzahlen innerhalb dieses allenfalls stagnierenden Marktes zu halten (Defensivstrategie). Diesem Mindestziel kommt allerdings innerhalb des Unternehmens erhebliche Bedeutung zu, da der Produktbereich momentan noch das mit Abstand größte unternehmerische Betätigungsfeld darstellt und auch noch entsprechend hohe Gewinnbeiträge erwirtschaftet. Die relativ intensiven Marketing-Aktivitäten der wichtigsten Wettbewerber machen es erforderlich, entsprechende Gegenaktivitäten zu ergreifen, um das angestrebte Ziel zu erreichen.

(2) Bronchitis/Asthma

Im Gegensatz zu den sogenannten "Erkältungen" handelt es sich bei chronischer Bronchitis und Asthma um schwerere Erkrankungen der Atemwege, die durch Husten und Auswurf begleitet sind und zu erheblicher Atemnot führen. Wegen ihrer Wirkstärke und der dadurch erhöhten Gefahr von Nebenwirkungen besteht nahezu für alle Broncholytika und Antiasthmatika die Verordnungspflicht. Auf diesem - im Vergleich zu anderen Indikationsmärkten - mittelgroßen Verordnungsmarkt werden zu Apothekenverkaufspreisen jährlich Medikamente im Wert von ca. 270 Mio. DM umgesetzt. Der Gesamtmarkt zeigt nur geringfügiges Wachstum auf.

Die medikamentöse Behandlung von chronischer Bronchitis und Asthma erfolgt entweder durch krampflösende Mittel (Sympatomimetika; Theophyllin), durch Medikamente zur Förderung des Auswurfs des Bronchialschleims (Mukolytika) oder durch Arzneimittel, welche indirekt durch die Hemmung allergischer und entzündlicher Reaktionen wirken und dadurch den Atemwiderstand senken (Glukokortikoid-Präparate).

Der krampflösende <u>Wirkstoff Theophyllin</u> ist ein bereits vor nahezu einem Jahrhundert entdeckter Wirkstoff, der verhältnismäßig stark wirkt und zum Teil zu schweren Unverträglichkeitserscheinungen (insbesondere Herzrhythmusstörungen) führen kann. Präparate der Medikamentengruppe mit diesem Wirkstoff finden innerhalb des Indikationsgebietes den meisten Absatz. Insgesamt sind in diesem Marktsegment über 15 verschiedene Wettbewerber mit einer großen Anzahl <u>nahezu identischer Konkurrenzpräparate</u> vertreten. Der Marktführer tätigt einen Umsatz von ca. 35 - 40 Mio. DM im Jahr. Das orale Theophyllin-Präparat von Unternehmen D konnte seinen Apothekenumsatz von knapp 200.000 DM im Jahre 1982 auf heute nahezu 6 Mio. DM ausweiten. Außerdem gelang mit einer Theophyllin-Injektionslösung zur intravenösen Anwendung bei besonders schwerer akuter Atemnot innerhalb dieses Indikationsmarktes auch der <u>Einstieg in den Krankenhaussektor</u>.

Für eine dauerhafte Behandlung von Asthma und Bronchitis eignen sich nach Ansicht vieler Mediziner Sympatomimetika zum inhalieren oft besser als Theophyllin. Allerdings verleitet die beeindruckende Sofortwirkung dieser <u>Dosier-Aerosole</u> die Asthma-Kranken vielfach dazu, die Inhalationssprays zu häufig zu verwenden. Bei Überdosierung mit Aerosolen treten ebenfalls Herzschädigungen auf. In diesem etwas kleineren aber <u>wachsenden Marktsegment</u>, in dem bislang auch noch weniger Wettbewerber vertreten sind, hat Unternehmen D mittlerweile die Markteinführung eines Dosier-Aerosols zu inhalativen Behandlungen von Bronchitis und Asthma vorgenommen.

Schließlich bietet das Unternehmen zur <u>Ergänzung</u> seiner Bronchial-/Asthma-Palette auch ein <u>Mykolytikum</u> (Wirkstoff: Acetylcystein) an, das die Lösung bzw. Herausbeförderung zähen Bronchialschleims und damit eine Linderung der Krankheitsbeschwerden erreichen soll. Diesen Medikamenten messen die behandelnden Mediziner meist jedoch nur eine unterstützende Wirkung bei schweren Atemwegserkrankungen bei.

Der seit Anfang der 80er Jahre verfolgte langsame und systematische Aufbau dieses Produktprogramms ermöglicht Unternehmen D heute zumindest aus indikativer Sicht eine sehr weitreichende Marktabdeckung. Die Medikamente können zur Anfallsprophylaxe, Akut-Behandlung, Dauer-Behandlung sowie Behandlung schwerer, mittlerer und leichter Fälle bei Asthma bzw. Bronchitis eingesetzt werden. Man versteht sich daher mittlerweile als Asthma-/Bronchitis-Spezialist.

Innerhalb dieses Programms fehlen lediglich Glukokortikoid-Präparate mit antiallergischer und antiflogistischer Wirkung. Die in den vergangenen fünf Jahren in diesem Produktbereich erfolgreich angestrebte Wachstumsstrategie soll auch in Zukunft weiter geführt werden.

(3) Hypotonie

Auch der Markt für Arzneimittel gegen zu niedrigen Blutdruck (Hypotonie) ist mit einem Jahresumsatz von ca. 220 Mio. DM als mittelgroßes Indikationsgebiet zu bezeichnen. In den letzten Jahren stagnierte der Markt. Auf den Marktführer mit dem Wirkstoff Dihydroergotamin entfallen rund 35 Mio. DM Umsatz pro Jahr. Neben dem Marktführer bieten ca. 10 weitere Wettbewerber Me-too-Produkte mit diesem rezeptpflichtigen Wirkstoff an. Die Substanz ermöglicht eine umfassende Therapie der Hypotonie. Außerdem wird dem Wirkstoff die größte Wirksamkeit bei der kurzfristigen Behandlung hypotoner Kreislauferkrankungen beigemessen. Eine Langzeitbehandlung führt allerdings nicht selten zu Durchblutungsstörungen, Herzbeschwerden und Übelkeit. Neben den Dihydroergotamin-Präparaten existieren daher noch einige schwächer wirkende semi-ethische Medikamente auf dem Markt.

Unternehmen D hat im Jahre 1982 ein Antihypertonikum mit dem Wirkstoff Dihydroergotamin am Markt eingeführt. Innerhalb von nur drei Jahren konnte mit diesem einen Präparat (Produktspezialisierung) auf dem Hypotoniemarkt ein Umsatz von ca. 5 Mio. DM erzielt werden. Außerdem erreichte man relativ hohe Gewinnbeiträge mit diesem Medikament. Das Unternehmen strebt daher in den nächsten Jahren - wenn auch in bescheidenem Umfang - eine Fortsetzung seiner eingeschlagenen Wachstumsstrategie an.

Neben den drei beschriebenen Hauptbetätigungsfeldern, denen im Rahmen der Marketing-Budgetierung in den letzten Jahren erste Priorität eingeräumt wurde, maß man drei weiteren Produktbereichen gewissermaßen zweite Marketing-Priorität bei. Diese Medikamente, für die nicht permanent sondern nur von Zeit zu Zeit Marketing-Aktivitäten getätigt wurden, bezeichnet man unternehmensintern als sogenanntes Aktionsprogramm.

(1) Tranquillizer

In der Bundesrepublik werden jährlich ca. 40 Mio. Packungen Beruhigungsmittel (Tranquillizer) im Wert von etwa 300 Mio. DM abgesetzt, die Streßerscheinungen körperlicher (Magen-, Herz-, Kreislauf-Beschwerden, Schweißausbrüche etc.) und psychischer (Nervosität, innere Unruhe, Angst, Schlafstörungen, Antriebsschwäche etc.) Art entgegenwirken sollen. In den letzten Jahren war der Verbrauch dieser Medikamente leicht rückläufig. Der Grund dafür liegt in den erheblichen Problemen, die bei der Therapie psychovegetativer Störungen mit chemischen Tranquillizern auftreten (Suchtgefahr, Bewußtseins- und Gefühlsminderung, Angst vor weiteren Nebenwirkungen etc.) und mittlerweile Ärzte und Patienten für diese Gefahren in höherem Maße als früher sensibilisiert haben.

Unternehmen D bietet daher mit einem synthetisch hergestellten Produkt, das den in der Kawa-Pflanze vorkommenden Wirkstoff Kavain enthält, eine "naturnahe Alternative" zu chemischen Tranquillizern. Die wesentlichen Produktvorteile sind darin zu sehen, daß das Präparat nicht süchtig macht und keine schwerwiegenden Nebenwirkungen verursacht. Damit steht das lediglich apothekenpflichtige Medikament insbesondere in Konkurrenz zu Naturheilmitteln, die pflanzliche Wirkstoffe wie z. B. Hopfen oder Baldrian enthalten. Diese natürlichen bzw. naturnahen Medikamente werden von medizinischen Fachleuten - insbesondere zur Behandlung leichter und mittelschwerer Fälle - in zunehmendem Maße positiver beurteilt, so daß das Marktsegment durchaus für die Zukunft noch Wachstumschancen beinhaltet.

Das Kavain-Präparat von Unternehmen D stellt ein Relaunch eines bereits 1976 mit relativ wenig Erfolg am Markt eingeführten Geriatrikums mit dem gleichen Wirkstoff dar. Auf einem relativ niedrigen Niveau wird mit diesem einen Produkt in bescheidenem Umfang eine Investitions- und Wachstumsstrategie auf dem Tranquillizer-Markt verfolgt.

(2) Antirheumatika

In den letzten Jahren wurden etliche schmerz- und entzündungshemmende Arzneimittelinnovationen auf dem deutschen Arzneimittelmarkt eingeführt, die zunächst eine deutliche Verbesserung bei der medikamentösen Behandlung von Rheuma-Erkrankungen versprach. In der Regel bergen diese außerordentlich stark wirkenden Rheumamittel jedoch auch die erhöhte Gefahr von schwersten Nebenwirkungen (Dünndarm-Durchbrüche, Magengeschwüre, Blutungen, erhöhtes Krebsrisiko etc.) in sich. In den letzten Jahren traten zahlreiche Todesfälle im Zusammenhang mit diesen Präparaten auf. Kein Indikationsmarkt stand daher so stark unter öffentlicher Kritik wie der Antirheumatika-Markt. Die Mediziner neigen deshalb heute wieder in stärkerem Maße dazu, bei der medikamentösen Behandlung von Rheuma zunächst auf bewährte ältere Wirkstoffe (z. B. Acetylsalicylsäure, Ibuprofen, Diclofenac etc.) mit einer schwächeren und kürzer andauernden Wirkung jedoch auch geringeren Nebenwirkungen zurückzugreifen. Das wertmäßige Marktvolumen bei Rheumamitteln beträgt zwischen 400 und 500 Mio. DM pro Jahr. Auf das führende Produkt mit dem Wirkstoff Diclofenac entfallen davon allein über 70 Mio. DM.

Unternehmen D vertrieb in den vergangenen Jahren ein Lizenzpräparat eines US-amerikanischen Lizenzgebers, das die Substanz Ibuprofen enthielt. Weltweit werden Ibuprofen-Präparate am häufigsten zur Behandlung von Rheuma-Erkrankungen eingesetzt. In der Bundesrepublik dagegen ist das Marktsegment der Ibuprofen-Präparate relativ klein. Dennoch konnte Unternehmen D mit seinem ehemaligen Lizenzpräparat einen Umsatz von über 5 Mio. DM p. a. erzielen. Die Lizenz für dieses Präparat hat man mittlerweile an eine andere Arzneimittelfirma abgeben müssen.

Um den Verlust dieses Medikamentes möglichst auszugleichen (Defensivstrategie), brachte man ein eigenes Medikament mit dem patentfreien Wirkstoff Ibuprofen auf den deutschen Markt. Für die Markteinführung waren keine erheblichen Investitionen mehr erforderlich, da die galenische Entwicklung für das Präparat im Unternehmen zufällig vorlag, sowohl bei der Zulassung als auch bei der marktlichen Argumentation auf zahlreiche ausländische wissenschaftliche Literaturstellen und empirische Studien verwiesen werden konnte und entsprechende Marktkenntnisse über den Antirheumatika-Markt bereits vorhanden waren. Ohne einen erheblichen Marketing-Aufwand hierfür betreiben zu müssen, betrug der kumulierte Umsatz des Präparates bereits 14 Monate nach der Markteinführung weit über 200.000 DM.

Außer den bereits aufgeführten Produkten beinhaltet das Arzneimittelprogramm von Unternehmen D eine Reihe weiterer Präparate, für die man aber keine speziellen Marketing-Aktivitäten durchführt. Lediglich auf Anforderung der Ärzte erfolgt in Einzelfällen die Versendung von Arzneimittelmustern, wissenschaftlicher Literatur und Produktdokumentationen über diese Medikamente. Das sogenannte "Restprogramm" unterliegt einer Abschöpfungsstrategie. Produkteliminationen werden bei diesen Medikamenten allerdings nur vorgenommen, wenn die Umsätze der Präparate negative Deckungsbeiträge verursachen. In der Vergangenheit hat sich gezeigt, daß Ärzte, die ein solches Medikament bereits längere Jahre präferieren bzw. verordnen, außerordentlich verärgert reagieren, wenn das betreffende Produkt nicht mehr am Markt zu erhalten ist.

Insgesamt gesehen sind alle derzeit angebotenen Arzneimittel von Unternehmen D hinsichtlich ihrer Wirkstoffinhalte als reine Me-too-Produkte zu bezeichnen, die in direktem Wettbewerb mit zahlreichen Konkurrenzpräparaten stehen. Dennoch betreibt das Unternehmen kein aggressives Marketing, sondern gibt sich jeweils mit der Rolle des Marktmitläufers zufrieden, um die Wettbewerber nicht herauszufordern und ohne allzu großen Marketing-Aufwand zufriedenstellende Umsätze sowie relativ hohe Renditen erwirtschaften zu können. Eine weitere Basisstrategie liegt in der abgestuften Konzentration der Marketing-Kräfte auf einzelne Produkte bzw. Produktbereiche, von denen diejenigen, bei denen man sich die besten Renditeaussichten erhofft, schwerpunktmäßig Unterstützung durch das Marketing erfahren. Als erfolgversprechend werden dabei auch Märkte bzw. Marktsegmente betrachtet, die aufgrund ihrer relativ geringen Marktattraktivität (Marktgröße, -wachstum, Konkurrenzsituation etc.) für neue Konkurrenten wenig interessant erscheinen, deren Produkte aber vor allem hinsichtlich Unbedenklichkeit und Wirksamkeit bestimmte Eigenschaften besitzen, die von Ärzten und Patienten in zunehmendem Maße positiv beurteilt werden. Mit der erfolgreichen Durchführung dieser Grundsatzstrategien gelang die Konsolidierung des Unternehmens.

2.2.2.4.2 MARKTBEARBEITUNGSSTRATEGIEN

Da es sich bei den Medikamenten von Unternehmen D hinsichtlich ihrer Wirkstoffzusammensetzung um Me-too-Produkte handelt, kommt der Marktbearbeitung ganz besondere Bedeutung zu. Insbesondere durch kommunikations- und produktpolitische Maßnahmen wird versucht, die eigenen Präparate von den Konkurrenzprodukten abzuheben. Die medizinischen Probleme der behandelnden Ärzte stellen dabei stets den Ausgangspunkt dieser Differenzierungsstrategie dar. Letztendliches Ziel der Marktbearbeitung ist es, dem Arzt möglichst umfassende Problemlösungen zu bieten. Teilweise handelt es sich hierbei um relativ einfach erscheinende Ideen bzw. Konzepte. Venenerkrankungen treten beispielsweise bei den Patienten häufig zusammen mit Beinödemen auf. Ein Konkurrenzunternehmen brachte daher schon vor einigen Jahren eine fixe Arzneimittelkombination (sogenanntes Venendiuretikum) zur gleichzeitigen Behandlung beider Krankheitsbilder auf den Markt und erschloß damit ein beachtliches Marktsegment. Bei solchen fixen Kombinationspräparaten liegt allerdings ein wesentlicher Nachteil darin, daß man die beiden Wirkstoffkomponenten (Diuretikum/Venenmittel) nicht in beliebiger Dosierungsstärke miteinander kombinieren und damit dem individuellen Behandlungsfall bzw. dem jeweiligen Stand der Behandlung anpassen kann. Dieser Effekt wirkt sich insofern besonders nachteilig aus, da gerade Behandlungen mit Diuretika mit relativ vielen Nebenwirkungen verbunden sind.

Der Marktführer im Bereich Venenerkrankungen versucht daher, mit der Einführung eines Diuretikums zur individuell angepaßten Ausschwemmung von Beinödemen eine sinnvolle Ergänzung zu seinem Venenmittel anzubieten. Diesem Konkurrenzpräparat, das unter eigenständigem produktspezifischem Markennamen angeboten wird, war bislang nur verhältnismäßig geringer Markterfolg beschieden, weil es dem Marktführer bislang nicht gelang, sein herausragendes Image im Bereich der Venenerkrankungen auf das neue Produkt zu übertragen und die Ärzte in ihren Verordnungen eher die bereits am Markt bekannten Diuretika bevorzugten.

Bei der produktpolitischen Lösung von Unternehmen D handelt es sich dagegen um eine Kombinationspackung bestehend aus zwei Präparaten. Die Packung enthält sowohl Venen-Retardkapseln als auch Diuretika-Tabletten. Die Relation der beiden Wirkstoffe ist bei diesen Produkten durch die Anzahl der in den Packungen enthaltenen Tabletten und Kapseln sowie die übersichtlich gehaltenen Einnahmepläne bzw. Verpackungsgestaltungen zwar zunächst ebenfalls vorgegeben (z.B. Diuretikum täglich/Venenmittel 2 x täglich), läßt sich aber bei eintretendem Behandlungserfolg bei der Ödemausschwemmung ohne Schwierigkeiten reduzieren (z. B. Diuretikum jeden dritten Tag/Venenmittel täglich).

Unternehmen D bietet darüber hinaus zwei Kombinationspackungen mit unterschiedlichen Tabletten/Kapsel-Relationen und entsprechenden Einnahmeplänen an. Diese beiden Packungen ermöglichen einerseits die kurzfristige Initialbehandlung von Ödemen sowie andererseits eine Ödemtherapie über die Initialphase hinaus, wenn die Diuretikumgabe nicht mehr täglich erforderlich ist. Darüber hinaus kann der Patient auch jeweils selbst bei deutlicher Abnahme des Ödemumfangs auf die Einnahme der Diuretika-Kapseln verzichten und damit eine seinen persönlichen Bedürfnissen entsprechende medikamentöse Therapie vornehmen.

Für die nahtlose Fortsetzung der Venenbehandlung nach erfolgter Ödemausschwemmung bietet Unternehmen D sein Hauptprodukt (reines Venenmittel) an. Beide Produkte (Kombinations-Packung und Venentherapeutikum) werden unter einer Dachmarke vertrieben. Die Handelsnamen der Kombinationspackungen enthalten zusätzlich zu dieser Dachmarkenbezeichnung in Form von Kürzeln Hinweise auf die Diuretikum-Komponente sowie die Stärke der Ödembehandlung (z. B. Initial). Mit Hilfe dieser produktpolitischen Maßnahme ist es möglich, ohne besondere Marketing-Aufwendungen Synergieeffekte zwischen dem Absatz von Diuretika und Venen-Therapeutika auszunutzen. Im Jahre 1986 lag das Umsatzwachstum des Kombinationsproduktes bei über 30 %.

Die strategische Vorgehensweise der an medizinischen Problemen orientierten Differenzierung läßt sich am Beispiel des Betätigungsfeldes Bronchitis/Asthma noch eingehender verdeutlichen. Bei der Anwendung von Broncholytika mit dem Wirkstoff Theophyllin liegt das Hauptproblem vom medizinischen Standpunkt aus gesehen darin, daß das Pharmakon beim Patienten einen interindividuell sehr unterschiedlich raschen Metabolismus hat, was häufig zu einer Unterdosierung und damit zu keiner therapeutischen Wirkung des Medikamentes oder aber zu einer Überdosierung von Theophyllin im Serum und damit zu erheblichen Nebenwirkungen (Magenbeschwerden, Krampfanfälle, Schlafstörungen etc.) führen kann.

Primäres Anliegen produktpolitischer Maßnahmen von Unternehmen D war es daher, bei diesem Präparat durch bio-pharmazeutische <u>Fortschritte der Darreichungsformen</u> Verbesserungen in der Dosisstärke und zeitlichen Abfolge der Dosierung zu finden, um bei subjektivem und objektivem Therapieerfolg die geringsten Nebenwirkungen zu erzielen. Durch die galenische Entwicklung einer speziellen konstant bioverfügbaren Retard-Kapsel gelang die Herstellung eines oralen Theophyllin-Präparates mit nur schwacher interindividueller Streuung. Empirische Untersuchungen ergaben bei dieser Retard-Kapsel eine im Vergleich zu Konkurrenzpräparaten geringere Schwankungsbreite bei der Resorption des Wirkstoffes beim Patienten. Da das Unternehmen außerdem Retard-Kapseln in verschiedenen Wirkstoff-Dosierungsstärken (z. B. 200 mg, 350 mg, 500 mg) zur Verfügung stellt, wird die <u>Individualisierung der Theophyllin-Dosis</u> weiter erleichtert und in fast allen Therapiefällen eine Beschränkung der Einnahme auf eine morgendliche und abendliche Einmal-Gabe möglich. Hierdurch ergibt sich eine deutliche Verbesserung der Patienten-Compliance.

Speziell für Kinder bietet man zusätzlich geschmacksneutrale Theophyllin-Retardkapseln mit besonders geringer Dosierungsstärke (100 mg) an, die außerdem durch die Möglichkeit der Anwendung des Aufstreuprinzips (Aufstreuen des Kapselinhaltes auf einen Löffel) in vielen Fällen eine wesentliche Einnahmeerleichterung darstellt.

Die <u>Asthma/Bronchitis-Palette</u> wird schließlich vervollständigt durch Theophyllin-Injektionslösungen zur intravenösen Injektion oder Infusion bei Akut-Behandlungen, durch ein Dosier-Aerosol, das in Kombination mit einem oralen Theophyllin-Präparat in Retardform zur Standardtherapie mittelschwerer Asthmas zählt, sowie durch ein Mukolytikum zur Linderung der Krankheitsbeschwerden bei starker Schleimbildung. Alle Präparate der Asthma- und Bronchialtherapie vermarktet das Unternehmen in ähnlicher Packungsgestaltung (Farbe, Schriftzüge etc.) sowie unter einer Dachmarkenbezeichnung.

Zum Bronchitis-Asthma-Programm von Unternehmen D gehören außer den genannten Medikamenten bestimmte <u>Serviceleistungen für den Arzt</u> wie z. B. ein Praxis-Set zur Theophyllin-Serumspiegelbestimmung, ein Dosierungsschieber, bei dem nach Vorgabe bestimmter Merkmale des behandelten Patienten (z. B. Alter, Gewicht, Raucher/Nichtraucher, Begleiterkrankungen etc.) sich die entsprechende Theophyllin-Dosis (z. B. 400 mg pro Tag), der Serum-Spiegel (z. B. 250 mg Theophyllin pro Liter Blut) und die Präparate-Dosierung (z. B. 500 mg Retard-Kapsel pro Tag) patientenindividuell ablesen läßt. Eine Mischungstabelle für die Mischung der Theophyllin-Injektionslösungen mit anderen Wirkstoffen, auf der die zur Mischung vorgesehenen Wirkstoffe, ihre Kompatibilität, die jeweilige Indikation und das Mischungsverhältnis angegeben sind, sowie ein Placebo-Spray, um den Patienten die Anwendung der Dosier-Aerosole zu verdeutlichen und ähnliche andere Hilfsmittel vervollständigen das Leistungspaket.

Mittlerweile sucht das Unternehmen über diese Serviceleistungen auch den direkten Kontakt zu den Patienten. So stellt man in den Arztpraxen beispielsweise sogenannte Spirometer auf, welche die Asthma- und Bronchialerkrankten nach Praxisschluß unter Anleitung eines Außendienstmitarbeiters benutzen können und mit Hilfe deren sie genauere Angaben über die Schwere ihrer Krankheit erfahren. Einen <u>Patientenservice</u> leistet das Unternehmen beispielsweise auch im Bereich der Venenerkrankungen in Form der Durchführung von Venenseminaren, in denen Ärzte und Außendienstmitarbeiter gemeinsam die Patienten über nichtmedikamentöse Venentherapien (z. B. Stützstrümpfe) umfassend aufklären. Aktionen dieser Art stehen erst in den Anfängen, sollen aber in Zukunft weiter ausgebaut werden.

Das Leistungsprogramm von Unternehmen D wird abgerundet durch umfassende Produktdokumentationen und medizinisch-wissenschaftliche Informationen über das Produktumfeld. Die <u>Marktkommunikation</u> mit dem Arzt erfolgt für die einzelnen Produktbereiche jeweils unter einem <u>Leitthema</u> (z. B. "Die individuelle Asthma- und Bronchitis-Therapie"; "Die naturnahe Alternative zur Tranquillizer-Therapie" etc.), das auf die wesentlichen Produktvorteile der Präparate bzw. der Präparateprogramme hindeutet.

Als wichtigstes Kommunikationsinstrument zur Übermittlung und näheren Erläuterung dieser Kernaussagen dient der <u>Außendienst</u>. Mit 140 Pharma-Referenten und 12 Klinik-Referenten verfügt das Unternehmen über eine verhältnismäßig große Anzahl von Außendienst-Mitarbeitern. Der Einsatz dieser Pharma-Referenten erfolgt außer zu Arzt- bzw. Klinik-Besuchen insbesondere auch bei der Durchführung und Betreuung von <u>Fortbildungsveranstaltungen</u> für Ärzte (Symposien, Seminare, Workshops etc.). Auf diese Weise sollen persönliche Kontakte zwischen den Außendienst-Mitarbeitern und den Medizinern hergestellt bzw. vertieft werden. Entscheidende unterstützende Wirkung bei der Argumentation des Außendienstes mißt man <u>Produktbroschüren</u>

und wissenschaftlichen Publikationen bei, in denen die Vorzüge der Präparate noch einmal anschaulich verdeutlicht werden. Der Anzeigenwerbung in Fachpublikationen kommt dagegen nur eine untergeordnete Bedeutung zu.

Die Vielfalt und Unterschiedlichkeit der angebotenen Präparate macht nicht nur ein auf bestimmte Produktbereiche selektiv konzentriertes Marketing sondern auch eine nach Ärzte-Zielgruppen differenzierte Marktbearbeitung unumgänglich. Hauptdifferenzierungskriterium bilden zunächst die Unterteilungen in niedergelassene Ärzte und Klinikärzte sowie in einzelne Facharztgruppen. Venenpräparate werden beispielsweise fast überhaupt nicht in der Klinik sondern primär durch niedergelassene Dermatologen und in zweiter Linie durch niedergelassene Praktiker verordnet. Dagegen finden Theophyllin-Präparate vor allem bei niedergelassenen Pulmologen und daneben auch in der Klinik Verwendung.

Während bei Klinikern und Fachärzten die Kommunikationsinhalte z. B. in Form von Diaserien, Literaturdiensten etc. meist sehr nüchtern gestaltet sind, enthalten die einfacher und leichter verständlich gehaltenen Marktinformationen für die Praktiker zumeist eine Verbindung zwischen medizinisch-wissenschaftlichen Themen und emotionalen Komponenten (z. B. Hypotonie/Urlaubsreisen; Venentherapie/Wanderkampagnen etc.).

Darüber hinaus richten sich Intensität und Inhalte der Marktbearbeitung einzelner Ärztesegmente nach einer Reihe von weiteren zielgruppenspezifischen Kriterien (Aufgeschlossenheit gegenüber bestimmten medikamentösen Therapien, Verordner/Nicht-Verordner der Firmenpräparate etc.), die von den Außendienstmitarbeitern erfaßt und innerhalb eines umfassenden Ärzte-Informationssystems gespeichert werden.

Besondere Aufmerksamkeit erfahren im Rahmen der Marktbearbeitung die sogenannten Meinungsführer unter den Medizinern, da diesen von Seiten ihrer Kollegen eine besonders hohe Glaubwürdigkeit zuerkannt wird. Das Unternehmen sieht es als eine Haupt-Marketingaufgabe an, diese Zielgruppe für medizinisch-wissenschaftliche Studien, Literaturbeiträge, Referate auf Symposien oder ähnliche öffentliche Äußerungen über die Firmenpräparate zu gewinnen.

Die Preise für Präparate von Unternehmen D sind im Vergleich zu den Preisen der jeweiligen Marktführer generell als etwas preisgünstiger einzustufen. Die Strategie des Unternehmens besteht darin, sich zunächst mit diesen etwas niedrigeren Preisen in den jeweiligen Märkten zu etablieren, um dann in den Haupttätigkeitsfeldern parallel zu dem dort beabsichtigten Ausbau des Marketing-Programms (Erweiterung und Verbesserung des Präparateprogramms, der Serviceleistungen und der wissenschaftlichen sowie produktbezogenen Informationen) die Preise sukzessiv dem höheren Angebotsstandard anzupassen (Penetrationspreisstrategie). Künftige innovative Medikamente sollen dagegen von Anfang an einer Hochpreisstrategie unterliegen.

2.2.2.5 BETÄTIGUNGSFELDER UND MARKETING-STRATEGIEN VON UNTERNEHMEN E (TYP: "DYNAMIKER")

2.2.2.5.1 BETÄTIGUNGSFELDER UND GRUNDSATZSTRATEGIEN

Insgesamt vertreibt Unternehmen E über drei Vertriebslinien rund 40 Präparate. Mehr als 95 % des Umsatzes entfallen auf die sogenannten Basistherapeutika, d. h. chemisch definierte, rezeptpflichtige Arzneimittel. Rund 90 % dieser ethischen Produkte setzt das Unternehmen im niedergelassenen Bereich über den Verordnungsmarkt ab. Die übrigen 10 % des Umsatzes mit Basistherapeutika tätig man auf dem Krankenhausmarkt. Obgleich sich die Unternehmenstätigkeit auf den Verordnungsmarkt konzentriert, besitzt diese Präsenz des Unternehmens insofern besondere Wichtigkeit, als die dem Patienten während eines Krankenhausaufenthaltes veordneten Präparate häufig von dem später in der freien Praxis behandelnden Arzt weiter verordnet werden.

Die restlichen Produkte des Unternehmens, die man als Apotheken-OTC-Arzneimittel bezeichnet, spielen nur eine völlig untergeordnete Rolle. Unter diesen apothekenpflichtigen aber nicht-rezeptpflichtigen Medikamenten befinden sich auch einige Naturheilmittel.

Im wesentlichen befaßt sich die Geschäftstätigkeit jedoch mit ethischen Produkten der folgenden drei Indikationsgebiete:

(1) Koronare Herzkrankheit (KHK)

Mit Arzneimitteln gegen KHK tätigte Unternehmen E im Jahre 1986 über 50 % (ca. 140 Mio. DM) seines Inlandumsatzes. Das

Indikationsgebiet besitzt insgesamt betrachtet ein außerordentlich hohes Marktpotential. Die KHK gilt in Deutschland als eine der am weitesten verbreiteten Krankheiten, von der zwar nicht ausschließlich aber doch primär ältere Menschen betroffen sind. Wegen Verengungen bzw. Verstopfungen der Herzkranzgefäße gelangt bei dieser Krankheit nicht mehr genügend Blut und Sauerstoff zum Herzmuskel. Hieraus entstehen heftige Schmerzen (Angina pectoris-Anfälle) oder sogar Herzinfarkte. In der Bundesrepublik erleiden jährlich ca. 160.000 Personen Herzinfarkte, von denen nur rund die Hälfte der Patienten überlebt. Schätzungsweise leben zwischen 500.000 und 1 Mio. Bundesbürger mit einem oder mehreren überstandenen Infarkten. Die Zahl der KHK-Patienten, die von einem Infarkt zwar verschont geblieben sind, aber auf Grund ihrer ständigen Angina pectoris-Beschwerden oder -Symptome eine KHK-Dauerbehandlung bedürfen, geht ebenfalls in die Hunderttausende. Von den 60jährigen leidet heute jede fünfte Person an solchen Beschwerden.

Nicht zuletzt auf Grund der zahlreichen Arzneimittelinnovationen in den vergangenen 15 - 20 Jahren gilt das hohe Marktpotential dieses Indikationsgebietes aber heute als weitgehend ausgeschöpft. Für die kommenden Jahre erwartet man daher deutlich geringere mengen- und wertmäßige Zuwachsraten des Marktvolumens als bisher. In der Bundesrepublik werden heute jährlich rund 33 Mio. Packungen, das sind zu Apothekenverkaufspreisen ca. 600 Mio. DM, an Arzneimitteln zur Prophylaxe und Therapie von Herzinfarkten und Angina pectoris umgesetzt.

Diese Medikamente lassen sich in unterschiedliche Substanzklassen (z. B. verschiedene Nitrate und Calciumantagonisten) sowie Therapieprinzipien (z. B. Langzeit-Nitrate, Mono-Nitrate, transdermale Herzpflaster etc.) einteilen, über die bei den Medizinern die Auffassungen noch geteilt sind. Dadurch ergeben sich mehrere Marktsegmente, mit unterschiedlichen Zukunftsperspektiven.

In der Substanzklasse der Isosorbiddinitrate (ISDN) ist das Hauptprodukt von Unternehmen E eindeutiger Marktführer. Die Einführung eines solchen Präparates im Jahre 1970 stellte zugleich die Ersteinführung von Isosorbiddinitraten in Deutschland dar. Mit diesem "klassischen" Nitrat-Medikament trug das Unternehmen einen wesentlichen Anteil zum Aufbau des KHK-Marktes zu seiner heutigen Größenordnung bei. Gegenwärtig entfallen etwa 100 Mio. DM Umsatz auf dieses Präparat. Das entspricht einem wertmäßigen Marktanteil von über 16 % am gesamten KHK-Markt. Damit handelt es sich bei dem Produkt nicht nur um das - umsatzmäßig betrachtet - zweitstärkste Arzneimittel im Indikationsbereich der KHK sondern überhaupt um das zweitstärkste Medikament auf dem deutschen Apothekenmarkt.

Der Umsatz des ISDN-Produktes entspricht knapp 40 % des gesamten Firmenumsatzes im Inland und über 70 % des Firmenumsatzes im Produktbereich KHK. Insbesondere seit Anfang der 80er Jahre hat sich Unternehmen E verstärkt darum bemüht, das in Teilen vorhandene <u>KHK-Sortiment</u> um weitere Substanzen und Therapiesysteme gezielt zu erweitern und eine möglichst vollständige Marktabdeckung anzustreben.

Seither gelangen unter anderem die erfolgreiche Einführung eines Calciumantagonisten (Wirkstoff Verapamil), eines Mononitrates (Wirkstoff Isosorbid-5-Mononitrat) sowie zweier Nitroglycerin-Präparate, von denen eines ein transdermales Therapiesystem darstellt, das als Pflaster auf die Haut aufgebracht den Wirkstoff freisetzt. Speziell im Segment der Nitrat-Pflaster bieten sich noch Wachstumschancen. Mit dem heutigen Produktprogramm ist das Unternehmen in der Lage, für nahezu alle Ausprägungsformen der KHK entsprechende medikamentöse Behandlungen (z. B. Anfallbehandlung und -prophylaxe der Angina pectoris, Soforttherapie und Nachbehandlung bei Infarkt, Kurzzeit- und Dauerbehandlung bei geringen und höheren Schweregraden der KHK etc.) anzubieten.

Auf der Basis dieses - im Vergleich zu anderen innovativen Firmen - relativ umfassenden Sortimentes, erarbeitete sich Unternehmen E am Markt ein <u>Image als Spezialist für KHK-Originalpräparate</u>. Dieses Image ist insbesondere im Klinikbereich sehr stark ausgeprägt und strahlt in hohem Maße auch auf den niedergelassenen Bereich aus.

Bei einer Befragung von Praktikern und Internisten - den Hauptverordnern von KHK-Präparaten - gaben 80 % der Befragten an, bei der Therapie und Diagnose von koronaren Herzkrankheiten - zumindest gelegentlich - mit einem Facharzt oder einer Klinik zusammenzuarbeiten. Sogar 91 % der Ärzte führten spontan die Namen von Markenpräparaten an, die öfters von Kliniken für die Behandlung vorspezifizierter Fälle eingesetzt bzw. empfohlen werden. Die häufigsten Nennungen erhielt hierbei das ISDN-Präparat von Unternehmen E. Gleichzeitig wurde das Medikament von den Befragten als qualitativ höherwertig (höhere

Wirksamkeit, bessere Verträglichkeit, breitere Anwendbarkeit, bessere wissenschaftliche Basis, besser kombinierbar bei Parallelmedikation, bessere produktbezogene wissenschaftliche Informationen etc.) und beliebter bei den Patienten als die Konkurrenzpräparate eingestuft. Dieses positive Produktimage überträgt sich auch auf die übrigen Präparate des KHK-Sortimentes und die Firma insgesamt.

In den vergangenen Jahren ergaben sich allerdings insbesondere auf Grund des verstärkten Nachahmerwettbewerbs Probleme, diese herausragende Marktposition im KHK-Bereich zu erhalten. Außer auf das preisliche Argument können - zumindest die größeren Generika-Anbieter - auf ein in Teilen umfassenderes Produktprogramm verweisen, da diese Imitationsfirmen auch die Wirkstoffe und Therapiesysteme anderer bedeutender Originalanbieter des Marktes in ihren Präparaten enthalten. In der Regel verfügen die größeren Imitatoren zumindest über die wichtigsten Substanzen des Marktes ISDN sowie Nifedipin.[13] Die Nachahmerfirmen sind damit in der Lage, verschiedene Therapiealternativen gleichzeitig aus einer Hand dem Arzt anzubieten und sich damit ein Generalisten-Image im KHK-Bereich aufzubauen.

Weitere Probleme ergeben sich für Unternehmen E als Nitrat-Spezialist insofern, als sich speziell auf dem Teilmarkt der Nitrate (mit Ausnahme der Nitrat-Pflaster) eine gewisse Stagnation bemerkbar macht. Diese Schwierigkeiten haben dazu geführt, daß der Umsatz des Unternehmens im KHK-Bereich 1986 um einige Prozentpunkte zurückging.

Gegenwärtig zielt die Grundsatzstrategie von Unternehmen E deshalb noch darauf ab, die erreichte führende Marktposition in diesem Betätigungsfeld zunächst zu halten (Übergangsstrategie). Mittelfristig sollen aber - auf der Basis geeigneter Marketing-Strategien (Produktpolitik und Marktkommunikation) sowie unter Ausnutzung des positiven Images der Produkte und des Unternehmens als entscheidende Wettbewerbsvorteil - Marktanteile zurückgewonnen und das Geschäftsfeld weiter ausgebaut werden (Offensivstrategie).

---

13) Das Originalpräparat eines Konkurrenzunternehmens mit dem Wirkstoff Nifedipin stellt das umsatzstärkste Medikament auf dem deutschen Arzneimittelmarkt dar.

(2) Hypertonie

Medikamente gegen Bluthochdruck (Antihypertonika) erwirtschafteten 1986 rund 25 % des Firmenumsatzes in der Bundesrepublik. Im Vergleich zu den KHK-Präparaten besitzen diese Medikamente ein noch größeres Marktpotential. Man schätzt, daß über 10 % der Erwachsenen in der Bundesrepublik einen eindeutig überhöhten Blutdruck haben. Bei den 60jährigen leidet sogar ca. jeder dritte Bundesbürger an Bluthochdruck. Die Hypertonie zählt zu den primären Risikofaktoren der KHK sowie sonstiger Herz-, Kreislauf- und Nierenerkrankungen. Da diese Krankheit symptomlos verläuft, d. h. kein Leidensdruck und kein Schmerz empfunden wird, sind sich viele Betroffene ihrer Erkrankung nicht bewußt.

Der Hypertoniemarkt stellt mit einem Marktvolumen von rund 35 Mio. Verpackungen und einem wertmäßigen Umsatz von weit über 700 Mio. DM bereits heute den größten Indikationsmarkt in der Bundesrepublik dar. In den kommenden Jahren rechnet man sogar mit weiteren mengen- und wertmäßigen Marktzuwächsen. Eine wesentliche Rolle hierbei spielen die Aufklärung der Patienten über ihre Krankheit sowie das Innovationspotential, das bei den Antihypertonika noch nicht ausgeschöpft ist.

Bereits in den 70er jahren hat Unternehmen E erste strategische Überlegungen dahingehend angestrengt, die Geschäftstätigkeit von dem ISDN-Hauptprodukt und dem KHK-Bereich weniger abhängig zu machen. Der Hypertoniemarkt stellte zu diesem Zeitpunkt noch einen relativ kleinen Produktbereich des Unternehmen dar. In den damaligen Strategie-Plänen wurde schon der Zielgedanke geäußert, auf diesen, dem KHK-Bereich verwandten Teilmarkt eine Investitions- und Wachstumsstrategie zu verfolgen und dabei möglichst nach einem Angiotensin-Converting Enzym (ACE)-Hemmer Ausschau zu halten, der in das Hypertonie-Programm aufgenommen werden sollte. Im Jahre 1983 gelang es schließlich, über einen ausländischen Lizenzgeber sowie unter Inkaufnahme verhältnismäßig hoher Lizenzgebühren einen ACE-Hemmer mit dem Wirkstoff Captopril auf dem deutschen Markt einzuführen.

Das physiologische Wirkprinzip des Präparates stellt nach übereinstimmender Meinung führender Ärzte in Klinik und Praxis einen wesentlichen Fortschritt in der Therapie des Bluthochdrucks dar. ACE-Hemmer gelten heute als die fortschrittlichste Behandlungsmethode der Hypertonie und bieten noch erhebliche Wachstumschancen. Bis Mitte der 90er Jahre dauert außerdem der Patentschutz für den Wirkstoff Captopril noch an.

Der Lizenzgeber bietet allerdings ebenfalls ein Präparat mit diesem Wirkstoff unter anderer Markenbezeichnung in Form eines Ko-Marketing an. Auf Grund der vorhandenen genaueren Marktkenntnis und Firmenbekanntheit im deutschen Markt besitzt Unternehmen E gegenüber diesem Konkurrenten Wettbewerbsvorteile. Auf dem Hypertonie-Markt befinden sich mittlerweile noch zwei weitere Wettbewerber mit ACE-Hemmern einer anderen Substanz (Enalaprilhydrogenmaleat). Der Wettbewerb unter diesen vier Anbietern stellt eine wichtige argumentative Unterstützung bei der Erschließung der Marktsegmentes dar.

Unternehmen E bietet mittlerweile ein relativ breit gefächertes Antihypertonika-Programm an, das bereits wesentliche Marktsegmente der Hochdrucktherapie abdeckt. Das Sortiment enthält neben verschiedenen Monopräparaten (Diuretika, Beta-Blocker, ACE-Hemmer) einige Kombinationsprodukte (Diuretikum/Vasodilatator, Diuretikum/ACE-Hemmer, Diuretikum/Beta-Blocker). Das Produktprogramm ermöglicht verschiedene Behandlungsmethoden der Hypertonie (z. B. stufenweise Behandlung, Langzeitbehandlung etc.).

Zugleich konnte mit diesem Sortiment eine Markterweiterung in den Bereich der Herzinsuffizienz (Herzschwäche) vorgenommen werden. Die Vermarktung der Präparate auf diesem Indikationsgebiet erfolgt unter Verwendung derselben Wirkstoffe wie bei den Antihypertonika aber unter anderer Markenbezeichnung und in einer speziellen Dosierung für den Einsatz bei Herzinsuffizienz.

Zwischen 1984 und 1986 konnte das Unternehmen seinen Inlandsumsatz im Bereich Hypertonie/Herzinsuffizienz um über 50 % auf knapp 70 Mio. DM steigern. Die eingeschlagene Wachstumsstrategie soll in den kommenden Jahren konsequent fortgesetzt werden.

(2) Bein-/Gefäßerkrankungen

Rund 50 % der bundesdeutschen Bevölkerung leiden an Veränderungen der Beinvenen und den damit verbundenen Beschwerden. Dennoch wird dem gesamten Markt eine relativ geringe Marktattraktivität beigemessen, da bereits zahlreiche Wettbewerber fest auf diesem Markt etabliert sind, das Marktpotential als weitgehend ausgeschöpft gilt und der Markt nur wenig Innovationspotential enthält. Die Hauptpräparategruppe in diesem Bereich stellen Medikamente gegen Krampfadern dar. Obgleich Unternehmen E auch hierfür Präparate anbietet, richten sich die Marketing-Bemühungen nicht primär auf diesen Kernmarkt der Venenerkrankungen sondern auf spezifische Teilmärkte.

So gelang es dem Unternehmen, das Marktsegment der Venendiuretika zu erschließen. Das in dieser Marktnische angebotene Produkt enthält in einer abgemilderten Dosierung die Substanzen eines Antihypertonikums der Unternehmung. Das Prinzip der schonenden Ausschwemmung venöser Ödeme (Flüssigkeitsansammlungen im Gewebe) zur Behandlung von Stauungsbeschwerden gehört mittlerweile zu den anerkannten Therapien venöser Beinleiden. In dieser Marktnische nimmt das Unternehmen die führende Marktposition ein, die es zu halten gilt.

Außerdem betätigt sich das Unternehmen inzwischen auch auf dem Gebiet der arteriellen Verschlußkrankheit in besonders schweren Stadien (z. B. Raucherbein). Unternehmen E verfolgt in diesem Marktsegment eine ausgeprägte Investitions- und Wachstumsstrategie. Im Rahmen einer Forschungsgemeinschaft mit einem ausländischen Pharmakonzern konnte ein Medikament entwickelt werden, das drohenden Amputationen bei diesen Krankheiten entgegenwirkt. Das Präparat nimmt auf dem deutschen Arzneimittelmarkt eine Monopolstellung ein. Mit Hilfe einer intraarteriellen oder intravenösen Infusionsbehandlung mit diesem Medikament ist es in vielen Fällen möglich, den Patienten vor einer Amputation zu bewahren oder das Ausmaß der Amputation zu reduzieren. Wegen der Kompliziertheit seiner Handhabung erfolgt die Anwendung des Präparates nahezu ausschließlich im Krankenhausmarkt. Durch Investitionen in die Entwicklung oraler Darreichungsformen soll für die Zukunft aber eine Marktausdehnung in die Praxen niedergelassener Ärzte vorgenommen und damit ein sehr großes Marktpotential erschlossen werden.

Mit dem Produktbereich Bein-/Gefäßerkrankungen insgesamt tätigt Unternehmen E ca. 15 % seines Inlandsumsatzes. In den letzten Jahren betrug der jährliche Umsatzzuwachs zwischen 5 und 10 %. In den nächsten Jahren will man dieses Zuwachsniveau noch erheblich steigern.

Zusammenfassend betrachtet erfolgte mit den 3 beschriebenen Indikationsschwerpunkten (KHK, Hypertonie und Bein-/Gefäß- erkrankungen) eine Firmenpositionierung im unfassenderen Herz-Kreislaufsektor. Der systematische und konsequente Ausbau der drei Produktbereiche erbrachte dem Unternehmen ein Spezialistenimage am Markt. Durch qualitativ hochwertige und innovative Präparate konnte außerdem der Anspruch auf die Qualitätsführerschaft in den drei Teilmärkten unterstrichen werden. Ausgehend von der erworbenen Marktposition strebt Unternehmen E mit entsprechenden Marketing-Strategien mittel- und längerfristig eine Wachstumsorientierung in den drei verwandten Haupttätigkeitsfeldern sowie eine stetige Ausweitung dieser Betätigungsfelder in weitere Teilmärkte des Herz-Kreislauf-Sektors (z. B. Herzinsuffizienz, Hypertonie, Hyperaldosteronismus) an.

Das bereits Ende der 60er Jahre aufgegriffene Konzept der Marktspezialisierung beinhaltete noch drei weitere Indikationsgebiete (Magen-/Darmerkrankungen; Migräne/Kopfschmerz; Eisenmangel) als Optionen. Diese Indikationsmärkte erwiesen sich auf Grund veränderter Rahmenbedingungen des Arzneimittelmarktes als weniger erfolgsträchtig. Die intern als Aktionsprogramm bezeichnete Produktpalette unterliegt daher weitgehend einer Abschöpfungsstrategie. Umfassende Marketing-Strategien werden für diese Märkte nicht ausgearbeitet.

2.2.2.5.2 MARKTBEARBEITUNGSSTRATEGIEN

Aufgrund der Größe der Indikationsmärkte und ihres starken Wachstums in den vergangenen 15 Jahren befinden sich zahlreiche Wettbewerber und Medikamente auf den einzelnen Indikationsgebieten des Herz-Kreislauf-Sektors. Eine Differenzierung gegenüber den Konkurrenten allein über die Wirkstoffe der Medikamente ist nur in Ausnahmefällen und für begrenzte Zeit (Dauer des Patentschutzes) möglich. Außerdem gibt es für alle Präparate alternative medikamentöse Therapien. Eine Möglichkeit, sich von den Wettbewerbern dauerhaft abzuheben, besteht nur durch eine konsequente und gezielte Marktbearbeitung.

a) Produktpositionierung

Wegen der starken Besetzung der Märkte mit Konkurrenzpräparaten und weil Unternehmen E in den einzelnen Teilbereichen selbst relativ umfassende Präparatprogramme anbietet, kommt der Produktpositionierung eine entscheidende Rolle zu. Mit der Produktpositionierung wird eine Alleinstellung eines Präparates am Markt sowohl hinsichtlich der Konkurrenzpräparate als auch gegenüber den übrigen Präparaten von Unternehmen E innerhalb des jeweiligen Indikationsmarktes angestrebt. Die Positionierung für die einzelnen Arzneimittel geschieht jeweils unter indikations-, arzt- und patientenbezogenen Aspekten sowie in emotionaler Hinsicht.

Durch die inhaltliche Zusammensetzung der Präparate sind selbst bei der indikativen Positionierung nur grobe Rahmen vorgegeben, in denen sich zum Teil sehr breite Positionierungsfelder bzw. -möglichkeiten (z. B. Antihypertonikum vs. Venendiuretikum, Prophylaxe vs. Nachbehandlung bei Infarkt etc.) ergeben. Bei einem Mehrfach-Kominationsprodukt (Diuretikum/Beta-Blocker/Vasodilatator) zur Behandlung des Bluthochdrucks erfolgt die Positionierung beispielsweise als breit anwendbares Antihypertensivum ("Schrotflinten-Prinzip"). Während sich bei der Behandlung mit einem Monopräparat nur bei ca. 40 % der Patienten der Blutdruck senkt, erreicht man mit diesen Kombinationspräparaten in etwa 75 - 90 % der Fälle eine Normalisierung der Blutdruckwerte. Wettbewerber mit vergleichbaren Konkurrenzprodukten argumentieren dagegen vornehmlich mit der Wirkungsstärke ihrer Kombinationspräpa-rate.
Die indikationsbezogene Argumentation über die Breite der Produktanwendbarkeit ermöglicht eine Profilierung des Präparates als für den Arzt leicht handhabbares Medikament, das sich für den täglichen Einsatz in der Praxis eignet. Gegenüber Monopräparaten bietet das Produkt für den Patienten den Vorteil, nicht mehrere Medikamente einnehmen zu müssen.

Auf der anderen Seite ergeben sich bei den Kombinationspräparaten zum Teil Schwierigkeiten hinsichtlich der Verträglichkeit. Magenempfindliche Patienten und insbesondere solche, die bereits wegen anderer Krankheiten zusätzlich Arzneimittel einnehmen müssen, sollen daher gezielt mit einzelnen Monosubstanzen von Unternehmen E therapiert werden. Für empfindliche und/oder multi-therapierte leichtere und mittelschwere KHK-Fälle mit niedrigem Nitratbedarf bietet man alternativ ein Nitrat-Pflaster an. Diese Herzpflaster dienen speziell auch als Basistherapie für eine Langzeitbehandlung.

Außer einer umfassenden indikations-, arzt- und patientenbezogenen Positionierung, die das Produkt eindeutig gegenüber allen anderen Präparaten der Konkurrenz und des eigenen Sortimentes abheben soll, erfolgt die Vermarktung eines Medikamentes jeweils auch unter einem emotional besetzten Leitthema. Bei dem ACE-Hemmer handelt es sich beispielsweise um das Thema "Wohlbefinden". Eine wesentliche Ursache für mangelnde Therapietreue vieler Hypotonie-Patienten liegt in der Tatsache begründet, daß der Kranke keinen Schmerz empfindet und sich in der Anfangsphase einer blutdrucksenkenden Arzneimitteltherapie wegen auftretender Schwindelgefühle vorübergehend schlechter fühlt als ohne Medikation. Bei der Anwendung von ACE-Hemmern tritt diese Nebenwirkung dagegen nicht auf. Ein weiterer wichtiger Produktvorteil besteht bei ACE-Hemmern darin, daß durch diese Präparate keine Kali-Belastungen im Körper entstehen. Das Leitthema "Salz" ist in der Hypertonie aber bereits durch ein kaliumneutrales Saluretikum (Diuretikum) von Unternehmen E besetzt. Außerdem ermöglicht das Thema "Wohlbefinden" im Vergleich zur Konkurrenzargumentation eine Alleinstellung des Präparates am Markt.

Die emotionale Komponente der Produktpositionierung wird insbesondere in der Anzeigenwerbung kommunikativ umgesetzt, um Aufmerksamkeitseffekte beim Arzt zu erzielen. Bei der inhaltlichen Argumentation gegenüber dem Arzt z. B. über den Außendienst, Broschüren wird der betreffende Produktvorteil durch entsprechende wissenschaftliche Informationezn und Studien gestützt.

b) <u>Konzept der umfassenden Marktleistung</u>

Von seinen Mitbewerbern versucht sich Unternehmen E nicht nur über marktgerechte Positionierung seiner Produkte sondern auch über das Konzept der umfassenden Marktleistung abzuheben. In Anbetracht der "weißen Flecken", welche sich aus den Positionierungsmodellen des Unternehmens in den drei Hauptindikationsgebieten noch ergeben, stellt sich im Hinblick auf die Produktpolitik zunächst die unternehmerische Aufgabe, das bisherige Präparatangebot auf den angestammten Indikationsgebieten (koronare Herzkrankheit, Bluthochdruck sowie Bein-/Gefäßerkrankungen) gezielt zu erweitern, um die angestrebte vollständige Marktabdeckung in diesen Indikationsmärkten zu erreichen. Darüber hinaus will man durch zusätzliche Präparate auch den Einstieg in andere Teilmärkte des Herz-Kreislauf-Sektors (z.B. Hypotonie, Herzinsuffizienz etc.) stetig vorantreiben. Ziel ist es hierbei, langfristig auch ein umfassendes Angebot von Arzneimitteln für den gesamten Herz-Kreislauf-Sektor anzubieten. Eine Produktelimination wurde für diesen Sektor in den letzten Jahren nicht vorgenommen.

Die Sortimentserweiterungen sollen möglichst über neue Substanzen geschehen, die dem Unternehmen im Rahmen von Forschungskooperationen oder durch Lizenzgaben zur Verfügung gestellt werden und deren Vermarktung aufgrund des Patentschutzes allein oder in Form eines Ko-Marketing zusammen mit dem Kooperationspartner bzw. Lizenzgeber erfolgen kann. Mit diesen Produktinnovationen will das Unternehmen sein Image als fortschrittliches Pharma-Unternehmen, das auch modernste medikamentöse Therapien zur Verfügung stellt, im Herz-Kreislauf-Sektor aufrecht erhalten.

Da die Erforschung bzw. Beschaffung innovativer Arzneimittelsubstanzen mit zunehmenden Schwierigkeiten verbunden ist, gewinnt auch die Entwicklung von Kombinationspräparaten zunehmend an Bedeutung. Darüber hinaus wird wegen des starken Nachahmerwettbewerbs und dem umfassenden Sortiment, das einige Generikahersteller anbieten, auch die Imitation von Substanzen anderer Originalanbieter zumindest in Erwägung gezogen.

Allerdings wäre damit noch kein Verzicht auf die konsequent betriebene Markenpolitik von Unternehmen E verbunden. Angesichts der eindeutigen Positionierung der Produkte und der Breite des Produktangebotes im Herz-Kreislauf-Sektor erachtet das Unternehmen die Markierung seiner Präparate für unverzichtbar. Die Vermarktung von reinen Generika spielt daher in den Überlegungen keine Rolle.

In produktpolitischer Hinsicht umfaßt das Konzept der umfassenden Marktleistung schließlich auch die Suche und Entwicklung von neuen therapie- und patientengerechten Darreichungsformen und -stärken. Auch dieser Bereich stellt ein Spezialgebiet des Unternehmens dar. In den letzten Jahren beschäftigte man sich insbesondere mit der Entwicklung und Markteinführung von transdermalen Therapiesystemen für verschiedene Herz-Kreislauf-Indikationen (Hypertonie, KHK, Herzinsuffizienz).

Die Vielfalt der produktpolitischen Möglichkeiten hierbei lassen sich anschaulich am Beispiel des ISDN-Produktes aufzeigen, das bereits über eine außerordentlich große <u>Produktfamilie</u> verfügt. Mit den verschiedenen Darreichungsformen (Infusionslösungen, Sprays, Tabletten, Retardtabletten, Kapseln, Retardkapseln) und Wirkungsdosierungen (z. B. Retardtabletten mit 20 mg, 40 mg, 60 mg, 80 mg; Lösungen pro Infusionen 0,05 %, 0,01 % etc.), die außerdem in verschiedenen Packungsgrößen (z. B. Tabletten in den drei normierten Packungsgrößen N1, N2 und N3) angeboten werden, lassen sich noch einmal die verschiedensten indikations-, arzt- und patientenbezogenen Bedürfnisse des Marktes gezielt ansprechen. Zugleich dient die Tiefe und Vollständigkeit einzelner Produktfamilien als Schutz, um den größeren Generikaherstellern, die galenische Entwicklungen und Produktdifferenzierungen zu betreiben in der Lage sind, keine Angriffspunkte zu bieten.

Das Konzept der umfassenden Marktleistung erstreckt sich des weiteren auch auf den Bereich der Kommunikationspolitik. Es gehört zum Selbstverständnis des Unternehmens als Herz-Kreislauf-Spezialist, neben dem Produktprogramm sowie produktspezifischen Informationen eine Reihe von weiteren <u>kommunikationspolitischen Serviceleistungen</u> zur Verfügung zu stellen, die dem Arzt und dem behandelten Patienten zugute kommen sollen.

Für den Arzt sieht man die Frage der Fortbildung von zentralem Interesse an. Unternehmen E unterbreitet den Medizinern ein sehr breites <u>Fortbildungsprogramm</u>, das auf deren spezielle Interessen ausgerichtet ist. Dazu gehört u.a. die Ausrichtung von Veranstaltungen wie z.B. Workshops ud Wochenendseminaren, bei denen kleinere Gruppen von Ärzten zusammenkommen, um spezifische Fragen der Therapie zu erörtern und Erfahrungen gegenseitig auszutauschen.

Die kommunikationspolitischen Serviceleistungen für den Arzt umfassen daneben <u>Informationsmaterial zum Umfeld der Produkte</u> wie z. B. neueste Literatur und Forschungsergebnisse, Aufklärungsbroschüren über die angesprochenen Krankheitsbilder, audivisuelles Fortbildungsmaterial etwa in Form einer Kardiothek zur kostenlosen Ausleihe als Film oder als Videocassette.

Darüber hinaus gibt das Unternehmen dem Arzt auch Anregungen für ein <u>Ärzte-Marketing</u>, das neue Patienten für seine Praxis hinzugewinnen bzw. bisherige Patienten enger an den behandelnden Arzt binden soll.

Hilfestellungen dieser Art gewinnen vor dem Hintergrund steigender Ärztezahlen und eines zunehmenden Wettbewerbs unter den Arztpraxen zunehmend an Bedeutung. Hierbei konnte Unternehmen E in den letzten Jahren richtungsweisende Impulse setzen. So unterstützt das Unternehmen den Arzt bei der Gründung therapeutischer Zirkel, in denen mehrere Patienten mit ähnlichem Krankheitsbild abends nach Ende der Sprechstunde mit dem Arzt zusammenkommen können, um gemeinsam über Erfahrungen mit ihrer Krankheit und gesundheitsbewußtere Verhaltensweisen zu sprechen. In diesem Zusammenhang bietet man interessierten Ärzten sogenannte "Herzgruppen-Gründungskonzept-Koffer" mit Informationsmaterialien an, die ihnen bei der Bewältigung organisatorischer Probleme in der Gründungsphase helfen sollen.

Das Angebot, das dem Patienten im Rahmen solcher Herzgruppen unterbreitet wird, reicht hin bis zu konkret durchgeführten Rehabilitationsmaßnahmen z. B. in Form von Sportgruppen, in denen Patienten unter ärztlicher Aufsicht nach dem Herzinfarkt ihre physische Leistungsfähigkeit zurückgewinnen sollen.

Die kommunikativen Serviceleistungen von Unternehmen E richten sich aber auch direkt an den <u>Patienten</u>. Bei den meisten Herz-Kreislauf-Kranken besteht eine starke Abneigung gegen die bei den meisten von ihnen notwendige lebenslange Therapie mit chemischen Substanzen. Für Unternehmen E bedeutet dies, das Vertrauen des Patienten in die ärztliche Maßnahmen zu fördern und ihn für eine Medikamenteneinnahme zu motivieren. Dies geschieht z. B. mit Filmen zum besseren Verständnis der Krankheitsvorgänge und der Risikofaktoren, Informationsbroschüren über gesündere Lebensweisen (z. B. salzarme Ernährung bei Hypertonie) und Hinweise für praktische Selbsthilfe (z. B. in Herzgruppen).

Das Konzept der umfassenden Marktleistung (innovative Präparate, Markenartikel, umfassende Serviceleistungen etc.) bedingt eine <u>Hochpreisstrategie</u> für die einzelnen Produkte. Als Markenanbieter glaubt Unternehmen E, selbst mit Imitationsprodukten nicht in das Preissegment der Generika-Anbieter eindringen zu können. Erfahrungen anderer Originalanbieter haben bislang gezeigt, daß auf dem Verordnungsmarkt Preissenkungen innovativer Firmen nicht honoriert werden. Die Preissenkungen von Markenpräparaten führten zu keinem mengenmäßigen Absatzzuwachs jedoch zu entsprechenden Umsatzeinbußen. Außerdem reagierten die Generika-Anbieter stets mit abermaligen Preissenkungen. Unternehmen E betreibt daher <u>keine aktive Preispolitik</u> bei bereits eingeführten Präparaten.

c) Differenzierte Marktbearbeitung

Hauptzielgruppe des Unternehmens sind die ca. 30.000 - 40.000 Allgemeinmediziner und Internisten in freier Praxis. Auf diese beiden Arztgruppen entfallen laut IMS-Verordnungspanel über 95 % der Verordnungen im Herz-Kreislauf-Sektor. Darüber hinaus stellen die rund 3.000 Krankenhäuser in der Bundesrepublik ebenfalls relevante direkte Ansprechpartner des Unternehmens dar.

Mit einem Außendienst von rund 240 Mitarbeitern, davon ca. 200 Ärztebesucher und ca. 40 Klinik-Referenten, ist Unternehmen E in der Lage, die gesamten Zielgruppen abzudecken. Neben dem Außendienst kommen der Direktwerbung und der Anzeigenwerbung besondere Bedeutung bei der produktbezogenen Marktkommunikation zu. Obgleich Unternehmen E alle relevanten Zielgruppen mit diesen drei Kommunikationsinstrumenten anspricht, erfolgt deren Marktbearbeitung jedoch jeweils mit unterschiedlicher Intensität und zum Teil mit unterschiedlichen Kommunikationsinhalten.

Bei der Steuerung der zielgruppenspezifischen Marktkommunikation finden drei Arten von Datenkategorien Verwendung, die in einem computergestützten Ärzte- bzw. Klinik-Informationssystem gespeichert sind. Bei den sogenannten Stammdaten handelt es sich um sozio-ökonomische bzw. organisationsdemographische Informationen (Alter des Arztes, Wohnort, Praxisausstattung, Zahl der Klinikbetten etc.). Daneben werden sogenannte Reaktions- oder Verhaltensdaten in den jeweiligen Informationssystemen erfaßt. Diese Dateien enthalten Angaben über Reaktionen der Ärzte auf Aussendungen in Form von Literatur- oder Musteranforderungen, Teilnahme an klinischen Studien, Betätigungen als Meinungsbildner (z. B. in Form von Veröffentlichungen etc.). Darüber hinaus besitzt Unternehmen E Informationen über psychographische Merkmale der Ärzte (Einstellung gegenüber der Arzneimittelindustrie, der Firma, ihren Produkten, Konkurrenzprodukten, Generika-Anbietern, berufliches Selbstverständnis etc.), die aus Stichprobenerhebungen stammen. Aufgrund der Daten aus diesen Primärstudien konnten Cluster von Ärzten gebildet werden (z. B. "konservativer Routinier"), die bislang speziell über die Anzeigenwerbung inhaltlich gezielt angesprochen werden.

Derzeit arbeitet Unternehmen E aber auch an einer Übertragung der Cluster auf die umfassend vorhandenen Stamm- und Verhaltensdateien, um auch die Informationen über den Außendienst und die Aussendungswerbung den speziellen Informationsbedürfnissen der einzelnen Ärztetypen besser anpassen zu können.

2.2.3 FORMALE ASPEKTE DER IMPLEMENTIERUNG DES STRATEGISCHEN MARKETING

2.2.3.1 ÜBERBLICK: ERGEBNISSE DER SCHRIFTLICHEN ERHEBUNG

Formale Aspekte des strategischen Marketing lassen sich im Rahmen eines standardisierten Erhebungsbogens einfacher und daher umfassender abfragen als inhaltliche Gesichtspunkte. Der Fragebogen zu Projektphase I enthält daher auch eine Vielzahl von Informationen über diese formalen Aspekte.

2.2.3.1.1 EINFLUßNAHME DER KONZERNLEITUNG

Von den 45 befragten Pharma-Unternehmen gehören 27 (60 %) einem Konzernverbund an. Bei diesen Unternehmen stellt sich zunächst die Frage, ob eine Einflußnahme der Konzernleitung auf das Arzneimittel-Programm, die Unternehmensführung insgesamt und vor allem das Pharma-Marketing der betreffenden Tochtergesellschaft erfolgt (vgl. dazu Frage 2 c des Erhebungsbogens). Abbildung 72 veranschaulicht, daß die weitaus überwiegende Mehrheit der Konzerne von den Möglichkeiten der Einflußnahme in diesen Bereichen mehr oder weniger starken Gebrauch macht.

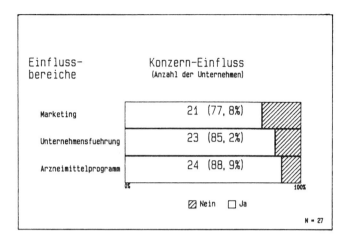

Abb. 72: Einflußnahme der Konzernleitungen auf die befragten Pharma-Unternehmen

Darüber hinaus vermittelt Abbildung 73 anhand von Mittelwerten (MW) über alle befragten Konzernunternehmen einen Eindruck vom <u>Ausmaß der Einflußnahme</u> auf die einzelnen Bereiche. Es wird deutlich, daß die Konzerne einen relativ starken Einfluß auf das Arzneimittelprogramm der Tochtergesellschaften ausüben (MW 3,07). Hinsichtlich der Unternehmensführung insgesamt empfinden die befragten Tochtergesellschaften nur eine mittelstarke Einflußnahme (MW 2,48). Das Marketing unterliegt insgesamt gesehen nur geringen Konzerneinflüssen (MW 1,26).

Betrachtet man einzelne Aufgabenbereiche des Marketing, so fällt auf, daß die Preis- (MW 1,96) und die Produktpolitik (MW 1,85) vergleichsweise noch am stärksten beeinflußt werden. In bezug auf andere Bereiche des Marketing sind die Tochtergesellschaften in ihrem Handeln weitgehend frei.

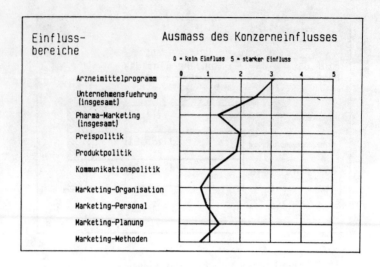

Abb. 73: **Ausmaß der Einflußnahme der Konzernleitungen (Durchschnittswerte)**

Die gebildeten Durchschnittswerte zeigen allerdings nur allgemein die Schwerpunkte der Konzerneinflußnahme auf. In einzelnen Unternehmen erfahren beispielsweise auch formale Aspekte des Marketing (Planung, Methodeneinsatz, Personalausstattung, Organisation) bisweilen eine starke Beeinflussung durch die Konzernleitung (Werte 4 oder 5).

2.2.3.1.2 ORGANISATORISCHE VERANKERUNG

Eine zentrale Frage der Implementierung stellt die <u>organisatorische Verankerung des Marketing</u> dar (vgl. Frage 8 b des Erhebungsbogens). In 40 (88,9 %) der insgesamt 45 befragten Arzneimittel-Unternehmen existiert eine Marketing-Abteilung. Eine eigene Vertriebsabteilung besitzen sogar 43 (95,6 %) der Pharma-Unternehmen (vgl. Abb. 74).

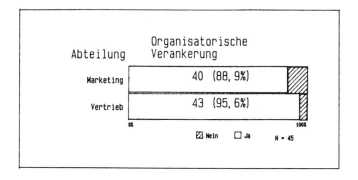

Abb. 74: Existenz der Abteilungen Marketing und Vertrieb in den befragten Pharma-Unternehmen

Die <u>hierarchische Einordnung des Marketing-Leiters</u> (vgl. Frage 8 a des Erhebungsbogens) erfolgt bei den befragten Untersuchungseinheiten vornehmlich auf der obersten Hierarchieebene (33 Unternehmen; 73,3 %) und deutlich seltener auf der zweiten (10 Unternehmen; 22,2 %) oder gar dritten (2 Unternehmen; 4,4 %) Ebene nach der Geschäftsführung (vgl. Abb. 75).

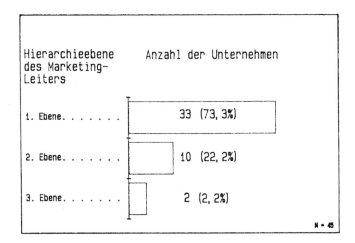

Abb. 75: Hierarchische Einordnung der Marketing-Leitung in den befragten Pharma-Unternehmen

Betrachtet man die <u>Hierarchie-Relationen zwischen Marketing und Vertrieb</u> (vgl. Frage 8 b) so fällt auf, daß der größte Teil der Pharma-Unternehmen beide Funktionen als identisch ansieht (19 Unternehmen; 44,2 %) oder Marketing- und Vertriebsleitung einander hierarchisch gleichstellt (13 Unternehmen; 30,2 %). In sechs Unternehmen (14,0 %) ist die Vertriebsleitung der Marketing-Leitung übergeordnet. Nur in vier Unternehmen (9,3 %) findet sich die Einordnung des Vertriebs unter den Marketing-Bereich. In lediglich einem Unternehmen existiert explizit weder eine Vertriebs- noch eine Marketing-Leitung (vgl. Abb. 76).

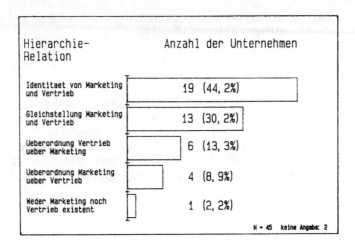

Abb. 76: Hierarchie-Relation zwischen Marketing und Vertrieb in den befragten Pharma-Unternehmen

Insgesamt verdeutlichen die Ergebnisse, daß - unter organisatorischen Gesichtspunkten - den Funktionen Marketing und insbesondere Vertrieb innerhalb der Pharma-Industrie weithin ein hoher Stellenwert beigemessen wird. Ein Primat des Marketing läßt sich hieraus nicht erkennen. Marketing - verstanden als marktorientierte Unternehmensführung - geht jedoch über die Tätigkeiten dieser Abteilungen hinaus.

In Anbetracht der engen organisatorischen Verzahnung zwischen Marketing und Vertrieb überrascht es nicht, daß bei der Beurteilung der <u>Abstimmung zwischen dem Marketing und anderen Abteilungen</u> (vgl. Frage 8 e) die Koordination mit dem Außendienst im Durchschnitt mit Abstand die besten Bewertungen erhält (MW 1,7). Erstaunlicherweise beurteilen die Unternehmen selbst die Abstimmung innerhalb der Marketing-Abteilung etwas schlechter (MW 2,2). Ein Grund hierfür könnte in dem Konfliktpotential ("Kampf um knappe Ressourcen") liegen, welches das im Pharma-Marketing vielfach vorzufindende Produkt-Management-System enthält.

Am kritischsten sehen die Befragten das Koordinationsfeld zwischen Marketing und Forschung & Entwicklung an (MW 2,6). Alle übrigen Abstimmungsfelder erhalten im Durchschnitt noch gute Bewertungen (MW 2,1 - 2,4). Abbildung 77 zeigt die durchschnittlichen Bewertungen zu den jeweiligen Koordinationsfeldern.

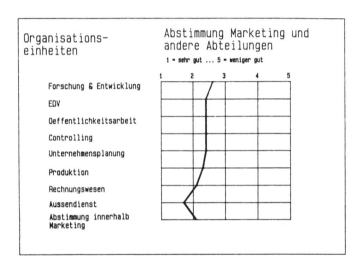

Abb. 77: Bewertung der Marketing-Koordination (Durchschnittswerte)

Einen Eindruck von den organisatorischen Möglichkeiten und Problemen der befragten Pharma-Unternehmen bei der Erarbeitung, Umsetzung und Überwachung einer strategischen Marketing-Konzeption geben die Antworten auf die Frage nach der Existenz bestimmter Stellen und Abteilungen innerhalb des Marketing-Bereichs (vgl. Frage 8 d). Es zeigt sich, daß das Produkt-Management-System innerhalb des Pharma-Marketing am weitesten verbreitet ist (32 Unternehmen; 71,1 %). Daneben kommt der Marktforschung die zweitgrößte Bedeutung zu (29 Unternehmen; 64,4 %). Etwa die Hälfte aller befragten Untersuchungseinheiten besitzt eine Stelle oder Abteilung, die sich speziell mit Fragen der Werbung befaßt (23 Unternehmen; 51,1 %). Eine Institutionalisierung der Öffentlichkeitsarbeit erfolgt - typischerweise für diese imagesensible Branche - ebenfalls relativ häufig (18 Unternehmen; 40 %). Knapp ein Drittel der Unternehmen können eigens auf Marketing-Controller (15 Unternehmen; 33,3 %) und Marketing-Planer (13 Unternehmen; 28,9 %) zurückgreifen. Abbildung 78 verdeutlicht die Angaben zu den einzelnen Marketing-Organisationseinheiten noch einmal graphisch.

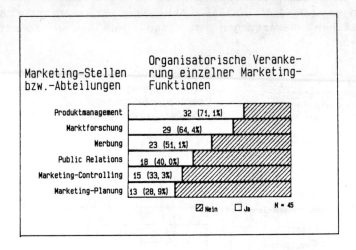

Abb. 78: Existenz bestimmter Marketing-Stellen bzw. -Abteilungen in den befragten Pharma-Unternehmen

2.2.3.1.3 MITARBEITERAUSSTATTUNG UND -FÜHRUNG

Inhalt und Qualität eines strategischen Pharma-Marketing hängen letztlich von den an diesem Management-Prozeß beteiligten Personen ab. Das strategische Pharma-Marketing wird primär von den Bereichen Marketing und Vertrieb getragen. Während die Marketing-Mitarbeiter des Innendienstes vornehmlich an der Konzipierung und Überwachung der Marketing-Strategien beteiligt sind, kommt dem Außendienst in der Pharma-Industrie eine besondere Bedeutung bei der Umsetzung der strategischen Marketing-Konzeptionen zu.

Frage 4 b des Erhebungsbogens befaßt sich mit der quantitativen Komponente des Marketing-Personals. In den befragten Untersuchungseinheiten entfallen ca. 28 % der Pharma-Mitarbeiter auf die Bereiche Marketing und Vertrieb. Der Anteil der Außendienst-Mitarbeiter beträgt allein bereits 20 % (vgl. Abb. 79).

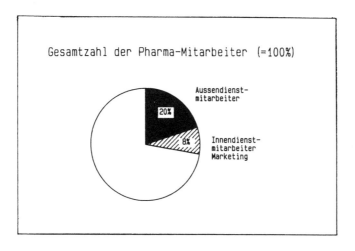

Abb. 79: Prozentualer Anteil der Mitarbeiter in den Bereichen Pharma-Marketing bzw. Pharma-Außendienst (Durchschnittsbetrachtung)

Im Durchschnitt beschäftigen die befragten Pharma-Unternehmen ca. 40 Marketing-Mitarbeiter im Innendienst und knapp 100 Außendienst-Mitarbeiter. Die Anzahl der Pharma-Referenten für den Bereich der niedergelassenen Ärzte beläuft sich durchschnittlich auf rund 70 Ärztebesucher. Im Krankenhausbereich liegt der Durchschnitt bei ca. 15 Klinik-Referenten pro Unternehmen. Etwa 15 % der befragten Unternehmen verfügen über einen Apotheken-Außendienst. Hier liegt die Anzahl der Mitarbeiter zwischen 10 und 60 Apotheken-Besucher je Untersuchungseinheit.

Insgesamt betrachtet divergieren die einzelnen Angaben der Firmen bezüglich der Mitarbeiterzahlen erheblich. Tabelle 16 gibt einen groben Überblick über die Häufigkeitsverteilungen der jeweiligen Mitarbeiterpotentiale in Marketing und Vertrieb.

MARKETING-INNENDIENST			AUSSENDIENST GESAMT			ÄRZTEBESUCHER			KLINIKBESUCHER		
Mitarbeiter	Unternehmen abs.	in %	Mitarbeiter	Unternehmen abs.	in %	Mitarbeiter	Unternehmen abs.	in %	Mitarbeiter	Unternehmen abs.	in %
0	1	2	0	3	7	0	8	18	0	16	36
unter 5	6	13	unter 10	5	11	unter 10	4	9	unter 5	4	9
5 - 10	9	20	10 - 19	5	11	10 - 30	4	9	5 - 10	3	7
11 - 20	9	20	20 - 49	3	7	31 - 74	5	11	11 - 15		
21 - 30	6	13	50 - 99	8	18	75 - 99	4	9	16 - 25	4	9
31 - 60	4	9	100 - 149	6	13	100 - 149	8	18	26 - 35	5	11
61 - 100	4	9	150 - 249	8	18	150 - 199	3	7	36 - 50	3	7
über 100	2	4	250 - 350	3	7	200 - 300	2	4	51 - 100	2	4
keine Ang.	4	9	keine Ang.	3	7	keine Ang.	7	16	keine Ang.	5	11
∅ 40	Σ45	Σ100	∅ 100	Σ45	Σ100	∅ 70	Σ45	Σ100	∅ 15	Σ45	Σ100

Tab. 16: Zahl der Mitarbeiter in Marketing und Vertrieb

Vom Ausbildungsniveau und der Ausbildungsrichtung der Marketing-Mitarbeiter (<u>qualitative Komponente des Marketing-Personals</u>) können weitere Auswirkungen auf die inhaltliche Gestaltung der strategischen Marketing-Konzeption ausgehen (vgl. dazu Frage 5 b und 5 c). Eine zentrale Rolle kommt hierbei der <u>Marketing-Leitung</u> zu. 90 % der Marketing-Leiter in den befragten Pharma-Unternehmen sind Akademiker. Erwartungsgemäß handelt es sich zu einem Großteil um Mediziner, Apotheker und Naturwissenschaftler (42 %). Insgesamt überwiegen jedoch die wirtschaftsbezogenen Ausbildungsformen (54 %). Etwa 10 % der Pharma-Marketing-Leiter besitzen eine wissenschaftliche Ausbildung in der speziellen Betriebswirtschaftslehre Marketing. Daneben kommen anderen Formen der Ausbildung nur geringe Bedeutung zu (vgl. Abb. 80).

Abb. 80: Ausbildung der Pharma-Marketing-Leiter

Auch bei dem übrigen <u>Marketing-Personal</u> überwiegen bei 52 % der Unternehmen die Akademiker gegenüber anderen Mitarbeitern. Lediglich 15 % der Untersuchungseinheiten geben an, keinen universitär ausgebildeten Marketing-Mitarbeiter zu beschäftigen. Abbildung 81 zeigt, inwieweit in den befragten Unternehmen einzelne Studienrichtungen vertreten sind. Es wird deutlich, daß die Pharma-Unternehmen auch im Marketing-Bereich weitgehend über hochqualifiziertes Personal verfügen. In 65 %

der Untersuchungseinheiten arbeiten im Pharma-Marketing medizinisch-naturwissenschaftlich vorgebildete Akademiker mit wissenschaftlich fundierten Kenntnissen über Medikamente. Etwa die Hälfte aller Unternehmen beschäftigt Wissenschaftler mit speziellen Marketing-Kenntnissen (49 %).

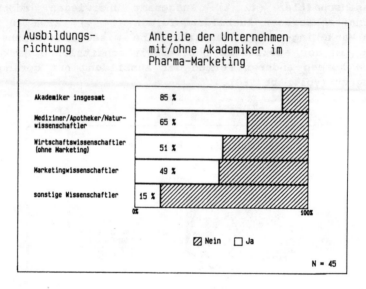

Abb. 81: Ausbildung der sonstigen Mitarbeiter im Bereich Pharma-Marketing

Hinsichtlich der <u>Mitarbeiterführung</u> (vgl. Frage 9) zeigen sich teilweise ebenfalls deutliche Unterschiede zwischen den einzelnen Pharma-Unternehmen. Insgesamt betrachtet überwiegen innerhalb der Pharma-Industrie eher kooperative Führungsstile (vgl. Tab. 17). Zwischen der Mitarbeiterführung innerhalb der gesamten Unternehmung (MW 3,4) und innerhalb des Marketing (MW 3,8) bestehen graduelle Unterschiede. Innerhalb des Marketing überwiegen die eher kooperativen Führungsstile deutlicher (vgl. auch Abb. 82).

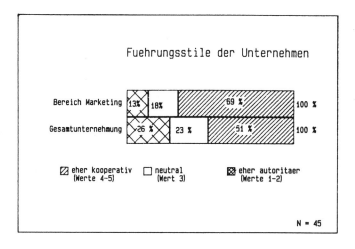

Abb. 82: Art des Führungsstils in den befragten Pharma-Unternehmen

	ENTSCHEIDUNGS-SPIELRAUM DER VORGESETZTEN		ENTSCHEIDUNGSSPIELRAUM DER MITARBEITER		
	autoritärer Führungsstil 1	2	3	4	kooperativer Führungsstil 5
GESAMT-UNTERNEHMUNG	3 (7%)	8 (19%)	10 (23%)	11 (26%)	11 (26%)
BEREICH MARKETING	2 (5%)	3 (8%)	7 (18%)	13 (33%)	14 (36%)

Tab. 17: Art der Mitarbeiterführung in den befragten Unternehmen

2.2.3.1.4 PLANUNG, BUDGETIERUNG UND KONTROLLE

Ebenfalls eher formale Aspekte betreffen die Planung und Kontrolle der strategischen Marketing-Konzeptionen (vgl. dazu die Fragen 10 a bis 10 c des Erhebungsbogens). In nur ca. 40 % der befragten Pharma-Unternehmen existieren schriftlich fixierte strategische Marketing-Pläne. Planerische Überlegungen zum künftigen strategischen Pharma-Marketing finden nicht selten sogar überhaupt nicht statt (11 %). Zum Vergleich: Selbst auf taktischer und operativer Ebene ist die Planung nicht überall implementiert (vgl. dazu Abb. 83).

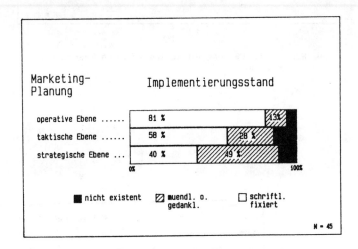

Abb. 83: Implementierungsstand der strategischen Marketing-Planung in den befragten Pharma-Unternehmen

Die zeitliche Reichweite der strategischen Marketing-Planung in der Pharma-Industrie beträgt im Durchschnitt ca. fünf Jahre. Die Einzelangaben zum Zeithorizont variieren dabei zwischen 3 und 15 Jahren. Auf der taktischen Ebene dagegen beträgt die zeitliche Reichweite durchschnittlich 2 Jahre (Maximum 3 Jahre; Minimum 1 Jahr), auf der operativen Ebene durchschnittlich knapp 1 jahr (Maximum 2 Jahre; Minimum 5 Monate).

Der Marketing-Plan dominiert in der Hierarchie der Teilbereichspläne in 44 % aller Fälle (20 Unternehmen). Daneben wird zum Teil vor allem der Finanzplanung (17 Unternehmen; 38 %) und der F & E-Planung (6 Unternehmen; 13 %) Priorität eingeräumt. Zwei Nennungen entfallen auf die Produktionsplanung (vgl. Abb. 84).

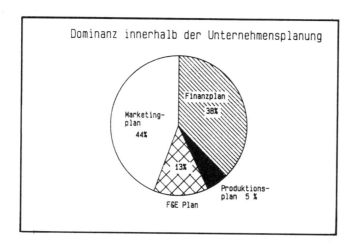

Abb. 84: Dominierende Teilbereichspläne in den befragten Pharma-Unternehmen

Die oben aufgezeigten Defizite in der Marketing-Planung bei etlichen Pharma-Unternehmen schlagen sich auch in der Marketing-Kontrolle nieder. Jedes dritte Unternehmen der Gesamtstichprobe (33 %) nimmt keine Kontrolle der strategischen Marketing-Planung vor. Bei den verbleibenden Unternehmen erfolgt die Kontrolle der strategischen Marketing-Pläne zu einem Großteil in Form von Zwischenkontrollen (41 %) oder am Ende der Planperiode (5 %). Nur jedes fünfte Unternehmen (21 %) übt die strategische Marketing-Kontrolle in Form einer permanenten Überwachung aller wesentlichen Erfolgskriterien aus. Abbildung 85 läßt einen Vergleich zwischen dem jeweiligen Implementierungsstand der Marketing-Kontrolle auf strategischer, taktischer und operativer Ebene zu. Erwartungsgemäß werden detailliertere Pläne mit kürzerem Zeithorizont häufiger und intensiver kontrolliert (vgl. dazu auch Abb. 83).

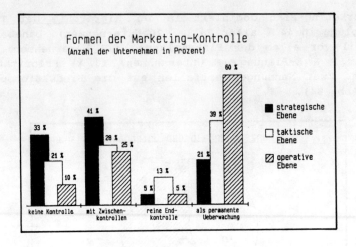

Abb. 85: Implementierungsstand der strategischen Marketing - Kontrolle in den befragten Pharma-Unternehmen

Die Ergebnisse zur <u>Marketing-Budgetierung</u> (vgl. hierzu Frage 3 b) zeigen Schwerpunkte des strategischen Pharma-Marketing auf. Aus Abbildung 86 geht hervor, daß insbesondere der Außendienst (MW 3,7) aber auch die Werbung (MW 3,4) im Durchschnitt weniger engen Budgetrestriktionen unterliegen. Für externe Marketing-Beratungen (MW 2,6) und Öffentlichkeitsarbeit (MW 2,5) ist dagegen der finanzielle Rahmen durchschnittlich enger abgesteckt. Auch hier dürfen die Mittelwerte allerdings nicht darüber hinwegtäuschen, daß die einzelnen Angaben der Firmen streuen. Beispielsweise empfindet jedes vierte Unternehmen (27 %) kaum oder nur geringe finanzielle Engpässe (Werte 4 und 5), um ein externes Institut für eine Marketing-Beratung heranzuziehen.

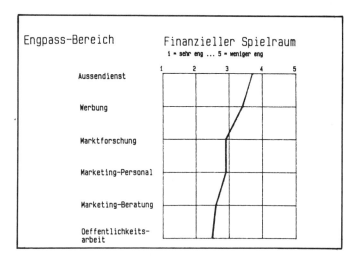

Abb. 86: Engpaßbereiche der Marketing-Budgetierung (Durchschnittswerte)

2.2.3.1.5 INFORMATIONSGEWINNUNG UND -VERARBEITUNG

Die Analyse, Planung, Budgetierung und Kontrolle strategischer Marketing-Konzeptionen stellt einen fortwährenden Prozeß der Informationsgewinnung und -verarbeitung dar. Frage 11 des Erhebungsbogens setzt sich mit diesem Themenkomplex auseinander.

Abbildung 87 zeigt, inwieweit die einzelnen Arzneimittelunternehmen bestimmte Informationsquellen im Rahmen ihres Managementprozesses heranziehen. Preisgünstigere Informationsquellen werden hierbei häufiger benutzt als die kostenintensiveren Datenbanken, Panels oder Primärerhebungen. Analysiert man allerdings die durchschnittliche Nutzungsintensität der Informationsquellen, so ergibt sich eine zum Teil veränderte Rangfolge (vgl. Abb. 88). Vor allem Außendienstberichte (MW 3,9) sowie Panels (MW 3,6) und Datenbanken (MW 3,6) erfahren besondere Beachtung. Die verhältnismäßig geringere Nutzung von Primärerhebungen dürfte neben dem Kostenaspekt zum

Teil auch darauf zurückzuführen sein, daß über die Pharma-Industrie bereits sehr umfangreiches sekundär-statistisches Datenmaterial zur Verfügung steht.

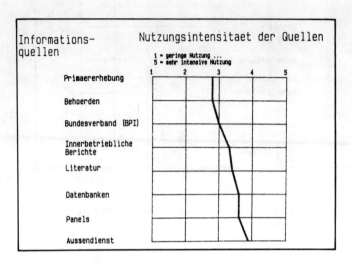

Abb. 88: Nutzungsintensität bestimmter Informationsquellen (Durchschnittswerte)

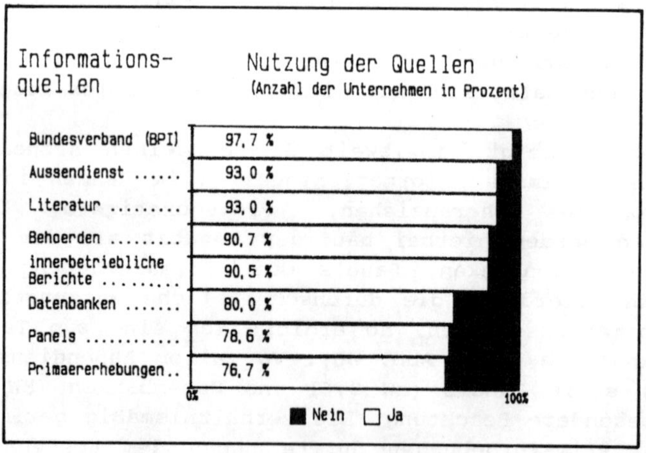

Abb. 87: Nutzung bestimmter Informationsquellen in den befragten Pharma-Unternehmen

Die Informationsinhalte der Marketing-Forschung betreffen insbesondere die marktliche Umwelt (vgl. Abb. 89). Marktinformationen werden mit Abstand am häufigsten (97,6 %) und intensivsten (MW 4,3) im Rahmen des Pharma-Marketing herangezogen. Daneben finden vor allem medizinische Daten (92,9 %; MW 3,5) Eingang in das Pharma-Marketing. Die überwiegende Mehrheit der Unternehmen nutzt auch Brancheninformationen (90,5 %; MW 2,8) und Informationen über die weitere Pharma-Umwelt (88,4 %; MW 2,5). In der Rangfolge der Informationsinhalte ergeben sich hinsichtlich Nutzungshäufigkeit und Nutzungsintensität keine Unterschiede.

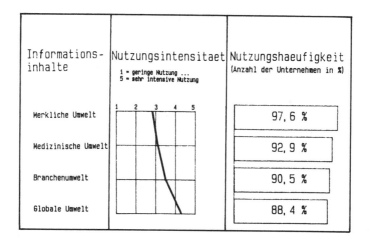

Abb. 89: Nutzungsintensität (Durchschnittswerte) und Nutzungshäufigkeit (Prozentangaben) von Informationen externer Informationsfelder

Von theoretischer Seite wird der Einsatz einer Reihe von Methoden und Modellen angeboten, die der entscheidungsgerechten Aufbereitung von relevantem Informationsmaterial für das strategische Marketing dienen sollen. Die folgenden Abbildungen veranschaulichen den Verbreitungsgrad dieser Verfahren innerhalb der Pharma-Industrie (vgl. Abb. 90) sowie die durchschnittliche Intensität ihrer Nutzung durch das Marketing-Management (vgl. Abb. 91). Dabei wird deutlich, daß die Pharma-Manager eher auf intuitive Methoden und Modelle zurückgreifen, bei denen sie ihre subjektiven Produkt- und Marktkenntnisse einfließen lassen können, als bei ihren Entscheidungen auf komplexe mathematische Verfahren zu bauen.

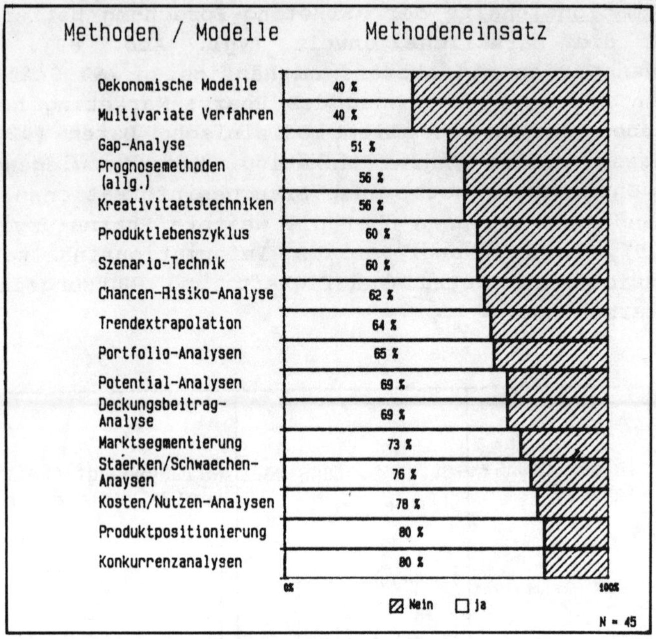

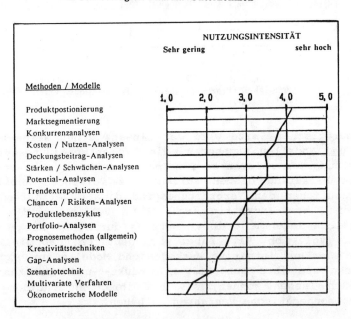

Abb. 90: Einsatz ausgewählter strategischer Methoden und Modelle in den befragten Pharma-Unternehmen

Abb. 91: Nutzungsintensität ausgewählter strategischer Methoden und Modelle (Durchschnittswerte)

2.2.3.2 EINZELFALLSTUDIEN: ERGEBNISSE DER PERSÖNLICHEN TIEFEN-INTERVIEWS

2.2.3.2.1 FORMALE ASPEKTE DER IMPLEMENTIERUNG DES STRATEGISCHEN PHARMA-MARKETING IN UNTERNEHMEN A (TYP: "MITTELSTÄNDLER")

Die Persönlichkeit des Unternehmers, der in Personalunion Eigentum und Geschäftsführung repräsentiert, prägt das strategische Pharma-Marketing in Unternehmen A. Der Führungsstil dieser dominierenden Persönlichkeit wird von den Mitarbeitern als eher autoritär charakterisiert. Zugleich gilt der geschäftsführende Unternehmer als dynamischer, in hohem Maße marktorientiert denkender Manager, der die auf einen langfristigen Unternehmenserfolg ausgerichtete Absatz- und Kundenorientierung aller Unternehmensbereiche und damit die Verwicklung eines integrierten strategischen Pharma-Marketing sicherstellt.

Bei den Mitarbeitern besteht insgesamt ein sehr starkes Vertrauen in die "Führungskunst" des gegenwärtigen Geschäftsführers, dem man auch für die Zukunft eine Fortsetzung seiner bislang erfolgreichen unternehmerischen Tätigkeit zutraut. Nicht zuletzt aufgrund der Erfahrungen der Vergangenheit wird im Unternehmen allerdings durchaus die Gefahr erkannt, daß von der Fixierung auf eine Person auch eine lähmende Wirkung auf die Unternehmensentwicklung ausgehen kann.

Die auf seiner Persönlichkeit und seinem Charisma beruhende Dominanz des Unternehmers wird durch die zentralistische Organisationsform (vgl. Abb. 92) unterstrichen, die eine Konzentration aller wesentlichen unternehmerischen Entscheidungen auf die Person des alleinigen Geschäftsführers begünstigt. Der eindimensionalen Unternehmer-Geschäftsführung unterstehen - nach Funktionen gegliedert - eine Stabsabteilung, die sich mit Fragen der Arzneimittelzulassung beschäftigt, sowie fünf Hauptabteilungen mit Linieninstanzen.

Die Funktionen Marketing und Vertrieb sind in einem der fünf Hauptbereiche unter einheitlicher Leitung zusammengefaßt. Eine "Zwischeninstanz" mit der Funktion eines "reinen" Vertriebsleiters existiert nicht. Die ca. 75 Außendienstmitarbeiter unterstehen direkt dem Hauptabteilungsleiter Marketing und Vertrieb. Die darunter mit angesiedelte Abteilung Marketing umfaßt insgesamt nur 5 Mitarbeiter. Von den einzelnen Stelleninhabern werden die Funktionen Marktforschung, Marketing-Planung und -Kontrolle sowie Werbung und Verkaufsförderung wahrgenommen. Als Abteilungsleiter Marketing fungiert ein junger Wirtschaftswissenschaftler mit Studienschwerpunkt Marketing, der dem erweiterten Kreis der Führungspersonen zuzurechnen ist.

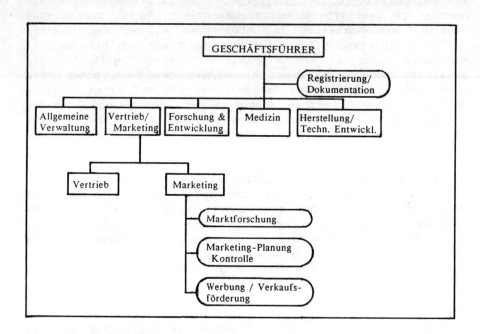

Abb. 92: Marketing-Organisation von Unternehmen A
(Typ "Mittelständler")

Die verschiedenen Tätigkeitsfelder von Unternehmen A sind als Stellen oder Abteilungen organisatorisch nicht verankert. Der Grund für das Fehlen einer produktorientierten Marketing-Organisation liegt in dem für ein Arzneimittelunternehmen relativ homogenen und überschaubaren Produktprogramm (Konzentration auf Naturheilmittel). Das marktliche Umfeld der Produkte zeichnet sich außerdem bislang durch geringe Marktdynamik aus. Die Funktionsorientierung der Marketing-Organisation richtet den Blick für strategische Marketing-Überlegungen stärker auf das Gesamtsortiment aus, was letztlich zu einer einheitlichen Marktpolitik der Unternehmung führen soll. Die geringe personelle Marketing-Kapazität reicht nach Meinung der Marketing-Leitung momentan gerade noch aus, um die Marketing-Aufgaben für das gesamte Produktprogramm wahrnehmen zu können.

Die <u>strategischen Marketing-Aufgaben</u> des Hauptbereiches Marketing/Vertrieb bestehen in der Analyse der relevanten Märkte und Konkurrenzprodukte, der Festlegung und Kontrolle von Absatzzielen für die einzelnen Produkte und Produktbereiche bzw. Märkte und Marktsegmente sowie der Erarbeitung und eventuellen Überarbeitung von marktgerichteten Grundsatz- und Marktbearbeitungsstrategien zur Erreichung dieser Absatzziele. Bei der Produkt-/Marktwahl und bei Produktneueinführung besteht ein Mitspracherecht.

Die <u>Analyse der marktlichen Umwelt</u> stützt sich primär auf IMS-Daten. Die Konkurrenzanalysen befassen sich daher im wesentlichen mit Umsätzen, Marktanteilen und Marketing-Aufwendungen (Ärztebesuche; Aussendungen; Anzeigen) der relevanten Wettbewerber und ihrer Produkte. Anhand des Informationsmaterials der Konkurrenz (wissenschaftliche Broschüren, Preislisten, Anzeigen etc.) werden außerdem Stärken-/Schwächen-Analysen für die eigenen Produkte im Vergleich zu den wichtigsten Konkurrenzpräparaten angefertigt.

Die Festlegung mengen- und wertmäßiger <u>Absatz- und Marktanteilsziele</u> für die einzelnen Produkte bzw. Produktbereiche beruht aber nicht allein auf konkurrenzbezogenen Daten sondern berücksichtigt ebenso die Marktpotentiale der betreffenden Indikationsgebiete und Marktsegmente. Insbesondere um auch mittel- und längerfristig angemessene stsrategische Absatzziele setzen zu können, befaßt man sich mit der Frage, inwieweit die sich aus den IMS-Panels ergebenden Marktvolumina die vorhandenen und künftigen Marktpotentiale bereits ausschöpfen.

Hinweise auf das jeweilige Marktpotential ergeben sich aus statistischen Angaben über Bevölkerungsstrukturen, Mortalität und Morbidität, Zahl der relevanten Ärzte und ähnliche Daten über die das Arzneimittelprogramm betreffenden Krankheiten. Als Informationsquellen dienen hierbei verschiedene medizinische Datenbanken, Auskünfte von statistischen Ämtern, medizinisch wissenschaftliche Zeitschriften, Bücher und sonstige sekundärstatistisches Datenmaterial. Gleichzeitig werden auch jeweils regionale Marktpotentiale ermittelt, da in einzelnen Gebieten der Bundesrepublik bestimmte Krankheitsbilder überproportional häufig auftreten (z. B. Atemwegserkrankungen im Ruhrgebiet). Mit Hilfe regionaler Marktvolumina und Marktpotentiale erfolgt die Steuerung des Außendienstes.

Bei der Erarbeitung von marktbezogenen <u>Grundsatz- und Marktbearbeitungsstrategien</u> ist man in hohem Maße auch auf Fachinformationen der Hauptbereiche Medizin sowie Forschung und Entwicklung angewiesen, zumal sich unter den Innendienstmitarbeitern der Hauptabteilung Marketing/Vertrieb keine Mediziner und Naturwissenschaftler befinden. Aufgabe des Marketing ist es, eine Bewertung dieser Fachinformationen hinsichtlich ihrer marktlichen Relevanz vorzunehmen, die relevanten Informationen bei der Marktkommunikation zielgruppenadäquat umzusetzen und auf Grund der eigenen Marktkenntnisse Anregungen für wissenschaftliche Studien, Produktverbesserungen und Sortimentserweiterungen zu geben. Ein wichtiges Informationsinstrument hierfür stellt auch der Außendienst dar, "der sein Ohr direkt am Markt hat". Bei umfassenden strategischen Marketing-Maßnahmen und Kampagnen fertigt die Marketing-Abteilung ausführliche Kosten-/Nutzen-Analysen an.

Eine ergebnisorientierte <u>Marketing- und Vertriebskontrolle</u> existiert bislang nur in Ansätzen und beschränkt sich auf Marktanteile und Umsätze als Kontrollgrößen. Dabei wird quartalsmäßig überprüft, ob die tatsächliche Entwicklung der Kontrollgrößen hinsichtlich einzelner Produkte bzw. Produktbereiche mit dem geplanten strategischen Verlauf im wesentlichen übereinstimmt oder ob die geplanten Ziele und Strategien der Überarbeitung bedürfen. Ein Überdenken der Marketing-Strategie erfolgt beispielsweise auch dann, wenn die Absatzziele eines Präparates zwar erreicht, das Produkt aber laut VIP bei einer anderen Facharztgruppe mehr Verordnungen erreicht als bei derjenigen Zielgruppe, bei der es positioniert wurde.

Im Rahmen dieses Marketing-Management-Prozesses werden sekundär-statistische und innerbetriebliche <u>Informationsquellen</u> ausgiebig genutzt. Ein großer Teil dieser Informationen ist EDV-gespeichert bzw. über EDV abrufbar (IMS-Panels, Außendienstinformationen, Informationen von statistischen Ämtern und Behörden sowie externe Datenbanken). Auf Grund des für den Pharma-Markt sehr umfassend vorhandenen sekundärstatistischen Datenmaterials glaubt das Unternehmen, auf eigene Primärerhebungen verzichten zu können.

Die Anwendung des methodischen Instrumentariums des Strategischen Pharma-Marketing beschränkt sich auf einige als besonders wesentlich erachtete nicht-mathematische <u>Methoden und Modelle</u> (Stärken-/Schwächenanalysen, Konkurrenzanalysen, Marktsegmentierung, Produktpositionierung, Potentialanalysen, Kosten-/Nutzen-Analysen). Vor allem quantitative Prognosemethoden werden besonders kritisch gesehen. Die Ursachen für die Ablehnung exakter mathematischer Modelle ("Man kann sich auch zu Tode rechnen") sowie die Nicht-Anwendung anderer Methoden liegt zu einem großen Teil in der Person des Unternehmers begründet, der schnelle und eindeutige Informationen anfordert, dessen Entscheidungen in hohem Maße auch auf Intuitionen und Erfahrungen beruhen, dessen Führungsstil die sinnvolle Durchführung bestimmter Methoden (z.B. Kreativitätstechniken) nicht zuläßt und der notwendige Informationen für die Durchführung bestimmter Analysemethoden (z. B. Deckungsbeitragsanalysen) nicht an seine Mitarbeiter weitergibt.

Die Verabschiedung des strategischen Marketing- und Vertriebskonzeptionen bedürfen zunächst sowohl der internen <u>Abstimmung innerhalb der Hauptabteilung Marketing/Vertrieb</u> als auch der Abstimmung mit anderen Hauptbereichen des Unternehmens. Letztendlich erfordert die Verabschiedung einer solchen Konzeption jeweils auch der Zustimmung durch den Geschäftsführer. Im Gegensatz zur Gesamtunternehmung herrscht innerhalb des Hauptbereiches Marketing/Vertrieb ein eher kooperativer Führungsstil vor. Die Zusammenarbeit zwischen dem Hauptabteilungsleiter und dem Abteilungsleiter Marketing ist von ausgesprochen starker gegenseitiger Loyalität geprägt. Auf Grund dieser Tatsache wird die Abstimmung zwischen Marketing und Vertrieb von den Mitarbeitern dieses Unternehmensbereiches als geradezu optimal bezeichnet.

In der Hierarchie der funktionalen Teilbereichspläne dominiert eindeutig der Marketing-Plan. Bedingt durch die wirtschaftlichen Erfolge der Vergangenheit sowie erhebliche Investitionen in modernste Produktionsanlagen ergeben sich heute keine Engpässe mehr hinsichtlich Produktion und Finanzen. <u>Abstimmungsprobleme zwischen den Hauptbereichen</u> Marketing/Vertrieb einerseits sowie Herstellung/Technische Entwicklung oder allgemeiner Verwaltung andererseits treten daher auch kaum auf. Bezüglich der Produkt-Marktwahl sowie Produktneueinführung kommt es allerdings in Einzelfällen zu unterschiedlichen Auffassungen zu den Bereichen Medizin sowie Forschung und Entwicklung. Solche divergierenden Meinungen liegen beispielsweise dann vor, wenn die beiden letztgenannten Bereiche eine

Substanz oder ein Präparat als hervorragend geeignet für eine bestimmte Therapie einstufen und daher für eine Markteinführung eintreten, während die Marktseite - vertreten durch die Hauptabteilung Marketing/Vertrieb - eine solche Markteinführung als nicht empfehlenswert erachten läßt, weil sich bereits starke Konkurrenzprodukte mit fortschrittlicheren Substanzen auf dem betreffenden Indikationsmarkt befinden.

Strategische Probleme dieser Art werden in der wöchentlichen Sitzung der fünf bis acht Führungskräfte intensiv diskutiert. Dabei entscheidet letztlich das Wort des Geschäftsführers, der marktlichen Argumenten aufgeschlossen gegenübersteht und ihnen besonderes Gewicht beimißt. Die Nutzung kurzer und direkter (persönlicher) Informations- und Entscheidungswege durch den Geschäftsführer ist auf Grund der nur 2 - 3 hierarchische Stufen umfassenden Organisationsstruktur derzeit noch möglich. Für den Fall einer weiterhin anhaltenden Expansion des Unternehmens sowie einer eventuellen Ausweitung der Geschäftstätigkeit glaubt man aber, für die Zukunft eine Aufstockung des Personalbestandes durchführen und komplexere Formen der Aufbau- und Ablauforganisation einführen zu müssen, um den produkt- und marktbezogenen strategischen Problemen zumindest in der gleichen Intensität wie bisher nachgehen und eine hierzu notwendige Entlastung des Führungspersonals vom Tagesgeschäft vornehmen zu können.

2.2.3.2.2 FORMALE ASPEKTE DER IMPLEMENTIERUNG DES STRATEGISCHEN PHARMA-MARKETING IN UNTERNEHMEN B (TYP: "AGGRESSOR")

Unternehmen B ist eine Vertriebsgesellschaft. Der Einfluß der ausländischen Konzernmutter auf die Inhalte der Unternehmensführung und das Arzneimittelprogramm ihrer Tochtergesellschaft wird aber dennoch als relativ gering bezeichnet.

Auf Inhalt, organisatorische und personelle Verankerung sowie methodische Vorgehensweise des strategischen Pharma-Marketing in Unternehmen B übt die Muttergesellschaft direkt keinen nennenswerten Einfluß aus. Die Konzernleitung setzt beim Management ihrer Vertriebsgesellschaft eine bessere Kenntnis der Besonderheiten des deutschen Arzneimittelmarktes voraus. Es erfolgt lediglich ex post eine Überwachung der Umsatz-, Kosten- und Gewinnergebnisse von Unternehmen B insgesamt. Ex ante ergeben sich für die Vertriebstochter allenfalls Restriktionen hinsichtlich der Realisierbarkeit der gewünschten Forschungs- & Entwicklungs- sowie Produktionsleistungen des Stammhauses. Gerade mit diesen Unternehmensbereichen der Muttergesellschaft besteht aber nach Angaben des Managements von Unternehmen B eine "enge, vertrauensvolle und außerordentlich positiv" bewertete Zusammenarbeit. Sofern möglich wird den Wünschen und Anregungen der Vertriebstochter weitgehend entsprochen.

Abbildung 93 zeigt die marktorientierte Organisationsstruktur von Unternehmen B. Die Firma steht unter der Leitung eines alleinigen Geschäftsführers, der zugleich die Vertriebsleitung wahrnimmt und dem als Stabsabteilungen der medizinisch-wissenschaftliche Bereich und die Außendienstschulung direkt zugeordnet sind. Die besondere Bedeutung des Außendienstes als Marketing-Instrument wird auch daran ersichtlich, daß über 40 % (70 Außendienstmitarbeiter; 6 Gebietsleiter) der insgesamt 180 Mitarbeiter von Unternehmen B diesem Unternehmensbereich angehören. Vor allem der Außendienstschulung mißt man große Aufmerksamkeit bei.

Unternehmen B ist darum bemüht, seine Außendienstmitarbeiter intensiver als andere Generika-Hersteller zu schulen, um auch hinsichtlich der fachlichen Qualität der Ärztebesucher den Originalanbietern möglichst ebenbürtig zu sein. Neueste Ärztebefragungen ergaben denn auch, daß der Außendienst von Unternehmen B vor allem als "wissenschaftlich orientiert" und "fachlich überzeugend" aber erst an dritter Stelle auch als "preisorientiert" gilt. Bei den anderen Generika-Anbietern steht dagegen - laut dieser Marktuntersuchungen - die preisliche Argumentation meist an erster Stelle.

Ein weiteres wichtiges Anliegen ist für den Geschäftsführer die Öffentlichkeitsarbeit. Durch entsprechende PR-Maßnahmen (Presseveröffentlichungen, Firmenbroschüren etc.) versucht das Unternehmen auch zunehmend, an eine breitere Öffentlichkeit heranzutreten, um den volkswirtschaftlichen Nutzen und die Leistungsfähigkeit des Generika-Anbieters herauszustellenb und zugleich den Bekanntheitsgrad der Firma allgemein zu erhöhen. Hierbei tritt der Geschäftsführer selbst häufig aktiv in der Öffentlichkeit in Erscheinung.

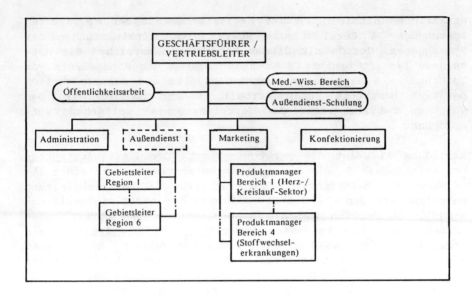

Abb. 93: Marketing-Organisation von Unternehmen B
(Typ "Aggressor")

Die Abteilung Marketing umfaßt neben dem Marketing-Leiter lediglich vier Produktmanager, die jeweils für eines der vier Haupttätigkeitsfelder von Unternehmen B zuständig sind. Dennoch gehen von dieser Abteilung wesentliche Impulse für das strategische Marketing-Konzept von Unternehmen B aus. Die personell knappe Besetzung der Marketing-Abteilung stellt mittlerweile einen Engpaß im Unternehmen dar, der durch vorsichtigen Ausbau des Marketing-Personals überwunden werden soll, ohne dabei die bisherigen Vorteile dieser Organisationsform zu verlieren.

Die im Hinblick auf Art und Zahl der Stellen sehr kleine produktorientierte Marketing-Organisation soll schnelle und flexible Marketing-Reaktionen des Unternehmens auf Veränderungen des Marktgeschehens ermöglichen. Gerade auf den typischen Generika-Märkten treten auf Grund des verschärften Wettbewerbsklimas und der Marketing-Intensität der Wettbewerber (Preisunterbietungen, Produktdifferenzierungen, Substanzinnovationen der Konkurrenzen etc.) erhöhte Marktturbulenzen auf. Daher muß Unternehmen B beispielsweise auch in der Lage sein, bei einstweiligen gerichtlichen Verfügungen durch einen Wettbewerber innerhalb von nur wenigen Tagen die gesamte Kommunikationsstrategie zu verändern. An solchen grundlegenden und dringlichen Marketing-Entscheidungen sind außer dem betreffenden Produktmanager nur noch der Marketing-Leiter und der Geschäftsführer beteiligt. Gerade in der umfassenden Entscheidungskompetenz der Produktmanager sowie der kurzen, direkten und unbürokratischen Entscheidungswege im Unternehmen sieht man einen wesentlichen Wettbewerbsvorteil gegenüber den "behäbigen" forschungsintensiven Großkonzernen.

Ein weiterer Vorteil der produktorientierten Marketing-Organisation liegt darin, daß die Produktmanager sich intensiv mit den jeweiligen Besonderheiten der von ihnen betreuten Produkte und Indikationsmärkte auseinandersetzen müssen und daher spezifische Produkt- und Marktkenntnisse besitzen. Eine wesentliche Aufgabe der Produktmanager ist es, bereits etliche Jahre vor Ablauf des Patentschutzes das zu imitierende Originalpräparat, dessen marktliches Umfeld und den jeweiligen Originalanbieter genauestens auf Stärken und Schwächen hin zu analysieren sowie sich abzeichnende marktliche Entwicklungen und insbesondere das künftige Generika-Potential der zu imitierenden Substanz abzuschätzen.

Hierauf aufbauend erarbeitet der Produktmanager ein umfassendes Marketing-Konzept für die Markteinführung des Imitationsproduktes. Auch nach der Markteinführung unterliegt ihm die primäre Verantwortung für die fortlaufende Planung, Durchführung, Überwachung und evtl. Überarbeitung des strategischen Marketing für die Präparate seines Produktbereiches. Diese auf längere Dauer ausgerichtete Produktbetreuung macht den Produktmanagern ein strategisches Marketing-Denken immanent.

Das Produktmanagement übernimmt zugleich eine funktionsübergreifende Koordination des strategischen Marketing für die einzelnen Präparate, in dem es die Marketing-Funktionen (Marktforschung, Werbung und Verkaufsförderung, Marketing-Planung und -Kontrolle) wahrnimmt und bis zu einem gewissen Grade auch die Abstimmung mit anderen internen und externen Stellen herbeiführt. Hinsichtlich produktpolitischer Maßnahmen erfordert diese Tätigkeit eine enge Kooperation mit den Bereichen Forschung & Entwicklung und Herstellung der Muttergesellschaft sowie auch dem medizinisch wissenschaftlichen Bereich innerhalb der Vertriebsgesellschaft. Darüber hinaus umfaßt die Arbeit der Produktmanager u. a. auch die Zusammenarbeit mit den

Werbeagenturen, die Mitwirkung bei der Außendienstschulung oder die Begleitung von Ärztebesuchern, um sich darüber ein persönliches Bild zu machen, inwieweit eine Marketing-Kampagne erfolgreich ist oder ob andere Schwerpunkte im Rahmen des produktbezogenen strategischen Pharma-Marketing gesetzt werden müssen.

Für die Arbeit des Produkt-Managements ist ein gewisser Bereichsegoismus und die Konkurrenz um bestimmte Kapazitäten (Produktion, Außendienst, finanzielle Ressourcen) der Unternehmung typisch. Durch das bis zu einem gewissen Grad gewollte Rivalitätsdenken unter den Produkt-Managern und durch die Möglichkeit der direkten Erfolgszumessung will man eine Motivationssteigerung und Förderung der Kreativität der Produkt-Manager erreichen. Auf der anderen Seite ergibt sich ein erhöhter Bedarf an objektübergreifender Koordination im Unternehmen.

Die objektübergreifende Koordination des strategischen Pharma-Marketing erfolgt primär durch die Marketing-Leitung. Trotz Rivalität unter den Produktmanagern wird die Abstimmung innerhalb des Marketing als relativ gut bezeichnet. Einen wesentlichen Grund hierfür sehen die Produkt-Manager in der Person des Marketing-Leiters, der in enger Kooperation mit allen Mitarbeitern gemeinsam die Zusammenfassung der produktbezogenen strategischen Marketing-Konzeptionen zu einem strategischen Marketing-Gesamtplan vornimmt. Dem Marketing-Leiter fällt darüber hinaus die Aufgabe zu, den strategischen Marketing-Plan und damit auch die Interessen der einzelnen Produkt-Manager gegenüber dem Geschäftsführer zu vertreten. Dabei ist es weiterhin von erheblicher Bedeutung für die Durchsetzung und Verwirklichung des strategischen Pharma-Marketing von Unternehmen B, daß der Geschäftsführer ebenfalls marktbezogen denkt und daher den marktgerichteten Unternehmensaktivitäten eindeutige Priorität einräumt.

Das für das strategische Marketing von Unternehmen B verantwortliche Management (Geschäftsführer, Marketing-Leiter und Produkt-Manager) zeichnet sich außerdem dadurch aus, daß es sich um ausgesprochene Pharma-Marketing-Experten handelt, die nicht nur Produkt- und Marktkenntnisse in weitreichendem Umfang besitzen sondern auch das methodische Instrumentarium des strategischen Pharma-Marketing kennen und beherrschen. So finden beispielsweise im Rahmen des Marketing-Managementprozesses alle in Frage 11 des schriftlichen Erhebungsbogens aufgeführten Informationsinhalte, -quellen und -methoden intensive Nutzung bzw. Anwendung.

Besondere Beachtung erfahren dabei die von der Boston-Consulting-Group entwickelte Portfolio-Methode und das Produktlebenzyklus-Konzept. Die Marketing-Budgetierung für die einzelnen Produktbereiche richtet sich im wesentlichen nach der für die Bewertung der Betätigungsfelder als zentrale Erfolgsfaktoren erachteten Merkmale Marktanteil und Marktwachstum.

Die Marketing-Aktivitäten für die einzelnen Präparate orientieren sich in erster Linie nach der jeweiligen Stellung, in der man ein Produkt im Rahmen eines Lebenszyklus wähnt. Im Produkt-Lebenszyklus-Konzept sieht das Management von Unternehmen B jedoch kein unabänderliches Gesetz, sondern es geht vielmehr darum, frühzeitige Überlegungen darüber anzustellen, ob bei sich abzeichnender Umsatzstagnation eines Präparates ein "Relaunch" mit entsprechenden Marketing-Maßnahmen erfolgen kann oder ob die rechtzeitige Bereitstellung eines Nachfolgepräparates erforderlich ist. Je nach Prognose des weiteren Produkt-Lebenszyklus für ein Präparat bestimmt sich die Höhe des jeweiligen Marketing-Budgets.

Der strategische Marketing-Gesamtplan legt pro Produktbereich fest, welche Umsätze, Marktanteile und Deckungsbeiträge das Unternehmen in den nächsten drei bis fünf Jahren mit welchen Präparaten erreichen möchte und zeigt grundsätzliche Strategien zur Erreichung dieser Zielvorstellungen auf. Außerdem gibt er einen jährlichen Kostenrahmen für entsprechende Marktbearbeitungsmaßnahmen vor. Abweichungen von ihrem Marketing-Budget müssen die Produkt-Manager genauestens begründen.

Außerdem erfolgt eine permanente und strenge Überwachung der geplanten Zielgrößen. Wenn bestimmte Grenzwerte nicht erreicht werden, sind genaue Ursachenanalysen vorzunehmen. Negative Abweichungen hat das Produkt-Management schriftlich zu kommentieren und um genau beschriebene Gegenmaßnahmen zu ergänzen. Sofern die tatsächlichen nicht erheblich von den geplanten Ergebnissen abweichen und keine sonstigen internen und externen Umstände eine frühzeitigere Revision bzw. Überarbeitung erforderlich machen, wird der strategische Marketing-Plan zumindest einmal pro Jahr innerhalb der Marketing-Abteilung grundsätzlich zur Diskussion gestellt und - falls notwendig erachtet - den geänderten Rahmenbedingungen angepaßt.

Der von der Marketing-Leitung verabschiedete strategische Marketing-Plan stellt den Ausgangspunkt für die gesamte <u>strategische Unternehmenskonzeption</u> dar. Im Rahmen einer ebenfalls jährlich stattfindenden einwöchigen strategischen Klausur-Tagung der Führungskräfte von Unternehmen B wird der strategische Marketing-Plan noch einmal zur Disposition gestellt, wobei insbesondere kapazitätsmäßige Restriktionen, die sich in anderen Unternehmensbereichen ergeben, Berücksichtigung finden. Der wirtschaftliche Erfolg des Unternehmens im vergangenen Jahrzehnt hat dazu geführt, daß das Unternehmen sich in der Lage sah, Engpässe anderer Unternehmensbereiche weitgehend auszuräumen und deren funktionale Teilpläne dem strategischen Marketing-Plan anzupassen.

2.2.3.2.3 FORMALE ASPEKTE DER IMPLEMENTIERUNG DES STRATEGISCHEN PHARMA-MARKETING IN UNTERNEHMEN C (TYP: "SPEZIALISTEN")

Der <u>Einfluß der Muttergesellschaft</u> auf Unternehmen C dokumentiert sich zunächst im <u>Vertriebsprogramm</u>. Die deutsche Tochtergesellschaft vertreibt ausschließlich Blutpräparate und mit der Bluttherapie verwandte Diagnostika, die aus dem Forschungszentrum der Unternehmensgruppe hervorgegangen sind. Die Konzernleitung entscheidet zentral darüber, welche dieser insbesondere in der Anwendung komplizierten Spezialpräparate bzw. Diagnostika von den einzelnen Konzerntöchtern in den verschiedenen Ländern vermarktet werden. Da auch die Herstellung der Produkte im Ausland erfolgt, ist hinsichtlich produktpolitischer Maßnahmen eine sehr enge Abstimmung der Konzerntöchter mit der Konzernzentrale erforderlich.

Darüber hinaus überträgt die Konzernmutter insbesondere ihre strategischen Basisziele (Expansionsstreben), ihre Unternehmenskultur (Ethik, Wissenschaftlichkeit, Innovationsstreben, Qualitätsdenken, unbürokratische und nicht von hierarchischem Denken geprägte Arbeitsweise, kooperative Führung, Gemeinschaftsgefühl der Mitarbeiter etc.) und die <u>systematische marktorientierte Denkweise</u> auf ihre deutsche Tochtergesellschaft. Innerhalb dieses Rahmens soll ein weitgehend selbstverantwortliches Denken und Handeln stattfinden.

Die Kompliziertheit der Spezialprodukte und die Konzernphilosophie prägen maßgeblich die personelle und organisatorische Verankerung des strategischen Pharma-Marketing von Unternehmen C. Abbildung 94 gibt in Form eines Organigramms die Organisationsstruktur der Unternehmung wieder. Die Organisationsebene unter dem Geschäftsführer untergliedert sich in vier Hauptbereiche. Hinsichtlich der Personalausstattung stellt die Plasmagewinnung mit 120 Mitarbeitern (60 % der gesamten deutschen Belegschaft von ca. 200 Beschäftigten) den größten Unternehmensbereich dar. Auf die Hauptabteilung Marketing/Vertrieb entfallen insgesamt 60 Mitarbeiter (30 %). Im Bereich Medizin sind ca. 10 - 15 Mitarbeiter tätig, die sich primär mit der klinischen Entwicklung und Zulassung der Präparate befassen. Die kaufmännische Verwaltung ist personell am schwächsten besetzt.

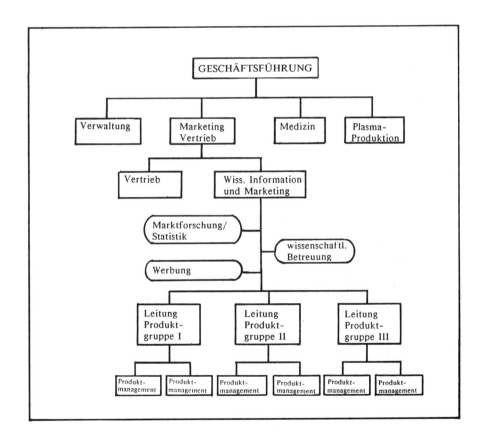

Abb. 94: Marketing-Organisation von Unternehmen C
(Typ "Spezialist")

Bei dem <u>Geschäftsführer</u> und den <u>Hauptabteilungsleitern</u> handelt es sich mit Ausnahme des administrativen Bereiches um medizinisch und/oder naturwissenschaftlich hochqualifizierte Wissenschaftler, die insbesondere die Qualität der Produkte sowie die umgehende Anpassung der umfassenden und komplizierten Marktleistungen von Unternehmen C an die Kundenwünsche sicherstellen sollen. Auch dieser Personenkreis hält daher ständigen persönlichen Kontakt zu wichtigen Kunden (z. B. Meinungsführer unter den Medizinern).

Die zentrale Aufgabe bei der Planung und Umsetzung der strategischen Marketing-Konzeption fällt der <u>Hauptabteilung Marketing/Vertrieb</u> zu. Von den rund 60 Mitarbeitern dieses Unternehmensbereiches sind knapp 40 im Außendienst tätig, rund 20 beschäftigen sich mit konzeptionellen und technischen Fragen der wissenschaftlichen Information und des Marketing.

Die Bezeichnung <u>wissenschaftliche Information und Marketing</u> deutet bereits an, daß auch diese Abteilung primär von medizinisch-naturwissenschaftlichem Denken geprägt ist. Ein weiteres wesentliches Charakteristikum dieser organisatorischen Einheit liegt in ihrer <u>produktorientierten Organisationsform</u>. Dem Abteilungsleiter unterstehen drei Produktgruppenleiter, welche für jeweils eines der drei Haupttätigkeitsfelder von Unternehmen C (z. B. Notfallpräparate) zuständig sind. Innerhalb dieser Produktgruppen erfolgt noch einmal eine tiefergehende <u>Untergliederung nach marktlichen Aspekten</u> in je zwei Marktsegmente (z. B. Aufteilung der Produktgruppe Notfallpräparate in die anwendungsbezogenen Teilmärkte Hömophilie und Volumensubstitution). Jede der sechs Produkt-/Markt-Einheiten wird von einem Produktmanager betreut. Diese Marketing-Organisationsform kommt insofern den Ansprüchen des strategischen Marketing entgegen, als sowohl Gemeinsamkeiten der Haupttätigkeitsfelder und daraus entstehende Synergieeffekte wie auch spezielle Besonderheiten der Produkte und deren spezifische anwendungsbezogene Kundenprobleme Berücksichtigung finden.

Marketing-Leiter, Produktgruppen-Leiter und Produkt-Manager stellen die organisatorischen Kernelemente der Marketing-Abteilung und des strategischen Pharma-Marketing in Unternehmen C dar. Auch sie stehen in ständigem direktem Kontakt zu den Kunden und besitzen daher ebenfalls allesamt eine <u>medizinisch-naturwissenschaftliche Ausbildung</u>. Man hält es auf Grund der Kompliziertheit und hohen Erklärungsbedürftigkeit der Spezialprodukte aber auch wegen des spezifischen marktlichen und unternehmensinternen Umfeldes für zweckmäßiger, diesen Mitarbeitern Grundkenntnisse und Methoden der Betriebswirtschaft und insbesondere des Marketing zu vermitteln als umgekehrt einen Wirtschaftswissenschaftler mit den besonderen Produkt- und Marktkenntnissen vertraut zu machen.

Neben den Produktgruppen-Leitern und den Produkt-Managern unterstehen der Marketing-Leitung noch drei funktionsorientierte Stabsstellen, die sich mit der Informationssammlung und -aufbereitung für die Marketing-Planung (Marktforschung/ Statistik), der Überwachung, Korrektur und Koordination bei der Herstellung von Marketing-Informationsmaterial wie z. B. Prospekte, Mailings etc. (Werbeabteilung) und der persönlichen Betreuung von wissenschaftlichen Arbeiten von Medizinern und klinischen Prüfungen (wissenschaftliche Betreuung) befassen. Die letztgenannte Stelle, die derzeit eine Medizinerin innehat, will das Unternehmen zu einer Stabsabteilung ausbauen. Von einer solchen Stabsabteilung erhofft man sich vor allem weitere Anregungen für klinische Prüfungen und Produktverbesserungen.

Bei der Umsetzung der strategischen Marketing-Konzeption mißt Unternehmen C dem Außendienst eine entscheidende Rolle bei. Mit ca. 40 Mitarbeitern ist die Vertriebsorganisation zwar relativ klein, dies hat aber den Vorteil, daß sich die Unternehmensphilosophie auf diesen Organisationsbereich leichter übertragen läßt. Bereits bei der Personalauswahl achtet die Vertriebsleitung besonders darauf, daß die Außendienstmitarbeiter sowohl hinsichtlich ihrer Bildung als auch in bezug auf ihre charakterlichen Eigenschaften den Vorstellungen des Unternehmens entsprechen. In intensiven firmeninternen Schulungen werden die Außendienstmitarbeiter außerdem auf umfassende Produktkenntnisse sowie eine individuelle personenbezogene Argumentation für die Gespräche mit den Kunden geschult. Bei einzelnen Außendienstmitarbeitern erfolgen zum Teil auch gezielte Nachschulungen. An der Durchführung dieser firmeninternen Schulung sind neben der Vertriebsleitung auch der Marketing-Leiter, die Produktgruppen-Leiter und die Produkt-Manager beteiligt.

Die firmeninternen Schulungen finden in regelmäßigen zeitlichen Abständen sowie bei besonderem Handlungsbedarf (z. B. Produktneueinführungen, Änderungen der Marketing-Strategie hinsichtlich der Zielgruppenorientierung, Überarbeitung oder Gestaltungsänderung des wissenschaftlichen Informationsmaterials etc.) statt. Dadurch ist eine flexible und schnelle Anpassung der Kundendiensttätigkeit bei Marktveränderungen möglich. Darüber hinaus bewirken die Überschaubarkeit der Vertriebsorganisation und die relativ häufigen Zusammenkünfte enge persönliche Kontakte der Außendienstmitarbeiter untereinander sowie auch ein enges Zusammengehörigkeitsgefühl mit dem Marketing-Innendienst.

Die strategische Marketing-Konzeption fixiert den groben Rahmen und die längerfristigen Perspektiven für die zu treffenden Marketing-Maßnahmen. Sie enthält globale Zielsetzungen (Deckungsbeiträge, Umsätze, Marktanteile, Bekanntheitsgrade, Images etc.) und Ressourcenzuweisungen für die Produktgruppen-Leiter und Produkt-Manager. Die Ausarbeitung, Koordination und Kontrolle der strategischen Marketing-Konzepte erfolgt in erster Linie durch Marketing-Leitung und Produktgruppen-Leitung, deren Arbeitsplätze auch mit Bildschirmen ausgerüstet sind. Unterstützung erfahren diese Instanzen hierbei insbesondere durch das Produkt-Management und die Stabsstelle Marktforschung/Statistik.

Die Analyse, Planung und Überwachung der strategischen Marketing-Konzeption zeichnet sich durch eine sehr umfassende und systematische Vorgehensweise aus. Die in Frage 11 angegebenen Informationsinhalte und -quellen finden allesamt im Rahmen der Analyse und Kontrolltätigkeiten intensive Nutzung. Neben der permanenten Kontrolle der eigenen strategischen Marketing-Ziele erfolgt insbesondere eine ständige Überwachung wichtiger Erfolgskriterien im marktlichen bzw. wettbewerblichen Umfeld der Produkte. So ermittelt das Unternehmen z. B. auch von den Konkurrenzprodukten regelmäßig die Umsätze (über IMS), Images, Bekanntheitsgrade und Produktakzeptanz (über Primärerhebungen), Preisakzeptanz (über Außendienst und Auftragsannahme), Kommunikationsstrategien (über Marketing-Informationsmaterial der Konkurrenz) und andere relevante Daten und stellt sie denen der eigenen Produkte gegenüber.

Sobald ein Konkurrenzprodukt neu auf den Markt kommt, wird es zur Analyse in die Konzernzentrale geschickt. Gegenstand solcher Analysen sind außer medizinisch-therapeutischen Aspekten auch andere Kriterien, die bei der Kaufentscheidung eine Rolle spielen können (z. B. Packungsgestaltung, Größe der Packung, Apothekentauglichkeit etc.). Über diese produktbezogenen Daten hinaus gehen in die strategische Marketing-Konzeption eine Reihe weiterer Informationen über Kunden, Wettbewerber sowie das medizinische, politische und gesellschaftliche Umfeld des Unternehmens ein (z. B. Forschungskooperation der Wettbewerber, Informationen auf Grund regelmäßiger Kundenstrukturanalysen etc.), die der ständigen Beobachtung durch das Marketing-Management unterliegen.

Von den in Frage 11 ebenfalls aufgeführten informationsverarbeitenden Methoden und Modellen eines strategischen Pharma-Marketing werden lediglich quantitative Prognose-Methoden sowie umfassende mathematisch statistische Modelle (ökonometrische Modelle, multivariate statistische Analysemethoden) nicht angewandt. Man ist der Meinung, daß diese Verfahren einen zu hohen Abstraktionsgrad besitzen und ihre Arbeitsweise für den Benutzer zum Teil auch zu wenig transparent sind (mathematisch-statistische Modelle), um bei dem komplizierten und sehr dynamischen Umfeld des Unternehmens praxisrelevante Ergebnisse erzielen können. Dagegen finden alle übrigen in Frage 11 aufgelisteten Methoden und Modelle bei der Erarbeitung von Marketing-Strategien ausnahmslos sehr intensive aber auch kritische Nutzung. Diese Techniken dienen als Werkzeug, das Anregungen zu systematischem Denken geben soll und/oder durch Schaffung globaler Kategorien die Komplexität strategischer Probleme überschaubar macht. Man ist sich dabei bewußt, daß diese Modelle zum Teil bestimmte Sachverhalte sehr gut, andere wiederum überhaupt nicht beschreiben und erhofft sich deshalb von ihnen keine "Patentlösungen".

Die Anwendung von qualitativen Prognosemethoden und Kreativitätstechniken (z. B. Szenariotechnik, Brainstorming etc.), der kritische Umgang mit der Portfolio-Methode oder die intensive Auseinandersetzung mit der Chancen-/Risiko-Analyse zeigen beispielsweise charakteristische Merkmale des strategischen Marketing-Denkens in Unternehmen C auf. So erstellt das Marketing-Management in gewissen zeitlichen Abständen in Form einer zweidimensionalen Matrix sogenannte Marktattraktivitäts-/Wettbewerbsvorteils-Portfolio-Schaubilder, welche die Positionierung sowie die Umsatzstärken und Deckungsbeitragsanteile der Hauptbetätigungsfelder aufzeigen. Als wesentlich sieht man es hierbei an, daß sich das Marketing-Management bei der Durchführung der Portfolio-Analyse sehr ausführlich mit den hinter den beiden Dimensionen stehenden Komponenten der Wettbewerbsstärke und der Marktattraktivität befaßt und sich damit ein internes Bewußtsein über die gegenwärtige Unternehmenssituation und die Notwendigkeit hieraus abzuleitender Marketing-Strategien und Ressourcenzuweisungen für die einzelnen Betätigungsfelder vermittelt. Die Anfertigung eines solchen Portfolios führt nicht notwendigerweise zur direkten Ableitung entsprechender Normstrategien oder dem Anstreben eines ausgewogenen Zielportfolios, wie es die Portfolio-Theorie vorschlägt, sondern man gelangt unter Umständen zu anderen gangbaren strategischen Lösungen, wenn bestimmte Rahmenbedingungen (z. B. die Risikobehaftung der Genforschung) dies als ratsam erscheinen lassen.

Die <u>Chancen-/Risiko-Analyse</u> erfüllt ihren primären Zweck darin, daß sich das Marketing-Management frühzeitig über die Erfolgswirksamkeit von Marketing-Strategien bzw. über eventuell wirksam werdende Risiken Gedanken macht. Im Vordergrund steht dabei zunächst die Frage, welche Faktoren dazu führen können, daß bestimmte Risiken wirksam werden. Durch die gedankliche Auseinandersetzung mit solchen Eventualitäten möchte man letztlich erreichen, daß das Unternehmen schon frühzeitig auf bestimmte Gefahren reagiert und nicht erst nach deren Eintritt. Die Chancen und Gefahren alternativer Marketing-Strategien werden im Rahmen einer Entscheidungsbaum-Analyse mit Hilfe von geschätzten Gewinnbeiträgen und subjektiven Wahrscheinlichkeitswerten zu quantifizieren versucht, um strategische Marketing-Probleme vollständig durchdenken zu können und zu einer Lösung zu gelangen, welche bestmögliche Gewinnchancen bietet.

Da es bei den zur Lösung anstehenden strategischen Marketing-Problemen um außerordentlich komplexe Sachverhalte handelt, erfordern sie den gemeinsamen Einsatz aller Unternehmensbereiche. Die marktorientierte Grundeinstellung des Unternehmens gewährleistet, daß der Marketing-Plan als maßgebend für alle übrigen Teilpläne akzeptiert wird. Die Abstimmungen zwischen den einzelnen Abteilungen sowie mit der Konzernzentrale erfolgt primär auf der Ebene der Hauptabteilungsleiter und der Geschäftsführung. Typisch für die Ablauforganisation der gesamten Unternehmensgruppe ist jedoch, daß auch <u>unbürokratische und unkonventionelle Abstimmungsprozesse</u> innerhalb und zwischen den verschiedenen Hierarchieebenen stattfinden. So ist es z. B. auch dem Marketing-Leiter möglich, bei dringlichen strategischen Marketing-Entscheidungen (z.B. Elimination eines risikobehafteten Produktes aus dem Sortiment) innerhalb von nur wenigen Stunden mit dem Vorstandsvorsitzenden des Konzerns persönlich zu einem Gespräch zusammenzutreffen.

Ein Grundprinzip der Marketing-Ablauforganisation besteht darin, daß wesentliche Impulse auf die strategische Marketing-Konzeption nicht nur von der Konzernleitung und den Führungspersonen in Unternehmen C ausgehen sollen, sondern auch von der wissenschaftlichen Betreuung, dem Außendienst und insbesondere dem Produktmanagement. Die Produkt-Manager sind in erster Linie für den Markterfolg ihrer Produkte verantwortlich. Daher werden ihnen auch sehr weitreichende Kompetenzen eingeräumt. Die Produkt-Manager sollen wie "Subunternehmer im Unternehmen" denken und handeln. Sie erhalten eine stark erfolgsabhängige Entlohnung. Im Rahmen ihres Marketing-Budgets sind sie bis zu einem bestimmten Betrag auch zeichnungsberechtigt. Um die Kundennähe und Flexibilität ihrer Marketing-Aktivitäten zu gewährleisten, können die Produkt-Manager jederzeit und ohne vorherige Absprache an jeden beliebigen Ort innerhalb der Bundesrepublik fahren oder auch - falls notwendig - direkt zur Konzernzentrale fliegen, damit spezielle Kundenwünsche möglichst umgehend in Erfüllung gehen können.

Lediglich bei erheblichen Abweichungen von der strategischen Marketing-Planung muß der Produkt-Manager zuvor eine Absprache mit den Führungspersonen von Unternehmen C vornehmen. Man erwartet dabei, daß das Produkt-Management bei relevanten Veränderungen der Rahmenbedingungen von sich aus umgehend aktiv wird, um entsprechende Änderungen der Marketing-Strategie bzw. neue strategische Marketing-Maßnahmen (z.B. Produktneueinführungen) in die Wege zu leiten. Marketing- oder Produktgruppen-Leitung aber auch die Geschäftsführung stehen für solche Dskussionen jederzeit zur Verfügung.

Im turnusmäßigen Abstand von vier Wochen finden in Unternehmen C Marketing-Sitzungen statt, an denen neben dem Marketing-Management die Vertriebsleitung, die Hauptabteilungsleiter und der Geschäftsführer teilnehmen. Dabei werden ohne Rücksicht auf hierarchische Stellung und Titel der Teilnehmer regelmäßig auch strategische Marketing-Probleme in der Gruppe offen diskutiert. Zum Teil werden diese Sitzungen auch außerplanmäßig einberufen, z. B. wenn ein Produkt-Manager Veränderungen wichtiger Erfolgskriterien für das Unternehmen in seinem Bereich festzustellen glaubt.

2.2.3.2.4 FORMALE ASPEKTE DER IMPLEMENTIERUNG DES STRATEGISCHEN PHARMA-MARKETING IN UNTERNEHMEN D (TYP: "TRADITIONALISTEN")

Die Vermittlung und Durchsetzung einer strategischen Marketing-Philosophie und der daraus resultierenden Konsequenzen für die gesamte Unternehmenspolitik stellt gerade in einem traditionsbewußten und von herkömmlichem medizinisch-naturwissenschaftlichem Denken geprägten Arzneimittelunternehmen eine schwierige Aufgabe dar. Im oberen und mittleren Management, in dem Apotheker, Mediziner und Naturwissenschaftler eindeutig dominieren, befinden sich etliche langjährige Mitarbeiter, die sich nur schwer von der früheren Denkart des Unternehmens lösen können.

Unternehmen D versteht sich als sozialer Arbeitgeber. Auch nach der erforderlich gewordenen grundsätzlichen Umorientierung der Unternehmenspolitik Anfang der 80er Jahre hat man in hohem Maße auf die langjährigen und in ihren speziellen Fachgebieten bewährten Mitarbeiter gesetzt. Zahlreiche Belegschaftsmitglieder aus allen Hierarchieebenen sind mehr als 20 Jahre in Unternehmen D beschäftigt. Auf Grund der geringen Fluktuation besteht eine sehr starke Bindung der Mitarbeiter an die Firma. Auch in schwierigen Zeiten war deshalb der gemeinsame Wille vorhanden, dem Unternehmen aus seiner Krise zu helfen. Die Unternehmensleitung vertrat außerdem die Auffassung, daß es von Nutzen sei, die Stärken aber auch Schwächen der Mitarbeiter in einer kritischen Unternehmenssituation zu kennen und sich darauf einstellen zu können. Darüber hinaus stellte es bei der Implementierung einer stärker marktorientierten Unternehmensführung auch einen Vorteil dar, daß die Mitarbeiter um die Notwendigkeit eines solchen "Neuanfangs" wußten.

Als entscheidend für die Verwirklichung eines strategischen Pharma-Marketing in Unternehmen D ist jedoch die damals vorgenommene Berufung eines Marketing-Managers in die Geschäftsführung anzusehen. Hierbei handelt es sich um einen von früheren "Firmendogmen" unbelasteten Manager, der einerseits die Dynamik und Durchsetzungskraft besitzt, um unkonventionelle Wege im Unternehmen zu beschreiten, der andererseits aber auch über das "Fingerspitzengefühl" verfügt, um sich mit den spezifischen Besonderheiten des Unternehmens und seiner Mitarbeiter zu arrangieren. Bei dieser Managerpersönlichkeit handelt es sich um einen Naturwissenschaftler, der neben dem Marketing auch den Bereich Forschung und Entwicklung innerhalb der Geschäftsführung vertritt.

Die in der unternehmerischen Praxis nur selten anzutreffende Kombination der beiden Unternehmensfunktionen Marketing und Forschung & Entwicklung in einem Geschäftsführungsressort verdeutlicht grundsätzliche Aspekte der langfristig ausgerichteten Unternehmenspolitik. Die Koordination zwischen Marketing und Forschung & Entwicklung soll die Erforschung und Entwicklung neuer und verbesserter (möglichst innovativer) Präparate ermöglichen, die den Markterfordernissen entsprechen und den zukünftigen Markt- bzw. Unternehmenserfolg nachhaltig sichern helfen. Der Ressortleiter übernimmt zugleich die Aufgaben, dem Primat der Markterfordernisse innerhalb der Geschäftsführung das entsprechende Gewicht zu verleihen. Ihm obliegt auch die Koordination mit dem am Unternehmen D beteiligten ausländischen Pharma-Konzern insbesondere im Hinblick auf eventuelle Lizenzkäufe. Über diesen Ressortleiter ist das Marketing schon sehr frühzeitig vor der Markteinführung der Präparate bei der Produktentwicklung bzw. einem Lizenzkauf in den Prozeß der Unternehmensführung direkt involviert ("Prä-Marketing"). Bei der Erarbeitung und Umsetzung der strategischen Marketing-Konzeptionen für bereits am Markt befindliche Präparate gehen ebenfalls wesentliche Anstöße von diesem Geschäftsführer aus.

Abbildung 95 zeigt einen Auszug aus dem Organigramm zum Ressort Marketing/Forschung & Entwicklung, dem unter anderemn die Hauptabteilung Marketing (Inland) direkt untersteht. Die Position des nationalen Marketing-Leiters wird mittlerweile von einem Wirtschaftswissenschaftler wahrgenommen. Ihm sind die einzelnen Vertriebsfunktionen untergeordnet. Der 140 Mitarbeiter umfassende Außendienst unterteilt sich in zwei Vertriebslinien, d.h. pro Region stehen dem Unternehmen zwei Pharma-Referenten zur Verfügung, die jeweils unterschiedliche Produkte bei den Ärzten besprechen. Neben den beiden Außendienstleitern existiert noch ein Vertriebsleiter, in dessen Verantwortungsbereich die Auftragsbearbeitung, die Außendienstverwaltung und die Verwaltung und Überwachung der EDV-gestützten Besuchsberichtssysteme des Außendienstes fallen. Die Außendienstschulung ist als Stabsabteilung direkt dem Marketing-Leiter zugeordnet. Dieser beteiligt sich zusammen mit den Außendienst-Leitern ebenfalls an der Schulung bzw. dem Training der Außendienstmitarbeiter.

Die organisatorische Eingliederung der Vertriebsfunktionen macht deutlich, daß man dem Außendienst in Unternehmen D durchaus eine sehr wesentliche Bedeutung innerhalb der marktgerichteten Unternehmenaktivitäten beimißt, daß der Außendienst andererseits aber nur als eines von mehreren Marketing-Instrumenten angesehen wird, das einer sorgfältigen Abstimmung mit den übrigen Instrumenten des Pharma-Marketing-Mix bedarf.

Das <u>Produkt-Management</u> bildet das "Herzstück" der Marketing-Organisation. Di beiden Hauptbetätigungsfelder von Unternehmen D (Bereich Venen und Bereich Bronchitis/Asthma) werden jeweils von einem Produkt-Manager betreut, die beiden übrigen Produkt-Manager teilen sich die Betreuung der restlichen Präparate des Sortiments. Das Produkt-Management besitzt keine direkte Weisungsbefugnis gegenüber den Marketing-Serviceabteilungen (Marktforschung, Werbung, Veranstaltungs-Management) und ist den Außendienstleitern bzw. dem Vertriebsleiter hierarchisch gleichgestellt. Die Umsetzung der von den Produkt-Managern ausgearbeiteten produktspezifischen Marketing-Konzeptionen erhält über die Instanz des Marketing-Leiters den entsprechenden Nachdruck.

Die Marketing-Leitung erwartet ihrerseits von den Produkt-Managern die konzeptionelle Entwicklung und gegenseitige Abstimmung der Marketing-Strategien und -Maßnahmen für die von ihnen betreuten Produkte bzw. Produktbereiche. Ein Kernproblem bei der Implementierung des strategischen Pharma-Marketing in Unternehmen D bestand darin, daß ein <u>systematisches marktbezogenes Denken und Handeln</u> bei den Produktmanagern zuvor nicht in ausreichendem Maße vorhanden war und die notwendige <u>Ausdauer</u> zur Verwirklichung strategischer Marketing-Ziele fehlte. Erst durch die fachliche und hierarchiebedingte Autorität der Marketing-Leitung und insbesondere auch der Ressortleitung konnte eine solche Arbeitsweise implementiert werden. Heute glaubt man in Unternehmen D eine wesentliche Ursache für den Markterfolg seiner Produkte darin zu erkennen, daß die Produkt-Manager bei der Erarbeitung strategischer Marketing-Konzeptionen für ihre Produkte bzw. Betätigungsfelder beharrlich und systematisch vorgehen.

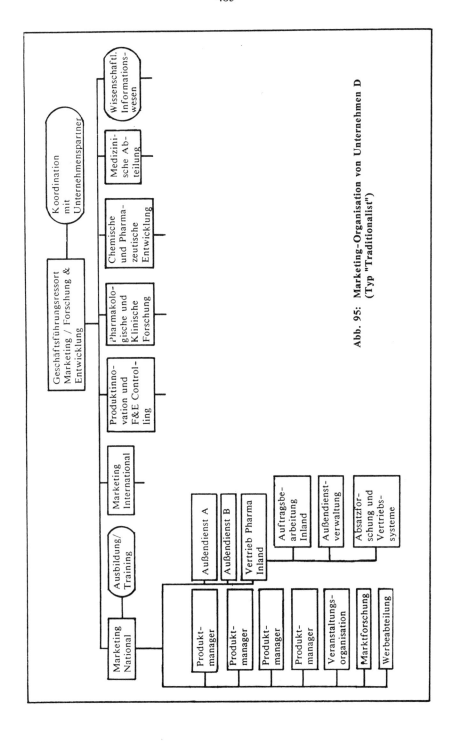

Abb. 95: Marketing-Organisation von Unternehmen D (Typ "Traditionalist")

Ausgangsbasis für die Erarbeitung von produktspezifischen Marketing-Konzepten bilden jeweils umfassende Beobachtungen der betreffenden Märkte und ihres Umfeldes sowie <u>sorgfältige Analysen</u> der qualitativen und quantitativen Daten. Bei der analytischen Aufbereitung stehen neben dem IMS-Zahlenmaterial vor allem medizinisch-wissenschaftliche Hintergrundinformationen im Blickpunkt. Auf diesen medizinischen Informationen basieren auch primär die <u>Prognosen</u> über künftige Marktentwicklungen.

Auf Grundlage der Analysen und Prognosen erfolgt eine <u>klare und eindeutige Zielformulierung</u> über einen längeren Zeitraum (z. B. Verdoppelung des Produktumsatzes innerhalb der nächsten 4 - 5 Jahre) sowie die gleichzeitige Erarbeitung von entsprechenden Strategievorschlägen (z. B. Markterweiterung in den Klinik-Bereich; Produktverbesserungsmaßnahmen etc.) zur Erreichung dieser Ziele.

Die <u>permanente Überwachung</u> des Marketing-Mix soll den koordinierten Einsatz des gesamten Marketing-Instrumentariums sicherstellen. Die Überwachungsfunktion des Produktmanagements erstreckt sich außerdem auf die Kontrolle der geplanten Zielgrößen. Mit der laufenden Überwachung von Deckungsbeiträgen und Umsätzen sollen bei negativen Planabweichungen keine übereilten Revisionen der Marketing-Ziele und -Strategien einhergehen. Es ist vielmehr genauestens zu prüfen, ob mittlerweile grundlegende Änderungen der Planungsprämissen eingetreten sind. Mit dieser Verhaltensmaxime bezweckt das Marketing-Management die konsequente Einhaltung einmal eingeschlagener Marketing-Strategien über einen längeren Zeitraum.

Im Rahmen dieses Prozesses der <u>Informationsgewinnung und -verarbeitung</u> bei der Entwicklung, Überwachung und eventuellen Überarbeitung produktspezifischer strategischer Marketing-Konzepte finden neben den per EDV ausgewerteten Außendienstberichten und IMS-Panels vor allem medizinische Fachbücher und Zeitschriften sowie innerbetriebliche Berichte der medizinischen Abteilung sehr intensive Nutzung. Gerade aus medizinisch-wissenschaftlichem Informationsmaterial schöpft das Produktmanagement wesentliche Anregungen für künftige Marketing-Strategien. Die Nutzungsintensität aller übrigen ebenfalls benutzten Informationsquellen tritt dahinter etwas zurück.

Bei der Informationsverarbeitung werden mit Ausnahme der in der Anwendung komplizierteren ökonometrischen Modelle und multivariaten Analyseverfahren alle anderen in Frage 8 e angegebenen Methoden intensiv eingesetzt. Ein besonderer Schwerpunkt des Methodeneinsatzes gilt bislang der Produkt-Lebenszyklus-Analyse. Unternehmen D unterzieht insbesondere die längere Zeit auf dem Markt befindlichen Präparate einer umfassenden Analyse. Dabei finden nicht nur die bisherigen Umsatz- und Deckungsbeitragsentwicklungen der Produkte besondere Aufmerksamkeit sondern das gesamte bisher verfolgte Marketing-Konzept eines Präparates (Zielgruppen, Besprechungsintensität des Außendienstes, Produkteigenschaften, Kommunikationsstrategien etc.) wird sehr gründlich analysiert. Diese Produkt-Lebenszyklus-Analysen dienen als Diskussionsgrundlagen für eventuelle Präparate-Relaunches. Unter der Vielzahl älterer Präparate des gegenwärtigen Produktprogramms glaubt das Marketing-Management noch eine Reihe von Medikamenten mit guten Marktchancen.

Außer dem fehlenden "Handwerkszeug" der Produktmanager ergaben sich bei der Implementierung des strategischen Pharma-Marketing auch dadurch Schwierigkeiten, daß auf Grund der früheren Mißerfolge des Unternehmens eine allgemeine Verunsicherung bei den Mitarbeitern eingetreten war. Bei den Produkt-Managern äußerte sich dies darin, daß sie selbst nicht mehr an den Markterfolg ihrer Produkte glaubten. Die Produkt-Manager mußten zum Teil von den Erfolgschancen der von ihnen mit erstellten strategischen Marketing-Konzepte erst überzeugt werden.

Die Entwicklung und Verabschiedung von produktspezifischen Marketing-Zielen und -Strategien erfolgt in enger Zusammenarbeit zwischen Produktmanagement, Marketing-Leitung und Ressortleitung (kooperativer Führungsstil). Die Produkt-Manager haben mittlerweile die Erfahrung gemacht, daß die gemeinsam erarbeiteten Marketing-Konzepte auch dann weiter verfolgt werden, wenn der Markterfolg sich nicht unmittelbar sondern erst mittelfristig einstellt. Das gemeinsame Durchhalten und das langsam sich einstellende Erfolgserlebnis haben sehr wesentlich zur Steigerung der Motivation und des Selbstbewußtseins der Produktmanager beitragen und ein Zusammengehörigkeitsgefühl mit den Vorgesetzten und dem Unternehmen erzeugt.

Der Marketing-Leiter unterbreitet der Geschäftsführung einen ausgearbeiteten strategischen Marketing-Plan. Die produktspezifischen strategischen Marketing-Konzeptionen sind darin von der Marketing-Leitung mit den übrigen Marketing-Abteilungen hinsichtlich der erforderlichen Marketing-Ressourcen (Werbeetat, Außendienstkapazität etc.) abgestimmt. Der strategische Marketing-Gesamtplan (Zeithorizont 7 Jahre) bildet den Rahmen für die taktischen (Zeithorizont 2 Jahre) und operativen (Zeithorizont 1 Jahr) Marketing-Pläne. Er legt künftige Betätigungsfelder, quantitative und qualitative Marketing-Ziele (z.B. Umsätze; Qualitätsmaßstäbe etc.), Marketing-Strategien (z.B. Wachstumsstrategie durch Produktverbesserungsmaßnahmen) und Ressourcenzuweisungen für die einzelnen Marketing-Bereiche fest. Die strategische Marketing-Planung enthält eine pessimistische, eine optimistische und eine "wahrscheinlichste" Variante, welche die Unwegbarkeiten des Arzneimittelmarktes und die sich hieraus ergebenden Realisierungswahrscheinlichkeiten der Marketing-Strategien (Forschung- und Entwicklungs-Erfolg, Zulassung bzw. Zulassungsdauer beim BGA, Erweiterung der Negativliste durch den Gesetzgeber etc.) wiedergeben.

Der strategische Marketing-Plan wird - falls sich zwischenzeitlich keine schwerwiegenden Änderungen relevanter Erfolgskriterien ergeben - in jährlichen Abständen einer intensiven Diskussion zwischen Marketing-Leitung und Ressortleitung (Marketing/Forschung & Entwicklung) sowie einer eventuell sich hieran anschließenden Überarbeitung unterzogen. Gegenstand dieser Diskussion sind insbesondere auch die Forschungs- und Entwicklungsbeiträge zur Verwirklichung der strategischen Marketing-Konzeption. Die Abstimmung mit den anderen beiden Ressorts (Herstellung; Finanzen) erfolgt auf der Ebene der mehrdimensionalen Geschäftsführung. Der strategische Marketing-Plan stellt dabei den Kern der umfassenderen strategischen Unternehmensplanung dar. Die Unternehmensleitung ist insgesamt darum bemüht, den in der strategischen Marketing-Planung zum Ausdruck kommenden marktlichen Anforderungen möglichst weitgehend nachzukommen. Allerdings haben diesem Vorhaben in der Vergangenheit zum Teil finanzielle und kapazitätsmäßige Restriktionen entgegengestanden.

2.2.3.2.5 FORMALE ASPEKTE DER IMPLEMENTIERUNG DES STRATEGISCHEN PHARMA-MARKETING IN UNTERNEHMEN E (TYP: "DYNAMIKER")

Unternehmen E hebt sich von den übrigen als erfolgreich beschriebenen Unternehmen unter anderem dadurch ab, daß der Anstoß zur Implementierung des strategischen Pharma-Marketing nicht auf Grund einer durchlaufenen Unternehmenskrise erfolgte. Bereits gegen Ende der 60er Jahre, als der bundesdeutsche Arzneimittelmarkt noch keine Sättigungserscheinungen aufzeigte, wurden die Grundsteine für die später erfolgreich fortentwickelte strategische Marketing-Konzeption gelegt. Die Inhaberfamilie der Firma war bereits damals gegenüber verschiedenen Aspekten einer innovativen Unternehmensführung so aufgeschlossen, um ohne deutlich spürbaren Zwang die Dienste einer kommerziellen Marketing-Beratung bei der Behandlung grundlegender strategischer Unternehmensfragen in Anspruch zu nehmen. Ein weiterer wesentlicher Schritt bei der Implementierung des strategischen Pharma-Marketing bestand darin, daß Anfang der 70er Jahre ein professionelles Marketing-Management auch innerhalb der Geschäftsführung (promovierter Marketing-Wissenschaftler) personell verankert wurde. In dem seither nachhaltigen Unternehmensaufschwung und -erfolg glaubt man ein Indiz für die Richtigkeit dieses schon relativ früh eingeschlagenen Weges zu sehen. Die gesamte Unternehmenspolitik in Unternehmen E ist daher durch die herausragende Stellung des Marketing geprägt.

Die besondere Bedeutung des Marketing schlägt sich auch in der Mitarbeiterstruktur nieder. Von den rund 870 im Inland beschäftigten Mitarbeitern sind ca. 325 (37 %) im Bereich Marketing (incl. Außendienst) tätig. Der Außendienst umfaßt knapp 200 Ärztebesucher sowie knapp 40 Klinikreferenten. Allein 90 Marketing-Mitarbeiter arbeiten im Innendienst. Der überwiegende Teil des internen Marketing-Personals besitzt eine wirtschaftswissenschaftliche Ausbildung mit dem Studienschwerpunkt Marketing. Nahezu alle übrigen Mitarbeiter des Marketing-Innendienstes können einen Hochschulabschluß in den Studienfächern Medizin, Pharmazie, Biologie oder Chemie nachweisen.

In den allgemeinen Führungsgrundsätzen der Firma ist als Leitmaxime schriftlich niedergelegt, "die Marketing-Organisation und Mitarbeiter-Führung stets so zu gestalten, daß die Motivation und Kreativität der Mitarbeiter gefördert und damit auch die Flexibilität und Innovationskraft der Unternehmung gewährleistet wird". Das Marketing-Management soll es dem Unterneh-

leistet wird". Das Marketing-Management soll es dem Unternehmen ermöglichen, sich den ständig steigenden Marktanforderungen an einen Originalanbieter von ethischen Arzneimitteln frühzeitig anpassen zu können.

Abbildung 96 vermittelt einen Überblick über die Organisationsstruktur des Unternehmensbereiches Marketing. Dem Geschäftsführer Marketing unterstehen unmittelbar acht Hauptabteilungen sowie das eine Organisationsebene tiefer angesiedelte Krankenhausmanagement. Die Einrichtung der letztgenannten Abteilung trägt den spezifischen Eigenarten des Krankenhausmarktes besondere Rechnung. Ein wesentlicher Aspekt dabei ist, daß die Verwendung innovativer ethischer Präparate in den Kliniken eine starke Ausstrahlung auf die Verordnungen im niedergelassenen Bereich nach sich zieht. Die Aufgabe des Krankenhaus-Managements besteht darin, diesen wichtigen Wettbewerbsvorteil der Originalanbieter gegenüber Generika-Anbietern durch gezielte Ansprache dieses Kundensegmentes in einem auf die spezifischen Bedürfnisse des Kliniksektors abgestimmten Marketing-Mix weiter auszubauen.

Neben dieser Marktorientierung in Form der Abteilung Krankenhaus-Management folgt die Gliederung der Marketing-Organisation gleichzeitig auch einer Produkt-/Markt-Orientierung, die in den drei Marketing-Hauptabteilungen zum Ausdruck kommt. Diese drei Hauptabteilungen sind in erster Linie für das strategische Marketing der drei Hauptbetätigungsfelder von Unternehmen E zuständig. Den einzelnen Marketing-Leitern berichten jeweils drei Produktgruppen-Leiter, denen wiederum zwei oder mehrere Produkt-Manager untergeordnet sind. Außerdem beschäftigt das Unternehmen eine Reihe von Junior-Produktmanagern, die in einem "Training on the Job" an ihre künftige weitgehend eigenverantwortliche Tätigkeit im Produkt-Management langsam herangeführt werden sollen.

Die übrigen Hauptabteilungen sind nach Funktionen gegliedert. Dem Haupt-Abteilungsleiter Außendienst unterstehen die Abteilungen Außendienstschulung, der Zentralleiter des Klinik-Außendienstes sowie drei zentrale Außendienstleiter für den niedergelassenen Bereich. Zusätzlich erfolgt eine Aufteilung der Außendienstorganisation nach verschiedenen Regionen, denen je ein regionaler Bereichsleiter vorausteht.

Daneben existieren noch weitere Haupt-Abteilungen, die sich mit Marketing-Serviceleistungen befassen. Hierbei handelt es sich zunächst um den Vertriebsservice mit den Abteilungen Auf-

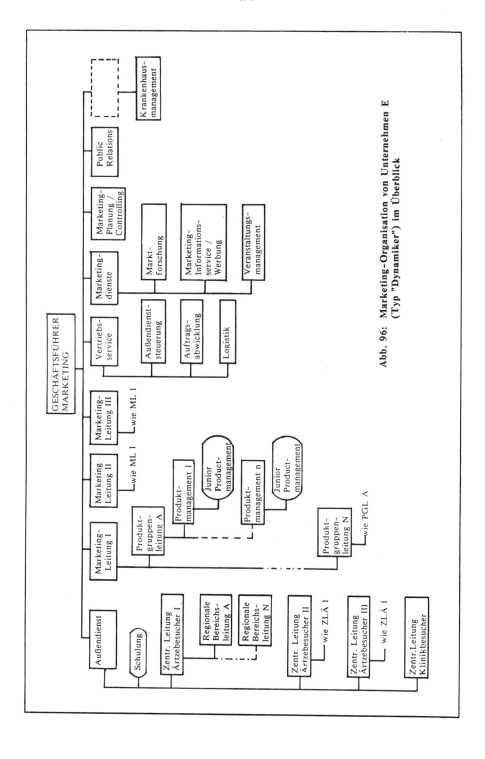

Abb. 96: Marketing-Organisation von Unternehmen E (Typ "Dynamiker") im Überblick

tragsabwicklung, Logistik und Außendienststeuerung sowie die Hauptabteilung Marketing-Dienste mit den Abteilungen Marktforschung, Marketing-Informationsservice und Veranstaltungsmanagement. Die Hauptabteilung Marketing-Planung/-Controlling ist für die Budgetüberwachung zuständig, die Hauptabteilung Public Relations verrichtet sowohl die firmenbezogene als auch die produktspezifische Öffentlichkeitsarbeit. Die genannten Marketing-Serviceleistungen werden in einem sehr weitreichenden Umfang von Marketing-Spezialisten erbracht und sind daher entsprechend personalintensiv. Allein in der Abteilung Marktforschung beschäftigt das Unternehmen beispielsweise zehn Mitarbeiter.

Die organisatorischen Kernelemente des strategischen Pharma-Marketing in Unternehmen E stellen aber nicht die Funktionsspezialisten sondern die objekt- und marktorientierten Instanzen dar. Als Produkt- und/oder Marktspezialisten und (Marketing-)Funktionsgeneralisten bilden sich die zentralen organisatorischen Einheiten für alle ihre Produkte, Produktgruppen oder Betätigungsfelder betreffenden Fragestellungen. Insofern stellen sie die Integrationsmanager des Marketing-Management dar.

Die Matrixorganisation, die durch Überlagerung der funktionsorientierten mit den objekt- und kundenorientierten Organisationsstrukturen entsteht, zeigt Abbildung 97. In dieser zweidimensionalen Organisationsform arbeiten alle Teilnehmer sowohl unter Funktions- als auch unter Produkt- bzw. Marktaspekten zusammen. Die Marketing-Spezialisten der funktionsorientierten Abteilungen sind hierbei ihren jeweiligen Abteilungsleitern nur disziplinarisch unterstellt. Das Produkt-Management bestimmt im Rahmen des jeweils zugewiesenen Produktetats, welche Marketing-Maßnahmen wann und wie für ein Produkt zu erfolgen haben. Ähnliches gilt für das Krankenhaus-Management, das für den koordinierten Einsatz des gesamten Marketing-Instrumentariums auf dem Klinik-Sektor zuständig ist.

Produkt- und Krankenhausmanagement besitzen im Rahmen der ihnen zugewiesenen Etats sehr weitreichende Befugnisse und erarbeiten in Kooperation mit den Stellen und Instanzen der funktionsorientierten Marketing-Abteilungen die Marktbearbeitungsstrategien für ihren Verantwortungsbereich. Als fachliche Vorgesetzte der Funktionsspezialisten verfügen sie aber auch über die formalen Machtbefugnisse, um ihre strategischen Vorstellungen verwirklichen zu können.

Die Zusammenfassung der Produkt-Manager unter verschiedenen Produktgruppen-Leitern und Marketing-Leitern soll die <u>Ausnutzung von Synergieeffekten</u> zwischen den einzelnen Produkten im Rahmen des strategischen Pharma-Marketing auch organisatorisch unterstützen. Während bei der Bildung von Produktgruppen stärker produktbezogene Gesichtspunkte im Vordergrund stehen (z. B. inhaltliche Zusammensetzung der Präparate) erfolgte die organisatorische Aufteilung des Produktprogramms in drei selbständige Vertriebslinien (mit eigenem Firmennamen) vor allem unter marktlichen Aspekten.

Die Marketing- und Produktgruppen-Leiter sind insbesondere für die Ausarbeitung und Umsetzung marktgerichteter Grundsatzstrategien innerhalb ihres jeweiligen Verantwortungsbereiches zuständig. Der Geschäftsführer Marketing ist u. a. dafür verantwortlich, daß im Rahmen der strategischen Marketing-Planung übergeordnete Unternehmensinteressen Berücksichtigung finden. Da die im Kliniksektor abgesetzten Produkte weitgehend identisch mit den auf dem Markt öffentlicher Apotheken vertriebenen Präparate sind, erfolgt die Konzipierung von Grundsatz- und Marktbearbeitungsstrategien für den Krankenhausmarkt in enger Abstimmung zwischen dem Krankenhaus-Management und den hierarchisch übergeordneten Marketing-Leitungen sowie dem Geschäftsführer Marketing.

Der <u>strategische Marketing-Plan</u> umfaßt eine zeitliche Reichweite von ca. sechs Jahren und bildet den Aufgangspunkt bei der Abstimmung mit den übrigen strategischen Ressortplänen. Innerhalb der strategischen Unternehmensplanung fällt ihm die eindeutig dominierende Rolle zu. Er gibt Auskunft darüber, mit welchen Präparaten und Dienstleistungen das Unternehmen in Zukunft auf welchen Arzneimittelmärkten tätig sein will und setzt die Schwerpunkte der künftigen marktgerichteten Unternehmenstätigkeiten. Im Rahmen dieses Planes werden außerdem jeweils für alle Marketing-Abteilungen quantitative und qualitative Ziele und Verhaltensrichtlinien relativ grob festgelegt. Außerdem erfolgt eine Ressourcenzuweisung für die einzelnen Organisationseinheiten. Der strategische Marketing-Plan bildet in inhaltlicher und zeitlicher Hinsicht den Rahmen für die taktischen (zeitliche Reichweite 3 Jahre) und operativen (zeitliche Reichweite 1 Jahr) Marketing-Pläne.

Der strategische Marketing-Plan unterliegt ebenso wie die gesetzten Planungsprämissen einer ständigen Überwachung und Überarbeitung. <u>Inhalt und Ablauf des Marketing-Managementprozesses</u> in Unternehmen E tragen zum Teil geradezu lehrbuchhafte

Züge. Die Analyse der relevanten Indikationsmärkte und ihres Umfeldes sowie die Prognose ihrer künftigen Entwicklungen erfolgt ebenso wie die Planung und Überwachung der Marketing-Ziele und -Strategien in enger Kooperation zwischen den Produkt- bzw. Marktspezialisten und den Funktionsspezialisten des Marketing-Bereiches. Gerade die Spezialisten innerhalb der Marketing-Serviceabteilungen tragen dazu bei, daß die Aufgaben innerhalb dieses Prozesses in einem sehr weitreichenden Umfang wahrgenommen werden können. Über diese Marketing-Experten hält das Unternehmen auch einen ständigen Kontakt zu kommerziellen Marketing-Betrachtungsgesellschaften und wissenschaftlichen Marketing-Institutionen aufrecht, um auf diesem Wege auch neuere Erkenntnisse des Marketing in den laufenden Managementprozeß einfließen lassen zu können, oder eventuell sogar Änderungen in der Aufbau- und Ablauforganisation vorzunehmen.

Im Rahmen dieses <u>Informationsgewinnungs- und -verarbeitungsprozesses</u> finden denn auch alle in Frage 11 angegebenen Informationsinhalte und -quellen ebenso wie die dort aufgeführten Methoden und Modelle des strategischenb Pharma-Marketing je nach Problemstellung eine mehr oder weniger starke Berücksichtigung. So beschäftigt sich die Abteilung Marktforschung beispielsweise auch intensiv mit der Anwendung multivariater Analysemethoden. Auf der Grundlage einer Ärztebefragung, bei der neben sozio-demographischen Daten auch psychographische Merkmale und Verhaltensdaten der Mediziner abgefragt wurden, konnten mit Hilfe clusteranalytischer Auswertungen verschiedene Ärztetypologien herausgearbeitet werden. Momentan geht man mit Hilfe der Diskriminanzanalyse der Frage nach, ob sich diese Ärztetypen auch über die umfassenderen Datenbestände des Außendienstinformationssystems rekonstruieren lassen.

Kennzeichnend für die Mitarbeiterführung im Bereich Marketing ist das Führungsprinzip "Führen durch Zielvereinbarungen" (<u>Magnagement by Objectives</u>). In halbjährlichen Abständen setzen sich die Abteilungsleiter mit ihren Mitarbeitern zu einem persönlichen Gespräch zusammen, um gemeinsam künftige Ziele zu vereinbaren, die innerhalb eines bestimmten Zeitraumes auch erreicht werden müssen. Neben quantitativen Zielen wie z. B. Umsatz-, Marktanteils- oder Kostenzielen, geht es vor allem auch um qualitative Zielvereinbarungen wie z. B. Produktverbesserungen, Produktimages, dem Auffinden von innovativen Veranstaltungstypen für Ärzte oder von Marktnischen. Ein wesentlicher Unternehmensgrundsatz ist es, den einzelnen Mitarbeitern relativ große Handlungsfreiräume zuzugestehen. Auf der anderen Seite erfolgt die Mitarbeiter-Führung auch sehr erfolgsorientiert. Man nimmt dabei in Kauf, daß durch diejenigen Mitarbeiter, die den hohen Anforderungen nicht genügen, eine hohe Personalfluktuation entsteht. Auf diese Weise glaubt man, die Fortschrittsfähigkeit und Dynamik des Unternehmens auch in Zukunft erhalten zu können.

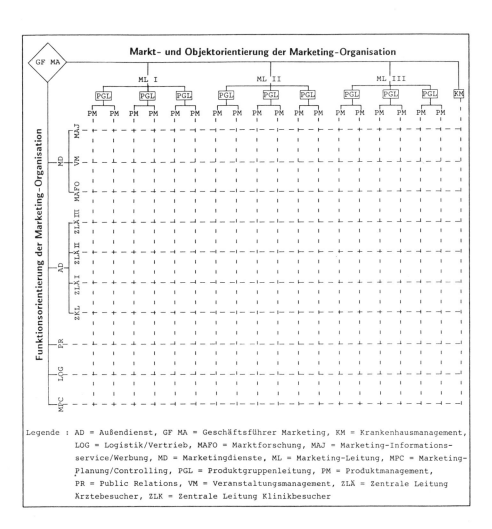

Abb. 97: Marketing-Matrix-Organisation von Unternehmen E
(Typ "Dynamiker")

V. Zusammenfassende Schlußbemerkung und Ausblick auf weiterführende Aufgaben

Während konzeptionelle Fragen der strategischen Unternehmensführung bzw. des strategischen Management schon seit Anfang der 70er Jahre in der einschlägigen Literatur erhöhte Aufmerksamkeit erfahren haben, befaßt sich die Marketing-Theorie erst seit etwa Mitte der 80er Jahre intensiver mit dem Thema strategisches Marketing. Dieser erhebliche time-lag der wissenschaftlichen Marketing-Forschung erscheint um so bedauerlicher als das Marketing aufgrund seiner Kunden- und Absatzmarktorientierung sowie der in der Praxis damit verbundenen Nähe zur Unternehmensumwelt dafür geeignet ist, auch innerhalb der strategischen Unternehmensführung eine richtungsweisende Führungsrolle zu übernehmen.

Versteht man unter strategischem Marketing eine umfassende Führungskonzeption für die Unternehmenspraxis, die Elemente des traditionellen Marketing ebenso wie Aspekte des strategischen Management in sich vereinigt, so zeigt sich, daß eine solche Management-Konzeption eine Reihe von Ansätzen zur Lösung konkreter strategischer Unternehmensprobleme anbietet. Die formalen und materiellen Inhalte einer theoretischen Grundkonzeption des strategischen Marketing und deren generelle Problemlösungsansätze für die Unternehmenspraxis konnten im Kapitel II an strategischen Marketing-Aufgaben von pharmazeutischen Unternehmen verdeutlicht werden. Die Vielfalt der Pharma-Industrie und die Besonderheiten des Pharma-Marktes erlaubten es, ein sehr breites und zugleich anschauliches Bild des Aufgabenspektrums einer solchen Konzeption anhand von Beispielen aufzuzeigen.

Bei der Darlegung dieser Grundkonzeption des strategischen Marketing aus der Perspektive der Pharma-Industrie offenbarte sich allerdings auch, daß die Marketing-Wissenschaft weite Bereiche des Themengebietes bisher bei weitem noch nicht eingehend genug behandelt hat. Dies gilt vor allem für die personelle und organisatorische Verankerung dieser Management-Konzeption. Hierzu gehen die Aussagen der Marketing-Theorie kaum über vage Anhaltspunkte hinaus.

Des weiteren eröffnen sich konzeptionelle Lücken inhaltlich-materieller Art, wenn man die verschiedenen Handlungsprogramme des strategischen Marketing zu einer geschlossenen Gesamtkonzeption zu verknüpfen sucht. So bleiben beispielsweise Fragen zur Verwirklichung eines einheitlichen Marketing-Leitbildes in unterschiedlichen unternehmerischen Betätigungsfeldern oder zur Umsetzung von globalen Grundsatzstrategien in konkreteres Marketing-Handeln noch weitgehend unbehandelt.

Die fragmentarischen Lösungsansätze, die zudem unterschiedliche inhaltliche Vertiefungen aufweisen, ergeben daher kein einheitliches und vollständig geschlossenes Gesamtbild einer theoretischen Konzeption. Auf der anderen Seite ergänzen sich die einzelnen Problemlösungsansätze aber doch so weit, daß sie in toto einen Eindruck von der potentiellen (Gesamt-) Leistungsfähigkeit dieses umfassenden Management-Konzeptes ermöglichen. Um die These von der praktischen Verwertbarkeit bzw. dem praktischen Nutzen einer Grundkonzeption des strategischen Pharma-Marketing zu erhärten oder gegebenenfalls zu revidieren, erfolgte eine Gegenüberstellung dieses wissenschaftlichen Konstruktes mit der empirischen Realität. Die empirische Erforschung des Problemfeldes wurde dabei von drei Grundhypothesen geleitet.

Eine Leithypothese der Arbeit ging davon aus, daß das strategische Marketing-Verhalten von Unternehmen sich in hohem Maße durch den jeweiligen internen und externen Unternehmenskontext mitbestimmt. Das Marketing-Management muß demnach die situationalen Gegebenheiten der jeweiligen Unternehmung bei der Erarbeitung und Verwirklichung seiner strategischen Marketing-Konzeption berücksichtigen. Diesem Sachverhalt sollte auch in dieser Arbeit im Rahmen der empirischen Forschung möglichst weitgehend Rechnung getragen werden. Die situative Relativierung des strategischen Marketing bezog sich deshalb nicht allein auf die Pharma-Branche, sondern hatte auch zum Ziel, die jeweilige Position der Unternehmen innerhalb der Pharma-Branche zu berücksichtigen.

Zu diesem Zweck wurden im Kapitel III zunächst die als wesentlich erscheinenden situativen Bestimmungsgründe (Kontextmerkmale) des strategischen Marketing von pharmazeutischen Unternehmen sehr ausgiebig herausgearbeitet. Auf Grundlage einer schriftlichen Befragung bei 45 bundesdeutschen Arzneimittelunternehmen ließen sich anschließend fünf klassifikatorische Unternehmenstypen bilden, die sich anhand dieser schriftlich abgefragten Kontextmerkmale statistisch signifikant voneinander unterscheiden. Die verschiedenen Unternehmenstypen spiegeln zugleich unterschiedliche Grundpositionen des strategischen Marketing-Verhaltens wider. Diese unter anderem aus forschungspragmatischen Gründen gewählte Einteilung in fünf Gruppen stellt allerdings nur eine mögliche Form der Typenbildung in der Pharma-Industrie dar, um die unterschiedlichen Ansatzpunkte des strategischen Pharma-Marketing grob aufzufächern. Es ist deshalb darauf hinzuweisen, daß andere, tiefergehende Gruppeneinteilungen, die sich eventuell bei einer größeren Stichprobe ergeben hätten, ebenfalls denkbar und sinnvoll erscheinen.

Eine weitere Leithypothese der Arbeit stellte einen (gerichteten) Zusammenhang zwischen dem strategischen Pharma-Marketing und dem langfristigen Unternehmenserfolg auf. Die Ergebnisse der schriftlichen Befragung bei den 45 Arzneimittelunternehmen erbrachte hierzu lediglich die Aussage, daß Pharma-Unternehmen, die von sich angeben, ein strategisch ausgerichtetes Pharma-Marketing zu betreiben, in der Regel erfolgreicher sind als Arzneimittelunternehmen ohne strategisches Pharma-Marketing.

Damit ist aber immer noch nicht die Frage beantwortet, was man in der Praxis genauer unter einem strategisch ausgerichteten Pharma-Marketing versteht und welche Auswirkungen die jeweilige Unternehmensposition innerhalb der Branche auf die Möglichkeiten der Ausgestaltung eines zu praktizierenden strategischen Pharma-Marketing hat. Darüber hinaus bleibt letztlich auch die Kernfrage offen, ob und inwiefern die konkrete Verwirklichung eines strategischen Pharma-Marketing zu einem besseren Unternehmenserfolg beiträgt.

Eine dritte Leithypothese der Arbeit drückte die Vermutung aus, daß die einzelnen Komponenten des strategischen Marketing (Methodenanwendung, organisatorische und personelle Implementierung sowie Strategieinhalte) sich wechselseitig bedingen. Demnach führt lediglich ein umfassendes unternehmerisches Konzept des strategischen Pharma-Marketing zum Erfolg, bei dem alle Teilkomponenten berücksichtigt und aufeinander abgestimmt sind.

Um auf empirisch-hermeneutischem Wege zu einer weiterführenden Aufhellung der in den drei Grundhypothesen zum Ausdruck gebrachten globalen Zusammenhänge zu gelangen, wurde aus jeder der fünf zuvor gebildeten Gruppen von Unternehmenstypen jeweils ein erfolgreiches Arzneimittelunternehmen für die Durchführung von Einzelfallstudien ausgewählt, das zugleich von sich behauptete, ein strategisches Pharma-Marketing mit Erfolg zu betreiben. Die Ergebnisse dieser Einzelfallstudien sind in Kapitel III festgehalten. Die dort ausführlich beschriebenen strategischen Marketing-Konzepte aus der Unternehmenspraxis lassen folgende Schlußfolgerungen zu:

1. Das strategische Marketing ist nicht nur ein wissenschaftliches Konstrukt, sondern stellt eine praktisch anwendbare Management-Konzeption dar.

2. In allen fünf untersuchten Anwendungsfällen werden - je nach unternehmerischer Ausgangslage situativ relativiert - Ansätze der in dieser Arbeit vorangestellten allgemeinen theoretischen Grundkonzeptionen des strategischen Pharma-Marketing in mehr oder weniger starkem Ausmaß verwirklicht.

3. Dabei handelt es sich keineswegs nur um die punktuelle Umsetzung einzelner strategischer Marketing-Techniken, sondern es ist bei allen fünf Untersuchungseinheiten eine Integration der jeweiligen strategischen Problemlösungsbeiträge des Marketing zu einer umfassenderen Management-Konzeption festzustellen.

4. Die strategische Unternehmensführung unterliegt in allen fünf Pharma-Unternehmen eindeutig dem Primat des Marketing. Dies wird dadurch gewährleistet, daß man dort selbst auf höchster Unternehmensebene (bzw. Konzernebene) marktorientiert denkt.

5. Die ausführlichen Darlegungen der einzelnen strategischen Marketing-Konzeptionen machen deutlich, daß das strategische Pharma-Marketing zumindest in den fünf beschriebenen Anwendungsfällen wesentlich zur Verbesserung des jeweiligen Unternehmenserfolges beigetragen hat.

Dennoch erkennt das Management in diesen Unternehmen auch selbst durchaus deutliche Schwächen und Lücken bezüglich des von ihnen praktizierten strategischen Marketing. Vielleicht ist gerade in der (Lern-)Bereitschaft und dem Willen des Management zur ständigen Fortentwicklung und Verbesserung der strategischen Marketing-Konzepte ein wesentlicher Erfolgsfaktor dieser Unternehmen zu sehen.

Ungeachtet ihrer zum Teil nicht übersehbaren Schwächen erscheinen die in den Einzelfallstudien dargelegten strategischen Marketing-Konzepte erfolgreicher Arzneimittelunternehmen dazu geeignet, vorhandene Vorbehalte der Praxis gegenüber einer theoretischen Grundkonzeption des strategischen Pharma-

Marketing abzubauen. Die Einzelfallstudien machen erkennbar, wie sich der allgemeine theoretische Bezugsrahmen auf unterschiedliche Unternehmenstypen konkret übertragen und sinnvoll in die Praxis umsetzen läßt. In diesem Zusammenhang ist allerdings noch einmal ausdrücklich zu betonen, daß die oben beispielhaft dargelegten Konzepte der Praxis zwar durchaus grundsätzliche Denkanstöße für das strategische Marketing anderer Pharma-Unternehmen vermitteln können, diese Ansätze aber keineswegs verallgemeinert und unkritisch auf das eigene Unternehmen übertragen werden dürfen.

Die Ergebnisse der schriftlichen Befragung zum strategischen Pharma-Marketing rücken die Einzelfallstudien in einen größeren Rahmen. Laut den Befragungsergebnissen sind nur knapp zwei Drittel der 45 befragten Arzneimittelunternehmen der Meinung, daß von ihnen praktizierte Pharma-Marketing sei strategisch ausgerichtet. Die etwas konkreteren Fragen nach dem jeweiligen Implementierungsstand der strategischen Marketing-Planung und -Kontrolle decken die Defizite der Praxis in diesem Bereich in noch deutlicherem Maße auf.

Insgesamt bleibt festzuhalten, daß das Thema strategisches Pharma-Marketing sowohl in theoretischer wie auch praktischer Hinsicht ein bei weitem noch nicht ausgeschöpftes Betätigungsfeld darstellt, das eine Reihe von Problemen nach wie vor offen läßt. Hierzu gehört neben den bereits angesprochenen Aspekten ebenso die in dieser Arbeit ausgeklammerte Frage des Export-Marketing, die angesichts des schwieriger werdenden Inlandsmarktes selbst für kleine und mittlere Arzneimittelunternehmen zunehmend an Bedeutung gewinnt. Auf der anderen Seite ermutigen die hier vorliegenden Forschungsergebnisse zum strategischen Pharma-Marketing - trotz aller gebotenen Vorbehalte - dazu, weitere Forschungsanstrengungen auf diesem Gebiet zu unternehmen. Hierfür bietet diese Arbeit eine breite Ausgangsbasis.

ANHANG

E R H E B U N G S B O G E N
UNIVERSITÄT-GH-SIEGEN

ANSCHRIFT: Lehrstuhl für Marketing
(Lehrstuhlinhaber: Prof. Dr. H. Freter)
Hölderlinstr. 3; 5900 S i e g e n

PROJEKT: Strategisches Pharma-Marketing

HINWEIS: Kreuzen Sie bitte in den hierfür vorgesehenen Kästchen bzw. Skalen die zutreffenden Angaben an! Gehen Sie dabei bitte speziell von der im Anschreiben adressierten Firma bzw. Unternehmung aus, auch wenn es sich dabei um eine Tochter- bzw. Vertriebsgesellschaft eines in- oder ausländischen Konzerns handelt!

F 1	UMSATZSTÄRKE
1 a	Wie groß war in etwa der Pharma-Umsatz (incl. Exporte von Human- und Veterinärpharmazeutika; Fertigarzneien und Bulk-Ware), den Ihr Unternehmen (ohne Tochtergesellschaften) im abgelaufenen Geschäftsjahr erzielte? 1 ☐ 1 - 7,5 Mio. DM 3 ☐ 15 - 45 Mio. DM 2 ☐ 7,5 - 15 Mio. DM 4 ☐ 45 - 150 Mio. DM 001 5 ☐ über 150 Mio. DM
1 b	Wie hoch ist in etwa der Anteil des Pharma-Umsatzes am Gesamtumsatz aller Produkte Ihrer Unternehmung? 1 ☐ über 95 % 3 ☐ 51 - 75 % 2 ☐ 76 - 95 % 4 ☐ 26 - 50 % 002 5 ☐ bis zu 25 %
F 2	KONZERNZUGEHÖRIGKEIT
2 a	Gehört Ihr Unternehmen einem Konzernverbund an? 1 ☐ nein ——— Bitte weiter mit Frage F 3 ——→ F 3 2 ☐ ja, aber nur als Tochtergesellschaft ⎫ 3 ☐ ja, sowohl als Muttergesellschaft wie auch als Tochtergesellschaft ⎬ F 2 b 4 ☐ ja, aber nur als Muttergesellschaft ——————→ F 3 Sofern Ihre Unternehmung keinem Konzernverbund als Tochtergesellschaft angehört, 003 bitte weiter mit Frage 3.
2 b	Sofern Ihre Unternehmung einem Konzern als Tochtergesellschaft angehört, in welchem Land liegt der Sitz der Muttergesellschaft? 1 ☐ im Inland (BR Deutschland einschl. West-Berlin) 2 ☐ im Ausland 004 nämlich: _____
2 c	Im folgenden geht es um die Möglichkeiten der Einflußnahme und Kontrolle durch die Muttergesellschaft. Inwieweit werden wichtige Vorgänge und Entscheidungen in Ihrer Unternehmung im allgemeinen und speziell im Hinblick auf Ihr Marketing für pharmazeutische Produkte durch die Konzernmutter beeinflußt? Kreuzen Sie bitte das Ausmaß der Einflußnahme für die vorgegebenen Bereiche auf den jeweiligen Skalen an! Die Konzernmutter nimmt im Hinblick auf den Bereich .... keinen Einfluß 0 1 2 3 4 5 sehr starken Einfluß

Allgemeine Bereiche:

005   o Unternehmensführung insgesamt ....
006   o Arzneimittelprogramm ....
007   o Pharma-Marketing insgesamt ....

Spezielle Bereiche des Pharma-Marketing:

008   o organisatorische Gestaltung der Abteilung
        Pharma-Marketing ....
009   o Personalentscheidungen in der Abteilung
        Pharma-Marketing ....
010   o Anwendung von Methoden und Modellen zur Gewinnung
        und Verarbeitung von Marketing-Informationen
011   o Ablauf der Marketing-Planung und -Kontrolle ....
012   o Durchführung von   - Werbestrategien ....
013   - Preisstrategien ....
014   - Distributionsstrategien .
015   - Produkt- und Verpackungsstrategien ....

F 3	FINANZKRAFT
3 a	Wie beurteilen Sie die Finanzkraft Ihrer Unternehmung im Vergleich zu den wichtigsten Konkurrenten auf dem deutschen Arzneimittelmarkt?
016	1 2 3 4 5 eher ☐ ☐ ☐ ☐ ☐ eher schwach stark
3 b	Inwieweit bestehen in Ihrem Unternehmen hinsichtlich der nachfolgend aufgeführten Etat-Positionen finanzielle Engpässe?

Finanzieller Spielraum

	Etat-Positionen:	sehr eng 1	2	3	4	weniger eng 5
017	- Werbung/Verkaufsförderung					
018	- Öffentlichkeitsarbeit					
019	- Marktforschung					
020	- Außendienst					
021	- Marketing-Personal (Innendienst)					
022	- externe Marketing-Beratung					

F 4	PERSONALAUSSTATTUNG (quantitativ)
4 a	Wieviele Mitarbeiter beschäftigen Sie insgesamt in Ihrem Unternehmen in der Bundesrepublik Deutschland (einschließlich Berlin-West)? Gesamtzahl der Mitarbeiter aller Sparten - auch Nicht-Pharma - aber ohne Mitarbeiter von Tochtergesellschaften:
	1 ☐ bis 20 4 ☐ 101 bis 250 7 ☐ 1001 bis 5000 2 ☐ 21 bis 50 5 ☐ 251 bis 500 8 ☐ über 5000
023	3 ☐ 51 bis 100 6 ☐ 501 bis 1000
4 b	Wieviele Mitarbeiter beschäftigen Sie davon (vgl. 6 a) ständig (!) in den folgenden Unternehmensbereichen?
024	Pharma-Bereich (insgesamt) : ca. _____
025	Pharma-Marketing (ohne Außendienst) : ca. _____
026	Außendienst (insgesamt) : ca. _____
027	- Ärztebesucher : ca. _____
028	- Klinikbesucher : ca. _____
028a	- Apothekenbesucher : ca. _____

F 5	PERSONALAUSSTATTUNG (qualitativ)
5 a	Kreuzen Sie bitte das jeweilige Ausmaß an, mit dem die einzelnen Ausbildungsrichtungen bzw. -abschlüsse unter den Führungspersonen (im Pharma-Bereich) vertreten sind! Als Führungspersonen gelten nur diejenigen Personen, die dem (Haupt-)Abteilungsleiter Pharma-Marketing (bzw. falls diese Instanz nicht vorhanden ist, dem für Ihr Pharma-Marketing zuständigen Verantwortlichen) über- oder zumindest gleichgeordnet sind.

Anteil der Ausbildungsabschlüsse unter den Führungspersonen (Def. siehe oben!)

	Fachliche Qualifikation bzw. Ausbildungsabschluß:	keine 0 % 0	weniger häufig bis 15% 1	häufig 16-40% 2	sehr häufig 41-60% 3	dominierend über 60% 4	alle 100% 5
029	o Universitäts-/(Fach-)Hochschulabschlüsse						
	davon:						
030	- Mediziner/Apotheker/Naturwissenschaftler (Dipl.-Biol., Dipl.-Chem.)						
031	- Wirtschaftswissenschaftler (Dipl.-Kaufl., Dipl.-Volksw., MBA's etc.)						
032	- Sonstige						
033	o Nicht-universitäre bzw. Nicht(Fach-) Hochschulabschlüsse						
	davon:						
034	- kaufmännische Ausbildung (z. B. Industriekaufl., Wirtschaftsass. etc.)						
035	- medizin.-naturwiss. Ausb. (z. B. Pharmaz.-techn.-Ass. etc.)						
036	- Sonstige						

5 b Welche Ausbildung besitzt der (Haupt-)Abteilungsleiter Pharma-Marketing (bzw. die für das Pharma-Marketing zuständige Führungsperson) vornehmlich? Zutreffendes bitte ankreuzen! (Nur eine Angabe)

Universitäts-/(Fach-)Hochschul- abschluß mit Studienrichtung:

1 ☐ Wirtschaftswissenschaftler mit Studienschwerpunkt Marketing
2 ☐ Wirtschaftswissensch. mit sonstigen Studienschwerpunkten
3 ☐ Mediziner/Apotheker/Naturwissenschaftler
4 ☐ Sonstige: nämlich: _____

Außeruniversitäre bzw. Nicht-(Fach-) Hochschulabschluß mit Ausbildungsrichtung:

5 ☐ kaufmännische Ausbildung
6 ☐ medizinisch-naturwissenschaftliche Ausbildung
7 ☐ sonstige Ausbildung nämlich: _____

037

5 c Geben Sie nun bitte das Ausmaß an, mit dem die jeweiligen Ausbildungsrichtungen bzw. -abschlüsse unter Ihren übrigen Pharma-Marketing-Mitarbeitern (Innendienst) vertreten sind! (Bitte für jede Qualifikation angeben!)

Fachliche Qualifikation bzw. Ausbildungsabschluß	Pharma-Marketing-Leute mit .... Abschluß sind in unserem Unternehmen				
	nicht vertreten 0	einer vertreten 1	wenige vertreten 2	mehrere vertreten 3	alle 4
038 Universitäts-/(Fach-)Hochschulabschluß					
Studienrichtung:					
039 - Wirtschaftswissensch. mit Studienschwerpunkt Marketing					
040 - Wirtschaftswissensch. mit sonstigen Studienschwerpunkten					
041 - Medizin/Pharmazie/Biologie/Chemie					
042 - Jura					
043 - Psychologie					
044 - Mathematik					
045 - sonstige Studienrichtung nämlich:					
Außeruniv. bzw. Nicht-(Fach-)Hochschulabschl.					
Ausbildungsrichtung:					
046 - kaufmännische Ausbildung					
047 - med.-naturwissenschaftliche Ausbildung					
048 - sonstige Ausbildung nämlich:					

F 6 FORSCHUNG UND ENTWICKLUNG

6 a Welche Arten von Forschungs- und Entwicklungsaktivitäten werden in Ihrer Unternehmung betrieben? (Mehrfachnennungen möglich!)

0 ☐ Keine F & E-Aktivitäten — Bitte weiter mit Frage 7 → F 7
1 ☐ Verfahrens- und Fertigungstechnik
2 ☐ Galenische Entwicklung
3 ☐ Experimentelle und klinische Entwicklung ⎫
4 ☐ Angewandte Forschung ⎬ → F 6 b
049 5 ☐ Grundlagenforschung ⎭

6 b Die Forschungs- und Entwicklungsaktivitäten sind .....:

050 eher auf wenige Therapiegebiete spezialisiert   1 2 3 4 5   eher auf mehrere Therapiegebiete verteilt

051 eher auf "kleine" Therapiegebiete spezialisiert   1 2 3 4 5   eher auf "große" Therapiegebiete ausgerichtet

6 c 052	Wie hoch liegt der <u>Anteil der F & E-Kosten</u> (ohne Lizenzabgaben) an Ihrem Pharma-Umsatz? 1 ☐ bis 5 % 3 ☐ 11 - 15 % 5 ☐ über 20 % 2 ☐ 6 - 10 % 4 ☐ 16 - 20 %

6 d	Wie war der <u>Erfolg der Forschungs- und Entwicklungsbemühungen</u> Ihres Unternehmens in den vergangenen 10 Jahren? Beurteilen Sie den F & E-Erfolg bitte sowohl unter <u>quantitativen</u> (z. B. Zahl neuer Wirkstoffe) als auch <u>qualitativen</u> (z. B. therapeutischer Nutzen, Relevanz für marktliche Verwertung) Aspekten!						
		ohne jeden Erfolg 0	1	2	3	4	sehr erfolgreich 5
053	o Erforschung <u>neuer</u> Wirkstoffe						
054	o Verbesserung bereits <u>vorhandener</u> Präparate						
055	o Verbesserung der Verfahrens- und Fertigungstechn.						

F 7	PRODUKTIONS- UND VERTRIEBSPROGRAMM

7 a	Kreuzen Sie bitte an, wie sich Ihr <u>Vertriebs- bzw. Produktionsprogramm</u> an human-pharmazeutischen Fertigarzneimitteln zusammensetzt.							
		Anteil an der <u>Zahl</u> der angebotenen human-pharmazeutischen Fertigarzneimittel der Unternehmung						
		keine 0 %	bis 10%	11-25%	26-50%	51-75%	über 75%	alle 100%
056 057 058	o nach Herstellung bzw. Vertrieb - Herstellung, Weiterverarbeitung und Vertrieb im eigenen Unternehmen - nur Weiterverarbeitung und Vertrieb .... - nur Vertrieb							
059 060 061 062	o nach Herkunft der Arzneistoffe - auf Basis von Arzneistoffen aus eigener F & E - Patentkäufe .... - Lizenznahmen .... - auf Basis "freier" Arzneistoffe							
063 064	o nach Zahl der Wirkstoffe - Monopräparate .... - Kombinationspräparate							
065 066 067	o nach inhaltlicher Zusammensetzung - "Naturheilmittel" .... - primär chemisch def. Präparate ...... - Sonstige							

7 b	Wie beurteilen Sie die Fähigkeit Ihrer Unternehmung, sich in Ihrem <u>Angebot an human-pharmazeutischen Fertigarzneimitteln</u> geänderten Rahmenbedingungen des Arzneimittelmarktes (mengen-, art- oder qualitätsmäßig) <u>anzupassen</u>?					
		Flexibilität des Angebotes				
		hoch 1	2	3	4	gering 5
068	o mengenmäßige Anpassungen					
069	o artmäßige Anpassungen					
070	o qualitätsmäßige Anpassungen der - therapeutischen Qualität .... - pharmazeutischen Qualität					

F 8	ORGANISATORISCHE REGELUNGEN
8 a	Auf welcher <u>Hierarchie-Ebene</u> nach der Geschäftsleitung (bzw. bei Mehr-Sparten Unternehmen nach der Pharma-Bereichsleitung) ist der (Haupt-)Abteilungsleiter <u>Pharma-Marketing</u> bzw. die für das Pharma-Marketing zuständige Führungsperson angesiedelt? 1 ☐ 1. Hierarchie-Ebene 3 ☐ 3. Hierarchie-Ebene 071 2 ☐ 2. Hierarchie-Ebene 4 ☒ 4. Hierarchie-Ebene
8 b	Im folgenden geht es um die <u>hierarchische Relation</u> zwischen Pharma-Marketing und <u>Pharma-Vertrieb</u>. Kreuzen Sie bitte an, welche Konstellation für Ihr Unternehmen zutrifft! 0 ☐ Es existiert weder Vertriebs- noch Marketing-Leitung 1 ☐ Vertriebsleitung und Marketing-Leitung sind identisch 2 ☐ Marketing-Leitung ist der Vertriebsleitung untergeordnet 3 ☐ Marketing-Leitung und Vertriebsleitung sind gleich gestellt 072 4 ☐ Vertriebsleitung ist der Marketing-Leitung unterstellt
8 c	Welche der nachfolgend aufgeführten <u>Abteilungen</u> existieren in Ihrer Unternehmung? 073 0/1 ☐ EDV 0/1 ☐ Marketing 078 0/1 ☐ (Unternehmens-)Planung 0/1 ☐ Außendienst/Vertrieb 0/1 ☐ PR (Öffentlichkeitsarbeit) 0/1 ☐ Controlling
8 d	Für welche der nachfolgend aufgeführten Funktionsbereiche des <u>Pharma-Marketing</u> gibt es eigens zuständige <u>Stellen</u> bzw. Unterabteilungen in Ihrem Unternehmen? 079 0/1 ☐ Produktmanagement 0/1 ☐ Werbung/Verkaufsförderung 084 0/1 ☐ Marktforschung 0/1 ☐ Marketing-Controlling 0/1 ☐ Marketing-Planung 0/1 ☐ Sonstige: _____

8 e — Wie zufrieden sind Sie mit dem Verlauf der <u>Abstimmungsprozesse</u> zwischen dem <u>Pharma-Marketing</u> und folgenden <u>anderen Abteilungen</u>[x] des Unternehmens?

Abteilung:	Zufriedenheit mit der Abstimmung				
	sehr gut 1	2	3	4	weniger gut 5
085 Rechnungswesen					
086 Forschung & Entwicklung					
087 Produktion					
088 Außendienst					
089 Unternehmens-Planung					
090 Controlling					
091 EDV					
092 Öffentlichkeitsarbeit					

([x]Bitte nur angeben, falls die betreffende Abteilung in Ihrem Unternehmen vorhanden ist.)

8 f — Beurteilen Sie nun bitte auch die Qualität der <u>Abstimmungsprozesse</u> zwischen den Stellen bzw. Unterabteilungen <u>innerhalb des Bereiches Pharma-Marketing</u> (falls vorhanden).

093   sehr gut | 1 | 2 | 3 | 4 | 5 | weniger gut

F 9	FÜHRUNGSSTIL / UNTERNEHMENSFÜHRUNG

Wie beurteilen Sie den <u>Führungsstil</u>, der innerhalb Ihrer Unternehmung bzw. Pharma-Sparte (bei Mehr-Sparten-Unternehmen) <u>allgemein</u> und <u>speziell</u> innerhalb der Abteilung <u>Pharma-Marketing</u> (falls vorhanden) herrscht?

Kreuzen Sie bitte das jeweilige Ausmaß an <u>Entscheidungsdelegation</u> der Führungspersonen nach folgendem Schema an!

	Entscheidungsraum der Vorgesetzten / Entscheidungsraum der Mitarbeiter				
	eher autoritär 1	2	3	4	eher kooperativ 5
094 Unternehmung bzw. Pharma-Sparte					
095 Abteilung Pharma-Marketing					

F 10		PLANUNG / KONTROLLE				
10 a		Inwieweit existieren in Ihrer Unternehmung <u>Leitlinien und Pläne</u> der künftigen Geschäftspolitik für den <u>Arzneimittelsektor</u>? Kreuzen Sie bitte in den Kästchen an, ob die jeweiligen Zukunftsvorstellungen <u>schriftlich, mündlich oder gedanklich</u> fixiert sind und geben Sie bitte außerdem an, inwieweit solche Überlegungen in die Zukunft reichen (<u>zeitliche Reichweite</u>)!				

		Unternehmung bzw. Pharma-Sparte (allgemein) / Pharma-Marketing (speziell)	nicht existent	nur gedanklich	nur mündlich	schriftlich fixiert	zeitliche Reichweite (Bitte jeweils angeben
			0	1	2	3	
096		o <u>Pharma-Leitbild</u> .... Zweck (Mission) und Aufgaben der Unternehmung auf dem Arzneimittelsektor - sehr langfristig ausgerichtet - sehr grob skizziert	☐	☐	☐	☐	_____
097		o <u>Strategische Planung</u> (allgem.) - langfristige Ziele und Maßnahmen - geringe Differenziertheit	☐	☐	☐	☐	_____
098		o <u>Taktische Planung</u> (allgemein) - mittelfristige Ziele und Maßnahmen - mittlere Differenziertheit	☐	☐	☐	☐	_____
099		o <u>Operative Planung</u> (allgemein) - kurzfristige Ziele und Maßnahmen - hohe Differenziertheit	☐	☐	☐	☐	_____
100		o <u>Strategische Marketing-Planung</u>	☐	☐	☐	☐	_____
101		o <u>Taktische Marketing-Planung</u>	☐	☐	☐	☐	_____
102		o <u>Operative Marketing-Planung</u>	☐	☐	☐	☐	_____

10 b		Kreuzen Sie nun bitte jeweils an, <u>inwieweit</u> zu den einzelnen Planungen entsprechende <u>Kontrollaktivitäten</u> durchgeführt werden!				

			Kontrollen erfolgen:			
			keine	nur am Ende der Planperiode	mit Zwischenkontrollen	als permanente Überwachung
			0	1	2	3
103		Strategische Planung (allgemein)	☐	☐	☐	☐
104		Taktische Planung (allgemein)...	☐	☐	☐	☐
105		Operative Planung (allgemein)...	☐	☐	☐	☐
106		Strategische Marketing-Planung...	☐	☐	☐	☐
107		Taktische Marketing-Planung.....	☐	☐	☐	☐
108		Operative Marketing-Planung.....	☐	☐	☐	☐

10 c	Welcher der nachfolgend aufgeführten Pläne dominiert in der <u>Hierarchie der funktionalen Teilbereichpläne</u>? Bitte nur den (<u>einen</u>) Plan angeben, dem die <u>größte Bedeutung</u> zukommt.
109 - 114	0/1 ☐ Finanzplan 0/1 ☐ Investitionsplan 0/1 ☐ Produktionsplan 0/1 ☐ Marketing-Plan 0/1 ☐ F & E-Plan 0/1 ☐ sonstiger Plan nämlich: _____

F 11	INFORMATIONSWESEN

Im folgenden geht es um Ihr betriebliches Informationswesen.
Beantworten Sie bitte für **alle** angegebenen **Informationsquellen, -ebenen, -inhalte und -methoden** folgende zwei Fragen:
a) Wie umfassend und intensiv erfolgt die Nutzung der einzelnen Informations(-gewinnungs)möglichkeiten (<u>Nutzungsintensität</u>)?
b) <u>Sofern eine Nutzung erfolgt</u>, geschieht die Datenerfassung und/oder -verarbeitung mit EDV-Einsatz?

	Informationsquellen	keine Nutzung 0	ge-ring 1	Nutzungsintensität 2	3	4	sehr hoch 5	EDV-Einsatz nein 0	ja 1
115	- Panels								
116	- Außendienstberichte								
117	- Zeitschriften, Bücher etc.								
118	- Informationen des BPI								
119	- Behörden; stat. Ämter etc.								
120	- Datenbanken								
121	- Primärerhebungen.........								
122	- Innerbetriebliche Berichte								

	Informationsebenen								
123	- strategische Informationen								
124	- taktische Informationen ..								
125	- operative Informationen ..								

	Informationsinhalte über:								
126	- Globale Umwelt (Gesamtwirtschaftliche, -politische und -gesellschaftliche Entwicklungen)	☐	☐	☐	☐	☐	☐	☐	☐
127	- Medizinische Umwelt (Mortalität, Morbidität, Ärzte, Apotheken etc.)	☐	☐	☐	☐	☐	☐	☐	☐
128	- Branchen-Umwelt (Firmengründungen, Lizenz-, Patentvergaben, Kooperationen etc.)	☐	☐	☐	☐	☐	☐	☐	☐
129	- Marktliche Umwelt (Marktanteile, Umsätze etc.)	☐	☐	☐	☐	☐	☐	☐	☐

	Methoden / Modelle								
130	- Produktlebenszyklus								
131	- Stärken-/Schwächenanalyse								
132	- Konkurrenzanalysen								
133	- Portfolio-Analyse								
134	- Gap-Analyse								
135	- Chancen-Risiko-Analyse ...								
136	- Marktsegmentierung								
137	- Produktpositionierung								
138	- Trendextrapolation								
139	- sonst. quantitative Prognosemethoden								
140	- Szenariotechnik								
141	- ökonometrische Modelle ...								
142	- multivariate statistische Analysemethoden								
143	- Kreativitätstechniken								
144	- Deckungsbeitragsanalysen .								
145	- Kosten-Nutzen-Analysen ...								
146	- Potentialanalyse								

ACHTUNG: Die folgenden Fragen beziehen sich lediglich auf den Arzneimittelmarkt in der Bundesrepublik (einschl. West-Berlin)

F 12 — PRODUKTBEZOGENE MARKTASPEKTE

Im folgenden geht es um die Umsatzanteile bestimmter Präparategruppen Ihres Angebotes an human-pharmazeutischen Fertigarzneimitteln.

Fertigarzneimittel, davon:

Umsatzanteile an den angebotenen Human-Pharmazeutika

	0 %	bis 10%	10-25%	26-50%	51-75%	über 75%	100%
	0	1	2	3	4	5	6

o nach Vertriebswegen
- 147 - Verordnungspflichtige
- 148 - Apothekenpflichtige
- 149 - Krankenhauspräparate
- 150 - Freiverkäufliche Präparate

o nach der Stellung im Produktlebenszyklus
- 151 - Neueinführungen
- 152 - Etablierte mit steigendem Umsatz
- 153 - Etablierte mit stagnierendem Umsatz
- 154 - Etablierte mit sinkendem Umsatz

o nach dem Patentschutz
- 155 - mit Patentschutz
- 156 - ohne Patentschutz

o nach dem Markennamen
- 157 - mit produktspez. Handelsnamen
- 158 - nach der Wirkstoffbez.(Generika)

F 13 — GRÖSSE UND DYNAMIK DER INDIKATIONSMÄRKTE

Wie häufig bedienen Sie die folgenden Arten von Indikationsmärkten mit Ihren human-pharmazeutischen Fertigarzneimitteln?

Art der Indikationsmärkte

Zahl der bedienten Indikationsmärkte

	keine	sehr wenige	wenige	mehrere	viele	sehr viele
	0	1	2	3	4	5

- 159 - mit kleinem Gesamtumsatz
- 160 - mit mittlerem Gesamtumsatz
- 161 - mit großem Gesamtumsatz
- 162 - mit wachsendem Gesamtumsatz
- 163 - mit stagnierendem Gesamtumsatz
- 164 - mit sinkendem Gesamtumsatz
- 165 - mit starken Umsatzschwankungen
- 166 - mit weniger starken Umsatzschwankungen

F 14 — WETTBEWERBSSTELLUNG

Welche Wettbewerbsstellung nimmt Ihre Unternehmung auf diesen Indikationsmärkten ein?

	auf keinem Markt	auf sehr wenigen Märkten	auf wenigen Märkten	auf mehreren Märkten	auf vielen Märkten	auf sehr vielen Märkten
	0	1	2	3	4	5

- 167 Marktführer
- 168 Herausforderer des Marktführers
- 169 Mitläufer auf dem Markt
- 170 Marktnischenfüller

F 15	KONKURRENZSITUATION						
	Wie stellt sich die Konkurrenzsituation auf diesen Indikationsmärkten im einzelnen dar?						
		auf keinem Markt	auf sehr wenigen Märkten	auf wenigen Märkten	auf mehreren Märkten	auf vielen Märkten	auf sehr vielen Märkten
		0	1	2	3	4	5
	o Zahl der Konkurrenten						
171	- viele						
172	- wenige						
	o Art der schärfsten Konkurrenten						
173	- vornehmlich große Konzernmutterges. ...						
174	- vornehmlich mittelgr. Tochterges.						
175	- vornehmlich unabhängige mittelgroße Unternehmen						
176	- vornehmlich kleine Tochtergesellsch. ..						
177	- vornehmlich kleine selbständige Arzneimittelunternehmen						
	o Marketing- bzw. Wettbewerbsintensität						
178	- sehr hohe Intensität						
179	- mittlere Intensität						
180	- geringe Intensität						

F 16	PHARMA-UMFELD					
	Inwieweit ist Ihre Unternehmung von folgenden Veränderungen im Umfeld der pharmazeutischen Industrie betroffen?					
		-2 sehr negativ betroffen	-1 eher negativ betroffen	0 nicht betroffen	1 eher positiv betroffen	2 sehr positiv betroffen
181	- Zweitanmelder-Regelung					
182	- Arztemusterbeschränkung					
183	- Nachzulassungen					
184	- Standardzulassungen					
185	- Werbe(selbst)beschränkungen des BPI ...					
186	- Preishalteappelle					
187	- Negativliste					
188	- Positivliste					
189	- Preislisten					
190	- Kostendämpfung (allgemein)					
191	- kritischere öffentliche Meinung					
192	- Zulassungsverschärfungen					
193	- Parallelimporte					
194	- Reglementierung bei Feldversuchen					
195	- Erhöhte Anforderungen an pharmazeutische Qualitätssicherung					

F 17	UNTERNEHMENSERFOLG / EFFIZIENZ
17 a	Wie hoch lag in den vergangenen fünf Jahren in etwa die durchschnittliche Umsatzrentabilität Ihrer Unternehmung (vor Steuern!) im deutschen Arzneimittelmarkt?
	1 ☐ unter 2 % 4 ☐ 6 - 7,9 %
	2 ☐ 2 - 3,9 % 5 ☐ 8 - 10 %
196	3 ☐ 4 - 5,9 % 6 ☐ über 10 %

17 b	Wie beurteilen Sie die Zukunftsaussichten Ihrer Unternehmung (bzw. Ihres Pharma-Bereiches) im Vergleich zu anderen Arzneimittelunternehmen vergleichbarer Größenordnung?
197	1 ☐ besser 2 ☐ schlechter
17 c	Wie würden Sie den Erfolg Ihres Unternehmen in den letzten fünf Jahren im Vergleich zu anderen Unternehmen vergleichbarer Größenordnung auf dem deutschen Arzneimittelmarkt beurteilen?
198	1 ☐ weniger erfolgreich 2 ☐ erfolgreicher
17 d	Wird nach Ihrer Ansicht in Ihrem Unternehmen ein strategisch ausgerichtetes Pharma-Marketing betrieben?
199	1 ☐ ja ⟶ F 17 e 2 ☐ nein ⟶ F 18
17 e	Wie beurteilen Sie die Effizienz des in Ihrer Unternehmung bislang praktizierten strategischen Pharma-Marketing?
200	sehr positiv ☐ 1 ☐ 2 ☐ 3 ☐ 4 ☐ 5 sehr negativ
F 18	TEILNAHMEBEREITSCHAFT AN PROJEKTPHASE II
18 a	Wären Sie evtl. bereit, mit einem Mitarbeiter meines Institutes ein vertiefendes Gespräch über Fragen des strategischen Pharma-Marketing zu führen?
201	0 ☐ nein 1 ☐ ja
18 b	Sofern Sie zu diesem Gespräch bereit sind, nennen Sie uns bitte den Namen und die Anschrift einer Kontaktperson, mit der wir Verbindung aufnehmen können: Name: ______________________ Abteilung: ______________________ Firma: ______________________ Telefon: ______________________ VIELEN DANK!

LITERATURVERZEICHNIS

Abell, D.F. (1980); Defining the Business: The Starting Point of Strategic Planning; London, Sydney et al. 1980.

Abt, R. (1971); Der Lebenszyklus ethischer pharmazeutischer Präparate und die Möglichkeit seiner Beeinflußung; Basel 1971.

Albus, G. (1980); Marktleistung, Gewinn und soziale Verantwortung - Die Pharma-Industrie arbeitet mit modernen Marketingtechniken; in: pharma-forum, 7 (1980) 1, S. 5 - 7.

Altenschmidt, W. / Schärfe, E. (1979); Produktion und Lagerhaltung - Optimale Strategien am Beispiel der Pharma-Produktion; Aulendorf 1979.

Alter, U. / Klausing, M. (1974); Kosten und Nutzen von Arzneimitteln am Beispiel Grippe und Tuberkulose; in: pharma dialog, Schriftenreihe; hrsg.v. Bundesverband der Pharmazeutischen Industrie; Heft Nr. 29; Frankfurt/M. 1974.

Altschul, K. (1984); Rufmord muß nicht tödlich sein; in: ASW, 27 (1984) 10 (Sonderausgabe), S. 92 - 97.

Andritzky, K. (1976); Die Operationalisierbarkeit von Theorien zum Konsumentenverhalten; Berlin 1976.

Ansoff, H.J. (1966); Management-Strategie; München 1966.

Ansoff, H.J. (1976); Managing surprise and discontinuity - Strategic response to weak signals; in: ZfbF, 28 (1976) 2, S. 129 - 152.

Ansoff, H.J. (1979); Strategic Management; London 1979.

Ansoff, H.J. / Declerck, R.P. / Hayes, R.J. (Hrsg.) (1976); From Strategic Planning to Strategic Management; London, New York et al. 1976.

Antonoff, R. (1986); CI Report 86/87; hrsg.v. Frankfurter Allgemeine Zeitung; Frankfurt 1986; S. 7 - 21.

Arndt, H. (1981); Macht und Wettbewerb; in: Handbuch des Wettbewerbs; hrsg.v. Cox, W.E.jr. u.a.; München 1981.

Arnold, U. (1981); Strategische Unternehmensführung und das Konzept der "Schwachen Signale"; in: WiSt, 8 (1981) 6, S. 290 - 293.

Backhaus, K. u.a. (1987); Multivariate Analysemethoden - Eine anwendungsorientierte Einführung; 4. Auflage; Berlin, Heidelberg u.a. 1987.

Bacon, J. (1971); Planning and Forecasting in the Smaller Company; in: Conference Board Report, o.Jg. (1971) 524 , S. 1 - 31.

Baligh, B. / Burton, R.M. (1979); Marketing in Moderation - The Marketing Concept and the Organization's Structure; in: Longe Range Planning, 12 (1979) 4, S. 92 - 96.

Bally, Ch. (1981); Die Herstellung von Medikamenten - Forderungen und Leistungen ; in: pharma-dialog, Schriftenreihe; hrsg.v. Bundesverband der pharmazeutischen Industrie, Heft 69; Frankfurt 1981.

Bamberger, J. (1981); Theoretische Grundlagen strategischer Entscheidungen; in: WiSt, 10 (1981) 3, S. 97 - 104.

Barnes, J.G. / Pynn, G.A. / Noonan, A.C. (1982); Marketing Research: Some Basics for small Business; in: Journal of Small Business Management, o.Jg. (1982) 7, S. 62 - 66.

Barnikel, H.-H. (1980); Marktstruktur, Marktverhalten und Marktergebnis in der pharmazeutischen Industrie; in: Wettbewerb in der pharmazeutischen Industrie; hrsg.v. Röper, B.; Berlin 1980.

Bauer, E. (1976); Markt-Segmentierung als Marketingstrategie; Berlin 1976.

Bauer, H.H. (1986); Das Erfahrungskurvenkonzept - Möglichkeiten und Problematik der Ableitung strategischer Handlungsalternativen; in: WiSt, 15 (1986) 1, S. 1 - 10.

BBE Unternehmensberatung GmbH (1985); Arzneimittel im SB-Regal; in: Pharma-Marketing Journal, 10 (1985) 3, S. 87 - 89.

Becker, F.G. (1985); Anreizsysteme für Führungskräfte im Strategischen Management; Bergisch Gladbach, Köln 1985.

Becker, J. (1983); Grundlagen der Marketing-Konzeption; München 1983.

Behnsen, P. (1978); Werbung für pharmazeutische Produkte; in: Handbuch Marketing, Bd. 2; hrsg.v. Koinecke, J.; Gernsbach 1978; S. 997 - 1002.

Bellstedt, F. (1978); Die Preisbildung im deutschen Arzneimittelmarkt - Auch der Staat verdient am Arzneimittel; in: Die Pharmazeutische Industrie, 40 (1978) 1, S. 15 - 17.

Belz, Chr. (1983) Das Marketing-Management vor neuen Aufgaben; in: Mangement-Zeitschrift iO, 52 (1983) 1 , S. 19 - 22.

Berth, R. (1986); Michael Porter und die Folgen; in: ASW, 29 (1986) 10 (Sonderausgabe), S. 66 - 70.

Berthel, J. (1973); Zielorientierte Unternehmungssteuerung. Die Formulierung operationaler Zielsysteme; Stuttgart, Tübingen 1973.

Berthel, J. (1975); Betriebliche Informationssysteme; Stuttgart 1975.

Berthel, J. (1979); Personal-Management. Grundzüge für Konzeptionen betrieblicher Personalarbeit; Stuttgart 1979.

Berthel, J. (1987); Führungskraft 2000; in: Harward Manager, 9 (1987) 3, S. 114 - 118.

Beyer, H.-T. (1970); Die Lehre der Unternehmensführung - Entwurf eines Forschungsprogramms; in: Betriebswirtschaftliche Schriften, o.Jg. (1970) 45, S. 22 - 62.
Bidlingmeier, J. (1973); Marketing, Band 1; Reinbek bei Hamburg 1973.
Bielenstein, C. (1984); Streit um Arzneipreise; in: Capital, 23 (1984) 11, S. 13 - 14.
Bleicher, K. (1961); Grundsätze der Organisation; in: Organisation; hrsg v. Schnaufer, E. / Aghte, K.; Berlin, Baden-Baden 1961; S. 197 - 250.
Bleicher, K. (1980); Führung; in: Handwörterbuch der Organisation; hrsg. v. Grochla, E.; Stuttgart 1980; S. 730 - 744.
Bleicher, K. / Meyer, E. (1976); Führung in der Unternehmung - Formen und Modelle; Reinbek bei Hamburg 1976.
Bloom, D.N. / Kotler, Ph. (1983); Strategien für Unternehmen mit hohem Marktanteil; in: Harvard Manager, o.Jg. (1983) 3, S. 74 - 82.
Bock, H.H. (1974); Automatische Klassifikation; Göttingen 1974.
Bodenhöfer, H.-J. (Hrsg.) (1981); Hochschulexpansion und Beschäftigung; in: Bildungswissenschaftliche Fortbildungstagungen an der Universität Klagenfurt, Bd. 1; Wien, Köln, Graz 1981.
Böhler, H. (1977); Methoden und Modelle der Marktsegmentierung; Stuttgart 1977.
Böhler, H. (1983); Strategische Marketing-Früherkennung (Habilitationsschrift an der Universität zu Köln); Köln 1983.
Böhler, H. / Gottschlich, W. (1985); Strategisches Marketing und strategische Unternehmensführung; in: WISU, 14 (1985) 5, S. 247 - 253.
Börke, W. / Rink, M.W. (1985); Zehn Faustregeln für erfolgreiche Pharma-PR; in: Pharma-Marketing Journal, 10 (1985) 5, S. 164 - 168.
Boguslawski, A. (1986); Was der Arzt von Video-Fortbildung hält; in: Pharma-Marketing Journal, 11 (1986) 5, S. 193 - 196.
Bornmann, M. (1981); Zur Bedeutung und zu den Existenzgründungshemmnissen kleiner und mittlerer Unternehmen; Mainz 1981.
Borrmann, W. A. (1986); Vorgehensweise und Probleme bei der Definition strategischer Geschäftsfelder; in: Praxis strategischer Unternehmensplanung; hrsg.v. Töpfer, A. / Afheld, H.; Stuttgart, Landsberg a. Lech 1986; S. 206 - 218.

Braun, G.E. (1982); Organisation; in: Betriebswirtschaftslehre der Klein- und Mittelbetriebe; hrsg.v. Pfohl, H.-C.; Berlin 1982; S. 164 - 190.
Bräutigam, H.H. (1987); Bittere Pillen, Schöne Geschenke; in: Die Zeit, 42 (1987) 17, S. 22.
Brandt, A. (1980); Strukturdeterminanten des Pharmamarktes; Basel 1980.
Brauchlin, E. (1979); Unternehmensphilosophie, in: Management-Zeitschrift iO, 48 (1979) 1, S. 42 - 46.
Brauchlin, E. (1987); Grundsätze und Entwicklungen im strategischen Denken und Handeln; in: Realisierung des Marketing; hrsg.v. Belz, Ch.; Savosa, St. Gallen 1987; S. 131 - 149.
Braun, R. (1986); Aufbereitung und Nachzulassung von Fertigarzneimitteln; in: Die Pharmazeutische Industrie, 48 (1986) 11a, S. 1244 - 1247.
Brockhoff, K. (1975); Planung in mittelgroßen Industrieunternehmen; in: Die Unternehmung, 19 (1975) 4, S. 303 - 317.
Brockhoff, K. (1986a); Mit Marketing Erträge sichern; in: Marketing ZFP, 8 (1986) 2, S. 136 - 141.
Brockhoff, K. (1986b); Zur Zweitantragsstellerfrage im Regierungsentwurf des Arzneimittelgesetzes; in: Die Pharmazeutische Industrie, 48 (1986) 7, S. 736 - 740.
Brose, P. (1984); Konzeption, Varianten und Perspektiven der Kontigenztheorie; in: JfB, 34 (1984) 5, S. 230 - 243.
Brownlee, O.H. (1979); The Economic Consequences of Regulating without Regard to Economic Consequences; in: Issues in Pharmaceutical Economics; hrsg. v. Chien, R.; London 1979; S. 225 - 277.
Bruns, I. (1977); Kritische Analyse des Kontigenz-Ansatzes in der Organisationstheorie; in: Der Betriebswirt ; 18 (1977) 3, S. 61 - 64 / 4, S. 100 - 103 / 5, S.139 - 142.
Budde, A. / Kieser, A. (1977); Die Messung des Unternehmungswachstums; in: Wirtschaftliche Meßprobleme; hrsg. v. Pfohl, H. Chr./ Rürup, B.; Köln 1977.
Bürger, J.H. (1982); Verkaufen Sie Gesundheit doch mal im Supermarkt; in: Pharma-Marketing Journal, 7 (1982) 2, S. 56 - 57.
Bürger, J.H. (1983); Public Relations - anders als PR-"Verwalter" oft denken; in: Pharma-Marketing Journal, 8 (1983) 6, S. 186 - 189.
Bundesausschuss der Ärzte und Krankenkassen (Hrsg.) (1986); Preisvergleichsliste (Stand der Datenerhebung Präparate: Mai 1986, Preise: 15. Juli 1986), Köln 1986.
Bundesministerium für Wirtschaft (Hrsg.) (1981/82); Daten und Fakten, Studienreihe 34; Bonn 1981/82.

Bundesverband der Pharmazeutischen Industrie e.V. (Hrsg.) (1982a); Analyse zur mittelfristigen Entwicklung des Umfeldes der pharmazeutischen Industrie - Umfeldanalyse '82; Frankfurt/M. 1982.

Bundesverband der Pharmazeutischen Industrie e.V. (Hrsg.) (1982b); Monographien für Standardzulassungen, in: Die Pharmazeutische Industrie, 44 (1982) 3, S. 259 - 263.

Bundesverband der Pharmazeutischen Industrie e.V. (Hrsg.) (1983a); Arzneimittelforschung in Deutschland, Erfolge der Vergangenheit - Stand - künftige Entwicklung; Frankfurt/M. 1983.

Bundesverband der Pharmazeutischen Industrie e.V. (Hrsg.) (1983b); Die Arzneimittelindustrie heute, Struktur - Entwicklung - Umfeld; Frankfurt/M. 1983.

Bundesverband der Pharmazeutischen Industrie e.V. (Hrsg.) (1984); "Negativliste": Mittelstandsfeindlich, kostensteigernd, gesundheitlich bedenklich; in: Die Pharmazeutische Industrie, 46 (1984) 11, S. 1099 - 1104.

Bundesverband der Pharmazeutischen Industrie e.V. (Hrsg.) (1985); Stellungnahme der Pharmazeutischen Industrie E.V. zum Vorschlag der EG-Komission zur Regelung der Zweitanmelderfrage; in: Die Pharmazeutische Industrie, 47 (1985) 7, S. 704.

Bundesverband der Pharmazeutischen Industrie e.V. (Hrsg.) (1986a); pharma daten 86; Frankfurt/M. 1986.

Bundesverband der Pharmazeutischen Industrie e.V. (Hrsg.) (1986b); Rote Liste 1986; Aulendorf 1986.

Bundesverband der Pharmazeutischen Industrie e.V. (Hrsg.) (1986/87); Pharma Jahresbericht 1986/87; Frankfurt/M. 1986/87.

Bundesverband der Pharmazeutischen Industrie e.V. (Hrsg.) (1987a); pharma daten 87; Frankfurt/M. 1987.

Bundesverband der Pharmazeutischen Industrie e.V. (Hrsg.) (1987b); Rote Liste 1987; Aulendorf 1987.

Bundesverband der Pharmazeutischen Industrie (Hrsg.) (1987c); pharma-kodex; Loseblatt-Sammlung; Frankfurt/M., Stand Dezember 1987.

Bunzenthal, R. (1986); Bonn baut den Pharmakonzernen einen Patent-Schutzraum, in: Frankfurter Rundschau, vom 21.1.1986.

Burstall, M.L. / Dunning, J.H. / Lake, A. (1982); Eine Industrie wie heute keine andere - Die pharmazeutische Industrie aus Sicht der OECD; hrsg.v. Pharma Information; 2. Auflage; Basel 1982.

Busch, U. (1985); Konzeption betrieblicher Informations- und Kommunikationssysteme (IKS); 2. Auflage; Berlin 1985.

Bussiek, J. (1981); Erfolgsorientierte Stuerung mittelständischer Unternehmen; München 1981.
Bussiek, J. / Niemeier, H.J. (1981); Mittelständische Unternehmen der 80er Jahre - Ergebnisse einer empirischen Untersuchung; hrsg.v. Manager Magazin; Hamburg 1981.
Bussiek, J. / Niemeier, H.J. (1983); Mittelständische Unternehmen der 80er Jahre - Ergebnisse einer empirischen Untersuchung; hrsg.v. Manager Magazin, Hamburg 1983.
Buzell, R.D. / Gale, B.T. / Sultan, R.G.M. (1975); Marketshare - a key to profitability; in: HBR, 53 (1975) 1, S. 97 - 106.

Cassier, S.C. (1976); Mittelständische Unternehmen und Finanzierung; in: Handwörterbuch der Finanzwirtschaft; hrsg.v. Büschgen, H.E.; Stuttgart 1976; S. 1355 - 1370.
Cerletti, A. (1981); Möglichkeiten und Grenzen der modernen Pharmaforschung; in: Die Pharmazeutische Industrie, 41 (1981) 10, S. 957 - 960.
Chandler, A.D. (1962); Strategy and structure; Cambridge et al. 1962.
Chappell, S.C. (1983); Markt Analysis; in: Principles of Pharmaceutical Marketing; hrsg.v. Smith, M.; 3. Auflage; Philadelphia 1983; S. 115 - 138.
Child, J. (1972); Organizational Structure, Environment and Performance - The role of Strategic Choice; in: Sociology, 6 (1972) 1 , S. 1 - 22.
Child, J. (1973); Predicting and Understanding Organization Structure; in: Administrative Science Quarterly, 18 (1973) 1, S. 168 - 185.
Claycamp, H. (1985); Strategic Management Fundamentals; in: Strategic Marketing and Management; edited by Thomas, H. / Gardner, D.; Chichester, New York et al. 1985; S. 9 - 16.
Coleman, J.S. / Katz, E. / Menzel, H. (1966); Medical Innovation, a diffusion study; Indianapolis, New York, Kansas City 1966.
Commerzbank (Hrsg.) (1985); Pharmazeutische Industrie - Wachstum mit Hindernissen; Brancheninformation vom 19.7.85.
Cox, W.E. jr. (1963); Product Life Cyles and Promotional Strategy in the Ethical Drug Industry; Ann Arbor / Michigan 1963.
Cramer, H.-J. (1985); Warum 20 Jahre Schutz nicht ausreichen? in: Medikament & Meinung, 8 (1985) 11 , S. 10.
Cramer, H.-J. (1986a); Arzt verordnet - Apotheker wählt aus - Das Frankfurter Generika-Modell; in: Medikament & Meinung, 9 (1986) 7, S. 3.

Cramer, H.-J. (1986b); Zweitanmeldeschutz - Geschenk für die forschende Pharma-Industrie oder ausgleichende Gerechtigkeit ? in: Medikament & Meinung, 9 (1986) 2, S. 1 - 2.

Cramer, H.-J. (1987); BPI gegen Positivliste - Zwei Klassen - Medizin und Forschungsgeheimnis, in: Medikament & Meinung, 10 (1987) 11, S. 1.

Cramer, H.-J. / Golombowski, C. (1986); Pharma Argumente; hrsg. v. Bundesverband der pharmazeutischen Industrie e.V.; Frankfurt 1986.

Cranz, H. u.a. (1982); Selbstmedikation - Eine Standortbestimmung; Kiel 1982.

Cranz, H. (1985a); Auswirkungen von Arzneimittel-Billigimporten auf die Forschungs- und Entwicklungsaktivitäten in der Pharma-Industrie; in: Die Pharmazeutische Industrie, 47 (1985) 4, S. 351 - 355.

Cranz, H. (1985b); Billigarzneimittel; Kiel 1985.

Dahl, L.H. (1974); Pharma-Produktmanager - wissenschaftliche Hilfskraft oder was ? in: pharma-forum, 1 (1974) 10, S. 1 - 3.

Dammroff, E. (1987); Bedürfen Generika Protektion ? in: Medikament & Meinung, 10 (1987) 5, S. 11.

Dams, V. (1987); Kontaktverstärker - Marketing mit Veranstaltungen; in: ASW, 30 (1987) 12, S. 102 - 106.

Dawson, L.M. (1969); The Human Concept: New Philosophy for Business; in: Business Horizons, o.Jg. (1969) 12, S. 29 - 38.

Day, G. / Wensley, R. (1983); Marketing Theory with a Strategic Orientation; in: JoM, 47 (1983) 3, S. 79 - 89.

Denninger, E. (1987); Zur Verfassungs- und Gesetzmäßigkeit des Entwurfes einer "Erweiterten Preisvergleichsliste"; in: Die Pharmazeutische Industrie, 49 (1987) 8, S. 785 - 796.

Dhalla, N.K. / Yuspeh, S. (1976); Forget the Product Life Cycle Concept !; in: HBR, 54 (1976) 1, S. 102 - 112.

Dichtl, E. (1974); Die Marktsegmentierung als Voraussetzung differenzierter Marktbearbeitung; in: WiSt, 3 (1974) 3, S. 97 - 102.

Dichtl, E. (1983); Leitlinien der Marketing-Forschung; in: Marketing ZFP, 4 (1983) 1, S. 61 - 62.

Dichtl, E. / Schobert, R. (1979); Mehrdimensionale Skalierung; München 1979.

Dietz, P. (1980); Finanzierung der Innovation in mittleren und kleinen Unternehmen; in: ZfbF, Sonderheft: Neue Technologien - neue Märkte, 32 (1980) 11, S. 43 ff.

Döpke, U. (1985); Strategisches Marketing-Controllership; Frankfurt, Bern 1985.

Drews, J. (1985); Wie wird die Pharma-Forschung wieder rentabel ? in: Medikament & Meinung, 8 (1985) 12 , S. 3.
Dreyer, H. (1985); Vierdimensionale Führungskonzeptionen; in: Personalführung, 18 (1985) 11/12, S. I - XI.
Droege, W. (1985); Marketing-Audit, Darstellung einer Methodik zur Identifizierung von Erfolgsfaktoren und Beseitigung von Engpaßfaktoren im Marketing; in: Strategisches Marketing; hrsg.v. Raffée, H. / Wiedmann, K.-P.; Stuttgart 1985; S. 169 - 184.
Drumm, H.J. (1980); Die Nachfrage der Praxis nach wirtschaftswissenschaftlichen Studienfächern; in: ZfB, 50 (1980) 9, S. 997 - 1015.
Du Voitel, R.D. (1982); Strategische Planung für Mittelbetriebe; in: Rationalisierung, 33 (1982) 10, S. 205 - 207.
Dunst, K.H. (1983); Portfolio Management - Konzeption für die strategische Unternehmensplanung; 2. Auflage; Berlin, New York 1983.

EGWA Apothekergenossenschaft eG (1986); Die Apotheke bis zum Jahr 2000 - Eine EGWA-Studie mit PROGNOS; in: Pharma-Marketing Journal, 11 (1986) 2, S. 43 - 51.
Emig, A. (1985); Arzneimittel sind keine Waschmittel, in: ASW, 28 (1985) 10, S. 104 - 105.
Emmerich, V. / Heiduk, G. (1985); Arzneimittelmarkt und europäisches Wettbewerbsrecht; Baden-Baden 1985.
Engel, W. (1986a); Der Produkt-Lebenszyklus; in: WISU, 15 (1986) 8-9, S. 397 - 400.
Engel, P. (1986b); Zweck und Mittel - Mit dem Wettbewerbsrecht den Markt verhindern ? in: Pharmamagazin, 1 (1986) 1, S. 1 + 4.
Engelhardt, H. (1985); Versäumnisse der Marketing-Wissenschaft in der Strategiediskussion; in: Marketing ZFP, 7 (1985) 3, S. 211 - 212.
Eppink, D.J. (1978); Planning for Strategic Flexibility; in: Long Range Planning, 11 (1978) 11, S. 9 - 15.
Esser, G. (1983a); Neuer Pillenknick ? Arzneimittelmarkt im Umbruch; in: ASW, 26 (1983) 6, S. 70 - 71.
Esser, G. (1983b); Rezeptmärkte werden Verbrauchermärkte; in: ASW, 26 (1983) 10, S. 14 - 23.
European Federation of Pharmazeutical Industries Associations (EFPIA) (1981); "Generics" und der Wettbewerb; in: pharmaforum, 9 (1982) 8, S. 1 -17.
European Society for Opinion and Marketing Research (E.S.O.M.A.R.) (Hrsg.) (1983); Information for Decision Making in the Pharmaceutical Industry; Berlin, Amsterdam 1983.

Eybl, D. (1984); Instrumente und Orientierungsgrundlagen zur Planung wettbewerbsorientierter Unternehmensstrategien; Frankfurt, Bern, New York 1984.

Fahrmeir, L. / Häußler, W. / Tutz, G. (1984); Diskriminanzanalyse; in: Multivariate statistische Verfahren; hrsg.v. Fahrmeir, L. / Hamerle, A.; Berlin, New York 1984; S. 301 - 370.

Fanucci, M.H. (1983); The Changing Infomation Requirements for Sucessful Strategic Planning in the Pharmaceutical Industry; in: Information for Decision Making in the Pharmaceutical Industry; hrsg.v. E.S.O.M.A.R.; Berlin, Amsterdam 1983; S. 1 - 10.

Feltkamp, H. (1982); Welche Qualität produziert die pharmazeutische Industrie ? in: pharma-forum, 9 (1982) 2, S. 49 - 51.

Fessmann, K.-D. (1980); Organisatorische Effizienz in Unternehmungen und Unternehmensteilbereichen; o.O. 1980.

Fischer, J. / Zimmermann, W. (1983); Instrumente der strategischen Planung für Unternehmen mittlerer Größenordnung; in: ZfO, 52 (1983) 3, S. 139 - 144.

Fopp, L. (1985); Vom logischen Empirismus zur Hermeneutik; in: Thexis, 2 (1985) 2, S. 42 - 45.

Fraas, W. / Du Voitel, R. (1982); Marketing-Positionen in der Entwicklung; in: Pharma-Marketing Journal, 7 (1982) 4 , S. 143 - 151.

Fresenius, B. (1982); Pharmareferent: Ein (noch) unkonsolidierter Beruf; in: Pharma-Marketing Journal, 7 (1982) 2 , S. 58 - 59.

Freter, H. (1977); Markenpositionierung - Ein Beitrag zur Fundierung markenpolitischer Entscheidungen auf der Grundlage psychologischer und ökonomischer Modelle; (unveröffentlichte) Habilitationsschrift; Münster 1977.

Freter, H. (1978a); Aussagewert ökonometrischer Modellierungen für die Werbebudgetierung - dargestellt am Beispiel pharmazeutischer Erzeugnisse; in: Quanitative Ansätze in der Betriebswirtschaftslehre; Bericht von der wissenschaftl. Tagung des Verbandes der Hochschullehrer für Betriebswirtschaft e.V.; München 1978; S. 271 - 282.

Freter, H. (1978b); Möglichkeiten und Grenzen der Markt-Segmentierung und Produkt-Positionierung; in: Handbuch Marketing, Bd. 1; hrsg.v. Koinecke, J.; Gernsbach 1978; S. 563 - 574.

Freter, H. (1982); Effizientes Marketing in mittelständischen Unternehmen; in: Jahrbuch des Marketing 1982/83; hrsg.v. Schöttle, K.; Essen 1982; S. 113 - 124.

Freter, H. (1983a); Marktsegmentierung; Stuttgart 1983.
Freter, H. (1983b); Marketing-Strategien im Mittelstand; in: Erfolgreiche Unternehmensführung in Wirtschaft und Verwaltung, Bd. 2 - Märkte, Mitarbeiter, Management; hrsg.v. Gabele, E. / Oechsler, W.A.; Bamberg 1983; S. 23 - 46.
Freter, H. (1987); Aussagewert der Portfolio-Analyse für das Marketing (Vortrag vor der Universität Mainz am 23.01.1987); in: Ausgewählte Beiträge zum Marketing; hrsg.v. Freter, H.; Siegen 1987; S. 369 - 391.
Freter, H. u.a. (1980); Marketing mit kleinem Budget; in: Mittelstand und Betriebswirtschaft; hrsg.v. Wossidlo, P. u.a.; Bayreuth 1980; S. 43 - 59.
Freter, H. u.a. (1981); Marketing mittelständischer Unternehmen, Ergebnisse eines empirischen Forschungsprojekts; in: Mittelstand und Betriebswirtschaft, Bd. 2; hrsg.v. Wossilo, P u.a.; Bayreuth 1981.
Frey, A. (1982); Die Registrierung eines Medikamentes in der Schweiz, in Frankreich und auf europäischer Ebene; hrsg. v. Pharma Information; 2. Auflage; Basel 1982.
Friedrichs, J. (1973); Methoden empirischer Sozialforschung; Reinbek bei Hamburg 1973.
Friesewinkel, H. (1983); Marketing-Modelle - "l'art pour l'art" oder doch nicht ? in: pharma-forum, 10 (1983) 7, S. 3 - 19.
Friesewinkel, H. / Schneider , E. (1982); Das pharmazeutische Marketing II; Kulmbach 1982.
Fronhoff, B. (1986); Die Gestaltung von Marketingstrategien, Bergisch Gladbach, Köln 1986.
Fuchs, P. (1986); Nachweis der Qualität von Fertigarzneimitteln bei der Verlängerung der Zulassung nach Artikel 3 § 7 AMNG; in: Die Pharmazeutische Industrie, 48 (1986) 11a, S. 1248 - 1253.

Gabele, E. (1979); Unternehmensstrategie und Organisationsstruktur; in: ZfO, 48 (1979) 4 ,S. 181 - 190.
Gabele, E. (1982); Unternehmens- und Führungsgrundsätze - Wirkungslose Lippenbekenntnisse oder Wegweiser zum Erfolg ? in: Die Unternehmung, 36 (1982) 3, S. 185 - 202.
Gabele, E. / Kretschmer, H. (1983); Unternehmensgrundsätze.als Instrument der Unternehmensführung; in: ZfbF, 35 (1983) 8, S. 716 - 726.
Gälweiler, A. (1980); Die Rolle des Marketing in der strategischen Unternehmensführung und -planung; in: Marketing im Wandel; hrsg.v. Meffert, H.; Wiesbaden 1980; S. 51 - 61.

Gälweiler, A. (1981); Strategische Unternehmensplanung; in: Planung und Kontrolle - Probleme der strategischen Unternehmensführung; hrsg.v. Steinmann, H.; München 1981; S. 84 - 101.

Gälweiler, A. (1987); Strategische Unternehmensführung; Frankfurt/M. 1987.

Gansser, G. (1975); Rechtsschutz für Medikamente; hrsg. v. Pharma Information; Basel 1975.

Gardner, D.M. / Thomas, H. (1985); Strategic Marketing: History, Issues, and Emergent Themes; in: Strategic Marketing and Management; edited by Thomas, H. / Gardner, D.; Chichester, New York et al. 1985; S. 17 - 40.

Gasparini, G. (1978); Organizational power, strategy and social classes - Toward a critique of the contigency theory of organizations; in: Organizational choice and constraint; hrsg.v. Warner, M.; Westmead 1978.

Gedenk, G. (1987); Einflussfaktoren auf den Imitationswettbewerb im Arzneimittelmarkt der Bundesrepublik Deutschland: Eine theoretische und empirische Untersuchung; Bern, Frankfurt/M. u.a. 1987.

Gehrig, W. (1981); Gedanken zur Führung mittlerer und kleinerer Pharma-Unternehmen; in: Die Pharmazeutische Industrie, 43 (1981) 11, S. 1095 - 1101.

Gehrig, W. (1985); Zur systematischen Entwicklung der qualitativen personellen Kapazität in mittleren und größeren Pharmabetrieben ("Human Resources Development"); in: Die Pharmazeutische Industrie, 47 (1985) 5, S. 482 - 486.

Gehrig, W. (1987); Pharma-Marketing - Instrumente, Organisation und Methoden; Zürich 1987.

Gehrmann, W. (1984); Pharma-Industrie kassiert und schweigt - Wichtige Daten über den Arzneimarkt bleiben geheim; in: Die Zeit, vom 13.04.1984.

Gerken, G. (1986); Der Trend zur "neuen" Medizin; in: Pharma-Marketing Journal, 11 (1986) 5, S. 170 - 175.

Gerl, K. / Roventa, P. (1983); Strategische Geschäftseinheiten - Perspektiven aus der Sicht des strategischen Managements; in: Bausteine eines strategischen Managements; hrsg.v. Kirsch, W. / Roventa, P.; Berlin, New York 1983; S. 141 - 161.

Geßner, H.-J. (1975); Werbung für Arzneimittel; in: Handbuch der Werbung; hrsg.v. Behrens, H.Chr.; 2. Auflage; Wiesbaden 1975; S. 835 - 858.

Girardi, M.R. (1987); Emotionale Pharma-Werbung: Chance oder Irrweg ? in: Pharma-Marketing Journal, 12 (1987) 2, S. 66 - 70.

Girkinger, W. (1986); Ansatzpunkte für die Planung des wissenschaftlichen Außendienstes im Pharma-Marketing; in: Der Markt, 24 (1986) 98, S. 40 - 47.
Glagau, K. (1977); Möglichkeiten der Preispolitik im Pharma-Marketing; in: Pharma-Marketing Journal, 2 (1977) 3, S. 119 - 124.
Glagau, K. (1986); Taktisches und operatives Pharma-Marketing (I); in: Pharma-Marketing Journal, 11 (1986) 2, S. 58 - 61.
Goodpaster, K. / Matthews, J. (1983); Können Unternehmen ein Gewissen haben ? in: Harvard Manager, o.Jg. (1983) 1, S. 80 - 89.
Goronzy, F. (1969); A Numerical Taxonomy of Business Enterprises; in: Numerical Taxonomie; hrsg.v. Cole, A.J.; London, New York 1969; S. 42 - 52.
Grabatin, G. (1981); Effizienz von Organisationen; Berlin, New York 1981.
Greif, S. (1974); Die zeitliche Begrenzung des Patentmonopols und ihre Umgehung (unter besonderer Berücksichtigung der EG und des geplanten Europäischen Patents); in: Wirtschaft und Wettbewerb, 24 (1974) 5, S. 303 ff.
Grimm, U. (1983); Analyse strategischer Faktoren; Wiesbaden 1983.
Grochla, E. (1982); Grundlagen der organisatorischen Gestaltung; Stuttgart 1982.
Grochla, E. / Vahle, M. / Puhlmann, M. / Lehmann, H. (1981); Entlastung durch Delegation; Berlin 1981.
Grube, W. u.a. (1983); Der Pharma-Werker - Ein Lehr- und Lernbuch; 3. Auflage; Aulendorf 1983.
Gruhler, W. (1984); Wirtschaftsfaktor Mittelstand; Köln 1984.
Gruner + Jahr AG & Co (Hrsg.) (1987); MARIA - Marktanalyse Informationssysteme (2.3 Pharmazie); Hamburg 1987.
Güntzel, O. (1975); Das betriebswirtschaftliche Größenproblem kleiner und mittlerer industrieller Unternehmen; Göttingen 1975.
Gzuk, R. (1975); Messung der Effizienz von Entscheidungen; Tübingen 1975.

Hahlbohm, C. (1983); Unternehmensstrategie - aus der Sicht mittelständischer Unternehmen; in: Die Pharmazeutische Industrie, 45 (1983) 6, S. 595 - 599.
Hahn, D. (1981); Strategische Unternehmensplanung: Ein konzentrierter Überblick (I); in: WISU, 10 (1981) 5, S. 223 - 227.

Hahn, D. / Klausmann, W. (1979); Aufbau und Funktionsweise von betrieblichen Frühwarnsystemen in der Industrie; Arbeitspapier des Instituts für Unternehmensplanung an der Justus-Liebig-Universität Gießen; Gießen 1979.

Hall, D.J. / Saias, M.A. (1980); Strategy Follows Structure; in: Strategic Management Journal, 1 (1980) 1, S. 149 - 163.

Hall, W.K. (1980); Survival Strategies in a Hostile Environment; in: HBR, 58 (1980) 5, S. 75 - 85.

Hamann, J.R. (1985); Gute Pharma-Referenten mit allen Mitteln einkaufen; in: Pharma-Marketing Journal, 10 (1985) 4 , S. 125 - 127.

Hamermesh, R.G. / Anderson, J. / Harris, J.E. (1978); Strategies for Low Market Share Business; in: HBR, 53 (1978) 3, S. 95 - 102.

Hamermesh, R. / Silk, S. (1980); In der Stagnation erfolgreich konkurrieren; in: Harvard Manager, o.Jg. (1980) 3, S. 74 - 81.

Hammer, R. (1982); Unternehmensplanung - Lehrbuch der Planung und strategischen Unternehmensführung; München, Wien 1982.

Hansen, U. / Stauss, B. (1983); Marketing als marktorientierte Unternehmenspolitik oder als deren integrativer Bestandteil ? in: Marketing ZFP, 5 (1983) 2, S. 77 - 86.

Harlander, N. (1987); Mitarbeiterführung im Marketing; in: Realisierung des Marketing; hrsg.v. Belz. Ch.; Savosa, St. Gallen 1987; S. 491 - 517.

Hartmann-Besche, W. (1986); Arzneimittel-Parallelimport; in: Die Ortskrankenkasse, 68 (1986) 18, S. 529 - 532.

Harvey, M.G. / Kerin, R.A. (1979); Diagnosis and Management of the Product Cannibalism Syndrome; in: University of Michigan Business Review, 31 (1979) 6, S. 18 - 24.

Haseloff, O.W. (1978); Werbung für Arzneimittel; in: Medizin und Information, 9 (1978) 11, S. 696 - 707.

Hauschildt, J. (1980); Auf Tarnung verzichten; in: Wirtschaftswoche, 34 (1980) 39, S. 64 - 68.

Hecking-Binder, E. (1974); Führungsmodelle und Marketingorganisation; Wiesbaden 1974.

Hees, G. (1984); "DEM" Der Marken-Relaunch eines Schlankheitsmittels; in: Marketing Journal, 17 (1984) 5, S. 440 - 445.

Heigl, A. (1981); Controlling im Mittelbetrieb; in: ZfO, 50 (1981) 8, S. 425 - 430.

Heinrich, D. (1978); Viel zuwenig Eigenkapital - Die finanzwirtschaftlichen Sorgen mittelständischer Unternehmen des verarbeitenden Gewerbes; in: Junge Wirtschaft, 10 (1978), S. 62 - 65.

Heinrich, D. (1979); Zum Finanzierungsverhalten von mittelständischen Unternehmen; in: Bank und Markt, 8 (1979) 3, S. 30 - 31.

Heinrich, D. (1980); Noch einmal: Das Finanzierungsverhalten mittelständischer Unternehmer; in: Bank und Markt, 9 (1980) 3, S. 31 - 32.

Heintz, R. (1978); Erkrankungen durch Arzneimittel; 2. Auflage; Stuttgart 1978.

Heinze, R. (1983); Strategische Planung in mittelständischen Unternehmen; in: Entscheidungen für die Zukunft; hrsg.v. Kappler, E. / Seibel, J.J. / Sterner, S.; Frankfurt 1983; S. 33 - 46.

Heinzel, M. / Horseling, H.J. (1973); Das Arzneimittel - Eine Einführung in Entwicklung, Herstellung und Vertrieb; Aulendorf, Konstanz 1973.

Heinzelbecker, K. (1974); Problembereiche, Komponenten und Entwicklungsstand computergestützter Marketing-Informationssysteme; in: Marktforscher, 18 (1974) 2, S. 36 - 43.

Heinzelbecker, K. (1978); Marketing-Informationssysteme heute; in: Marketing Journal, 3 (1978) 2, S. 133 - 138.

Heinzelbecker, K. (1985); Marketing-Informationssysteme; Stuttgart 1985.

Heinzelbecker, K. / Köhler, R. / Stölzel, A. (1977); Erhebung zum Entwicklungsstand betrieblicher Informationssysteme unter besonderer Berücksichtigung des Bereichs Marketing/Verkauf/Vertrieb; Stuttgart 1977.

Henderson, B.D. (1974); Die Erfahrungskurve in der Unternehmensstrategie; Frankfurt, New York 1974.

Hermann, K.H. (1982); EDV-unterstützte Steuerung des Pharma-Referenten; in: Pharma-Marketing Journal, 7 (1982) 1, S. 32 - 34.

Heumann, F. (1974); Pharma-Werbung - Zielscheibe der Kritik; in: pharma-forum, 1 (1974) 8, S. 26 - 28.

Hill, W. (1976); Unternehmens-Planung in kleinen und mittleren Betrieben; in: Die Orientierung, Schriftenreihe; hrsg.v. Schweizerische Volksbank; Heft 61; Bern 1976.

Hinterhuber, H.H. (1982); Wettbewerbsstrategie; Berlin, New York 1982.

Hinterhuber, H.H. (1984); Strategische Unternehmensführung; 3. Auflage; Berlin, New York 1984.

Hinterhuber, H.H. (1987); Strategie und Taktik im Marketing; in: Realisierung des Marketing; hrsg.v. Belz. Ch.; Savosa, St. Gallen 1987; S. 191 - 209.

Hinterhuber, H.H. / Kirchebener, M. (1983); Die Analyse strategischer Gruppen von Unternehmungen; in: ZfB, 53 (1983) 9, S. 854 - 868.

Hinterhuber, H.H. / Mak, O. (1983); Strategische Alternativen in schrumpfenden Branchen; in: Harvard Manager, o.Jg. (1983) 4, S. 89 - 98.

Hippe, S.K. (1987); Psychodiagnostik; in: Pharma-Marketing Journal, 12 (1987) 4, S. 143 - 144.

Hirschmann, G. (1985); Größere Flexibilität als Konzept eines mittelständischen Unternehmens; in: ZfbF, 37 (1985) 2, S. 144 - 153.

Hise, R.T. (1965); Have manufacturing firms adapted the marketing concept? in: JoM, 29 (1965) 7, S. 9 - 12.

Hoechst AG (Hrsg.) (1987); Geschäftsbericht 1987; Frankfurt 1987.

Hofer, Ch.W. (1975); Toward a contigency Theory of business strategy; in: Academy of Management Journal, 18 (1975) 4, S. 784 - 810.

Hoffmann, K. (1972); Der Produktlebenszyklus - eine kritische Analyse; Freiburg 1972.

Hoffmann, F. (1980); Begriff der Organisation; in: Handwörterbuch der Organisation; hrsg.v. Grochla, E.; Stuttgart 1980; Sp. 1425 - 1431.

Hoffmann, J. (1983); Die Konkurrenz-Erkenntnisse für die strategische Führung und Planung; in: Praxis der strategischen Unternehmungsplanung; hrsg.v. Töpfer, A. / Ahlfeldt, H.; Frankfurt 1983; S. 183 - 205.

Holdermann, M. / Thiess, M. (1986); Noch weniger Pharma-Großhändler - noch weniger Markt-Macht der Pharma-Industrie; in: Pharma-Marketing Journal, 11 (1986) 5, S. 180 - 187.

Holl, H.-G. (1982); Strategische Planung im Klein- und Mittelbetrieb; in: Neue Betriebswirtschaft, o.Jg. (1982) 7-8, S. 363 - 367.

Holzhuber, T. (1984); Strategische Unternehmensführung in Klein- und Mittelbetrieben - Theorie und Fallbeispiele; Wien 1984.

Hoof, P. (1986); Aderlaß genügt nicht - Discount-Medikamente brauchen Marketing; ASW-Fachgespräch mit P. Hoof, Vorstandsvorsitzender der Stada AG; in: ASW, 29 (1986) 8, S. 12 - 17.

Hoof, P. (1987); Mit Generika deutlich nach vorn; in: Medikament & Meinung, 10 (1987) 5, S.11.

Hoorn, Th.P. (1979); Strategic Planning in Small and Medium sized Companies; in: Long Range Planning, 12 (1979) 2, S. 84 - 91.

Hopp, V. (1983); Muß ein Produkt-Manager naturwissenschaftliche Kenntnisse besitzen ? in: Pharma-Marketing Journal, 8 (1983) 3, S. 74 - 80.

Hoppmann, E. (1978); Innovations- und Imitationsmärkte - Wie funktioniert der Preiswettbewerb ? in: Die Pharmazeutische Industrie, 40 (1978) 5, S. 421 - 424.

Hoppmann, E. (1983); Marktbeherrschung und Preismißbrauch - Möglichkeiten und Grenzen kartellrechtl. Preiskontrollen, dargestellt am Beispiel der pharmazeutischen Industrie; Baden-Baden 1983.

Horovitz, J.H. (1979); Strategic Control: A New Task for Top Management; in: Long Range Planning, 12 (1979) 3, S. 3 - 7.

Horseling, H. (1978); Pro und Contra Pharma; München-Gräfelfing 1978.

Horseling, H. (1985); Pharma-Check, Checklisten für das pharmazeutische Marketing; 2. Auflage; Aulendorf 1985.

Horváth, P. (1980); Controlling im Klein- und Mittelbetrieb; hrsg.v. Rationalisierungs-Kuratorium der Deutschen Wirtschaft (RKW) e.V.; Eschborn / Ts. 1980.

Horváth, P. / Mayer, R. (1986); Produktionswirtschaftliche Flexibilität; in: WiSt, 15 (1986) 2, S. 69 - 76.

Huber, W.Th. (1986) Streiflichter - Zulassungen 1985, in: Die Pharmazeutische Industrie, 48 (1986) 11, S. 1345.

Huber, W.Th. (1987a); Preisvergleichsliste, in: Die Pharmazeutische Industrie, 49 (1987) 7, S. 659.

Huber, W.Th. (1987b); Neugestaltung der Negativliste ? in: Die Pharmazeutische Industrie, 49 (1987) 9, S. 861.

Hünerkoch, D. (1985); Böses Erwachen; in: Manager Magazin, 15 (1985) 5, S. 178 - 188.

Hürlimann, W. (1975); Systematische Unternehmensplanung - Betrachtungen über Grundlagen, Teilgebiete und Gesamtplanung; in: Unternehmensplanung; hrsg.v. Wild, J.; Reinbek b. Hamburg 1975.

Hüttner, M. (1979); Informationen für Marketingentscheidungen; München 1979.

Hummert, R. / Hagen, H. / Hagen, W. (1987); Die unausgesprochene Frage in Angriff nehmen; in: Pharma-Marketing Journal, 12 (1987) 1, S. 17 - 18.

IHK-Koblenz (Hrsg.) (1978); "Zukunft im Nebel", Im Kleinbetrieb wird Planen kleingeschrieben; Koblenz 1978.

IHK-Koblenz (Hrsg.) (1981); Mittelstand '81: Die Zukunft hat schon begonnen - Wie Klein- und Mittelbetriebe für die schwierigen achtziger Jahre gerüstet sind. Eine empirische Untersuchung; Koblenz 1981.

Infratest - Gesundheitsforschung (Hrsg.) (1978); Die Beachtung von Aussendungen; Band 5 - Analyse; München 1978.

Institut für Demoskopie Allensbach (1978); Naturheilmittel und chemisch-pharmazeutische Medikamente, Repräsentativbefragung; Allensbach 1978.

Institut für Medizinische Statistik GmbH (Hrsg.) (1987); Pharma-Marketing-Index (PMI-Panel); Frankfurt/M., Stand Dezember 1987.

Isaak, Th.S. (1981); Intuition: Needed in Managing the Small Business; in: Journal of Small Business Mangement, o.Jg. (1981) 4, S. 74 - 76.

Jacob, H. (1982); Die Bedeutung der Flexibilität im Rahmen der strategischen Planung; in: Neue Entwicklung in der Unternehmenstheorie; hrsg.v. Koch, H.; Wiesbaden 1982; S. 69 - 98.

Jacob, U. (1985); Der Telefonkontakt im Pharma-Marketing; in: Pharma-Marketing Journal, 10 (1985) 2, S. 50 - 54.

Jacobs, S. (1986); Die "Milchkühe" der Unternehmensstrategie - Betriebswirtschaft und Innovationsforschung, in: FAZ, vom 01.07.1986.

Jacobson, R. / Aaker, D.A. (1985); Is Market Share all that it's cracked up to be ? in: JoM, 49 (1985) 3, S. 11 -22.

Jäger, P.M. (1985); Es muß nicht immer Kaviar sein - Aspekte über den Sinn und die Möglichkeiten pharmazeutischer PR-Politik; in: Pharma-Marketing Journal, 10 (1985) 1, S. 25 - 26.

James, B.G. (1977); The future of the multinational pharmaceutical industry to 1990; London 1977.

James, B.G. (1982); The marketing of Generic Drugs, (A guide of counter-strategies for the technology intensive pharmaceutical companies); 2. Auflage; London 1982.

Jann, W. (1975); Die Forschung und ihr Preis; in: Probleme und Anliegen forschender Firmen; hrsg.v. Pharma Information; Basel 1975; S. 7 -12.

Jarsen, D. u.a. (1982); Arbeitsanweisung oder Arbeitsvorschriften im pharmazeutischen Betrieb - eine nachdenkliche Betrachtung; in: Die Pharmazeutischen Industrie, 44 (1982) 5, S. 509 - 515.

Jarsen, D. / Klingelhöfer, W. / Schönduve, E. (1981); Manager + Methoden - dargestellt am Beispiel der Pharma-Industrie (Bd. 1 und 2); Aulendorf 1981.

Jauch, L.R. / Osborn, R.N. (1981); Toward an integrated Theory of Strategy; in: Academy of Management Review, 6 (1981) 3, S. 491 - 498.

Jentsch, P. (1985); Wie wird die Pharma-Forschung wieder rentabel ? Biowissenschaften rufen nach neuem Stil und neuer Methodik; in: Medikament & Meinung, 8 (1985) 12, S. 3.

Jeske, J.J. (1985); Die hundert größten Unternehmen; in: FAZ, vom 24.08.1985.

Jones, W.D. (1982); Characteristics of Planning in Small Firms; in: Journal of small Business Management, o. Jg. (1982) July, S. 15 - 19.

Kaiser, A. (1978); Die Identifikation von Marktsegmenten; Berlin 1978.

Kantzenbach, E. / Kallfass, H.H. (1981); Das Konzept des funktionsfähigen Wettbewerbs; in: Indikationsmärkte - Marktstruktur; hrsg. v. Cox, W.E.jr. u.a.; München 1981.

Kast, F.E. / Rosenzweig, J.E. (1973); Contingency views of Organization and Management; Chicago et al. 1973.

Kaufer, E. (1970); Patente, Wettbewerb und technischer Fortschritt; Bad Homburg 1970.

Kaufer, E. (1976); Die Ökonomik der pharmazeutischen Industrie; Baden-Baden 1976.

Kaufer, E. (1980); Industrieökonomik, Eine Einführung in die Wettbewerbstheorie; München 1980.

Kaufer, E. (1982); Wettbewerbspolitische Problematik der Aufspaltung der Nachfrage nach Arzneimitteln; in: Die Pharmazeutische Industrie, 44 (1982) 2, S.46 -48.

Kaufer, E. (1983); Die zweite pharmakologische Revolution; in: Die Pharmazeutische Industrie, 45 (1983) 2, S. 156 - 159.

Kaufmann, H. / Pape, H. (1984); Clusteranalyse; in: Multivariate statistische Verfahren; hrsg.v. Fahrmeir, L. / Hamerle, A.; Berlin, New York 1984; S. 371 - 472.

Kellerwessel, P. (1982); Unternehmensführung; in: Betriebswirtschaftslehre der Mittel- und Kleinbetriebe; hrsg.v. Pfohl, H.C.; Berlin 1982; S. 136 - 163.

Kellerwessel, P. (1984); Führungsinformationen in Klein- und Mittelbetrieben; Frankfurt/M. 1984.

Kern, W. / Hagemeister, S. (1986); Konzeption und Problematik der Clusteranalyse bei betriebswirtschaftlichen Anwendungen; in: WISU, 15 (1986) 2, S. 79 - 86.

Khandwalla, P.N. (1976); The Techno-Economic-Ecology of Coporate Strategy; in: Journal of Management Studies; 13 (1976) 1, S. 62 - 75.

Kiehne, D. (1983); Strategische Planung: Sicherung des Überlebens; in: Die Pharmazeutische Industrie, 45 (1983) 7, S. 686 - 688.

Kieser, A. (1983); Konflikte zwischen organisatorischen Einheiten; in: WiSt, 13 (1983) 9, S. 443 - 448.

Kieser, A. / Fleischer, M. / Röber, M. (1977); Die Struktur von Marketingentscheidungsprozessen; in: Die Betriebswirtschaft, 37 (1977) 3, S. 417 - 431.

Kieser, A. / Kubicek, H. (1978); Organisationstheorien II; Stuttgart u.a. 1978.
Kieser, A. / Kubicek, H. (1983); Organisation; Berlin, New York 1983.
Kieser, H. / Segler, T. (1981); Quasi-mechanistische situative Ansätze; in: Organisationstheoretische Ansätze; hrsg. v. Kieser, A.; München 1981; S. 173 - 184.
Kirchner, C. (1987); Ökonomische Konsequenzen der BGH-Urteile zu Arzneimittel-Parallelimporten aus EG-Ländern; in: Die Pharmazeutische Industrie, 49 (1987) 6, S. 566 - 568.
Kirsch, W. (1971); Entscheidungsprozesse; 3. Band; Entscheidungen in Organisationen; Wiesbaden 1971.
Kirsch, W. (1980); Marketing und die Idee des Strategischen Managements; in: Marketing im Wandel; hrsg.v. Meffert, H.; Wiesbaden 1980; S. 63 - 76.
Kirsch, W. (1983); Fingerspitzengefühl und Hemdsärmeligkeit bei der Planung; in: Entscheidungen für die Zukunft; hrsg.v. Kappler, E. / Seibel, J.J. / Sterner, S.; Frankfurt 1983, S. 19 - 32.
Kirsch, W. (1984); Strategisches Management - eine neue Führungsphilosophie ? in: Theorie und Praxis innovationsorientierter Unternehmensführung; hrsg.v. Berthel, J. (Arbeitspapier); Siegen 1984.
Kirsch, W., u.a. (1975); Planung und Organisation in Unternehmen - Bericht aus einem empirischen Forschungsprojekt; München 1975.
Kirsch, W. / Grebenc, H. (1986); Strategisches Management; in: WISU, 15 (1986) 2, S. 74 - 79.
Kirsch, W. / Klein, H.K. (1977); Management-Informations-Systeme I; Stuttgart u.a. 1977.
Kirsch, W. / Roventa, P. / Trux, W. (1983); Wider dem Haarschneideautomaten - Ein Plädoyer für mehr "Individualität" bei der strategischen Unternehmensführung; in: Bausteine eines strategischen Managements; hrsg.v. Kirsch, W. / Roventa, P.; Berlin, New York 1983; S. 17 - 41.
Kirsch, W. / Trux, W. (1981); Perspektiven eines strategischen Managements; in: Unternehmenspolitik - Von der Zielforschung zum strategischen Management; hrsg. v. Kirsch, W.; München 1981; S. 290 - 396.
Kirsch, W. / Trux, W. (1983); Vom Marketing zum strategischen Management; in: Bausteine eines strategischen Managements; hrsg.v. Kirsch, W. / Roventa, P.; Berlin, New York 1983; S. 43 - 63.
Klaus, P. (1987);   Durch den Strategie-Theorien-Dschungel ...; in: DBW, 47 (1987) 1, S. 50 - 68.

Kleinsorge, H. (1984); Arzneimittelforschung in Zahlen, hrsg.v. der medizinisch-pharmazeutischen Studiengesellschaft; Mainz 1984.

Kleinsorge, H. / König, J. / Schlichtegroll, A. (1984); Fixe Arzneimittel-Kombinationen; in: pharma-dialog, Schriftenreihe; hrsg. v. Bundesverband der Pharmazeutischen Industrie e.V.; Heft 81; Frankfurt 1984.

Kleist, H. / Albrecht, U. / Hoffmann, H. (1979); Heilmittelwerbegesetz - Kommentar zu den Bestimmungen des Gesetzes über die Werbung auf dem Gebiete des Heilwesens; Frankfurt/M. 1979.

Klöcker, R. (1983); Ihre Planung mit Portfolio: Vorsicht - Strategische Planungsmethoden müssen auf den Prüfstand; in: Pharma-Marketing Journal, 8 (1983) 3, S. 94 - 96.

Köhler, R. (1981); Grundprobleme der strategischen Marketingplanung; in: Die Führung des Betriebes; hrsg.v. Geist, M.N. / Köhler, R.; Stuttgart 1981; S. 261 - 292.

Köhler, R. (1985); Strategisches Marketing: Auf die Entwicklung eines umfassenden Informations-, Planungs- und Organisationssystems kommt es an; in: Marketing ZfP, 7 (1985) 3, S. 213 - 216.

Köhler, R. (1986); Entwicklungsperspektiven der Marktforschung aus der Sicht des strategischen Managements; in: Zukunftsaspekte der anwendungsorientierten Betriebswirtschaftslehre; hrsg.v. Gaugler, E. / Meissner, H.G. / Thom, N.; Stuttgart 1986.

Köhler, R. (1987a); Strategie 2000 - Anforderungen an das strategische Marketing angesichts veränderter Umfeldbedingungen; in: Marketing 2000 - Perspektiven zwischen Theorie und Praxis; hrsg.v. Schwarz, C. u.a.; Wiesbaden 1987; S. 151 - 168.

Köhler, R. (1987b); Führung im Marketingbereich; in: Handwörterbuch der Führung; hrsg.v. Kieser, A. / Reber, G. / Wunderer, R.; Stuttgart 1987; Sp. 1389 - 1403.

Köhler, R. / Uebele, H. (1977); Planung und Entscheidung im Absatzbereich industrieller Großunternehmen; Aachen 1977.

Köhler, R. / Uebele, H. (1979); Planungstechniken: Daumen oder EDV; in: ASW, 22 (1979) 1, S. 62 - 71.

Koinecke, J. (1978); Pharma-Marketing-Beratung: Richtig eingesetzt - viel Erfolg; in: Pharma-Marketing Journal, 3 (1978) 2 , S. 40 - 48.

Kordina-Hildebrandt, I. / Hildebrandt, L. (1979); Planung bei steigender Unsicherheit des Managements: Ergebnisse einer Untersuchung bei führenden schweizer und deutschen Industrieunternehmen; Bern, Stuttgart 1979.

Kotler, Ph. (1982); Marketing-Management - Analyse, Planung und Kontrolle, 4. Auflage, Stuttgart 1982.

Kotler, P. (1984); Marketing Management; 5. Auflage; Englewood Cliffs 1984.

Kranz, O. (1982); Vademecum für Pharmazeuten; begr. v. Schmidt-Wetter, R., fortgeführt v. Kranz, O.; 13. Auflage; Aulendorf 1982.

Krähenbühl, N. (1983); Für Klein- und Mittelbetriebe: Wie viele und welche Zahlen braucht ein Betrieb als wirkungsvolle Führungsinformation ? in: Management-Zeitschrift iO, 52 (1983) 2, S. 104 - 107.

Krämer, W. (1982); Der Zusammenhang zwischen Berufsausbildung und Berufstätigkeit; Göttingen 1982.

Krämer. W. / Biehl, W. (1983); Die Bedeutung innovativer Investitionen und des Führungspersonals für den Unternehmenserfolg mittelständischer Industrieunternhemen; in: ZfbF, 35 (1983) 8, S. 666 - 681.

Kreikebaum, H. (1983); Zur Akzeptanz strategischer Planungssysteme; in: Marketing ZFP, 5 (1983) 2, S. 103 - 107.

Kreikebaum, H. (1985); Ansätze einer strategischen Marketingplanung und Probleme ihrer organisatorischen Umsetzung; in: Strategisches Marketing; hrsg.v. Raffee, H. / Wiedmann, K.-P.; Stuttgart 1985; S. 283 - 298.

Kreikebaum, H. / Suffel, W. (1981); Der Entwicklungsprozeß der strategischen Planung; Thun, Frankfurt/M. 1981.

Krelle, W. (1976); Preistheorie I; 2. Auflage; Tübingen 1976.

Kretschmer, H. (1983); Strategien in reifen Märkten; in: Die Unternehmung, 37 (1983) 1, S. 95 - 105.

Kreutzer, R. / Jugel, S. / Wiedmann, K.-P. (1986); Unternehmensphilosophie und Corporate Identity - Empirische Bestandsaufnahme und Leitfaden zur Implementierung einer Corporate Identity-Strategie; Arbeitspapier Nr.40 des Instituts für Marketing der Universität Mannheim; Mannheim 1986.

Krink, J. / Kracht-Müntz, B. (1984); Operative und strategische Planung - Aufgaben, Interdependenzen und Koordinationsproblematik (I); in: WISU, 13 (1984) 1, S. 24 - 27 / 2, S. 73 - 77.

Kroeber-Riel, W. (1980); Konsumentenverhalten; 2. Auflage; München 1980.

Kroeber-Riel, W. (1984); Zentrale Probleme auf gesättigten Märkten; in: Markting ZFP, 6 (1984) 3, S. 210 - 214.

Kroeber-Riel, W. (1986); Strategie und Technik der Pharma-Werbung; in: Pharma-Marketing Journal, 11 (1986) 3, S. 102 - 107.

Kubicek, H. (1977); Heuristische Bezugsrahmen und heuristisch angelegte Forschungsdesigns als Elemente einer Konstruktionsstrategie empirischer Forschung; in: Empirische und handlungstheoretische Forschungskonzeptionen in der Betriebswirtschaftslehre; hrsg. v. Köhler, R.; Stuttgart 1977; S. 3 - 36.

Kubicek, H. / Thom, N. (1976); Umsystem, betriebliches; in: Handwörterbuch der Betriebswirtschaft; hrsg. v. Grochla, E. / Wittmann, W.; Stuttgart 1976; Sp. 3977 - 4017.

Kühn, R. (1987); Von der Preisstrategie zur operativen Preisbestimmung; in: Realisierung des Marketing; hrsg.v. Belz, Ch.; Savosa, St. Gallen 1987; S. 949 - 962.

Langbein, K. u.a. (1981); Gesunde Geschäfte; Köln 1981.

Langbein, K. u.a. (1985); Bittere Pillen; 2.Auflage; Köln 1985.

Lange, B. (1981a); Portfolio- Methoden in der strategischen Unternehmensplanung; Hannover 1981.

Lange, E. (1981b); Akademiker in der Privatwirtschaft; Stuttgart 1981.

Lange, B. (1984); Die Erfahrungskurve: Eine kritische Beurteilung; in: ZfbF, 36 (1984) 3, S. 229 - 245.

Lange, W. (1985); Auch nur Positivliste eingefallen; in: Medikament & Meinung, 8 (1985) 3, S. 2.

Laukamm, Th. (1985); Strategisches Management von Human-Ressourcen; in: Strategisches Marketing; hrsg. v. Raffée, H. / Wiedmann, K.P. / Kreutzer, R.; Stuttgart 1985; S. 243 - 282.

Lengsfeld, H. (1980); Ärztebesucher als Außendienstpersonen der pharmazeutischen Industrie; Teil IX: Gesichtspunkte zur Abgabe der Ärztemuster und Werbegeschenke; in: Medizin und Information, 11 (1980) 11, S. 699 - 704.

Lenz, R.T. (1980); Environment, Strategy, Organization, Structure and Performance : Patterns in One Industry; in: Strategic Management Journal; 1 (1980) 2, S. 209 - 226.

Levitt, Th. (1960); Marketing Myopia; in: HBR, 38 (1960) 4, S. 45 - 56.

Liebrecht, C.H. (1983); Marketing entscheidet die Zukunft; in: Medizin und Information, 14 (1983) 6, S. 375 - 372.

Löffler, S. (1984); Negativliste: Außer Spesen wenig gewesen! in: Medikament & Meinung, 7 (1984) 11, S. 2.

Löffler, S. (1987); Krankenhaus belastet Krankenkassen am meisten; in: Medikament & Meinung, 10 (1987) 11, S. 3.

Loff, B. (1987); Zulassung zurückgezogen; Suttgarter Zeitung vom 27.02.1987; veröffentlicht in: MARIA (2.3 Pharmazie); hrsg.v. Gruner + Jahr AG & Co.; Hamburg 1987.

Longenecker, J.G. / Pringle, Ch.D. (1978); The Illusion of Contigency Theory as a General Theory; in: Academy of Management Review, 3 (1978) 4 , S. 679 - 683.

Lüninghöner, K.-H. (1985); New York wird im Pferdemist ersticken; in: Pharma-Marketing Journal, 10 (1985) 3, S. 81 - 86.

Mac Millan, J.C. (1975); Strategy and Flexibility in the smaller Business; in: Longe Range Planning, 8 (1975) 3, S. 62 - 63.

Maitland, C. (1983); Me too and Us - Research in Parity Product Marketing; in: Information for Decision Making in the Pharmaceutical Industry; hrsg.v. E.S.O.M.A.R.; Amsterdam 1983; S.181 - 187.

Malik, F. / Probst, G. (1981); Evolutionäres Management; in: Die Unternehmung, 37 (1981) 2, S. 121 - 140.

Manager Magazin (Hrsg.) (1977); Manager Magazin Enquete: Mangementlücken im Mittelstand, Ergebnisse einer empirischen Untersuchung; Hamburg 1977.

Mann, R. (1984); Strategie-Konzepte - Nur für die Großen ? in: Der Controlling Berater, 2 (1984) 6, S. 149 - 156.

Markus, P. (1987); Der Zulassungsskandal; in: Medikament & Meinung, 10 (1987) 8, S. 2.

Marthieu, G. (1974); Informationssysteme im Marketing; in: Handwörterbuch der Absatzwirtschaft; hrsg.v. Tietz, B.; Stuttgart 1974; Sp. 851 - 852.

Martino, H.-D. (1986); Eintragung von Warenzeichen erleichtert, Zur "Indorektal"-Entscheidung des BGH; in: Die Pharmazeutische Industrie, 48 (1986) 11, S. 1396 - 1399.

Marzen, W. (1979); Entwicklung von Führungskonzeptionen; in: Führung in Organisationen; hrsg.v. Peemöller, V.H.; Berlin 1979; S. 133ff.

Mauthe, K.D. / Roventa, P. (1982); Versionen der Portfolio-Analyse auf dem Prüfstand; in: ZfO, 51 (1982) 2, S. 191 - 204.

May, O. (1980); Molekülvariationen; Mainz 1980.

May, O. (1982); Parallelimporte - der europäische "Dauerbrenner"; in: Pharmazeutische Industrie, 44 (1982) 2, S. 121 - 127.

Mc Grail, G.R. (1978); The Decision Making Process in Small Businesses; in: Managerial Planning, January / February 1978, S. 19 - 25.

Meffert, H. (1974); Interpretation und Aussagewert des Produktlebenszyklus-Konzepts; in: Neuere Ansätze der Marketingtheorie; hrsg.v. Hamann, P. / Kroeber-Riel, W. / Meyer, C.W.; Berlin 1974.

Meffert, H. (1980a); Marktführer in gesättigten Märkten; in: ASW, 23 (1980) 7, S. 54 - 59.
Meffert, H. (1980b); Marketing; 5. Auflage; Wiesbaden 1980.
Meffert, H. (1983a); Marketingstrategien in stagnierenden und schrumpfenden Märkten; Arbeitspapier Nr. 30, hrsg.v. Institut für Marketing der Universität Münster; Münster 1983.
Meffert, H. (1983b); Strategische Planungskonzepte in stagnierenden und gesättigten Märkten; in: Die Betriebswirtschaft, 43 (1983) 2, S. 193 - 209.
Meffert, H. (1984a); Marketing-Strategien in stagnierenden und schrumpfenden Märkten; in: Betriebswirtschaftliche Entscheidungen bei Stagnation: hrsg.v. Pack, L. / Börner, D.; Wiesbaden 1984.
Meffert, H. (1984b); Thesen zur marktorientierten Führung in stagnierenden und gesättigten Märkten; in: Marketing ZFP, 6 (1984) 3, S. 215 - 220.
Meffert, H. (1985a), Zur Bedeutung von Konkurrenzstrategien im Marketing, in: Marketing ZFP, 7 (1985) 1, S. 13 - 19.
Meffert, H. (1985b); Größere Flexibilität als Unternehmenskonzept, in: ZfbF, 37 (1985) 2, S. 121 - 137.
Meffert, H. (1986); Marketing - Grundlagen der Absatzpolitik; 7. Auflage; Wiesbaden 1986.
Meffert, H. / Katz, R. (1983); Unternehmensverhalten in stagnierenden und schrumpfenden Märkten; Arbeitspapier Nr. 12, hrsg.v. Institut für Marketing der Universität Münster; Münster 1983.
Meffert, H. / Ohlsen, G. (1985); Welche Strategie in stagnierender Branche ? in: ASW, 28 (1985) 10 (Sonderausgabe); S. 104 - 115.
Meffert, H. / Wehrle, F. (1981); Strategische Unternehmensplanung; Arbeitspapier, hrsg.v. Institut für Marketing der Universität Münster; Münster 1981.
Meissner, H.G. (1987); Humanisierung des Marketing; in: Realisierung des Marketing; hrsg.v. Belz, Ch.; Savosa, St. Gallen 1987; S. 19 - 29.
Mertens, P. (1981); Planung, Kontrolle und Management-Informationssysteme; in: Planung und Kontrolle; hrsg.v. Steinmann, H.; München 1981; S. 348 - 368.
Mertens, P. / Plattfant, E. (1985); Ansätze zur DV-Unterstützung der Strategischen Unternehmensplanung; in: DBW, 45 (1985) 1; S. 19 - 29.
Meyer, P. / Meyer, A. (1987); Marketing für Arztpraxen - Kann die Pharma-Industrie Hilfestellung leisten? in: Pharma-Marketing Journal, 12 (1987) 5, S. 160 - 177.
Möbius, K. u.a. (1976); Die Pharmazeutische Industrie in der Bundesrepublik Deutschland; Tübingen 1976.

Mössner, G.U. (1982); Planung flexibler Unternehmensstrategien; München 1982.
Mortsiefer, H.-J. / Reske, W. / Steiner, J. (1980); Betriebsgrößenbedingte Wettbewerbsvorteile und Wettbewerbsnachteile mittelständischer Betriebe; Beiträge zur Mittelstandsforschung, Heft 64; hrsg. v. Institut für Mittelstandsforschung; Göttingen 1980.
Müller, A. (1982); Lebenszyklen pharmazeutischer Präparate - Ergebnisse einer Schweizer Untersuchung; in: Pharma-Marketing Journal, 7 (1982) 1, S. 8 - 10.
Müller, W. (1981); Strategische Frühaufklärung; Planungs- und Organisationswissenschaftliche Schriften, Bd. 33; hrsg. v. Kirsch, W.; München 1981.
Müller, W. (1986a); Zukunftsmarkt Biotechnologie; in: Harvard Manager, o.Jg. (1986) 4, S. 87 - 96.
Müller, W. (1986b); Planung von Marketing-Strategien; Frankfurt/M. u.a. 1986.
Müller-Haesler, W. (1985); Billige Arzneimittel können teuer werden; in: FAZ, vom 06.08.1985.
Münrück, F. (1985); Sparsamkeit auf Kosten der Gesundheit; in: Medikament & Meinung, 8 (1985) 4, S. 3.

Nagel, A. (1984); Organizing for Strategic Management; in: Long Range Planning, 17 (1984) 5, S. 71 - 78.
Nasse, H. (1959); Marketing auf dem Arzneimittelsektor; in: Die Pharmazeutische Industrie, 21 (1959) 11a, S. 455 - 457.
Neubauer, F.-F. (1982); Portfolio - Management; Darmstadt 1982.
Neuberger, O. (1984); Führung; Stuttgart 1984.
Neubert, H. (1986); Die Planung im Klein- und Mittelbetrieben, in: FAZ, Blick durch die Wirtschaft, 29 (1986) 8, (vom 13.01.1986), S. 3.
Newell, J.C. (1983); Application of Database Technology to Environmental Data; in: Information for Decision Making in the Pharmaceutical Industry; hrsg.v. E.S.O.M.A.R.; Berlin, Amsterdam 1983; S. 71 - 92.
Nieschlag, R. / Dichtl, E. / Hörschgen, H. (1980); Marketing; 11. Auflage; Berlin 1980.
Nieschlag, R. / Dichtl, E. / Hörschgen, H. (1985); Marketing; 13. Auflage; Berlin 1985.
Nord, D. (1979); Steuerung im Gesundheitssystem - Systemanalyse der Arzneimittelversorgung in der Bundesrepublik Deutschland; Frankfurt 1979.

Nowak, K. (1984); Controlling mittelständischer Unternehmen unter besonderer Berücksichtigung ausgewählter Entwicklungsaspekte des Datenverarbeitungsbereichs; Göttingen 1984.

Oberender, P. (1977); Die Pharmazeutische Industrie in der Bundesrepublik Deutschland; in: Jahrbuch für Sozialwissenschaften, 27 (1977) 2, S. 163 - 187.

Oberender, P. (1980); Zur Reform des Gesundheitswesens in der Bundesrepublik Deutschland; in: Jahrbuch für Sozialwissenschaften, 31 (1980) 2, S. 147 - 175.

Oberender, P. (Hrsg.) (1984); Marktstruktur und Wettbewerb in der Bundesrepublik Deutschland: Branchenstudien zur dt. Volkswirtschaft; München 1984.

Oberholzer, R.J.H. / Tripod, J. (1973); Rückblick und Vorausschau in der modernen pharmazeutischen Forschung; hrsg. v. Pharma Information; Basel 1973.

O.V. (1968); Pharma-Konzentration nach Maß; in: Chemische Industrie, o.Jg. (1968) 20, S. 690.

O.V. (1970); Konzentration in der Pharmazeutischen Industrie nicht aufzuhalten, in: Südkurier, o.Jg. (1970) 138.

O.V. (1979); Das Bundesgesundheitsamt; in: Verbraucher Rundschau; o.Jg. (1979) 1.

O.V. (1980a); Drug Industry Financial Analysis 1980 and Forecast 1981; A roundtable with moderator Michael Harshberger and participants Randolph Arnegger, David MacCallum, Steven Reid, Nelson Schneider, and James Tullis; in: Medical Marketing and Media, Nov. 1980, S. 43 - 68.

O.V. (1980b); Kosten und Nutzen von Arzneimitteln; in: Medizin und Information, 11 (1980) 2, S. 91 - 94.

O.V. (1983); Marktforschung: Strategisch einschalten - nicht abschalten ! in: ASW, 26 (1983) 7, S. 24 - 29.

O.V. (1984a); Schwere Bedenken gegen Kombinationspräparate, in: Handelsblatt, vom 05.11.1984, S. 1.

O.V. (1984b); Pfizer, Inc., Erfolgreiches Vorgehen auf internationalen Märkten mit einer globalen Produktstruktur und einer starken Organisationskultur; in: ZfO, 53 (1984) 7, S. 416 - 425.

O.V. (1985a); Kleinere Unternehmen sind nicht im Nachteil, in: FAZ, Blick durch die Wirtschaft, 28 (1985) 10 , S. 1.

O.V. (1985b); Führungskräfte setzen auf ihre Intuition; in: FAZ, vom 18.09.1985.

O.V. (1985c); Vorbild USA - Mit Vitaminen zu Rekordumsätzen; in: impulse, o.Jg. (1985) 9, S. 182 - 188.

O.V. (1985d); Gesundheit kann billiger sein; in: Frankfurter Rundschau, vom 31.7.1985.

O.V. (1985e); BPI: Naturheilmittel und Forschung bedroht; in: Medikament & Meinung, 8 (1985) 2, S. 1 - 2.

O.V. (1985f); Firmen stoppen Pillenverkauf, Frankfurter Rundschau vom 05.06.1985; veröffentlicht in: MARIA (2.3 Pharmazie); hrsg.v. Gruner + Jahr AG & Co.; Hamburg 1985.

O.V. (1985g); Die Schutzfrist für neue Arzneimittel wird verlängert, in: FAZ, vom 12.12.85.

O.V. (1986a); 1986 - 1990: Viele Probleme - einige Chancen, in: Pharma-Marketing Journal, 11 (1986) 3, S. 80 - 86.

O.V. (1986b); Geplante Regelung kein Geschenk an die Industrie, in: Handelsblatt, vom 11.2.1986.

O.V. (1986c); Praxisproblem Nr. 1: Strategisches Marketing; in: ASW, 29 (1986) 9, S. 140 - 144.

O.V. (1987a); Pharmahandel - Kampf ums Konzept; in: Wirtschaftswoche, 41 (1987) 28, S. 136 - 137.

O.V. (1987b), Die neuen Biotechniken; in: Impulse, o.Jg. (1987) 1, S.78.

O.V. (1987c); BPI strebt weitere Preisstabilität an; in: Medikament & Meinung, 10 (1987) 5, S. 1.

O.V. (1987d); Zulassung neuer Arzneimittel dauert zu lange, in: Medikament & Meinung, 10 (1987) 5, S. 1.

O.V. (1987e); Fachmessen Maschinenbau / Medizintechnik; in: Impulse, o.Jg. (1987) 1, S. 98.

O.V. (1988); Welcher Führungstil paßt zum Marketing von heute ? in: ASW, 31 (1988) 1, S. 34 - 41.

Paffrath, D. / Reiners, H. (1987); 10 Jahre Kostendämpfungsgesetze - Eine empirische Bilanz; in: Die Ortskrankenkasse, 69 (1987) 13, S. 369 - 377.

Paine, F.T. / Anderson, C.R. (1977); Contengencies Affecting Strategy Formulation and Effectiveness: An Empirical Study; in: Journal of Management Studies, 14 (1977) 2 , S. 147 - 158.

Pearer, J. A. / Chapmann, B.L. / David, F.R. (1982); Environmental Scanning for Small and Growing Firms; in: Journal of Small Business Management, o.Jg. (1982) 7, S. 27 - 34.

Pellinghausen, W. (1984); Dreimal täglich, in: Capital, 23 (1984) 12, S. 104 - 107.

Perrigo, A.E.B. (1970); Problems of Management in the Smaller Business; in: Journal of the Oil and Colour Chemists Association, 53 (1970) 4, S. 256 - 264.

Peters, J. / Waterman H.Jr. (1982) In Search of Excellence, New York, Cambridge et al. 1982.

Petersen, K.K. (1986); Die Unternehmensplanung als Grundlage für das Strategische Management - Ein Entscheidungs-, Stuerungs- und Kontrollsystem am Beispiel der Pharma-Industrie; in: Die Pharmazeutische Industrie, 48 (1986) 1, S. 355 ff. / 2, S. 474 ff. / 3, S. 621 ff. / 4, S. 787 ff. / 5, S. 923 ff. / 6, S. 1029 ff.

Pfeiffer, W. / Bischof, P. (1974); Einflußgrößen von Produktmarktzyklen; Arbeitspapier des betriebswirtschaftlichen Instituts der Friedrich-Alexander-Universität Erlangen-Nürnberg, Heft 22; Nürnberg 1974.

Pfohl, H.-Chr. / Kellerwessel, P. (1982); Abgrenzung der Klein- und Mittelbetriebe von Großbetrieben; in: Betriebswirtschaftslehre der Mittel- und Kleinbetriebe; hrsg. v. Pfohl, H.-Ch.; Berlin 1982; S. 9 - 34.

Pharma-Information (Hrsg.) (1981); Transparenz der Forschung; Basel 1981.

Picot, A. (1979); Organisationsprinzipien; in : WiSt, 8 (1979) 10 , S. 480 - 485.

Pönsgen, O.H. / Hort, H. (1981); Die situativen Einflüße auf die unternehmerische Planung; in: ZfbF, 51 (1981) 1, S. 3 - 32.

Polli, R. / Cook, V. (1969); Validity of the Product Life Cyle; in: Journal of Business, 42 (1969), S. 385 - 400.

Porter, M. (1980); Wie der Wettbewerb die Strategie bestimmt; in: Manager Magazin, 10 (1980) 4, S. 126 - 137.

Porter, M. (1985); Wettbewerbsstrategie - Methoden zur Analyse von Branchen und Konkurrenten; Originaltitel: Competive Strategy; aus dem engl. übers. v. Brandt, V. / Schwoer, T.; 3. Auflage; Frankfurt/M. 1985.

Potucek, V. (1984); Produkt-Lebenszyklus; in: WiSt, 13 (1984) 2, S. 83 - 86.

Prahl, K. (1969); Patentschutz und Wettbewerb; Göttingen 1969.

Pratt, E.T. (1984); Interview zur Führung und Organisation der Pfizer Incoporated; (Interview mit Mr. Edmund T. Pratt, Jr., Chairman and Chief Executive Officer); in: ZfO, 53 (1984) 7 , S. 416 - 425.

Pümpin, C. (1980); Strategische Führung in der Unternehmenspraxis; in: Die Orientierung; Schriftenreihe; hrsg.v. Schweizerische Volksbank; Heft 76; Bern 1980.

Raffée, H. (1974); Grundprobleme der Betriebswirtschaftslehre; Göttingen 1974.

Raffée, H. (1984); Marktorientierung der BWL zwischen Anspruch und Wirklichkeit; in: Die Unternehmung, 38 (1984) 1, S. 3 - 18.

Raffée, H. (1985), Grundfragen und Ansätze des strategischen Marketing; in: Strategisches Marketing; hrsg.v. Raffée, H. / Wiedmann, K.-P.; Stuttgart 1985; S. 3 - 33.

Raffée, H. / Wiedmann, K.-P. (1985); Wertewandel und gesellschaftsorientiertes Marketing - Eine Bewährungsprobe strategischer Unternehmensführung; in: Strategisches Marketing; hrsg.v. Raffée, H. / Wiedmann, K.-P.; Stuttgart 1985; S. 552 - 661.

Rahner, E. (1984); Kostendämpfung mit zweierlei Maß; in: Die Pharmazeutische Industrie, 46 (1984) 5, S. 435 - 436.

Rahner, E. (1985a); Leitungsausgrenzung bei Arzneimitteln stößt auf Grenzen; in: Die Pharmazeutische Industrie, 47 (1985) 1, S. 1 - 2.

Rahner, E. (1985b); Chancen und Risiken des Frankfurter Modells; in: Die Pharmazeutische Industrie, 47 (1985) 11, S. 1115 - 1116.

Rahner, E. (1986a); Forschung und Nachahmung im Funktionswandel; in: Die Pharmazeutische Industrie, 48 (1986) 5, S. 415 - 416.

Rahner, E. (1986b); Kombinationspräparate verlieren an Bedeutung; in: Die Pharmazeutische Industrie, 48 (1986) 11, S. 1339 - 1340.

Rahner, E. (1987); Freie Fahrt für billige Importarzneimittel; in: Die Pharmazeutische Industrie, 49 (1987) 3, S. 227 - 228.

Raidt, F. (1985); Die Kostruktion der Wirklichkeit; in: Management Wissen, o.Jg. (1985) 2, S. 72 - 82.

Rau, K.H. (1985); Gestaltung der Unternehmungsplanung; Berlin 1985.

Reekie, W.D. (1975); The Economics of the Pharmaceutical Industry; London and Basingstoke 1975.

Reher, R. (1986); Dokumentation Pharma-Kodex III; hrsg.v. AOK-Bundesverband; Bonn 1986.

Reher, R. (1987a); Neuordnung des Arzneimittelgesetzes - Änderungen, Tendenzen, Bewertungen; in: Die Ortskrankenkasse, 69 (1987) 8, S. 241 - 244.

Reher, R. (1987b); AMG-Zweitanmelderregelung; in: Die Ortskrankenkasse, 69 (1987) 18, S. 522 - 525.

Remer, A. (1978); Personalmanagement; in: Mensch und Organisation, Heft 6; Berlin, New York 1978; S. 379 - 404.

Reske, W. / Mortsiefer, H.-J. (1978); Mittelstandsförderung in der Bundesrepublik Deutschland - Anregungen zur Neugestaltung der Größenklassengrenzen bei der Vergabe staatlicher Förderungsmittel; Göttingen 1978.

Reske, W. / Mortsiefer, H.-J. / Brandenburg, A. (1978); Schriften zur Mittelstandsforschung Nr.70; Insolvenzursachen mittelständischer Betriebe; Göttingen 1978.

Riegel, G. (1987); Das ungewöhnliche Praxisbuch; in: ASW, 30 (1987) 11, S. 66 - 67.

Riekhof, H.-Ch. (1985a); Durch Führungsgrundsätze zum "optimalen Führungsstil" ? in: Personalwirtschaft, 12 (1985) 11, S. 441 - 450.

Riekhof, H.-Ch. (1985b); Grenzen der Mitarbeiterführung; in: Harvard Manager, o.Jg. (1985) 3, S. 101 - 104.

Rigoni, R. (1972); Die Entwicklung der pharmazeutischen Industrie und ihre Rolle in der Gesellschaft; hrsg.v. Pharma-Information; Basel 1972.

Ripka, E. (1982); Über Teamwork zum Teamgeist; in: Pharma-Marketing Journal, 7 (1982) 6, S. 220 - 221.

Robens, H. (1985); Schwachstellen der Portfolio-Analyse; in: Marketing ZFP, 7 (1985) 3, S. 191 - 200.

Robens, H. (1986); Modell- und methodengestützte Entscheidungshilfen zur Planung von Produkt- / Marktstrategien; Frankfurt, Bern, New York 1986.

Robin, D. / Reichenbach, E. (1987); Social Responsibility, Ethics, and Marketing Strategy: Closing the Gap Between Concept and Application; in: JoM, 51 (1987) 1, S. 44 - 58.

Robl, K. / Reske, W. (1980); Die Betriebsgröße als Bestimmungsfaktor der Wettbewerbsfähigkeit mittelständischer Betriebe; Dortmund 1980.

Robl, K. / Thürbach, R.P. (1976); Zur Problemsituation mittelständischer Betriebe - eine empirische Analyse - ; in: Beiträge zur Mittelstandsforschung Heft 10; Göttingen 1976.

Rochow v., R. (1985); Ein Großteil der Ärzte steht dem Pharma-Referenten mit "gesunder Skepsis" gegenüber; in: Pharma-Marketing Journal, 10 (1985) 1, S. 6 - 10.

Röper, B. (1980a); Unternehmensgröße und Konzentration in der pharmazeutischen Industrie der Bundesrepublik Deutschland; in: Wettbewerb in der pharmazeutischen Industrie; hrsg.v. Röper, B; Berlin 1980; S. 166 - 186.

Röper, B. (1980b); Publikumswerbung für Arzneimittel: Ein Kriterium für den Ausschluß von der Erstattung durch die gesetzliche Krankenkasse ? Frankfurt/M. 1980.

Rogers, E. (1962); The Diffusion of Innovations; Clencoe, Illinois 1962.

Rosenstiel, L. / Molt, W. / Rüttinger, B. (1979); Organisationspsychologie; 4. Auflage; Stuttgart, Berlin u.a. 1979.

Roth, G.D. (1966); Die Finanzierung von Mittel- und Kleinunternehmen; Baden-Baden, Bad Homburg 1966.

Roventa P. (1979); Portfolio - Analyse und strategisches Management; München 1979.

Rüggeberg, W. (1985); Der Pharmabetrieb - Gestern - Heute - Morgen; in: Pharmaproduktion aus betriebswirtschaftlicher Sicht; hrsg.v. Brandau, R.; Stuttgart 1985; S. 14 - 24.

Rühli, E. / Wehrli, H.P. (1987); Marktorientierte strategische Führung; in: WISU, 16 (1987) 10, S. 512 - 516.

Ruekert, R.W. / Walker, O.C.J. / Roering, K.J. (1985); The Organization of Marketing Activities: Contigency Theory of Structure and Performance; in : JoM, 49 (1985) 49, S. 13 - 25.

Rüßmann, K.H. (1983); Die Therapie kostet Schwung; in: Manager Magazin, 13 (1983) 8, S. 34 - 43.

Rüßmann, K.H. (1986); Überdodis für die Pillenmacher; in: Manager Magazin, 16 (1986) 9, S. 165 - 176.

Rüßmann, K.H. (1987); Wie die Mutter wachsen; in: Manager Magazin, 17 (1987) 1, S. 78 - 85.

Ruffner, H. (1980); Prinzipien der Organisation; in : Handwörterbuch der Organisation; hrsg. v. Grochla, E.; Stuttgart 1980; Sp. 1330 - 1339.

Ruhr, P.-A. (1978); Markttransparenz auf dem Arzneimittelmarkt - Ein Konsumtheoretischer Ansatz; Frankfurt/M. 1978; S. 42 -187.

Ruhland, J.M. / Wilde, K.D. (1985); Zielgruppenselektion im Pharma-Marketing; in: Strategische Planung, o.Jg. (1985) 3, S. 179 - 203.

Sandberg, F. (1986); Pharmaberater - Evolution im Kampf um Marktanteile; in: FAZ, vom 10.06.1986.

Sander, A. (1986a); Bedeutung der Aufbereitung für die Marktfähigkeit und Erstattungsfähigkeit von Fertigarzneimitteln; in: Die Pharmazeutische Industrie, 48 (1986) 11a, S. 1237 - 1240.

Sander, A. (1986b); Kommentar zur Betriebsordnung für pharmazeutische Unternehmer; in: Die Pharmazeutische Industrie, 48 (1986) 1, S. 52 - 53.

Schaefer, Ch. (1987); Ein Prozent aller Bundesbürger - zwei Drittel aller Schmerzmittel; Frankfurter Rundschau vom 28.02.87; veröffentlicht in: MARIA (2.3 Pharmazie); hrsg.v. Gruner + Jahr AG & Co.; Hamburg 1987.

Schanz, G. (1977); Jenseits vom Empirismus : Eine Perspektive für die betriebswirtschaftliche Forschung; in: Empirische und handlungstheoretische Forschungskonzeptionen in der Betriebswirtschaftslehre; hrsg. v. Köhler, R.; Stuttgart 1977; S. 65 - 84.

Scheellhaaß, M. (1984); Billigimporte von Arzneimitteln; in: Die Pharmazeutische Industrie, 46 (1984) 3, S. 238 - 239.

Schendel, D.E. (1985); Strategic Management and Strategic Marketing: What's Strategic About Either One ? in: Strategic Marketing and Management; edited by Thomas, H. / Gardner, D.; Chichester, New York et al. 1985; S. 41 - 64.

Schenk, H. (1982); Diversifikation - Chance oder Gefahr ? in: pharma-forum, 9 (1982) 2, S. 24 - 28.

Scheuss, R. (1985); Trends im strategischen Management in den USA; in: Die Unternehmung, 39 (1985) 1, S. 17 - 27.

Schmid, V. (1970); Führungsdaten für kleinere und mittlere Betriebe; in: Das rationelle Büro, 21 (1970) 6, S. 46 - 51.

Schmidt, K. (1985); Der Pharma-Markt steht vor dem Umbruch: Mehr Staat oder mehr Macht, das ist die Frage; in: selecta, 27 (1985) 8, S. 701 - 710.

Schmidt, R. (1984); Zulassung von Arzneimitteln für die Kassenerstattung; in: Die Pharmazeutische Industrie, 46 (1984) 2, S. 121 - 127.

Schmidtchen, G. (1979); Gesundheitsforschung und Öffentlichkeit; in: pharma-forum, 6 (1979) 11, S. 5 - 8.

Schmitz, G. (1985); Auf der Suche nach dem qualifizierten Außendienst; in: Pharma-Marketing Journal, 10 (1985) 4 , S. 122 - 123.

Schneider, D. (1965); Absatzpolitik pharmazeutischer Unternehmen, Grundfragen des Absatzes von Arzneimittelspezialitäten auf dem Inlandsmarkt; Berlin, Heidelberg, New York 1965.

Schneider, D. (1983); Marketing als Wirtschaftswissenschaft oder Geburt des Unternehmensversagens ? in: ZfbF, 35 (1983) 3, S. 197 - 223.

Schneider, W.M. / Schneider, Ch. (1986); Marketing contra Kassensturz oder "Bad news is good news"; in: Realisierung des Marketing; hrsg. Belz, Ch.; Savosa, St. Gallen 1987; S. 61 - 77.

Schreyögg, G. (1978); Umwelt, Technologie und Organisationsstruktur - Eine Analyse des kontigenztheoretischen Ansatzes; Bern, Stuttgart 1978.

Schreyögg, G. / Steinmann, H. (1985); Strategische Kontrolle; in: ZfbF, 37 (1985) 5, S. 391 - 410.

Schuback, J. (1975); Das Direct-Marketing der pharmazeutischen Industrie; in: Handbuch des Direct-Marketing; hrsg.v. Dallmer, H. / Thedens, R.; Wiesbaden 1975; S. 903 - 916.

Schubö, W. / Uehlinger, H.M. (1984); SPSS^x - Handbuch der Programmversion 2; Stuttgart, New York 1984.

Schuchart - Ficher, C. u.a. (1982); Multivariate Analysemethoden; 2. Auflage; Berlin, Heidelberg, New York 1982.

Schultz, R. / Röper, J.W. (1983); Zur Anwendung ökonometrischer Analysen in der strategischen Unternehmensplanung; in: WISU, 12 (1983) 7, S. 308 - 313.

Schulz, W. (1985); Wettbewerb auf Arzneimittelmärkten ? in: WISU, 14 (1985) 8-9, S. 441 - 446.

Schumacher, O. (1986); Arbeitsteilung zwischen Führungskräften, eine vergleichende empirische Untersuchung in kleinen und großen Industrieunternehmen; Münster 1986.

Schwaninger, M. (1985); Methodik der Strategieplanung; in: Harvard Manager, o.Jg. (1985) 3, S. 54 - 61.

Schwartzman, D. (1976); Innovation in the Pharmaceutical Industry; Baltimore, London 1976.

Segler, T. (1981); Situative Organisationstheorie - Zur Fortentwicklung von Konzept und Methode; in: Organisationstheoretische Ansätze; hrsg. v. Kieser, A.; München 1981; S. 227 - 272.

Seidel, E. (1978); Betriebliche Führungsformen; Stuttgart 1978.

Sever, M. (1985); Der Marktanteil als Kriterium für die Produkteliminierung; Frankfurt, Bern, New York 1985.

Sheth, J.N. (1977); Mulitvarate Methods for Market and Survey Research; Chicago 1977.

Shuman, J.C. (1975); Coporate Planning in Small Companies; in: Long Range Planning, 8 (1975) 10, S. 81 - 90.

Siebert, R. (1978); Verkaufsförderung für Pharma-Produkte; in: Handbuch Marketing, Bd. 2; hrsg.v. Koinecke, J.; Gernsbach 1978; S. 1213 - 1220.

Simon, H. (1982); Preismanagement; Wiesbaden 1982.

Simon, H. (1985a); Goodwill als Strategischen Wettbewerbsvorteil nutzen; in: Pharma-Marketing Journal, 10 (1985) 2, S. 40 - 45.

Simon, H. (1985b); Goodwill-Transfer als Marketing-Strategie; in: Pharma-Marketing Journal, 10 (1985) 3, S. 76 - 78.

Simon, H. (1985c); Strategisches Preismanagement; in: Thexis, 2 (1985) 1, S. 2 - 6.

Simon, H. (1986); Herausforderungen an die Marketingwissenschaft; in: Marketing ZFP, 8 (1986) 3, S. 205 - 213.

Slatter, St.P. (1977); Competition and Marketing Strategies in the Pharmaceutical Industry; London 1977.

Smith, M.C. (1983); Market Behaviour; in: Principles of Pharmaceutical Marketing; hrsg.v. Smith, M.C.; Philadelphia 1983; S. 48 - 67.

Solc, Z. (1980); System der strategisch-operativen Marketingplanung in der pharmazeutischen Industrie; Bern, Stuttgart 1980.

Sommer, B. (1987a); Kranken- und Rentenversicherungsschutz der Bevölkerung; in: Wirtschaft und Statistik, 39 (1987) 3, S. 252 - 259.

Sommer, B. (1987b); Pharma-Marketing in der Kritik - Eine ganz persönliche Stellungnahme; in: Pharma-Marketing Journal, 12 (1987) 5, S. 166 - 167.

Sprengel, F. (1984); Informationsbedarf strategischer Entscheidungshilfen; Frankfurt/M. 1984.

Sprenger, K.-A. / von Hinten, P. / Steiner, J. (1982); Finanzierungssituation und Finanzierungsverhalten mittelständischer Betriebe, (Nr. 67); hrsg. v. Sundhoff, E.; Göttingen 1982.

SPSS Incorporation (Hrsg.) (1983);SPSSx - User's Guide; New York, Chicago 1983.

Stackelberg v., J.-M. (1984); Rahmenbedingungen des Arzneimittelmarktes in der Bundesrepublik Deutschland; in: Der europäische Arzneimittelmarkt; hrsg. v. Wissenschaftlichen Institut der Ortskrankenkassen (WIAO), Schriftenreihe Bd.6; Bonn 1984.

Staehle, W.H. (1973); Organisation und Führung sozio-technischer Systeme, Grundlagen einer Situationstheorie; Stuttgart 1973.

Staehle, W.H. (1977); Empirische Analyse von Handlungssituationen; in: Empirische und handlungstheoretische Forschungskonzeptionen in der Betriebswirtschaftslehre; hrsg. v. Köhler, R.; Stuttgart 1977; S. 103 - 116.

Staehle, W.H. (1980); Management - Eine verhaltenswissenschaftliche Einführung; München 1980.

Staehle, W.H. (1981); Deutschsprachige situative Ansätze in der Managementlehre; in: Organisationstheoretische Ansätze; hrsg.v. Kieser, A.; München 1981; S. 215 - 226.

Staehle, W.H. / Grabatin, G. (1979); Effizienz von Organisationen; in: DBW, 39 (1979) 1b, S. 89 - 102.

Staudt, E. (1978); Rationalisierung und betriebliche Elastizität; in: Fortschrittliche Betriebsführung und Industrial Engineering, 27 (1978), S. 373 - 379.

Steffenhagen, H. (1982); Der Strategiebegriff in der Marketingplanung; Arbeitspapier Nr. 82/03; hrsg.v. Institut für Wirtschaftswissenschaften der RWTH Aachen; Aachen 1982.

Steiner, G.A. (1979); Contigency Theories of Strategy and Strategic Management; in: Strategic Management; hrsg.v. Schendel, D.E. / Hofer, C.W.; Boston, Toronto 1979; S. 405 - 416.

Steiner, J. (1980); Die personelle Führungsstruktur in mittelständischen Betrieben; Göttingen 1980.

Steiner, J. / Reske, W. (1978); Aufgaben und Bedeutung von Führungspersonen in mittelständischen Betrieben; Göttingen 1978.
Steinhausen, D. / Langer, K. (1977); Clusteranalyse - Einführung in Methoden und Verfahren der automatischen Klassifikation; Berlin, New York 1977.
Steinmann, H. / Schreyögg, G. (1983); Strategische Kontrolle - Empirische Ergebnisse und theoretische Konzeption; Nürnberg 1983.
Stoebe, F. (1985); Wem soll das Unternehmen dienen ? in: FAZ, Blick durch die Wirtschaft, vom 9.8.1985.
Stoff, W.-D. (1978); Marktposition und Unternehmensstrategie; in: Die Unternehmung, 34 (1978) 1, S. 1 - 13.
Streit, M. (1982); Theorie der Wirtschaftspolitik; 2. Auflage; Düsseldorf 1982.
Strigel, W.H. (1970); Planning in West German Industry; in: Long Range Planning, 3 (1970) 9, S. 9 -15.
Sutthoff, J. (1986); Management-Seminare für Ärzte sind Chance für anbietende Pharma-Unternehmen; in: Pharma-Marketing Journal, 11 (1986) 5, S. 197 - 199.
Szyperski, N. (1971); Informationsverarbeitung in kleinen und mittleren Unternehmen; in: Bürotechnik und Organisation, 19 (1971) 10, S. 902 - 906.
Szyperski, N. (1980); Informationsbedarf; in: Handwörterbuch der Organisation; hrsg.v. Grochla, E.; 2. Auflage, Stuttgart 1980; Sp. 904 - 913.

Tannenbaum, R. / Schmidt, W.H. (1973); How to Chose a Leadership Pattern ? in: HBR, 51 (1973) 3, S. 162 - 180.
Thanheiser, H. / Patel, P. (1977); Eine empirische Studie der strategischen Planung in diversifizierten deutschen Unternehmen; Fontainebleau, Wiesbaden 1977.
Thesing, J. (1982); Wo stehen wir mit der Arzneimitteltherapie heute und wie ist die pharmazeutische Qualität zu bewerten; in: pharma-forum, 9 (1982) 8, S. 38 - 41.
Thiess, M. (1986): Marktsegmentierung als Basistrategie des Marketing; in: WiST, 15 (1986) 12, S. 635 - 638.
Thürbach, R.-P. / Hutter, E. (1976); Zum Stand der Organisation in mittelständischen Betrieben - eine empirische Analyse; Göttingen 1976.
Thürbach, R.P. / Menzenwerth, H.H. (1975); Die Entwicklung der Unternehmensgrößen in der Bundesrepublik Deutschland 1962 bis 1972, Mittelstandsstatistik; Göttingen 1975.
Tietz, B. (1987); Optionen bis 2030 (Teil 1 und 2), in: Pharma-Marketing Journal, 12 (1987) 2, S. 40 - 45 / 3, S. 84 - 88.

Tobien v., H. (1974); Öffentlichkeitsarbeit für die pharmazeutische Industrie, in: pharma-forum, 1 (1974) 11, S. 3 - 13.

Töpfer, A. (1984); Erfolgsfaktoren des strategischen Marketing in deutschen Unternehmen; in : Handbuch Strategisches Marketing; hrsg. v. Wieselhuber, N. / Töpfer, A.; Landsberg 1984.

Töpfer, A. (1987); Marketing-Audit als strategische Bilanz marktorientierter Unternehmungsführung; in: Realisierung des Marketing; hrsg.v. Belz. Ch.; Savosa, St. Gallen 1987; S. 253 - 274.

Troll, K. (1983a); Pharma hat wirklich gute Argumente; in: Pharma-Marketing Journal, 8 (1983) 4, S. 102 - 106.

Troll, K. (1983b); Vorsicht vor quantitativen Marketing-Modellen; in: Pharma-Marketing Journal, 8 (1983) 5, S. 155 - 159.

Trommsdorf, V. (1975); Die Messung von Produktimages für das Marketing, Grundlagen und Operationalisierung; Köln, Berlin u.a. 1975.

Tuleja, T. (1987); "Zur Hölle mit dem Publikum" - Ethik der pharmazeutisch-chemischen Unternehmensführung am Beispiel J&J; in: Pharma-Marketing Journal, 12 (1987) 4, S. 145 - 148.

Udell, J. (1972); Successful Marketing Strategies in American Industry; Madison / Wis. 1972.

Uebele, H. (1980); Einsatzbedingungen und Verhaltenswirkungen von Planungstechniken im Absatzbereich von Unternehmen; Aachen 1980.

Ulich, E. / Baitsch, Chr. / Alioth, A. (1983); Führung und Organisation; in: Die Orientierung, Schriftenreihe; hrsg.v. Schweizerische Volksbank; Heft 81; Bern 1983.

Unger, F. (1985); Anreizsysteme bei Außendienst; in: Pharma-Marketing Journal, 10 (1985) 4, S. 128 - 130.

Unni, V.K. (1981); The Role of Strategic Palnning in Small Business; in: Long Range Planning, 14 (1981) 2, S. 54 - 58.

Venker, K. (1983); Database System and its Use for the Pharmaceutical Industry; in: Information for Decision Making in the Pharmaceutical Industry; hrsg.v. E.S.O.M.A.R.; Amsterdam 1983; S. 11 - 14.

Vogel, G. (1982); "Der Verband anerkennt uneingeschränkt die Notwendigkeit kostendämpfender Maßnahmen", (HR-Interview mit Prof. Vogel); in: Die Pharmazeutische Industrie, 44 (1982) 1, S. 3 - 4.

Vogel, G. (1986a); Vorschläge zur Beuteilung sogenannter fixer Arzneimittelkombinationen; in: Die Pharmazeutische Industrie, 48 (1986) 11a, S. 1254 - 1256.

Vogel, G. (1986b); Strukturelle Veränderungen vor allem durch Arzneimittel-Nachzulassung; in: Die Pharmazeutische Industrie, 48 (1986) 8, S. 849.

Volk, H. (1986); Vor straffen Zügeln scheut mancher zurück; in: FAZ, Blick durch die Wirtschaft, 29 (1986) 132, S. 1.

Vorderwülbecke, U. (1984); Von der Retorte bis zum BGA-Stempel: 10 Jahre - Entwicklungszeit von Arzneimitteln; in: Medikament & Meinung, 7 (1984) 2, S. 1.

Vorderwülbecke, U. (1986); Perspektiven der Pharma-Industrie: Probleme, Aufgaben, Chancen; in: pharma-dialog, Schriftenreihe; hrsg.v. Bundesverband der Pharmazeutischen Industrie e.V.; Heft 93; Frankfurt 1986.

Vorderwülbecke, U. (1988); Strukturreform im Gesundheitswesen - 40 Prozent weniger für Arzneimittelhersteller ? in: Medikament & Meinung, 11 (1988) 1, S. 2.

Walker, H.D. (1971); "Market Power and Price Levels in the Ethical Drug Industry"; Bloomington, London 1971.

Walther, H.-P. (1981); Die Werbung mit Ärtzemustern; (unveröffentl.) Diplomarbeit; Mannheim 1981.

Walther, H.-P. (1984); Möglichkeiten und Probleme einer Anwendung der Portfolio-Methode im Rahmen eines strategischen Marketing kleiner und mittelgroßer Pharma-Unternehmen; in: Die Pharmazeutische Industrie, 46 (1984) 2, S. 135 - 143.

Weinhold-Stünzi, H. (1984a); Wettbewerbsmarketing; in: Thexis, 1 (1984) 2, S. 1.

Weinhold-Stünzi, H. (1984b); Marktorientierte Führung der Unternehmung in Rezession und Stagnation; in: Thexis, 1 (1984) 2, S. 8 - 15.

Weise, H.T. (1987); Marketing in der Pharma-Industrie - Probleme, Strategien, Lösungen; in: Die Pharmazeutische Industrie, 49 (1987) 4, S. 353 - 360.

Weiss, W. (1987); Mehr Marken, mehr Markenartikel in der Pharma-Industrie ? in: Markenartikel, 49 (1987) 4, S 163 - 164.

Weißbach, F. (1985); Pharma-Information und -Werbung - Warum? in: pharma-dialog, Schriftenreihe; hrsg.v. Bundesverband der Pharmazeutischen Industrie e.V.; Heft 86; Frankfurt 1985.

Weitz, B.A. (1985); Introduction to Special Issue on Competition in Marketing; in: JoMR, 22 (1985) 8, S. 229 - 236.

Welge, M.K. / Fessmann, K.D. (1980); Organisatorische Effizienz; in: Handwörterbuch der Organisation; hrsg. v. Grochla, E.; Stuttgart 1980; Sp. 577 - 592.

Weser, W. / Grunwald, W. (1985); Das Dilemma der Führung; in: Harvard Manager, o.Jg. (1985) 1, S. 46 - 50.

Wiedmann, K.-P. (1984); Frühwarnung / Früherkennung / Frühaufklärung: Zum Stand der Verwirklichung eines alten Wunsches im Sektor der Unternehmensführung; hrsg.v. Institut für Marketing der Universität Mannheim, Arbeitspapier Nr. 25; Mannheim 1984.

Wiedmann, K.-P. (1985a); Entwicklungsperspektiven der strategischen Unternehmensführung und des strategischen Marketing; in: Marketing ZFP, 7 (1985) 3, S. 149 - 160.

Wiedmann, K.-P. (1985b); Konzeptionelle und methodische Grundlagen der Früherkennung; in: Strategisches Marketing; hrsg.v. Raffée, H. / Wiedmann, K.-P.; Stuttgart 1985; S. 301 - 348.

Wiedmann, K.-P. / Kreutzer, R. (1985); Strategische Marketingplanung - Ein Überblick; in: Strategisches Marketing; hrsg.v. Raffée, H. / Wiedmann, K.-P.; Stuttgart 1985; S. 61 - 141.

Wiencke, W. / Hundertmark, K. (1987); Pharma-Marketing: Von gestern in die 90er Jahre; in: Pharma-Marketing Journal, 12 (1987) 2, S. 46 - 50.

Wieselhuber, N. (1986); Organisatorische Verankerung des strategischen Marketing; in: Handbuch Strategisches Marketing; hrsg.v. Wieselhuber, N. / Töpfer, A.; 2. Auflage;Landsberg a.L. 1986; S. 133 - 153.

Wild, J. (1974); Grundlagen der Unternehmensplanung; Hamburg 1974.

Wilkes, M.W. (1987); Pharma-Service muß realisierbaren Nutzen haben, in: Pharma-Marketing Journal, 12 (1987) 4, S. 117 - 118.

Wilson, J.H. / George, W.R. / Solomon, P.J. (1978); Strategic Planning for Marketers; in: Business Horizons, 21 (1978) 6, S. 65 - 73.

Wind, Y. / Robertson, T.S. (1983); Marketing Strategy - New Directions for Theory and Research; in: JoM, 47 (1983) 1, S. 12 - 25.

Wingen, D. (1978); Allgemeine Grundlagen des Pharma-Marketing; in: Medizin und Information, 9 (1978) 1, S. 50 -55 / 2, S.111 - 112 / 3, S.162 - 165 / 4, S.229 - 231.

Winkelmann, H.-J. (1978); Rezeptfrei - Selbstmedikation: Gefahr oder Fortschritt ? Kulmbach 1978.

Winkelmann, P. (1982); Investitionsschübe im Mittelpunkt einer empirischen Untersuchung von Kontinuität und Diskontinuität in industriellen Investitionsprozessen; Frankfurt/M. 1982.

Wittmann, W. (1980); Information; in: Handwörterbuch der Organisation; hrsg.v. Grochla, E.; 2. Auflage; Stuttgart 1980; Sp. 894 - 904.

Wöhe, G. (1984); Einführung in die allgemeine Betriebswirtschaftslehre; 15. Auflage; München 1984.

Wöln, D. (1986); Marktsegmentierung im Tourismus; in: Marketing ZfP, 3 (1981) 2, S. 99 - 107.

Woll, A. (1984); Allgemeine Volkswirtschaftslehre; 7. Auflage; München 1984.

Wollnik, M. /Kubicek, H. (1976); Einflußfaktoren der Koordination in Unternehmungen; in: ZfbF, 28 (1976) 8, S. 502 - 504.

Wolters, H.-G. (1979); Arzneimittelprobleme von heute und morgen; in: pharma dialog; Schriftenreihe; hrsg.v. Bundesverband der Pharmazeutischen Industrie; Heft Nr. 60; Frankfurt/M. 1979.

Woo, C.Y. / Cooper, A.C. (1982); The Surprising Case for Low Market Share; in: HBR, 57 (1982) 6, S. 106 - 113.

Wooley, S. (1969); Die pharmazeutische Industrie und die öffentlichkeit; in: Die Pharmazeutische Industrie, 31 (1969) 2, S. 73 - 78.

Zander, E. (1981); Führung in Klein- und Mittelbetrieben; Freiburg 1981.

Zander, E. (1985); Neue Wege der Mitarbeiterführung und der Personalwirtschaft; in: Pharmaproduktion aus betriebswirtschaftlicher Sicht; hrsg.v. Brandau, R.; Stuttgart 1985; S. 86 -95.

Ziegler, B. (1980); Arzneimittelversorgung und Wettbewerb - Eine Analyse von Marktstruktur, Marktverhalten und Marktergebnis; Göttingen 1980.

Zinken, H. (1987); Aus kleinen Anfängen zum größten Generikaanbieter; in: Medikament & Meinung, 10 (1987) 5, S.11.

MARKTORIENTIERTE UNTERNEHMUNGSFÜHRUNG

Hrsg.: Prof. Dr. H. Freter

Band 1 Ulrich Döpke: Strategisches Marketing-Controllership. Eine empirische Untersuchung auf der Grundlage des situativen Ansatzes. 1986.

Band 2 Gerhard L. Laube: Betriebsgrößenspezifische Aspekte der Public Relations. Eine vergleichende theoretische und empirische Analyse der Public Relations in mittelständischen Unternehmungen und Großunternehmungen. 1986.

Band 3 Wolfgang Müller: Planung von Marketing-Strategien. Die Entwicklung von Marketing-Strategien im strategischen Marketing-Planungsprozeß. Eine theoretische Analyse unter besonderer Berücksichtigung eines markenbezogenen Produktpositionierungs-Modells. 1986.

Band 4 Friedhelm Klaes: Informationsverhalten kleiner und mittlerer Unternehmen der elektrotechnischen Investitionsgüterindustrie bei strategischen Entscheidungen. 1986.

Band 5 Walter Hinder/Sabine Bartosch: Strategisches Wettbewerbsverhalten in stagnierenden Märkten. Eine empirische Untersuchung der Damenoberbekleidungsindustrie der Bundesrepublik Deutschland. 1987.

Band 6 Wilfried R. Huber: Markenpolitische Strategien des Konsumgüterherstellers - dargestellt an Gütern des täglichen Bedarfs. 1988.

Band 7 Hans-Peter Walther: Erfolgreiches Strategisches Pharma-Marketing. Eine theorie-geleitete empirische Studie auf der Grundlage des situativen Ansatzes. 1988.